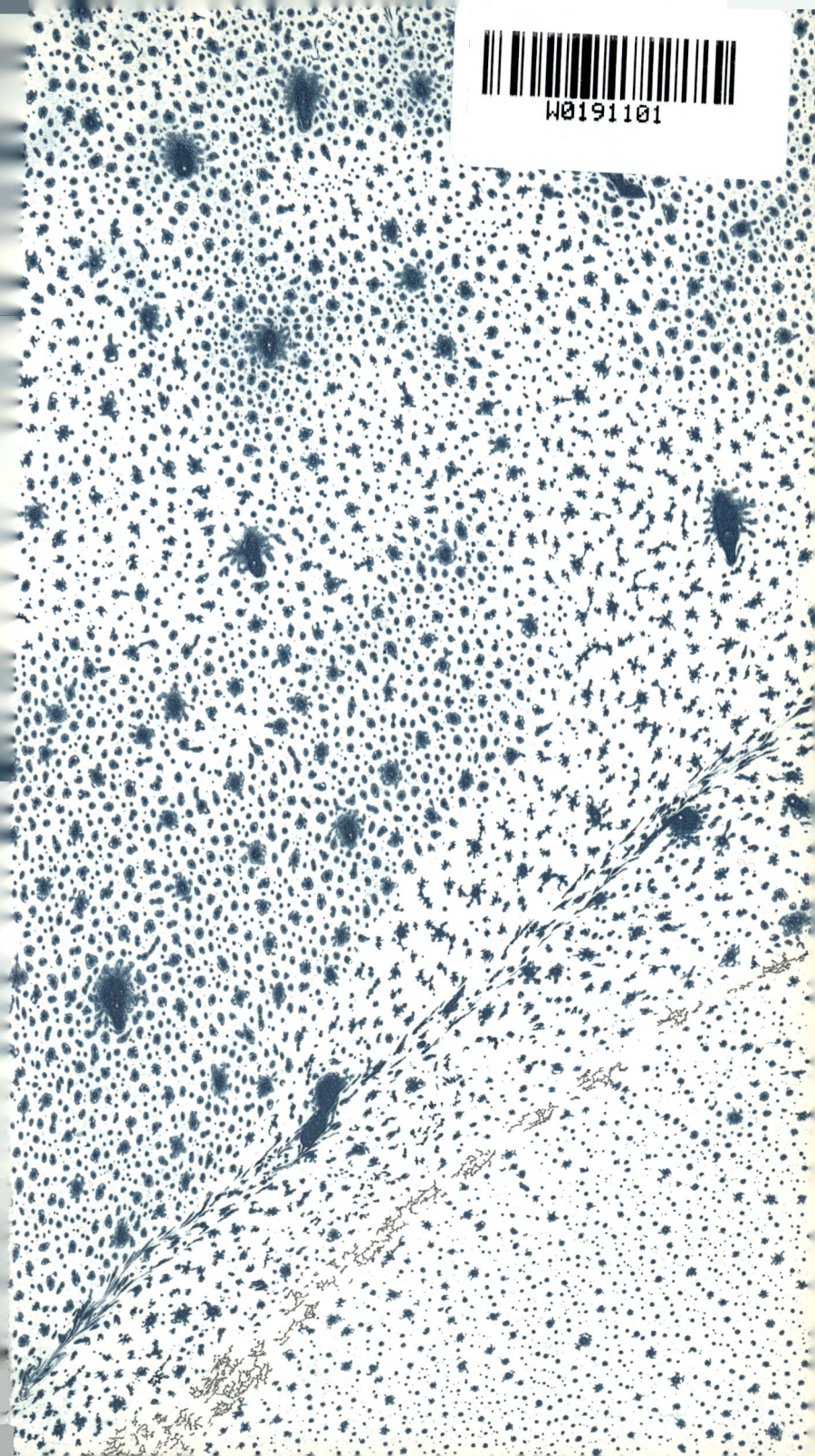

Rosa Luxemburg
Herzlichst Ihre Rosa
Ausgewählte Briefe

Rosa Luxemburg

Herzlichst Ihre Rosa

Ausgewählte Briefe

Herausgegeben
von Annelies Laschitza
und Georg Adler

Dietz Verlag Berlin

Institut für Geschichte
der Arbeiterbewegung Berlin

Wissenschaftlich-technische Mitarbeit:
Marianne Dingel

Rosa Luxemburg: Herzlichst Ihre Rosa : ausgew. Briefe /
hrsg. von Annelies Laschitza u. Georg Adler. –
2. Aufl. – Berlin : Dietz Verl., 1990. –
557 S. : 55 Abb., z. T. farb.

ISBN 3-320-01304-1

Mit 16 Farb- und 39 Schwarzweißabbildungen,
davon 14 Farbreproduktionen aus dem Herbarium
Rosa Luxemburgs
2. Auflage 1990
© Dietz Verlag Berlin 1989
Lizenznummer 1 · LSV 0286
Verlagsredaktion: Lieselotte Gruner
Typographie: Horst Kinkel
Buchschmuck: Maxi Groche
Einband und Schutzumschlag: Eckhard Steiner
Printed in the German Democratic Republic
Gesamtherstellung: INTERDRUCK
Graphischer Großbetrieb Leipzig III/18/97
Best.-Nr. 738 587 6

28,00 DM

Vorwort

In diesem Band veröffentlichen wir 190 Briefe von den über 2350, die in den vom Institut für Marxismus-Leninismus beim ZK der SED 1982 bis 1984 herausgegebenen fünf Bänden »Gesammelte Briefe« Rosa Luxemburgs enthalten sind.[1] Damit werden die wichtigsten und schönsten der bisher wieder aufgefundenen Briefe, die Rosa Luxemburg an Funktionäre der deutschen Arbeiterbewegung oder an Personen, die mit ihr verbunden waren, geschrieben hat, einem größeren Leserkreis zugänglich gemacht. Niemand wird sich der großen Faszination entziehen können, die diese eigenwilligen, ganz privaten Zeugnisse Rosa Luxemburgs ausstrahlen. Aufgewühlt von den unzähmbaren Leidenschaften dieser Frau wie auch nachdenklich gestimmt durch deren quälende Fragen an ihre Zeit und ihre Partner, wird man wohl dem Urteil beipflichten können, das Hermann Duncker, einer der großen Verehrer aus dem engen Kreis ihrer Kampfgefährten, einmal treffend fällte, als er die erstaunliche Begabung der universell gebildeten Führerin der deutschen Linken und Mitbegründerin der KPD mit wenigen Worten skizzierte: erstens die revolutionäre Marxistin, zweitens die Propagandistin – Lehrerin und Rednerin, drittens die Stilistin und Rhetorikerin, viertens die Lyrikerin (Künstlerin), fünftens die Übersetzerin und Sprachkünstlerin, sechstens die Malerin und siebentens die Botanikerin.[2] Die Vielseitigkeit und Leidenschaftlichkeit dieser Frau erregen jeden, der ihre Zeilen an Freunde und Bekannte liest, weil er gleichwohl erlebt, daß ihr größtes Engagement dem höchsten humanistischen Anliegen gilt: der Befreiung der Völker von Imperialismus und Krieg durch den revolutionären Kampf der Arbeiterklasse für Frieden und Demokratie, für Sozialismus und Völkerfreundschaft.

Der erste Brief in diesem Band stammt vom 20. März 1893. Er wurde in Clarens, einem Ferienort am Genfer See in der Schweiz, geschrieben und war an Leo Jogiches gerichtet. Von der Korrespondenz mit Leo Jogiches, die sich über mehr als zwei Jahrzehnte erstreckte, sind fast 1000 Briefe erhalten geblieben. Ihre Bedeutung liegt in der Intensität und Offenheit, mit der Rosa Luxemburg über alle sie bewegenden Probleme schrieb.

Mit Leo Jogiches kam Rosa Luxemburg 1890 in Zürich zusammen. Beide waren sie Emigranten. Rosa Luxemburg, 1871 in Zamość geboren, hatte sich 16jährig in Warschau einem Zirkel der sozialrevolutionären Partei »Proletariat« angeschlossen.³ Als die zaristische Polizei der Organisation zu Beginn des Jahres 1889 auf die Spur gekommen war, wurde Rosa Luxemburg vom Führer des »II. Proletariats«, Marcin Kasprzak, illegal über die Grenze gebracht, um einer Verhaftung zu entgehen.

Leo Jogiches, am 17. Juli 1867 in Wilna geboren,⁴ schloß sich ebenfalls bereits als Gymnasiast der oppositionellen Bewegung gegen das zaristische Regime an. 1889 wurde er wegen »aktiver Propaganda staatswidriger Ideen unter den Arbeitern« von den zaristischen Behörden verhaftet und zu vier Monaten Gefängnis verurteilt. Im darauffolgenden Jahr flüchtete der 23jährige in die Schweiz, um nicht in die zaristische Armee gepreßt zu werden. Unter dem Einfluß Rosa Luxemburgs wandte sich Jogiches, der in Zürich unter dem Namen Leo Grosovski lebte, mehr und mehr von der russischen der polnischen Arbeiterbewegung zu.

Liebe, Leben und Kampf verband die beiden aufs engste. Clara Zetkin berichtet noch später tief beeindruckt von der unvergleichlichen Ideen- und Kampfgemeinschaft zwischen Rosa Luxemburg und Leo Jogiches, »die durch die stärkste Macht gehärtet worden war: durch die glühende, alles verzehrende Leidenschaft zweier außergewöhnlicher Seelen für die Revolution. Nicht viele haben Leo Jogiches gekannt, und nur die wenigsten haben ihn nach seiner überragenden Bedeutung eingeschätzt«, schrieb Clara Zetkin. »Er trat gewöhnlich bloß als Organisator hervor, der Rosa Luxemburgs politische Ideen aus der Theorie in die Praxis umsetzte, allerdings als ein Organisator ersten Ranges, als ein genialer Organisator. Allein damit ist sein Leisten nicht erschöpft. Von weitfassender, gründlicher Allgemeinbildung, den wissenschaftlichen Sozialismus beherrschend wie wenige, ein durchdringender dialektisch gerichteter Geist, war Leo Jogiches der unbestechliche kritische Richter Rosa Luxemburgs und ihres Werks, ihr allzeit wachsames theoretisches und praktisches Gewissen, war er zuweilen auch der Weiterschauende und Anregende, wie Rosa ihrerseits die Schärferblickende und Besserfassende blieb. Er war eine jener heute noch sehr seltenen großen Mannespersönlichkeiten, die neben sich in treuer, beglückender Kameradschaft eine große Weibespersönlichkeit ertragen können, ohne deren Wachsen und Werden als eine Fessel und Beeinträchtigung des eigenen Ichs zu empfinden; ein Revolutionär im edelsten Sinne des Wortes, ohne Widerspruch zwischen Bekenntnis und Tat.«[5]

Und an Clara Zetkin selbst ist der letzte Brief in diesem Band gerichtet. Er wurde am 11. Januar 1919 aus dem Berlin blutiger Kämpfe zwischen Revolution und Konterrevolution nach Stuttgart gesandt, wo Clara Zetkin von der bitteren Vorahnung gequält wurde, daß Rosa Luxemburg ein unersetzliches Opfer des grausam wütenden antikommunistischen Mordterrors konterrevolutionärer Soldateska werden könnte.

Rosa Luxemburg und Clara Zetkin waren sich nach dem Stuttgarter Parteitag der deutschen Sozialdemokratie von 1898, auf dem Rosa Luxemburg unversöhnlich Eduard Bernsteins revisionistische Anschauungen als bürgerliche Ideologie von parteideformierender Wirkung attackiert hatte, persönlich näher gekommen. Schon nach dem Erscheinen der ersten Artikel Rosa Luxemburgs gegen den Bernsteinschen Revisionismus war Clara Zetkin auf Rosa Luxemburg aufmerksam geworden und hatte an Bruno Schoenlank begeistert von der »tapferen Rosa« geschrieben, »die den Mehlsack Bernstein so heftig klopft«. Postwendend teilte das Rosa Luxemburg voller Stolz Leo Jogiches mit.[6] »Klara ist so radikal ... Ich werde jetzt mit Klara korrespondieren, worüber ich mich sehr freue. Sie ist so anständig und liebenswürdig ...«,[7] schrieb sie nach einer ihrer ersten Begegnungen mit Clara Zetkin. Von kleinen Störungen abgesehen, blieb diese Freundschaft über nahezu zwei Jahrzehnte ungetrübt.

Clara Zetkin, 41 Jahre alt, als sie mit Rosa Luxemburg persönlich bekannt wurde, konnte auf eine 20jährige Praxis in der deutschen und der internationalen Arbeiterbewegung zurückblicken. Der gemeinsame politische Standpunkt in grundsätzlichen Fragen der Strategie und Taktik des proletarischen Kampfes verband sich mit vielen weiteren Berührungspunkten gemeinsamer politischer Lebenserfahrungen. Wie Rosa Luxemburg, so hatte sich auch Clara Zetkin als Emigrantin in Frankreich aufgehalten und war wie sie mit der französischen Arbeiterbewegung vertraut, was ihrem brieflichen Gedankenaustausch über die Abwehr des Millerandismus und die Einigung der französischen Arbeiterbewegung zugute kam. Clara Zetkin, deren erster Mann Ossip ein Russe war, konnte auch an den Problemen der polnisch-russischen Arbeiterbewegung, die Rosa Luxemburg beschäftigten, Anteil nehmen. Darüber hinaus war Clara Zetkin die Herausgeberin der sozialistischen Zeitschrift »Die Gleichheit« und seit 1895 Mitglied der Kontrollkommission der Partei. Dadurch war sie aufs beste mit den organisationspolitischen Gepflogenheiten und mit den Auffassungen in der deutschen Sozialdemokratie vertraut, was der jungen Rosa Luxemburg half, sich über innerparteiliche Zusammenhänge zu orientieren.

Die Briefe Clara Zetkins an Rosa Luxemburg sind bis auf wenige Ausnahmen nicht aufgefunden worden. Aus den Briefen Rosa Luxemburgs an Clara Zetkin ist jedoch zu entnehmen, daß sie rege politische Ansichten ausgetauscht und sich über Entwicklungsprobleme in der Partei beraten haben. Ihre Briefe sind von hohem parteigeschichtlichem Informationswert, zeigen sie doch Hintergründe von Vorgängen und Motive für Handlungen im politischen Kampf. Obwohl Clara Zetkin die Ältere war, fragte sie Rosa Luxemburg oft um Rat, erörterte mit ihr historische und politische Ereignisse und deren Perspektiven. Rosa Luxemburg war es, die die Freundin zuweilen bei Depressionen aufrichtete. Öffentliches und Privates wurde in den Briefen nicht getrennt, jede der beiden nahm Anteil an dem persönlichen Alltag der anderen.

In der Zeit der Begegnung mit Clara Zetkin lernte Rosa Luxemburg auch Franz Mehring kennen. Im Mai 1898, wenige Tage nach ihrer Ankunft in Deutschland, vermerkte Rosa Luxemburg in einem Brief an Leo Jogiches, daß ihr Adolf Warski von Franz Mehring die »Geschichte der deutschen Sozialdemokratie« geschenkt habe;[8] im September 1898 schrieb sie ausführlich von einem Besuch bei Franz Mehring. Er habe sie, so berichtete Rosa Luxemburg, für ihre Kampfesweise gegen den Bernsteinschen Revisionismus sehr gelobt. Seit diesem Zusammentreffen kämpften sie gemeinsam.

Die Briefe von Rosa Luxemburg an Franz Mehring sind in freundschaftlichem und respektvollem Ton geschrieben. Besonders Anrede und Gruß zeigen Achtung vor dem älteren und erfahreneren Genossen. Mit großer Sympathie werden Mehrings

Frau und die Atmosphäre im Hause Mehring, von der Rosa Luxemburg wie Clara Zetkin sehr angetan waren, in die Briefe einbezogen. Freimütig vertritt Rosa Luxemburg ihre Meinung gegenüber dem Älteren, verficht gleiche und unterschiedliche Auffassungen. Die gemeinsame Kampfposition ist Grundtenor aller Briefe. Die Übereinstimmung in den entscheidenden Fragen und auch die Kenntnis der Parteipraxis ermöglichten es, manches nur kurz zu berühren, der andere verstand auch die Andeutung.

Als Rosa Luxemburg Franz Mehring kennenlernte, hatte er sich als Historiker, Literaturhistoriker und politischer Publizist bereits einen Namen in der internationalen Arbeiterbewegung erworben. Aufmerksam verfolgte sie sein literarisches Schaffen. Sie rezensierte unter anderem seine Ausgabe der Gesammelten Schriften von Karl Marx und Friedrich Engels in den Spalten des »Vorwärts«[9] und würdigte seine Schiller-Biographie als ein bedeutendes Ereignis in der Parteiliteratur[10].

Gemeinsam waren sie publizistisch tätig. Anfang 1902 erwogen sie, zusammen mit Max Grunwald ein wöchentliches Montagsblatt zu gründen, das als Parteiorgan der Berliner Linken lebendig, farbig, politisch und polemisch werden sollte.[11] Diese Idee ließen sie fallen, als ihnen im gleichen Jahr die Leitung der »Leipziger Volkszeitung« übertragen wurde.

Die Zusammenarbeit mit Franz Mehring in der Redaktion währte nur wenige Monate. Rosa Luxemburg schien es, als ob ihr die Preßkommission der Partei nicht die gleichen Rechte eingeräumt habe wie einst Bruno Schoenlank. Auch in der Zusammenarbeit mit Franz Mehring stellten sich Komplikationen ein, die Rosa Luxemburg bald veranlaßten, ihr Amt aufzugeben. Über die eigentlichen Beweggründe des Streites zwischen Franz Mehring und Rosa Luxemburg in der Redaktion der »Leipziger Volkszeitung« im Jahre 1902 gibt der erhalten gebliebene Briefwechsel keine nähere Auskunft. Die gemeinsame politische Grundposition verhinderte, daß ihre Freundschaft trotz zeitweiliger Meinungsverschiedenheiten und unterschiedlicher Mentalität zerbrach. Immer wieder fanden sie sich zusammen. 1903 verteidigte Rosa Luxemburg auf dem Dresdener Parteitag vorbehaltlos mit ihrem ganzen polemischen Talent Mehring gegen die Intrigen der Revisionisten. Im ersten Weltkrieg gaben beide »Die Internationale« heraus und arbeiteten als Führer der Spartakusgruppe und als marxistische Publizisten eng zusammen.

Rosa Luxemburg erlangte durch ihre Artikel gegen die Revisionisten um die Jahrhundertwende in der deutschen Sozialdemokratie hohes Ansehen. In ihren Briefen an Leo Jogiches, die sie in den Monaten vor dem Hannoverschen Parteitag 1899 schrieb, äußerte sie sich oft, bisweilen nicht frei von Eitelkeit, über den Widerhall ihres Auftretens. August Bebel interessierte sich sehr für Rosa Luxemburg. Über ihre Position in der Partei hatte sie auf dem Stuttgarter Parteitag 1898 öffentlich bekannt, daß sie sich ihre Epauletten in der deutschen Arbeiterbewegung auf dem linken Flügel holen wolle, wo man mit dem Feind kämpfen, nicht auf dem rechten, wo man mit ihm kompromisseln wolle.[12]

Karl Kautsky, gedrängt von August Bebel, wie Rosa Luxemburg vermutete, lud sie nach dem Stuttgarter Parteitag zur engen Zusammenarbeit ein. »Wir Marxisten«, schrieb er an Rosa Luxemburg, »sind in Deutschland leider nicht so zahlreich, daß wir in der jetzigen Krise nicht alle Ursache hätten, uns enger aneinanderzuschließen.«[13] Der briefliche Gedankenaustausch mit Karl Kautsky gewann an Breite. An die Stelle des sich auf Redaktionsfragen beziehenden Informationsbriefes traten ausführliche politische Erörterungen, freundschaftlicher Gedankenaustausch und Kontakte mit der ganzen Familie.

Karl Kautsky hatte zu dieser Zeit frühere Vorbehalte gegenüber Rosa Luxemburg aufgegeben. Noch ein Jahr zuvor, als Rosa Luxemburg die Parteiführer kritisierte, daß sie nicht sofort gegen die Herausforderung Bernsteins vorgingen, sondern ihm in den ideologischen Auseinandersetzungen eine Atempause einräumten, hatte Kautsky grob reagiert und an Bernstein geschrieben: »Der Luxemburg, dem widerlichen Ding, paßt der Waffenstillstand bis zum Erscheinen Deiner Broschüre nicht, sie bringt jeden Tag einen Nadelstich ›zur Taktik‹.«[14] Nunmehr korrigierte er seine Haltung. Zur gleichen Zeit, als er Rosa Luxemburg bat, ihn öfter zu besuchen, schrieb er an Bernstein: »Mein Fehler war der, daß ich damals nicht so weit sah wie Parvus und Luxemburg, die damals schon den Gedanken Deiner Broschüre witterten, während dem ich immer noch Deinen Sätzen die möglichst harmlose Deutung gab und nur mit Widerstreben zur Überzeugung gelangte, daß Du aufgehört, Marxist zu sein.«[15] Rosa Luxemburg nahm die Einladung Kautskys zunächst reserviert auf, wurde jedoch bald ein häufiger, stets gern gesehener Gast im Hause von Kautsky und nahm an jedem Familienereignis regen Anteil. Spötter aus dem opportunistischen Lager nannten sie die siamesischen Zwillinge.

1910 jedoch löste Rosa Luxemburg ihre Kampfgemeinschaft mit Karl Kautsky, denn Kautskys Stellungnahme gegen den politischen Massenstreik und gegen die Losung der demokratischen Republik diente ausschließlich der theoretischen Rechtfertigung der opportunistischen Praxis des Nurparlamentarismus und der Abwiegelung der Massenbewegung. »Die ganze Tendenz seines Geredes über Rußland und Deutschland«, schrieb Rosa Luxemburg an Leo Jogiches über Karl Kautsky, »ist opportunistisch.«[16] Der Bruch mit Kautsky war damit für Rosa Luxemburg unwiderruflich besiegelt. Sie blieb zwar mit Luise Kautsky freundschaftlich verbunden, und beide Frauen korrespondierten weiter miteinander; Karl Kautsky jedoch kritisierte Rosa Luxemburg in ihren Reden und Schriften fortan wie kaum einen anderen als Renegaten der proletarischen Revolution. Viele Zwischentöne in ihren Briefen lassen ahnen, wie nahe ihr diese Trennung ging. Jedoch blieb sie sich selbst treu: Die Freundschaft zwischen Politikern hat ihre Basis nicht in persönlichen Sympathien, sondern in der Gemeinsamkeit der Auffassungen, die einen bestimmten Klassenstandpunkt zum Ausdruck bringen. Scharfsinnig erkannte Rosa Luxemburg sehr früh, daß und wie Karl Kautsky mit seiner Konzeption von einer »Ermattungsstrategie« vom Marxismus und vom Klassenstandpunkt des Proletariats abzuweichen begann. Hinsichtlich der Verwirklichung der historischen Mission der Arbeiterklasse in der Epoche des Imperialismus standen Rosa Luxemburg und Karl Kautsky seit 1910 auf zutiefst gegensätzlichen Positionen.

Mit August Bebel dagegen blieb sie bis zu dessen Tod im Jahre 1913 auf der Basis gemeinsamer Grundanschauungen über den revolutionären Kampf der Arbeiterklasse gegen Kapitalismus und Militarismus eng verbunden. Rosa Luxemburg schätzte August Bebels entschiedenes Eintreten für den politischen Kampf um die revolutionäre Eroberung der politischen Macht, seine Massenverbundenheit und seine moralische Integrität. Ihre Briefe an Bebel gewannen zwar nicht jene Vertrautheit wie die an die Familie Kautsky, aber sie waren offen und ohne jede Zurückhaltung in der Darstellung des eigenen politischen Standpunktes. Mutig rechtfertigte sie sich, wenn August Bebel sie ermahnte, sie möge sich nicht durch Unüberlegtheiten auf die »Isolierbank« setzen.[17]

Auf dem Parteitag der deutschen Sozialdemokratie in Jena 1905 war Rosa Luxemburg ebenso aktiv wie in den großen Revisionismusdebatten während der Parteitage 1898 und 1899. Es ging auch hier um Grundfragen des Kampfes der revolutionären Arbeiterbewegung, insbesondere um die Auswertung der Erfahrungen der Revolution 1905 bis 1907 in Rußland, die von Rosa Luxemburg begeistert begrüßt, propagiert und engagiert mitgemacht wurde. Die neuen Erkenntnisse und Erfahrungen brachten auch eine wachsende Übereinstimmung mit W. I. Lenin in wichtigen Fragen des antiimperialistischen Kampfes. Rosa Luxemburg fand auf dem Parteitag in Jena auch August Bebels Beifall. »... Bebel hat als erster alle Augenblicke laut zugestimmt, und Vollmar, der in seiner Nähe saß, wurde fast vom Schlag gerührt«,[18] schrieb sie an Leo Jogiches. So konnte sich Rosa Luxemburg nach dem Jenaer Parteitag zu Recht wieder als »Spiritus rector der Linken«[19] fühlen.

August Bebel war es auch, der Rosa Luxemburg wenige Wochen nach dem Jenaer Parteitag als politische Mitarbeiterin in die »Vorwärts«-Redaktion brachte. Ausführlich schrieb Rosa Luxemburg an Leo Jogiches über die Motive ihrer Entscheidung für den »Vorwärts«, über das Kräfteverhältnis zwischen den Revolutionären und den Opportunisten in der Redaktion. Ohne Illusion, mit großer Zurückhaltung begann Rosa Luxemburg ihre redaktionelle Tätigkeit, nachdem sie sich, gewitzt durch ihre Erfahrungen bei der »Sächsischen Arbeiter-Zeitung« und der »Leipziger Volkszeitung«, von vornherein durch schriftliche Abmachungen ihre politische Selbständigkeit in der journalistischen Arbeit gesichert hatte. Aufsitzen lassen konnte sie August Bebel nicht, nachdem er sich durchgerungen hatte, den zahlreichen Kritiken an der Führung des »Vorwärts« nachzukommen, die opportunistische Majorität in der Redaktion zu brechen, damit das Zentralorgan revolutionäre Parteipolitik vertrete. Es galt nun zu zeigen, daß »die Linke ›regierungsfähig‹ ist«[20]. Rosa Luxemburg wollte auch nicht den Angriff gegen die Linken unbeantwortet lassen, daß sie »nur ein großes Maul zum Stänkern« hätten, wo es aber gelte, »[es] besser zu machen«, da würden sie auskneifen.[21]

Von der Reise Rosa Luxemburgs Ende Dezember 1905 nach Warschau zur aktiven Teilnahme an der Revolution wußten nur wenige revolutionäre deutsche Sozialdemokraten, unter ihnen Karl Kautsky, August Bebel, Arthur Stadthagen und Franz Mehring. Mit ihnen blieb Rosa Luxemburg in brieflichem Kontakt. Bald forderte sie Artikel für das polnische Zentralorgan an, bald versprach sie selbst, Beiträge für den »Vorwärts« oder die »Neue Zeit« zu schreiben.

Als Rosa Luxemburg in Warschau ankam, hatte die Revolution mit dem Moskauer Dezemberaufstand bereits ihren Höhepunkt überschritten; die Revolution war noch nicht beendet, aber sie hatte eine Niederlage erlitten, und die Konterrevolution hielt ihr Standgericht ab.

Unter dem Ausnahmezustand nahm Rosa Luxemburg ihre Arbeit auf. Um sie vor Repressalien zu bewahren, hatten ihr die Genossen in Warschau das Auftreten und Erscheinen in größeren Versammlungen verboten. Sie nahm an Beratungen der Parteiführung und an Sitzungen der Redaktion des »Czerwony Sztandar« teil. Rosa Luxemburg war hauptsächlich publizistisch tätig, sie verfaßte Broschüren, entwarf Flugblätter und Aufrufe, schrieb regelmäßig Artikel für den »Czerwony Sztandar«.

Trotz aller Vorsichtsmaßregeln wurde Rosa Luxemburg zusammen mit Leo Jogiches am 4. März 1906 in der Pension der Gräfin Walewska verhaftet.[22] Rosa Luxemburg nahm ihre Verhaftung gelassen hin. Die Nachricht von der Festnahme Rosa Luxemburgs gelangte schnell nach Deutschland. »Nicht weniger als wir«, erinnerte sich Jakub Hanecki, ein führender Funktionär der SDKPiL, »beunruhigten sich auch die deutschen Genossen. Am meisten beunruhigte sich der alte Bebel. Dauernd schickte er uns Aufträge und Bitten, weder Energie noch Geld zu scheuen, alle Mittel zur Befreiung Rosas anzuwenden. ›Wir können nicht‹, schrieb er, ›ruhig abwarten, bis man sie zur Zwangsarbeit schickt. Unsere Partei wird keine Ausgaben scheuen. Handelt schnell und energisch.‹«[23]

Nachdem alle Fluchtpläne, die die polnischen Genossen ausgearbeitet hatten, gescheitert waren, da Rosa Luxemburg vom Rathausgefängnis in das Pawiak-Gefängnis und von dort in den berüchtigten Pavillon X der Warschauer Zitadelle überführt worden war, arbeitete man an einer schrittweisen Befreiung. Der Rittmeister der Gendarmerie Suschkow von der Warschauer Gouvernementsgendarmerieverwaltung wurde mit 2000 Rubeln bestochen. Dafür erklärte er sich einverstanden, daß Rosa Luxemburg gegen eine Kaution bis zum Abschluß der Untersuchung freigelassen werden könnte. 3000 Rubel Kaution und ein ärztliches Attest öffneten im Juni 1906 Rosa Luxemburg die Tore des X. Pavillons. August Bebel schrieb ihr sofort, sie möge so schnell wie möglich über die Grenze, nach Berlin kommen. Im Juli wandte sich Rosa Luxemburg mit einem ärztlichen Attest erneut an die Gendarmerieverwaltung und bat darum, ins Ausland reisen zu dürfen. Im August verließ Rosa Luxemburg Warschau in Richtung Petersburg und traf um den 4. August 1906 im finnischen Kuokkala unweit von Petersburg ein.

In Kuokkala (heute Repino) und während ihres Zwischenaufenthaltes in Petersburg hatte Rosa Luxemburg sowohl mit Vertretern der Bolschewiki als auch der Menschewiki diskutiert. Aus Kuokkala schrieb sie an Luise Kautsky: »Mein Aufenthalt hier ist von großem Nutzen für mich; ich lerne im Verkehr mit den Leuten die Bewegung so kennen, wie man sie aus bloßen Druckschriften nie [kennen] lernen kann ...«[24] Während sie über die Zerfahrenheit und Desorganisation bei den Menschewiki empört war, stellte sie in vielen Fragen Übereinstimmung mit Lenin und den Bolschewiki fest. Es kribbelte Rosa Luxemburg nunmehr in den Fingern, wie sie schrieb, mit den Menschewiki eine »Generalabrechnung« zu halten.[25] Gelegenheit dazu fand sie aber erst auf dem Londoner Parteitag der SDAPR.

Am 12. Mai 1907 kam Rosa Luxemburg in London an. Die Stadt verwirrte sie, war ihr fremd. Mit der ihr eigenen Sensibilität, fast in der Art eines Charles Dickens, schilderte sie die bedrückenden sozialen Disharmonien dieser Weltstadt.[26]

Rosa Luxemburg verteidigte auf dem Parteitag der SDAPR enthusiastisch den lebendigen Marxismus gegen den menschewistischen Dogmatismus. »In was für ein besorgtes Gackern einer Henne, die auf dem Dunghaufen des bürgerlichen Parlamentarismus eine Perle sucht«, rief sie den Menschewiki zu, »habt Ihr diese Lehre (von Marx – *d. V.*) verwandelt, die die großen Adlerschwingen des Proletariats darstellt!«²⁷ Sie lehnte strikt die menschewistische Revolutionstaktik ab und vertrat in ihren Reden die bolschewistische Taktik von der führenden, politisch selbständigen Rolle des Proletariats in der Revolution, befürwortete das Bündnis der Arbeiterklasse mit der revolutionären Bauernschaft und die Taktik des politischen Massenstreiks und des bewaffneten Aufstandes.

Anfang 1907 löste sich die Lebensgemeinschaft zwischen Rosa Luxemburg und Leo Jogiches, brachen sie ihre Liebesbeziehungen ab. Über die eigentlichen Gründe der Trennung ist uns nichts bekannt. Aus den Briefen Rosa Luxemburgs läßt sich jedoch ein latenter Konflikt ablesen, der früher oder später gelöst werden mußte.

Wenn Rosa Luxemburg im Januar 1900 in einem Brief an Leo Jogiches schrieb, daß seine Briefe denen eines Lehrers an seinen lieben Schüler gleichen, so bestätigt sich darin eine Einstellung, die bereits aus ihren vorausgegangenen Briefen an Jogiches deutlich wird. Sie suchte Jogiches in allem gerecht zu werden, Erfolge stimmten sie erst froh, wenn sie sich seines Urteils sicher war. Die Zuneigung Rosa Luxemburgs zu dem geliebten Mann verband sich mit der Achtung vor seiner Klugheit und seinem Können, vor dem erfahrenen politischen Funktionär, dem sie durch eigene Tätigkeit gleich zu werden suchte.

Eine Krise ihrer Beziehungen trat in dem Maße ein, in dem Rosa Luxemburg sich ihrer eigenen Kraft und Leistung bewußt wurde. »Damals war ich ein Kindskopf, heute bin ich ein erwachsener und reifer Mensch ...«,²⁸ schrieb Rosa Luxemburg schon 1900. Ihr Unbehagen über Leo Jogiches' »Mentorentum« begann zu wachsen, als er ihren deutlich artikulierten persönlichen Anspruch auf volle Partnerbeziehung nicht begreifen und nicht respektieren wollte.²⁹ Rosa Luxemburg sehnte sich damals danach, mit ihm gemeinsam zu leben, eine gemeinsame Wohnung zu mieten, gemeinsam wissenschaftlich und politisch zu arbeiten und ein Kind zu haben. Fast alle diese Wünsche stießen bei ihm auf Ablehnung.

Nach der Lösung der persönlichen Bindung zwischen Rosa Luxemburg und Leo Jogiches wurde der Briefwechsel für einige Monate unterbrochen. Erst Anfang 1908 wurde die Korrespondenz zwischen ihnen wieder aufgenommen. Aber die Briefe Rosa Luxemburgs entbehren jetzt jedes persönlichen Inhalts, oft fehlen die Anrede und der Gruß. Sie enthalten hauptsächlich Mitteilungen zur Lage und zu den Aufgaben der polnischen Arbeiterbewegung.

Nach dem Bruch zwischen Rosa Luxemburg und Leo Jogiches erwachte ihr Interesse an engen, freundschaftlichen Kontakten zu Clara Zetkins jüngerem Sohn Konstantin (Kostja). In den Briefen an Kostja Zetkin ab 1907 wird die persönliche Enttäuschung über Leo Jogiches verarbeitet, verbindet sich die Sehnsucht nach einem Kind mit der Liebe zu einem Manne, dem sie selbst etwas sein will, der sie braucht.

Rosa Luxemburg wollte den Partner in alle Sphären ihres Lebens einbeziehen, mit ihm fühlen, lieben, träumen, mit ihm gemeinsam lesen, das Gelesene durchdenken, mit ihm arbeiten.

Ihre Freude an kritischen Fähigkeiten, die Kostja Zetkin bei der Lektüre von Büchern entwickelte, an dem Ernst, mit dem er die französischen und die englischen Utopisten las, an der Lust, die er dabei empfand, erinnert bisweilen an die Freude einer Mutter über die Fortschritte ihres Jungen, einer Mutter, die auch nicht frei davon ist, das sich abzeichnende Leistungsvermögen des geliebten Kindes zu überschätzen.

Kostja Zetkin war jedoch zugleich der verständnisvolle Freund, dem Rosa Luxemburg alle Regungen ihres Herzens mitteilen konnte: Gescheites und Törichtes; dem sie von ihrer Arbeit an der sozialdemokratischen Parteischule berichtete, von ihrer Freude am Gelingen eines Artikels oder einer Broschüre und vom Ärger über Widerwärtigkeiten des Tages; dem sie sich so frei und ungezwungen offenbarte, wie sie es im Augenblick fühlte und meinte.

Die leidenschaftliche Hinwendung zu dem jüngeren Manne war verbunden mit dem Bemühen, ihm eine intellektuelle Orientierung für eine schöpferische, produktive Arbeit zu geben. Arbeitsgegenstände wurden abgesteckt, Bücher empfohlen, Pläne für eine politische Tätigkeit in der deutschen Sozialdemokratie entwickelt. Doch nicht alles davon konnte mit dem Verständnis Clara Zetkins oder gar der Parteiöffentlichkeit rechnen. Manche Idee der beiden war unrealisierbar.

Rosa Luxemburgs Briefe aus den letzten Vorkriegsjahren vermitteln detaillierte Informationen über ihre damalige Lebens- und Arbeitsweise. Sie zeichnen ein plastisches Bild der besessenen Wissenschaftlerin, der begeisterten und fesselnden Parteischullehrerin, und sie gewähren konkreten Einblick in die Interessengebiete der Rosa Luxemburg. Malen und Botanisieren gehörten zu den Neigungen der vielseitig gebildeten und interessierten Frau, denen sie, wenn sich entsprechende Möglichkeiten boten, mit Leidenschaft nachkam. Darüber informieren insbesondere die Briefe an Kostja Zetkin, ebenso die Briefe an Hans Kautsky, den Bruder von Karl Kautsky, auch Igel genannt. Rosa Luxemburg hatte ihn im Hause der Familie Karl Kautskys kennengelernt. Hans Kautsky war Theatermaler in Wien und Berlin. Sein Beruf machte ihn für Rosa Luxemburg zu einem bevorzugten Gesprächspartner. So impulsiv, wie sich Rosa Luxemburg Tage und Wochen nur für die Kunst, die Literatur und die Natur begeistern konnte, so konsequent vermochte sie sich aber auch auf das Hauptsächliche in ihrem Leben zu konzentrieren.

In den Jahren 1911/12 wandte sich Rosa Luxemburg intensiven Forschungen über den Imperialismus zu.[30] »Ich lebte wirklich wie im Rausch«, berichtete sie später in einem Brief an Hans Diefenbach, »sah und hörte Tag und Nacht nichts als dieses eine Problem …, und ich weiß nicht zu sagen, was mir höhere Freude gewährte: der Prozeß des Denkens, wenn ich eine verwickelte Frage im langsamen Hinundherwandeln durch das Zimmer wälzte …, oder das Gestalten, das literarische Formen mit der Feder in der Hand.«[31] In ihren Briefen an Kostja Zetkin schrieb sie über den Gang ihrer wissenschaftlichen Arbeit und die wechselvollen Stimmungen, denen sie unterlag. »Mir geht [es] jetzt so, wie wenn ich ein Bild male: Bald scheint es mir, es sei ausgezeichnet, und bald, es sei vollkommener Dreck. Aber ich hoffe doch, sie sei gut. Jetzt mit Energie weiter!«[32]

Der Beginn des ersten imperialistischen Weltkrieges im August 1914 setzte für Rosa Luxemburg auch in ihrer Korrespondenz eine Zäsur. Es kamen viele neue Momente hinzu, die auf den Inhalt von Rosa Luxemburgs Briefen und auf ihre Briefpartner Einfluß hatten.

Die Briefe Rosa Luxemburgs aus den ersten Kriegsmonaten geben ihre tiefe Erschütterung über den Krieg und die Krise der deutschen Sozialdemokratie, aber auch ihren festen Willen wieder, sofort und mit aller Entschiedenheit gegen den imperialistischen Völkermord und den Verrat der Rechtsopportunisten zu kämpfen.

»Auf den Straßen«, schrieb Rosa Luxemburg bestürzt in einem Brief an Kostja Zetkin, »sieht man hier nur noch eilende Reservisten mit Köfferchen und Mengen Weiber und Kinder, die bis in [die] späte Nacht herumstehen. Die ganze Welt ist plötzlich ein Irrenhaus geworden.«[33] Einige Monate später schätzte Rosa Luxemburg klar ein: »Wir stehen also heute, genau wie Friedrich Engels vor einem Menschenalter, vor vierzig Jahren, voraussagte, vor der Wahl: entweder Triumph des Imperialismus und Untergang jeglicher Kultur, wie im alten Rom, Entvölkerung, Verödung, Degeneration, ein großer Friedhof; oder Sieg des Sozialismus, d. h. der bewußten Kampfaktion des internationalen Proletariats gegen den Imperialismus und seine Methode: den Krieg.«[34]

Ihre erste Aufgabe sah sie wie Karl Liebknecht und andere standhafte deutsche Linke darin, die Massen dem chauvinistischen Einfluß zu entreißen und sie über die Ursachen des Krieges, über seinen imperialistischen, antinationalen Charakter und darüber aufzuklären, wie dieser Krieg entfesselt worden war.

Den Briefen Rosa Luxemburgs aus den ersten Kriegsmonaten ist zugleich deutlich zu entnehmen, daß die deutschen Linken zu Beginn des Krieges der rechtsopportunistischen Richtung, die sich der Partei bemächtigt hatte, organisationspolitisch ohnmächtig gegenüberstanden. Durch »Belagerungszustand« und »Parteioffiziösentum« fühlten sie sich »von der Welt abgeschnitten«.[35]

Die Schaffung einer neuen, von Opportunismus freien, politisch selbständigen marxistischen Kampfpartei stand jetzt unmittelbar als lebensnotwendige Aufgabe vor der deutschen Arbeiterklasse. »Der größte Mangel des gesamten revolutionären Marxismus in Deutschland«, schrieb Lenin, war »das Fehlen einer festgefügten illegalen Organisation ...«[36]

Am Abend des 4. August 1914 waren die in Berlin wohnenden engeren Kampfgefährten Rosa Luxemburgs Hermann Duncker, Hugo Eberlein, Julian Marchlewski, Franz Mehring, Ernst Meyer und Wilhelm Pieck in ihrer Wohnung in Südende zusammengekommen und hatten über die Aufgaben der revolutionären Sozial-demokraten beraten. Wenige Tage später war Karl Liebknecht zu ihnen gestoßen.

Vor dem ersten Weltkrieg hatten sich im Kampf gegen den Imperialismus und für eine revolutionäre Politik der Partei grundsätzliche Gemeinsamkeiten zwischen Rosa Luxemburg und Karl Liebknecht herausgebildet, so in den Auffassungen über die Strategie und Taktik der Partei, über den antiimperialistischen und antimilitaristischen Kampf. Rosa Luxemburg und Karl Liebknecht unterstützten sich meistens gegenseitig auf Parteitagen und unterschrieben gemeinsam Resolutionen zur Parteitaktik. Aber ihre Gemeinsamkeiten waren mehr objektiver Natur. Zuweilen kritisierte Rosa Luxemburg das Auftreten Liebknechts.[37] Zu direkten freundschaftlichen Beziehungen war es nicht gekommen.

Erst die Ereignisse des 4. August 1914 führten beide zusammen. Bis auf wenige Ausnahmen sind die Briefe Rosa Luxemburgs an Karl Liebknecht nicht erhalten geblieben. Von der engen Verbundenheit Rosa Luxemburgs mit Karl Liebknecht erfahren wir vorwiegend aus den Briefen an Dritte und besonders aus denen, die Rosa Luxemburg an Sophie Liebknecht geschrieben hat.

Sophie Liebknecht, 1884 in Rostow am Don geboren, hatte in Berlin und Heidelberg Kunstgeschichte studiert und sich 1912 mit Karl Liebknecht, mit dem sie schon seit mehreren Jahren befreundet gewesen war, verheiratet.[38] Wie aus den Briefen Rosa Luxemburgs an sie zu entnehmen ist, waren sich Rosa Luxemburg, Karl und Sophie Liebknecht nach dem 4. August 1914 persönlich sehr nahe gekommen. Nach der Verhaftung Karl Liebknechts am 1. Mai 1916 wurden die Beziehungen Rosa Luxemburgs zu Sophie Liebknecht noch enger.

Rosa Luxemburg, die Verhaftung, Haussuchung und Gefängnis aus eigener Erfahrung kannte, war ständig um Sophie Liebknecht bemüht, die darüber schrieb: »Bis zum 10. Juli 1916 sah ich Rosa Luxemburg fast jeden Tag. Sie begleitete mich oft ein Stück Weges, wenn ich meinem Mann Zeitungen und Essen nach Moabit brachte und manchmal versuchte, am Potsdamer Platz einen Wagen zur Fahrt nach Moabit zu erjagen. Ich brachte nachher die von meinem Mann erhaltenen Kassiber ins Café ›Fürstenhof‹ am Potsdamer Platz und übergab sie Rosa. Meistens tranken wir dort noch eine Tasse Kaffee und versuchten, uns selbst und der Umwelt eine Art Lustigkeit vorzugaukeln. Wenn ich nicht nach Hause eilte, fuhren wir noch zu Rosa nach Südende, wo sie ihre Kochkunst demonstrierte, was ihr großen Spaß bereitete und uns gut schmeckte.«[39]

Die innige Verbindung zwischen den beiden Frauen brach auch nicht ab, als Rosa Luxemburg am 10. Juli 1916 auf Befehl des Oberkommandierenden in den Marken in sogenannte Schutzhaft genommen wurde. Sie drängte Sophie Liebknecht, ihr über alles Persönliche ungeniert zu schreiben, denn »nichts Menschliches und auch nichts Weibliches« sei ihr fremd oder gleichgültig.[40]

Von den 52 Monaten, die der erste Weltkrieg dauerte, war Rosa Luxemburg 40 Monate inhaftiert. Die herrschende Klasse versuchte, sie so von jeglicher unmittelbaren politischen Arbeit fernzuhalten.[41]

Rosa Luxemburgs Gefängnisbriefe, vor allem die aus Wronke und Breslau, beeindrucken besonders durch ihre ergreifende Gefühlstiefe und geistige Ausstrahlungskraft. Da jeder Brief durch die Zensur des Generalkommandos ging, blieben ihr politische Äußerungen nahezu völlig verwehrt. Mitteilungen, die den antiimperialistischen Kampf der Spartakusgruppe betrafen, wurden vorwiegend in Kassibern geäußert, die leider nicht erhalten geblieben sind. Obwohl Rosa Luxemburg Artikel zum aktuellen Kampf der revolutionären Kräfte für die »Spartakusbriefe« schrieb, die bei den monatlichen Besuchen hinausgeschmuggelt wurden, und obwohl gelegentliche Arztkonsultationen sie aus den Gefängnismauern hinausführten, bedrückte sie, daß sie vom politischen Weltgeschehen isoliert war. Diese zwangsweise Abgeschiedenheit wurde ihr um so unerträglicher, je mehr die Revolution in Europa heranreifte. Der Brief wurde für sie zu einem wichtigen Kommunikationsmittel.

Rosa Luxemburg besaß die große menschliche Stärke, aus dem Entdecken und Beobachten nahezu unscheinbarer Regungen in der Tier- und Pflanzenwelt Kraft zur Selbstbehauptung zu schöpfen. Sie vermochte sich an vielem zu erfreuen – selbst an einem Grashalm auf dem Gefängnishof und an einem Insekt am Fenstergitter. Jeder Laut, der zu ihr drang, regte sie zu vielseitigen Gedankenassoziationen an. Das Summen einer von ihr befreiten

Wespe oder Hummel, der Gesang eines Rotkehlchens, das Gebell eines Hundes, oder wenn sie gar das Weinen eines Kindes jenseits der Gefängnismauern vernahm, all das erhöhte ihr eigenes Lebensgefühl, weckte in ihr den Wunsch, sich anderen mitzuteilen, anderen Menschen ihr Erlebnis und damit ihre Art, die Welt zu sehen, zu beschreiben.

Bei ihrer Betrachtung der Natur fällt auf, wie genau sie die Besonderheit eines Tieres oder einer Pflanze erfaßte, mit welcher Leidenschaft und Energie sie sich Wissen über die Natur aneignete. Gleichzeitig sah sie das kleinste Tier als Teil des gesamten Lebens auf der Erde. »Ich fühle mich in der ganzen Welt zu Hause, wo es Wolken und Vögel und Menschentränen gibt«, bekannte sie Mathilde Wurm.[42] Die Verbindung des Menschen mit der Natur drängt Vergleiche mit dem Sinn der eigenen Existenz auf. So verglich sie sich voll heiterer Ironie mit dem Gartenspötter, den sie den Volksredner unter den Vögeln des Gartens nannte, ein fiktiver Dialog zwischen dem Quatschkopf, wie sie ihn liebevoll bezeichnete, und ihr selbst, der Törin.[43] Es ging Rosa Luxemburg immer um den Menschen, um sein Leben, um sein Handeln, seine Gedanken und Gefühle, darum, was er aus seinem Leben macht, wie er sich zu seiner Umwelt verhält.

Wie sehr Rosa Luxemburg die Naturvorgänge nutzte, um mit Hilfe von Gleichnissen sich gegen Unrecht und Niedertracht in der kapitalistischen Gesellschaft aufzulehnen, kommt vor allem in ihrem Brief an Sophie Liebknecht über die gequälten Büffel zum Ausdruck.[44] Hier wird nicht nur um das Tier geklagt, um die Büffel, die brutal mißhandelt werden, sondern vor allem über den Menschen nachgedacht. In der Roheit des Kutschers gegenüber dem Büffel erscheint die Erbarmungslosigkeit des Krieges, der die Menschen ihrer Menschlichkeit beraubt.

Ihr soziales Engagement als Revolutionärin findet in der Liebe zur Natur seine Entsprechung. Nicht zuletzt auch in dieser Weltsicht, die Natur, Kunst, Literatur, Musik, alle Schönheiten der materiellen und geistigen Kultur umfaßt, spiegelte sich ihre marxistische Weltanschauung wider, das Ziel ihres Kampfes – der befreite, gefühlsreiche, schönheitsempfindende und schöpferisch tätige Mensch in der sozialistischen Gesellschaft.

Als sich ihre Gesundheit unter der Monotonie der Haft verschlechterte, als ihr leidenschaftliches Temperament an den Gittern ihrer engen Zelle zu brechen drohte, da waren es Rosa Luxemburgs innerer Reichtum, ihre geistige Überlegenheit als Marxistin und ihre sinnvolle Betätigung, die sie schwierige Situationen aushalten ließen und andere Menschen aufrichten halfen.[45]

Rosa Luxemburg stellte sich in ihrer Korrespondenz stets ganz auf den Briefpartner ein. Wie sehr sie sich den Menschen, an den sie schrieb, vergegenwärtigte, wird in den recht unterschiedlichen Briefen an Sophie Liebknecht und Luise Kautsky sichtbar. Ist der Ton in den Briefen an Luise Kautsky leicht burschikos – auch die im Gefängnis geschriebenen sind oft locker und scherzhaft – so sind jene an Sophie Liebknecht betont einfühlsam. Fast jeder dieser Gefängnisbriefe ist erfüllt von der Sorge um die junge Frau. Sophies Schönheit, aber auch ihr ästhetisches Empfinden für alles Schöne bewegten Rosa Luxemburg in gleicher Weise. »Endlich kam ein Brief von Sonja L[iebknecht], sie gibt aber immer einen Ton wie gesprungenes Glas.«[46] Diese bildhafte Sprache deutet sowohl die Zartheit und Zerbrechlichkeit Sophie Liebknechts an als auch die schmerzliche Reflexion dieses Zustandes durch Rosa Luxemburg.

Rosa Luxemburg vertraute Sophie Liebknechts ästhetischem Urteil, ihrer Sensibilität für alles Schöne. Sie verstand und achtete deren Abscheu gegenüber allem, was roh und erniedrigend war. Gleichzeitig verlangte dieses feinfühlige Hineinversetzen von Rosa Luxemburg viel Kraft, um Zuspruch, Hilfe und Hoffnung zu geben, ohne von ihr jene heitere Bewältigung des Lebens erwarten zu können, die sie selbst so betont in den Vordergrund rückte. Rosa Luxemburg wußte, daß Sophie Liebknecht sie in jeder Regung ihres Wesens verstand, stärker wahrscheinlich als Luise Kautsky; jede Naturbeobachtung, jeder ästhetische Genuß wurde von ihr aufgenommen, sie sprach zu einem tief empfindenden Menschen, aber immer unter dem Aspekt, Stärke und Mut für zwei zu haben. »So schnellte ich denn, wie stets, von selbst wieder in die Höhe, und es ist gut so.«[47]

Anders war die Beziehung zu Luise Kautsky, deren Wesen mehr von praktischer Herzensgüte geprägt war. Die Kautsky-Familie wurde von Rosa Luxemburg in die Briefbeziehung eingeschlossen wie die ganze Atmosphäre im Hause Kautsky. Am

27. Dezember 1915, als Rosa Luxemburg im Gefängnis in der Barnimstraße saß, schrieb sie an Luise Kautsky: »Du hast keine Ahnung, wie ich mich danach sehne, mit Dir auf dem weichen breiten Sofa zu sitzen und zusammen zuzuhören, wenn uns Hans was Gutes vorspielt.«[48] Und in einem Brief aus Wronke vom 7. Februar 1917 tauchte diese Sehnsucht verstärkt auf: »Wenn ich aber wieder bei Euch bin, dann nimmst Du mich, wie üblich, in dem großen tiefen Sessel auf den Schoß, ich vergrabe meinen Kopf an Deiner Schulter, und Hans [Kautsky] spielt uns die Mondscheinsonate oder den zweiten Teil der Pathétique vor. Dann wird alles wieder gut.«[49] Von Luise Kautsky strahlten Lebensmut, Heiterkeit und Offenheit aus, was Rosa Luxemburg froh stimmte und glücklich machte. »... Du fehlst mir nur«, schrieb Rosa Luxemburg an Luise Kautsky im Januar 1917, »um so zu schnattern und zu lachen, wie wir zwei es allein verstehen ... Weißt Du noch, wie wir einmal von einem Abend bei Bebel zurückkamen und um Mitternacht auf der Straße zu dritt ein Froschkonzert aufführten, da sagtest Du, Du wärest immer, wenn wir zusammen sind, ein wenig im Rausch, als hätten wir Sekt getrunken. Gerade das liebe ich bei Dir, daß ich Dich immer in die Champagnerstimmung bringen kann, wo uns das Leben in den Fingern prickelt und man zu jeder Narretei aufgelegt ist.«[50] Das starke Gefühl zu leben spricht selbst noch aus der brieflichen Erinnerung an jene ausgelassenen Stunden.

Ähnlich wie die Briefe an Sophie Liebknecht, sind die Briefe Rosa Luxemburgs an Hans Diefenbach biographisch besonders aussagekräftig. Lange vor dem ersten Weltkrieg wurde Rosa Luxemburg mit dem 1884 in Stuttgart geborenen Hans Diefenbach bekannt.[51] Er verkehrte in Berlin mit Karl Kautsky und August Bebel. Nach der Revolution von 1905 bis 1907 gewährte er auf Bitten Rosa Luxemburgs polnischen Emigranten finanzielle Unterstützung. Hans Diefenbach war Arzt und gehörte zu den engsten Freunden Rosa Luxemburgs, der wie wenige jede ihrer Stimmungen, jede Empfindung verstand und nachfühlen konnte.[52]

Die Briefe an Hans Diefenbach reflektieren am stärksten eine freundschaftliche Beziehung, in der Geben und Nehmen sich die Waage hielten. In ihnen teilte Rosa Luxemburg alles mit, was sie erheiterte und was sie quälte. Die Erinnerung an gemeinsam verbrachte Stunden, an Bücher, an Musik, aber vor allem die Anstrengung, die Gefängnissituation menschlich zu beherrschen, bestimmen diese Briefe. Vielleicht widerspiegeln gerade deshalb ihre Briefe an Hans Diefenbach ihre Persönlichkeit, wie sie war – verzagt und heiter, gequält und mutig –, in stärkerem Maße als die bekannten Briefe an Sophie Liebknecht. Als Rosa Luxemburg die Nachricht erhielt, daß Hans Diefenbach in Frankreich im Oktober 1917 gefallen war, schrieb sie an Luise Kautsky tief erschüttert: »Wir hatten tausend Pläne für die Zeit nach dem Kriege, wir wollten ›das Leben genießen‹, reisen, gute Bücher lesen, den Frühling bewundern wie noch nie … Ich begreife es nicht: Ist das möglich? Wie eine abgerissene und zertretene Blume …«[53]

Rosa Luxemburg mußte in ihren Briefen aus dem Gefängnis stets besorgt sein, die Militärbehörden nicht auf ihre Verbindung mit der Spartakusgruppe aufmerksam zu machen. Hans Diefenbach, der als Arzt zum Militär eingezogen worden war, hatte durch den Briefwechsel mit Rosa Luxemburg Schwierigkeiten bei seinen Vorgesetzten. Aus der Situation des Krieges ergab sich daher, daß die Briefpartner vorwiegend Frauen waren. Es kamen neue Adressaten zu ihren Briefpartnerinnen hinzu, so unter anderen Mathilde Jacob und Marta Rosenbaum. Sie gehörten zu den Freundinnen, die sich bemühten, Rosa Luxemburg die Haft zu erleichtern.

Rosa Luxemburgs Hoffnungen auf die Revolution in Europa, auf Befreiung aus der Haft erhielten neuen Auftrieb, als ihr an einem Märztage 1917 der Ausbruch der bürgerlich-demokratischen Revolution in Rußland bekannt wurde.

Diese Nachricht wirkte auf Rosa Luxemburg wie ein »Lebenselixier«.[54] Zwei Monate zuvor hatte sie in Briefen über eine anhaltende »Nervenabspannung« von der düsteren Einöde des Winters und der Festungshaft geklagt, aber die Revolutionsnachrichten machten sie wieder »frisch und munter«.[55] Der tote Punkt, auf den die Entwicklung der revolutionären Arbeiterbewegung mit dem Weltkrieg und dem Zusammenbruch der II. Internationale geraten schien, war mit einem Mal überwunden. Rosa Luxemburg atmete auf. »In dem von Moderluft erfüllten Europa«, schrieb sie, »worin man seit bald drei Jahren beinahe erstickte, ist gleichsam plötzlich ein Fenster aufgerissen worden, und ein frischer, belebender Luftstrom weht hinein ...«[56] Ihr Optimismus, mit dem sie ihre Freunde in verschiedenen Briefen aus Gefängnis und Festung tröstete, erhielt einen realen, konkret faßbaren Inhalt. Die Ereignisse in Rußland waren von gewaltiger Tragweite, und sie betrachtete das, was dort geschehen war, nur als eine Ouvertüre. »Die Dinge müssen dort ins Grandiose gehen, das liegt in der Natur der Sache«,[57] schrieb sie an Clara Zetkin.

Rosa Luxemburg rechnete mit der sozialistischen Revolution in gar nicht ferner Zukunft. »... ich bin felsenfest überzeugt«, schrieb sie an Marta Rosenbaum, »daß eine neue Epoche jetzt beginnt und daß der Krieg nicht mehr lange dauern kann.«[58]

Rosa Luxemburg erkannte als eine der ersten in der internationalen Arbeiterbewegung, daß die Große Sozialistische Oktoberrevolution eine Weltenwende im Kampf der internationalen Arbeiterbewegung gegen den Imperialismus einleitete. Sie begriff die proletarische Revolution in Rußland als eine weltgeschichtliche Tat von allgemeingültiger Bedeutung.[59]

In allen drei Revolutionen Rußlands erkannte Rosa Luxemburg in der Partei der Bolschewiki die führende Kraft des proletarischen Befreiungskampfes. Trotz theoretischer Meinungsverschiedenheiten mit Lenin hinsichtlich der Frage der Macht, der Bauernfrage und der nationalen Frage sah Rosa Luxemburg im Bolschewismus die einzige Kraft für den praktischen revolutionären Sozialismus, für echtes Fortschreiten auf dem Weg zur Eroberung der politischen Macht durch die Arbeiterklasse. Deshalb machte Rosa Luxemburg nie in ihrem Leben dem Antibolschewismus Zugeständnisse.

Die Unterstützung der revolutionären Bewegung in Rußland wie auch in allen anderen Ländern betrachtete Rosa Luxemburg als vordringliche Pflicht eines jeden Internationalisten. Da sie die konterrevolutionäre Skrupellosigkeit des deutschen Imperialismus und Militarismus genau kannte, sorgte sich Rosa Luxemburg 1917/18 um das Schicksal der Großen Sozialistischen Oktoberrevolution. Im November 1917 schrieb sie an Mathilde Wurm: »Um die Russen bangt mein Herz sehr, ich erhoffe leider keinen Sieg der Leninisten, aber immerhin – ein solcher Untergang ist mir doch lieber als ›Lebenbleiben für das Vaterland‹.«[60]

Wenige Tage später äußerte sie sich gegenüber Luise Kautsky:

»Freust Du Dich über die Russen? Natürlich werden sie sich in diesem Hexensabbat nicht halten können – nicht, weil die Statistik eine so rückständige ökonomische Entwicklung in Rußland aufweist, wie Dein gescheiter Gatte ausgerechnet hat, sondern weil die Sozialdemokratie in dem hochentwickelten Westen aus hundsjämmerlichen Feiglingen besteht und die Russen, ruhig zusehend, sich werden verbluten lassen.«[61]

Rosa Luxemburg schöpfte aber immer wieder aus ihrer Überzeugung vom unausbleiblichen Sieg des Proletariats über seine Feinde, von der Größe der revolutionären Verdienste Lenins und der Bolschewiki Siegeszuversicht. Der Beginn der Revolution in Deutschland am 3. November 1918 in Kiel gab ihr völlig Recht. Unter dem Einfluß der Großen Sozialistischen Oktoberrevolution begann die größte antiimperialistische Massenbewegung, die die Geschichte der deutschen Arbeiterbewegung bis dahin kannte. Sie befreite Rosa Luxemburg aus dem Gefängnis in Breslau. Am 10. November 1918 traf Rosa Luxemburg in Berlin ein. Sofort übernahm sie gemeinsam mit Karl Liebknecht die Leitung der »Roten Fahne«, die das Zentralorgan des aus der Spartakusgruppe konstituierten Spartakusbundes wurde. Fast jeden Tag schrieb sie Leitartikel für die »Rote Fahne«, und sie entwarf das Programm des Spartakusbundes.

Fürs Briefeschreiben fand sich nun keine Ruhe mehr. Oft sind es nur in Eile niedergeschriebene Worte und Gedanken. Die wenigen Briefe, die Rosa Luxemburg vom November 1918 bis Januar 1919 verfaßte, waren in der Mehrzahl an Clara Zetkin gerichtet, die in Stuttgart lebte. Gern wäre Rosa Luxemburg mit der Freundin und Kampfgefährtin zusammengekommen, um mit ihr Gedanken über die revolutionäre Bewegung und die Aufgaben der Revolution auszutauschen. Aber dazu fehlten die Zeit und die Möglichkeiten. So blieb ihnen der Brief als einziges Kommunikationsmittel. »Wie viel lieber wäre ich zu Dir gefahren!« schrieb Rosa Luxemburg Weihnachten 1918 der Freundin.

Das alles beherrschende Thema ihrer Briefe und Telegramme war die »Rote Fahne«. Sie berichtete von den Schwierigkeiten der Redaktion, bat Clara Zetkin um Artikel, trug ihr die Redaktion einer Frauenbeilage an.[62] Rosa Luxemburg wollte mit der sich formierenden kommunistischen Bewegung sogleich den Namen

Clara Zetkin verbinden.[63] Sie hatte die Sympathie und das Einverständnis der Kampfgefährtin. Clara Zetkin aber äußerte auch Bedenken. Rosa Luxemburg schrieb jedoch zuversichtlich: »Ich bin sicher, daß eine Woche Aufenthalt hier und unmittelbare Beteiligung an unseren Arbeiten und Beratungen genügen würden, um die völlige Konformität zwischen Dir und uns in allem und jedem herzustellen.«[64]

Es ist mehr als symbolisch, daß ihr letzter erhalten gebliebener Brief, an ihre vertraute Kampfgefährtin Clara Zetkin gerichtet, von dem handelt, womit Rosa Luxemburg ihr Lebenswerk krönte: der Gründung der Kommunistischen Partei Deutschlands (Spartakusbund).

So lassen die im vorliegenden Band vereinten Briefe Rosa Luxemburgs Persönlichkeit und ihre Entwicklung voll erleben. Sie verdeutlichen Stationen und Probleme des Lebensweges dieser großen Führerin der Arbeiterbewegung, vermitteln vielfältige Eindrücke von ihrer theoretischen und praktischen Tätigkeit im Dienste der sozialistischen Revolution. Sie zeigen zeitgeschichtliches Kolorit, schildern Erlebnisse und Konflikte ihres bewegten Lebens und offenbaren Motive ihres Denkens und Handelns. Sie verraten ihre Charakterzüge, Eigenheiten, Fähigkeiten, Leidenschaften, ihre Freuden und Kümmernisse, ihre Vorzüge und Schwächen. Höhen und Tiefen persönlicher Entwicklung und Beziehungen werden offenbar. Authentisch lassen die Briefe erkennen, daß das politische Engagement, der streitbare Geist, das revolutionäre Feuer, die intellektuellen, schriftstellerischen und künstlerischen Fähigkeiten wie auch die Naturverbundenheit, die fraulichen Züge und die tiefe Menschlichkeit untrennbar zum faszinierenden Persönlichkeitsbild der Marxistin und Revolutionärin Rosa Luxemburg gehören.

Rosa Luxemburg war eine fleißige und leidenschaftliche Briefschreiberin. Von manchen Tagen sind mehrere Briefe erhalten geblieben. Hin und wieder klagte sie, wieviel Zeit ihr durch das Erledigen der Post verlorenging. Den meisten Briefen aber entströmt die Freude, mit der sie sich ihren Freunden und Genossen mitteilte.

Ihre Briefe dienten sehr unterschiedlichen Zwecken. Sie wollten Freunde und Kampfgefährten informieren und zum Gedankenaustausch herausfordern. Manche enthalten ausschließlich sachliche Mitteilungen und Bemerkungen. In anderen stand die Selbstverständigung über Situationen, Erlebnisse, Meinungen, Beobachtungen, Ahnungen oder Befürchtungen im Mittelpunkt. Teilweise ersetzten ihr die Briefe ein Tagebuch, verhalfen ihr zur Selbstbehauptung gegen den politischen Strafvollzug während der Gefängnisaufenthalte. Oftmals versuchte Rosa Luxemburg, mit ihren Briefen Freunde zu ermutigen und zu erfreuen.

Rosa Luxemburg konnte sich am Briefschreiben erbauen. Sie schrieb Wichtiges, Liebenswertes, Achtunggebietendes, Erstaunliches neben durchaus Belanglosem, niemals ahnend, daß Dritte es später einmal lesen würden. Das beeindruckende generelle Merkmal ihrer Briefe ist ihre Natürlichkeit. »Da ist nichts gekünstelt oder gezwungen. Rosa Luxemburg gibt sich in ihnen, wie sie ist, mit ihren Augenblicken der Depression und ihrem ruhigen Heldentum, ihrem Sinn für die Natur und ihrer Vorliebe für bestimmte Werke der Weltliteratur, ihren Ansichten über die Welt und die Menschen, die die Geschichte machen, aber auch mit ihrem selteneren, aber keineswegs fehlenden Humor … Sie schreibt aus der Überfülle des Herzens, nie aus Gewohnheit oder Routine. Dabei sind ihre Briefe, in denen sie so viel von sich selbst spricht, fast nie Bekenntnisse. Ein langes, ununterbrochenes und wieder aufgenommenes Gespräch, vielseitig und doch auf eine bestimmte Anzahl Themen und Gegenstände ausgerichtet, die oft bei ihr wiederkehren, bald ernst, bald heiter, manchmal tiefschürfend und immer interessant, ein langes Gespräch, das nie in Geschwätz abgleitet.«[65]

Rosa Luxemburg beherrschte die Kunst des Briefschreibens und wählte viele Tonarten. Sie schrieb in spontaner Herzlichkeit, aber auch mit genau berechneter Kälte. Sie teilte sich deutsch, polnisch, russisch und französisch mit, so daß zu den unterschiedlichen Tonarten, zum unterschiedlichen Grad der Vertrautheit, zur nuancierten Offenheit auch Stilunterschiede treten, die von der jeweiligen Sprache abhängen.[66]

Selbstbewußt und einfühlsam, wie sie war, vertraute sie ihren Briefpartnern an, was sie bewegte, dachte, tat und was sie über Dritte meinte.

Briefe als eine besonders subjektive Quelle sind situationsgebunden und gefühlsbedingt, für den Tag oder gar die Stunde geschrieben, aus Stimmungen geboren und in den meisten Fällen nur für den einen Empfänger bestimmt. Selten können und wollen ihre Verfasser ausgewogen und allseitig betrachten. Briefe sind in höchstem Maße Zeugnisse der Individualität. Ihr Reiz liegt in der von den Eigenheiten der Persönlichkeit geprägten äußerst subjektiven Sicht und in der natürlichen Widersprüchlichkeit. Sie fordern zugleich dazu heraus, die wichtigsten Tatsachen und Umstände im Leben und Wirken ihres Autors nicht aus dem Auge zu verlieren. Darüber liegt für Rosa Luxemburg genügend Literatur vor, über die ein Verzeichnis am Ende des Bandes informiert.

Möge jedem das Lesen der folgenden Briefe ein Erlebnis werden, sein Wissen über Rosa Luxemburg bereichern und ihn bestärken, daß es sich lohnt, wie sie zu kämpfen, denn, so hinterließ Rosa Luxemburg am Ende ihres Lebens, die sozialistische Gesellschaft »braucht Menschen, von denen jeder an seinem Platz voller Glut und Begeisterung für das allgemeine Wohl ist, voller Opferfreudigkeit und Mitgefühl für seine Mitmenschen, voller Mut und Zähigkeit, um sich an das Schwerste zu wagen«[67].

Annelies Laschitza

Redaktionelle Vorbemerkung

Die in diesen Band aufgenommenen Briefe werden im vollen Wortlaut wiedergegeben. Ausnahmen bilden einige Briefe an Leo Jogiches und an Kostja Zetkin, aus denen Stellen intimen Charakters ausgelassen wurden. Diese Auslassungen sind durch drei Punkte in eckigen Klammern gekennzeichnet. Drei Punkte ohne Bemerkung stammen von Rosa Luxemburg.

Alle Zusätze und Ergänzungen der Redaktion im Text und bei den Orts- und Datumsangaben im Briefkopf sind durch eckige Klammern kenntlich gemacht.

Halbfettdruck kennzeichnet Hervorhebungen Rosa Luxemburgs, Kursivschrift gibt deutsche Textstellen in den in polnischer

Sprache an Leo Jogiches gerichteten Briefen wieder. Die Hervorhebungen der Autorin sind in diesen deutschsprachigen Textstellen aus technischen Gründen durch gesperrte Kursivschrift hervorgehoben. Fremdsprachige Textstellen in den Briefen sind in Anmerkungen übersetzt, soweit sie nicht durch den Großen Duden oder ein Fremdwörterbuch erschlossen werden können.

Der Brieftext wurde entsprechend der modernen Rechtschreibung und Zeichensetzung bearbeitet. Grammatikalisch-stilistische Eigenheiten blieben erhalten. Allgemein nach dem Duden übliche Abkürzungen wurden beibehalten, alle anderen abgekürzten Wörter wurden ausgeschrieben.

Daten, die sich auf Ereignisse im zaristischen Rußland beziehen, werden nach der alten Zeitrechnung angegeben, das Datum der neuen Zeitrechnung wurde in runden Klammern beigefügt.

Für die Illustration des Bandes wurden neben Fotografien Faksimiles, Zeichnungen und Aquarelle Rosa Luxemburgs sowie 14 Blätter aus ihrem Herbarium ausgewählt, für das sie seit 1913 Blätter, Blüten und Gräser sammelte.

Im Anhang sind beigegeben ein Verzeichnis der Personen, ein Verzeichnis geographischer Namen, ein Zeitungs- und Zeitschriftenverzeichnis sowie ein Abkürzungsverzeichnis. Des weiteren enthält die Ausgabe eine Auswahl veröffentlichter Arbeiten Rosa Luxemburgs beziehungsweise Publikationen über Rosa Luxemburg sowie ein Quellenverzeichnis.

Leo Jogiches

[Clarens, 20. März 1893] · Montag

Ciucia, goldene! Eben erst (um 4 Uhr) habe ich Deinen Brief und die Karte erhalten. Also noch zwei Tage warten! Und ich war schon heute um 3 Uhr auf der Station und hatte die Absicht, um 8.20 abends wieder hinzugehen.

Heute ist es seit dem Morgen ganz grau – zum ersten Mal. Von Regen keine Spur. Der ganze Himmel ist mit Wolken unterschiedlicher Größe und unterschiedlicher Schattierung bedeckt und sieht wie ein tiefes, stürmisches Meer aus. Der See glitzert mit stahlfarbener glatter Oberfläche. Die Berge, vom Dunst verhüllt, sind traurig, der Dent du Midi ist wie im Nebel zu sehen. Die Luft ist mild, frisch und erfüllt vom Duft der Apfelbäume und Gräser. Ringsum Stille, die Vögel zwitschern wie im Traum – leise und gleichmäßig. Ich sitze in der Nähe des Hauses im Gras, unter einem Baum, an dem kleinen Weg, der am Brunnen vorbeiführt. Das Gras wuchert ganz üppig; Blumen, besonders diese großen gelben, in Fülle. Darüber schwirren Bienen in solchen Massen, daß um mich herum ein сплошное жужжание[1]. Es duftet auch nach Honig. Ab und zu fliegt ein großer Brummer mit lautem Gesumm drüber hinweg. Mir ist traurig zumute, und gleichzeitig ist mir sehr wohl in der Seele, denn ich liebe solch ein stilles, versonnenes Wetter ungemein. Nur schade, daß es mich eher zum Träumen als zur Arbeit einstimmt. Dziodzio, beeile Dich! Du wirst sicher auch am Mittwoch nicht kommen. In der Karte wolltest Du hinzufügen или[2] ... Das heißt, Du meintest schon – den Donnerstag. Siehst Du, Dziodziu, wir müssen hier so schnell wie möglich weg. [...]

Hier schicke ich Dir wieder einen Brief von zu Hause. Heute kam ein dicker Packen Zeitungen, auch von den Deinen aus Wilno.[3]

Noch heute abend, und morgen den ganzen Tag, und übermorgen einen halben Tag! Wie einsam ist es mir alleine hier. Zusammen waren wir eigentlich kaum drei Wochen hier. Wir fahren doch noch mit dem Boot, nicht wahr? Und machen einen langen Spaziergang in die Berge, nicht wahr? Beeile Dich, teures Gold, **so schnell wie möglich** zu Deiner Mame.

Vergiß nicht, den Chartismus mitzunehmen.

Heute nacht weckte mich irgendeine Stimme. Ich horche – aber ich bin es selbst, die spricht. [...] Wach geworden durch die eigene Stimme, wurde mir bewußt, daß es ein Traum war, und ich wurde der traurigen Wirklichkeit gewahr, daß mein Dziodzio weit, weit ist und ich mutterseelenallein bin. Aber in dem Augenblick stieg jemand laut die Treppe nach oben. Noch von dem Traum befangen, kombinierte ich, daß **Du** da gehst, daß Du mit dem letzten Zug um 1 Uhr nachts gekommen bist (im Traum änderte ich den Fahrplan ein bißchen) und daß Du, um mich nicht zu wecken, zu Dir nach oben schlafen gehst und mir morgen früh eine Überraschung bereitest. Ich lächelte zufrieden und schlief ein. Heute früh stehe ich auf, fliege zu Dir nach oben und – sehe, daß meine nächtlichen Kombinationen nur Traum waren. Sowie Du am Mittwoch nicht kommst, flitze ich mit dem Frühzug nach Genf, Du wirst sehen!

Leo Jogiches

[Paris, 11. März 1894] · Sonntag

Mein teuerstes, geliebtes Kind!

Endlich kann ich Dir schreiben. Jetzt ist es 11 Uhr nachts. Gerade eben bin ich von Adolfs [Warskis] zurückgekehrt, sitze in meinem Zimmerchen im 5. Stock. Das Zimmerchen ist für die hiesigen Verhältnisse nicht schlecht. Aber das ist Nebensache. Eigentlich wollte ich jetzt nur an Dich und über Dich schreiben, aber vor Müdigkeit dreht sich mir der Kopf. Sicher wirst Du es noch öfter in diesem Brief merken.

Gold, teures, meine Ciucia! Mein Dziodzio! Mein Würmchen! Was machst Du jetzt? Sicher liegst Du im Bett, die Lampe neben Dir auf dem Tischchen, und Du liest oder kritzelst etwas und läßt Rauchwolken aus der Zigarette steigen. Mein Einziger, Bobo! Wann werde ich Dich sehen? Das fehlt mir so sehr, daß ich einfach in der Seele dürste! Weißt Du, mein Gold, jetzt ist es bald Mitternacht, aber unten ringsherum Lärm, Geschrei, Ausrufen der Zeitungsverkäufer – ganz wie zu Mittag.

Was ich heute gemacht habe? Nichts. Ich habe etwa drei Stunden geschlafen. Dann kamen zu den Adolfs Morek [Warszawski] und noch ein Arbeiter, ein Pole. Ich konnte also nichts tun. Übrigens habe ich auch einen solchen Lärm im Kopf, daß ich zu nichts fähig bin. Ach, mein Gold, wenn ich Dich jetzt hier bei mir hätte! Nun, später fuhren wir mit der Straßenbahn in den Bois de Boulogne und zurück. Ich sah das Trocadero, den Arc de Triomphe, den Eiffelturm und die Grand Opéra. Ich bin von dem Lärm betäubt. Und wieviel schöne Frauen es hier gibt! Eigentlich sind sie alle schön, oder sie scheinen es wenigstens. Nein, Du kommst auf keinen Fall hierher! Sitz Du in Zürich!

Du fragst, wie das Wiedersehen mit den Adolfs war? Sehr gut. Wir haben noch über nichts gesprochen. Aber zu dem, was demnächst herausgegeben wird, hat er seine Ratschläge gegeben etc. Er fragte, ob ich seinen Brief über Kasprz[ak][4] und den Artikel über die Handwerker[5] drucke. Er bestreitet, geschrieben zu haben, daß er das nicht will. Mit einem Wort, es ist wie immer.

Jetzt zu dem Geschäftlichen. Gold! Stell Dir nur vor, daß für die Nummer vier Spalten fehlen! Nun weiß ich mir tatsächlich keinen Rat. Siehst Du, unglücklicherweise habe ich den Artikel von Julek[6] nicht mitgenommen. Aber bis Du diesen Brief bekommst – zwei Tage, bis er korrigiert hat und Du mir schickst – noch zwei Tage, bis Reiff setzt – ein Tag, zusammen Minimum fünf! Also entscheide ich mich so: Morgen früh gehe ich zu Reiff und frage. Wenn er Lettern für die Maibroschüre hat, ohne die Nummer auseinanderzureißen, so warte ich mit der Nummer und lasse ihn inzwischen die Broschüre (zwei Teile) setzen. Wenn er aber keine hat, so telegrafiere ich Dir wegen des Artikels von Julek, arbeite ihn selbst um und packe ihn hinein. Gold! ...

Ich bin erschöpft und nervös. Ich kann nicht mehr.

Ich küsse Dziodzio, meine Ciucia. R.

Dziodziu, hast Du bei K[ritschewski] und G[elfand] schon die Artikel bestellt?! Besonders bei K[ritschewski]! Sollen er und auch Julek sich beeilen, aber so kurz wie möglich schreiben, denn ich will noch eine Spalte für kleine Notizen aus dem Französischen haben.

Flora Wiślicka brachte die Nachricht mit, daß in diesen Tagen die Urteile gegen die Alten[7] verkündet werden sollten. Inzwischen bekam Bolek [Dębiński] die Nachricht, daß Lopek [Bein] wieder verhaftet ist.

Meine Adresse: Faubourg St-Denis 7, Chambre Nr. 11.

Schick mir das braune Kleid (und den *Unterrock*) rechtzeitig, denn ich muß am 18. März zu einem Bankett bei den Franzosen.

Leo Jogiches

[Paris, 25. März 1894] · Sonntag, 3¹/₂

Mein Teurer! Ich war schon sehr böse auf Dich, habe Dir ein paar häßliche Dinge vorzuwerfen. Das hat mich so wehmütig gestimmt, daß ich den Vorsatz hatte, Dir bis zur Abreise nichts mehr zu schreiben. Aber das Gefühl hat die Oberhand gewonnen. Hier nun, was ich Dir vorzuwerfen habe.

1. Deine Briefe enthalten **ganz und gar nichts** außer der »Sprawa Robotnicza«, Kritik an dem, was ich gemacht habe, und Hinweise, was ich machen soll. Wenn Du empört sagst, daß Du mir doch so viele liebe Worte in jedem Brief schickst, so antworte ich Dir, daß mir zärtliche **Wörtchen** nicht genügen, und ich würde sie Dir gern schenken für die geringste Mitteilung aus Deinem persönlichen Leben. Kein Wörtchen! Uns verbindet nur die Sache und die Tradition früherer Gefühle. Das ist sehr schmerzhaft. Das wurde mir hier besonders klar. Wenn ich, zum Umfallen erschöpft von der dauernden Sache, mich für einen Augenblick zur Ruhe setzte, ließ ich die Gedanken umherschweifen und spürte, daß ich nirgends einen eigenen, persönlichen Winkel habe, daß ich nirgends existiere und lebe als mein eigenes **Ich.** In Zürich die gleiche und sogar noch lästigere Redaktionsarbeit. Ich spürte, daß ich ebensowenig Lust habe, hier zu bleiben wie nach Zürich zurückzukehren. Sag nicht, daß ich das andauernde Arbeiten nicht vertragen kann, daß aus mir der Wunsch nach Ruhe spricht. O nein, ich kann noch doppelt soviel vertragen, allein es quält mich und ödet mich an, daß ich, wohin ich mich auch wende, nach allen Seiten, nur das eine habe – die »Sprawa«. Wozu habe ich es nötig, daß mir andere damit den Kopf verdrehen, da

Rosa Luxemburg, um 1893

ich schon von selbst genügend an die »Sprawa« denke und mich mit ihr abgebe. Es regt mich auf, sobald ich irgendeinen Brief von anderen oder von Dir in die Hand nehme – überall das gleiche –, es ist die Nummer, es ist die Broschüre, da ist dieser Artikel, da ist jener. Das wäre alles gut, wenn wenigstens **neben dem da, außer dem da** ein wenig der **Mensch**, die Seele, das Individuum zu sehen wäre. Und bei Dir gibt es nichts, nichts außer dem da. Hast Du in dieser Zeit keine Eindrücke empfangen, keine Gedanken gehabt, hast Du nichts gelesen, nichts wahrgenommen, was Du mir mitteilen könntest?! Vielleicht möchtest Du mir die gleichen Fragen stellen? Oh, ich habe, ganz im Gegenteil, **trotz der »Sprawa«** auf Schritt und Tritt eine Menge Eindrücke und Gedanken – nur habe ich **niemand**, mit dem ich sie teilen könnte! Mit Dir? Oh, ich schätze mich zu hoch ein, um das zu tun. Weit eher könnte ich mich darüber mit Heinrich, Mitek [Hartman], Adolf [Warski] austauschen, aber ich liebe sie leider nicht, also habe ich keine Lust dazu. Dich aber liebe ich, aber – eben das alles, was ich oben geschrieben habe. Es ist nicht wahr, daß es eben jetzt heiß zugeht und die Arbeit drängt: Bei einer bestimmten Art von Beziehungen – findet sich immer etwas, worüber man spricht, und ein Augenblick Zeit zum Schreiben. Sieh z. B., wie bezeichnend das ist, und das ist mein Vorwurf:

2. Angenommen, Du lebst jetzt nur für unsere und Deine Sache. Nun denn, nehmen wir die russische Sache. Hast Du mir auch nur ein Wörtchen davon geschrieben? Was ist los, was wird gedruckt, was ist mit den Burschen dort in Zürich? Du hieltest es nicht für nötig, auch nur das geringste darüber zu schreiben. Ich weiß, daß sich dort nichts Besonderes ereignet hat, aber gerade nahestehenden Menschen schreibt man auch über Kleinigkeiten. Du meinst, daß es für mich genügt, wenn ich für die »Sprawa« kritzele und Deine *»unmaßgebende« Meinung* gut ausführe. **Das ist sehr charakteristisch.**

3. Z. B. ist Hein[rich] (nach Zürich) gekommen. Wie ich aus seinem heutigen Brief erfahre, hat er Dir die ganze Sache vorgetragen und mit Dir debattiert, und **Du** hast von ihm **unbedingt** Änderungen in den organisatorischen Beziehungen der »Sprawa« zur Partei **verlangt.** Und zu **mir** über das alles kein Wort? Ohne meine Meinung, ohne sich mit mir über das alles auszutauschen,

entscheidest Du und **beharrst** darauf? H[einrich] war wenigstens ehrlich genug, mir darüber zu schreiben (erst heute!) und nach meiner Meinung zu fragen. Du – hast es nicht getan.

4. Aus Brzez[inas] Brief erfuhr ich, daß er Heinrich beauftragt hat, mir alle Informationen über Grenzübergänge mitzuteilen. Der hat es natürlich gleich Dir erzählt, aber Du zu mir – kein Wort. Ich sitze hier, beeile mich mit der Arbeit, schicke ab und **habe keine Ahnung**, was überhaupt mit den Grenzübergängen los ist, ob und wieviel ankommt, wie schnell wer das besorgt – Brz[ezina] oder Hein[rich]. Das alles, meint man, ist für mich überflüssig.

Die großmütige Erklärung, ich sollte mir wegen der praktischen Dinge keine **Sorgen machen**, denn das würde schon ohne mich erledigt, kann nur ein Mensch abgeben, der **mich gar nicht kennt**. Eine solche Erklärung mag vielleicht für Julek [Marchlewski] gerade ausreichen, damit er sich keine Sorgen macht, denn er hat schwache Nerven, mir gegenüber ist ein solches Vorgehen, noch dazu unter Hinzufügung des Wortes »птичка«[8], eine Beleidigung, gelinde gesagt. Nimmt man noch dazu jene massiven und ungeschminkten Anweisungen: Mach es mit Adolf so und so, benimm Dich, wenn Du Lawrow besuchst, so oder so, halte Dich an dies und an das – nimmt man das alles zusammen, so gibt das einen einzigen unauslöschlichen Eindruck von Mißbehagen, Ermattung, Erschöpfung und Unrast, der mich in Augenblicken befällt, wo ich Zeit habe, daran zu denken. Ich schreibe Dir das alles nicht, um Dir Vorwürfe zu machen, ich kann nicht **verlangen**, daß Du ein anderer bist, als Du bist. Ich schreibe teils deshalb, weil ich noch die dumme Gewohnheit habe, alles zu sagen, was ich empfinde, teils aber will ich, daß du au courant[9] bist, was zwischen uns ist.

In der Anlage sende ich Dir die Korrekturfahnen aller Artikel, die vorliegen, außer von Julek[10] und dem Feuilleton[11]. Ausgerechnet Korrekturfahnen von Juleks Artikel habe ich nicht bekommen, aber ich habe ihn so sorgfältig bearbeitet, daß ich in bezug auf diesen Artikel ganz ruhig bin, das Feuilleton aber kennst Du. Der Artikel Kritsch[ewskis][12] ist noch nicht zum Satz. Heute arbeite ich ihn um.

Ich schicke sie Dir deshalb, da ich, schon ein wenig müde, keinen genügend frischen Eindruck von den Artikeln habe, und ich fürchte Vorwürfe. Sieh sie also durch und schreibe Deine Bemerkungen. Mit dem Platz tu Dir keinen Zwang an. Die Korrekturfahnen habe ich noch gar nicht durchgesehen, und es wimmelt von Böcken, achte nicht darauf, sondern nur auf den Inhalt. Wenn man Kritschewskis Artikel bringt, so kommt man auf keinen Fall auf einen Bogen, da er mehr als drei Spalten beansprucht. Es wäre nichts in der Nummer, denn auch der Kampf um die Kürzung der Zeit[13], obwohl sehr oberflächlich geschrieben, hat viel Platz gebraucht. Urteile selbst, ob man hätte kürzer schreiben können. – In dem Artikel über die Kürzung der Zeit ergänze ich noch die Fakten aus **unserem** Kampf samt Resultaten. Diesen Artikel schließe ich etwas besser, als Übergang zum Kampf um die acht Stunden. – Was hältst Du davon, als Spitze eine kleine mit »Ch.« gezeichnete Notiz[14] zu bringen? (Diese Übersetzung Defnets, die von mir bearbeitet ist, hat Jadzia [Warska] übersetzt.) Adolf sagt, daß das nicht als Einleitung paßt, daß am Anfang ein von der Redaktion unterschriebener Aufruf stehen muß. Was meinst Du dazu? Mir gefällt im Gegenteil die Notiz so gut, daß ich sie an den Anfang stellen möchte.

Mit all diesen Artikeln plus dem von Kritschewski bleiben beim Doppelbogen sieben Spalten frei. Sie verteilen sich: Über die Frauen eine Spalte, über den Arbeitslohn eine oder eineinhalb, schließlich muß ich dann noch einen politischen Leitartikel schreiben. Der bereitet mir die meisten Sorgen, denn zu diesem Thema ist es in meinem Kopf schon ganz leer. Natürlich schreibe ich ihn trotzdem. Aber ich will ihn kurz machen. So für etwa zwei, zweieinhalb Spalten. Auf dem restlichen Stückchen bringe ich ein Artikelchen über die Vorbereitungen zum 1. Mai im Ausland, wobei ich nur drei Fakten vermerke: Die Engländer haben den Sonntag auf den 1. Mai verlegt, die Deutschen haben sich geeinigt zu **feiern**, die Franzosen – haben sich alle[15] zur Begehung des Feiertages vereinigt: Zum ersten Mal werden alle Parteien den 1. Mai **zusammen** begehen. Auf diese Weise wird die Nummer sehr abwechslungsreich und voll werden. – Adolfs Artikel über den Charakter der Feiern[16] wird Dich vielleicht nicht begeistern, aber ich habe keine Möglichkeit, alles vollendet zu machen. Er, der arme Kerl, hat einmal geschrieben, daraufhin habe ich abgelehnt und ihm einen Plan geschrieben, er hat von neuem nach dem Plan ein zweites Mal geschrieben, dann habe ich das noch zweimal umgearbeitet und verbessert. Mehr kann ich schließlich nicht von ihm fordern. Übrigens ist er jetzt gar nicht übel. – Schreib Deine Meinung über die Artikel ganz ohne Umschweife und ohne die Pillen mit Komplimenten über **meine** Artikel zu versüßen, die (d.h. die Komplimente) einen abgeschmackten Eindruck machen. – Den Artikel über die Arbeitszeit gliedere ich in einige selbständige Teile nach Ländern auf, damit er sich leichter liest. Das Ganze lasse ich schneiden und mit einer Nadel heften, damit sich die Blätter leichter umblättern lassen. Der Artikel Kritschewskis hat mir nicht gefallen, ich möchte schon lieber selbst schreiben, aber ich will mich bemühen, ihn umzuarbeiten. Deine Bemerkungen совпадают[17] ungefähr mit meinen. –

Jetzt wollte ich Dich nach folgenden Sachen fragen:

1. Kann man sagen, daß das französische Volk im Jahre 1848 vorwiegend um das allgemeine Wahlrecht kämpfte?

2. Waren die Explosionen in Chicago[18] im Jahre 1886 oder 1887?

3. Wieviel Rubel hat ein Dollar?

(Die Fragen ähneln in der Zusammenstellung etwas jenen, die auf dem *Diskussionsabend* in der *Eintracht*[19] gestellt werden.)

4. Waren die Streiks der Gasarbeiter und der Docker in England im Jahre 1889, und ging es um die acht Stunden?[20]

Den Rest der fraglichen Stellen findest Du sicher selbst heraus. – Heute ist Sonntag. Du müßtest diesen Brief mit den Korrekturfahnen morgen, d.h. am Montag, erhalten. Beeil Dich mit der Durchsicht und der Absendung des Briefes, damit ich alles am Dienstag, **Maximum** am Mittwoch hier habe. Denn ich werde am Dienstag mit allen Artikeln endgültig fertig sein (über den Arbeitslohn schreibt Adolf). – Ich habe Reiff so im Nacken gesessen, daß er noch einen Setzer, einen Polen, eingestellt hat, aber jetzt schreit er nach Material.

Ich schicke Dir Reiffs Quittung und die Rechnungen. Zusammen mit den 100, die ich heute erhalte, habe ich für unsere Sache 118. Davon wird die Broschüre sicher 90 oder 100 kosten (das Papier ist teuer, anscheinend 7 F für tausend kleine Bogen und die Broschur). Das übrige Geld werde ich inzwischen für mich nehmen. Leider gebe ich hier sehr viel Geld aus – ich weiß selbst nicht, wofür. Für die Wohnung zahle ich 28 F, für die Aufwartung Minimum 5 F, aber bezahlt wird im vorhinein für zwei Wochen, also gab ich 16 F. Für Jadzia 1,50 täglich (denn ich esse bei ihnen zu Mittag und zu Abend), das heißt 23 F. Das sind zusammen 40, und ich habe etwas über 60 mitgebracht. Nun – die haben sich bei mir verflüchtigt. Ich weiß selbst nicht, wohin: eine Lampe 1,50, Kakao 1,20, Milch 1,65, Jadzia machte mir einen Hut für 2,25 und Handschuh 2, Zucker und Brot für früh etwa 2 F. Aber wo der Rest geblieben ist? Ich weiß nicht. Einen Francen oder 1¹/₂ habe ich für Blumen und Gebäck für Jadzia ausgegeben, die das ungeheuer liebt (ich esse hier nicht), und sie brutzelt soviel für mich. Vielleicht hat Adolf ein paar Francen genommen und die Rechnungen stimmen nicht. Jedenfalls stehe ich ohne einen Groschen da und werde inzwischen von dem für unsere Sache etwa 18 nehmen müssen. Ich werde von jetzt an sparsamer sein. – Deine Geldüberweisung hat sich, seitdem ich darum bat, so hinausgezögert, daß Du mir schon in Kürze etwa 125 für die Bezahlung der Februarnummer schicken mußt. Denk daran, daß die Nummer am Mittwoch fertig sein wird. Vielleicht schickst Du mir, allein schon um die Gebühren zu sparen, mit einemmal etwas zum Lebensunterhalt und für die Fahrkarte zur Rückreise?

Was die Besichtigung von Paris betrifft – so bin ich im Zweifel, ob ich überhaupt irgendwohin gehen werde, denn dieser wahnsinnige Lärm und das Gedränge führen bei mir zur Ohnmacht und zur Migräne. Nach einem Aufenthalt von einer halben Stunde im Bon Marché²¹ konnte ich kaum wieder auf die Straße hinausgehen. Die Kommune-Feier verlief sehr dürftig. Es sprachen Lafargue, Paula Mink, Zévaès, Chauvin und noch einige. Sie sprachen ziemlich seicht, besonders Lafargue. Guesde war trotz Zusage nicht da. Es waren höchstens zweihundert Personen. (Angeblich sollen an dem Tag, als alle vereinigten Parteien gemeinsam feierten, viele dagewesen sein, aber wegen meiner Nerven hatte ich Angst, hinzugehen.) –

Ich schließe, denn es wird zu spät für die Post. Du hältst es nicht für notwendig, mir Zeitungen zu schicken? Du weißt doch, daß in den französischen nur dummes Pariser Zeug steht. Von Deutschland und Österreich habe ich keine Ahnung mehr. Es ist sonderbar, daß Du nicht auf die Idee gekommen bist. Liegt Anna

[Gordon] noch immer, geht es ihr nicht besser? Ich würde bestimmt schreiben, aber **ich habe keine Zeit.** Hast Du die Nummern (vierhundert) schon erhalten? Hast Du die Broschüre erhalten, und welche Schwächen hat sie?

In wieviel Exemplaren soll die Februarnummer gedruckt werden, und wohin ist sie zu schicken und wieviel Stück?

Was ist mit dem deutschen Aufruf[22], das ist doch **notwendig!** Und was wird mit dem polnischen, ich bin dazu nicht mehr imstande.

Kritschewski habe ich eine Broschüre geschickt. Wie hat sie ihm gefallen und wie Anna?

Nach München habe ich zweitausend Broschüren geschickt. Was soll ich mit dem Rest machen?

Von Możdż[eński] bekam ich einen Brief: Sicherlich wird nichts daraus.

»Прочитай внимательно моё письмо«[23] und beantworte **alle Fragen.**

Leo Jogiches

[Paris, 29. März 1894]

Meine teuerste Ciucia!

Heute erhielt ich Deinen Brief mit dem beigelegten von Wład[ysław Heinrich]. Du hast Dich sicher schon beruhigt, mein liebes Kind; es konnte alles noch rechtzeitig in Ordnung gebracht werden. **Kein einziges Exemplar** jener Auflage ist irgendwohin geraten. Nur dieser Reiff – der Idiot, hat diesem Spitzel etwas gegeben.[24] Ich bin nicht mit allem einverstanden, was Du schreibst. Aber das ist jetzt nicht von Bedeutung, nachdem alles erledigt ist. Was den Aufruf betrifft, so bin ich gegenwärtig gesundheitlich absolut nicht in der Lage, mich daranzumachen. Schreib, Gold, möglichst ausführlich, damit ich wenig Arbeit habe, und schick **direkt an mich** ohne Juleks [Marchlewski] Übersetzung. Von Julek könnte Adolf [Warski] davon erfahren, und ich will nicht, daß sie wissen, daß Du das schreibst. Dein Verhalten zu der Nummer mit dem Aufruf hat die Adolfs begeistert, besonders Jadzia [Warska].

Sie waren zwar mit dem Aufruf durchaus einverstanden, aber es war ihnen schwer ums Herz, und überhaupt hat ihnen Deine Gewissenhaftigkeit hinsichtlich der Anklagen sehr gefallen.

Schick mir doch den Aufruf. Ich warte darauf. Den Büstenhalter und die Wäsche habe ich erhalten. Ich schicke Dir endlich die Rechnung von Reiff für die Broschüre. Sie wird Dich bestimmt erschrecken. Ich habe gezögert, sie Dir zu schicken, denn ich wollte unbedingt etwas herunterhandeln. Anfangs habe ich die Bezahlung kategorisch verweigert und Reiff gesagt, daß wir zu Janiszewski gehen. Wir haben wütend gestritten. Ich verlangte eine detaillierte statt der Pauschalrechnung und erkundigte mich bei den Arbeitern, ob er ihnen wirklich so viel gezahlt hat. Es ergibt sich, daß er bis auf geringfügige Ausnahmen recht hat. Was sollte ich tun? Nach langem Hin und Her handelte ich 5 F ab. Mehr will er um nichts in der Welt nachlassen! Es scheint, daß Du tatsächlich mit zu wenig gerechnet hast, als Du so etwa von 75 F sprachst. Die folgenden tausend kosten jeweils 25 F – danach habe ich mich hinsichtlich anderer Zeitungen erkundigt. Das Papier ist weit teurer als das der »Sprawa Robotnicza«, dabei ist die Elzevir auch teurer. Übrigens ist das gar nicht teurer als jene armselige Berliner Broschüre[25]. – Ich lege die Quittungen für die neuliche Absendung von (zehn) Paketen an Dich über 10 F bei, macht zusammen mit der Beförderung 11,50.

Damit habe ich schon über 200 abgerechnet. Von Dir habe ich aber (per Post) 300 erhalten. Von den restlichen 100 habe ich 40 bei Reiff gut für die Rechnung von Nummer 8, und 60 (!) habe ich für mich ausgegeben. Mein Gold, sei nicht böse, daß ich mit Dir so detailliert abrechne, aber ich schäme mich wegen dieser Summe, und mir scheint, daß Du Dir gar nicht vorstellen kannst, was ich hier mit dem Geld mache. Und nun, Goldchen, schon wieder für zwei Wochen an Jadzia – 23, im Hotel für das Quartier (mit Bedienung) – 17, für den Arzt und die Medizin (Auge) – 5 F, zusammen 45. Dann waren wir einmal im Eldorado[26], einmal bei Sarah Bern[hardt] (je 1 F), einmal im Studentencafé und einmal zu einem Ausflug in St-Cloud. Das kostete mich 15 F, denn vergiß nicht, daß ich auch für sie bezahle – sie haben nichts, und anders könnte ich nicht. Damit hat es ein Ende, ich werde für nichts mehr etwas ausgeben; ich schäme mich schrecklich, daß ich so viel

ausgegeben habe. Außerdem kosten mich die Fahrten eine
Menge, außer zu Reiff muß man auf Schritt und Tritt die Straßenbahn benutzen, denn die Entfernungen hier sind meilenweit! Einmal war mir schlecht, und wir mußten hin und zurück eine
Droschke nehmen, und das machte gleich 3 F! Ich wiederhole also,
damit die Abrechnung klar ist: Bei der Abreise nahm ich 300 für
unsere Sache mit und 65 für mich. Von diesen 300 gab ich Reiff
und an Ausgaben für unsere Sache 282 aus und für mich privat 18.
Dann schicktest Du mir per Post 100 und 200. Davon habe ich für
unsere Sache schon 200 ausgegeben, für mich 60 (und 40 habe ich
und verwende sie für die nächste Rechnung der »Sprawa«). – In
einer Stunde gehe ich zu Reiff, um Nummer 8 an Dich zu expedieren. Mein liebstes Gold, wie gern wäre ich schon bei Dir.
Weißt Du, dauernd geht mir der Gedanke im Kopf herum, daß
dieses polnische Referat[27] vielleicht gar kein so glänzender Einfall
ist, denn immer bleibt in solchen Fällen ein Eindruck zurück wie
nach den Mendelson-Vorträgen – wir sagen, daß wir sie zerschlagen haben, und sie sagen, daß wir nichts bewiesen haben. Vielleicht ist es besser, einfach zu warten und sie publizistisch zu zerschlagen. Aber bei diesen Gedanken sage ich mir selbst, daß aus
ihnen vielleicht eine versteckte Sehnsucht nach Dir spricht und
der Wunsch, schneller von hier wegzufahren. Deshalb beschließe
ich, sie nicht zu beachten. Obwohl – oj, wie so gar keine Lust ich
doch zu diesem Vortrag hab'! Ich habe noch nichts vorbereitet.
Bisher beschäftigt mich noch die »Sprawa« ständig, den ganzen
Tag, die Fahrten zu Reiff, das Abschicken. Abends aber spreche
ich mit Adolf. Es scheint, daß wir uns einig werden. Und der Vortrag muß an einem Sonntag sein, denn sonst müßte er erst um
9 Uhr beginnen (hier nehmen sie ihre Mahlzeit um 7 Uhr ein), dabei dauert der Weg etwa eine Stunde. Und jetzt soll ich schon
wieder einen Aufruf schreiben und drucken. Wann soll ich mich
denn auf den Vortrag vorbereiten? Ich werde wohl eine Ewigkeit
hier sitzen. Oj, mein liebstes Gold, ich möchte schon so schnell
wie möglich aufhören, eine »erwachsene«, »verantwortliche« Person zu sein (um so mehr, als es mir damit не везёт[28]), und zu Dir
zurückkehren, in Deine Arme, damit mich alles völlig unberührt
läßt, ich mich nicht ewig fürchte, daß in einer Stunde ein Telegramm alles zunichte machen kann, was ich schaffe. Goldchen,

das ist kein Vorwurf **für Dich**. Du bist doch nicht schuld. Die Meinung Kritschewskis über die Broschüre hat mich sehr erfreut. **Sofort**, nachdem Du von Wład[ysław Heinrich] die Nachricht von dem geglückten Transport erhalten hast, **telegrafiere mir:** *Gratuliere*, an Adolfs Adresse … Die Bücher habe ich noch nicht erhalten. – Deine zehn Fragen beantworte ich in einem anderen Brief. [...]

Ciuciutka, ich wollte mir einige Male vorstellen, wie Du lachst und wie Du dabei aussiehst – und kann es nicht. Warum? Warum lachst Du so selten? Du wirst sehen, was für eine häßliche Frau zu Dir zurückkommt, mit einer langen, dürren Nase und Augenrändern und einem Bart. Willst Du so eine?

Ciucia, und was macht der Kater? Kommt er zu Dir, bist Du gut zu ihm? …

Leo Jogiches

[Paris, 1. April 1894] · Sonntag früh
Mein liebstes, mein teuerstes Geschöpf, in diesem Augenblick erhielt ich Deinen süßen Brief. Du irrst, Einziger: Im gegebenen Fall »putschen« wir einander nicht auf. Ich bin in der gleichen Lage wie Du. Ich träume vom Wiedersehen mit Dir, mein einziges Glück. Ich habe schwer mit mir zu kämpfen, um die Referate und das übrige nicht zum Teufel gehen zu lassen und zu Dir zu fliegen, aber ich schäme mich. Übrigens spüre ich und bin sicher, daß Du mich von selbst rufen wirst, wenn das alles getan ist. Mein Krümelchen, teures, mein goldenes Bengelchen! Willst Du nach Locarno fahren?

Wohin Du auch Lust haben magst! Selbst wenn Du den ganzen Sommer in Zürich bleiben wolltest – für mich ist es überall gut mit Dir. Jetzt bin ich außerstande, an ein Dorf zu denken. Ich denke nur an **Dich**. Übrigens, in diesem miesen, lärmenden Paris, wo ich andauernd einen schrecklichen Katarrh von der Luft und Kopfschmerzen von dem Krach und Lärm habe, kommt mir Zürich mit dem Zürichberg so still, sauber, duftend vor wie ein wahres Paradies. Mein Gold, sag, vielleicht möchtest Du lieber sofort

Leo Jogiches

nach Weggis! Ich fahre sehr gern sofort auch dorthin, sowie Du schreibst. Ich wiederhole: Wohin Du willst, wohin Du schreibst – fahre ich ohne Überlegung. – [...] Mindestens eine Woche muß ich hier allerdings bleiben: zwei Referate, der Besuch bei Lawrow und die Aussprache mit Adolf [Warski]. Das wartet noch auf mich. [...] Jetzt bitte ich Dich noch um das eine, besorge einige Zahlen über die Produktion und Ausfuhr von Getreide in Polen: nur einige (für die alten Zeiten gibt es bei Posnanski[29] eine ganze Tabelle). Über die russische Einfuhr auch. Ich habe mir noch keinen Plan überlegt, aber wie es scheint, werde ich mich entscheiden, auf diesem Hintergrund den Artikel im »Przegląd Socjalistyczny« zu kritisieren, denn er ist Ausdruck der hiesigen Auffassungen. Übrigens hast Du diesen Artikel – und Zahlen, die Du noch als notwendig erachtest –, schicke mir, aber schnell.

Von Heinr[ich] bekam ich den »Głos« – und wieder hat es ein komplettes Kuddelmuddel gegeben. Vielleicht verstehst Du das.

Im Brief schreibt er: »Ich schicke Euch den ›Głos‹, in dem irgendwelche – für meine Augen zu schwache – Zeichen sind. Sollte das für meine Reise in die Heimat wichtig sein – so telegrafiert nach Kattowitz. Auf Seite 6 und den folgenden sind meine Zeichen.« Ich nehme, suche – nichts, aber auch gar nichts. Auf der 6. sind aber wirklich Zeichen. Ich versuche es mit meinem Schlüssel für Kazius [Ratyński] (1648753) – es ergibt folgende Worte: »Broschüre unterwegs, vorbereitet einige Plätze anmelos.« Was bedeutet das, wer schreibt wem, was hat das letzte Wort zu bedeuten? – Ich verstehe nichts. Höchstwahrscheinlich bedeutet das: »Bereitet ein Depot vor«, und es schreibt H[einrich] an Kaziuta [Ratyński]. Aber wieso hat er das dann an mich geschickt? Entweder ist dieser »Głos« schon einmal in der Heimat gewesen mit dieser Nachricht und zurückgekommen, aber hätte er das dann überhaupt schon geschafft? Oder H[einrich] wollte diesen »Głos« erst an Kazius schicken und einen anderen an mich und hat die Adressen verwechselt? Hat das dann schlimme Folgen? Rate, was zu tun ist! Ich möchte ihn jedenfalls warnen, habe indes aber seine Adresse nicht!! Der Esel schreibt: Schreibt poste restante Kattowitz und vermerkt nicht, **unter welchem Namen!** Ob an Alex., Hei[nrich] oder Miod. Ich schreibe ihm einen Brief auf jeden Fall unter Alex. Tue etwas, wenn Du es für erforderlich hältst. Ich habe Dir gestern die Probenummer geschickt. Reiff wollte heute nicht drucken. Morgen wird es gemacht; Du erhältst alles am Dienstag. An Geld, Goldchen, schicke für alle Fälle 150 F. Goldenes, auf Wiedersehen, Einziges, Teures, Süßes, Liebstes mein. R!

Leo Jogiches

[Paris, 18. März 1895]

Ciuciu, armer, das Korrekturlesen der Dezembernummer hast Du umsonst gemacht. Nach Durchsicht sehe ich jedoch, daß es nichts Wichtiges zu ändern gab. Es ist nur ein Unglück, daß ich die »Druckfehlerberichtigung« für November nicht bringen konnte. Die letzten Worte der Nummer, die wichtigsten, sind fatal geworden – sie sind nicht anzusehen. Adolf [Warski] und der Setzer entschuldigen sich damit, daß kein bißchen Platz mehr war, und zwar so wenig, daß sie, nach Kürzung meines Schlußabsatzes um sechs Zeilen, noch den Titel »Wofür der Zar Geld ausgibt« hinauswerfen und mit den Einkommen zu einem Artikel vereinen mußten. Natürlich hätte ich selbst das anders gemacht, aber was tun?

Jetzt gehe ich zu Reiff, um meine Korrekturen für die Mainummer durchzusehen und drucken zu lassen. Über das Papier (Farbe und Gewicht) habe ich mich schon geeinigt. Er verzögert die Arbeit so, daß man platzen kann, aber es gibt keine Möglichkeit, ihn zu überreden. Ich war bei den Goupys und schimpfte sie gehörig aus wegen der Verpackung der Sendung; sie entschuldigten sich sehr und versprachen, anders zu packen. Wegen des Papiers habe ich sie nicht ausgeschimpft, denn sie hatten Adolf Proben gegeben, und Adolf hat ausgewählt, ausschließlich entsprechend unserer Forderung, daß das Papier so leicht wie möglich sein soll. Hinsichtlich Farbe und Festigkeit meinte er, diese drei Eigenschaften könnten nicht vereinigt werden.

Ich gab Reiff die fertigen Artikel zum Drucken, heute soll ich die Korrekturabzüge bekommen. Ich habe schon die Urteile samt Details geschrieben[30], es sind sogar fünf dicht beschriebene Seiten geworden. Insgesamt reicht mir selbst nach Hinauswerfen der Gedichte der Platz schon wieder nicht. Die Gedichte tue ich mit der Märznummer zusammen, aber ich habe wieder keine Ahnung, was ich mit meinem Vorwort tun soll, das in der Arbeiternummer[31] irgendwie fehl am Platz ist. – Wir lasen die Zuschriften für die Märznummer und den Artikel der Arbeiter gemeinsam laut vor. Sie sind ausgezeichnet, die Nummer wird sehr gelungen sein, meines Erachtens.

Ich erlebe eine große Enttäuschung. Adolf hilft mir fast gar nichts, er kommt spät nach Hause und ist überhaupt nicht imstande, etwas Ordentliches zu schreiben. Dafür habe ich hier durch die Wohnung bei Adolfs [Warskis] verschiedene Behinderungen, denn es kommen Leute, um sich mit mir zu treffen, und von Adolfs wieder wegziehen konnte ich bisher nicht, denn dazu muß man eine gute Wohnung finden, und um zu finden, muß man lange suchen, wofür ich schon wieder weder Kraft noch Zeit habe. Jetzt wird das schon enden, denn heute nehme ich sicher eine Wohnung. Die Wojnarowska hat ein Zimmer für mich in dem gleichen Haus, in dem sie wohnt. Das liegt ziemlich nahe bei den Adolfs, aber dafür weit von Reiff und der Nationalbibliothek, wohin ich mit der Straßenbahn werde fahren müssen. Es gibt aber keine andere Möglichkeit, denn in der Umgebung der Bibliothek gibt es wenig möblierte Zimmer, und sie sind furchtbar teuer. Überhaupt hat sich das Gerede von Żebrak über die herrlichen 25-Franc-Zimmer als Märchen erwiesen. Niemand hat dergleichen gehört. Das **billigste** annehmbare Zimmer kostet 30. Ein solches werde ich auch nehmen müssen, aber es wird ordentlich sein, wie Wojn[arowska] sagt.

Für die Bibliothek habe ich sogar schon zwei Karten zur Auswahl.

Die Wojnarowska habe ich gestern kennengelernt, sie kam zu den Adolfs. Sie ist sehr hübsch, herzlich und intelligent. Das übrige werden wir sehen. Jedenfalls nutze ich ihre Nachbarschaft dazu aus, daß ich Bekanntschaften mit Franzosen schließe, da Guesde leider nicht da ist. Seine Geistesverwirrung ist ein Märchen. Er ist nierenkrank und geschwächt, hält sich im Süden Frankreichs auf. Wir haben auch vor, alle zusammen Lawrow zu besuchen.

Tormentillwurzel
(Potentilla Tormentilla)
Fam: Rosaceen

(im Walde Schlewecke)

Gestern war ich auf einem Bankett der Guesdisten[32] zu Ehren der Kommune. Unter anderen hörte ich Camélinat (der einzige, der von der ersten Sektion der Internationale noch lebt), er berichtete über die Geschichte von 1864–71. Glänzend spricht Carnaud aus Marseille. Keiner beginnt seine Worte ohne ein Kompliment für die Deutschen, daß einem geradezu übel wird. Hast Du bei den Deutschen einmal einen Ausdruck gehört, wie »**le sentiment** de la lutte de classe«[33]?!! ... Sie erwähnen das u. dgl. alle Augenblicke. Stell Dir vor, daß sie hier nicht einmal den Artikel von Engels aus der »Neuen Zeit«[34] übersetzt haben. Im allgemeinen machen sie sich nichts aus ihm, weder Guesde noch Lafargue denken daran, das Programm zu ändern. – In dem Brief von zu Hause, den Du mir geschickt hast, erhielt ich die Nachricht, daß meine Mutter, als sie zum ersten Mal nach der Rose das Haus verließ, auf dem Hof stürzte und die linke Hand brach (vor zwei Wochen). Angeblich ist es schon besser. Im Brief von Gutt war eine Karte mit einer Marke für Władek [Olszewski], ich lege sie bei. –

Wir essen im Restaurant. Jadzia [Warska] kocht nicht zu Hause, denn Adolf hat einen zu weiten Heimweg aus dem Büro.

Im allgemeinen fühle ich mich seelisch nicht besonders, ich bin schlaff, und nichts zieht mich. Wenn Du hier wärst, wäre es wohl anders. Es gibt ein interessantes Partei-Staatsgeheimnis, das mir Adolf gestern verraten hat, aber jetzt ist es für mich zu spät, zu schreiben. Morgen oder übermorgen schreibe ich.

Ich warte auf die erste und vierte Nummer des »Robotnik«.

Es fällt mir so schwer, diese Leitartikel und über den »Robotnik« zu schreiben. Du hast keine Ahnung. Mein Kopf ist einfach ausgetrocknet.

Bleib gesund, schreib häufiger. Deine R.

Wohin soll ich die Sachen schicken??

Leo Jogiches

[Paris, 19. März 1895] · Dienstagnacht
Mein Teurer! Ich schicke Dir den Leitartikel für die Januarnummer.[35] Ich schicke ihn deshalb, damit Du mitteilst, ob Du nicht zu
sehr schimpfst, wenn er gedruckt wird. Er ist schwach, ich weiß
das und weiß alles, was Du mir sagen wirst, aber ich kann auf keinen Fall einen anderen schreiben. Wenn ich diesen nicht bringe,
so bringe ich keinen und fülle mit irgend etwas ohne Leitartikel.
Ich bin völlig außerstande zu schreiben. Adolf [Warski] schreibt
nichts, er kann nicht, wie er sagt. Überhaupt bedaure ich, daß ich
soviel übernommen habe. Wenn dieses Geschreibe der Arbeiter[36]
nicht wäre, würde ich spätestens mit der Januarnummer aufhören
Ich kann nicht, begreife das, daß ich nicht kann, ich bin keine Maschine. Der Kopf gibt nichts mehr her, überdies fühle ich mich gesundheitlich nicht besonders (von der Haut ist es schon weg).
Reiff druckt morgen die Mainummer. Den Artikel über die Sozialpatrioten[37] habe ich nicht verbessert bis auf die allernotwendigsten
Sachen, 1. deshalb, weil ich nicht weiß wie, ich habe diesen Artikel
schon sechsmal geschrieben; 2. deshalb, weil der kluge Adolf en
pages[38] setzen ließ und der Setzer den ganzen Artikel und die
Nummer umbrechen müßte, dabei mußte ohnehin schon umbrochen werden. Reiff setzt sehr langsam, und immer, wenn ich mit
ihm Krach mache, beruft er sich auf eine ganze Reihe von Fakten,
daß wir immer Krach machen und es dann vier Wochen liegt. Und
er hat recht. Ich denke, daß auch jetzt alles liegenbleibt, denn es
gibt noch keine Nachricht über die Abnahme. Ist denn noch gar
nichts von dort gekommen??

Ein Zimmer habe ich schon, für 30, mit Aufwartung 35. Es ist
sehr hübsch, groß, gebohnert, in einem Privathaus, möbliert und
sauber, in demselben, wo die Wojnarowska ist. Zum Unglück
schreiben Polen und Russen von allen Seiten, daß sie mich kennenlernen wollen und zu Adolfs [Warskis] kommen werden. Akkurat für die habe ich Zeit und Laune.

Bleib gesund. Schreib, was es dort für Nachrichten gibt. Ich
weiß nicht, ob ich imstande sein werde, über den »Robotnik« zu
schreiben.

Schick den Artikel und die Korrekturen **gleich** zurück, denn ich
warte darauf.

Leo Jogiches

[Paris, 21. März 1895] · Donnerstagabend

Mein teuerster, einziger, geliebter Dziodzio!

Endlich spanne ich aus. Ich bin geistig und physisch furchtbar erschöpft. Zum ersten Mal bin ich seit der Ankunft endlich allein: In diesem Augenblick habe ich meine Wohnung bezogen. Ich habe ein entzückendes Zimmer, fast ein kleiner Salon, und ich träume davon, daß Du herkommst und daß wir beide darin beisammen sind (Du könntest in demselben Haus ein Zimmer bekommen). Es ist nahe bei den Adolfs [Warskis] und sehr weit zur Bibliothek, aber dort ist an ein Zimmer unter 50 bis 75 F nicht einmal zu denken. Angesichts dessen lohnt es eher, einmal täglich mit der Straßenbahn hin- und zurückzufahren. Früh fahre ich, Mittagessen gehe ich dort in der Nähe, in einem privaten Haushalt (bei Polen, Sozialdemokraten!), dort ißt nur Adolf [Warski]. Dann kehre ich in die Bibliothek zurück und abends nach Hause. Die Bibliothek ist jetzt von 9 bis 5 geöffnet. Nun, die Einzelheiten des Alltags sind Nebensache.

Goldener, Einziger, in Gedanken umarme ich Dich und lasse den Kopf auf Deine Brust sinken, mit geschlossenen Augen, um auszuruhen. Ich bin so erschöpft! Und Du dort, Ärmster, kaum bist Du uns los, schon hast Du Dich sicherlich an Deine Broschüre gemacht. Wie wenig Zeit hast Du noch! Oder geht Dir die Arbeit gut voran?

Du Äffchen, ich kenne Dich, jetzt wirst Du mir ebenfalls mit einem innigen Brief antworten, und sobald ich trocken schreibe, mußt Du es auch tun. Du Äfflein mußt mich in allem nachahmen, niemals hast Du eine eigene Stimmung (außer, wenn Du wütend und unerträglich bist). Bist Du aber in meiner Lage? Hast Du die gleichen Eindrücke? Wozu imitierst Du mich? Manchmal kommt es mir wirklich vor, daß Du ein Stück Holz bist. Es hieß einmal, oder es geschah, daß Du mich liebst, und schon tust Du so, als ob Du mich liebst. Aber aus innerem Antrieb fühlst Du nie einen aktiven Antrieb in dieser Richtung. Ach, Du bist gräßlich, ich mag Dich nicht.

Weißt, Du würdest Dich freuen, wenn Du hier wärst. Erst hier spürt man die Bedeutung der »Sprawa Robotnicza«. Adolf sagt mir, daß sie in der letzten Zeit einen derartigen Eindruck macht, wie es früher nie war. Die Sozialpatrioten fühlen sich jetzt einfach ständig durch sie unter Druck gesetzt und erwarten mit Zittern das Erscheinen jeder Nummer (das sind Adolfs Worte). Warum denn? – frage ich, um Näheres zu erfahren. Nun, sie fürchten solche Artikel wie »Na Kongres«[39] oder wie »Pod bat«[40]. Das Interesse ist enorm, sie fragen ständig nach neuen Nummern, und um die »Unabhängigkeit Polens«[41] reißen sie sich geradezu. Aber das Beste kommt noch.

Bei der hiesigen Sektion des Auslandsverbandes Polnischer Sozialisten[42] ist jetzt Krauz (Freund von Stasia und Janek) die Hauptfigur. Im November hielt er also einen Vortrag in der Sektion, wo er den Auslandsverband und die Taktik der PPS und des »Przedświt« mächtig kritisierte. Er berief sich auf »Pod bat« und wies darauf hin, daß viele unserer Vorwürfe sehr richtig sind, und verlangte eine Erwiderung darauf. Unter anderem machte er der PPS zum Vorwurf, warum der »Robotnik« »kein einziges Wort zum Programm« geäußert hat. Weiter sagt er: Das zweifellos wichtigste Symptom der PPS-Taktik war – die Kościuszkofeier[43]. Aber welche Schwankungen, wieviel Inkonsequenz beging die PPS bei ihrer Veranstaltung? Warum eine gemeinsame Veranstaltung mit den Patrioten? (In etwa die Inhaltswiedergabe von »Dwie daty«[44].) Das sind alles Fehler, »die unsere Gegner (d. h. wir) mit solchem Pathos und mit solcher Übertreibung ausgenutzt haben«. Kurz – *es sitze!* Jeder Hieb von uns saß tief in den Achillesfersen. Du fragst, woher ich alles weiß? Einfache Sache. Die Pariser Sektion beschloß, den Vortrag von K[elles-Krauz] zu drucken und – druckte bei Reiff. Aber offensichtlich bekamen die Londoner und Züricher das Zittern und verhinderten irgendwie die Verbreitung. Das Broschürchen kam also nicht zum Vorschein (das ist die, von der ich Euch auf der Karte geschrieben habe). Schade, sehr schade, das ist ein Elaborat, das uns in jeder Hinsicht **unschätzbare** Dienste geleistet hätte. Dort wird z. B. der deutschen Sozialdemokratie eine »entsetzliche Versumpfung« vorgeworfen (alle hiesigen Sozialpatrioten sind – Allemanisten[45], und das Wort »Guesdist«[46] ist für sie fast ein Schimpfwort), wird bewiesen – um uns zu erledigen –, daß wir wörtlich die Taktik und die programmatischen Begriffe – von Bebel, Liebknecht und Guesde wiederholen, während sie dem »echten Revolutionär – Nieuwenhuis«

huldigen etc. Leider läßt sich diese Broschüre nicht benutzen, denn das würde einen Diebstahl bedeuten, aber man kann sie, wie Adolf sagt, als Reservewaffe benutzen, indem man im geeigneten Augenblick dem »Przedświt« zu verstehen gibt, daß wir sie besitzen. Ich schicke sie Dir vertraulich. Adolf hat sie herausbekommen und sie mir vertraulich, ohne Jadzias [Warska] Wissen, gegeben, denn sie mit ihren Moralbegriffen hält das für eine Schweinerei und hat ihm verboten, mir etwas davon zu sagen. Wie Du siehst, stehen wir jetzt gerade da, wo wir wollten. Ich halte sie dauernd *in Atem*. Jetzt imponieren ihnen unsere Nummern über den Zaren, danach bekommen sie erneut eins auf den Pelz für den »Robotnik«, schließlich wird die Arbeiternummer eine Sensation wegen unserer Verbindungen in der Heimat.[47] Kurz, alles wäre ausgezeichnet, wenn – diese verdammte Schleusung[48] nicht wäre. Was ist dort los? Es packt mich geradezu Angst, was das werden soll. Wann werden wir es schaffen? Du erinnerst mich an das Datum und schreist, daß die Nummern fertiggestellt werden. Aber vergiß nicht, daß Reiff **sehr langsam** druckt, und ich kann dagegen nichts machen. Er sagt, er kann nicht schneller und Schluß. Wenn wir es zu den Goupys geben könnten, wäre es in drei Tagen, aber immerhin – 105 F statt 85 (denn 5 für das Setzen, was auch Reiff berechnet).

Um Gottes willen, schick die Adresse, um das Mai- und Dezemberpaket abzuschicken, denn ich schäme mich, daß sie nach einem solchen Krach noch daliegen. Deshalb macht sich Reiff eben nichts mehr aus meinem Drängen. Soll es dann wenigstens dort liegen, aber nicht hier. Ich erwarte also die Adresse. Mit einem Paket auf einmal ist unmöglich, denn warten, bis die anderen Nummern fertig sind, dauert zu lange. Soll ich es lieber zu Euch dort schicken, damit Ihr alles verpackt? Denn mir fällt es hier sehr schwer, ordentlich zu verpacken, schon wie zum Versand, und wir haben doch dem Dicken[49] geschrieben, daß er nur das äußere Papier herunterreißen soll. Bei den Adolfs kann man das nicht machen; denn dort ist kein Platz, und dauernd kommt jemand hereingekrochen, z. B. kann man Morek [Warszawski] nicht abweisen. (Dabei fällt die Anlieferung solcher gewaltigen Pakete sofort der Concierge auf.) Hierher zu mir zu bringen – davon kann keine Rede sein. Bei der Concierge hält sich regelmäßig ein Spitzel auf (schreib vorsichtig an mich, wenn nötig – verschlüsselt wie an Karol [Brzezina], setze dort meinen Zunamen ein über x und m), dabei ist die Concierge selbst fähig zu denunzieren, denn es ist ein gemeines Weib. Nachdem ich es mir überlegt habe, sehe ich jetzt, daß man **unbedingt** zuerst zu Euch nach Zürich schicken muß. Ich kann Reiff nicht entsprechend verpakken lassen, denn **so,** wie **Du** das machst, werden sie es niemals machen und auch nicht können, sie machen es nachlässig wie gewöhnlich. Das mußt Du selbst mit Julek [Marchlewski] machen. Also schreib **gleich,** wenigstens eine Karte, ob Du mit all dem einverstanden bist und ob nach Zürich geschickt werden soll, was notwendig ist.

Siehst Du, wie niederträchtig Du bist, ich spüre schon, daß jedes Wort über das dümmste Geschäft Dich zweimal, ja zehn-, hundertmal mehr interessiert als mein persönlicher Herzenserguß. Aber irgendein Detail über die PPS, dann leuchten Deine Augen gleich ganz anders, als wenn ich Dir etwas über mich schreibe, daß ich müde bin oder daß ich Sehnsucht habe etc.

Ach, Du Gold! Weißt Du, ich habe sehr grausame Absichten! Wirklich, ich habe mir hier unsere Beziehungen ein wenig durch den Kopf gehen lassen, und wenn ich zurückkehre, so nehme ich Dich so scharf in die Klauen, daß Du quiekst, Du wirst sehen! Ich werde Dich völlig terrorisieren, Du **mußt** Dich покориться[50], mußt Dich ergeben und beugen, das ist die Bedingung für unser weiteres Zusammenleben. Ich muß Dich brechen, Deine Hörner abschleifen, sonst halte ich es mit Dir nicht aus. Du bist ein schlechter Mensch, dessen bin ich mir jetzt so sicher, wie daß die Sonne am Himmel steht, nachdem ich über Deine ganze seelische Physiognomie nachgedacht habe. Und ich ersticke diese Wut in Dir, so wahr ich lebe, solche Halme dürfen nicht ins Kraut schießen. Ich habe ein Recht, das zu tun, denn ich bin zehnmal besser als Du, und verdamme ganz bewußt diese stärkste Seite Deines Charakters. Ich werde Dich jetzt ohne jedes Mitleid terrorisieren, bis Du mir weich wirst und anfängst zu empfinden und Dich zu den Menschen zu verhalten wie ein gewöhnlicher guter Mensch. Ich empfinde gleichzeitig eine grenzenlose Liebe zu Dir und eine unerbittliche Strenge zu Deinen Charakterfehlern. Merke also – *nimm Dich in acht!* Denn ich stehe schon da mit dem Ausklopfer in der Hand, und gleich nach der Ankunft fange ich an, Dich auszuklopfen.

Bestimmt hast Du vieles in den obigen Worten nicht begriffen, aber ich erkläre es Dir nach der Rückkehr. Und jetzt als Beginn meines Terrorismus: Denk daran, **sei gut!** Schreib weiche, gute Briefe, schreib mir nicht per »Sie«, was Deinerseits eine taktlose Schroffheit ist. Äffe meine Briefe nicht nach, sei demütig und geruhe, mir Liebeserklärungen zu machen, ohne zu fürchten, daß Du Dich erniedrigst, wenn Du mir heute für drei Groschen mehr gibst als ich Dir. Fürchte Dich nicht und schäme Dich nicht, Gefühle für mich zu äußern (wenn Du jetzt welche **hast**, denn in bezug **darauf** tue ich Dir keinen Zwang an), sei es auch nur aus Angst, daß ich sie vielleicht nicht mit der genügenden Achtung aufnehme. Lerne ein wenig, im Geiste zu knien, und **das nicht nur** in den Augenblicken, wenn ich Dich mit offenen Armen rufe, sondern auch dann, wenn ich mit dem Rücken zu Dir stehe. Mit einem Wort, sei freigiebiger, großmütiger in der Seele, geh etwas edler mit Deinen Gefühlen um. Ich verlange das! Leider spüre ich an mir selbst schon gewisse Charaktermängel von dem ständigen Umgang mit Dir, aber das veranlaßt mich, um so energischer mit Dir zu kämpfen. Denk daran, Du **mußt** Dich unterwerfen, denn ich bezwinge Dich durch die Kraft der Liebe. Gold, einziges, bleib gesund, ich umarme Dich und küsse Dich vielhundertmal, Ciucia, meine einzige! ...

Goldchen, **ich bitte Dich, schick mir für mich etwas Geld!** Aber sofort.

Gold, Du bekommst dort Kaviar für mich aus Rostow (Geschenk des Bruders). Sie sind verrückt geworden, was? Aber wage es nicht, ihn aufzuessen, hebe ihn auf bis Weggis!!

Schelm, schick mir **sofort** Deine Fotografie!!!

Meine Briefe schick **auf der Stelle** ab.

Meine Adresse: Avenue Reille 7, au 3-ème.

[Schweiz, 16. Juli 1897]

Nein, ich kann nicht weiterarbeiten. Dauernd lenkt mich der Gedanke an Dich ab. Ich muß Dir ein paar Worte schreiben. Teuerster, Liebster, Du bist jetzt nicht bei mir, und meine ganze Seele ist erfüllt von Dir, sie umarmt Dich. Dir erscheint es sicher ungeheuerlich, vielleicht komisch, daß ich Dir diesen Brief schreibe, wir wohnen zehn Schritte voneinander entfernt, wir sehen einander dreimal täglich, übrigens – ich bin doch nur Deine Frau –, wozu also diese Romantik – nachts an den eigenen Mann Briefe schreiben? Ach, mein Goldener, mag es doch der ganzen Welt komisch erscheinen – nur nicht Dir, lies wenigstens Du diesen Brief mit Ernst und mit Herz, mit Gefühl, mit dem Gefühl, mit dem Du meine Briefe damals – in Genf – gelesen hast, als ich noch nicht Deine Frau war. Denn ich schreibe ihn mit dem gleichen Gefühl wie damals, und genauso drängt meine ganze Seele zu Dir, und genauso – überströmen die Augen mir von Tränen (hier lächelst Du sicher – »mich kann doch jetzt die geringste Kleinigkeit zu Tränen rühren!«).

Dziodzio, mein Lieber, weißt Du, warum ich Dir einen Brief schreibe, statt mündlich all das zu sagen? Weil ich es nicht mehr verstehe, weil ich es nicht mehr vermag, mit Dir von diesen Dingen so ungezwungen zu sprechen. Ich bin jetzt empfindlich und mißtrauisch wie ein Hase. Die kleinste Geste von Dir oder ein belangloses Wort pressen mir das Herz zusammen und verschließen den Mund. Ich kann nur dann so offen mit Dir sprechen, wenn ich mich von einer warmen, vertrauensvollen Atmosphäre umgeben fühle, und diese pflegt jetzt so selten bei uns zu sein! Sieh, heute floß ich von einem so seltsamen Gefühl über, das diese paar Tage der Einsamkeit und des Nachdenkens in mir geweckt haben, ich hatte Dir so viele Gedanken mitzuteilen, Du aber warst zerstreut, lustig und meintest, du bräuchtest keine »Physik«, das heißt gerade alles das, was mich in diesem Augenblick erfüllte. Das hat mir so weh getan, aber Du hast gemeint, ich wäre ganz einfach unzufrieden, weil Du eilig aufbrichst. Ich hätte mich vielleicht auch zu diesem Brief jetzt nicht aufgerafft, aber mir hat das bißchen Gefühl Mut gemacht, das Du mir beim Abschied entgegenbrachtest, ein Dufthauch der Vergangenheit kam mich an, jener Vergangenheit, in Erinnerung an welche ich jede Nacht vor dem Einschlafen in den Kissen in Tränen fast ersticke. Mein Teurer, mein Lieber – Deine Augen suchen sicherlich schon ungeduldig – »Worauf will sie denn hinaus наконец[51]«? Weiß ich, was ich eigentlich will? Ich will Dich lieben, will, daß zwischen uns diese weiche, zutrauliche, ideale Atmosphäre herrscht, wie sie in jenen Zeiten war. Du, mein Lieber, begreifst mich oft zu oberflächlich. Du denkst, daß immer deshalb »дуюсь«[52], weil Du weggehst oder dergleichen. Und Du kannst Dir nicht vorstellen, daß mich das tief schmerzt, daß unser Verhältnis für Dich etwas rein Äußerliches ist. Oh, sag nicht, mein Lieber, daß ich das nicht verstehe, daß es nicht in der Weise äußerlich ist, wie ich denke. Ich weiß, ich verstehe, was das bedeutet, ich verstehe das deshalb, weil ich – fühle. Früher, wenn Du mir davon sprachst, so war das für mich ein leerer Klang, jetzt ist es – harte Wirklichkeit. Oh, ich spüre sehr gut diese Äußerlichkeit – ich spüre sie, wenn ich sehe, wie düster Du bist und Dich schweigend mit irgendwelchen Sorgen oder Unannehmlichkeiten selbst herumplagst und Dein Blick mir sagt – не твое дело, смотри себе свои дела[53]; ich spüre sie, wenn ich sehe, wie Du, wenn wir irgendeinen größeren Streit hatten, diese Eindrücke in Dir verarbeitest und über unsere Beziehungen nachdenkst und zu irgendwelchen Schlüssen gelangst und irgendwelche Entschlüsse faßt und mit mir auf irgendeine Weise verfährst und ich außerhalb all dessen bleibe und nur mit meinem eigenen Hirn überlegen kann, was und wie Du denkst; ich spüre sie nach jeder Vereinigung, wenn Du mich beiseite schiebst und Dich verschlossen an die Arbeit machst; ich spüre sie schließlich, wenn ich in Gedanken mein ganzes Leben, meine ganze Zukunft umfasse, die sich mir darstellt wie eine Gliederpuppe, die durch einen äußeren Mechanismus zum Strampeln gebracht wird. Mein Teurer, mein Lieber, ich beklage mich nicht, ich will nichts, ich will nur, daß Du nicht jedes Weinen von mir als Weiberszenen auffaßt. Weiß ich es überhaupt? Ich bin sicherlich sehr, vielleicht am meisten schuld daran, daß zwischen uns kein ausgeglichenes und warmes Verhältnis herrscht. Aber was kann ich tun – ich kann nicht, kann nicht meine Verhaltensweise beherrschen. Ich weiß nicht wieso, ich bin nicht imstande, die Lage zu erfassen, ich bin nicht imstande, Schlußfolgerungen zu ziehen, ich bin nicht imstande, Dir gegenüber eine bestimmte Haltung einzunehmen – in jedem Augenblick verhalte ich mich so, wie es mir die Eingebungen diktieren, sowie sich in meiner Seele viel Liebe und Leid ansammelt – werfe ich mich Dir an den Hals, sowie Du mich durch Kälte beleidigst – zerreißt es mir die Seele, und ich hasse Dich – ich könnte Dich umbringen. Mein Goldener, Du kannst doch verstehen und nachdenken, Du hast es stets für Dich und für mich getan in unserem Verhältnis! Warum willst Du es jetzt nicht mit mir zusammen tun? Warum läßt Du mich allein? Ach, mein Gott, ich wende mich so an Dich, dabei ist es vielleicht wahr, was mir immer häufiger so scheint, daß vielleicht – Du mich schon **nicht mehr so** liebst? Wahrlich, wahrlich – ich fühle das so oft.

Bei mir findest Du jetzt alles so schlecht und häßlich. Du empfindest kaum das Bedürfnis, die Zeit mit mir zu verbringen! Übrigens, weiß ich denn, **was** mir diesen Gedanken aufdrängt? Ich weiß nur, wenn ich so meine Gedanken schweifen lasse, wenn ich alles in allem mir vorstelle, so sagt mir etwas, daß Du jetzt weit glücklicher wärest, wenn das nicht wäre, daß Du lieber irgendwohin davonlaufen und das ganze Geschäftliche loswerden möchtest. Oh, mein Lieber, ich verstehe das vollkommen, ich sehe, wie wenig Klarheit für Dich in diesem Verhältnis ist, wie ich an Deinen Nerven zerre mit diesen Szenen, diesen Tränen, diesen Kleinigkeiten, sogar mit diesem Unglauben an Deine Liebe. Ich weiß es, mein Goldener, und wenn ich daran denke, so möchte ich gern irgendwo sein – beim Teufel oder am besten nicht sein, dieser Gedanke schmerzt mich so, daß ich mich in Dein reines, stolzes, einsames Leben mit meinen Weibergeschichten, mit meiner Unausgeglichenheit, mit meiner Unordentlichkeit hineingedrängt habe, und wozu, wozu, zum Teufel? Ach Gott, wozu davon sprechen – zwecklos. Mein Lieber, Du wirst wieder fragen, worauf ich denn hinaus will? Nichts, nichts, mein Teurer, ich will nur, daß Du weißt, daß ich Dich mit meiner Person nicht so blind und gefühllos quäle, ich will, daß Du weißt, daß ich oft und bitter aus diesem Grund weine, und doch wieder – ich verstehe es nicht, ich weiß nicht, wie ich mich verhalten, wie ich mir helfen soll. Mal denke ich, es wäre am besten, Dich so selten wie möglich zu sehen, ein andermal wieder springe ich auf und möchte alles vergessen und mich Dir in die Arme werfen und mich ausweinen, dann wieder kommt dieser verfluchte Gedanke und flüstert mir zu – laß ihn in Ruhe, er erträgt das alles nur noch aus Taktgefühl – und zwei, drei Kleinigkeiten bestätigen gerade das, in mir steigt Haß auf, und ich möchte Dich quälen, Dich beißen, Dir zeigen, daß ich Deine Liebe nicht brauche, daß ich auch ohne Dich fertig werde, dann wieder quäle und gräme ich mich allein, und so geht es stets im Kreise, im Kreise.

»Сколько драм!« правда? »Скучно! Вечно одно и то же.« А мне так, как будто я и десятой доли того не сказала и совсем не то сказала, что хотела.[54]

Wann wäre gerecht die Zunge der Stimme, die Stimme dem
Gedanken,
wo hielte je den Blitz des Gedankens das Wort in Schranken.

Ну, прощай. Я уже как будто жалею, что написала. Может будешь злиться? Может будешь смеяться? О нет, не смейся.[55]
Nur Du allein Geliebte, entbiete Willkommen dem Gespenst
wie einst!
Dziodzio, Dziodzio!

> Fernab einst – sehnsüchtig verlangend,
> strecke ich die Arme nach dir aus,
> beschaue in der Seele das liebste Bild,
> geb' ihm die süßesten Namen.
>
> Erregt und zärtlich, reiße lächelnd
> ich kränkenden Groll aus dem Herzen,
> erfreue am Echo deiner Stimme mich,
> selbst Echo deiner Worte.
>
> Doch wenn du kommst, steh' ich erstarrt,
> statt in die Arme dir zu stürzen,
> das Herz beengt und furchterwartend,
> welch ein Empfang mir wird bereitet.
>
> Meine Augen spähen, was du bringst,
> mit welchem Gesicht du kommst,
> wartend, ob du Umarmung heischst,
> zähle ich jede Regung und jedes Wort.

Und ich weiß nicht, welche Kraft treibt
schneller meine Gedanken und Worte,
mein Gedanke traut nicht dem Gefühle
und dem Gedanken nicht das Wort.

Du sitzt steif, ich stehe dabei,
verletzt der eine den anderen
durch Worte und auch durch Schweigen,
wortkarg, verschreckt verweilen wir.

Was ist geschehn? Was ist geschehn?
Wir hatten uns doch so lieb!
Nie reichte uns die Zeit,
wenn wir beisammen waren.

Wir waren gut, wir waren schlicht,
voll Glauben war Empfang und Abschied,
wir horchten auf das Wort der Liebe,
frei von bösen Hintergedanken.

Wenn du heute gehst, vom Streit angewidert,
will rufen ich: So bleibe doch, Geliebter!
»Gute Nacht« – so flüstern kalte Lippen,
und kehre zurück, in Tränen zerflossen.

Leo Jogiches

[Berlin, 17. Mai 1898] · Dienstagabend
Mein Teuerstes, Dziodzio!

Jetzt habe ich den ersten mehr oder weniger ruhigen Augenblick, wo ich allein bin und Dir ausführlicher schreiben kann, denn den ganzen Tag gestern und heute bin ich mit meinem »Cousinchen« nach einer Wohnung herumgerannt. Du hast keine Ahnung, was das heißt, in Berlin eine Wohnung zu suchen. Obwohl ich »nur« in drei Stadtteilen suche – in Charlottenburg, im Westen und im Nordwesten, in den anderen ist das Wohnen im Sommer unerträglich –, aber das sind derartige Entfernungen, daß für ein paar Straßen Stunden draufgehen, um so mehr als man

Haus für Haus die Stockwerke hochrennen muß (nach dem An-
schlag an der Haustür), zumeist vergeblich. Die Zimmer sind allgemein überall schrecklich teuer, selbst hier in Charlottenburg kostet das **billigste** Zimmer, das überhaupt für mich passen würde,
28 Mark. Von einem getrennten Schlafraum ist natürlich nicht einmal zu träumen; eine einzige Stelle, wo wir überhaupt auf ein
Zimmer mit Schlafzimmer stießen – *allerdings* großartig möbliert –, aber für 80 … M!! Einstweilen habe ich ein Zimmer zu
1 M täglich, ich richte mich so ein, daß ich auf dem *Schlafdiwan*
schlafe und außerdem ein Sofa habe, anders geht es absolut nicht.
Übrigens muß man zugeben, daß doch auch in Zürich meine
Wohnung ein weißer Rabe ist. Trotzdem sei unbesorgt, ich
nehme nicht das erste beste und bin furchtbar wählerisch, und
mein »Cousinchen«, die von dem Zimmer in Zürich entzückt ist,
sucht auch mit jenem Ideal in der Seele. Morgen werde ich endgültig entscheiden, obwohl die Wahl so schwerfällt, daß man
Angst bekommen könnte; denn wenn in der einen Wohnung
»живот ноет«[56], merkt man der anderen an, daß »солдат был«[57] –
die Größen sind ganz unvergleichbar, so daß mir der Kopf platzt,
ehe ich mich für etwas entscheide. Apropos »солдат«[58], tatsächlich
»был и есть«[59] hier überall. Tatsächlich sind die Offiziere der herrschende Stand hier; sie wohnen auch in möblierten Zimmern, und
überall stoße ich entweder auf ein Zimmer nach einem Offizier
oder auf Offiziersnachbarschaft. In Anbetracht der Gefahr, die
Dir von daher drohte, und Deiner ständigen Furcht, daß Dir die
Frau »не удрала с офицером«[60], meide ich natürlich eine solche
Nachbarschaft wie die Pest. Aber stell Dir vor, die Zeichnungen
von Thöny sind gar keine Karikaturen, sondern einfach Fotografien nach der Natur – davon läuft hier eine Million auf den Straßen herum. – An Menschen habe ich nur flüchtig die Mutter der
Schmuilowa gesehen, ihren Schwiegersohn – den Subredakteur
der »Neuen Welt« (Kühl) – und Schmuilow. Der letztere hat es
noch nicht geschafft, mich mit Gradn[auer] bekannt zu machen,
womit ich übrigens sehr zufrieden bin. Ich erfuhr von ihm lediglich, daß Parvus gegenwärtig in der Partei als persona comica an-
gesehen wird und daß sich alle von ihm abgewandt haben
(Gradn[auer], die Zetkin, Auer usw.), *es heißt*, er hätte alles verloren, was er bisher gewonnen hat. Das heißt, daß wir beide eine

sehr gute Nase haben, aber im Endergebnis ist das sehr traurig. Von Juleczek [Marchlewski] haben die Leute angeblich die Meinung, daß er *unbedeutend* ist und daß er »*fad*«, d. h. kraftlos und öde, schreibt, so sagten es zumindest Schmu[ilow] und Gradnauer. Von Adolf [Warski] weiß ich, daß Juleczek sich schon seit langem um einen Ausländerpaß in München bemüht hat, um nach Schlesien zur Agitation zu fahren, aber daraus ist nichts geworden. Bebel und Auer sind hier. Ich schreibe noch nicht an B[ebel], denn wenn ich ihn treffe, möchte ich ein Zimmer haben und selbst ein wenig menschlich aussehen. Im übrigen mache ich hier – zumindest auf meine Wirtin – einen sehr imposanten Eindruck, und was das Erstaunlichste ist, alle halten mich für außergewöhnlich jung und bewundern mich, daß ich schon fertig bin. Das zu Deiner Beruhigung. Die Jadzios [Warskis] fanden mich in dem schwarzen Kleid und dem neuen Hut »bezaubernd«. Das alles bezieht sich auf mein äußeres Aussehen. Mein inneres Aussehen ist etwas weniger bezaubernd, obgleich ebenfalls schwarz, woran die bedrückende Größe Berlins Schuld ist. Ich fühle mich, als wäre ich ganz allein und fremd hierhergekommen, um Berlin »zu erobern«, und wenn ich es ins Auge fasse, wird mir bange angesichts seiner kalten und mir gegenüber gleichgültigen Macht. Gleichzeitig tröste ich mich aber damit, daß mich von ganz Berlin angeht ...[61]

Ich habe dem Weib noch einen Bogen Papier abgeluchst, denn ich kann von Dir nicht Abschied nehmen, ich könnte noch die ganze Nacht schreiben, aber ich fürchte, daß Du mir wieder eine Abreibung geben wirst, weil ich zuviel Papier in den Briefumschlag getan habe. Ich kehre zur Sache zurück. Ich sagte, daß ich überall blaue Flecken auf meiner Seele spüre, ich erkläre es Dir gleich, wie ich das fühle. Gestern abend, im Bett bereits, in der fremden Wohnung, mitten in der fremden Stadt, fühlte ich mich ein bißchen verzagt und dachte so im tiefsten Seelenwinkel: Wäre es nicht glücklicher, statt eines solchen abenteuerlichen Lebens irgendwo in der Schweiz mit Dir zu zweit still und herzlich zu leben und die Jugend zu genießen und sich aneinander zu erfreuen? Aber als ich mich in Gedanken nach rückwärts umsah für einen Augenblick, um zu sehen, was ich hinter mir zurückgelassen hatte, da erblickte ich – einen leeren Platz, und schlagartig wurde mir klar, daß das alles eine Täuschung war. Wir lebten doch weder zusammen, noch hatten wir aneinander Freude, und da gab es auch nichts Glückliches (das alles meine ich über unser persönliches Verhältnis, wobei ich von den sachlichen Scherereien abstrahiere, denn diese können doch nicht ein Leben in herzlichem Einvernehmen verhindern). Im Gegenteil, hinter mich zurückblickend, auf das letzte halbe Jahr und sogar noch weiter zurück, empfand ich so ein einziges verwirrendes Gefühl der Disharmonie, etwas mir Unbegreifliches, Quälendes, Düsteres, ich bekam Stiche in den Schläfen, und da eigentlich hatte ich genau das physische Empfinden von blauen Flecken an der Seele, so daß ich mich weder nach rechts noch links hinlegen konnte. Das Quälendste dabei ist das Gefühl des Unbegreiflichen, als wäre da ein dumpfes Geräusch im Kopf, bei dem ich nicht weiß: wozu, weshalb, warum war das alles, was war …

Und stell Dir vor, daß gerade diese blauen Flecken an der Seele mir augenblicklich Mut zu dem neuen Leben verliehen. Mir wurde klar, daß ich nichts Gutes aufgegeben hatte, daß es keinen Deut besser wäre, selbst wenn wir zusammenleben würden, daß ich ebenfalls ständig umgeben wäre von einer Atmosphäre, die zu begreifen ich vergeblich und unter Qualen mich bemühen würde, und von ständiger Disharmonie. Das, wonach ich mich für einen Augenblick sehnte, war allein meine eigene Phantasie, und ich fühlte mich so recht wie jener Kater – erinnerst Du Dich? – in Weggis, den der Hund zwischen Berg und See gestellt hatte. Stell Dir den Hund vor – als das Leben, das mich treibt, den Berg – als Dein »steinernes Herz«, treu und beständig wie ein Fels, aber ebenso hart und unzugänglich wie dieser, schließlich den See als die Woge des Lebens, in das ich mich jetzt in Berlin stürze. Die Wahl zwischen *zwei Trachten Prügel* fällt wenigstens nicht schwer, und man muß nur dafür sorgen, daß ich nicht mit der Zeit auf den Berliner Wogen dahintreibe wie der Kater …

Weil ça me touche toujours quand je parle de moi – même[62], so habe ich Lust, bei dieser Gelegenheit zu heulen, aber das geschulte Ohr hört im gleichen Augenblick Deine ungeduldige Stimme: Да перестань же плакать, ты будешь выглядеть, как чёрт знает что такое, und folgsam lege ich das Taschentuch weg, um morgen nicht выглядеть, как чёрт знает что такое![63]

Dem Teufel sein Teil, dem Popen sein Teil, nicht wahr? Trotz allem, was Du mir vor der Abreise gesagt hast, singe ich das alte Liedchen vom Anspruch auf persönliche Annehmlichkeiten. Es ist eine Tatsache, ich habe verdammt Lust, glücklich zu sein, und wäre bereit, Tag für Tag um mein *Portiönchen Glück* mit dem Starrsinn eines Tauben zu handeln. Aber das sind nur noch Reste; diese Lust wird immer schwächer in mir angesichts der wie die Sonne klaren, eher wie die Nacht dunklen Unmöglichkeit, glücklich zu sein. *Kein Glück ohne Freude*, aber vielleicht ist das Leben, d. h. unser Verhältnis (für mich ist das doch identisch, vous savez: les femmes ...[64]), *ein freudeloses, düsteres Ding*. Ich beginne eigentlich zu begreifen, das Leben kann тащить и не пущать[65] und daß da nicht zu raten ist. Ich beginne mich eigentlich an den Gedanken zu gewöhnen, daß meine einzige Aufgabe darin besteht – derzeit an die Wahlen[66] zu denken, und dann daran, was nach den Wahlen sein wird. Da wir allerdings beide zusammen bereits sechzig Jahre alt sind, so habe ich dabei ein Gefühl ähnlich dem, das gewiß vierzigjährige Frauen erfahren, wenn die physischen Symptome des Geschlechtslebens wegbleiben.

Natürlich wirst Du nach dem Durchlesen dieser ganzen obigen Oratio denken: Welch ein ekelhafter Egoismus, allein an sein »Glück« zu denken angesichts Deiner Verluste, die hundertmal größer sind als der Verlust der Umarmungen des Geliebten.

Wirst Du denken ... und Dich irren. Ich vergesse nicht nur für keinen Augenblick **Deine** innere Buchhaltung, die jetzt lauter »Debet« ausweist, ich laufe nicht nur ständig mit dem Gefühl herum, sondern habe eigentlich unter den oben genannten Vorwürfen auch noch den Vorwurf, daß Du mir nicht teilzunehmen gestattest an Deiner Buchhaltung und als einziges gestattest – zu schweigen. Wie ich bereits sagte, Du bist wie der Rigi, aber ich bin nicht wie die Jungfrau, die es fertigbringt, vom anderen Himmelsende mit ihrem schneebedeckten Gipfel majestätisch herniederzublicken, ich bin eigentlich ein gewöhnlicher Kater, der es mag, gestreichelt zu werden und andere zu streicheln, der schnurrt, wenn es ihm gut geht, und miaut, wenn es ihm schlecht geht, und sonst nichts auszudrücken vermag. Und da Du mir nicht erlaubst zu miauen, so kann ich nur von mir und meinen uninteressanten Angelegenheiten schreiben. Wenn Du mir jedoch dennoch Egoismus vorwerfen willst, dann *wirst [Du] fehl-schlagen.*

Ich möchte, zum Teufel, schon zu Ende kommen mit dieser Wohnung, um mich an die Arbeit zu setzen und Dir die первые боевые звуки[67] schicken zu können. Ich wäre stolz darauf, wenn ich Dich schon mit irgend etwas aufmuntern könnte. Indessen habe ich leider noch nichts zur Sache, worüber ich schreiben könnte, und deshalb ist es ein so müder Brief geworden.

Hast Du eine Vorstellung, wie ich Dich liebe?

Mein Zug hat vor Berlin um 12 Uhr nachts einen Menschen überfahren. Wir standen deshalb an die Viertelstunde, und aus dem Schlaf aufgewacht, hörte ich sofort Menschengeschrei. Es war ein Bauer, der Ochsen im Dunkeln über den Bahndamm trieb. Auf meine Frage, ob er lebt, wurde mir geantwortet: *»Lebt noch a bissele.«*

Das ist kein gutes Omen.

Ich schließe schon, mein Einziger. Wenn Du kannst, schreib von **Dir** möglichst viel. Von allem, was Du mir bisher geschrieben hast, hat mich am meisten das Versprechen gefreut, daß Du besser auf Dich sehen wirst. Schreib mir darüber **ausführlich;** trinkst Du Kakao um vier, nimmst Du **täglich** Milch zu Dir?? Bitte über **alles** schreiben.

Mein Teurer, reg Dich nicht auf, daß das Papier dick ist und der Brief schwer sein wird, ich habe noch kein eigenes hier.

Bleib gesund, schreibe an die Adresse Kantstr. 55, allerdings ohne meinen Zunamen, nur den Vornamen und отчество (Ильи-нична)[68], denn sie stehen hier sehr unter Beobachtung. Deine

Weißt Du schon etwas über Anna [Gordon]?

Ich habe zur Zeit ein Zimmer für 1 M täglich.

Was ist mit der Schneiderin? Ich habe ständig Gewissensbisse, daß ich das mit dem Kleid überhaupt gemacht habe, woraus für Dich nur derartige Kosten entstanden sind und für die Schneide-rin solche Unannehmlichkeiten, sie tut mir schrecklich leid. Jad-zia [Warska] hat den Hut als vollendet anerkannt.

Heute schreibe ich wegen des Darlehens nach Hause.

Warst Du bei Herkner, hast Du schon begonnen, die Vorlesun-gen zu besuchen? Du hast keine Ahnung, wie sehr ich möchte, daß Du mit all dem fertig wirst, das Kreuz tut mir direkt weh, wenn ich an Deine Universität denke.

Stell Dir vor, daß Frau Augspurg vierzig Jahre alt ist. Sie wohnt jetzt in München; sie hat die Schmuilowa kennengelernt; das ist, wie es scheint, eine Person *mit einer bewegten Vergangenheit*, und überhaupt scheint diese Literaten-Künstler-Boheme dort in München ein gehöriger Haufen von Unrat zu sein. Helene Dönniges samt Mann ist ebenfalls dort, jener Schewitsch ist beim »Simplicissimus«.

Schm[uilow] war erstaunt, daß meine Arbeit bei D[uncker] und H[umblot] erscheinen wird, er hat behauptet, daß sie bestimmt jemand haben, der die aktuelle Literatur kennt und daher von mir gehört hat; es sei ein *Verlag*, hinter dem alle her sind, die beabsichtigen, auf diesem Gebiet »Karriere zu machen«.

Daszyński ist die Frau mit einem anderen durchgebrannt. Das war anscheinend auch vorher schon eine leichte Person, er seinerseits hatte sie wohl deshalb geheiratet, wie es scheint, weil die Resultate offensichtlich wurden. Es heißt, er wäre in Galizien in der Partei nicht sehr beliebt, weil er flott lebt, verdorben ist und leben möchte wie ein Herr.

Leo Jogiches

[Berlin,] 20. Mai 1898

Teuerster Ciuciu!

Soeben habe ich Deinen Brief gelesen, der am Mittwoch geschrieben wurde. Mit Genugtuung habe ich mich davon überzeugt, daß alle Bemerkungen und Hinweise zu dem, was zu tun ist, genau dieselben sind, die ich selbst aufgeschrieben habe; ich habe nicht das geringste vergessen. Mit all dem fange ich aber erst heute und morgen an, denn solange ich keine Wohnung hatte, war an nichts anderes zu denken. Die ganze Zeit wohne ich in einem möblierten Privatzimmer zu 1 Mark täglich, aber die Zeit vergeht, und ich mußte mich vom ersten Augenblick an energisch auf die Suche machen; ich habe gewaltig Lust, mich in den Strom »борьбы«[69] zu stürzen, aber sei unbesorgt – ich werde kaltblütig handeln. – Eine Wohnung habe ich heute endlich gemietet, nachdem ich im Minimum fünfundsiebzig Zimmer in verschiedenen Stadtteilen besichtigt habe, wodurch ich diese Viertel von Berlin (West, Nordwest und Charlottenburg) schon wie meine fünf Finger kenne. Ich habe ein Zimmer in der **Cuxhavener Str. Nr. 2,** Gartenhaus I, direkt am Tiergarten genommen, im aristokratischsten Teil, wie Du siehst. Den nächsten Brief schicke jedoch noch an die Adresse von K[rauz] (allerdings **ohne** meinen Namen, die Initialen genügen), denn das Zimmer muß saubergemacht werden, und ich weiß nicht genau, wann ich es in Besitz nehmen kann.

Das Zimmer entspricht so ziemlich allen Ansprüchen: 1. Stock, elegant möbliert, mit einem Pianino, sonnig, mit einem kleinen Balkon, grün bewachsen, mit Schreibtisch, *Schaukelstuhl,* einem Spiegel über die ganze Länge der Wand, der Balkon und das Fenster gehen in den Garten, und ringsum sieht man nur Grünes, die Frau ist sympathisch und redlich, aber ... aber ich habe fast Angst, es zu schreiben – 33 Mark! Glaube mir, Dziodziu, ich hätte es nicht genommen, wenn auch nur die **kleinste** Möglichkeit bestünde, ein anderes zu nehmen, aber zur Wahl hatte ich schließlich: ein Zimmer für 25 Mark, aber in Charlottenburg, in einem Hinterhaus, mit einem dreckigen Eingang und einem Gasthaus unten, ein zweites im Westen für 25 M im Vorderhaus, aber bei einem schmutzigen Weib à la Lüthi, und das ganze Haus belegt mit Offizieren, so daß am Abend die Treppen wimmelten von Paaren *im Rock des Königs* mit Dame, und das dritte ebenfalls im Westen für 30 M, aber im Parterre, dunkel, ohne Sonne, bei Kleinbürgern, die sicher in Ohnmacht fallen würden, wenn die Polizei nach mir fragte (sie haben noch nie eine Frau Dr. gesehen), und mit einem Portier am Eingang (der den ganzen Tag verschlossen ist), dem jeder Besucher sagen muß, zu wem er geht. Ich bin sicher, daß Du selbst das gewählt hättest, das ich gewählt habe, und das beruhigt mich. Dort ist die Haustür tagsüber immer unverschlossen, und einen Pförtner gibt es nicht. Wären nicht diese Skrupel, weil unser Budget um 3 M überzogen wird, so hätte ich dieses Zimmer sofort gehabt, denn wir haben es gleich am ersten Tag gesehen, aber mein Gewissen hat es nicht zugelassen, bevor ich nicht die halbe Stadt abgeklappert und nicht gesehen hatte, daß mir keine andere Wahl bleibt. Dafür werde ich bei der Frau sicher gut und billig Mittag essen können und überhaupt mit jedem Pfennig rechnen, so wie ich es auch schon jetzt tue. Ich mußte mich mit der Wohnung auch schon deshalb beeilen, weil man hier, wie ich erfuhr, ein *Heidengeld* für die Gepäckaufbewahrung auf dem *Bahnhof* zahlt, und meinen Korb von einer Stelle zur anderen schleppen, konnte ich nicht, denn auch das kostet eine Menge. – Das Viertel, in dem ich das Zimmer habe, ist entzückend, still, es gibt dort keine Straßenbahn, ringsum üppiges Grün, und die Luft ist ausgezeichnet. Schreibe mir doch sofort, ob Du mich wegen der 3 M nicht zu sehr tadelst. Aber alle behaupten, in diesem Viertel und mit Balkon – wäre das sagenhaft billig, die Frau wollte auch 40 M. Was die Bibliothek betrifft, so stellt es sich heraus, daß sie Bücher nach Hause ausleihen, so daß ich dort ziemlich selten hinfahren werde. Im übrigen geht es hier nur um die Zeit, denn was das Geld betrifft, so kommt es auf dasselbe. Hier gibt es eine solche Einrichtung, daß man für 3 M für den ganzen Monat ein Passepartout für die *Stadtbahn* löst, die überall hinfährt, und man kann meinetwegen den ganzen Tag und zu jeder beliebigen Haltestelle fahren. Alle haben hier so eine unerläßliche Fahrkarte, und auch ich habe gleich nach der Ankunft eine gekauft und hier bestimmt schon 2 M verfahren, wenn ich jedesmal bezahlt hätte. – Jetzt erst kann ich an Bebel schreiben, und ich mach' es heute oder morgen (ich möchte etwas besser aussehen, denn ich habe mir den Magen verdorben und sehe aus wie eine Teerose nach dem Regen). Die »Gazeta Robotnicza« lasse ich mir vom Cousinchen besorgen. Die »Volkswacht« werde ich entweder abonnieren oder sie so bekommen, das *Handbuch*[70] hoffe ich bei Claassens zu bekommen. Ich komme die ganze Zeit ohne jede Hilfe aus, außer der Kusine, die mich einfach nicht allein gehen läßt, aber zum größten Teil gehe ich überall allein hin. Bei Claassens habe ich, nach dem ersten Besuch bei Schm[uilow] für zwei Minuten, nicht einmal die Nase hineingesteckt, was sie beunruhigt hat, so daß sie gestern und heute bei mir waren, nachzufragen und mich zu sich einzuladen. Sie sind es offensichtlich gewöhnt, daß die Ankommenden ihnen sofort auf die Pelle rücken. Die arme Anna [Gordon], diese Verrückte, wohnte einige Tage bei ihnen und schleppte sie tagelang zu Besorgungen mit sich. Ich bin jedoch überaus *zurückhaltend* und habe ihnen lediglich versprochen, zu ihrem jour fixe am nächsten Donnerstagabend vorbeizukommen. Sie werden mir in vieler Hinsicht nützlich sein können. (Ich sehe, NB, daß mich alle für reich halten, weiß der Teufel, warum.) Nur wegen des *Handbuches* suche ich für einen Augenblick Cl[aassens] auf, sicherlich haben sie es. Ich möchte dieses *Handbuch* schon selbst in Händen haben, aber das verflixte kostet 4 M, ich werde es einfach auswendig pauken wie die Grammatik. Apropos, eine aufregende, komische Kleinigkeit: Schmuilow suchte hier die ganze Zeit, krank und leidend – nach Hugo von Hofmannsthal, er hat sich mit ihm angefreundet und bringt ihn zu seiner Frau nach München! ... Ich fürchte sehr, dieser amüsante Ehemann ist in Kürze *im Bunde – der Dritte* ... Gräme Dich nicht, Goldchen, weil ich dauernd von solchen uninteressanten Dingen schreibe, das kommt nicht daher, daß ich meine Aufgaben vergessen hätte, sondern allein, um einfach in diesem Augenblick, da ich das mit der Wohnung erledigt habe und mich wegen der Magenschmerzen nicht aufraffen kann, etwas anderes zu tun, und ich mich wenigstens mit Dir, mein Allerliebster, über alle Eindrücke austauschen möchte.

Jetzt zu Dir, Liebchen. Es ist sehr gut, daß Du bei Herkner warst, aber jetzt **mußt** Du Wolf ein paar Worte schreiben, nachdem er Dich H[erkner] empfohlen hat. Sonst bist Du, weiß Gott, ein Schweinchen. Ich lege Dir einen ungefähren Entwurf des Briefes bei, Du machst ihn Dir nach Deinem Geschmack zurecht. Aber säume damit nicht, ich bitte Dich, mach es sofort, hörst Du?! Wie hat Dir Herk[ner] gefallen, schreib doch ausführlich. Und überhaupt von Dir, Du Affe, schreib ausführlicher, und nicht zwei allgemeine Worte! Jetzt rate mir, was tun: Man müßte unbedingt nach Dresden fahren, aber immerhin kostet es 7 M hin und zurück. Schrecklich, so viel auszugeben. Fahren oder sich einstweilen mit einem Brief begnügen? Am liebsten würde ich **nicht** fahren, wäre nicht der Wunsch, etwas über die Lage, über Julek [Marchlewski], Winter usw. zu erfahren. Vor allem wollen wir jedoch sehen, was Bebel sagt, nicht wahr? An Humblot[71] habe ich geschrieben, nach Hause habe ich schon geschrieben. – Ich fühle mich gut und tapfer, überhaupt bleibe ruhig. Zur Polizei[72] gehe ich vielleicht morgen, aber vielleicht auch erst nach Beziehen meines Zimmers. Was Du dort mit der Schneiderin hattest, schreibe mir ausführlich. Mit Władek [Olszewski] treffe ich mich am Sonntag.

Schreibe schnell und viel, ich lese Deine Briefe mehrere Male. Goldjunge, wie fühlst du Dich, Teurer, einziges Kind! Weißt Du nichts über Anna? Deine

Goldchen, Du schreibst so gut polnisch, schreib doch den ganzen Brief so, Kukasia. Von der Gemeinde ist noch nichts gekommen? Hier ist Kr. Issajew, und er hielt ein sozialdemokratisches Referat in der russischen Kolonie, er sprach angeblich nicht besonders.

Ich habe vergessen hinzuzufügen: Ein gesondertes Schlafzimmer habe ich natürlich nicht (daran ist hier bei diesem Preis **nicht zu denken!**), aber statt des Bettes ein kolossaler Schlafdiwan, auch ein Waschbecken, verdeckt mit einem hübschen Vorhang in der Farbe des Zimmers. Also ein kompletter kleiner Salon.

Kaufe Dir unbedingt einen Plan von Berlin, damit Du siehst, wo ich wohne.

Den Beethoven kannst Du mir in ein paar Tagen schicken!

Die diversen Zusätze über Bachm[an] etc. kannst Du ebenfalls weglassen, ich habe sie hinzugesetzt, damit das Schreiben nicht schülerhaft wirkt. Denke daran, daß Du jetzt nicht mehr sein Schüler bist, und deshalb mußt Du **höflicher** schreiben, als gut erzogener Mensch.

Leo Jogiches

[Berlin,] Mittwoch, 25. Mai 1898

Nun, Dziodzio, ich war gestern bei Auer. Es war nicht möglich, auf Bebel zu warten, weil niemand wußte, wann er zurückkehrt, und hier war jeder Tag teuer. Ich ging daher zur Katzbachstraße[73], klingelte, heraus kam persönlich – Herr Auer (groß und blond, etwa vierzig Jahre, gut aussehend, im Typ absolut der höhere russische Beamte oder »помещик«[74]). Er bat mich, »Platz zu nehmen«, worauf ich fragte, ob ich das Vergnügen mit Herrn A[uer] habe, und mich vorstellte. Darauf ein »Ah!« und ein freundschaftliches Lächeln, der Kerl erhob sich und drückte mir die Hand, worauf wir näher rückten und der Schwatz begann. Ich, um nicht gleich mit der Tür ins Haus zu fallen, begann damit, daß ich gerade angekommen, mich in der polnischen Bewegung umgesehen hätte und feststelle, daß es so gut wie keine Wahlagitation gibt, daß alles schläft etc. Worauf der Kerl versuchte, mir mit tiefem Baß darzulegen, so wie Bebel das seinerzeit hätte, *»das ist falsch«*, daß allerdings die Sache doch gut steht, und in diesem Sinne quasselte er einige Minuten. Ich hörte ihn an als guterzogener Mensch, und als er geendet hatte, erklärte ich ihm seelenruhig: *»Sie haben mir nichts N e u e s gesagt, ich bin über die Frage viel besser informiert als Sie, denn ich habe unmittelbare Beziehungen mit Genossen in Posen, Breslau etc. und auch hier in Berlin.«* Daraufhin sagte ich, wenn ich gekommen sei, mit ihm darüber zu sprechen, so nicht deshalb, um mich bei ihm über die polnische Bewegung zu beklagen, denn das wäre *Unsinn,* sondern mit einem ganz praktischen Ziel. Und zwar: Ich möchte ihnen bei der Arbeit helfen, zu diesem Zweck habe ich die Staatsbürgerschaft erworben und bin gekommen, um mich aktiv zu beteiligen. Ich habe natürlich in dieser Hinsicht einen eigenen Aktionsplan, möchte jedoch nicht *auf eigene Faust* beginnen, ohne mich mit der deutschen *Parteileitung* zu verständigen. Es folgte wieder das »Ah!« ..., der Kerl war davon mächtig frappiert, daß ich die Staatsbürgerschaft besitze, er staunte und bat sogleich um meine Adresse, die er in das Parteiadressenbuch eintrug, und danach begannen wir schon offen zu reden, was ich Dir nicht Wort für Wort wiederholen kann, denn es dauerte über eine Stunde. Das Wichtigste, was er mir sagte, ist folgendes (aber kaum daß ich mich vorgestellt hatte, so hakte er mir nichts, dir nichts bei der *Unabhängigkeit Polens* ein, und mich lächelnd anblikkend, versicherte er mir, daß er sie für eine Idiotie halte!):

1. *Wir alle f ü n f im P a r t e i v o r s t a n d* [75] *betrachten die Unabhängigkeit Polens als einen Unsinn, eine Phantasie. Wir haben gegründet das Blatt* [76] *und das Geld hergegeben mit der ausdrücklichen Verwahrung,* vom Nationalismus nicht ein Wort. Nun, später kam der Einfluß aus London (!)* [77], Mendelson wollte sich anfangs als Protektor *aufweisen,* aber sie im *Vorstand* stehen auf dem obigen Standpunkt. Protektor der PPS ist Liebknecht, und nun kam eine Charakteristik des Alten und seines Verhältnisses zur PPS, wie wir sie nicht besser hätten geben können!

Man weiß, woher seine Ansichten und sein polnischer Patriotismus stammten. Die Leutchen schreiben ihm Briefe mit Gratulationen, und er antwortet, und wenn er wohin kommt, nach Paris oder nach London, dann macht man ihm Ovationen, woran drei Männlein teilnehmen, wovon zwei gewöhnlich Polizeispitzel (!), und da meint er immer noch, die polnischen Aufständischen ziehen über Deutschland nach Frankreich etc. Na, er ist ein alter Herr, und man muß ihm dieses Vergnügen lassen. So hat er uns auch in Hamburg[78] *geredet die Phrasen*. Mit ihm diskutieren heißt Erbsen an die Wand werfen. *»Sie haben es ja selbst erfahren«*[79] – mit einem süßlichen Lächeln zu mir. Aber ich sollte nicht etwa denken, daß er ein ernst zu nehmendes Hindernis sein kann, wenn es um etwas Praktisches ginge (das war schon beim Gespräch über den Redakteur, worüber später), *er läßt dann mit sich reden* (das heißt: *man pfeift dann auf ihn*). Soviel in etwa zum programmatischen Standpunkt.

2. Was Winter betrifft, so ist er bei ihnen komplett Persona grata. Überhaupt, die polnische Bewegung, das ist für sie Winter. Über die PPS wissen sie nichts und interessieren sich auch nicht dafür. Auf Berlin und Posen[80] *pfeifen* sie anscheinend, und es geht ihnen nur um Oberschlesien, und hier setzen sie ihre ganze Hoffnung auf Win[ter]. *»Wir sind glücklich, daß sich einer gefunden hat, der dort arbeiten will«*, das wiederholte er mir einige Male über W[inter]. *»Wir geben ihm auch einen kleinen Zuschuß«*, das heißt, daß sie ihm ein kleines Gehalt zahlen! Auer erkennt an, W[inter] *hat vielleicht unvorsichtig gesprochen,*[81] *aber das ist ja Kleinigkeit*. Er selbst, Auer, ist gleichfalls der Ansicht, *man kann den polnischen Arbeitern keinen größeren Gefallen tun, als sie zu germanisieren, aber man darf es den Leuten nicht sagen (!)*.

3. Davon, was in der PPS vorgeht, wissen sie nichts. Auer wußte nicht einmal, wer der Redakteur ist![82] Über Berfus machen sie ihre Witze und mögen ihn nicht. Moraws[ki] halten sie für den erträglichsten, von ihrem *Flugblatt* und ihrer Broschüre[83] habe ich ihm erst gesagt. Die ganze polnische Bewegung hängt ihnen zum Hals heraus. *»Ich schenke Ihnen das ganze Polentum mit der polnischen Sozialdemokratie«* (!) – dagegen machte ich sofort einen scharfen Einwand, so daß der Kerl begann, sich näher zu erklären. *»Die Leute kosten uns nur Geld, und man hat nichts davon. Die ganze Geschichte hat uns August in Halle auf den Hals geladen.*[84] *Sie wissen, er mit*

seinem Prophetentum muß immer so etwas erfinden ...« Den gegenwärtigen Augenblick – das heißt eigentlich die Tätigkeit von Winter,
halten sie *für einen letzten Versuch, etwas auszurichten* (stell Dir das
vor).

4. Mit Julek [Marchlewski] hatten sie über Parvus Verbindung;
an seinen Namen (Julek) kann sich Auer nicht einmal erinnern, er
weiß nur, irgend etwas mit M, und sonst weiß er nichts von ihm.
Die Beziehungen waren derart, daß Julek sich ihnen über Parvus
anbot, eine polnische Wahlbroschüre zu schreiben, worauf sie ab-
schlägig antworteten. Danach schlug ihnen der Dummkopf Julek
vor, »Die Sozialdemokraten kommen« ins Polnische zu überset-
zen, wobei es sich herausstellte, daß diese Broschüre schon längst
übersetzt war,[85] so daß sich Julek nur lächerlich gemacht hat. Nach
diesen beiden Versuchen fühlte sich Julek – wie mir Auer sagte –
verletzt und hat sich nicht mehr an sie gewandt. Er bot sich lediglich an, für Winter ein *Flugblatt* aus dem Deutschen zu überset-
zen, und tat das auch, worüber später. Schließlich schrieb Winter – an A[uer], daß er »M« zur Agitation nach Schlesien
genommen hat; ob Julek oder vielleicht Ocik [Marchlewski] oder
jemand anderen, konnte Auer sich nicht denken und fragte mich
danach.

5. Schließlich – Du platzt sicherlich schon –, was mich betrifft,
so stellte sich die Sache so dar. Auer will mich gleich nach Oberschlesien schicken. Von Westfalen[86] will er nichts wissen und besteht darauf, daß ich die Arbeit auf Oberschlesien konzentriere.
Zu diesem Zweck wollte er gleich gestern über meine Ankunft an
Winter schreiben, und ich soll auf Nachricht entweder direkt von
Wint[er] oder von Auer warten. Ich lenkte das Gespräch in einem
geeigneten Augenblick auf die Frage der Redaktion[87]; wir haben
viel darüber gesprochen, aber die praktische Quintessenz ist die:
Jetzt vor den Wahlen[88] Veränderungen vorzunehmen ist unzweck-
mäßig, und nach den Wahlen, wenn ich in Berlin bleibe, wird man
sehen können. Sie wären sehr froh, *aber man wird ja alles sehen,
wenn Sie bleiben.* Hier fügte er auch hinzu, ich sollte keine Schwierigkeiten von seiten Liebknechts befürchten, und das, was ich
oben zu diesem Punkt geschrieben habe.

Das wären wohl die wichtigsten Punkte. Was mich persönlich
betrifft, so habe ich, soweit ich es beurteilen kann, einen sehr gu-

ten Eindruck auf ihn gemacht; beim Abschied versicherte er mir, *es hat ihn sehr gefreut, mich kennenzulernen,* was bei einem solchen bayerischen Grobian schon sehr viel bedeutet. Er lobte mich, es sei *sehr schön,* daß ich in Oberschlesien agitieren wolle, was ich mit einer kühlen Geste отклонила[89] und ihm zu verstehen gab, daß ich sein Lob nicht brauche. Er gab mir das *Handbuch*[90], und als ich so tat, als wollte ich es ihm bezahlen, wollte er es nicht nehmen, und überreichte es mir mit einem bezaubernden Lächeln *»für Ihre polnische Agitation in Oberschlesien«.* Was meine Haltung zu Mor[awski] et Co. betrifft, sagte ich, daß ich es für überflüssig halte, mich an sie zu wenden, denn sie denken, ich wollte sie gleich *auffressen,* worauf er antwortete, daß er das weiß und es damit erklärt, daß ich *eine gebildete Person* bin und sie als einfache Arbeiter sich vor solchen schrecklich fürchten. Er sagte mir auch, daß ich bei Gelegenheit noch mit Bebel sprechen muß; ich habe den Eindruck, daß er es ihm selbst sagen und B[ebel] sich möglicherweise selbst an mich wenden wird. Das ist vorläufig der Bericht. Meine Gedanken darüber schreibe ich Dir morgen, denn ich eile zur Post. Aber, zum Teufel, ich habe noch eine wichtige Sache vergessen: Winter hat für Oberschlesien ein sechs Ellen langes *Flugblatt* geschrieben, und Julek hat es ins Polnische übersetzt.[91] Auer gab mir gleich beide, angeblich haben sie davon bereits 120 000 Exemplare verteilt.

Schreib Deine Gedanken über die Audienz oder warte, morgen schreibe ich Dir noch meine.

Jetzt schnell über das Geschäftliche: Was Władek [Olszewski] betrifft, so hat Gutt natürlich gelogen, er war es, der W[ładek] diesen Vorschlag geschrieben hat, und nicht umgekehrt. Ich konnte W[ładek] nicht zwingen, das zu Papier zu bringen (ich habe ihn persönlich gesehen), es ging nicht. Sag ihm von mir, daß er ein ekelhafter Lügner ist und daß ich im Vorstand[92] bleibe und gar nicht daran denke auszutreten, sag ihm das, denn sonst schreibe ich ihm selbst, das wird schlimmer sein.

Bei der Polizei habe ich den Antrag schon abgegeben[93], morgen soll ich wiederkommen, die Sache wird zehn bis vierzehn Tage dauern. Wenn mir das nur keinen Strich durch die Rechnung macht!

Die Wohnung beziehe ich morgen, denn der Kerl ist erst heute

74

ausgezogen. Schreibe also schon an die Cuxhavener Str. 2, Gartenhaus I, NW.

Nach Dresden müßte ich zu Pfingsten (am Zweiten) fahren, denn dann gibt es einen Zug zu 7 M, sonst kostet es zweimal soviel! Aber mir reicht bestimmt das Geld nicht, denn ich muß für die Wohnung im **voraus** bezahlen, hier ist es so üblich, und dabei habe ich schon eine Masse ausgegeben, obwohl ich so bescheiden lebe wie nur möglich. Heute gehe ich zu der ersten Versammlung, zu Auer. Morgen bin ich zum **jour fixe** bei Claassens und werde eine diverse Sosjeteh kennenlernen.

Über persönliche Fragen morgen. Gott, was habe ich hier für Arbeit mit diesem *Handbuch* und dem »Vorwärts«! Und für das Herumrennen in der Stadt geht der halbe Tag drauf.

Deinen gewaltigen Brief und später den kurzen habe ich erhalten. Wie diese Korrespondenz sich hinschleppt, es ist schrecklich! Deine

Dziudzi küsse ich auf den Schnabel.

Leo Jogiches

[Berlin,] Sonnabend, 28. Mai 1898

Dziodzio, gestern habe ich Dir geschrieben, daß ich fast entschlossen bin, nach Oberschlesien zu fahren. Ich habe die Situation noch einmal durchdacht und sehe wieder keinen anderen Ausweg.

Folgende Sachen gefallen mir nicht:

1. Ich möchte anfangs lieber auf dem allgemeinen Schauplatz »wirken« – in Berlin, und nicht in irgendeinem oberschlesischen Loch.

2. Ich möchte schließlich schon lieber in Dortmund[94] auftreten, dort gibt es wenigstens zuweilen öffentliche Versammlungen.

3. Da keine Möglichkeit zur Abhaltung öffentlicher Versammlungen in Oberschlesien besteht, wie Winter schreibt, so wird die Arbeit stumm und im Dunkeln vor sich gehen, so daß kein Hund etwas davon hört.

4. Fahre ich nach Oberschlesien, stehe ich unwillkürlich unter Winters Kommando, und selbst wenn ich mich verhalten werde, als wäre ich der Generalgouverneur, so werde ich **de facto,** und sei es darum, daß ich weder die Verhältnisse noch die Technik der Arbeit kenne, ihm nicht überlegen sein.

5. Das ist auf keinen Fall der éclat[95], den wir wünschen. **Aber:**

1. In Berlin gibt es keine Arbeit, denn die guten Polen haben hier **absolut** keine Bedeutung, mich dagegen hier in Berlin der deutschen Agitation »zu weihen«, die polnische Arbeit hingegen Moraw[ski] und Winter zu überlassen ist *Mumpitz.* Schließlich und endlich brauchen mich die Deutschen hier gar nicht, und sich an der **polnischen** Arbeit vor den Wahlen nicht beteiligen, das heißt, sich der Möglichkeit zu berauben, in dieser Frage eventuell auf dem *Parteitag* mitzureden. Polnische Agitation, das ist für die Deutschen Oberschlesien, das hat mir Auer ausdrücklich gesagt. Sapienti sat.

2. In Dortmund sind die Polen nicht gefährlich, denn sie sind unter dem vorherrschenden Einfluß der Deutschen. Außerdem nimmt Auer **von seinem** Standpunkt aus mit Recht an, daß man die Kräfte jetzt auf Oberschlesien konzentrieren muß. Nach Dortmund würden sie mir keine Mittel für die Reise geben.

3. Jetzt nicht nach Oberschlesien zu fahren, das heißt, die einzige polnische Wahlarbeit nicht anzunehmen, die sie mir anbieten, das bedeutet, sich die Beziehungen mit dem *Vorstand* zu verderben, vor ihm wie ein *Maulheld* dazustehen (nachdem ich erst selbst gekommen bin und Arbeit verlangt habe), zweitens – sich die Beziehungen mit Winter zu verderben, der sich später als der **einzige** Vertreter der polnischen Arbeit hinstellen kann.

4. Wenn ich die Absicht habe, wenigstens später einen selbständigen Standpunkt in der polnischen Arbeit zu vertreten, so muß ich unmittelbare Beziehungen zu den Oberschlesiern herstellen, und die einzige Gelegenheit dazu sind – die Wahlen am Ort. Dasselbe ist wichtig im Hinblick auf den *Parteitag,* wenn man an ein Mandat denkt.

5. Auf eigene Faust zu handeln und auf Auer und Winter zu pfeifen würde mir am meisten zusagen, aber – wo? Man kann nirgends einhaken: Berlin ist unbedeutend, Posen ebenfalls, und in Oberschlesien werde ich auf eigene Faust jetzt nichts ausrichten.

---

6. Im Hinblick auf den Redakteurposten[96] sind gute Beziehungen zum *Vorstand* und zu Winter unerläßlich. Einstweilen müssen wir uns auf die Deutschen stützen.

Mit einem Wort, es bleibt nichts anderes übrig, als das Köfferchen zu packen und ab. Wohin? Eben dazu erwarte ich einen Brief von Winter – sicherlich nach Beuthen. Ich schreibe Dir noch ausführlich vor der Abreise.

Ich sage Auer von vornherein, daß ich mir angesichts der Unmöglichkeit öffentlicher Versammlungen nicht allzuviel verspreche und daß ich, wenn sich das Gebiet als zu unergiebig erweisen sollte, ihnen das Reisegeld zurückerstatte. Am besten, man verspricht von vornherein nicht zuviel.

Für unterwegs nehme ich, außer dem *Reisegeld* von Auer, 50 M mit. – Diese 50 M borge ich für eine Woche von der Kusine, auf das Geld von Dir kann ich nicht mehr warten. Sei doch bitte so gut und schicke diese Summe an **ihre** eigene Anschrift ohne Brief, wenn Du kannst. Gib Dich lediglich nicht als Absender an. Solltest Du **für mich** mehr als diese 50 M haben, so schicke es ebenfalls an **ihre** Anschrift mit dem Zusatz, daß es für mich ist. Überhaupt sende jetzt auch Briefe wieder an ihre Anschrift, denn wenn ich wegfahre, kann ich sie sonst nicht bekommen, meiner Frau kann ich doch die oberschlesischen Adressen nicht geben, übrigens vertraue ich ihr noch nicht so weit. Mit den anderen Briefen werde ich mich einrichten.

In der Polizei soll ich heute den *Heimatschein*[97] empfangen, wofür ich dem Assessor etwa 3 M Schmiergeld geben muß (er besorgte es mir in vier Tagen statt in vierzehn!).

Meine Rechnung schicke ich Dir *beiliegend*. Wenn ich für den *Heimatschein* ein paar Mark und noch Schmiergeld geben muß, so bleibt mir am Ersten keine einzige Mark mehr. Verzeih, Goldchen, daß es so viel geworden ist, das ist nur der erste Monat, jetzt gebe ich keinen *Pfennig* mehr als die regulären Posten aus. Schreibe gleich zurück, ob ich damit rechnen kann, daß Du die 50 M der Kusine gibst. Schreibe schnell und über alles. R.

Mathilde und *Robert Seidel*

[Berlin,] 30. Mai 1898

Liebe Freunde!

Ich weiß nicht, wo Mathilde jetzt ist, schreibe deshalb an Euch beide zusammen. Ihr seid mir schon wahrscheinlich böse, daß ich so lange nichts von mir hören ließ. Ich war aber bis jetzt in einem Übergangsstadium in allen Beziehungen und wollte deshalb nicht schreiben, bis ich was Bestimmtes berichten kann.

Erst seit einigen Tagen habe ich ein Zimmer; so lange mußte ich suchen! Meine Adresse ist: NW, Cuxhavener Str. 2, Gartenhaus I, benutzt sie bald!

Was meine weiteren »Pläne und Aufgaben« betrifft, so werde ich eben jetzt vom Vorstand (der deutschen Partei) nach Oberschlesien zur Wahlagitation geschickt. Das ist ein schweres Stück Arbeit; öffentliche Versammlungen kann man dort nicht abhalten, und die Polizei kann über einen jeden Augenblick herfallen. Nun, wir wollen sehen.

Bei der Polizei habe ich keine Schwierigkeiten gehabt; man hat die Papiere »**in Ordnung**« befunden und mir gleich einen Heimatschein ausgestellt. – Berlin macht auf mich im allgemeinen den widrigsten Eindruck: kalt, geschmacklos, massiv – die richtige Kaserne; und die lieben Preußen mit ihrer Arroganz, als hätte jeder den Stock verschluckt, mit dem man ihn einst geprügelt! ...

Auf Schritt und Tritt fehlt mir jetzt die wohltuende Gemütlichkeit und die Kultur der Schweiz. Und auch die Reinlichkeit! Na, ich weiß nicht, woher das Märchen von den reinlichen deutschen Hausfrauen stammt, ich habe hier noch keine einzige gesehen.

Das ist schrecklich, wieviel Zeit man hier vergeudet. Stellen Sie sich vor, wenn ich, so ziemlich in der Mitte oder vielmehr im Westen wohnend, an einem Tag drei Gänge zu machen habe oder vielmehr drei Eisenbahnfahrten: erstens zum Mittag nach Charlottenburg (nach dem Westen eine halbe Stunde), dann zum Parteivorstand Katzbachstraße (drei Viertelstunden nach dem Süden) und dann nur noch auf die Polizei – Alexanderplatz (wieder drei Viertelstunden nach dem Osten), so ist damit der Tag so gut wie fertig. Und wenn noch eine Abendversammlung hinzukommt, die man gern besuchen möchte, so kommt man nach dem so

Robert Seidel

produktiv »durchgefahrenen« Tag nicht vor 2 Uhr nachts ins Bett.

Später muß das unbedingt anders werden, ich stecke dann meine Nase nur einmal täglich aus dem Haus, und da sie doch lang genug ist, so werde ich mit dem einen Mal hoffentlich genug von Berlin zu sehen bekommen. Vorläufig geht's aber also nach Oberschlesien – immer weiter von der Kultur weg! Dort bleibe ich freilich **höchstens** bis zur Hauptwahl, denn in die Stichwahlen[98] kommen wir voraussichtlich gar nicht. Wenn ich nur Zeit finde, werde ich Euch von Oberschlesien schreiben.

Bleibt mir gesund und fröhlich und schreibt! Die Briefe werden mir nachgesandt. Eure Ruscha

Leo Jogiches

Kr[ólewska] Huta, Donnerstag, 9. Juni 1898

Mein Teuerster! Gestern abend kam ich nach Königshütte zurück und fand Deine drei Briefe vor (der letzte einfach an Wint[ers] Anschrift), heute dann den von Montag. Du kannst dir vorstellen, wie froh ich bin, daß Dich die Versammlung so erfreut hat. – Was meine Arbeit hier betrifft, so zogen wir gestern den ganzen lieben Tag von acht früh bis acht abends durch Wolnys Kreis[99], Aufrufe und Wahlkarten verteilend. Dir erscheint diese Arbeit erniedrigend, das heißt, daß Du jetzt zu der Auffassung gelangt bist, bei der ich in Berlin angefangen habe und weshalb ich über die Fahrt nach Oberschlesien so unzufrieden war. Hier aber bin ich zur völlig entgegengesetzten Ansicht gelangt: Diese Arbeit einzig und allein verschafft mir Ansehen in den Augen von Winter, Bruhns, des *Vorstandes,* und bei allen kann sie mir einzig und allein einen guten Ruf schaffen, ebendeshalb, weil ich gleichzeitig als *vortreffliche Rednerin* auftrete (siehe den beiliegenden Brief von Br[uhns] an Winter[100], der heute eingetroffen ist), das heißt, daß ich auch zu Besserem fähig bin, aber nicht davor zurückschrecke, *in Reih und Glied* zu marschieren. Übrigens macht Winter **täglich** dasselbe. Gerade heute und in den nächsten Tagen ist er bei den Ar-

beitern, und ich sitze im hiesigen »*Wahlbüro*«, d. h. in seiner Wohnung, um Arbeiter zu empfangen, die jeden Augenblick
hereinkommen, sei es, um sich Rat zu holen oder ihre Dienste für
die Agitation oder den Aufruf anzubieten, und gleichzeitig habe
ich einige schriftliche Kleinigkeiten zu erledigen. W[inter] ist
sehr sauer, daß Br[uhns] mich zu Versammlungen nach Liegnitz
schleppt, er möchte, daß ich die ganze Zeit hier sitze, aber für
mich ist es ersprießlicher, möglichst oft vor den Wahlen aufzutreten, denn über die Versammlungen erfahren die Leute aus den
Zeitungen, über meine tugendhaften Taten hier aber nur privat,
also muß man eins mit dem anderen verbinden. – Du rätst mir,
auf keinen Fall mehr in Breslau zu sprechen, woran ich nicht im
Traum dachte, denn soviel ist mir selbst klar, daß es für mich nicht
lohnt, ein zweites Referat zu schreiben, während dieses nach
Möglichkeit anderweitig zu nutzen ist; gerade deshalb sagte ich
für Liegnitz zu. – Ob ich Auer schreibe, weiß ich noch nicht. Zur
Stichwahl[101] muß das Referat, wie mir scheint, noch etwas anders
zugespitzt werden, aber ich weiß eigentlich noch nicht wie. –
Mein jetziges Referat ist vollendet; der Bericht in der »*Volkswacht*«[102] ist weitaus blasser, als die Versammlung tatsächlich war
(ein einfacher Arbeiter hat das geschrieben, Br[uhns] war damals
in Liegnitz). Du kannst das aus dem »*Hoch*« auf mich ersehen und
daraus, daß die Deutschen gesagt haben, ich würde Schoenl[ank]
in nichts nachstehen. – Apropos, Br[uhns] ist ein naher Freund
Sch[oenlanks]. Letzterer hat am Sonntag in Breslau gesprochen, er
bleibt dort bestimmt bis zum 16., vielleicht werde ich ihn bei der
Durchreise nach Liegnitz treffen. – Bei Wolf war ich eineinhalb
Stunden. Er war wieder so dumm und trivial, daß ich fast in Ohnmacht gefallen bin, nachdem ich bei ihm wegging. Wir redeten
über alles mögliche, *Professorenklatsch*, es lohnt nicht, es zu wiederholen. Er fragte nach Dir. – Dziodzio, Goldener, was machst Du
Dir selber eine Hölle dort mit dem Gutt? ... Gold, laß ihn sausen.
Oder besser noch, schmeiß ihn beim ersten Besuch raus. Was
kann er machen, Du Kindskopf? Julek [Marchlewski] will von ihm
und von überhaupt nichts hören und hat ihm sogar auf einen
Brief nicht geantwortet, Wł[adyslaw Olszewski] und Chł[osta] haben mit der Vereinigung[103] überhaupt nichts im Sinn, für beide ist
es ein Theater. Er kann **absolut** nichts, rein gar nichts tun, übri-

gens nehme ich Władek und Chł[osta] auf mich; weiß Gott, es wundert mich, daß Du immer noch ständig Kleinigkeiten derart überschätzt. Pack ihn und gib ihm einfach einen Tritt, und triff Dich nicht mehr mit ihm, und Du wirst sehen, daß er schon in einer Woche von selbst angekrochen kommt, denn er kann nichts tun, selbst zusammen mit Koczan. **Höre auf mich, und mach es so!** – An die Eltern und an Józio [Luxemburg] habe ich natürlich damals sofort geschrieben; ich habe ihnen einfach erzählt, wofür ich das Geld brauche, und habe bestellt, daß es bereitliegt, sobald ich die Rechnung von Humblot[104] bekomme. Was die Dissertation betrifft, so habe ich mich entschlossen, wenn H[umblot] nicht zustimmt, (*Materialien* etc.) im Titel zu belassen – und das ist sehr fraglich –, das Wort *»Industrielle Entwicklung Polens«* in *»Kapitalistische Entwicklung Polens«* zu ändern. Das klingt gleich ganz anders, nicht wahr? Schreib mir sofort zurück, schreib mir auch, ob Du viel zu ändern oder zu verbessern findest? Du schreibst nichts darüber. Mein Gold hat dort so eine langweilige Arbeit für mich! …

Persönliches hätte ich so viel zu schreiben (bedenke, wieviel neue Eindrücke), daß ich nicht weiß, wo ich anfangen soll, und das Wichtigste, daß ich keine ruhige Stunde habe. Den bestimmenden und stärksten Eindruck hat die hiesige Gegend auf mich gemacht: Kornfelder, Wiesen, Wälder, weite Flächen und polnische Sprache, polnische Bauern ringsum. Du hast keinen Begriff, wie mich das alles beglückt. Ich fühle mich wie neugeboren, als ob ich wieder Boden unter den Füßen gefunden hätte. Ich kann mich nicht satt hören an ihren Reden, satt riechen an der hiesigen Luft! Gestern mußte ich auf den zurückgehenden Zug in Leschnitz etwa eine Stunde warten. Was bin ich dort im Getreide herumgekrochen und habe Kornblumen und Klatschmohn gepflückt. Es hat mir nur eines zum Glück gefehlt, eigentlich nur »einer«. Ich habe schon entschieden, daß in den »Ferien« nicht ich in die Schweiz fahre, sondern daß Du hierherkommst (das gleiche Geld), und wir nehmen Quartier in irgendeinem schlesischen Dorf, denn ich bin fest überzeugt, daß auch Du hier aufleben und auch Du das gleiche Vergnügen empfinden wirst, wenn Du die gewaltigen Kornfelder erblicken wirst, so weit das Auge reicht (die Halme stehen jetzt schon höher als ich!), Wiesen mit Kühen,

die ein fünfjähriges barfüßiges Kind hütet, und unsere Kiefern-
wälder! Und auch unsere Bauern, ausgemergelt, dreckig, aber eine
prächtige Rasse! In Kandrzin habe ich drei Familien gesehen:
zwei Bauernfamilien und eine jüdische, die nach Amerika fuhren!
Was für eine Not! Daß mir fast Tränen kamen, aber gleichzeitig
war ich so glücklich, sie zu sehen, daß ich mich von ihrem Anblick nicht losreißen konnte! Was würde das alles für einen Eindruck auf Dich machen! Vielleicht einen noch stärkeren als auf
mich, obgleich das fast unmöglich ist. Ich sage, zu meinem Glück
fehlst hier allein nur – Du, obwohl das »nur« allerdings sehr viel
ist.

Insgesamt fühle ich mich sehr ruhig, was die Arbeit betrifft,
und habe nicht den geringsten Zweifel, daß das, was ich tue,
gut ist. Deine Briefe bestärken mich darin, denn fast immer bestä-
tigst Du in Deinen Ratschlägen das, was ich entweder bereits getan oder zu tun die Absicht habe. Du fragst noch nach persönli-
chem »Klatsch«: Also vielleicht das, daß Bruhns sich in mich … Es
ist mir unangenehm, das auszusprechen. Da er sich absolut tadellos benimmt, selbst ein äußerst braver Kerl ist (nicht wie Schoen-
l[ank]), dabei leidet er sehr (ist erkrankt), und ich außerdem
doch gute Beziehungen mit den Leuten haben muß, unterhalte
ich also mit ihm »*eine Freundschaft*«, deren Schranken zu übertreten
er nicht einmal versucht. Er behauptet, er sei bereits vor fünf Jahren in Zürich »getroffen« worden (wie amüsant!?), natürlich bildet
er sich das nur ein. Aber das ist noch das wenigste, ich fürchte
nur, er könnte sich mit seinem Unglück seinem Freund Schoen-
l[ank] anvertrauen! –

Winter kennt, wie es sich herausstellt, Julek nicht einmal persönlich. Überhaupt versitzt J[ulek] diese Wahlen hinter dem
Ofen; er muß wütend sein, wenn er von mir hört. Parvus schreibt
mir hierher nichts, denn es ist kein Anlaß dazu, ich habe ihm versprochen, bei der Rückkehr vorbeizukommen.

Ich umarme Dich! Deine Ciucia
Schreibe möglichst viel von **Dir**! Jede Kleinigkeit!

Robert Seidel

[Berlin,] 23. Juni 1898

Lieber Freund!

Ist das ein Elend! Ich habe das Bedürfnis, mit Ihnen zu plaudern, und nun habe ich kein Blättchen Briefpapier. Sie müssen mit diesem vorliebnehmen.

Es ist spätabends, ich sitze in meinem Schaukelstuhl am Schreibtisch, auf dem eine Lampe mit großem von mir verfertigtem rotem Abatjour steht, und lese den Börne. Vor mir ist die Balkontür offen, und ein frischer Wind haucht hinein – es blitzt grell von Zeit zu Zeit, und es beginnt ein Gewitter. (Gott verzeihe mir diese schlechte poetische Prosa! ...) Wie wohl ist [es] manchmal in der Einsamkeit! ... Denken Sie: in der großen Stadt Berlin mit zweieinhalb Millionen Einwohnern keinen einzigen Freund. In diesem Augenblick ist mir so wohl bei dem Gedanken, daß ich lächele behaglich. Ich weiß nicht, ob ich aus schlechtem Stoff bin, der zu leicht die umgebende Atmosphäre einsaugt, aber ich kann keinen einzigen Tag im Menschengewühl bleiben, ohne von meinem eigentlichen geistigen Niveau wenigstens um eine Stufe abzusteigen. Und es kommt eigentlich nicht sosehr darauf an, mit was für Menschen ich verkehre, der Verkehr selbst ist es, der Kontakt mit der Außenwelt, der sozusagen die Kanten und scharfen Linien meines Ich abreibt und verwischt – natürlich nur für einen Augenblick. Ein Tag der Einsamkeit genügt mir, um mich wiederzufinden, aber ich habe dabei immer das bittere Gefühl der Reue, als hätte ich ein Teilchen von mir verloren, als hätte ich mich erniedrigt. Ich habe immer Lust in solchen Augenblicken, mich absolut von der Außenwelt mit Brettern abzuschneiden.

Ein Junge geht eben auf der Straße und pfeift einen Gassenhauer – mich beleidigt schon dieser schrille Ton eines anderen, der sich so gewaltsam zu meinen Ohren drängt und in meine Ruhe hineinreißt.

Sie wundern sich vielleicht, daß ich den alten Börne lese; ich bin überhaupt noch keinem Deutschen begegnet, der ihn noch lesen würde. Auf mich aber wirkt er immer gleich stark und weckt in mir immer frische Gedanken und lebhafte Empfindungen wach. Wissen Sie, was mir jetzt keine Ruhe läßt? Ich bin unzufrieden mit der Art und Weise, wie man in der Partei meistens die Ar-

84

tikel schreibt. Es ist ja alles so konventionell, so hölzern, so schablonenhaft. Das Wort eines Börne klingt jetzt wie aus einer anderen Welt. Ich weiß – die Welt ist ja eine andere, und andere Zeiten wollen andere Lieder haben. Aber eben »Lieder«, unser Geschreibsel ist ja meistens kein Lied, sondern ein farbloses und klangloses Gesurr, wie der Ton eines Maschinenrades. Ich glaube, die Ursache liegt darin, daß die Leute beim Schreiben meistenteils vergessen, in sich tiefer zu greifen und die ganze Wichtigkeit und Wahrheit des Geschriebenen zu empfinden. Ich glaube, daß man jedes Mal, jeden Tag, bei jedem Artikel wieder die Sache durchleben, durchfühlen muß, dann würden sich auch frische, vom Herzen und zum Herzen gehende Worte für die alte, bekannte Sache finden. Aber man gewöhnt sich so an eine Wahrheit, daß man die tiefsten und größten Dinge so herplappert wie ein Vaterunser. Ich nehme mir vor, beim Schreiben nie zu vergessen, mich für das Geschriebene jedesmal zu begeistern und in mich zu gehen. Ebendeshalb lese ich von Zeit zu Zeit den alten Börne, er erinnert mich treu an meinen Schwur.

Der arme Fredi [Seidel]! ... Ich habe eine ganz besondere Sympathie seit jeher für Leute, die kein Talent besitzen, sich das praktische Leben einzurichten, Geld zu verdienen etc. (vielleicht, weil ich es selbst nicht für einen Deut verstehe). Ich habe sie immer im Verdacht, daß sie entweder etwas von einem Künstler oder wenigstens von einem sehr guten Menschen in sich haben.

Für **Sie** ist das freilich ein geringer Trost, das verstehe ich. – Ich erwarte einige Zeilen von Mathilde [Seidel], ist sie noch in Gugi? Noch eins von mir: Berlin und Preußen kann ich nicht leiden und werde ich nie leiden können.

Einen herzlichen Händedruck. Eure Ruscha

[Berlin, 24. Juni 1898] · Freitag

Mein Kuka hat sich so schrecklich erzürnt und hat mir eine solche Abreibung verpaßt, daß einem angst und bange wird. Und das alles deshalb, weil ich undankbares Schweinchen es gewagt habe, mich so leichtfertig über Kukas Arbeit an den Korrekturabzügen[105] zu äußern. Dafür habe ich vor lauter Angst in der Zweitkorrektur alle Änderungen Dziodzios ausgeführt, mit Ausnahme der am Schluß der Einleitung, die ich, eigensinnig, wie ich bin, unverändert gelassen habe. Ich halte ihn, ganz im Ernst, für unbedingt notwendig und hoffe, daß Du mir diese eine Stelle in meiner ganzen Arbeit schenkst, die ich nach meinem eigenen Geschmack lassen möchte. Auf die »Kopfwäsche«, die meiner harrt, will ich gleich erwidern, ich fürchte sie so sehr wie am Hund den Schwanz. – Duncker schickt mir zweimal täglich Briefe, er schreit eiligst nach dem vierten Bogen und nach der Zweitkorrektur des Restes. Den fünften und den sechsten Bogen sowie das Vorwort hat er mir zur Zweitkorrektur hierher geschickt, ich habe es schon erledigt und schicke es ihm zurück; die Zitate von Sch[ulze-]G[ävernitz] habe ich heute in der Bibliothek überprüft, sie waren alle richtig. Ich habe auch die Stelle verbessert, die sich auf die neue Besteuerung der Industrie im Jahre 1893 bezieht, indem ich die Jahreszahl durchstrich und schrieb: »*wird jetzt*« *(erhöht etc.)*, was auf jeden Fall richtig sein wird. H[umblot] ist überzeugt, daß die ersten Korrekturabzüge des vierten Bogens auf der Post verschwunden sind, weil er sich nicht vorstellen kann, daß Du sie so lange festhältst. Ich lasse ihn bei dieser Annahme und schreibe ihm, daß ich veranlaßt habe, ihm aus Zürich ein zweites Exemplar zu schicken. Ich hoffe, daß Du es ihm wirklich schon geschickt hast. Deine Änderung zur Petition des Nishgoroder im Jahre 1888[106] ist gar nicht nach meinem Geschmack. Du hast es anscheinend im »Kraj« nicht gefunden oder nicht richtig verstanden, worum es geht, während ich diesen Kasus schon auswendig kenne, und es stand bei mir richtig geschrieben, aber um des lieben Friedens willen habe ich es so gelassen. (Welche Großmut, nicht wahr? An dieser Stelle bist Du sicher bereit, mir vor Wut die Ohren auszureißen.) H[umblot] droht, wenn er nicht sofort alle Korrekturen bekommt, sei an die Auslieferung der Arbeit in diesem Monat nicht zu denken, deshalb habe ich Dir telegrafiert. Mit Wolf ist es schon erledigt, er hat postwendend zurückgeschickt, offensichtlich hat er überhaupt nicht gelesen. – Ob Humblot jetzt auch die *Buchform* herausgibt, weiß ich nicht; ich habe ihm gleich in Beantwortung des Dir zugeschickten Briefes geschrieben, aber er hat mir nichts geantwortet. Vielleicht sollte man zu diesem Zweck und um die »*Materialien etc.*«[107] auszuhandeln nach Leipzig fahren? Aber wenn Deine Antwort da ist, wird es schon zu spät sein.

Es grämt mich sehr, daß Du, was den Artikel für die »Leipziger Volkszeitung«[108] betrifft, anderer Meinung bist. Offensichtlich schätzen wir die Lage ganz unterschiedlich ein, was übrigens ganz natürlich ist, Du kennst viele Umstände nicht. Ich halte diesen Artikel für notwendig und sehr wichtig: 1. um mich mit den Wahlen in Verbindung zu bringen, anders schaffe ich doch durch nichts einen Zusammenhang zwischen mir und ihnen; 2. um die Wahlen in unserem Geiste auszunutzen, denn sonst gibt es keine Gelegenheit bis zum *Parteitag*[109]; 3. deshalb, weil Winter diese Wahlen für uns nicht ausnutzen wird; er ist überhaupt dort in Oberschlesien für den Streit mit Mor[awski] abgekühlt und ist zu der Überzeugung gelangt, daß es am besten ist, auf sie zu »pfeifen« und seines Weges zu gehen – eine für uns äußerst abträgliche Idee; ich habe mich natürlich bemüht, ihm das aus dem Kopf zu schlagen, und es ist mir weitgehend gelungen, aber trotzdem wird er sie von sich aus nicht angreifen und sie ihn auch nicht, deshalb muß man unbedingt die gute Gelegenheit ausnutzen, um ihnen wieder ein wenig das Fell zu gerben. Vielleicht wird Dich das alles nicht überzeugen, aber während ich das an Dich schreibe, habe ich mich selbst noch mehr von der Notwendigkeit des Artikels überzeugt und werde ihn schreiben und Dir die Zunge herausstrecken. Übrigens habe ich auch schon einige ziemlich ernsthafte Ideen, so habe ich schon das wichtigste Organ des polnischen Zentrums in Oberschlesien, den »Katolik«, abonniert, und ausgehend davon, äußere ich einige allgemeine Ansichten über die Aufgabe der Sozialdemokratie in Oberschlesien. Ich schicke ihn Dir, sobald ich ihn geschrieben habe. Dziodziuchna, sei nicht böse, aber ich muß schreiben, wenn ich überzeugt bin, daß es notwendig ist; ich bin ganz sicher, daß auch Du Dich überzeugen wirst, insbesondere wenn Du den Artikel bekommst. Sofort nach diesem Brief mache ich mich heute daran, einen Plan habe ich schon.

Jetzt sage mir, womit ich beginnen soll. Ich habe Dir so viel zu schreiben, daß ich Angst bekomme wegen der physischen Anstrengung – ich bin so geschwächt! Du bist sicher sehr unzufrieden, aber mindestens nicht sehr zufrieden mit meiner bisherigen Arbeit, ich hingegen bin erfüllt von den besten Hoffnungen. Nicht, daß ich entflammt und von Enthusiasmus gepackt wäre, im Gegenteil, ich bin ganz ruhig und sehe zuversichtlich in die Zukunft. Du hast keine Ahnung, wie gut meine bisherigen Versuche, auf Versammlungen aufzutreten, auf mich gewirkt haben. Ich hatte doch in dieser Hinsicht nicht die geringste Sicherheit, ich mußte mich aufs Eis wagen. Jetzt bin ich sicher, daß ich in einem halben Jahr zu den besten Parteirednern gehören werde. Die Stimme, die Zwanglosigkeit, die Sprache, alles kommt mir zugute, und das Wichtigste, daß ich die Tribüne so ruhig betrete, als würde ich mindestens zwanzig Jahre lang auftreten, ich fühle auch nicht das geringste Lampenfieber. – In etwa zwei bis drei Wochen beginnen wieder die Versammlungen, und dann trete ich schon avec éclat[110] auf, zuerst in Dresden, dann vielleicht in Leipzig und danach schon in Berlin. Fürchte Dich nicht, diese Seite der Arbeit entgeht mir nicht, wollte nur alles andere so glatt gehen wie die Reden. Unter diesem »anderen« verstehe ich zwei Dinge: 1. den Artikel gegen Bernstein[111]; 2. den Feldzug gegen Mor[awski] (hazer mit a indyk!)[112]. Was das erste betrifft, kennst Du alle Schwierigkeiten selbst, aber ich rechne wieder am meisten mit Deiner Hilfe. Apropos, ich will mich **schon** daranmachen, und zu diesem Zweck brauche ich, daß Du 1. mir jetzt regelmäßig die »Neue Zeit« schickst, auch die der letzten Wochen; 2. Bücher, und zwar Marx. – Was das zweite betrifft, d.h. den Feldzug gegen Mor[awski], so ist das Schlimmste, daß mir im Augenblick ebenfalls unklar ist, von welcher Seite eingehakt werden muß, genauso wie in Zürich. Klar ist, daß die Initiative völlig von mir ausgehen muß. Die Deutschen erwarten geradezu, daß ich irgendeinen »*Krach*« schlage, so sagten mir Winter, Schoenl[ank] etc. Aber was tun? »И неизвестно.«[113] Was die Idee betrifft, die Diskussion vor den *Parteitag* zu tragen, so habe ich schon mit Winter darüber gesprochen, er meint, daß es leicht gelingen würde, daraus einen besonderen Punkt der *Tagesordnung* zu machen, aber er hält das nur in dem Falle für möglich, wenn die M[orawski-Leute] durch irgendeine neue Idiotie den Grund dazu liefern, sonst hält er es für schwierig. Ich hoffe auf jeden Fall, durch Schoenl[ank] in dieser Hinsicht viel zu machen, denn er ist zu allem bereit (er selbst liebt den éclat) und ist jetzt äußerst einflußreich. Wir werden es sehen. Aber ich kann doch nicht so sitzen und den *Parteitag* abwarten. Also was tun? Soll ich z. B. nach Posen fahren, dort eine Rede halten, eine Organisation bilden, mich als »*Vertrauensperson*«[114] oder dergleichen wählen lassen oder auch hier zu irgendeiner ihrer Versammlungen gehen und die Diskussion anfangen? Der Teufel weiß es!! In der Tat ist das eben dieser einzige Punkt, bei dem ich Lampenfieber habe. *Ich fürchte mich nicht vor dem Rigiaufstieg, aber mir fehlt der Mut, im Dreck zu waten.* Ich fürchte mich einfach, unter dieses Viehzeug zu gehen. Das Wichtigste ist jedoch, daß man nicht einfach hingehen und sich zanken kann, ohne bestimmtes Ziel und ohne Plan, und abwarten, was dabei herauskommt, indes, ich habe eben keinen Plan. Was, zum Teufel, soll man aus den Mor[awskis] herausholen? Eine Einigung? – Das ist ausgeschlossen und sogar ungünstig. Streit? – Zu welchem konkreten Zweck? That is the question.[115] Apropos, mit Kasprz[ak] ist alles in Ordnung, ich korrespondiere mit ihm. Aber was hat man davon? Mit Wolny ist auch alles gut, aber auch davon hat man nichts. Das Wichtigste ist jetzt – ein Plan und Initiative, und das kann nur **ich** haben. Und Du, Ärmster, kannst mir hier nicht viel helfen, das weiß ich. Der Kopf platzt mir bald. Sobald ich mir etwas ausdenke, so schreibe ich Dir. Der Artikel in der »Leipziger Volkszeitung« ist in dieser Hinsicht der einzige Lichtblick, denn er trifft wieder *ins Wespennest* und zwingt die »Gazeta Robotnicza« zum Angriff gegen mich und Winter, d. h. gerade zu dem, was wir in diesem Augenblick brauchen.

Mit Winter bin ich nicht so gut auseinandergegangen, wie ich gewollt hätte. Mit ihm ist es schwer, der Kerl ist verbissen, trocken, mißtrauisch; ich habe alles getan, was ich konnte, um ihn zu beruhigen, und um die Mitte meines Aufenthaltes war er schon weicher, gegen Ende jedoch machte er wieder eine Rechtswendung, und wir gingen ziemlich frostig auseinander. Warum? Ich weiß nicht, ich habe ihm nicht den geringsten Anlaß gegeben. Er wird natürlich in Oberschlesien bleiben, aber vorläufig ist es zwischen uns zu keiner Harmonie für eine weitere Zusammenarbeit gekommen. Da ist übrigens noch nichts verloren, dazu kann es im weiteren ganz von selbst kommen, sobald sich etwas zu »tun« anfängt. Gerade in den letzten Tagen sahen wir uns so kurz und waren beide so ermüdet, daß nicht einmal an ein Gespräch zu denken war. Das wichtigste jedoch ist, daß ich noch keinen bestimmten Plan habe; er hat auch keinen. Wir einigten uns nur, wie ich Dir schrieb, hinsichtlich der Diskussion auf dem *Parteitag*. Er legte mir den Gedanken nahe, in Posen eine Organisation nach dem Muster der oberschlesischen zu schaffen und ohne Rücksicht auf Berlin zu arbeiten, aber das sagt mir aus verschiedenen Gründen nicht sehr zu. Vor allem habe ich kein Geld für eine Fahrt nach Posen! Ja, wenn man so nach Posen, nach Hamburg fahren, dort Reden halten und Menschen dort gewinnen könnte! Aber warten wir ab, ich werde doch nicht lange mit den deutschen Auftritten warten, dann läßt es sich vielleicht machen. Schreibe, was Du über alles das denkst.

Ich wollte doch Bilanz machen, was mir die Fahrt nach Oberschlesien eingebracht hat: 1. persönliche Beziehungen zu Bruhns und Schoenlank, das heißt, zwei Redakteure völlig zu meiner Verfügung; 2. in einer Ecke Deutschlands bereits den Ruf eines hervorragenden Redners, weshalb man mich nach Breslau und sicherlich auch nach Leipzig zu Referaten einladen wird; 3. Kennenlernen der Verhältnisse in Oberschlesien, wie es mir unter anderen Umständen kein Aufenthalt von drei Monaten gegeben hätte. Ich werde jetzt mit einer ganz anderen Sicherheit über die dortigen Verhältnisse schreiben, wie es weitergeht, und auf jeden Fall laufe ich nicht mehr das Risiko, in dieser Hinsicht einen Lapsus zu begehen; 4. praktische Beziehungen zum *Vorstand,* die ich anderenfalls niemals hätte; 5. persönliche Bekanntschaft mit den wichtigsten oberschlesischen Arbeiteragitatoren, die mir bei der ersten Gelegenheit zustatten kommt.

Pause: Eben erhielt ich Deinen Brief und die Zweitkorrektur der drei ersten Bogen; ich las Deine Änderungen und habe beinahe Krämpfe bekommen. Aber ich will nicht mehr davon sprechen, es hilft sowieso nichts, ich schicke es ab, wie es ist, ich habe nur überall die Sprache verbessert. Jedenfalls ist es jedoch schade, daß die Erstkorrektur nicht zuerst an mich gegangen ist. Humblot muß sowieso dauernd warten, hätte er eben einen Tag länger gewartet. An manchen Stellen ist das meines Erachtens jetzt dünner Kaffee, von dem man nicht weiß, wozu er geblieben ist. Nun, es reicht. Ich weiß, daß Dir diese Sache unter einem anderen Gesichtspunkt erscheint: mehr als zwei Wochen verrückter Arbeit, eine Masse Ungenauigkeiten bei den Ziffern etc. Ach, hätten wir doch niemals mehr solche Arbeiten! Ich hasse dieses Doktorat jetzt so, ebendeshalb, weil so viel Kraft und Anstrengung darauf verwandt wurden, daß ich bei dem Gedanken daran *Weinkrämpfe* bekomme. – Aus diesem Grund will ich Dir allgemein berichten, zu welchen Schlußfolgerungen ich hier hinsichtlich der Arbeitsmethode gelangt bin. Unser bisheriges Arbeitssystem in allem, das darauf hinausläuft, на копне сложить горошину, а съесть гору добрую seiner Kräfte und seiner Gesundheit,[116] ist eine Idiotie. Anstrengungen, die der Außenstehende nicht sieht, verdienen keine Wertschätzung, sondern Spott. Man muß den Grundsatz haben, mit der geringsten Anstrengung die größten Ergebnisse zu erzielen. Nach diesem Grundsatz verhalte ich mich hier bereits. Alles ruhig und leicht machen, ohne sich auch nur im geringsten aufzuregen, nicht an jeder Sache zu viel arbeiten – das ist mein System. Auf diese Weise habe ich das Referat geschrieben, auf diese Weise werde ich auch den Artikel für die »Leipziger Volkszeitung« schreiben. Es gibt Fälle, wo einem die Arbeit nicht zuviel werden darf, selbst bei Kleinigkeiten, und der Einsatz aller Kräfte nicht zuviel werden darf, das war z. B. der Fall bei »*Von Stufe zu Stufe*«[117], dasselbe denke ich auch über den Artikel gegen Bernstein. Aber in diesen Fällen ist es **keine** verlorene Arbeit: Man spürt, ob sie ausgefeilt ist, an der Geschlossenheit und Harmonie der Form. Aber eine solche Arbeit wie damals an dem Artikel »KP« für die »Sächsische Arbeiter-Zeitung«[118] oder an diesem Doktorat, das ist Wahnsinn. Das vermag niemand abzuschätzen und nicht einmal zu bemerken. Natürlich meine ich hier nicht falsche Zahlen, die korrigiert werden müssen, sondern Tausende anderer Mücken, die sich im Mikroskop Deiner literarischen Pedanterie zu Elefanten auswuchsen. Überhaupt, wenn ich die Summe unserer Anstrengungen und die Summe der Ergebnisse in der

Vergangenheit überblicke – erfaßt mich Scham. *Damit ein Ende – frisch, froh, frei,* leicht und froh arbeiten, alles ernsthaft durchdenken, aber **kurz;** was schon erreicht ist, daran wird überhaupt nicht mehr gedacht, schnell entscheiden, schnell ausführen, und weiter geht die Fahrt. Bisher habe ich hier alles so gemacht und habe keinen einzigen Fehler begangen; wenn es mir nicht gelungen ist, jetzt hier aufzutreten, so ist es nicht meine Schuld, ich war bereit, und wenn es geschehen wäre, hätte ich mich meiner Aufgabe ausgezeichnet entledigt. Nun aber genug des Eigenlobes, ich wollte Dir über mich und über Dich persönlich und über Millionen Dinge mehr schreiben.

Über mich persönlich kann ich nicht viel schreiben. Ich möchte wiederholen, was ich Dir schon einmal geschrieben habe, aber Du wirst mich wieder nicht verstehen, und es wird Dir unangenehm sein. »Ich fühle mich kalt und ruhig.« Du hast das auf das Verhältnis zu Dir bezogen, während ich mich einfach bei Dir über meinen Zustand beklagte, der immer noch andauert. Eine Art tödlicher Apathie, bei der ich alle Handlungen, sogar die im Denken, wie ein Automat ausführe, so, als ob es ein anderer wäre. Was ist das? Erkläre es mir. Einmal fragst Du mich, was mir fehlt. Eigentlich das **Leben!** Mir ist so, als wäre etwas in mir gestorben, ich empfinde weder Angst noch Schmerz, noch Einsamkeit, genau wie ein Leichnam. Es ist, als wäre ich ein ganz anderer Mensch als in Zürich, und ich reflektiere über mich in der damaligen Zeit wie über irgendeine andere Person. Du schreibst mir, daß Dich der Verlust Deiner Mutter furchtbar quält; vielleicht glaubst Du jetzt auch mir, daß das auch für mich ein furchtbarer Schmerz ist, der nicht aufhört und nicht für einen Tag vergeht. Ich habe in Zürich bemerkt, daß Du mir das nicht glaubst, und ließ Dich deshalb nichts merken, aber sowohl dort als auch hier läßt mich dieses Schauderhafte nicht los. Besonders wenn ich mich schlafen lege, steht mir dieser Fakt sofort wieder vor Augen, und ich muß laut aufstöhnen vor Schmerz. Ich weiß nicht, wie es bei Dir ist, aber ich leide irgendwie nicht hauptsächlich aus Sehnsucht und nicht um **meinetwillen,** sondern jedesmal erschüttert mich der eine Gedanke: Was war das doch für ein Leben! Was hat dieser Mensch erlebt, **wozu** so ein Leben! Ich kenne keinen Gedanken, der für mich so schrecklich wäre wie dieser; es ist, als würde mich etwas zerreißen, wenn ich daran zu denken beginne, und das überfällt mich unter den überraschendsten Umständen, jeden Augenblick. Neulich mußte ich für den Bruder[119] zu Prof. Eulenburg und einige Stunden auf ihn warten, und gerade da kamen mir wieder diese Gedanken, und ich konnte einfach nicht das Weinen zurückhalten, zum Glück hat es niemand gesehen (Du hast sicher schon Angst). Ich schreibe Dir hier von mir nicht aus Egoismus, sondern nur, damit Du weißt, daß ich gut verstehe, was solche einfachen drei Worte bedeuten, die Du mir geschrieben hast. – Ich weiß jetzt nicht mehr, wie ich auf einmal darauf gekommen bin. – Du fragst nach meinen Eindrücken. Der einzige starke Eindruck ist der, über den ich Dir schon geschrieben habe – Getreidefelder und polnische Landschaft. Sonst hat sich gar nichts in der Seele eingeprägt. Die Menschen beachte ich irgendwie gar nicht, und Berlin nehme ich nicht wahr. Ich sehne mich zurück nach Schlesien, in irgendein Dorf, und träume schon davon, wenn wir beide dort sein werden, ich versteife mich darauf, daß die dortige Landschaft auf Dich genauso wirken wird wie auf mich; dort würden wir beide aufleben beim Herumstreifen im Getreide. Du hast mir darauf nichts geantwortet, zieht Dich das nicht an, oder glaubst Du nicht an die Möglichkeit, es zu verwirklichen? Das erinnert mich an die finanziellen Dinge, und so füge ich sie hier gleich an. Die Sache sieht folgendermaßen aus: Der Rest von allem, was ich hatte, reicht nur noch bis zum 1. (vielleicht bleiben mir noch ein paar Mark), denn ich muß für die Milch viel bezahlen (einen Liter täglich! und jeweils drei Eier zum Abendbrot!), auch für Marken geht viel drauf. Darum habe ich nichts, um Gerisch den Rest zurückzugeben. Damit hat es keine Eile, denn sie sind jetzt alle beschäftigt, im übrigen werde ich ihm schreiben, daß ich mit ihm um den 1. abrechne. Wenn ich nur die Fahrt, und zwar III. Klasse, berechne, so müßte ich ihm 54 M zurückgeben, wenn ich noch 14 für die II. Kl. in einer Richtung anrechne (zurück fuhr ich III.), so brauche ich für ihn 40 M. Wirst Du in der Lage sein, sie mir zu schicken? Vielleicht bleibt mir etwas von den 130 M vom Bruder, denn es sind doch nur sechs Bogen[120] geworden = 120 M + ca. 25 für die Korrekturen = 145 M + 50 M aus Zürich = 195, bleiben etwa 70 M. Vielleicht sollte ich nicht soviel vom Bruder nehmen, was soll ich mit einer so großen

Schuld? Jetzt weißt Du alles über das Geld, also beende ich dieses unangenehme Thema.

Du irrst, wenn Du annimmst, daß Schoenlank zur Unzeit ange-krochen kommt. Er kann nicht zu mir kommen, ohne mich brief-lich verständigt zu haben; mein Zimmer sieht ungefähr so aus wie in Zürich, ohne Bett und Nachttisch, der Waschtisch ist in der Ecke, aber fast nicht zu sehen; die Möblierung ist elegant, den Fußboden habe ich heute auf Schweizer Art bohnern lassen, ein Klavier, auch ein Balkon mit Tischchen und Stühlen, der auf den Garten hinausgeht und von wildem Wein umrankt ist – über-haupt ist alles sehr gut. Wenn noch die Bücher und Beethoven kommen, kann ich jeden getrost empfangen (dabei eine Hänge-lampe und ein Schreibtisch).

Jetzt kleine Nachrichten: Platter empfiehlt in seinen Vorträgen als Literatur irgendeinen Artikel von mir (erzählte mir die Kusine, sie weiß es von Glasberg).

Parvus verlangt mich eiligst nach Dresden (er macht schon wie-der Revolution in der Zeitung!), ich habe ihm zurückgeschrieben, daß ich jetzt nicht kann, daß er hierherkommen soll (er wird mir hier mehr zustatten kommen, mich mit Ledebour bekannt machen etc.).

Ganelin wohnt ständig hier in Berlin. Die Abramowitsch ist in Rußland verhaftet worden. Ach, dieser Kleinkram ist mir schon über. Besser weiter von mir und von Dir. Weißt Du, ich kann mir jetzt nicht vorstellen, wie Du es dort mit der Kohler aushalten kannst. Ich mag sie jetzt so wenig leiden, daß ich nicht einmal an sie denken darf. Mit Dir ist sie übrigens natürlich ganz anders. Welchen Eindruck hat auf Dich die neue russische »Partei«[121] ge-macht? Denselben wie auf mich natürlich; komische Figuren, aber sie haben sich hochgerappelt! Aber in der Presse hat das nicht den Effekt hervorgerufen, wie sie sich ihn sicher erhofft hatten, sie ha-ben einen ungünstigen Augenblick erwischt. Sicherlich folgt in der »Neuen Zeit« aus diesem Anlaß wieder *eine nicht gehaltene Rede* oder *nicht gedachte Gedanken* von Axelrod. Ich abonniere hier den »Vorwärts«, hältst Du weiterhin die »Petite République«? Vielleicht könntest Du sie mir schicken? Hier sehe ich kein fran-zösisches Wort.

Ich wollte Dich fragen, was Du die ganzen Tage machst, und da fiel mir das verdammte Korrekturlesen ein. Ach Gott, Du kannst Dich noch immer nicht von meinem Joch befreien. Nun, es ist schon zu Ende, nach dieser Korrektur wirst Du schon endlich Zeit für Dich haben. Ich bin sicher, daß Du aus diesem Grunde sogar nicht mehr die Universität besucht hast, ist es so? Ich beginne von jetzt an mit einer geregelten Lebensweise, ich habe aus der Bibliothek Bücher geholt (Kuno Fischer und andere) und werde täglich regelmäßig lesen. Vergiß nicht, mir mit den Büchern Gaspey und die italienische Grammatik zu schicken. Auch zu essen hast Du schon aufgehört wegen dieser Korrektur! Das ist geradezu schrecklich, sicher siehst Du schon wieder wie der Tod aus! Einziges Gold, nimm Dich in dieser Hinsicht wieder in die Pfötchen, iß viel und regelmäßig, gut? Mein Einziges, schreibe mir darüber!! Und spaziere! Bei Dir dort weißt Du doch, wo man spazierengehen kann, aber wohin soll ich hier gehen? Auf die stinkenden Straßen oder in diesen dämlichen Tiergarten, wo es von Kindermädchen mit Kindern wimmelt? Ein Glück, daß ich aus dem Gärtchen sehr gute Luft habe. Es ist schon sehr spät, ich muß den Brief wegtragen. Antworte **sogleich**, daß Du nicht mehr böse bist, gut? Deine R.

Ciucia, Kukuchna!

Wie steht es mit Deiner Gemeinde[122]?!! Was, zu hundert Teufeln, daß Du mir darauf niemals antwortest?

Woher hast Du das, daß »Юзь« wie »Hugues« geschrieben wird??

Leo Jogiches

[Berlin,] Montag, 27. Juni 1898

Dziodziusiu, goldener, eben erhielt ich Deine böse Karte, wo Du mich so ausschimpfst. Ich tröste mich, daß Du heute schon meinen gewaltigen Brief hast und siehst, daß Du mich zu Unrecht ausgeschimpft hast, aber diese Karte hat mir schon die ganze Stimmung verdorben, und ich muß das Buch weglegen, das ich las, um wieder an Dich zu schreiben! Goldchen, wie kannst Du nur so gemein sein und so an mich schreiben! Bist Du verrückt geworden oder was? Mich hat das ungeheuer geschmerzt. Aber das ist unwichtig, ich werde Dir schreiben, wie ich es mir gestern schon vorgenommen habe.

Weißt Du, warum es mir schwerfällt, Dir von meinen Eindrükken etc. zu schreiben? Mir scheint, daß die Erklärung, die ich Dir im letzten Brief gegeben habe – daß ich wie tot bin –, nicht ganz erschöpfend ist; gestern, als ich ein wenig spazierenging, wurde mir das klar. Die noch eigentlichere Ursache ist die, daß nach all dem, was wir durchgemacht haben und **wie wir** die letzte Zeit gelebt haben, ich wider Willen meinen persönlichen Eindrücken, psychologischen Zuständen etc. sehr wenig Bedeutung beimesse und einen gewissen Widerwillen verspüre, wenn ich sie beschreiben oder sogar analysieren und in mich selbst hineinhorchen soll. Instinktiv lege ich jetzt nur Wert auf irgendwelche reale Taten, Ergebnisse etc., und mir scheint – es kann sein, daß das falsch ist –, daß auch für Dich nur das jetzt Wert hat, was hingegen darüber hinaus, *ist vom Teufel.* Es kann leicht sein, daß dieser Zustand, der mir erst gestern voll zum Bewußtsein kam, die eigentliche Ursache jener inneren Leere ist, über die ich Dir klagte, es ist vielleicht einfach der Widerwille und die Verachtung aller persönlichen inneren *Regungen* und die Konzentration aller Aufmerksamkeit auf die sichtbaren Ergebnisse des Handelns. Das wäre übrigens nichts Verwunderliches; wir leben in der letzten Zeit so ausschließlich erfüllt von dem Wunsch und dem Ausschauen nach irgendwelchen Resultaten, daß sich das auf diese Weise in mir niedergeschlagen haben kann. Außerdem noch ein wichtiger Umstand – ich lebe hier gewissermaßen ohne Luft. Wenn Du hier wärst, d. h., wenn wir zusammenleben würden, wäre meine Existenz hier irgendwie normal, und es kann leicht sein, daß mir dann auch Berlin gefallen würde und ich im Tiergarten Vergnügen am Spaziergehen hätte etc. Jetzt nehme ich, genaugenommen, **keinerlei** angenehme Eindrücke auf – ob es regnet, ob die Sonne brennt, ist mir völlig gleichgültig, gehe ich durch die Straßen, so achte ich überhaupt nicht auf die Auslagen, die Menschen; zu Hause denke ich nur daran, was zu tun ist, welche Briefe zu schreiben sind, und lege mich mit der gleichen Gleichgültigkeit schlafen, mit der ich aufstehe. Letzten Endes scheint es mir, daß das alles einen sehr einfachen Grund hat – weil Du nicht hier bist. Ich fühle mich dadurch irgendwie vom Boden losgerissen, fremd allen und allem. Wieder bin ich über mich ins Reden gekommen, dabei wollte ich doch über Dich schreiben. Dziodziuchna, ich muß Dir gestehen, daß mir Deine letzten Änderungen (auf den Zetteln) sehr imponiert haben, und ich bitte Dich demütigst um Verzeihung, daß ich zuweilen wegen der Korrekturen[123] wütend war. Es ist Tatsache, daß Du eine Masse sehr wichtiger Fehler gefunden hast. Nur macht es mich so nervös, daß Du aus diesem Grund so viel nebenbei arbeiten mußtest, ohne zu essen, ohne zu schlafen – ein reines Irrenhaus. Ich habe meinen Artikel für die »Leipziger Volkszeitung«[124] schon lange geschrieben, er ist sehr gut ausgefallen, das Maximum, was man zu diesem Thema schreiben kann, und im Ton sehr gemäßigt; ich schicke ihn noch nicht ab, weil ich die Zahlen noch nicht habe. Ich schicke ihn Dir nicht, 1. darum, weil zwölf Seiten abzuschreiben etwas Schreckliches ist, 2. denn Du würdest es auf keinen Fall schaffen, ihn mir zurückzuschicken, und ich darf nicht zu lange abwarten, *Betrachtungen über die Wahlergebnisse* dürfen nicht zu lange nach den Wahlen erscheinen. Die Zahlen hoffe ich morgen zu bekommen, ich habe deswegen an Winter geschrieben, ich hatte von ihm schon Nachricht aus Österreich, wohin er zu einer kurzen Erholung gefahren ist.

Warum beantwortest Du so halsstarrig nicht meine wiederholten Fragen, wie Deine Angelegenheit mit der Gemeinde steht?! Wenn Du mir jetzt kategorisch nicht antwortest – *werde ich grob*. Ich habe jetzt hier zu genausovielen Menschen Beziehungen wie auch Du dort, d. h. nur mit der Wirtin. Ich habe hier doch keinen Bekannten (zu den Claassens mag ich nicht gehen – Langeweile, und die Kusine ist schließlich ein Kindskopf und mit sich beschäftigt), so verbringe ich ganze Tage allein, was mir übrigens sehr gut bekommt. Ich wünsche keinerlei Gesellschaft außer Dir. Du hast doch immer behauptet, daß mir überhaupt nur Menschen fehlen, daß ich jemand um mich haben muß. Nun, Du siehst, daß ich keinen Finger rühre, um Menschen zu sehen (sogar zu Frau Ihrer mag ich nicht gehen, obwohl es notwendig sein wird), und mit Unlust denke ich daran, daß es vielleicht notwendig sein wird, mit Parvus zusammenzukommen. Ich habe weder Lust, mit jemand zu sprechen, noch das Haus zu verlassen. Was Parvus betrifft, so habe ich ihm geschrieben, daß er herkommen soll, wenn er will, denn ich kann jetzt nicht dorthin fahren; ich habe noch keine Antwort. Was Schoenl[ank] betrifft, so war er jetzt nicht hier – anscheinend ist er nicht nach Stettin zu seinem Vortrag gefahren, und er wird erst dann ständig in Berlin sein, wenn die Sitzungsperiode[125] im September beginnt.

In Kürze kommt die Schwester zu mir. Ich weiß nicht, ob ich Dir schon geschrieben habe oder nicht, daß eine Arbeit Józios [Luxemburg] dieser Tage im Wettbewerb der Warschauer Medizinischen Gesellschaft ausgezeichnet wurde (300 Rbl.). Mich hat das sehr gefreut. Er hat in dieser Woche auch einen Artikel in der »Berliner Medizinischen Wochenschrift«[126] veröffentlicht, in welcher Angelegenheit ich eben bei Redakteur Eulenburg war.

Ich spüre, daß es gut wäre, jetzt nach Leipzig zu fahren, um auf Humblot zu drücken: 1. was **jetzt** die Herausgabe in *Buchform*[127] betrifft (er hat mir darauf nicht geantwortet, und es paßt nicht, erneut brieflich anzufragen, insbesondere wegen seines ständigen Schimpfens über die verspäteten Korrekturen), 2. was die *»Materialien«*[128] etc. betrifft. Es fehlt mir allerdings die Energie dazu und die Überzeugung, daß es wirklich notwendig ist. Vielleicht werde ich es mir jedoch überlegen und fahren, denn es ist nicht sehr teuer. Insbesondere geht es mir um die Ausgabe in *Buchform*, es wäre fatal, wenn er es bis zum Herbst hinausschieben wollte, deswegen allein lohnte es, zu fahren, denn der Bursche schreibt ständig von »Dissertation«. Was die *»Materialien«* betrifft, so kann ich das jetzt nicht einmal im Brief erwähnen – es ist völlig zwecklos, mündlich ist es etwas anderes. Soll ich mich aufraffen oder nicht? Ich überlege noch bis morgen, denn sonst wird es spät. Ehrlich gesagt, fürchte ich schrecklich die Eisenbahnfahrt, selbst eine Stunde.

In meinem Zimmerchen fühle ich mich verhältnismäßig sehr gut; ich habe alles auf den Kopf gestellt, und es sieht jetzt sehr freundlich aus. Insbesondere der kleine Balkon. Unwillkürlich betrachte ich alles mit Deinen Augen und bemühe mich, bei jeder Kleinigkeit zu erraten, wie Du das aufstellen würdest und wie Dir dies gefallen würde etc. Wann wirst Du das endlich sehen?! Schreibe schnell!! Küsse [...] Deine R.

Den Artikel werde ich Dir jedoch morgen schicken.

Leo Jogiches

[Berlin, zwischen 12. und 20. Juli 1898]

Ciuciuchny, einziges, was bist Du dort so traurig? Mein goldenes Untierchen, meine Kukuchna, warum bist Du so mißmutig? Kukasia mag nur guten Mutes sein, denn er hat ein tüchtiges Frauchen. Die Frau wird viel arbeiten, und die Frau wird viel Geldchen verdienen, und es wird nicht nur für sie selbst reichen, sondern sie wird noch jeden Monat ein bißchen ihrem Väterchen und ein anderes bißchen ihrem Dziodzio schicken, und das alles ohne große Mühe, gerade so zum Spaß. Ernsthaft, diese Idee von mir, für Parvus kleine Notizen über Polen, Frankreich und Belgien zu schreiben, ist direkt etwas Geniales, denn nicht nur, daß mir das fast keine Zeit wegnimmt, daß es mich nicht die geringste geistige Anstrengung kostet, daß ich Geld für das Zeitungsabonnement erhalte, sondern außer all dem verdiene ich auch noch; wegen dieser Notizen muß ich ständig und aufmerksam die Zeitungen studieren, wodurch ich ständig au courant[29] des politischen Lebens bin. Außerdem ist auch Parvus glücklich und dankt mir heiß. Also ist alles in Ordnung in dieser Hinsicht. Und was meine Idee mit der »Leipziger Volkszeitung« betrifft, so werde ich Dir morgen früh nach Erhalt der Antwort von Sch[oenlank] in diesem Brief einen Nachsatz über die Resultate schreiben. Aber ich werde noch nicht alles sagen, nur *summarisch*, ob gut oder nicht. – Daß Dziodziusi nicht einmal daran zu denken wagt, seine Kaution aus der Gemeinde zurückzuziehen! Die Gattin verbietet es streng! Du kleines Dummchen, dieses Geld wird für Deine Promotion sein, und sogar nach Erhalt der Staatsbürgerschaft wird es in der Bank eingeschlossen, bis Dziodzia zum Examen antritt. Für den Lebensunterhalt reicht Dir Dein Geld, und ich werde, wenn ich es zusammenrechne, monatlich (wenn das Geschäft mit Sch[oenlank] gelingt) **Minimum** 100 M haben. Aber, aber, lach nicht, bitte sehr, ich werde Dir das am Monatsende vorrechnen und auf den Tisch legen.

Ciucia hat dort offenbar in diesen Tagen schon ohne einen Groschen dagesessen, aber mir konnte sie davon nicht früher schreiben, was? Damit ich von meinen Vorräten sofort etwa 10 M schicke. Ich schwimme doch jetzt hier im Überfluß, die ganze Summe verbrauche ich nicht, die Du mir schickst, obwohl ich bisher die Zeitungsabonnements aus der eigenen Tasche bezahlt habe und obwohl ich, mit Verlaub, esse wie ein Pferd.

Dziudzia will wissen, wie ich den Tag verbringe, also gut. Morgens vor 8 werde ich wach, hopse ins Vorzimmer, schnappe Zeitungen und Briefe, dann schwupp unter das Federbett und lese die wichtigsten Sachen. Dann reibe ich mich kalt ab (regelmäßig, jeden Tag), dann kleide ich mich an, trinke auf dem Balkon ein Glas heiße Milch mit Butterbrot (Milch und Brot bringen sie mir jeden Morgen ins Haus). Dann ziehe ich mich ordentlich an und gehe für eine Stunde in den Tiergarten spazieren (regelmäßig, jeden Tag, bei jedem Wetter). Dann gehe ich wieder nach Hause, ziehe mich um und schreibe meine Notizen für Parvus oder Briefe. Mittag esse ich um 12.30 zu Hause für 60 Pf in meinem Zimmer, das Mittagessen ist ausgezeichnet und äußerst gesund. Nach dem Mittagessen jeden Tag schwupp auf das Kanapee, schlafen! Gegen 3 stehe ich auf, trinke Tee und setze mich, um die Notizen oder Briefe zu schreiben (je nachdem, was ich vormittags getan habe), oder ich lese Bücher. Ich habe nämlich aus der Bibliothek: Bluntschli, *»Geschichte des Staatsrechts«*, Kants »Kritik der reinen Vernunft«, Adlers *»Geschichte der sozialpolitischen Bewegungen«*, aber auch »Das Kapital«. Um 5 oder 6 trinke ich Kakao, arbeite weiter, oder häufiger noch gehe ich dann zur Post, um Briefe und Notizen aufzugeben (diese Tätigkeit liebe ich ungeheuer). Um 8 esse ich Abendbrot: (erschrick nicht) drei weiche Eier, Brot mit Butter, mit Käse oder Schinken und noch ein Glas heiße Milch. Dann setze ich mich an den Bernstein[130]. (Oh! …) Gegen 10 trinke ich noch ein Glas Milch (einen Liter täglich). Ich arbeite abends sehr gern. Ich habe mir einen roten Lampenschirm gemacht und sitze an meinem Schreibtisch, gleich am offenen Balkon; das Zimmer im rosa Halbschatten sieht entzückend aus, und über den Balkon kommt aus dem Gärtchen frische Luft. Gegen 12.00 ziehe ich den Wecker auf, singe etwas vor mich hin, dann bereite ich die Schüssel mit dem Wasser für die morgendliche Abreibung vor, kleide mich aus und schwupp unters Federbett. Ist Dziodzio zufrieden? Und ich auch, Dziodzio, goldener, laß mich doch endlich in Ruhe mit *Frau Ihrer* und den Leuten. Primo kommt jetzt meine Schwester[131] zu mir, dann treffen wir beide uns, drittens ist hier jetzt überhaupt Sauregurkenzeit. Mit einem Wort, bis zum Beginn der Sitzungsperiode im Parlament und der Zeit der Referate brauche und kann ich die Leute nicht treffen, d. h. die, an denen uns liegen kann. Im übrigen stehe ich doch brieflich in Verbindung mit den wichtigsten: Br[uhns], Sch[oenlank] und Par[vus], über die ich dann alles machen kann, was erforderlich ist. Wenn Sch[oenlank] hierherkommt, dann wird er mich *mit den Besten im Lande* bekannt machen. Inzwischen genieße ich die heilige Ruhe von allen Schwaben[132]. Bist Du damit einverstanden? Jetzt zu unserem Treffen. Ich fahre auf keinen Fall in die Schweiz, sondern Du hierher; sowohl Du als auch ich müssen die dortigen Eindrücke loswerden, übrigens wiederhole ich Dir, daß ich für Dich sehr auf die Getreidefelder rechne, und ich will in Deiner Gegenwart Dir zum Trotz Kornblumen im Felde pflücken. Daß Du Dich dort wirst aufhalten können, ist keine Frage. Mich hat die ganze Zeit in Oberschlesien keine Menschenseele nach Papieren gefragt, obwohl ich offen mit Agitation beschäftigt war. Aber ich werde mich noch nach all dem genau bei Bruhns erkundigen, und äußerstenfalls werde ich für Dich für diese kurze Zeit Papiere von irgendeinem Schwaben beschaffen; wir werden in irgendeinem kleinen Dörfchen, inmitten von Feldern und Wäldern, allein wie Adam und Eva, und in einem Zimmer wohnen. Aber mit all dem muß man bis nach dem Besuch der Schwester warten. Freut Ciucia sich auf unser Wiedersehen, wie?

Jetzt zwei Worte über Geschäftliches. Schreibe mir, wem die Dissertation geschickt werden soll. Einige Korrekturabzüge schicke ich Dir noch morgen, sobald Humblot sie mir zurückgibt. Soll ich Dir welche von meinen Zeitungen schicken? Obwohl es mich sehr freut, daß Du in den *Leseverein*[133] gehen mußt, aber dort kann man doch nicht viel auf einmal lesen. Vielleicht soll ich Dir den »Vorwärts« am nächsten Tag schicken? Denn ich lese ihn **sofort** durch, aber mit Ausschneiden ist's meist Fehlanzeige. Oder die »Leipziger Volkszeitung«? (Was ist das doch für eine prächtige Zeitung!)

Jetzt soll mir Dziodzio genau schreiben, was er den ganzen Tag macht, wann er aufsteht, was er ißt und ob er spazierengeht. Und über die Dissertation. Und Dziodziu soll immer ein ernstes Buch lesen, denn ich will keinen Dummkopf zum Mann haben! Über die Arbeit mit Bernstein im nächsten Brief.

Küßchen auf das Mündchen. Gattin

Mit den Seidels ist alles in Ordnung, ich bekam heute einen Brief von ihnen. Es tut mir leid, daß Du Dich mit ihnen überworfen hast, ich fürchte, daß Du Dich dabei kleinlich verhalten hast. Mit ihnen sollte man aus Rücksicht auf die Dienste, die sie **mir** erwiesen haben, nicht kleinlich abrechnen; sie werden uns nicht trennen, und ihre »безцеремонность«[134] Dir gegenüber bezieht sich in hohem Maße auf mich.

Mathilde und *Robert Seidel*

[Berlin,] 11. August 1898

Meine lieben, lieben Freunde!

Ich habe Euch lange nicht geschrieben, aber soeben habe ich eine sehr schwere Stunde, eine moralische Krise durchlebt, und in der habe ich – an Euch gedacht. Ich habe mir Euren Rat und Beistand gewünscht und geistig mit Euch verkehrt. Ich habe Euch dadurch mehr wahre und treue Freundschaft bewiesen als durch zehn Briefe. Was, wie – schreiben läßt sich das nicht, vielleicht auch nicht sagen, man muß mit sich selbst das Schwierigste abmachen, nicht wahr, Ihr Lieben? Und nun finis, ich kann Euch nur sagen, daß ich mir treu geblieben bin und mit mir zufrieden bin. Ich will hoffen, daß es auch weiter so geht. – In der letzten Zeit lebte ich geistig (innerlich) äußerst rege, ich hatte viel neuen Stoff zu verarbeiten und wuchs jede Stunde mehr als in Zürich in den alten, ruhigen Verhältnissen in einem Jahr. Es ist mir manchmal sehr schwer, daß ich ganz allein bin, ich kann mir manchmal kaum Rat geben mit meiner eigenen Psychologie, aber am Ende ist es vielleicht besser, und dann – es ist so ungemein schwer, auch mit nächsten Freunden einander bis in die innerste geistige Falte zu verstehen und zu durchschauen. Oder man versteht vielleicht die Worte ausgezeichnet, aber »die Beleuchtung« (versteht Ihr das?), die sieht ein anderer nicht, und die ist manchmal alles. Nach diesen Hieroglyphen will ich auch was Deutlicheres sagen. Ihre zwei Karten aus den Bergen haben mich sehr, sehr gefreut. Auch besonders, daß Sie meinen lieben Börne kennengelernt haben. Sie

müssen ihn in erster freier Stunde näher vornehmen, vor allem seine Pariser Briefe. Sie werden sehen, daß er sich mit **Großem** befaßte; seine Antipathie zu Goethe werden Sie dann leicht verstehen, das ist der ursprüngliche, ewige Gegensatz einer »christlichen«, asketischen Natur zur »hellenisch«-sybaritischen, der Gegensatz des Robespierre zu Danton z.B., derselbe, der Börne auch mit Heine entzweite. Darin liegt die Kraft, aber auch die Schwäche Börnes, der Typus eines römischen Republikaners, die Ehrlichkeit und die Tugend selbst, aber die ganze lachende Welt der Erscheinungen, die jenseits der Grenzen von Staatsformen und Bürgerpflichten, jenseits von Gut und Böse liegt, die war ihm verschlossen.

Nun schreibt mir **schnell**, was Ihr macht, wie Ihr lebt, ich will nicht nur das Äußere, sondern auch das Innere wissen.

Ich liebe Euch und denke oft an Robert und Mathilde. Eure Rosa

Diesen Brief darf niemand außer **Euch beiden** lesen.

Leo Jogiches

[Berlin, 3. September 1898]
Dziodziuś, gestern, nachdem ich den Brief an Dich geschrieben hatte, mußte ich wieder den ganzen Tag das Bett hüten. Heute bin ich aufgestanden, aber mir ist so schlecht, daß ich mich wieder werde hinlegen müssen. Magenschmerzen habe ich nicht mehr, aber ich bin entsetzlich schwach, habe Kopfschmerzen und kann noch nicht essen.

Was sagst Du zu der »Neuen Zeit«?? Was, zum Teufel, ist mit Plech[anow] und mit der Diskussion überhaupt los?[35] Ich fühle, daß Kautsky sofort nach meinem Artikel schnappen würde wie nach warmem Brot, und da spielt mir der Teufel einen Streich mit dem Magen! Die Artikel in den »Sozialistischen Monatsheften« zu der Diskussion sind *unter jeder Kritik*. Offenbar wartet »ganz *Germania*« tatsächlich auf unser erlösendes Wort.

Auf Urbachs Rat schicke ich an Jaurès ein Exemplar der Arbeit[136], natürlich ohne Anschreiben. Lawrow muß man eines schikken! Warum soll ich damit warten?

Hier in Berlin ist ein Mitglied der Guesdistenpartei (nach Urb[ach] einer der einflußreichsten), Lagardelle. Urb[ach] will mich natürlich unbedingt mit ihm bekannt machen und wird ihm schreiben, daß ich hier bin. Angeblich ist auch Sarraute hier, aber ihn möchte ich nicht kennenlernen.

Du weißt sicherlich, daß Parvus verlangt, die Diskussion über die Bernst[einsche] Taktik auf die *Tagesordnung*[137] zu setzen (dasselbe fordert die »Gleichheit« der Zetkin). Der »Vorwärts« ist natürlich dagegen. Man müßte sich auf den Kopf stellen, um **vor** dem Kongreß einen Artikel unterzubringen, und es scheint, daß man davon nicht einmal träumen kann, mindestens nicht in der »Neuen Zeit«.

Warum schreibst Du schon vier Tage nichts mehr??

Ich kann nicht mehr! Deine R.

August Bebel   Dresden-A., den 31. Oktober 1898
                                    Zwingerstraße 22 part.

Werter Genosse!

Ich bin Ihnen sehr dankbar für die Mitteilungen, die mich über die Lage der Dinge orientieren. Daß Bernstein in seinen bisherigen Ausführungen nicht mehr auf dem Boden unseres Programms steht, war mir natürlich klar, daß man aber auch ganz die Hoffnung auf ihn aufgeben muß, ist sehr schmerzlich. Es wundert mich allerdings, daß Sie und Genosse Kautsky, falls Sie die Sachlage **in dieser Weise** auffaßten, nicht die günstige Stimmung, die durch den Parteitag geschaffen war, zu einer sofortigen energischen Debatte benutzen wollten, sondern erst Bernstein zu einer Broschüre veranlaßten, die die Diskussion verschleppen wird.[138] Jedenfalls glaube ich dadurch, daß ich u. a. den Brief Plechanows gebracht habe[139], im Sinne der Sachlage, wie Sie sie in Ihrem Briefe charakterisieren, gehandelt zu haben. Ist Bern[stein] wirklich verloren, so muß sich die Partei daran gewöhnen – wie schmerzlich

August Bebel

es auch ist –, ihn nunmehr wie einen Schmoller oder anderen Sozialreformer zu betrachten.

Was die weitere Diskussion betrifft, so weiß ich augenblicklich nicht einmal, ob ich in der Lage sein werde, sie in der »Sächsischen Arbeiter-Zeitung« fortzuführen. Meine Kollegen einer- und Gradnauer anderseits drängen zu einem Konflikt, in dem ich mich sehr leicht gezwungen sehen kann, die Redaktion niederzulegen.[140] Ich werde in der Sitzung der Preßkommission, die Mittwoch stattfinden wird und in der die Sache zur Entscheidung kommt, als Bedingung meinerseits volle Freiheit in der Fortführung der Diskussion über die Taktik fordern. – Die Verhältnisse in unserer Redaktion sind sehr unerquicklich, und trotz der größten Mühe, die ich mir gab, eine Harmonie und eine innere Verständigung herbeizuführen, dauern die Wühlereien und Nörgeleien, die ich vorfand, fort. Das Auftreten meiner Kollegen im »Vorwärts«[141] war nur ein Ausdruck des Unwillens, welcher nach einem Vorwand suchte. Übermorgen wird die Sache entschieden.

Mit bestem Gruß R. Luxemburg

August Bebel

Dresden, 7. November 1898

Werter Genosse!

Auf Ihren mir durch Genossen Schoenlank in Abschrift zugegangenen Brief ziehe ich vor, auf **direktem** Wege zu antworten. Auf die »moralischen Ohrfeigen«, »unglaubliche Taktlosigkeit« etc. halte ich unter meiner Würde einzugehen.

Zur Sache selbst folgendes. Wallfisch hat Ihnen in »objektivster Weise« einige Tatsachen mitteilen können, nicht aber die allgemeine Lage in der Redaktion und die Stimmung, die in der Kommission herrschte.[142] – Schon seit Parvus' Zeiten waren die Verhältnisse in der Redaktion so zerrüttet und unhaltbar, daß es früher oder später zu einem Krach kommen mußte; es mußte um so mehr, als meine Kollegen durch den langen Kampf mit Parvus gereizt und entschlossen waren, den Redaktionswechsel auszunutzen, um das Blatt vollständig in ihre Hände zu bekommen, wobei sie in der durch die Angriffe auf den schlechten Ton der Zeitung eingeschüchterten Kommission einen Rückhalt gefunden haben. Ich meinerseits hielt es für falsch, mich – wie dies Parvus getan – bloß auf das Schreiben taktischer und polemischer Artikel zu beschränken und alles übrige in der Zeitung gehen zu lassen, wie es Gott gefällt. Ich betrachtete als meine erste Aufgabe neben der Besprechung taktischer Fragen die Hebung und Besserung des verwahrlosten Blattes überhaupt, griff deshalb in andere Rubriken ein, und das gab Anlaß zu neuen Reibungen mit meinen Kollegen, welche z. B. die Einführung der wirtschaftlichen Rundschau[143], der Erörterungen über die Taktik als Beeinträchtigung des lokalen Teils des Blattes, ferner meine »Einmischung« in die Polemik zwischen Gradnauer und Mehring[144] in der Kommission gegen mich ausspielten. Sie sind der Meinung, daß uns die Kommission in allem Wesentlichen nachgegeben habe. Tatsächlich hat sie alle meine Anträge und Bitten abgelehnt, sie hat sich auf der ganzen Linie auf die Seite meiner Redaktionskollegen gestellt, und wäre ich in die Redaktion zurückgekehrt, so hätte ich – bei den **gegebenen** Beziehungen in der Redaktion und der gegebenen Stimmung der Kommission – sofort auf meine ganze Bewegungsfreiheit verzichten müssen. Formell handelte es sich nur um das »Ausmerzen« des »Tones«, tatsächlich hätte ich bald nicht mehr meine Artikel und – was sehr wichtig – auch Parvussche Artikel bringen können. Ich sagte mir: Steht die Kommission auf **diesem** Standpunkt, dann habe ich in der Redaktion nichts zu tun, dann ist die Position **bereits** für uns verloren. Will aber die Kommission die nötige Freiheit gewähren, so kann sie mir das auch nach meiner Demission noch erklären. Wohlgemerkt, ich wiederholte zehnmal in der Sitzung, daß man mich zur Demission **zwingt**, daß mir kein anderer Ausweg bleibt. – Man hat es lächelnd hingenommen und als eine leere Drohung – wie sie Parvus mehrmals machte – betrachtet.

Zur Orientierung über die augenblickliche Lage noch eins. Die Redaktionsmitglieder pflegen mit **Ledebour** Verhandlungen, der sich sehr gerne bereit erklärt, unter allen Bedingungen in die Redaktion zu treten. Was mich anbelangt, so habe ich einigen Mitgliedern der Kommission, die mich privatim zur Wiederaufnahme der Redaktion zu überreden suchten, geantwortet, daß davon nur dann die Rede sein kann, wenn mir 1. das Recht, die fremden Artikel aufzunehmen (ich denke dabei vor allem an Parvus, der meine Redaktion zur Bedingung seiner Mitarbeiterschaft macht), 2. die volle Freiheit, im eigenen Namen zu schreiben, im Falle, wenn die Redaktion mit diesem oder jenem Artikel nicht einverstanden ist, gewährt wird. Somit wird die Kommission in der morgigen Sitzung Gelegenheit haben, auch **formell** zu konstatieren, ob sie auf ihrem seltsamen Standpunkt verharrt oder nicht. Ich hoffe, daß diese Tatsachen Ihnen beweisen, daß Sie mit der Beurteilung meiner Handlungsweise sich ein wenig übereilt haben.

Mit s[ozial]d[emokratischem] Gruß R. Luxemburg

Leo Jogiches

[Berlin,] 3. Dezember [1898]

Bobo! Gestern war ich bei Mehring und kehrte mit der traurigen Überzeugung heim, daß mir nichts anderes übrigbleibt, als mich hinzusetzen und »*ein großes Werk*« zu schreiben. Ebenso wie Kautsky hat mich Mehring gleich gefragt: »*Arbeiten Sie an einem größeren Werk?*« Und das so ernst, daß ich fühlte, daß ich *daran arbeiten* »muß«. Da kann man nichts machen, anscheinend sehe ich aus wie ein Mensch, der die Pflicht hat, *ein großes Werk* zu schreiben, und mir bleibt nichts anderes übrig, als den allgemeinen Erwartungen gerecht zu werden. Weißt Du vielleicht, **worüber** ich dieses große Werk schreiben soll? Goldchen, würdest Du mich nicht von der ausführlichen Berichterstattung über den Besuch bei Bebel und Kautsky befreien, dafür werde ich Dir über das Gespräch mit Mehring genauer erzählen, das interessanter ist. 1. Er erklärte mir einige Male, daß ich die »Sächsische Arbeiter-Zeitung« sehr gut redigiert habe, viel besser als P[ar]v[us], »*man sah, daß das Blatt wirklich redigiert war*« und daß überhaupt die »Sächsische Arbeiter-Zeitung« in der Zeit, wo ich dort war, am besten redigiert wurde. Er hat das auch Kautsky gesagt.

2. Sowohl er als auch sie (und, wie es scheint, auch andere

Alte) halten Ledebour nur für eine zeitweilige Unterbrechung meiner Redakteurtätigkeit und sind ganz sicher, daß ich nach Dresden zurückkehre und daß ich dann *eine Diktatur ausüben* kann. Sie sprechen darüber mit einer so amüsanten Sicherheit, daß ich geradezu erstaunt war.

3. Als von Bernstein die Rede war, sagte er zu mir: *»Sie haben ihn gut verhauen in der ›Leipziger Volkszeitung‹, es hat mir viel Freude gemacht.«*

4. Was Schoenl[ank] betrifft, so glaubt er ebenso wie die anderen nicht an die Beständigkeit seines Radikalismus, und sie fragten mich, was ihn in Stuttgart[145] eigentlich für uns Partei ergreifen ließ.

Was Led[ebour] betrifft, so ist Mehring deshalb sicher, daß er *höchstens bis Weihnachten* in Dresden aushalten wird, weil er 1. angeblich ein so sagenhafter Faulpelz ist, daß er bald anfangen wird, erst um 10 und um 12 Uhr in die Redaktion zu kommen, 2. so streitsüchtig ist, daß er absolut mit niemandem mehrere Wochen auskommen kann, 3. theoretisch ein völliger Ignorant ist und eine Zeitung nicht leiten kann. M[ehring] kennt ihn, denn sie waren zusammen in der Redaktion des »Volksblattes« [»Volks-Zeitung«].

4. Wir kamen auf seine Absage betreffend die Mitarbeit in der »Sächsischen Arbeiter-Zeitung« zu sprechen, wozu ich ihm offen meine Ansicht sagte. Darauf versicherte er mir aufrichtig, daß lediglich die Unmöglichkeit, an drei Zeitschriften mitzuarbeiten, ihn zur Absage bewogen hat. Wenn er gewußt hätte, daß es mir hauptsächlich um einen Ausdruck seiner Solidarität mit der »Sächsischen Arbeiter-Zeitung« und nicht um eine ständige Mitarbeit geht, so hätte er mir sofort einige Artikel geschrieben. Er fügte hinzu, daß er mir jetzt, wenn ich wieder die Redaktion übernehme, gleich etwas schreiben wird. Das dürfte das Wichtigste sein – außerdem sprachen wir de omnibus rebus[146] in der Partei und trennten uns sehr freundschaftlich.

Die interessante Neuigkeit, die ich Dir versprochen habe, ist die, daß mich die Polizei seit einigen Wochen beobachtet. In den letzten Tagen saßen Tag und Nacht zwei Spitzel beim Portier und verfolgten mich auf Schritt und Tritt. Der Portier ist ein ehemaliger *Genosse* und hat mir insgeheim alles mitgeteilt. Als mir das zu dumm wurde, ging ich einfach zur Polizei, zum Herrn *Leutenant*, und legte die Karten auf den Tisch, ich sagte, wenn das nicht aufhört, so gehe ich zu Windheim und mache einen Skandal. Der Herr *Leutenant* tat natürlich so, als hätte er keine Ahnung, daß das wahr ist, aber tatsächlich verschwanden die Spitzel tags darauf. Mehring rät mir, wenn sie sich wieder zeigen sollten, *eine Notiz* im »Vorwärts« zu bringen, dann verkriechen sie sich gleich im Loch. Was die Ursache ist, weiß der Teufel, ich habe Grund zur Annahme, daß eine Personenverwechslung vorliegt; entweder halten sie mich für jemand anderen oder jemand anderen für mich. Indessen bin ich auf jeden Fall vorsichtig, die Briefe habe ich verbrannt, mich angemeldet und die Papiere durchgesehen. Wahrscheinlich wird alles im Sande verlaufen. Was Mor[awski] betrifft, so wollte ich ihm über die Adresse selbst schreiben, so wie Du rätst. Ich werde ihnen erst heute antworten, denn ich wollte keine Eile zeigen.

Ob Nazi [Auer] *auf den Plan* kriechen wird, daran zweifle ich sehr. Ich möchte es natürlich sehr. Morgen schicke ich Dir meine *Wirtschaftliche Rundschau*[147], die ich ihnen gestern geschickt habe.

Das Geld, 80 M, erhielt ich gestern, Gott geb's, daß ich schon zum letzten Mal von Dir nehme.

Die Serie[148] nehme ich jetzt energisch in Angriff. Was tun, ich mußte beim ersten Mal auf diese *Wirtschaftliche Rundschau* viel Zeit verlieren, aber jetzt habe ich mich schon zurechtgefunden, und es wird wie geschmiert gehen.

Physisch bin ich noch immer sehr schwach, obwohl ich ordentlich lebe, ich könnte zwanzig Stunden am Tage schlafen.

Schreibe jetzt von Dir, aber viel.

Aber eine Bitte, die Du **sofort** erledigen mußt: Nimm Swjatlowskis »Фабричная гигиена«[149] sowie Bertenson und schicke sie an die Schirman: Charlottenburg, Kaiser-Friedrich-Str. 36, Quergeb. I. Sie hat sehr darum gebeten, und ich bin ihr verpflichtet. Vergiß nicht, das sofort zu erledigen! Tausend Küsse Deine R.

Sobald ich mit dem Schreiben anfange, lasse ich Dich Näheres wissen, damit Du mir helfen kannst.

Leo Jogiches

[Berlin, 12. Dezember 1898] · Montagabend
Teurer Dziodziu! Nach Erhalt Deines Briefes habe ich Dir gestern eine Karte und ein Päckchen Zeitungen geschickt. Jetzt will
ich Dir ausführlicher schreiben. Also vor allem, was die »Serie«[150]
betrifft. Ich bin zu derselben Schlußfolgerung gelangt wie auch
Du, daß eben die Bernstein-Frage jenes große Werk sein muß, das
ich zu schreiben habe. Gott sei Dank hat K.K. [Karl Kautsky], wie
er mir kategorisch und sogar erstaunt erklärte, **nicht die Absicht,**
als Erwiderung eine **Broschüre** zu schreiben (nur in der »Neuen
Zeit«), diese Absicht hat übrigens nur Parvus, aber über ihn als
Konkurrenz habe ich keine Befürchtungen. Eine Broschüre hingegen hat nach der von Bernstein alle Chancen auf Erfolg. So will
ich diese »Serie« als **Erwiderung** auf Ede [Bernstein] anlegen,
d.h. **nicht** jetzt, sondern gleich nach Erscheinen seines Buches[151].
Und das aus folgenden Gründen: 1. Die Empfindung, die ich
schon in Dresden hatte, hat sich hier noch mehr verstärkt, nämlich, daß es K.K. mit seiner Aufforderung an Bernstein, eine Broschüre zu schreiben, **tatsächlich gelungen ist,** das allgemeine Interesse einzuschläfern und bis zum Erscheinen jener Broschüre
zu vertagen. **Tatsache** ist, daß alle auf jenes Buch warten und die
gegenwärtigen Diskussionen, sofern sie die Bernsteinschen Theorien direkt angehen, sogar für etwas »Taktloses« ansehen. (Ich
kann mich nicht mehr entsinnen, wer das mir gegenüber zum
Ausdruck gebracht hat.) Gegenwärtig herrscht eine Atmosphäre
der Mattigkeit und Abwartung, und erst wenn Edes Sache erscheint,
werden alle eine Diskussion **erwarten** und jedes Wort auf die
Goldwaage legen. 2. Wie Du willst, aber ich kann mir dennoch
nicht vorstellen, daß ich, wenn ich mich über alle diese Themen
jetzt auslasse, über die so oder anders nachher diskutiert wird,
später erneut etwas derart Imposantes zu sagen fände.

Und solche polemischen Wendungen, um **von vornherein**
Bernstein die Hauptargumente wegzuschnappen, das ist ein *zu fei-*
nes Fressen für dieses Publikum. Das wird niemand würdigen. Hier
versteht man das so: Wenn Bernstein sein Buch herausbringt,
muß man ihn nach Möglichkeit abwürgen, und das, was **vorher**
gesagt wurde, verschwindet völlig von der Bühne. Dabei wird
nach Erscheinen von Edes Broschüre auch K.K. auftreten, der,

wie Du weißt, es immer versteht, nach einem anderen *mit ein biß-chen anderen Worten* so zu sprechen, daß das Publikum denkt, eben **er** als erster habe *den Standpunkt* gegeben, weshalb es sich für mich überhaupt nicht lohnt, jetzt *mein Pulver ausschießen* und später, nachdem K.K. aufgetreten ist, schon abgegriffene Argumente wie-derzukauen. – Kurz, ich bin der Ansicht, daß es notwendig ist, die Artikel als Serie erst **nach** Edes Broschüre zu drucken, sie aber jetzt vorzubereiten, und zwar so, daß sie dann gleich als Bro-schüre erscheinen können.[152] Wenn die »Leipziger Volkszeitung« sie nicht herausgibt, so gibt si‹ Wallfisch heraus. – Daß ich jetzt ein wenig schweige, schadet mir keinesfalls, da kannst Du ruhig sein, wenn ich sofort nach Ede auftrete. Allerdings, alle wissen und werden wissen, daß ich nur bei wichtigen Gelegenheiten auf-trete, aber mit éclat[153].

Also arbeite ich jetzt an dieser Serie. Am besten habe ich schon die *»englische Brille«*[154] bearbeitet, die ein wichtigeres Thema ist, als es auf den ersten Blick scheint. Zumindest will ich das breit und tief bearbeiten! Aber was die beiden Themen betrifft, an denen ich gleichzeitig arbeite: »Blanquismus« und »Was tun bei einer eventuellen Revolution?«, so ist mir fast noch nichts eingefallen. Vielleicht fällt Dir in dieser Hinsicht etwas ein? Übrigens vermag ich es sicher selbst, wenn nicht heute, dann morgen. Auch an der *Werttheorie* arbeite ich. Зибер[155] habe ich schon aufmerksam durch-gelesen, er hat mir sehr wenig gegeben, und ich bin alles in allem von ihm enttäuscht: Ich kann ihn nur als *Nachschlagebuch* gebrau-chen, wenn ich auf irgendwelche Ökonomen verweisen muß. Ich habe auch *»Zur Kritik«*[156] erneut durchgeblättert und lese jetzt Вол-гин[157] (г[осподин] В.В[оронцов] как экономист). Literatur über Böhm-Bawerk und die ganze *Grenznutztheorie*[158] habe ich schon ge-funden und mir notiert. Besondere Themen, die ich bearbeite, will ich an Dich schicken.

Andererseits mußt Du mir Deine Bemerkungen zu meiner Kri-sentheorie herschicken. Apropos, Bernstein erwähnt darum seine *Gegenkritik* auf meine Artikel, weil ich ihm im Brief u.a. geschrie-ben habe: *»Auf Ihre Gegenkritik bin ich sehr gespannt, obwohl ich aus Ihrer Erklärung in der ›Neuen Zeit‹ nicht recht verstanden habe, ob Sie sie in Ihrem Buche oder erst nachher in der ›Neuen Zeit‹ veröffentlichen wer-den.«* Ich schrieb das absichtlich, denn ich wollte ihn deswegen an-

Feld - Rittersporn
Delphinium consolida.
Fam: Ranunculaceen, Hahnen-
fussgew. Gruppe: Helleboreen,
Nieswurzgew. (Feld u. Saudieln)

sprechen, um etwas zu erfahren. Was den Ton seiner Karte betrifft, so machte sie auf mich denselben Eindruck wie auch auf Dich. Noch einmal zurück zur »englischen Brille«, ich möchte dort wenigstens in einem kurzen Abriß die ganze Veränderung der gegenwärtigen **ökonomischen** Lage Englands darstellen, und dazu fand ich etwas Material im »Economist«, im »Board of Trade Journal« und im »Вестник финансов«. Den letzteren sende ich Dir übrigens morgen zurück, dafür wäre es sehr gut, wenn Du mir neuere schicken könntest. – Das zweite Thema, das sich für eine »größere Arbeit« eignet und das großen Erfolg hätte, wäre eine gründliche Bearbeitung der Frage *der Gewerkschaften*. Es ärgert mich nur, daß alle *grundlegenden Gesichtspunkte* von mir teils in jenem Artikel bereits ausgeführt und teils (soweit wir es in Dresden ergänzt haben) hier ausgeführt werden, so daß für eine Broschüre nur noch bliebe, mit Faktenmaterial aus Deutschland, Frankreich und England zu ergänzen und zu verwässern. Aber eine solche Broschüre wäre sehr aktuell. Was die *Zollfrage* betrifft, so sammle ich inzwischen Material. Ich habe schon ein Buch gefunden, in dem das ganze Tatsachenmaterial enthalten ist, und bekomme es in diesen Tagen (ein neues). Aus der Bibliothek dagegen hole ich mir List etc. Das eilt jedoch am wenigsten, denn wegen des verspäteten Beginns der Sitzungsperiode[159] kommen die Handelsverträge erst im Frühjahr zur Verhandlung. Jetzt steht also Bernstein an erster Stelle. – Ich lege Зибер beiseite und nehme jetzt die Webbs wieder gründlich in Arbeit für die *Gewerkschaften*.

Jetzt noch zu den schriftlichen Arbeiten eine Bitte: Was weißt Du von Исаев, von seiner Richtung (er ist, wie es scheint, марксист не лишённый странности[160]), ich erinnere mich, daß ich einmal in irgendeinem russischen журнале[161] einen großen Artikel von ihm über die Entwicklung des Kapitalismus gelesen habe, wo er Scheußlichkeiten beschrieben hat, aber was, das weiß ich nicht mehr genau, und jetzt wäre mir das für die Einschätzung seines Buches von großem Nutzen. Diese Einschätzung würde ohne große Mühe für zwei Leitartikel = 40 M ausreichen. Das ist eben der »Artikel«, den ich damals für die Leipziger schreiben wollte, um in dem Monat viel zu verdienen, aber ich mußte ihn zurückstellen, denn ich will ihn gewissenhaft kritisieren, und dazu fehlt es mir eben an Informationen über ihn. Ich muß hier abbrechen und mit diesem Brief zur Post fliegen, denn ich habe keine Marken, und es wird gleich geschlossen. Also über die polnische Frage und über den Rest morgen. Über den Beethoven haben sie mir noch nichts mitgeteilt!

Bis dahin Umarmungen. Deine R.

(Bist Du noch wütend?)

Leo Jogiches

[Berlin, 15. Dezember 1898]

Dziodziuchna! Eben erhielt ich Deinen Brief und eile, wenigstens mit wenigen Worten sofort zu antworten. Die heutige *Rundschau* wird schon weit aktueller sein, denn ich habe entsprechendes Material gefunden. Vergiß jedoch nicht, daß wir beschlossen haben, dieses ganze Geschäft **ausschließlich** aufzunehmen, um zu verdienen und nicht um des Ruhmes willen, deshalb ist es unnötig »увлекаться«[162]. Natürlich muß **alles** ordentlich gemacht werden, damit es nicht kompromittiert, aber zu viel Aufmerksamkeit und Zeit darf man dafür nicht aufwenden. Was den **Plan** betrifft, so steht er vom ersten Augenblick an absolut fest – zu notieren: 1. aktuelle Erscheinungen rein **ökonomischer** Natur, 2. wichtige Neuheiten auf dem Gebiet der **Technik** (z. B. Verkehrsmittel), die über die allgemeine Entwicklung des Kapitalismus aussagen, 3. die Sozialpolitik, die über die Fortschritte der Sozialreform oder des Klassenkampfes aussagt. – Im übrigen hoffe ich, sogar die *Rundschau* zur Vollkommenheit zu führen, **nach und nach** durch Einarbeitung, und darum rege ich mich nicht auf und überschlage mich nicht. Indessen ist sie auf jeden Fall besser als die von Julek [Marchlewski] oder selbst von Calwer. – Ich freue mich sehr, daß Du mir rätst, den Ehrenfels *zur Besprechung* zu übernehmen, denn ich habe gerade deswegen schon an Schoenl[ank] geschrieben und habe sogar die Antwort, daß er sofort bestellt hat und mir schickt. – Von ihm habe ich eine wichtige Nachricht: Auf der letzten Fraktionssitzung[163] behandelte Bebel die Frage Isegrim – Schippel und erklärte, daß diese Sache verurteilt werden muß. Es wurde beschlossen, eine **Sonder**sitzung der Fraktion für

den 10. oder 11. Januar einzuberufen und Schippel dazu zu laden!
Auf dieser Sitzung äußerte Alb[ert] Schmidt aus der Provinz Auer
gegenüber u. a., daß man in der Provinz über seine Angriffe gegen
mich und Klara [Zetkin] in Stuttgart[164] aufgebracht ist. – Mein Lieber, schreibe mir **sofort** einige besonders wichtige Informationen
über Stepnjak (seine Tätigkeit), Schoenl[ank] bittet mich darum
für den Bibliothekar des *Reichstags*, und ich weiß nichts. Einstweilen habe ich ihm geschrieben, daß das Krawtschinski ist und daß
er es war, der das *Attentat* auf Mesenzow verübt hat. Stimmt das?
Die *Weltpolitik* von Parvus[165] ist vorläufig einfach komisch, vielleicht kommt im weiteren etwas Gehaltvolleres heraus. Aber auf
jeden Fall strahlt er immer eine gewisse Frische und »weite«
Denkweise aus. – Ich sitze an »*Kapital und Arbeit*«, am Kommunistischen Manifest[166] etc. für die *Verelendungstheorie*. So, wie ich das
anpacken möchte, ist das ein ziemlich schweres Stück. – Liest Du
Cunow in der »Neuen Zeit«?[167]

Ich nehme also an, daß es mit der Gemeinde in Zürich so gut
wie sicher ist? Ich will einen Brief an **Forrer** schreiben. Kommst
Du mit den Seidels zusammen? Was hat er dort für Scherereien.
Deine

Leo Jogiches

[Berlin, 27. Dezember 1898] · Dienstag
Mein Teurer und Geliebter! Am Sonnabend (24.) früh erhielt ich
Deinen langen Brief, am Abend das Telegramm und gestern
(Montag) Dein Geschenk mit einer Postkarte und darin eine Kritik meines Souvenirs. Ich danke Dir herzlich für den Molière, obwohl meine Bildung – ich gebe es in aller Demut zu – auch noch
andere große Lücken hat als die französische klassische Komödie
und obwohl ich sicher bin, daß jenes verspätete Geschenk für
mich märchenhaft und der Molière – das direkte Ergebnis des
»Lebens Jesu«[168] ist, obwohl das in der Geschichte der Literatur
der Chronologie widerspricht. Daß Du über meinen Strauss spot-
ten wirst, **war mir** von vornherein **völlig klar**, denn ich kenne
Dich gut. Ich erwartete mit dem Molière einen längeren Brief,

aber es blieb beim Appetit, und ich weiß gar nichts von Dir. Ich schreibe zwar unregelmäßig und nicht erschöpfend, aber dennoch von mir immer alles, was ich mache; Deine Briefe dagegen sind immer nur die Antworten auf Geschäftliches.

Deine Vorwürfe in dem Brief, den ich am Heiligen Abend erhielt, sind zum Teil nicht berechtigt. Ich lebe hier gar nicht auf Lübecksche Art. Allerdings, ich lebe außerordentlich regelmäßig, esse und schlafe zur rechten Zeit, gehe regelmäßig täglich spazieren, sorge für die Gesundheit und die Kleidung, meine Sachen sind in Ordnung, die Zeitungen lese ich täglich genau und zerschneide sie, und in der Bibliothek bin ich viermal wöchentlich. Du irrst auch darin, daß ich mich an meine *wirtschaftliche Beilage* vor Abgang des Zuges mache. Ich gehe immer schon von Montag an in die Bibliothek und lese **alle** Revuen durch, welche sich irgendwie eignen (und davon gibt es eine Menge), das konntest Du teilweise aus meinem Artikel über Amerika in der »Leipziger Volkszeitung«[169] ersehen. Aber es geht darum, daß ich häufig aus allen rein gar nichts herausholen kann, teilweise legen sie auch die frischen Nummern unregelmäßig aus, und ich bekomme zwei Wochen lang immer dieselben Artikel in die Finger. So war es eben, trotz meiner Reklamationen, in der letzten Woche (vor den Feiertagen). Erst am **Donnerstag** wurden frische Hefte vom Sonnabend ausgelegt, und da ich am Donnerstag mit dem Mickiewicz[170] beschäftigt war, fand ich also erst am Freitag, am letzten Tag, das Material, das noch dazu nicht einmal besonders gut war, und mußte direkt zum Zuge arbeiten. Zu allem Unglück habe ich noch ganz umsonst gearbeitet und mich beeilt: Meine *Rundschau* wurde in der Sonnabendnummer **nicht** veröffentlicht, und das, wie mir heute Led[ebour] schreibt, wegen der idiotischen Bürodiener, die die Post holen und die mein Manuskript im Briefkasten liegenließen und es erst um 12$\frac{1}{2}$ Uhr herausnahmen, als es schon zu spät zum Setzen war (um 1 Uhr beginnen sie zu drukken). Dadurch verliere ich 20 M in diesem Monat. Heute schreibe ich auch an Led[ebour], er soll diese *Rundschau* vielleicht in der **morgigen** Nummer veröffentlichen[171], damit sie nicht veraltet, und am Sonnabend dann wieder eine frische. Ich will das Geld nicht verlieren, denn ich hatte schon gerechnet, daß ich in diesem Monat etwa 143 M verdiene (für diese Notiz in der »Leipziger

Volkszeitung« ±3 M). Das ist fürwahr kein schlechter Groschen, nicht wahr? Und das ganz unabsichtlich. Ich hoffe in den nächsten zwei Monaten genausoviel zu verdienen (Minimum), und in dem Falle wirst Du zu Ostern mit Leichtigkeit hierherfahren können (oder ich zu Dir, versteht sich, wenn Dir das lieber ist). Ich hatte große Lust, Dir zwei Tage vor dem Heiligen Abend zu telegrafieren, daß Du hierherkommen sollst; ich ging gerade im Tiergarten herum, und plötzlich wünschte ich so sehr, daß Du hierherkommst, daß ich in die Straße zur Post einbog, um Dir zu telegrafieren. Aber im letzten Augenblick stand mir der Aufenthalt in Dresden und Dein dortiger Zustand vor Augen und das, daß sich dasselbe hier wiederholen würde, denn ich **muß** jetzt ganze Tage lang über dem Bernstein sitzen, also würden wir ganze Tage lang sitzen und vom Morgen bis in die Nacht an diesen Artikeln schuften. Beim bloßen Gedanken daran wurde mir schlecht, und ich wiederholte mir meinen Entschluß aus Dresden: Ich will Dich **ohne** jegliche Arbeit sehen. Ich will alles **allein** schreiben und mit Dir nur die Freizeit verbringen. Bis zu den kleinen Ferien wird auch der Krach mit Bernst[ein] schon zu Ende sein, und dann habe ich nichts anderes in dieser Art in Aussicht. Und da Deine Ferien schon in den ersten Märztagen beginnen, werden wir uns also in zwei Monaten sehen. Schreibe mir gleich von vornherein, ob Dir Berlin zusagt, ich möchte das natürlich gern, aber schließlich ist mir der Ort unwichtig. **Schreibe gleich darüber.**

Von dem Geld für den nächsten Monat habe ich schon eine Menge für Geschenke ausgegeben (für den Vater zum Geburtstag, die Schoenlanks, die Wirtin), ich mußte mir schon jetzt aus Dresden schicken lassen, denn ich hätte sonst nichts gehabt. Trotzdem werde ich insgesamt natürlich direkt **zuviel** haben, und von Dir brauche ich zum 1. gar nichts. Davon, was mir übrigbleibt, gebe ich einen Teil für die Abzahlung meiner Zähne, die ich endlich abholen muß. Wallfisch war nicht hier, offensichtlich ist er nicht nach Berlin gekommen (das war nicht sicher). Ich habe Sorgen mit Ledebour: Er besteht fest darauf, daß ich meine *Rundschau* ebenso signiere wie in der »Leipziger Volkszeitung«, denn dort signiere ich und bei ihnen nicht, und die *»Leute könnten auf den Gedanken kommen, daß Sie bei uns nicht mitarbeiten wollen«.* Ich weiß nicht, was ich tun soll. Natürlich habe ich ihm gleich geschrieben, daß ich entschlossen bin, die *Rundschau* nicht zu signieren, nur einen eventuellen Leitartikel. Aber den muß man doch irgendwann schreiben, wenn man verspricht! Was soll man mit dem Fant tun?

Jetzt zu jenem amerikanischen Artikel in der »Leipziger Volkszeitung«.[172] Warum ich diesen Artikel **geschrieben habe**? Darum, weil mir ein interessantes Material in die Hände fiel, das ich an einem Tage bearbeitet habe. Warum ich ihn **signiert** habe? Darum, weil das schließlich ein polemischer Exkurs gegen Bern[stein] ist, und ich kann das grundsätzlich nicht anonym machen. Und da der Artikel überhaupt recht hübsch war und mir auf **keinen** Fall Schande macht, habe ich mich entschlossen, zu signieren. Warum ich über Mick[iewicz] schreibe? Nicht darum, weil Schoenl[ank] mit den Armen fuchtelt, wie Du annimmst, sondern darum, weil das ein **polnisches** Thema ist (auch für die Deutschen ist es wichtig: Die gesamte Presse brachte große Artikel: »Neue Zeit«, die Wiener »Arbeiter-Zeitung« mit dem Artikel von Daszyński, sogar die bürgerliche Presse brachte große Artikel!), also mußte **ich** ihn bearbeiten. Ich versuchte, ihn – soweit es der ästhetische Eindruck zuließ – auch für unsere Mühle zu verwenden, indem ich ihn im Zusammenhang mit der Geschichte des Nationalismus darstellte und nicht, wie M[ax] Beer, von der Seite seiner philosophischen Ansichten aus der Epoche der Sinnesverwirrung. Ich weiß sehr gut, daß das nicht **das** ist, was sie von mir **erwarten**, und auch nicht das, weshalb ich nach Berlin gekommen bin, aber ich betrachte diese Dinge auch gar nicht so und sicher auch andere nicht. Das ist klar, daß das nur *Gelegenheitsarbeiten* sind und etwas theoretisch Wichtiges anläßlich Bernstein sein wird. Ich unterbreche hier, um der Frau den Brief zum Einwerfen mitzugeben. Morgen schreibe ich Dir mehr. Sei gut, Dziodziu, Goldchen, nun sei schon gut! Hörst Du? Ich bitte Dich!! Ich küsse Dich und umarme Dich **herzlich.** Deine R.

Leo Jogiches

[Berlin, 2. März 1899]

Mein teures Gold! Deine lieben Briefe sind mir in diesen Tagen eine große Stärkung, denn ich fühle mich gar nicht gut: Ich **schlafe** die ganzen Tage und bin außerstande, irgend etwas zu arbeiten, weder zu denken, noch überhaupt auch nur einen Brief zu schreiben, ich wandle umher wie ein gedankenloses Stückchen Vieh. Ich bin selbst erstaunt, denn von jenen vier Artikeln[173] so erschöpft zu sein, das ist schon etwas mehr, *als die Polizei erlaubt.* Auch jetzt schreibe ich Dir mit größter Anstrengung, wobei ich alle zwei Worte vergesse, was ich sagen will. Weißt, was mir gestern eingefallen ist? Ob ich nicht einmal an einer Geisteskrankheit sterbe, denn ich fühle mich seit längerer Zeit (schon seit dem **vorigen** Jahr) sehr seltsam, wie ich Dir öfter gesagt und geschrieben habe. Ich habe die Empfindung einer Geistestrübung, denke und fühle alles wie durch ein Seidenpapier, daß mir die Gedanken abreißen, und zwar so weit, daß ich mich anstrengen muß, um mich zu erinnern, woran ich eigentlich gedacht habe. Außerdem leide ich jetzt dauernd an Vergeßlichkeit und geistiger Trägheit. Stelle Dir vor, daß ich jetzt nie weiß, **wann und worüber ich Dir** zum letzten Mal geschrieben habe; eine Weile nachdem ich den Brief abgeschickt habe, weiß ich schon nicht mehr, ob ich ihn wirklich in den Briefkasten geworfen habe, ob ich ihn verloren habe, ob er adressiert war etc. Mich wundert deshalb nur, daß ich so energisch und schnell zu denken vermag wie beim Schreiben jener Schippel-Artikel. Nun, das ist unwichtig, jetzt zur Sache.

1. Deine kritischen Bemerkungen (das heißt eigentlich die eine wichtigste) zu meiner Polemik haben mich ungeheuer gefreut, denn ich habe mich wieder überzeugt, daß ich mich auf meinen eigenen kritischen Sinn vollkommen verlassen kann. Als ich nämlich diese Replik **abschickte**, sagte ich mir: Du hast Dich vergaloppiert, Kätzchen, загнула не в тот переулок[174], anstatt mir wieder den Opportunismus vorzunehmen, habe ich mich von meiner geliebten Ökonomie hinreißen lassen und habe mich в дебри[175] der Theorie festgefahren. Ich öffne Deinen **Brief** und lese Wort für Wort dasselbe. Jetzt wirst Du fragen, warum ich nicht besser geschrieben habe, wo ich es doch wußte. Ich sage Dir, ich wundere mich, daß ich überhaupt unter diesen Bedingungen **so ge-**

schrieben habe. Stelle Dir vor, daß ich diese Replik[176] in Schoenlanks Gegenwart in vier Stunden schreiben mußte!!! Ich dachte, daß ich die Tobsucht bekomme! Er selbst brachte mir Schippels *Zuschrift* und setzte sich hin, um zu warten. Ich sage ihm natürlich, daß ich in seiner Anwesenheit nicht schreiben kann, aber was willst Du mit ihm machen. Er versichert mir, daß er mich doch gar nicht stören kann, daß er Zeitung lesen wird, daß er doch vor dem Abschicken den Stil durchsehen muß etc. Um ihn loszuwerden, gab ich vor, daß ich mich nicht entsinnen kann, in welchem Band Rodbertus etwas über die Krisen schreibt, und schickte ihn in die Bibliothek zum Nachsehen und dachte mir, daß das etwa drei Stunden dauern wird. – Nach einer halben Stunde ist er schon wieder zurück mit dem Buch unter dem Arm. Ich wurde fast rasend. Es endete damit, daß wir in Streit gerieten und ich mit zitternden Händen schrieb. – Wie ich allerdings gestehen muß, spielte dabei, abgesehen von den widrigen Umständen, zum Teil eine Rolle, daß ich zu große Lust hatte, wegen des Effekts **sofort** zurückzufeuern, doch **mehr** zu schreiben, reichte weder die Zeit – ich schrieb zum letzten Zug – noch der Raum zu einem Artikel, und daß es eben für die Sonnabendausgabe war, sonst hätte man die Sache bis Montag oder Dienstag verschieben müssen, und da befürchtete ich, Mäxchen [Schippel] würde, sowie ich zögere, Zeit haben, seine *Zuschrift* zurückzuziehen, nachdem er meinen III gelesen hat, und dieser glückliche Anlaß zum Abfeuern ist weg. Also sagte ich mir: *Da gilt es, schnell zu agieren,* der Artikel ist auf jeden Fall schick, und die Partei, diese Hornochsen, wird die Feinheiten sowieso nicht merken, es wird bloß heißen, daß ich ihn »verprügelt« habe, und weshalb, bleibt unwichtig ... So kam es auch. Alle sind sehr begeistert und wundern sich nur: *Wie konnte Schippel nur solche Dummheiten schreiben!* ... Heute war Schoenl[ank] bei mir, um mir über die »Eindrücke« zu berichten. Vor allem hat er (schon nach der Replik) mit August [Bebel] gesprochen. A[ugusts] Worte: *»Die Artikel sind brillant, ich unterschreibe sie Wort für Wort, der Ton ist vornehm und tadellos; daß die Fraktion ihren Beschluß verheimlichte[177], ist natürlich ein Blödsinn: Die Sache muß vor den Parteitag kommen. Aber ...«* Über dieses *»Aber«,* das nicht mich, sondern ihn selbst betrifft – später. Dann hat ihn Antrick getroffen: *»Ich habe die Artikel nicht gelesen, aber man sagt, die Luxem-*

burg fordert, man soll den Schippel herausschmeißen? Ich stehe jedenfalls auf ihrem Standpunkt.«

Außerdem war er bei Arons: *»Die Artikel sind ausgezeichnet. Die Rosa will doch eigentlich, daß man Sch[ippel] herausschmeißt? Sie hat recht. Die Berliner lesen die Artikel sehr eifrig, die Nrn. liegen in allen größeren Parteikneipen.«*

Aber zu Bebel noch: Er hat auch K. K.s [Karl Kautsky] Artikel erwähnt, sie aber mit keinem Wort gelobt, meinte nur, sie seien *»zu lang«*.

Als Ausdruck des Erfolges ist noch zu werten, last not least, daß die bürgerliche Presse ein Geschrei erhob: Die »Freisinnige Zeitung« verweist auf die Artikel, wobei sie mich als *»die bekannte Krakeelerin der Partei«* bezeichnet, und stellt sich hinter Schippel; den Ausschnitt aus der »Kreuz-Zeitung«[78] lege ich Dir bei. Das sind die beiden führenden Organe, die sowohl von der gesamten freisinnigen als auch von der gesamten reaktionären Presse nachgedruckt werden.

Den Nachdruck der »Sächsischen Arbeiter-Zeitung« hast Du gelesen; er ist insofern wichtig, als dadurch, wie Schoenl[ank] meint, die Provinzpresse der Partei jetzt leichter nachdrucken kann, während sie mit solchen drei Artikeln kaum etwas anzufangen wüßte. – Dein Rat, unbedingt noch einen Artikel zu schreiben, ist undurchführbar. Es würde jetzt einen sonderbaren Eindruck machen, wenn ich »als Zugabe« mit noch einem Artikel nachgeklappert käme. Dabei siehst Du etwas zu schwarz mit diesem Fehlgriff in meiner Replik: Sie kam so schnell nach dem III. Artikel und dieser war so stark geschrieben, daß der Eindruck der politischen Schlußfolgerungen keineswegs verwischt worden ist, ich ersehe das aus Schoenl[anks] Bericht. – Die Hoffnung, noch mehr zu dieser Frage zu schreiben, knüpft sich höchstens daran, daß Schippel seine Polemik in der »Neuen Zeit« fortsetzen wird, wo er sich sicherlich wird rechtfertigen wollen und dabei nicht versäumen wird, mich en passant anzurempeln. Dann werde ich wieder auftreten können. – Über den »Vorwärts« zu schreiben und loszuziehen ist für mich ziemlich schwer, 1. deshalb, weil Herr Schoenl[ank] in dieser Hinsicht Angst hat (Du weißt gar nicht, welche Schwierigkeiten ich mit ihm bei III hatte!) und sich fürchtet, den »Vorwärts« anzugreifen, obwohl er bei der ersten besten Gelegenheit sicherlich ohne allen Grund losschimpfen wird wie ein Kutscher; 2. ich selbst habe keine Lust, diese ohnehin krepierte Schindmähre – den »Vorwärts« – zu reiten, die allen sattsam bekannt ist und den zu prügeln keine Ehre mehr einbringt, insbesondere seit der Parvusschen Kampagne ohne Ende[179]. Zur gleichen Sache in der »Sächsischen Arbeiter-Zeitung« schreiben, kann ich nicht: Man muß irgendein System in der ganzen Arbeit haben. Wenn ich in der »Leipziger Volkszeitung« Parteipolitik treibe, so kann ich das in der »Sächsischen Arbeiter-Zeitung« nicht mehr, denn mein Pulver reicht dafür nicht, es sei denn, daß ich in der Art von Parvus schreiben wollte: viel und lang, aber farblos. Ich hingegen möchte stets lieber weniger schreiben, aber so, daß es sitzt, und das kann man nur in **einem** Blatt. Gegenwärtig hat die »Sächsische Arbeiter-Zeitung« keine Bedeutung, und diese Leiche zu galvanisieren ist nicht meine Aufgabe. Und denk nur nicht, daß Sch[oenlank] dabei untätig zusehen würde. Was hingegen die »Leipziger Volkszeitung« betrifft, so bin ich zur Zeit – ich habe es Dir wohl schon geschrieben – die einzige Vertreterin des Radikalismus, denn Mehring schreibt dort nicht mehr, und übrigens schreibt er überhaupt nicht mehr. Somit sind ich und K. K. jetzt die einzigen Verteidiger *der äußersten Linken* (Parvus hat sich doch zurückgezogen und ist in seiner Weltpolitik[180] versackt, und Klara [Zetkin] schreibt nichts). – Wegen der Dasz[yńska][181] habe ich ein Briefchen an K. K. geschrieben, wir werden sehen, was er antwortet.

Was nun meine Reise betrifft, so hast Du mir eine harte Nuß zu knacken gegeben mit dem Vorschlag, sie bis Mai zu verschieben. Offen gestanden, habe ich große Angst – weißt Du warum? Daß mir, sobald ich Dich im Zimmer bei mir spüre, meine ganze Initiative sofort verfliegt und ich darauf »warte«, was Du sagst. Zweitens fühle ich, jetzt *gilt es, hier auf dem Posten zu stehen* und zu handeln: z. B. so in ein oder zwei Wochen ein Referat über den *»Militarismus und Sozialdemokratie«* fertigzumachen. Das würde bedeuten, daß ich die Kampagne mit Ausdauer führe. Andererseits allerdings möchte ich eins-zwei-drei fahren und alle *»Rücksichten«* mit einer Handbewegung abtun. Alle Augenblicke ändere ich meinen Entschluß und kann zu keiner Entscheidung kommen. Ich möchte mich nur zu gern allein von der Rücksichtnahme auf die

Sache leiten lassen, weiß aber selbst nicht, was für die Sache besser wäre. Ich werde heute noch überlegen und schreibe Dir morgen. (Apropos, ich habe auch Schoenl[ank] zugeredet, in der nächsten Zeit über dasselbe Thema eine Rede zu halten, ich habe auch an Klara zu demselben Zweck geschrieben, damit wenigstens einigermaßen *eine planmäßige Kampagne* herauskommt. ...)
Tausend Küsse, Deine R.

Leo Jogiches

[Berlin, 3. März 1899]

Mein Goldchen! Du siehst, was ich für einen Kopf habe: Gestern schrieb ich Dir über Bebels *»Aber«* und habe vergessen, später zu erklären, was das bedeutet. Also – *»aber«* – sagte er dann weiter – *»der ›Vorwärts‹ schweigt, weil der Alte*[182], *Sie wissen ja, und der Gradnauer ist direkt ein Parteigänger Schippels; die Provinzpresse wird schweigen, weil sie sich nicht traut, und wir selbst* (d.h. die Fraktion) *sind in allen wichtigeren Fragen verschiedener Meinung. Wenn man das alles sieht, wird man selbst deprimiert und hat keine Lust zu kämpfen.«* Mit einem Wort, dieses ganze Gerede hat den einen Sinn: daß Bebel selbst schon senil geworden ist und die Zügel aus der Hand gleiten läßt; er ist froh, wenn andere kämpfen, aber hat selbst weder die Energie noch das Feuer für eine Initiative. Singer hat selbst nie eine große Bedeutung besessen, K. K. [Karl Kautsky] beschränkt sich auf die Theorie, mit einem Wort, как взглянуть да посмотреть кругом[183], so steht die ganze Partei *verdammt schlecht* da; absolutes bezhołowie, wie die Ruthenen sagen. Niemand leitet, niemand fühlt sich verantwortlich. Und von den wenigen Menschen, die Mut und einen Standpunkt besitzen, hat sich Parvus, der Teufel weiß, warum, völlig an diese dumme *Weltpolitik*[184] gehängt, statt, wie es sich gehört, in der »Sächsischen Arbeiter-Zeitung« zu schreiben (er will anscheinend, wie Seidel, der Partei zeigen, daß es ohne ihn nicht geht), und der Esel Mehring geht wegen einer Dummheit von der »Leipziger Volkszeitung« weg,[185] und nur K. K. und ich halten die Stellung. Das ist eine Situation, in der ein Mensch mit Energie und Gesundheit an meiner Stelle viel ausrichten könnte. So müßte ich jetzt z.B. hintereinander einige Versammlungen zum Thema *»Militarismus und Miliz«* abhalten, um die Massen aufzurütteln und Bebel und die anderen Greise vorwärtszustoßen. Aber – aber meine Gesundheit! ... *Miserabel!* Gestern war ein Delegierter von Schöneberg bei mir, um mich zu einem Referat einzuladen, so daß ich in diesem Monat zwei halten **müßte**. Überhaupt müßte man handeln, rührig sein, sich eventuell mit Menschen treffen, obwohl ich, was das letztere betrifft, lieber bei meiner Taktik bleibe: *vornehme Zurückhaltung.* Aber jedenfalls spüre ich deutlich, daß man hier jetzt *auf dem Posten* stehen, auftreten und jeden Moment in Bereitschaft sein muß. Deshalb kann ich mich immer noch nicht entscheiden: jetzt zu fahren oder nicht zu fahren. Ach, würdest Du mir doch die Entscheidung abnehmen, damit ich beruhigt sein kann, daß ich **gut** entscheide! ... Noch heute werde ich überlegen. – Ausschnitte aus der »Kreuz-Zeitung« lege ich Dir bei, das bedeutet, daß die ganze bürgerliche Presse reagiert.[186] Und der »Vorwärts« schweigt!! Hab keine Angst, die Leute sehen das, und in Hannover[187] wird man ihm das vorhalten! Apropos, jetzt wird unsere Lage in Hannover schwieriger sein: Ich bin nicht mehr »Redakteur«, und Parvus wird nicht da sein! Dafür ist Schoenl[ank] schon auf unserer Seite, ich muß ihn nur unaufhörlich bei der Stange halten. Er ist von dem Eindruck der Artikel sehr begeistert. Die Leipziger Genossen haben sich an ihn gewandt, daß ich dort zu einem Referat hinkommen soll.

Tausend Küsse, Deine R.

Offensichtlich hast Du die beiden letzten Nummern der »Neuen Zeit« unaufmerksam gelesen: Dort ist auf dem Umschlag schon der ganze Inhalt von Ber[nsteins] Buch, danach weißt Du selbst, woran Du zu arbeiten hast. Um Gottes willen: der Blanquismus! Bestelle Dir das Buch, damit Du es sofort bekommst, am 14. zumindest.

Leo Jogiches

Meine teure, geliebte Dziodziuka! Ich küsse Dich tausendmal für den liebsten Brief und für das Geschenk, das ich noch nicht erhalten habe. Was ist los in diesem Jahr, es ergießt sich über mich wie aus einem Füllhorn? Stelle Dir vor, ich bekam von den Schoenlanks: vierzehn Bände Goethe in *Luxuseinband*! Zusammen mit denen von Dir ist das auf einmal eine ganze Bibliothek, und meine Wirtin muß mir ein neues Regal geben, noch zu den beiden, die ich schon habe! Wie ich mich über Deine Wahl freue, kannst Du Dir wahrscheinlich kaum vorstellen, Rodbertus ist doch mein **liebster** ökonomischer Schriftsteller, den ich einfach zum geistigen Vergnügen hundertmal hintereinander lesen kann. Nun, aber das *Handwörterbuch*, das übertrifft schon meine kühnsten Wünsche! Ich habe den Eindruck, als hätte ich nicht ein Buch, sondern irgendein **Besitztum** erhalten, etwas wie ein Haus etwa oder eine Bodenparzelle. Weißt Du, wenn wir alles zusammentun, werden wir schon eine ganz schöne Bibliothek haben, und wir werden, sollten wir uns doch gemeinsam menschlich einrichten, uns einen verglasten Schrank für die Bücher kaufen müssen.

Mein Goldchen, teures, wie Du mich mit Deinem Brief erfreut hast: Ich habe ihn gewiß sechsmal von Anfang bis zu Ende gelesen. Bist Du also wirklich mit mir zufrieden! Du schreibst, daß ich vielleicht nur so insgeheim weiß, daß es dort irgendwo einen Menschen namens Dziodziu gibt, der zu mir gehört! Ja, fühlst Du denn nicht, daß ich alles, was ich tue, immer nur in Gedanken an **Dich** tue: Wenn ich einen Artikel schreibe, so ist mein erster Gedanke – das wird Dir Freude bereiten, und an Tagen, wo ich an meinen Kräften zweifle und nicht arbeiten kann, quält mich der einzige Gedanke, wie Du es aufnehmen wirst, daß ich Deine Erwartungen nicht erfülle, Dich enttäuschen werde. Bekomme ich Beweise meines Erfolgs, wie z. B. so einen Brief von K. K. [Karl Kautsky], so empfinde ich das einfach als meine *moralische Steuer* an Dich. **Ich gebe Dir mein Wort** darauf, bei meiner Mama, die ich liebe, daß **mir selbst** der Brief von K. K. völlig gleichgültig ist; ich habe mich nur deshalb so gewaltig darüber gefreut, weil ich ihn, kaum geöffnet, schon mit Deinen Augen las und spürte, welche Freude Dir das bereiten wird. Ich erwarte auch ungeduldig Deine Antwort dazu. (Sie kommt sicher morgen zusammen mit den Büchern, das wird eine doppelte Freude.) Nur eins fehlt mir zu meiner inneren Ruhe: die äußere Ordnung **Deines** Lebens und unseres Verhältnisses. Du merkst, ich werde hier nicht lange mehr eine solche Position (moralisch) haben, daß wir ruhig und offen wie Mann und Frau zusammenleben werden können. Das verstehst Du sicher selbst. Ich bin glücklich, daß es mit Deiner Staatsbürgerschaft endlich zum Ende kommt und Du Dich energisch der Doktorwürde näherst. Ich spüre aus Deinen letzten Briefen, daß Du in sehr guter Arbeitsstimmung bist, im übrigen gaben mir Deine Briefe während der Kampagne mit Schippel ohne Übertreibung täglich Denkanstöße, und in dem letzten gabst Du mir damals unmittelbar einen ganzen Teil, der das größte Prunkstück der Artikel ist (die Stelle über die Folgen *der Entlastung* für die Arbeiter habe ich wörtlich aus Deinem Brief **übersetzt**).

Glaubst Du, daß ich das nicht sehe und nicht schätze, daß Du auf »звуки боевые«[188] mir sofort mit Hilfe zur Seite stehst und mich zur Arbeit anspornst, dabei alle Schelte und alle meine »упущения«[189] vergessend! ... Du hast keine Ahnung, mit welcher Freude und mit welcher Sehnsucht ich jetzt nach jedem Brief von Dir Ausschau halte: Ich weiß, daß jeder mir Kraft und Freude, Beistand und Lebensmut bringt.

Aber am meisten erfreute mich dieser Absatz in Deinem Brief, in dem Du schreibst, daß wir beide noch jung sind und daß wir es noch schaffen werden, auch unser persönliches Leben einzurichten. Ach, Dziodziu, goldener, wenn Du dieses Versprechen halten würdest! ... Eine eigene kleine Wohnung, ein paar eigene Möbel, eine eigene Bibliothek; ruhige und regelmäßige Arbeit, gemeinsame Spaziergänge, ab und zu die Oper, ein kleiner, ein **sehr** kleiner Kreis von Bekannten, die man gelegentlich zum Abendbrot einlädt, jedes Jahr im Sommer eine Reise für einen Monat aufs Land, das aber **ganz** ohne Arbeit! ... (Und vielleicht auch noch so ein kleines, ganz kleines Bobo? Wird es niemals erlaubt sein? Niemals? Dziodziuś, weißt Du, was mich gestern während des Spaziergangs im *Tiergarten* plötzlich überfallen hat? Aber ohne **jede** Übertreibung! Plötzlich wirbelte irgendein Bobo von drei bis vier Jahren in einem entzückenden Kleidchen, mit feinem blondem Haar vor meine Beine und begann mich anzugaffen. Schlagartig stieß mich etwas geradezu, dieses Bobo zu ergreifen und mit ihm schnell nach Hause zu fliehen und als eigenes zu behalten. Ach, Dziodziu, werde ich niemals ein Bobo haben?!)

Aber bei uns zu Hause werden wir uns schon niemals mehr streiten, nicht wahr? Bei uns muß es ruhig und friedlich sein wie bei allen Leuten. Nur, weißt Du, was mich kränkt, ich fühle mich irgendwie schon alt und bin schon häßlich, Du wirst keine schöne Frau haben, wenn Du mit ihr untergehakt durch den *Tiergarten* spazierengehst. – Von den Deutschen werden wir uns ganz fernhalten. – Trotz K.K.s Einladungen zum *Anschluß* werde ich mich auch jetzt so verhalten, daß **sie** eher ziehen und spüren, daß mir persönlich an ihnen nicht gelegen ist.

Dziodziu, wenn Du 1. die Staatsbürgerschaft erledigst, 2. die Promotion beendest, 3. Dich mit mir offen in einer eigenen Wohnung niederläßt und wir **beide** arbeiten werden, so wird es bei uns **ideal** sein!! Kein Paar auf der Welt hat derart alle Voraussetzungen, um glücklich zu sein, wie **wir**. Und wenn nur noch etwas guter Wille unsererseits hinzukommt, so werden, müssen wir glücklich sein. Waren wir nicht so viele Male glücklich, sobald wir nur etwas länger zusammenlebten und sobald Arbeit mit dabei war? Erinnerst Du Dich an Weggis? Melide? Bougy? Blonay? Erinnerst Du Dich, daß wir dann die ganze Welt nicht brauchen, wenn nur wir selbst miteinander eins sind? Im Gegenteil, ich fürchte dann selbst das geringste Eindringen eines fremden Menschen. Erinnerst Du Dich an das letzte Mal in Weggis, als ich »*Von Stufe zu Stufe*«[190] schrieb (ich denke immer mit Stolz daran, was das für ein Meisterstückchen ist), ich war krank, ich hütete das Bett und schrieb und war nervös, Du aber warst so gütig, so gut, lieb, hast mich beruhigt und hast mich geküßt, sprachst mit Deiner guten Stimme, die ich noch immer höre: »Na, Ciućka, bleib doch ruhig, **alles wird gut werden.**« Ich werde das **nie** vergessen. Oder, erinnerst Du Dich, wie Du Dich in Melide nach dem Mittagessen immer auf den Balkon gesetzt und starken Kaffee getrunken hast, dabei geschwitzt hast in dieser mörderischen Sonne wie eine Hummel, und ich verkroch mich mit meinem Heft »*Verwaltungslehre*« unten im Garten. Oder, erinnerst Du Dich, wie dort einmal am Sonntag Musikanten in den Garten kamen und uns aufstörten, wir gingen zu Fuß nach Maroggia und gingen zu Fuß zurück, und da ging über dem San Salvatore der Mond auf, und wir unterhielten uns gerade darüber, ob ich nach Deutschland fahren soll, eng umschlungen blieben wir auf dem Weg stehen im Dunkeln und blickten auf die Mondsichel über dem Berg. Erinnerst Du Dich?! Ich spüre fast noch den Duft jenes Abends. Oder, erinnerst Du Dich, wie Du abends um 8.20 aus Lugano mit Einkäufen ankamst, ich rannte mit der Lampe nach unten, und gemeinsam schleppten wir die Pakete nach oben, und ich packte dann auf den Tisch: Apfelsinen, Käse, Salami, ein Törtchen auf Papier; ach, weißt Du, wir haben sicher niemals prächtiger zu Abend gegessen als damals auf dem kleinen Tisch in dem leeren Zimmer bei offenem Balkon, und der Duft strömte aus dem Garten. Du hast meisterhaft Eier in der Pfanne gebraten, und fern in der Dunkelheit flog mit Getöse der Zug nach Mailand über die Brücke.

Ach Dziodziu, Dziodziu! Laß uns doch möglichst schnell zu zweit vor der ganzen Welt verstecken in zwei Zimmerchen, wir werden arbeiten, werden selbst kochen, und es wird uns so gut, so gut gehen! ... (Und erinnerst Du Dich: »Только один лапки есть, совсем маленькие?«[191])

Dziodzia, teure, Bobo, ich verschränke meine Hände in Deinem Nacken und küsse Dich tausendmal, ich möchte, daß Du mich, wie ich es so gern mag, auf den Arm nimmst. Aber Du wehrst doch immer ab, ich sei zu schwer.

Heute will ich nicht mehr über Geschäftliches schreiben. Morgen gleich nach dem Besuch bei K. K. Ich werde ohne den Artikel[192] gehen, denn ich warte auf Deinen Brief.

Ich umarme und küsse Dich auf das Bussi und meine geliebteste Nase und möchte, daß Du mich endlich auf den Arm nimmst. Deine Ciucia

[Berlin,] 1. Mai 1899

Dziodziuchna! Ich danke Dir für Deinen gestrigen Eilbrief; er hat mich sehr erfreut, denn ich saß gerade ganz allein den ganzen Tag im leeren Haus – ich habe auf Deinen Józio gewartet, übrigens hatte es keinen Sinn, irgendwohin zu gehen, es regnete, mir war sehr langweilig zumute. Unvermutet läutete der Briefträger und brachte mir von Dir die schon seit zwei Tagen erwartete Nachricht.

Dein Bruder kommt und kommt nicht! Auch heute sitze ich den ganzen Tag zu Hause, aber ich verstehe nicht, was das bedeutet.

Du fragst, ob die Referate für den Parteitag schon verteilt sind. Ich habe Dir doch geschrieben, Dziodziu, daß Bebel über Bernstein referieren wird, und über den Militarismus ist noch nicht bekannt, wer. Andere Punkte gehen uns doch nichts an. Dein Rat, »во что бы то ни стало добиваться реферата«[193], ist, weiß Gott, kindisch. Ich bin erstaunt, wie Du mir doch dauernd noch so unpraktische Ratschläge erteilst, und das in einer so wichtigen Frage. Meinst Du wirklich, es bestünde auch nur die geringste Chance, daß man mit einem Referat einen Menschen betraut, der erst seit einem Jahr in der Bewegung tätig ist und der auf seine Existenz lediglich mit einigen, sagen wir sogar ausgezeichneten **Artikeln** hingewiesen hat? Ein Mensch, der **nicht** *zur Sippschaft* gehört, der **niemandes** Protektion hat, sondern nur die eigenen Ellbogen, ein Mensch, den für die Zukunft nicht nur die Gegner fürchten (Auer & Co.), sondern im Grunde ihres Herzens auch die Bundesgenossen – Bebel, K. K. [Karl Kautsky], Singer etc., ein Mensch, von dem sie spüren, daß es besser ist, ihn so weit wie möglich wegzuschieben, da er ihnen schnell *über den Kopf wachsen* könnte. Verstehst Du das alles nicht? Sich dagegen ein Referat **gegen** sie alle zu erkämpfen – dafür gibt es kein Mittel, denn das ist direkt ihre *Abmachung* hinter den Kulissen. Aber ich betrachte das alles mit einer tiefen Ruhe: Ich wußte von vornherein, daß alles so sein wird, ich weiß gleichfalls, daß in ein bis zwei Jahren keine Intrigen, Befürchtungen oder Mißgunst etwas ausrichten und ich eine der ersten Positionen in der Partei einnehmen werde. Es ist wahr, der gegenwärtige Augenblick – Bernstein – ist eine Ausnahmesituation. Aber Du scheinst schon wieder zu denken, daß gerade das jetzt пуп земли[194] ist und daß, wenn nicht jetzt – dann alles dahin ist. Das ist eine Dummheit. Die Partei schreitet erst jetzt (seit zwei Jahren) in den Wirbel immer schwierigerer Aufgaben, immer gefährlicherer Erscheinungen; es wird noch Tausende und aber Tausende Gelegenheiten geben, um auf Schritt und Tritt seine Kraft und Unersetzlichkeit zu zeigen. Dabei habe ich gar nicht die Absicht, mich auf die **Kritik** zu beschränken, im Gegenteil, ich habe die Absicht und Lust, positiv zu **schieben**, nicht Personen, sondern die Bewegung in ihrer Gesamtheit, unsere ganze positive Arbeit zu revidieren, die Agitation, die Praxis, neue Wege aufzuzeigen (sofern sich welche finden lassen, woran ich nicht zweifle), den *Schlendrian* zu bekämpfen etc., mit einem Wort, ein ständiger Antrieb der Bewegung zu sein – das, was Parvus begonnen und einige Monate lang gut gemacht hat, leider nur einige. Ich habe jetzt jedenfalls denselben unerschütterlichen Glauben, den P[arvus] hatte, daß man bei entsprechenden Fähigkeiten in der Bewegung eine Menge tun kann, man kann es tagtäglich tun und noch *auf Jahre hinaus*. Die ganze gegenwärtige Epoche ist außerordentlich kritisch. Und daß niemand da ist, der in der Lage wäre, die Partei am Schädel zu packen, zeigt die Frage der *Landtagswahlen*[195], in der ich leider zu spät aufgestanden bin. Aber derartige Fragen wird es noch Hunderte jedes Jahr geben. Allein die Frage der **Zölle**, der **Außenpolitik**, der Gewerkschaften – schon hast Du drei непочатых угла[196]. Und dann die mündliche und schriftliche Agitation überhaupt, die in alten Formen versteinert ist und fast auf niemanden mehr wirkt, auf eine neue Bahn zu bringen, überhaupt neues Leben in die Presse, die Versammlungen und die Broschüren hineinzubringen. Das alles schreibe ich Dir nur in Eile, ungeordnet, um Dir zu zeigen, daß ich nicht planlos und gedankenlos betrachte, was um mich herum vorgeht, zum zweiten, um Dich daran zu erinnern, daß mit Bernstein und Hannover[197] die Welt noch nicht zu Ende ist. Was das betrifft, daß es lächerlich ist, in der deutschen Bewegung Idealist zu sein, so bin ich damit nicht einverstanden, denn erstens gibt es auch hier Idealisten – vor allem die gewaltige Masse der einfachsten Agitatoren aus der Masse der Arbeiter, weiter **sogar** unter den Führern: z. B. **Bebel.** Zweitens – das alles zusammen berührt mich nicht, denn die suprema ratio[198], zu der ich durch meine ganze polnisch-deutsche revolutionäre Praxis gelangt bin, ist: stets ich selbst zu sein, ganz ohne Ansehen der Umgebung und der anderen. Ich jedoch bin Idealist und will es bleiben, sowohl in der deutschen als auch in der polnischen Bewegung. Das bedeutet natürlich nicht, daß ich die Rolle eines tugendsamen Esels zu spielen beabsichtige, der für andere arbeitet; sicher, ich will und werde nach einer möglichst einflußreichen Stellung in der Bewegung streben, aber das steht nicht im geringsten dem Idealismus entgegen und braucht mich nicht dahin zu drängen, andere Mittel als meine eigenen »Talente« einzusetzen, sofern ich welche besitze. Im übrigen, mein Goldener, wenn Du denkst, daß es ihnen gelingen kann, mich im **gegebenen** Falle *(Fall Bernst[ein]) von der Tafel zu verdrängen,* so irrst Du Dich sehr – meine Artikel und noch mehr meine Broschüre[199] haben das Ihre getan und werden das Ihre tun, besiegeln meinen Anteil in der Diskussion, und Du wirst sehen, daß sogar Bebel in Hannover, wie Klara hier, aus meiner Broschüre rezitieren wird. Im übrigen, wie und was in Hannover sein wird, das kann man von vornherein nicht festlegen, schlage Dir nur das Referat aus dem Kopf, denn das ist lächerlich.

Praeterea censeo[200]: Es ist das beste, wie Du selbst zugibst, sich von ihnen **fern**zuhalten.

Und siehst Du an Mehring, daß Du selbst nicht weißt, was Du willst: Jetzt schreibst Du, es wäre besser, ihn nicht an die »Leipziger Volkszeitung« heranzuziehen, und **vor einer Woche** hast Du noch im Brief aus Leibeskraft geschrien, ihn heranzuziehen, weil ohne ihn die Welt untergeht: »Одним словом, нужен Mehring!«[201] Jetzt, einige Tage später, ist M[ehring] bereits ненужен[202] ... Wenn ich doch immer augenblicklich alle Deine »Order« ausführen würde! ... Du unverbesserlicher Diplomat! Für heute muß ich schon schließen. Ich küsse Dich kräftig direkt auf das Bussi. Deine Rosa

[Friedenau, vor dem 18. Dezember 1899]

Dziodziuchna, goldene! Ich war heute in der Katzbachstraße[203],
wir haben den Plan geändert, und ich fahre erst am 25., um bis
zum 31. zu bleiben[204]. Ursprünglich wollte W[inter] nämlich, ich
sollte am 17., 26. und 31. Reden halten; für dieses Vergnügen hätte
ich einen halben Monat dransetzen und vom 17. bis zum 26. untätig sitzen müssen, neun Tage! Natürlich könnte ich dort ohne Zeitungen und Bücher für die »Leipziger Volkszeitung« nicht schreiben, ich wäre diesen Monat also bestimmt bankrott gegangen.
Darauf ließ ich mich nicht ein und sagte zu, nur zu den zwei Versammlungen am 26. und 31. zu fahren. Deine Pläne bezüglich
Hamburg oder München sind unter diesen Umständen, wie es
scheint, das einzige, was wir tun können. Diese Perspektive eines
ewigen Nomadenlebens schreckt mich ungeheuer, ich fürchte
auch, daß wir dadurch beide viel Zeit verlieren, dazu sind noch
die Kosten hoch, und wir müssen uns jetzt sehr **sparsam** einrichten, die Dinge liegen nämlich so, daß ich alsbald den Lebensunterhalt des Vaters und der Schwester übernehmen muß. Solche
Nachrichten, wie ich sie jetzt von zu Hause erhalte, gleichgültig
aufzunehmen oder sich mit »guten Wünschen« zu trösten wäre
meinerseits eine Niedertracht. Es ist höchste Zeit, daß ich meine
Aufgaben allen Ernstes begreife. Ich treffe hier auch einige Vor-
kehrungen, um dementsprechend zu verdienen (mit Schreiben allein werde ich es offenbar nicht schaffen, oder ich komme beim
Schreiben auf den Hund), aber Gott weiß, ob daraus etwas wird.
Aber Schwamm drüber, ich komme zur Sache zurück. Die Lage ist
in der Tat verteufelt unangenehm, mich irritiert das alles so, daß
ich lieber gar nicht daran denken mag. Mache Du nur Deine Dissertation, damit der Termin näherrückt, wo wir uns einrichten,
dann werden wir entscheiden. Die Schwierigkeiten kennen wir
schon, und Neues wird uns nicht einfallen, es gibt nur eine Wahl:
entweder Berlin das ganze Jahr oder ein halbes Jahr Berlin und
Hamburg. Ich neige eher dazu als zu München. Im Sommer könnten wir eine bestimmte Zeit an der See wohnen, was auch unserer
Gesundheit guttun würde. Obwohl andererseits in Hamburg mehr
Klatsch wäre als in München, denn in München würden wir **ausschließlich** mit Adolfs [Warskis] leben, alle anderen einfach drau-

ßen halten. In Hamburg dagegen wäre mir an bestimmten Parteibeziehungen gelegen, ich müßte also mit Menschen Umgang haben.

Heute muß ich Dir sehr kurz schreiben, denn ich bekam ein Telegramm aus Leipzig, für morgen einen Artikel über den französischen Parteitag[205] zu schicken, und das ist eine Menge Arbeit.

Ich hätte Dir schon gestern schreiben müssen, aber ich mußte ebenfalls in aller Eile einen Artikel schreiben, denn Sch[oenlank] ist krank.

Wegen der Situation zu Hause, unserer Aussichten und der ständigen kleinen Hindernisse bei der Arbeit (diese Fahrt nach Oberschlesien etc.) habe ich sehr schlechte Stimmung.

Herzliche Küsse. Deine R.

Luise und Karl Kautsky

Halbasien, 30. Dezember 1899

Meine lieben Freunde!

Einen herzlichen Gruß sende ich Ihnen von der Grenze der Zivilisation und der Barbarei. Mit meinem Aufenthalt hier sind meine hiesigen Landsleute sehr zufrieden, und ich nicht minder; die Reise war sehr nützlich, ein polnisches Wort wirkt doch ganz anders als das fremde deutsche.

Unser Winter ist sehr nett und ein braver Genosse. Für sein weiblich Ehegemahl ist u. a. die Kleinigkeit charakteristisch, daß sie ihm von Berlin aus nach ihrem ersten Besuch bei mir geschrieben hat: »Rosa Luxemburg ist ganz menschlich.«

Die hiesigen Genossen machten mir gestern in ihrer naiven Weise das Geständnis, daß sie sich mich ganz anders vorgestellt hätten: dick und groß! ... Öffentliche Verammlungen haben wir nur zwei, aber jeden Abend dazwischen machen die Genossen mir zu Ehren »Bierabende«, bald in Kattowitz, bald in Zabrze usw. Auf diesen Bierabenden wird zwar nicht Ballestrems Champagner[206] verzapft, dafür aber werden Ballestrems Mehrwerterzeuger mit dem heiligen Geist der Sozialdemokratie gefüllt. Im Ernst wirken solche Privatunterhaltungen im engeren Kreis noch anregender auf die Leute als der öffentliche Vortrag. Sie sind sehr Gefühlsmenschen, wie alle Polen, und der **persönliche** Kontakt ist wichtig. Ich muß überall u. a. erzählen, wo und was ich studiert habe, wie alt ich bin, wovon ich lebe, wie ist meine Familie etc. etc. Es ist drollig und rührend zugleich. Die Bergleute kommen zum Teil direkt von der Arbeit, ganz schwarz von der Kohle. Morgen habe ich die letzte Versammlung meiner hiesigen Tour (ich verreise am 1.), unseres hiesigen Lokals (das man uns mit dem 31. Dezember nimmt) und des Jahrhunderts.

Also prosit Neujahr! Viel Glück der ganzen Gens Kautsky und allen drei Generationen! Eure ganz ergebene Rosa

Leo Jogiches

[Friedenau, 4.] Januar 1900

Lieber Dziodziuś! Heute morgen erhielt ich Deinen zornigen Brief, aus dem ich schließe, daß Du einen meiner Briefe aus Oberschlesien nicht erhalten hast! Ich habe Dir doch zweimal geschrieben, soweit ich mich entsinne, einmal am 27. und das zweite Mal zusammen mit den Neujahrsglückwünschen am 30., Du erwähnst dagegen nur einen! Schreib, ob Du beide erhalten hast! Die Geschichte mit dem *Kursbuch* habe ich Dir schon erklärt.²⁰⁷

Ich war gestern abend gerade dabei, Dir zu schreiben, aber ich erhielt in dem Augenblick von Lopek [Bein] einen Brief mit der Bitte, mich sofort in die Straßenbahn zu setzen und zu ihm zu kommen, denn er hätte ein wichtiges Anliegen, könne aber nicht zu mir kommen. Ich mußte also sofort fahren, und es stellte sich heraus, daß er 50 M von mir borgen wollte, die ich ihm natürlich weder geben noch versprechen konnte. Aber dafür ging der Abend drauf.

Nun zurück zur Sache. Kurz gesagt, die Reise verlief folgendermaßen: Der ganze Montag (25.) ging für die Fahrt drauf, auf dem Bahnhof in Beuthen wurde ich nicht abgeholt, da der Zug eine Stunde Verspätung hatte. Ich nahm also einen Schlitten und fuhr zu Winters, mit Mühe fanden wir nach halbstündigem Suchen die

Karl Kautsky

Straße, das Haus und das Stockwerk – eine Leere und eine Finsternis, daß man sich das Genick brechen kann. Die Winters waren beide nicht da, sie waren bei seinen Eltern in Schlesien über die Feiertage, was ich übrigens von vornherein wußte. Das Dienstmädchen erwartete mich. Tags darauf sollte mich nach Winters Anordnung der dortige Vertrauensmann aus Kattowitz, Borys, abholen und nach Bielschowitz zur Versammlung bringen. Doch kein Borys kam. Als ich gegen Mittag merkte, daß niemand kommt, suchte ich die einzige Parteiadresse auf, die ich in Beuthen kannte, und verlangte einen Führer nach Bielschowitz, denn ich hatte keine Ahnung, wo sich das Lokal befindet. Sie gaben mir schließlich einen Mann, der, wie sich später herausstellte, den Weg selbst nicht kannte. Er stieg mit mir in eine falsche Straßenbahn ein, wir mußten unterwegs aussteigen und auf freiem Feld, in Schnee und Frost **eine Stunde** auf eine andere Straßenbahn warten. Ich schickte den Mann in das nächstliegende Dorf, um ein Fuhrwerk oder einen Schlitten zu besorgen – er fand nichts. Nach einer Stunde Wartens, die Beine sind mir fast vor Kälte abgefallen, bestiegen wir endlich die richtige Straßenbahn und fuhren noch eine Stunde. Dann mußte man noch zu Fuß querfeldein, d. h. durch Schnee, Eis und Morast, ohne jeglichen Weg, eine Dreiviertelstunde bis zu dem Lokal stampfen, eine auf freiem Feld stehende Hütte. Es versteht sich, daß wir bei dieser Verbindung dort um 4.30 Uhr eintrafen (nachdem wir um 1 Uhr das Haus verlassen hatten); kaum war ich erschienen, löste der Kommissar die Versammlung mit der Begründung auf, daß es schon dunkel und keine »entsprechende« Beleuchtung vorhanden war.

Die Empörung der Arbeiter war groß, aber das Ende vom Liede, ich hatte eine Versammlung verloren und war wütend. Als die dort anwesenden älteren Genossen erfuhren, wie das geschehen war, spotteten sie mächtig über Winter, weil er an Borys statt an jemand anderen geschrieben hatte, denn zu meinem Unglück stellte sich heraus, daß genau dieser Tage die Mutter von Borys gestorben war und er mich deshalb nicht abholen konnte. Du kannst Dir vorstellen, wie ich innerlich kochte, aber eines kam mir sehr zustatten: Da wir, gezwungen, wieder einige Stunden auf die Bahn für die Rückfahrt zu warten, uns in einem ziemlich großen Kreis auf der Station niederließen, wobei wir uns unterhielten, einander persönlich kennenlernten, sammelte ich viele Informationen über ihre Beziehungen zu Winter, zur PPS etc.; sofort verabredeten wir uns für eine Versammlung am nächsten Tag in einem eingeweihten Kreis in Kattowitz, einige begleiteten mich nach Hause, wo ich gegen 10 Uhr eintraf, müde, mit nassen Füßen, durchgefroren und verzweifelt wegen der mißlungenen Versammlung. Dir noch am selben Tag zu schreiben war unmöglich, am nächsten Tag schrieb ich Dir kurz, erwähnte jedoch diese mißlungene Versammlung nicht, denn es war mir mächtig unangenehm. Am nächsten Tag nachts kehrten auch die Winters zurück. Winter mußte zugeben, daß er eine Dummheit gemacht hat, denn nachdem er eine Versammlung organisiert und mich eingeladen hatte, mußte er zu Hause sitzen und dabeisein und sich nicht auf die Leute verlassen. – In den folgenden Tagen versammelten wir uns also einmal in Kattowitz, dann in Zabrze oder in Laurahütte mit den dortigen Vertrauensleuten, zugleich Vertretern der PPS. Die Kerle freuten sich mächtig über meine Anwesenheit, schütteten ihr Herz aus, schöpften zu mir großes Vertrauen und holten schließlich die Frage meines Verhältnisses zur PPS vor. Ich informierte sie in Kürze, sie wollen diese Angelegenheit unbedingt auf dem nächsten PPS-Parteitag zu Ostern anschneiden, sie wollen mir ein Mandat geben und drohen, wenn die Berliner auch nur das Geringste gegen mich sagen, daß ganz Oberschlesien gegen sie aufstehen wird. Hinsichtlich der polnischen Frage stehen sie völlig auf unserem Standpunkt. Sie ließen sich auch meine Anschrift geben, und wir werden korrespondieren, und die Parteitagsdelegierten aus Oberschlesien werden mich hier besuchen.

Diese vertraulichen Gespräche brachten mir und der Sache einen größeren Nutzen als die öffentlichen Versammlungen, denn wir sind uns persönlich nahegekommen, und die Männer erklärten beim Abschied: »Wir lieben Dich so! …« (sie duzen alle). (Sie meinten nur, sie hätten eine andere Vorstellung von mir gehabt: »dick und groß«.)

Wie sich gezeigt hat, ist auch die Berliner PPS sehr versöhnlich gestimmt. Sie haben in der »Gazeta Robotnicza« nicht nur zweimal meine Versammlung angekündigt, sondern auch Winter geschrieben, daß sie sich sehr freuen, daß ich in Oberschlesien agitiere, sie bitten, ich möge auch zum Bezug der »Gazeta Robotnicza« aufrufen, und daß sie hoffen, ihre Ankündigung in der »Gazeta Robotnicza« *»wird gefallen Ihnen und der Rózia«* (wörtlich!). In Anbetracht dessen müssen wir jetzt überlegen, welche Taktik wir ihnen gegenüber befolgen sollen und was zu ihrem Parteitag zu unternehmen ist?? Denke nach.

Endlich kam meine letzte Versammlung am Sonntag; diesmal setzte ich Winter so zu, daß wir rechtzeitig zur Stelle waren. Auf die Straßenbahn warteten wir tatsächlich wieder vergeblich, aber gleich aus Beuthen nahmen wir eine Droschke, die uns in einer Stunde hinbrachte und auf uns in Bielschowitz wartete. Es versammelten sich so viele Leute wie noch nie: ganze hundertfünfzig, was für die dortigen Verhältnisse sehr viel ist (wirklich!), denn sie kommen aus der Umgebung bis zwei Stunden Fußweg zusammen. Vorneweg dankte mir Winter mit einigen Worten öffentlich für mein Erscheinen, danach hielt ich die Rede – genau eine Stunde. Es ging sehr gut, und sie unterbrachen mich einige Male mit Beifall, zum Schluß klatschten sie »donnernd« Bravo und brachten *Hochrufe* auf mich aus. Nach der Versammlung kam ein alter Bergmann zu mir, tätschelte mir das Gesicht und sagte: »Gut hast Du das gemacht« …

In der »Gazeta Robotnicza« wird ein Bericht sein, den ich Dir schicke. Die Arbeiter waren glücklich, daß sie endlich »ein polnisches Wort« zu hören bekamen. Zwar hatte Morawski dort schon gesprochen, aber »er kann sich mit Dir nicht vergleichen«, so versicherten sie mir. Nach mir sprach der »Vertrauensmann« Marek, der erklärte, daß es natürlich nicht verwunderlich ist, wenn die Genossin Luxemburg es verstand, so schön zu reden, »denn sie war sicher sogar auf dem Gymnasium …« (wörtlich).

Summa summarum bin ich mit dieser Reise sehr zufrieden, denn sie wird sich auf unsere Beziehungen zur PPS in allernächster Zeit entscheidend auswirken; und diese Beziehungen sind endlich weg von dem toten Punkt, auf dem sie so lange waren. Was rätst Du jetzt zu tun?

Die Winter war krank, und ich mußte noch die ganze Zeit, die ich im Hause weilte, heiße Umschläge machen! Wegen alledem konnte ich mich kaum zu zwei Briefen an Dich aufraffen.

Habe ich Dir geschrieben oder nicht? Von Kautskys bekam ich zu Weihnachten ein feines Körbchen mit Früchten aus Marzipan, eine kleine Bonbonniere und einen ganzen Sack Näschereien für unterwegs, von Schoenlanks die Werke von Lothar Bucher in schönem Einband. Kautskys sind schon per »**Rosa**« mit mir.

Schicke diesen Brief an Adolf [Warski], denn ich bin nicht fähig zu einer nochmaligen Schilderung!

Die Frauen sind mit mir sehr zufrieden; sie kamen zu den privaten Versammlungen. Nach Bielschowitz waren sie auch gekommen, aber die Polizei hat sie hinausgefeuert.

Ich mußte den Arbeitern versprechen, daß ich spätestens Pfingsten wiederkomme (denn Ostern ist PPS-Parteitag).

Für heute muß ich nun schließen! Heute haben wir Five o'clock bei … Askew (die Kautskys, ich, Paul Göhre und ein Holländer), am Sonnabend gibt es ein Abendessen bei Kautskys mit Italienern.

Herzliche Küsse! Deine R.

Leo Jogiches

[Friedenau, etwa 13. Januar 1900]

Teurer Dziodziu! Du bist mir wirklich großartig! Du schreibst mir erst einen Brief in dem abscheulichsten Ton, und wenn ich daraufhin natürlich kurz und lustlos antworte, *da heißt es,* »твоё открытое письмо в тоне не располагающем меня писать более подробно«[208] …

Überhaupt merkst Du nicht, daß Deine ganze Korrespondenz systematisch den Charakter einer gewaltigen Unlust hat: Ihr einziger Inhalt, das ist ein langweiliges, pedantisches **Mentorentum** wie üblicherweise »die Briefe des Lehrers an den lieben Schüler«. Ich verstehe, daß Du mir Deine kritischen Bemerkungen mitteilen willst, ich verstehe deren Nutzen überhaupt und sogar deren Notwendigkeit in bestimmten Fällen. Aber, um Gottes willen, bei Dir hat sich das ja geradezu in eine **Krankheit** verkehrt, in eine üble Gewohnheit! Über keine einzige Sache, keinen Gedanken, keine Tatsache kann ich Dir schreiben, ohne zur Antwort die langweiligsten, abgeschmacktesten Perorationen zu erhalten. Seien es meine Artikel, seien es meine Besuche, sei es mein Aufenthalt bei Winters, seien es die Zeitungsabonnements, seien es die Kleider, seien es meine Beziehungen mit zu Hause – mit einem Wort, es gibt tatsächlich keine einzige Sache, die mich angeht und über die ich Dir schreibe, ohne daß Du mir mit Belehrungen und Hinweisen antwortest. Das ist wirklich schon zu langweilig! Um so mehr, weil so einseitig, denn Deinerseits gibst Du mir weder Material für Kritiken und Belehrungen, noch habe ich die Lust und üble Gewohnheit, Dir solche zu erteilen, auch denkst Du nicht daran – wenn ich Dir schon einmal einen Hinweis gebe –, diesen zu befolgen. Was für einen Sinn hat z. B. Deine Tirade in der gestrigen Karte: »насчёт твоих задач в немецком движении и в литературной деятельности, а также касательно занятий дома для себя[209], *um nicht auf den Hund zu kommen, sowohl geistig wie politisch*« ...??

Viel interessanter wäre es, wenn Du mir endlich einmal schreiben würdest, was Du Dir »насчёт задач«[210] für Dich selbst ausgedacht hast und was **Du** dort so liest, um nicht auf den Hund zu kommen. Ich fürchte, nach dem Geist und dem Inhalt Deiner Briefe zu schließen, daß **Dir** in Zürich diese Perspektive weit eher droht als mir hier in Berlin. Was für eine abgeschmackte Idee, mich alle paar Wochen vor dem »Auf-den-Hund-Kommen« zu retten!

Das alles kommt von Deiner alten üblichen Angewohnheit, die sich von Anfang an in Zürich bemerkbar gemacht und unser Zusammenleben gründlich verdorben hat, nämlich Deiner üblen Angewohnheit, sich als Mentor aufzuspielen, wodurch Du Dich berufen fühltest, mich ewig und in allem zu belehren und die Rolle meines Erziehers zu spielen. Deine jetzigen Ratschläge und Kritiken bezüglich meiner hiesigen »Tätigkeit« gehen wieder weit über die Grenzen von Ratschlägen und Anmerkungen eines guten Freundes hinaus und verkehren sich wieder in systematisches Mentorentum. Ich kann deshalb wirklich jedesmal nur mit der Schulter zucken und später in den Briefen vermeiden, dir gegenüber alles das zu erwähnen, was nicht direkt unerläßlich ist, um keine abgeschmackten Belehrungen als Antwort zu provozieren. Und welchen Wert können außerdem Deine Moralpredigten in meinen Augen haben, wenn sie bei Dir gewöhnlich von der

Laune abhängen. Eine kleine Kostprobe dessen: In der vergangenen Woche beklagte ich mich einmal in einem Brief, daß ich mich ohne, ja sogar **gegen** meinen Willen in eine persönliche Freundschaft mit K. K. [Karl Kautsky] verstrickt habe. Darauf hast Du geantwortet, daß Du Dich über diese Freundschaft **sehr freust**. *Meinetwegen*. Plötzlich im letzten Brief läßt Du Dich wegen des Abends bei K. K., den ich Dir natürlich **nicht** für eine »kritische Einschätzung« beschrieben habe, lang und breit zum Thema Schädlichkeit und Überflüssigkeit des Anknüpfens einer Freundschaft mit K. K. etc. aus. Wie verträgt sich das eine mit dem anderen? Du warst ganz einfach beim erstenmal gut gelaunt und beim zweitenmal schlecht, sofort hast Du alles in Schwarz gemalt, sofort muß ich denn auch davor bewahrt werden, »auf den Hund zu kommen« etc. – Noch eine Bemerkung: Mir imponieren im allgemeinen nur solche Ratschläge und Grundsätze, die der Ratgeber **selbst** befolgt. Wenn Du mir also Deine Bemerkungen schreibst, so geruhe, immer Deine Informationen beizufügen, wie **bei Dir** die Dinge in dieser Hinsicht stehen (z. B. über die Fortschritte der Promotion, über die systematische geistige Arbeit, über das Abonnement und das Lesen von »heimatlichen« Zeitungen etc. etc.).

Siehst Du, wie ich Dir den Kopf gewaschen habe? Aha! Der Krug geht so lange zum Brunnen, bis der Henkel bricht; ein Körnchen zum anderen – und das Maß ist voll; steck Deinen Finger nicht zwischen die Tür; der Kessel tadelt den Kochtopf und ist selbst verrußt – und viele andere **echt polnische** Sprichwörter könnte ich hier anführen, ich fürchte nur, daß Du gerade dieses reine Polnisch nicht verstehen würdest. Ich setze also nur noch eines hinzu, das Herr Jowialski komponiert hat: Je älter der Kater, um so härter der Schwanz ... Alle sich daraus ergebenden Schlußfolgerungen überlasse ich Deinem eigenen Scharfsinn, denn wie man bei uns in Polen sagt: Hammelschelle begreift schnelle ...

Jetzt einige Themen zur geneigten Einschätzung:

1. Gestern waren bei mir zum Abendessen Sch[oenlank] und die drei Kautskys; Sch[oenlank] ging um 10 Uhr (zur Bahn, er reiste nämlich ab), die K[autsky]s aber saßen bis viertel eins.

2. Die Beurteilung von Fräulein Zastrabska schickte ich Dir doch in dem ersten Brief aus Beuthen. Ich erhielt sie kurz vor der Abreise, nahm sie mit und legte sie sofort am 27. dem Brief bei,

der unglücklicherweise verschollen ist. Die Beurteilung war sehr **schmeichelhaft**. Das ist eine vielversprechende junge Kraft, die bereits einige Male auf Konzerten des Leipziger Konservatoriums aufgetreten ist.

3. Ich schicke Dir gleichzeitig die »Gazeta Robotnicza« mit dem Bericht über meine Rede[211], sie ist erst **heute** eingegangen. Für diesen Bericht lehne ich natürlich jede Verantwortung ab. Dieses alberne Geschwätz ist das Werk des dortigen Vertrauensmannes Marek. Deswegen Einwände an »Gazeta Robotnicza« zu schicken wäre lächerlich, denn dort gibt es keine falschen Behauptungen, nur insgesamt ist das ein naives Geschwätz, wie immer in den Berichten der »Gazeta Robotnicza«, was ihre Leser aus Erfahrung wissen.

4. Ich habe die Absicht, bei K. K. die Stelle von Cunow zu übernehmen,[212] den er loswerden will. Sehr wenig Arbeit und ein ständiger Verdienst. Die Artikel werden **gesondert** honoriert. Ich würde das selbstverständlich einzig wegen des Geldes tun, d. h. für Vater. K. K. habe ich davon noch nichts gesagt, es ist mir erst gestern eingefallen. Was hast Du dagegen? Antworte sofort.

Herzliche Umarmungen! Deine Rosa

Leo Jogiches

[Friedenau,] 24. April 1900[213]

Mein teurer Dziodziuś! Dein Brief kam zur rechten Zeit, gerade als mich unaufhörlich der Gedanke quälte, wann zwischen uns dieser Wirrwarr zu Ende sein wird.

Um Dir meinen Zustand und mein Verhalten in der letzten Zeit zu erklären, sage ich Dir nur kurz, daß ich aus der ganzen letzten Periode, am meisten jedoch aus dem Aufenthalt in Zürich, geschlossen habe, daß Du ... aufgehört hast, mich zu lieben, daß Du vielleicht sogar von jemand anderem in Anspruch genommen bist, daß ich jedenfalls aufgehört habe, für Dich der Mensch zu sein, der imstande wäre, Dich im Leben glücklich zu machen – sofern das überhaupt möglich ist.

Dieser Gedanke wurde mir in jener Nacht auf einmal klar, als ich bei der Zetkin auf dem Kanapee lag und unter den einstürmenden Gedanken nicht einschlafen konnte. Plötzlich stand das so deutlich und unzweifelhaft vor mir; Dein Zögern mit der Reise nach Berlin und das ganze Verhalten in der letzten Zeit habe ich im Lichte **dieser** Tatsache so verstanden, daß es mir – wahrhaftig – leichter auf der Brust geworden ist, wie einem Menschen, der nach unendlichen Rätseln, Verwicklungen, Durcheinander und Verwirrungen schließlich eine einfache und klare, wenn auch die schmerzhafteste Antwort auf **alle** Fragen findet.

Sofort beschloß ich auch, so zu handeln, um Dir die Trennung von mir zu erleichtern, d. h. vor allem die Korrespondenz abzubrechen, um durch meine Briefe nicht erneut Bande zu knüpfen, um nicht auf Deine Stimmung einzuwirken. Ich sagte mir dabei: Hier wird sich die Frage lösen. Wenn er liebt und zusammen leben will, so kommt er, wenn nicht, so nutzt er das Abbrechen der Korrespondenz, und die Gewöhnung an mich hört allmählich auf, das Verhältnis »löst« sich von selbst.

Danach begann ich, hier in völliger Einsamkeit zu leben, mit dem Gedanken, daß ich allein bin und es nun immer sein werde. Ich verspürte dabei etwas Kälte, aber auch Stolz. Und jedesmal, wenn ich sah, wie andere Leute miteinander leben, wenn ich sah, wie schön es ist, im Frühling zu leben, wenn ich daran dachte, daß Du niemanden finden wirst, mit dem Du **so** wie mit mir leben kannst, begann ich unwillkürlich, wieder Pläne und Hoffnungen zu schmieden – jedesmal folgte aber der einzige einfache Gedanke: Er lebt schon ein anderes Leben, oder: **Ihm** vermagst Du nichts zu geben; dieser Gedanke genügte, daß ich, alle Träume verscheuchend, verbissen an die Arbeit zurückkehrte.

Aus Deinem Brief geht irgendwie hervor, daß – daß ich mich geirrt habe (ich bin auch nicht in der Lage, gewisse Dinge auszusprechen) und daß unser Verhältnis noch Boden unter den Füßen hat und Hoffnung für die Zukunft. Aber bist Du selbst dessen sicher? Weißt Du gut, was in Dir vor sich geht? Ist es nicht Schlappheit? Dziodziuś! ...

Und wenn alles gut ist, so rede mit mir nichts, aber auch gar nichts mehr davon, was war und wie es war, sondern schreibe, wann und wie wir uns einrichten, diese Sache eilt aus vielen Gründen.

Jetzt in Kürze über Geschäftliches. Dziodziuchna, teure, wenn ich Dich aus meinen Angelegenheiten »выталкивала«[214], dann **allein** deshalb, weil ich innerlich Deine jetzige Lage mir als Schuld anrechnete, deshalb, weil ich Dich so mit polnischer Arbeit absorbiert habe, sagte ich mir, daß ich, wenn ich das nicht abstelle, Dich durch gewöhnlichen Egoismus für immer vertue. Erinnere Dich auch, wie oft Du mir gesagt hast, daß Du, wenn unser persönliches Verhältnis normal sein soll, wissen mußt, daß ich ohne Dich auskommen kann?! Also tat auch ich, was ich konnte, um mir selbst Rat zu geben, um Dich von mir zu befreien. Und Du nahmst das alles als »выталкивание«[215]?! ... Wenn Du wüßtest, wie es für mich hier manchmal schmerzlich ist, daß ich mich mit niemandem beraten, mich auf niemanden stützen, meine Zweifel mit niemandem teilen kann. Aber ich habe das alles mit dem Gedanken betäubt, daß man Dich nicht hineinziehen soll, weil Du sonst zugrunde gehst. Wenn Du wolltest, wie könnten wir prächtig zusammen arbeiten und leben! Arbeit gibt es hier in Fülle, ich kann selbst den zehnten Teil nicht allein bewältigen.

Jetzt habe ich außer der deutschen auch die polnische. Über den Parteitag kann ich Dir nur erzählen, beschreiben ist unmöglich.[216] Die ganzen zwei Tage waren ein einziger Kampf des ganzen Parteitages mit mir. Ich beherrschte den ganzen Parteitag, und schließlich kamen sie von selbst gekrochen. Den Bericht für den »Vorwärts« vom zweiten Tag[217] habe **ich** geschrieben (auf Wunsch der Redaktion), also konnte ich mich selbst nicht so herausstellen; übrigens wollte ich die Unterlegenen nicht reizen. Aber das Ergebnis: Sieg auf der ganzen Linie; ich gewann sogar die verbissensten Gegner für mich. Im Lager der Intelligenz-PPS herrscht deshalb große смятение[218]. Sie sind schon dabei, die Sache zu verdrehen, wofür ein Beweis der Artikel in der »Gazeta Robotnicza« ist, den ich Dir zuschicke (sende ihn **sofort** zurück), in der nächsten Nummer kommt meine Antwort.[219]

In der »Neuen Zeit« wird mein Bericht über dieses Buch von Schüller sein.[220] Mir sind zwei Ehrungen zuteil geworden. 1. K. K. [Karl Kautsky] schenkte mir die französische Übersetzung seines Buches gegen Bernstein[221] mit der Widmung: *Meiner lieben Freundin R... L... – K... K...* 2. Er schlug mir vor, wenn ich einverstanden bin, falls sich *im Nachlaß* von Marx außer dem vierten Band des

Ein Schimblättchen)

Götterbaum
Ailanthus glandulosa
(Fam: Simarubaceae)
Grosse Ziehbäume aus China,
Sehr langgestielte bis 10 paar-
iggefiederte Blätter, herabhängend.
Aufrechte Fruchtbüschel, sehr reich,
leuchtend rot. (Blüten grünlich-gelb).
Von Frau Gethe aus d. Schleiziger Park.
20. 8. 18.

Durchlöchertes Hartheu
(Johanniskraut)
(Hypericum perforatum)
Fam: Hypericaceen, Hartheu-
gewächse.

Blätter durchscheinend
pungtiert. Kronblätter
5 herabhängend, geloßgel
Viele Staubfäden, meh-
rere Griffel.

»Kapitals« irgendwelche Manuskripte vorfinden, die Herausgabe dieser Manuskripte zu übernehmen, womit ich natürlich einverstanden war. Er fährt gerade dieser Tage nach Paris, um den *Nachlaß* von Lafargue zu übernehmen.

In der »Leipziger Volkszeitung« habe ich wenig geschrieben, denn die Fahrt nach Posen[222], dann die Krankheit (ich hütete eine Woche das Bett) und dann der Parteitag beanspruchten die Zeit. Jetzt habe ich drei Artikel abgeschickt, ich beende den vierten[223] und werde mit dem Budget glatt hinkommen (zusammen mit der »Neuen Zeit«).

Allerdings, seinerzeit in Posen ging es ausgezeichnet: Ich sprengte eine katholische Versammlung und sprach auf drei Versammlungen: der Schuster, der Schneider und der Partei. Dort habe ich die Resolution eingebracht, die Du seinerzeit im »Vorwärts« gelesen hast.[224] Der Erfolg war allgemein, die Bewegung entwickelt sich dort ausgezeichnet, Kasprzak ist dort am aktivsten.

Mehring hat in der »Leipziger Volkszeitung« nicht geschrieben, sein Signum hat schon irgendein anderer übernommen.

Mit Trus[iewicz] treffe ich mich häufig, die Sache mit ihm ist schon in Ordnung, er hat mit Mill gebrochen, er glaubt einzig und allein an mich, und ich, die ich nirgends dazugehöre, leite die ganze Sache. Mit Julek [Marchlewski] und Adolf [Warski] korrespondiere ich ebenfalls ständig und häufig; Juleczek tut ohne mich keinen Schritt. Er war hier auf der Durchreise nach Thorn (zu einem Familientreffen).

Mit Lopek [Bein] treffen wir uns an den Sonntagen und gehen spazieren wie zwei Rentner. Das ist meine einzige Gesellschaft.

Bei K. K. bin ich selten und nur kurz, er ist bei mir häufiger. Sie öden mich jetzt schrecklich an. Überhaupt wird mir von der ganzen Menschheit übel und von Dir Schelm, Du Taugenichts – ein Stich im Herzen.

Wann hörst Du auf, Dich in der Schweiz herumzutreiben?!

Küsse aufs Bussi! Deine

Von zu Hause habe ich sehr schmerzliche Nachrichten, doch darüber laß uns schweigen.

Leo Jogiches

Mein teurer Dziodziu!

Gestern morgen erhielt ich Deinen Eilbrief, heute morgen den persönlichen und mittags den zweiten. Dziodziuchna, ich wollte Dir bereits am Sonnabend sofort den zweiten Brief schreiben, ohne Deine Antwort abzuwarten, aber Du wirst nicht glauben, was ich jetzt dauernd für Arbeit habe; da konstituiert sich diese »Pressekommission«[225], da bin ich zu Janiszewski wegen meines Artikels gefahren etc. Und in der Aufregung zwischen dem einen und dem anderen Geschäft Dir zu schreiben, zumal ich Deine Antwort noch nicht hatte, war ich nicht imstande. Jetzt werde ich immer schreiben, wenn ich Lust dazu habe und die Zeit es gestattet.

Vor allem kurz über die polnischen Angelegenheiten. Mein Goldstück, fernab und ohne zu sehen, welche Wendung die Sachen hier genommen, rätst Du mir zu einer etwas ungeeigneten Taktik. À la Marysia zu schreiben oder sich überhaupt in eine scharfe Polemik über die Unabhängigkeit Polens einzulassen, das hieße, einfach auf den Leim gehen und an die Angel, die mir die »Przedświt«-Leute gelegt haben. Ihnen geht es darum, mich mit den hiesigen Arbeitern zu entzweien, mir geht es folglich darum, es nicht so weit kommen zu lassen. Meine Antwort[226] hatte Morawski längst in den Händen, als Dein Brief ankam. In den Antworten der Redaktion in der letzten Nummer konntest Du es lesen. Sie konnten es tatsächlich in dieser Nummer nicht unterbringen. Ob Dich meine Antwort befriedigen wird – weiß ich nicht. Ich meine, daß das der geeignetste Ton für die hiesige Situation war. – Dank der Pressekommission werde ich die »Gazeta« faktisch leiten können und die »Przedświt«-Leute von dort ausräuchern. Nächsten Sonntag haben wir die zweite Sitzung – mit Morawski –, und hier wird sich die Sache sofort entscheiden. Du regst Dich auf, und indessen geht es hier darum, sich *nicht provozieren zu lassen*, und um eine ruhige Taktik, so, wie ich sie auf dem Parteitag begonnen habe, mich fest auf den Wagen zu setzen, wo mich keiner vom »Przedświt« erreicht.

Jetzt mag ich nicht mehr über die Angelegenheiten schreiben. Aber ich füge noch hinzu, daß auch jene Taktik, durch Stellungnahmen aus Posen und Oberschlesien sowie durch die Deutschen Druck auszuüben, genau das Gegenteil ist von der, die benötigt wird. Es geht darum, daß die Hiesigen bei mir Schutz vor den Deutschen finden und nicht umgekehrt, was allerdings Posen und Oberschlesien betrifft, so habe ich Dir, Goldstück, schon einige Male geschrieben, daß man auf diesem Wege nichts erreichen kann; die Leute sind Ochsen, und entweder tun sie nichts, oder sie tun es so, daß es verquer geht (so wie mir die in Posen mit ihrem idiotischen Antrag betreffs Auflösung der PPS einen Bärendienst erwiesen haben). Ich kann nur auf das zählen, was ich selbst mache. –

Jetzt privatim. Du hast natürlich recht, daß wir schon seit längerer Zeit jeder ein eigenes geistiges Leben führen, aber das hat keinesfalls in Berlin begonnen. Wir hatten uns schon in Zürich seit Jahren geistig entfremdet, besonders die beiden letzten Jahre meines Aufenthaltes in Zürich haben sich in meiner Erinnerung dadurch eingeprägt, daß ich mich furchtbar einsam fühlte. Doch nicht **ich** war diejenige, die sich vor Dir verschloß und sich abschirmte, ganz im Gegenteil. Du fragst, ob ich mich niemals gefragt habe: wie **Du** wohl lebst, wie Du Dich innerlich fühlst? Dazu kann ich nur bitter lächeln. O ja, ich habe danach gefragt, tausende Male, und nicht nur mich, sondern auch **Dich**, laut und eindringlich, aber immer bekam ich zur Antwort, daß ich Dich nicht verstehe, daß Du nicht auf mich rechnest, daß ich Dir nichts geben kann etc. Bis ich aufhörte zu fragen und durch nichts verriet, ob ich überhaupt etwas sehe oder mich für etwas interessiere. Du schreibst, wie ich denken konnte, daß Du von jemandem anderen in Anspruch genommen bist, wo doch keine andere Dir weder genügen noch Dich verstehen könnte. So habe ich mir früher stets geantwortet.

Aber hast Du vergessen, daß Du mir letztens hundertmal wiederholt hast, daß auch ich Dich nicht verstehe, daß Du Dich auch **mit mir** völlig einsam fühlst! Welcher Unterschied demnach? Erst als ich mir eigentlich **das** vergegenwärtigt hatte, begann ich zu glauben, daß ich für Dich nicht mehr existiere. Daß ich im Jahre 1893 anders auf derartige Gedanken reagiert habe? Ba, habe ich mich denn seit dieser Zeit nicht verändert? Damals war ich ein Kindskopf, heute bin ich ein erwachsener und reifer Mensch, der sich ausgezeichnet zu beherrschen vermag und bereit ist, selbst wenn er innerlich vor Schmerz mit den Zähnen knirscht, davon auch nicht das geringste nach außen zu zeigen. Du willst eben unbedingt nicht glauben, daß ich gereift und nicht mehr die bin, die ich vor acht Jahren war.

Jetzt noch eine Sache. Du fragst dauernd, wie ich so gelassen in Gedanken unser Verhältnis quittieren konnte. Ob sich das »gelassen« vollzog, davon spreche ich hier nicht. Aber wie ich mich überhaupt dazu entschlossen habe? Nun, ich sage Dir das ganze Geheimnis: Mir wurde besonders nach meinem letzten Aufenthalt in Zürich klar, daß meine geistige Gestalt völlig Deinem Auge entschwunden ist, daß ich für Dich ganz einfach so **eine** und so **eine** bin, die sich vielleicht von den anderen höchstens dadurch unterscheidet, daß sie Artikel schreibt. Wenn ich hingegen, besonders hier, auf Schritt und Tritt sehe, mit **was für** Frauen andere Leute leben und wie sie sie verehren und für weiß Gott was halten, wie sie sich einfach ihrer Herrschaft unterwerfen, so erinnerte ich mich auf Schritt und Tritt, wie Du mich behandelst, und mir wurde klar, daß Dir hinsichtlich meines geistigen Wesens jedes Maß und jede Erinnerung abhanden gekommen ist. Und diese Überzeugung war für mich der lebendigste und – schmerzlichste Beweis, daß Du innerlich für mich erkaltet bist.

Du fragst mich, ob ich von nun an wieder ein gemeinsames geistiges Leben mit Dir führen **will**? Die Antwort ist klar, aber vergiß nicht, daß ihre Verwirklichung von **Dir** abhängt. So, wie wir in den letzten Jahren gelebt haben, ist kein **gemeinsames** geistiges Leben zu schaffen. Wenn Du Dein bisheriges Mißtrauen über Bord wirfst, daß ich Dich nicht verstehen kann, daß ich mich nicht für Dein Innenleben interessiere etc., erst dann ist eine Verständigung zwischen uns möglich.

Ich hätte Dir noch sehr, sehr viel zu sagen, aber ich spüre wahrhaftig keine Kraft mehr, über alles das zu schreiben. Sobald Du hier bist, sowie wir endlich anfangen **zu leben**, so werden wir einander alles sagen. Und vielleicht wird dann auch alles Gerede überflüssig sein.

An Forrer schreibe ich dieser Tage, die Sache zieht sich unerträglich hin.[227] Weißt Du, daß ich beim Überlegen, wie wir uns einrichten, wieder auf den ursprünglichen Vorschlag zurückkomme:

Vielleicht läßt man sich etwa für ein halbes Jahr irgendwo im Süden nieder? Denn hier ist es unmöglich, offen zusammenzuleben, und ohne das wird es wie eine Karikatur sein, die ich mehr als die Einsamkeit fürchte. Wir brauchen doch **Ruhe** für das Zusammenleben, und wie soll man sie finden, wenn man sich versteckt? Denk darüber nach. Was hört man bei Anna [Gordon]? Ich habe ihr nicht geschrieben, Du kannst Dir denken, warum. Hundertfache Küsse. Deine R.

Leo Jogiches

[Friedenau, etwa 3. Juli 1900]

Teuerster Dziodziu! Wie ich Dich brauche! Wie wir einander brauchen! Wahrhaftig, kein anderes Paar hat eine solche Aufgabe im Leben, gegenseitig einer aus dem anderen einen **Menschen** zu machen, wie wir! Ich fühle das auf Schritt und Tritt, und um so schmerzlicher empfinde ich unsere Trennung. Wir beide »leben« ständig innerlich, d. h., wir verändern uns, wir wachsen, infolgedessen entsteht dauernd ein inneres Auseinanderklaffen, eine Unausgewogenheit und Disharmonie von Teilen der Seele untereinander, man muß erneut eine innere Revision durchführen, Ordnung und Harmonie herstellen. Man hat also dauernd mit sich selbst zu tun, um aber nicht jeden Augenblick den allgemeinen Maßstab der Dinge zu verlieren, und das sind meines Erachtens: Nützliches leisten im Leben, nach außen die positive Tat und das **schöpferische Wirken**, kurz, um nicht in geistiger Konsumtion und Verdauung zu versacken, dazu bedarf es der Kontrolle eines anderen, nahen Menschen, der alles versteht, der aber außerhalb des die Harmonie suchenden »**Ich**« steht. Ich zweifle, ob Du etwas davon verstehst, denn es gleicht einer Reihe algebraischer Zeichen.

Das ist jedoch schon das hundertste Glied in der Kette der Gedanken und Gefühle, die ein sehr schmerzliches Ereignis gestern in mir erweckte. Die ehrenwerte Redaktion der »Leipziger Volkszeitung« schickte mir einen Artikel zurück (belanglosen Inhalts:

über den Krieg in China) mit einem höflichen Zusatz, der meine Mitarbeit quittiert.

Daß das früher oder später erfolgt, wußte ich von vornherein seit dem Augenblick, als unsere persönliche Beziehung abriß und da ich Sch[oenlank] ausgezeichnet kenne. Der letzte Anlaß war sicherlich die lange Unterbrechung in meiner Arbeit, obwohl ich sie durch die Krankheit erklärt habe. Aber es war mir schon vorher klar, daß die Beziehungen zur Redaktion unter diesen Bedingungen nicht von langer Dauer sein werden. Irgend etwas unterzubringen, was eine **Richtung** zum Ausdruck bringt, wäre mir auch so nicht gelungen; als Beispiel jener Artikel über die Obstruktion[228], der um die Hälfte milder und farbloser war, als meine Fassung, die ich der »Leipziger Volkszeitung« zuschickte. Doch die vollendete Tatsache hat mir sehr weh getan. Du wirst sie selbst einschätzen können, obwohl Du sie natürlich pessimistisch übertreiben wirst. Außer der politischen erhebt sich vor mir die materielle Frage, wie und wo verdienen?! Aber verlieren wir nicht den Kopf und nicht die Kaltblütigkeit, es gibt größere Unglücksfälle im Leben und in der politischen Arbeit. Ich küsse Dich hundertfach. Deine R.

Clara Zetkin[229]

[Friedenau,] 5. März 1901

Meine geliebte Clarisse!

Heute habe ich Geburtstag, und ich feiere ihn, indem ich Ihnen einen Brief schreibe. Wie bin ich froh, daß ich meine Serie über die Krise in Frankreich abgeschlossen habe![230]

Das war vielleicht eine Arbeit, und ich würde sie nicht noch einmal machen. Aber ich denke schließlich doch, daß sie ein wenig von Nutzen sein wird. Nächste Woche habe ich hier in Berlin eine Konferenz zum gleichen Thema.

Was sagen Sie nun über unseren Freund Fendrich und dessen Freund Dreesbach![231] Das ist ja eine Neuauflage des Falles Vollmar vom Jahre 1894![232] Nur: Ojerum, o quae mutatio rerum![233] Damals ging August [Bebel] wie ein rasender Roland auf die Bayern los und hetzte in Berlin und anderswo eine ganze Meute auf. Heute hüllt sich der gute August in tiefes Schweigen, er ist wie eine Sardine in der Dose, und mein lieber Charles [Kautsky] versucht mich davon zu überzeugen, daß der Fall gar nicht so wichtig sei, wie ich glaube.

Auf jeden Fall will ich nicht schweigen. Ich warte nur noch auf die Unterlagen, die ich mir von dort schicken lasse.

Und Mehring sieht darin nur die Unannehmlichkeit, ins Präsidium des Landtages zu kommen! ... Wie dem auch sei, wir müssen diese Frage in Lübeck[234] anschneiden, nicht wahr? Ist die Debatte einmal eröffnet, hoffe ich, daß die Geschichte für die Badener schlecht ausgehen wird, zumal ja der Kongreß im Norden stattfinden wird. Und August selbst wird nicht schweigen können, wenn wir die Diskussion begonnen haben; es wird dann wie in Stuttgart sein.[235] Was halten Sie davon?

Jetzt habe ich eine Neuigkeit, aber Diskretion: Ich habe erfahren, daß es sich in Breslau die opportunistische Clique der »Volkswacht« zum Ziel gesetzt hat, Schoenlank im Parlament auszubooten, um ihn durch – Bernstein zu ersetzen. Als Vorwand benutzen sie diese ärgerliche Geschichte der Drucker in Leipzig[236] gegen Bruno [Schoenlank], der natürlich nichts dafür konnte und nichts davon wußte.

Das muß ja eine opportunistische Demonstration in reinster Form sein. Ich habe jedenfalls August gewarnt, damit er aufpaßt. Das beste Mittel, um mit den possibilistischen Intrigen und Machenschaften in Breslau kurzen Prozeß zu machen, wäre, Bruhns, der weggeht, durch einen geeigneten Redakteur wie z. B. Ledebour zu ersetzen.

Wenn Sie in diesem Sinne August schreiben würden, um ihn anzuspornen, in dieser Angelegenheit etwas energisch vorzugehen, wäre dies sehr gut. Denken Sie daran, Bernstein in Breslau wäre der erste possibilistische Abgeordnete im **Norden**, der bis jetzt eine relative Prinzipientreue bewahrt hat.

Gleich noch eine interessante Neuigkeit. Als kürzlich der Bürgerliche Philips (Herausgeber des verstorbenen »Neuland«, Sie wissen schon) bei Wolfgang Heine war (um mit ihm über die Angelegenheit Leuß[237] zu sprechen), sagte dieser dazu: »O dieser Beschützer von Leuß und diese ganze radikale Bande, mit diesen

Leuten muß man Schluß machen; wir warten nur noch darauf, daß Bebel und einige Alte weggehen, um gründlich aufzuräumen!« ... Darum, Claire, packen Sie Ihre Koffer in Erwartung der großen Säuberungsaktion der Augiasställe!

Und Bebel, der Heine als guten Kameraden empfängt und ihn wiederbesucht! ... Man hat ihm schon diese interessanten Worte in Erinnerung gebracht, wir werden ja Wirkung sehen. –

Leben Sie wohl, schreiben Sie bald!

Viele herzliche Grüße ganz Ihre Rosa

Karl Kautsky

[Friedenau,] 3. Oktober 1901

Lieber Karl!

Selbstverständlich verzichte ich auf die Veröffentlichung meiner Erklärung[238] in der »Neuen Zeit«. Erlauben Sie mir nun, Ihnen einige Worte der Erklärung hinzuzufügen.

Gehörte ich zu denen, die ihre eigenen Rechte und Interessen rücksichtslos wahren – und diese sunt legio in unserer Partei, oder vielmehr: So sind alle bei uns –, dann würde ich selbstverständlich auf der Veröffentlichung bestehen, denn Sie geben ja selbst zu, daß Sie als Redakteur eine Verpflichtung mir gegenüber in diesem Falle haben. Aber indem Sie mir diese Verpflichtung zugeben, stellen Sie mir gleichzeitig die Pistole freundschaftlicher Ermahnungen und Bitten an die Brust, daß ich von dieser Ihrer Verpflichtung und von meinem Recht keinen Gebrauch mache. Nun, mich widert es an, mein Recht wahrzunehmen, wenn man mir es unter solchem Stöhnen und Zähneklappern gewähren will, wenn man mir zugleich nicht bloß bei jedem Wort der Abwehr in den Arm fällt und mich vorher bindet, damit ich mich so »verteidige«, sondern mich noch nach alledem in jeder Weise breitzuschlagen sucht, um mich zur Verzichtleistung auf mein Recht zu bewegen. Sie haben erreicht, was Sie wollten – ich entbinde Sie in diesem Falle Ihrer Verpflichtung mir gegenüber. Aber Sie begehen allem Anschein nach dabei noch den Irrtum, daß Sie in allem

Ernst glauben, in diesem Falle nur aus Freundschaft und in **meinem** Interesse so gehandelt zu haben. Gestatten Sie mir, Ihnen diese Selbsttäuschung zu zerstören. Als **Freund** hätten Sie mir ungefähr folgendes sagen müssen: »Ich rate Ihnen, unbedingt und um jeden Preis zum Schutze Ihrer schriftstellerischen Ehre aufzutreten, denn größere Schriftsteller und Männer von durch Jahrzehnte begründetem Ruf, wie Marx und Engels, schrieben ganze Broschüren, führten einen ganzen Federkrieg, wenn ihnen irgend jemand die kleinste ›Fälschung‹ vorzuwerfen wagte. Um so mehr müssen Sie in solchem Falle peinlich ins Gericht gehen, weil Sie eine junge und sehr angefeindete Schriftstellerin sind.« So hätten Sie sicher als **Freund** sagen müssen.

Der Freund ließ sich aber ganz vom Redakteur der »Neuen Zeit« beherrschen, und dieser will seit dem Parteitag überhaupt nur eins: Er will seine **Ruhe** haben, er will zeigen, daß die »Neue Zeit« nach den erhaltenen Prügeln[239] artig geworden ist und Maul hält. Und deshalb mag auch ein gutes Recht des Mitarbeiters der »Neuen Zeit« auf die Wahrung seiner wichtigsten Interessen, sein Recht auf die Verteidigung gegen öffentliche Verleumdungen, **geopfert** werden. Mag auch jemand, der für die »Neue Zeit« – nicht am wenigsten und nicht am schlechtesten – arbeitet, die öffentliche Anschuldigung der **Fälschung** verschlucken, damit nur in allen Wipfeln Ruh' herrscht.

So liegt die Sache, mein Freund! Und nun mit herzlichem Gruß Ihre Rosa

Ich bin über die Ohren beschäftigt, muß deshalb schreiben und kann es erst in diesem Augenblick.

Robert Seidel

[Friedenau, nach dem 3. Januar 1903]

Lieber Freund!

Dank für Ihre lieben Zeilen sowie die Zusendung der Broschüre[240] und der Forrer-Geschichte[241], die mich sehr interessiert hat. Diese Affäre hat mich nachdenklich gemacht. Daß Sie hier als

Freund tapfer und edel handelten, unterliegt für mich keinem Zweifel, aber andererseits begreife ich auch, daß im politischen Kampfe eine gewisse Rücksichtslosigkeit, wie sie von Ihren Gegnern in diesem Falle angewendet wurde, sich von selbst ergibt. Ich sehe darin bloß den Konflikt zwischen persönlich-menschlichem und parteipolitischem Gesichtspunkt, den ich schon oft beobachtet habe und aus dem ich einen Schluß ziehe, der Ihnen, mein Freund, vielleicht befremdend klingen wird. Mein Schluß lautet: Für einen Politiker und Kämpfer ist eine Freundschaft mit Führern gegnerischer Parteien eine äußerst schwierige, mit Gefahren und Klippen verbundene Sache. Unsereiner kann sich ja überhaupt wenig den Luxus einer Freundschaft erlauben, aber auch diese hat festen und sicheren Grund nur in der Gemeinsamkeit der Weltanschauung und – der Kampfposition. Fühlen Sie das nicht auch im Grunde Ihrer Seele? ...

Was unseren Forrer speziell betrifft, ich weiß nicht, ich habe so ein kleines Mißtrauen zu seinem Charakter; er riecht so ein klein bißchen faul, ich fürchte, er gehört zu denen, die »auch anders« können ...

Ihre Zollbroschüre möchte ich dem »Vorwärts« zur Besprechung geben, denn die »Neue Zeit« bespricht solche Sachen nicht. Schreiben Sie mir, ob der Verlag oder Sie [sie] bereits dem »Vorwärts« zugeschickt haben, wenn nicht, besorge ich's. Für den »Handunterricht«[242] habe ich jetzt einen, wie ich glaube, passenden Mann zur Rezension gefunden, der es auch zu würdigen verstehen wird; ich soll mit ihm gerade morgen sprechen.

Sie sind noch ein großer Optimist, wenn Sie denken, hier wird man in einem Parteiblatt die Wahrheit über Greulich ans Licht bringen dürfen! Kennen Sie immer noch nicht unser Offiziösentum? Man darf hier ja nicht einmal über **eigene** Angelegenheiten [die] volle Wahrheit schreiben, und Sie wollen, daß etwas aus dem Auslande durchkommt! Ja, wenn ich ein Blatt ganz in der Hand hätte, wie dies eine Zeitlang mit der »Leipziger Volkszeitung« der Fall war! Aber das habe ich ja momentan nicht.

Sie schreiben nicht viel von der Gesundheit Mathildens [Seidel]; ich will hoffen, daß es ihr gut geht.

Jetzt noch eine Bitte. Anbei ein Brief und eine Vollmacht, die (beides) »mein« Gustav [Lübeck] unterzeichnen muß, worauf Sie es **schleunigst** absenden müssen, da wir am 20. bereits Termin haben. Zu diesem Zwecke seien Sie so lieb, den Gustav sofort zu Ihnen zu zitieren, ich kann **ihm** selbst diese wichtigen Papiere nicht anvertrauen. Seine Adresse ist: Alte Beckenhofstr. 12^{III} bei H. Baumann. Ich habe hier keine Schweizer Marke, lassen Sie bitte den Gustav auslegen, ich will es nachher begleichen.

Grossi und ich grüßen Euch alle herzlichst. Schreiben Sie wieder bald! Ich freue mich so jedesmal! Ihre R. L.

NB: Gustav muß noch seine **Klage**, die er vom hiesigen Gericht bekommen hat, im Briefe an den Rechtsanwalt beilegen!!

Bald schicke ich Ihnen eine Fotografie von mir.

Clara Zetkin

[Friedenau, nach dem 23. Januar 1903]

Liebstes Klärchen!

Ich wußte gleich, daß Sie Ihren Mißmut zu Hause abwerfen werden, und Ihre Zeilen haben mir das in erfreulicher Weise bestätigt. Was mich betrifft, so habe ich jetzt viel Arbeit mit dem polnischen Artikel, der sich zu einer ansehnlichen Broschüre ausgewachsen hat und als solche erscheinen wird.

Ich war bereits zweimal im »Nachtasyl«[243] und werde noch so oft gehen, als es meine Finanzen irgend gestatten. Das Werk ist eine große sittliche Tat und ein Faustschlag en pleine visage[244] unserer »wohlgesitteten« Gesellschaft. Ich beobachte mit Hochgenuß und Schadenfreude, wie das liebe Parterrepublikum sich jedesmal geohrfeigt fühlt und sich doch mit Hundedemut die Ohrfeigen gefallen lassen muß.

Wann schreiben Sie mir den großen **Brief** über die Frauenbewegung? Ich bitte ja nur um einen Brief!

Vorläufig nur soviel und herzliche Küsse Ihnen, den Männern besten Gruß. Ihre R.

Luise und *Karl Kautsky*

Chemnitz, [6. Juni 1903] · Carola-Hotel

Meine Lieben!

Ich habe mir Chemnitz als pied-à-terre[245] gewählt und fahre von hier aus jeden Tag in die Versammlungen.[246] In Hohenstein war der Saal abgesperrt, ein Gegner (Lehrer) hatte sich zu meinem Glück gemeldet, es war ein Gaudi. Nach der Versammlung schenkte mir ein alter Arbeiter – eine Mark! In Lichtenstein gestern sprach ich im Freien vor zweitausend Personen, im Garten mit bunten Lampions, es war sehr romantisch. – Hier in Chemnitz sah ich Mäxchen [Schippel] und war sogar anwesend in einer Sitzung des Wahlkomitees. Mäxchen will am liebsten keine Versammlungen, keine Flugblätter, keine Polemik mit den Gegnern. Er sagte, er befürchte, daß ihm die Gegner unter die Nase reiben, Bebel hätte ihn einen Lumpen genannt. Das war natürlich ein Stich an meine Adresse. – Von Warsz[awski] habe ich Nachricht, daß er von Ihrem Artikel[247], Carolus, höchst entzückt ist und daß Sie den »Parches«[248] gerade das gesagt haben, was nötig war. Also Dank auch meinerseits!

Herzliche Grüße an Euch alle. Rosa

Leo Jogiches

Glauchau, 9. Juni [1903]

Mein Teurer!

Habe hier heute Deinen Brief und die Drucksachen erhalten. Zu Unrecht wirfst Du mir vor, daß ich nicht jeden Tag schreibe. Aus der beigefügten Karte kannst Du Dich überzeugen, daß ich Dir auch aus Glauchau gleich nach der Versammlung geschrieben habe, da aber bis zum Abgang des Zuges kein Augenblick Zeit mehr blieb (ich mußte mit dem letzten Zug um 0.30 Uhr nach Chemnitz zurückfahren), ließ ich von einem *Vertrauensmann* die Adresse schreiben, und Du siehst, wie der Narr das klug erledigt hat.

Gestern in Meerane habe ich es auch nicht geschafft, Dir nach der Versammlung zu schreiben, denn die Droschke wartete direkt vor dem Saal, um mich zum Bahnhof zu bringen, damit ich hier nach Glauchau zur Nacht zurückkehren kann. Nach der Versammlung schrieb Knauf gleich eine Karte an Auer. »*Soeben die Versammlung der Fr. Dr. Luxemburg geschlossen. Der Besuch war großartig, die Begeisterung geht hoch.*« Gestern händigte mir Knauf ein Paket Zeitungen und Deinen Brief mit Gog[owskis] Brief aus. Aus der Karte siehst Du, daß mit Lerdas Manuskript alles erledigt ist. Ich hatte viel Gerenne und Aufregung deswegen, denn sie wollten anfangs den *Heimatschein* [249] nicht als ausreichende Legitimation anerkennen. – Jetzt bleibe ich bis zum Schluß hier in Glauchau und werde von hier überall hinfahren. Wegen dieser aufgelösten Versammlung in Mülsen mache Dir keine Sorgen, es war nicht meine Schuld, dem Herrn Assessor war es unbequem, im strömenden Regen im Freien zu sitzen, deshalb bemühte er sich, die Versammlung »abzukürzen«. Übrigens brauchst Du mich nicht zu warnen, denn Du siehst, daß ich nirgends Schwierigkeiten habe.

Schon fünf Versammlungen bin ich los, noch sieben habe ich vor mir. Ich weiß nicht, ob ich es Dir geschrieben habe, daß mir Gerisch »*durch Parteivorstandsbeschluß*« verboten hat, zum 12. nach Spandau zu fahren, damit ich mich nicht zu sehr ruiniere; dafür gaben mir die Schelme für den 12. eine andere Versammlung, ich habe also keinen einzigen Erholungstag. Der Hals ist in Ordnung, aber ich habe insgesamt wenig Kraft. Die Zeit geht schrecklich langsam voran, denn jeder Tag muß durch die Versammlung im Sturm genommen werden.

Mit Gogowski, Schulz, Winter habe ich alles erledigt. Ich erledige überhaupt alles sofort, was Du mir schreibst.

Du kannst durchaus zu Recht befürchten, daß ich diese Nummer der »Gazeta Ludowa« schlecht machen werde; wenn mir Deine Befürchtungen nur etwas helfen könnten! Heute fahre ich nach Oberlungwitz, morgen nach Gersdorf, und dann ist finis mit Auers Kreis. Ich nehme an, daß er mir einen bedeutenden Stimmenzuwachs zu verdanken haben wird (im Jahre 1898 gab es einen *Rückgang* um tausendsiebenhundert Stimmen) [250]. Jetzt noch zwei Versammlungen für Hofmann und drei für Gerisch. O Jesulein! ...

Bleib gesund und schreibe weiterhin nach Glauchau. Deine R.

Aus Chemnitz (wenn Du an das Carola-Hotel geschrieben hast) schicken sie mir alles her, ich habe die Adresse hinterlassen.

Adressiere hierher direkt: **Hotel Stadt Dresden, für mich.**

Leo Jogiches

Plauen i. V., 13. Juni 1903 · 8 Uhr abends

Mein Teurer!

Erst in diesem Augenblick ist es mir möglich, einige Worte an Dich zu schreiben. Die gestrige Versammlung in Markneukirchen (meine Tour wurde etwas geändert) war **herrlich**, zog sich aber so lange hin, daß ich direkt zu Bett gehen mußte. Heute früh mußte ich schon um 8 Uhr hierher nach Plauen fahren, hier hat mich Gerisch selbst am Bahnhof mit großen Ehren, einem *Vertrauensmann* und zwei Weibern empfangen, und [sie] haben mich bis zu diesem Moment noch nicht verlassen. In einer halben Stunde gehe ich hier zur Versammlung. G[erisch] spricht heute anderswo in der Gegend, kommt aber nach der Versammlung hierher zurück. Ich fühle mich sehr gut. In zwei Tagen komme ich zurück!

Umarmungen. Deine R.

Morgen spreche ich in Adorf, übermorgen – zum letzten Mal – in Oelsnitz. Das Geld hat mir nicht gereicht – ich mußte mir hier 30 M *pumpen*; wenn Du kannst, schicke es an die Adresse von Langenstein hier nach Plauen.

Julius Bruhns

Berlin-Friedenau, 15. Oktober 1903

Lieber Freund!

Endlich bekommt man ausführliche Nachrichten von Ihnen. Es freut mich sehr, aus Ihrem Brief herauszuhören, daß Sie den Kasten so gut überstanden haben[25] und mit so frischem Mute an das »Waldroden« gehen! Ich bin überzeugt, daß Ihnen nach einiger

Zeit auch diese harte, zähe Arbeit innere Befriedigung gibt. Vergessen Sie nur nicht, auch über die Zustände in Oberschlesien unsere Parteipresse zu informieren, wie das Winter im Anfang so fleißig getan, leider aber in den letzten Jahren ganz vernachlässigt hat. Und wenn Sie einen hübschen zusammenfassenden Artikel haben, so brauchen Sie nicht notwendig an die »[Sozialistischen] Monatshefte« zu geben, zu denen vielleicht Ihr opportunistisches Herz neigt; die »Neue Zeit«, soviel ich Kautsky kenne, nimmt **gern** alle instruktiven Artikel auf, auch über rein praktische Fragen der Agitation. Übrigens mangelt dem verehrten »Vorwärts« vor allem eine ständige Berichterstattung aus Oberschlesien, und Sie müßten meines Erachtens diese **sofort** übernehmen.

Ich werde sehr gern nächstens einmal nach Oberschlesien fahren, um Sie zu besuchen und mit unseren Genossen, meinen alten Bekannten, wieder einmal zu sprechen. Vielleicht komme ich gleichzeitig mit einem der Parteiväter. Jetzt waren wir in Posen; da ist Ordnung geschaffen und der von den lieben Brüdern aus der PPS in unsere Reihen hineingetragene Hader beigelegt; Gogowski wird Parteisekretär und ist von Gewerkschaften, Bäckerei etc. befreit, auch einer Aufsicht dortiger Genossen unterstellt. Als dringendste Aufgabe ist die Verbreitung des polnischen Parteiblattes[252] aufgestellt.

In dieser Hinsicht müssen Sie, lieber Freund, in Oberschlesien **energisch** die Sache organisieren und in Fluß bringen. Wir widmen meistens die halbe Nummer den oberschlesischen Verhältnissen, und nach der Absicht des Parteivorstands soll das Blatt durchaus nicht ein Posener Lokalblatt sein, sondern vor allem auch der Aufklärung der polnischen Arbeiter in unserem Sinne in **Oberschlesien** dienen. Winter hat auch hierin den Anfang einmal wohl gemacht, aber zum Schluß, bei der allgemeinen Zerrüttung der Gesundheit, auch dies fahrenlassen. Die Kolporteure in Oberschlesien sind gut und fleißig, aber sie müssen unter ständiger Aufsicht und Kontrolle stehen, damit alles regelmäßig und glatt läuft.[253] **Sie** werden dies vorzüglich können bei Ihrer ruhigen Zähigkeit. Genosse Pfannkuch wollte Ihnen selbst darüber schreiben, ich bitte Sie meinerseits, das Mögliche zu tun. Wir können in Oberschlesien in kurzer Zeit spielend mehrere hundert Abonnenten gewinnen, und auch in Posen ist die Expedition jetzt auf feste

Grundlage gestellt. Sie brauchen nur die Kolporteure zusammen-zutrommeln und den Vertrieb zu organisieren. Die passenden Leute nennt Ihnen Genosse Scholtysek, der mir der ruhigste und besonnenste von allen scheint. Bei dem Mangel der Säle für Ver-sammlungen ist ja die Presse ohnehin fast das einzige Mittel für uns, um auf die Masse aufklärend zu wirken; deshalb kann Ihnen das polnische Blatt ein gutes Hilfsmittel in Ihren Aufgaben wer-den, namentlich wenn Sie mir von Zeit zu Zeit das Wichtigste mitteilen, um auch über das Parteileben in Oberschlesien im Blatte berichten zu können.

Sie schreiben aus Kattowitz, ich denke aber, daß Sie in **Beu-then** Ihren Wohnsitz nehmen? Für Frau Selma will ich von der kleinen Frau Winter Empfehlungen an ihre bekannten Damen nehmen, falls Ihre Frau auch dort ihre Berufsarbeit fortsetzen will, wie ich annehme. Winter mit Frau waren bei mir neulich; er geht nach Schlesien in ein Sanatorium, sie bleibt indes hier in Berlin bei ihren Eltern. Ich muß sagen, daß er einen ganz normalen Ein-druck macht und sehr wohl aussieht. Armer Junge! Passen Sie nun auf, daß Ihnen das Gewürm von der PPS nicht ebenso mit den Nerven mitspielt; ich rechne auf Ihren guten Humor und Ihre fe-ste Überlegenheit, die Winter nie besaß.

Auf den revisionistischen »Regen« hoffen Sie nun nicht zu viel, lieber Freund! Ich denke eher, daß Blitz und Donner in Euersglei-chen hineinfährt, oder vielmehr – ich will **Sie** nicht in die schlechte Gesellschaft bringen – in Braun, Heine & Co. **Das** walte Gott! Eure arme Breslauer »Kapazität«, Ede [Bernstein], stellt jetzt jedenfalls ein Jammerbild dar! – Ich beneide Löbe nicht um seine Rolle. Nun aber Schluß. Schreiben Sie bald!

Herzliche Grüße an Sie und Frau Selma. Ihre Rosa Lu.

Julius Bruhns

Luise Kautsky

Carissima Luigina!

Vor allem wollen wir uns zu Königsberg gratulieren.²⁵⁴ Es ist ein wahres Freuden- und Siegesfest, wenigstens empfinde ich so hier, hoffentlich auch Ihr dort, trotz der Hitze und der Naturschönheit. Donnerwetter, so ein Blutgericht über Rußland und Preußen ist doch noch schöner als alle zackigen Berge und lachenden Täler!

Ich genieße hier übrigens nur diesen letzteren, bescheideneren Teil der Naturschönheiten – dafür aber in unbeschränktem Maße – à discretion. »Des seligen Heiligen Römischen Reichs deutscher Nation große Sandbüchse«, wie die gute Mark ehemals genannt wurde, hat mich auf die tief philosophische Frage geführt: Wie kommt es eigentlich, daß, wo **Berg** ist, unbedingt auch ein Tal irgendwo steckt, so daß man immer beides genießt, wo aber nur **Tal** ist, wie z.B. hier in Hessenwinkel, da ist »ebent« **nur** Tal und basta. Können Sie mir dieses geologische Rätsel lösen? (Aber, bitte, nennen Sie es nicht etwa mit einer boshaften Anspielung auf die Genialität der Frage ein **»psychologisches«** und nicht ein geologisches Rätsel!) Übrigens, im Ernst ist es hier wundervoll: Wald – stundenlang, Seen – wo man hinspuckt (Pardon, es war nicht so gemeint) – und idyllische **Ruhe**. Die Vorzüge dieser Umgebung sind mir auch schon allmählich in die Seele gedrungen. Im Anfang nämlich war ich noch so geistig abgespannt, daß zwischen meinen Sinnen und dem blühenden »Objekt« immer wie ein unsichtbares Papier vom Himmel bis zur Erde herabhing und ich die Schönheiten, die mir vor dem Auge und dem Ohr schwebten, nicht **empfand**, sondern mit dem Gleichmut des Baedekers **notierte**. Ich mache jeden Tag stundenlange Streifzüge (stehe auf um – 6! Karl, fallen Sie nicht vom Stuhl) und genieße dabei die treue Gesellschaft eines à la Löwe geschorenen Vierfüßlers, genannt »Lump« (les beaux esprits se rencontrent)²⁵⁵, der mich jeden Morgen mit lautem Freudengebell begrüßt, wenn »wir« spazierengehen. Alle konstatieren und bewundern dabei, daß seine Intelligenz seit dem regen geistigen Verkehr mit mir zusehends wächst, und dabei bediene ich mich nicht einmal als Erziehungsmittel der Leitartikel des »Vorwärts« wie bei meinem hochseligen Mimi. Denken Sie sich mich überhaupt hier in einer

Art Paradies vor der Vertreibung Adams with family: Ich begegne auf Schritt und Tritt allerlei Tieren, die ich sonst nur im Zoo durch ein Gitter sah: Von Hasen geschwiegen, laufen mir täglich **Rehe (nicht** verehelichte Liebkn[echt])[256], **Eichhörnchen** und dergleichen in den Weg! Ich erwarte nächstens noch einige Leoparden, Nashörner und Auerochsen.

Apropos, neulich traf ich, natürlich bei einem harmlosen Spaziergang – wo ich, in die blauen Geheimnisse des Himmels und in die grünen des Waldes vertieft, meilenweit entfernt von jedem Schatten eines Klassenbewußtseins wandelte –, einen wahrhaftigen Genossen, einen leibhaftigen Genossen aus Berlin O. Zum Unglück war er auch noch mein engerer Genosse im Glauben der Vorväter, und so freute er sich natürlich sehr über die Begegnung, erzählte mir eine Masse klassenbewußter Neuigkeiten und versprach, mich unbedingt nächstens mit noch einigen Genossen zu besuchen. (Unsere Vorväter pflegten in solchen Fällen kurzweg »masltoff«[257] zu sagen.) Aber mit einem frischen Berliner Witz hat er mich doch am Schluß für die genossenen und in Aussicht gestellten Freuden etwas entschädigt. In Berlin ist das »Montagsblatt« nämlich umgetauft und heißt seit Ferienbeginn »Öde am Montag«. Fein, nicht?

Nun geben Sie mir dafür als Bringerlohn schnell einen Kuß, und einstweilen adieu – »Lump« ruft mich, und die »Lumpin« ist immer willig – spazierenzugehen.

Apropos, Luigina, wie wird es mit unserer gemeinsamen Fahrt werden?[258] Das Büro »sitzt« vor dem Kongreß am 13. früh zusammen. Ich muß folglich am 12. schon dort sein und am 11. von Berlin fortfahren. Können Sie das schaffen? Noch einen Kuß. – Pardon, noch etwas: Soeben schreibt mir Klara, daß ihre Breslauer Sache unterdrückt ist![259] Erster Erfolg des Königsberger Reinfalls, der aber der Klara sehr wider den Strich geht, sie hatte sich so sehr auf die gemeinsame Anklage mit den Genossen Schiller und Fichte gefreut! Die letzteren werden wohl auch im Himmel übler Laune sein, weil ihnen eine »göttliche« Komödie entgangen ist.

Und nun im Ernst einen Kuß! Ihre R.

Karl kann auch einen kriegen, wenn er will. Buben auch.

Karl Kautsky

Lieber Karolus!

Danke für Deine Nachrichten.²⁶⁰ Von der Preßkommission habe ich auch nicht viel erwartet. Auf die Veröffentlichung des Artikels will ich nun vorläufig verzichten, denn ich sehe wohl ein, daß sich vom Gefängnis aus eine Preßpolemik nicht führen läßt. Ich muß Dich nur um eins dringend bitten: Schreibe einige Worte an Plechanow (Adresse nötigenfalls in meiner Wohnung), um ihm die Schicksale des Artikels zu erklären, denn er wartet auf die Veröffentlichung. Willst Du das tun? Dank im voraus! Beruhige ihn auch, daß wir später, wenn ich heraus bin, schon wieder Gelegenheit finden, die Frage aufzurollen und in unserer Presse das Richtige zu sagen. (Sage ihm auch, daß der Parteivorstand auf **unserer** Seite steht.)

Jetzt hast Du also andere Kämpfe auszufechten. Das freut mich sehr, denn das zeigt, daß die Leutchen unseren Sieg in Amsterdam heftig empfunden haben.²⁶¹ Wie ich die Situation übersehe, wollen sie in Bremen²⁶² Revanche nehmen, und das soll ihnen doch versalzen werden! Deshalb ärgert es mich, daß Du mich um meine Zelle beneidest! Daß Du Kurt [Eisner], Georg [Gradnauer] & Co. gründlich auf den sogenannten Kopf schlagen wirst, zweifle ich nicht, aber Du mußt es mit Lust und Freude tun, nicht wie ein lästiges Intermezzo, denn das Publikum fühlt die Stimmung der Kämpfenden immer heraus, und die Freude am Gefecht gibt der Polemik einen hellen Klang und eine moralische Überlegenheit. Du bist jetzt freilich, wie ich sehe, ganz allein; August [Bebel] bleibt sicher bis Punkt 18 im Weinberge des Herrn, und Arthur-Leben mit Paule-Leben²⁶³ sind »elegisch«, wie Du schreibst. Daß sie doch das Donnerwetter sieben Klafter tief in den Erdboden verschlägt, wenn sie nach einem solchen Kongreß »elegisch« sein können – zwischen zwei Schlachten, wo man sich des Lebens freut! Karl, die jetzige »Rauferei« ist doch nicht das erzwungene Scharmützel in grauer Atmosphäre der Interessenlosigkeit, wie Du derer so viele hast in den letzten Jahren ausfechten müssen, jetzt ist das Interesse der Masse wieder rege, ich fühle es hier durch die Mauer, und zwar vergiß nicht, auch die **Internationale** schaut jetzt gespannt auf uns, ich wollte sagen,

*Rosa Luxemburg
im Gespräch mit August Bebel,
Amsterdam 1904*

auf Euch, denn der Ausgangspunkt der Polemik ist doch Amsterdam. Ich schreibe Dir das alles, nicht um Dich »aufzuputschen«, ich bin nicht so abgeschmackt, sondern um Dir **Freude** an Deiner Polemik zu machen, wenigstens Dir **meine** Freude zu übermitteln, da ich mit dieser Ware hier in Nr. 7 nicht viel anfangen kann. –

Weißt, ich habe viel über Amsterdam nachgedacht, über die allgemeine Lage der internationalen Bewegung und die Aussichten unseres Marxismus in der Internationale; ich habe so viel mit Dir darüber zu sprechen, aber das muß warten. Moral ist die für mich: daß wir ungeheuer viel **zu tun** haben und vor allem ungeheuer viel **zu studieren**, ich meine die Bewegung in den verschiedenen Ländern. Ich habe das Gefühl, daß wir (»Deutsche«) durch die bloße **Erkenntnis** der tatsächlichen Bewegung in den anderen Ländern schon eine Überlegenheit und Einfluß gewinnen, und andererseits habe ich das Gefühl, daß wir durch die bloße Annäherung mit der Internationale immer unsere (im engeren Sinne) Position innerhalb der **deutschen** Bewegung stärken. Mit einem Wort, ich freue mich sehr des Lebens. Schicken Sie mir im Brief Ihre Artikel, aber **ausgeschnitten**. Ich bin sicher, **Klara** [Zetkin] ist nicht »elegisch«, sondern empfindet im Kontakt mit Dir und mir. Ihr werdet beide in Bremen heiße Tage haben, verständige Dich mit ihr rechtzeitig, auf die kann man sich verlassen. Ich möchte so gern von **ihr** einen Brief haben. Apropos des IV. Bandes[264], wann erscheint er eigentlich, ich möchte ihn nämlich besprechen, mir sind einige Gedanken über diese Materie so im Kopf.

Jetzt zu Dir, liebste Luise, oder vielmehr jetzt nur zu Dir, denn der ganze Brief ist doch auch an Dich, Du verstehst meine Stimmung ja oft besser oder schneller (wenn's da was zu »verstehen« gibt). Ich wollte Dir so viel schreiben und muß mich so kurz fassen! Also nur soviel, daß mich Deine Briefe in die sonnigste Stimmung versetzen; danke tausendmal für jedes Wort, Du gibst mir ein so lebendiges Bild von Eurer Umgebung! Sende von mir nach Holland die herzlichsten Grüße. Schreibe oft, aber nur, wenn Du **Lust** hast, zwinge Dich nicht. Ich küsse Euch alle und die Buben. An Granny Grüße. Deine Rosa

Luiserl, schreibe an Troelstra, daß ich bei der ersten Gelegenheit zu Frau Sjoukje hinausfahre, wenn wir dort sind. Photographie kannst Du ruhig schicken. Von Bremen aus schreibt mir gleich zwei Worte, wie die Dinge stehen.

Luise Kautsky

[Zwickau, September 1904]

Liebste!

Vielen Dank für Karls Foto mit der reizenden Widmung! Das Bild ist prächtig, das erste wirklich gute Bild von ihm, das ich sehe. Augen, Gesichtsausdruck – alles vortrefflich. (Nur die Krawatte, die Krawatte mit den wimmelnden weißen Bohnen, die den Blick förmlich faszinieren! – So eine Krawatte ist ein Scheidungsgrund. Ja, ja die Weiber – bei dem erhabensten Geist bemerken sie vor allem die Krawatte ...) Das Bild macht mir viel Freude. Gestern kam der Brief von Großmama[265], sie schreibt lieb, um mich aufzuheitern, kann aber schlecht die eigene Depression verstecken. Grüße sie herzlich von mir, hoffentlich ist sie wieder guter Dinge, hier wenigstens herrscht das lieblichste Wetter. – Es scheint aber, daß, sobald ich weg bin, die Welt aus den Fugen geht. Ist das wahr, was ich im Tageblatt lese? Franziskus hat demissioniert?![266] Aber das wäre ja ein Debakel – ein Triumph für den ganzen fünften Stand! Konnte man ihn denn von diesem Schritt nicht abhalten? Es hat mich direkt erschüttert und niedergedrückt. Und dabei schreibst Du mir nichts Näheres darüber, Du Abscheuliche! –

Jetzt ist Abend, und ein weiches Lüftchen weht von oben durch meine Fensterluke in die Zelle, bewegt leicht meinen grünen Lampenschirm und blättert leise in dem aufgeschlagenen Schiller. Draußen am Gefängnis vorbei wird ein Pferd langsam nach Hause geführt, und seine Hufe schlagen ruhig und rhythmisch in der nächtlichen Stille auf das Pflaster. Aus der Ferne kommen kaum vernehmbar die launischen Töne einer Mundharmonika, auf der irgendein Schusterjunge vorbeischlendernd einen Walzer »pustet«. Mir summt im Kopfe eine Strophe, die ich irgendwo neulich gelesen habe: »Eingebettet zwischen Wipfeln – liegt dein kleiner stiller Garten, – wo die Rosen und die Nelken lang schon auf dein Liebchen warten, – eingebettet zwischen Wipfeln – liegt dein kleiner Garten …« Ich verstehe gar nicht den Sinn dieser Worte, weiß auch nicht, ob sie überhaupt einen Sinn haben, aber sie wiegen mich, zusammen mit dem Lufthauch, der mir wie liebkosend über das Haar streicht, in eine seltsame Stimmung. Dieses Lüftchen, das verräterische, es lockt mich schon wieder in die Ferne – ich weiß selbst nicht, wohin. Das Leben spielt mit mir ewiges Haschen. Mir scheint es immer, daß es nicht in mir, nicht dort ist, wo ich bin, sondern irgendwo weit. Damals zu Hause schlich ich mich in der frühesten Morgenstunde ans Fenster – es war ja streng verboten, vor dem Vater aufzustehen –, öffnete es leise und spähte hinaus in den großen Hof. Da war freilich nicht viel zu sehen. Alles schlief noch, eine Katze strich auf weichen Sohlen über den Hof, ein paar Spatzen balgten sich mit frechem Gezwitscher, und der lange Antoni in seinem kurzen Schafpelz, den er Sommer und Winter trug, stand an der Pumpe, beide Hände und Kinn auf den Stiel seines Besens gestützt, tiefes Nachdenken im verschlafenen, ungewaschenen Gesicht. Dieser Antoni war nämlich ein Mensch von höheren Neigungen. Jeden Abend nach Torschluß saß er im Hausflur auf seiner Schlafbank und buchstabierte laut im Zwielicht der Laterne die offiziellen »Polizeinachrichten«, daß es sich im ganzen Hause wie eine dumpfe Litanei anhörte. Und dabei leitete ihn nur das reine Interesse für Literatur, denn er verstand kein Wort und liebte nur die Buchstaben an und für sich. Trotzdem war er nicht leicht zu befriedigen. Und als ich ihm einmal auf seine Bitte um Lektüre Lubbocks »Anfänge der Zivilisation« gab, die ich gerade als mein erstes »ernstes« Buch mit heißer Mühe durchgenommen hatte, da retournierte er es mir nach zwei Tagen mit der Erklärung, das Buch sei »nichts wert«. Ich meinerseits bin erst mehrere Jahre später dahintergekommen, wie recht Antoni hatte. – Also Antoni stand immer erst einige Zeit in tiefes Grübeln versunken, aus dem er unvermittelt zu einem erschütternden, krachenden, weithallenden Gähnen ausholte, und dieses befreiende Gähnen bedeutete jedesmal: Nun geht's an die Arbeit. Ich höre jetzt noch den schlürfenden, klatschenden Ton, womit Antoni seinen nassen, schiefgedrückten Besen über die Pflastersteine führte und dabei, immer ästhetisch, am Rande sorgfältig zierliche, ebenmäßige Bogen beschrieb, die sich wie eine Brüsseler Spitzenborte ausnehmen mochten. Sein Hofkehren, das war ein Dichten. Und das war auch der schönste Augenblick, bevor noch das öde, lärmende, klopfende, hämmernde Leben der großen Mietskaserne erwachte. Es lag eine weihevolle Stille der Morgenstunde über der Trivialität des Pflasters; oben in den Fensterscheiben glitzerte das Frühgold der jungen Sonne, und ganz oben schwammen rosig angehauchte duftige Wölklein, bevor sie im grauen Großstadthimmel zerflossen. Damals glaubte ich fest, daß das »Leben«, das »richtige« Leben, irgendwo weit ist, dort über die Dächer hinweg. Seitdem reise ich ihm nach. Aber es versteckt sich immer hinter irgendwelchen Dächern. Am Ende war alles ein frevelhaftes Spiel mit mir, und das wirkliche Leben ist gerade dort im Hofe geblieben, wo wir mit Antoni die »Anfänge der Zivilisation« zum ersten Male lasen?

Ich umarme Euch herzlich, Rosetta

Die Baseler »Kumedi« hat mir Spaß gemacht.[267] Wullschleger, der von Rom den Segen kriegt, und daneben Son Excellence Miller[an]d, der auf Berlin Lobgesänge vorträgt … Wie heißt es doch in dem alten Klosterlied: Et pro rege et pro papa bibunt vinum sine aqua.[268] Holdrio! Es wird immer schöner auf der Welt.

Leo Jogiches

[Friedenau,] 29. [September 1905]

Teurer! Ich schreibe in Ungewißheit, ob Dich dieser Brief noch morgen in Krakau erreicht, aber nach Warschau zu schreiben, bin ich außerstande, denn die Beschränkung, die mir die Adresse von Kuba auferlegt, ist mir fatal, ich kann kein Wort herausbringen. – Ich bin erst gestern abend zurückgekehrt – aus Essen *(Stichwahl)*[269], wo ich binnen drei Tagen sechs Versammlungen hatte, davon drei Großveranstaltungen (je 2000–3000), drei für Bebel, der erkrankt ist, drei für mich. Es ging ausgezeichnet, aber Du kannst Dir vorstellen, wie ich die ganze Zeit in der Mühle war, und verstehst, warum ich Dir die ganze Zeit über nicht geschrieben habe. Ich weiß selbst nicht, wie ich das alles geschafft habe: Erst bin ich wie eine Leiche nach Jena gefahren, war dort eine Woche hindurch die ganze Zeit auf den Beinen, ohne eine einzige Sitzung für einen Moment zu verlassen, dreimal sprechen (und eine Wortmeldung *persönlich*) [270], dann direkt nach Berlin, den Sonntag über »ausgeruht«, tatsächlich schrieb ich nur sieben unbedingt notwendige Briefe und wechselte die Kleidung, am Montag früh um 8 Uhr nach Essen (neun Stunden Fahrt), abends **zwei** Versammlungen (von der einen zur anderen mit der Droschke, denn auf dem Bahnhof und in der ganzen Stadt waren die hier beigelegten Plakate ausgeklebt), das gleiche am Dienstag und Mittwoch, tagsüber mußte ich mich noch ein wenig vorbereiten, denn es mußten immer wieder neue Angriffe des Zentrums zurückgewiesen werden (am Mittwoch ging ich um $1\frac{1}{2}$ Uhr schlafen), am Donnerstag früh um 7 Uhr aufstehen und wieder neun Stunden Fahrt nach Berlin. Trotzdem habe ich mich tapfer geschlagen und bin zehnmal frischer zurückgekehrt, als ich nach Jena gefahren bin (NB, diese Agitation hat mir bei den Alten usw. sehr genutzt). Aber stell Dir diese гонка [271] vor. Die ganze Zeit wußte ich nicht, auf welcher Welt ich bin, und ich war, täglich in Gedanken bei Dir, nicht in der Lage, mir vorzustellen, **wo** Du eigentlich bist. Ich warte schon mit der größten Sehnsucht auf die erste Nachricht von Dir aus Krakau, um endlich wieder Ruhe zu haben und die regelmäßige Korrespondenz wiederaufzunehmen. Mein Teurer, armer Dziodziuś, wie mußtest Du Dich in dieser Zeit dort fühlen in solcher Bedrängnis und ohne Briefe von mir! Aber Du hast Dir wohl denken können, da Du wußtest, daß ich nach Essen gefahren bin, daß es **unmöglich** war, Briefe zu schreiben. Wenn doch schon morgen etwas von Dir aus Krakau käme!

Wieviel frische Gedanken und Pläne ich mitgebracht habe, wieviel Lust zur Arbeit, von alldem im nächsten Brief, sobald ich weiß, daß Du in Krakau bist. Jetzt nur soviel, daß über mich, ich war gestern kaum zurückgekehrt, wie erstickende Ausdünstungen ein Sturzbach »heimatlicher« Unannehmlichkeiten хлынул [272]. Zuerst ein Telegramm aus Krakau, das hier seit dem 25. gelegen hat, in Sachen Verteilungskommission [273]. Warum diese Frage mit Dalski nicht erledigt worden ist, verstehe ich nicht, Du solltest

Rosa Luxemburg mit Teilnehmern des Parteitages
der Sozialdemokratischen Partei Deutschlands
in Jena 1905

doch entsprechende Schritte unternehmen. (Ich habe heute sowohl D[alski] als auch Moszoro telegrafiert, aber ich fürchte, daß die Sache verpaßt ist.) Weiter, heute brachte man mir einen Pakken Briefe für diese vier Tage, darin waren, wieder aus Krakau, dreckige Ausschnitte aus dem »Naprzód«, ferner ein idiotischer Brief von Julek [Marchlewski], den ich beilege (ich antworte ihm morgen), das alles hat mich niedergedrückt. Am meisten schmerzten mich natürlich Deine Karten aus Riga über vergebliches Warten auf einen Brief. Wie ich mich danach sehne, daß das alles schon zur Ruhe kommt, damit Du Dich endlich ruhig und бодро[274] fühlst! Hier fand ich die Wohnung in dem gleichen tollen Durcheinander vor, in dem ich sie vor meiner Abfahrt nach Jena verlassen hatte. Ich mußte gleich die Frau holen, heute ist bereits alles saubergemacht, und ich kann wenigstens den Brief auf einem sauberen Tisch schreiben. Ein Dienstmädchen bekomme ich sicher in einer Woche. Eine Hucke (deutscher) Arbeit wartet auf mich, unter anderem verlangt Bebel, daß ich regelmäßig (zweimal im Monat oder in der Woche) einen Artikel für den »Vorwärts« schreibe. Ich werde mich bemühen, Dir den Artikel über Kasprz[ak][275] morgen zu schicken. Ach, ich warte so ungeduldig auf ein Wort von Dir aus Krakau, daß ich bereit bin zu telegrafieren, ich weiß nur nicht, was und wohin. Mein Teurer, sei ruhig und guten Mutes, sei gut und schreib sofort. Ich umarme Dich herzlich. Deine R.

Leo Jogiches

[Friedenau,] 6. [Oktober 1905]
Teurer! Heute will ich Dir endlich ausführlicher schreiben und auch rechtzeitig abschicken, um nicht nachts in die Stadt zu rennen.

Gestern bekam ich von Bebel einen Brief mit folgendem Wortlaut (ich muß ihn leider abschreiben, denn Du kannst ihn doch nicht entziffern):

Дорогой Раковский![276] *Ich stelle die Anfrage an Sie, ob Sie geneigt sind, für den »Vorwärts« regelmäßig wöchentlich etwa zwei Leitartikel zu schreiben, wenn die zuständigen Instanzen Sie zur Mitarbeiterschaft auffordern sollten?*

Ich gehe dabei von der Ansicht aus, daß Sie weder an den Tag noch an das Thema gebunden sind. Je nach Umständen sollen die Artikel ökonomische oder politische Themata behandeln. Das Thema wählen entweder Sie, oder die Redaktion spricht den Wunsch aus, ihr über das und das Thema einen Artikel zu liefern. Die Redaktion hätte die Artikel aufzunehmen, soweit nicht pressegesetzliche Bedenken obwalten. Sollte sie in bezug auf den Inhalt Bedenken haben, so muß sie sofort Vorstand und Pressekommission unterrichten. Die Artikel sollen als Redaktionsartikel Aufnahme finden, wenn Sie selbst nicht vorziehen, den einen oder anderen mit Ihrer Chiffre zu zeichnen.

Selbstverständlich werden die Artikel entsprechend honoriert. Wo möglich, nicht über zwei Spalten lange Artikel, ausnahmsweise könnten über wichtige Themen I-und-II-Artikel gebracht werden. Ich möchte Sie bitten, mir so bald als möglich Ihre Ansicht mitzuteilen.

Wie Du siehst, ein *Heiratsantrag in aller Form*. Die Bedingungen sind *an sich glänzend: besonderer Schutz des Vorstands*, die Redaktion **muß** die Artikel annehmen, ein Sonderhonorar (wie mir K. K. [Karl Kautsky] sagte, 25 M) und eine besondere, privilegierte Stellung. Dabei hat es mit der Sache noch folgende Bewandtnis: Außer meiner *Mitarbeit* besteht die »Reform« darin, daß durch Hinauswurf von zwei Kleinen und die Hereinnahme von zwei neuen Redakteuren *eine feste Majorität der Linken* geschaffen werden soll.

Natürlich versetzte mich dieser Brief in eine sehr schwierige Lage. Alles, was **dagegen** spricht, weiß ich ausgezeichnet, und wir brauchen uns das nicht zu wiederholen. Aber andererseits besteht folgende Lage: Nach dem ganzen Zank mit dem »Vorwärts«[277] ist das gewissermaßen eine Hinwendung zu unserer Linken mit dem Angebot *einer Kabinettsbildung*. Und obwohl ich eigentlich an diesem Skandal äußerlich nicht beteiligt war, figuriere ich dennoch dank Jena wieder als *Spiritus rector der Linken*, und eine Absage meinerseits würde rundweg bedeuten: *Da habt Ihr's! Die Leute haben nur ein großes Maul zum Stänkern, aber wo es gilt, besser zu machen, da kneifen sie aus!* Außerdem wäre das noch ganz speziell ein empfindlicher Hieb und Casus belli für Aujust [Bebel]. Er ist natürlich derjenige, der jetzt diese ganze Reform macht; er brennt vor heißem Verlangen, den »Vorwärts« auf unseren Leisten umzugestalten, und hat sich in den Kopf gesetzt, daß ich das schaffen kann! Ihm abzusagen würde bedeuten, ihm einen Strich durch die ganze Rechnung zu machen und Eisner & Co. *unstreitig das Feld überlassen.* Kurz, положение хуже губернаторского²⁷⁸. Da ich die Antwort bis heute geben mußte (denn nachmittag soll die Sitzung des Vorstandes mit der *Pressekommission* in Sachen *»der großen Reform«* stattfinden), ging ich also gestern abend zu K. K., um mich zu beraten. Er ist jetzt (aus bestimmten Gründen) so wütend auf den »Vorwärts« und auf August wie noch nie, trotzdem entgegnete er sofort, daß *»ablehnen glatt ist unmöglich«.* Wir haben uns dann folgenden Plan ausgedacht: sich sofort mit Cunow verständigen und von vornherein mit ihm und Ströbel (evtl. mit der ganzen Linken) *ein Schutz-und-Trutz-Bündnis* schließen, mit der gegenseitigen Verpflichtung, sollte es wegen meiner Artikel mit der Redaktion oder mit dem *Vorstand* zu einem *Krach* kommen, daß dann nicht ich allein, sondern unsere ganze Linke *solidarisch aus dem »Vorwärts« austritt,* und dann *ist die Redaktion gesprengt,* und dann würden Eisner & Co. ganz bestimmt hinausfliegen; denn ohne Cunow kann der »Vorwärts« nicht existieren.

Heute früh waren wir beide bei Cunow, der mit Freude darauf einging und schon gierig auf die Gelegenheit zu einem *Krach* wartet. »Du mußt wissen«, daß dieser Kerl in letzter Zeit so wütend auf Eisn[er] & Co. ist, daß er schon von sich aus allen Ernstes aus dem »Vorwärts« austreten wollte, aber zusammen mit mir wird das natürlich eine ganz andere Bedeutung haben. (NB: Vor Jena, auf der letzten Sitzung der Pressekommission mit der Redaktion, kam es zwischen C[unow] und E[isner] zu einem Handgemenge. C[unow] stürzte sich auf E[isner], packte ihn am Hals, drückte ihn an die Wand und wollte ihm schon die Faust ins Gesicht schlagen, als die anderen ihn wegzogen. NB: E[isner] geht C[unow] jetzt trotzdem sehr um den Bart und sucht ständig das Gespräch mit ihm! …)

Kraft dessen schrieb ich an Bebel einen Brief, worin ich von vornherein erkläre, daß ich an die Wirksamkeit einer solchen künstlichen Reform nicht glaube, daß, solange E[isner] und G[radnauer] und W[etzker] in der Bude bleiben, sich nichts ändern wird, daß ich aber, um unsererseits von der Linken **den gu-**

ten Willen zu zeigen, dem Vorschlag B[ebels] **unter der Bedingung** zustimme, daß zuerst eine ständige Mehrheit der Linken in der Redaktion gesichert wird.

So also habe ich diese Sache erledigt, und obwohl Du sicher ein sehr saures Gesicht machen wirst, wirst Du dennoch, wenn Du es Dir überlegst, zugeben, daß ich nicht anders konnte (NB: Diese Stellung verschafft mir eine sehr einflußreiche politische Position direkt im Zentrum der Partei, insbesondere in Anbetracht der sonderbaren Vorliebe Augusts in letzter Zeit.) Was die »Leipziger Volkszeitung« betrifft, so bleibt M[ehring] natürlich vorläufig, er ließ sich durch Bitten umstimmen. Die Leipziger erklärten jedoch, sie würden ihn schon gehen lassen, sie wünschten lediglich, daß er die gegenwärtige Situation noch durchsteht – bis Januar oder Februar. *Bis dahin wird wahrscheinlich auch der besagte Krach im »Vorwärts« richtig stattgefunden haben.*

Was das Schreiben selbst betrifft, so habe ich Lust und spüre, daß вступает в кулак железное расположение духа[279]. Ich werde mich bemühen, so zu schreiben, daß der Verfasser auf zehn Schritte zu erkennen ist. Cunow reibt sich schon die Hände vor Freude, wenn er daran denkt, was die »Rechten« für Gesichter machen werden angesichts solcher Artikel im *»Zentralorgan«.*

Jetzt ein bißchen Persönliches. Du irrst, Goldchen, daß ich in Gedanken dauernd in der polnischen Arbeit stecke. *Leider ganz im Gegenteil.* Jena hat mich schon wieder ganz *»umgestülpt« in dieser Beziehung.* So sehr, daß ich mitunter sogar fürchte, ob überhaupt jemand etwas macht, wenn ich mich dauernd so losgelöst von allem fühle. Aber dessenungeachtet, daß ich mit meinen Gedanken alles in allem bei der deutschen Arbeit bin, möchte ich wenigstens in den wichtigsten Sachen **unserer** Arbeit au courant[280] sein und bitte Dich, nicht so kindisch zu sein und mich nicht *gewaltsam* von der polnischen Arbeit abzuschirmen in der Art, daß Du mich über nichts mehr informieren willst. Mein Gold – wende mir gegenüber niemals mehr *»Pferdekuren«* an, gut? Wenn ich Dir versichere, daß mir ein paar orientierende Nachrichten über den Stand der Arbeit nicht schaden, sondern im Gegenteil, daß ich ein Bedürfnis danach empfinde, so kannst Du Dich getrost darauf verlassen.

Das Dienstmädchen ist immer noch nicht da, sie sollte gestern kommen, aber wie es scheint, kommt sie erst am Sonntag. Ich möchte einerseits, daß Du nicht eher aus Krakau abfährst, ehe nicht alles на новых началах[281] organisiert ist, andererseits, daß ich hier zuerst das Dienstmädchen, den Haushalt und die Arbeit in Gang gebracht habe, damit Du alles schon in Ordnung vorfindest. Ich z. B. ertrage hier die Unordnung und das Fehlen des Dienstmädchens *mit größter Seelenruhe*, ich fühle mich sogar physisch sehr gut (mit Ausnahme der Nacht und der Herzbeklemmung), aber Du würdest Dich sicher quälen, und dadurch würde auch ich mich quälen, wenn Du hier wärst. – Was Deine argwöhnische Analyse meiner Briefe angeht, so tust Du unrecht. Überhaupt *laß mich ganz gehen* »laissez faire«[282], Goldchen, denn auch Du mußt doch ein wenig »subtil« sein. Im übrigen, wenn Du hier wärst und mich sehen würdest, so wärst Du beruhigt, denn ich bin wie immer. Und gegenüber jeglicher »Analyse« habe ich jetzt eine größere Abneigung als je zuvor. *Ich lebe einfach ein Pflanzenleben, und man muß mich so lassen, wie ich bin.* Von Andzia [Luxemburg] hatte ich eine Karte, aber vor Deinem Besuch, und es scheint, daß sie noch auf dem Lande bleiben sollte. Annie [Luxemburg] war bei mir, sie brachte mir eine entzückende hellblaue Bluse mit, ich freue mich schrecklich. Höre, wenn mir der »Vorwärts« 200 M einbringen wird, so werden wir glänzend dastehen! Ich kaufe furchtbar viel Wäsche. Das ist mein größter Wunsch.

Ich umarme Dich. R.

In diesem Augenblick erhalte ich eine Karte von der Bebel, daß mein Dienstmädchen morgen (Schabbes) um 7 Uhr abends ankommt und ihre (der B[ebel]) Donna sie von der Bahn abholt und zu mir bringt. Mit einem Wort: *direkt aus den Händen des Parteivorstands.*

In der »Jugend« ist wieder eine Menge *Witze* auf mein Konto, ich schicke sie Dir morgen. Du wirst lachen, obwohl Du wegen der »Porträts« bestimmt böse sein wirst.

Leo Jogiches

[Friedenau, 10. Oktober 1905]

Teurer! Heute erhielt ich Deinen Brief, in dem Du *nach großer Vorrede* – nichts geschrieben hast. Und mit Deiner Kritik bezüglich Sonntag hast Du Dich in meinen Augen nur kompromittiert. Wieso soll ich am Sonntag nichts zu tun gehabt haben? Aber hast Du vergessen, daß die Donna erst am Sonnabendabend kam, also war am Sonntag der erste Tag, an dem ich sie »anlernte«, wozu ich von früh an neben ihr stehen und ihr zeigen mußte, wie man ein Zimmer nach dem anderen aufräumt, dann wie man kocht, dann wie man den Tisch deckt, dann wie man abwäscht, dann »*Kaffeekochen*«, dann das Abendbrot, dann das Herrichten der Betten für die Nacht – und so bis zum Schlafengehen. Da hast Du jetzt diese ganze interessante Litanei zur Strafe. Du wirst schon wissen, daß ich mich nicht »herausrede«?!

Notabene, *meine Hausfrauensorgen* sind nicht zu Ende. Die Donna heult mir schon vor, daß sie Herzklopfen hat, keine Treppen steigen kann, nichts heben kann, und bestimmt werde ich es kaum einen Monat mit ihr aushalten. Ich habe schon »etwas« als Ersatz im Auge und mache mir aus alledem nichts. Ich sehe dafür gern zu, wie der Maler die Stuckverzierung der Decke ausmalt.

Es giftet mich, daß mir das Schreiben irgendwie schwerfällt. Zum Teufel, ich bin wohl doch kein echter Schriftsteller, wenn ich mich zu jedem beliebigen Artikelchen an den Haaren herbeiziehen und zwingen muß. Nur in Extrafällen, wenn ich stark angeregt bin (wie z. B. anfangs von der »Leipziger Volkszeitung« oder in diesem Jahr von der Revolution im Februar), dann fliegt mir die Feder »blitzschnell« von selbst dahin, wie bei Herrn Zołzikiewicz. Und sobald ich in dem Zustand bin, einen Artikel aus mir herauszuquetschen, so bin ich *mißmutig* und nicht imstande, einen ordentlichen Brief zu schreiben. Ich fühle mich so, als könnte ich niemandem vor die Augen treten. Weißt Du, was ich zur Nacht lese? Benvenuto Cellini, die Autobiographie in **Goethes** Übersetzung. Eine sehr originelle Sache, interessant als *Sittenbild* aus dem XV. Jh. aus Italien und Frankreich. So allmählich möchte ich wenigstens meine eigenen Klassiker ordentlich kennenlernen. Übrigens wirkt Goethe überhaupt ungemein beruhigend – ein echter »Olympier« ist er, und mir ist diese Weltsicht jetzt so nahe und verwandt. Leider fehlt mir nur diese eiserne **Arbeitsamkeit**, die Goethe ungeachtet dieser Weltsicht hatte (von dem Genie ganz zu schweigen). Etwas Sonderbares, was für universelle geistige Interessen dieser Mensch besaß! Und das war ein »Schwab«[285]. *Das soll mir einer erklären.* Und deshalb – wenn wir abends etwas zusammen lesen werden, dann keine Belletristik, sondern etwas Ernstes. *Das Leben ist zu kurz und wir zu große Ignoranten, um sich einen solchen Luxus zu gestatten.* Einverstanden? Aber, von Andzia [Luxemburg] bekam ich heute eine Karte mit der Nachricht, daß sie zurückgekehrt ist und sich sehr gut fühlt. Die Maiglöckchen hat sie noch ganz frisch vorgefunden, sie dankt Dir herzlich, aber bedauert schrecklich, daß sie Dich nicht gesehen hat, und sie **verpflichtet** Dich für das nächste Mal. Schreib ihr eine Karte in die Złota.

Umarmungen. R.

Darf man nicht wissen, wer dieser interessante Jüngling ist, dem ich chaleureusement[284] Empfehlungen an Sigg mitgebe? Denke daran, damit ich nicht hereinfalle wie Clemenceau mit seinem »Sohn« ...

Leo Jogiches

[Friedenau, 13. Oktober 1905]

Teurer Dziodziuś! Gestern hatte ich keinen Brief von Dir, und Du heute keinen von mir. Aber das ist keine Rache. Den ganzen Tag nahmen die »Besuche« kein Ende. Gleich nach dem Mittagessen war dieses Fräulein (Sozialdemokratin) da, die uns Antoni als Erbschaft hinterlassen hat – ein mächtig angenehmes Mädel, auf den ersten Blick eine tüchtige und begeisterte Sozialdemokratin. Sag unseren Leuten dort, daß man sie gut behandelt. Dann kam Luise [Kautsky] und nach ihr die Jungen, bis es schon 8 Uhr war und ich nicht mehr die Kraft hatte, zur Bahn zu fahren, und aufgeregt war. Daß neulich abends Rjas[anow] da war, habe ich Dir, wie mir scheint, geschrieben. Ich sehne mich schon danach, ihn Dir »abzugeben«, sobald Du hier bist, denn ich weiß nicht, wozu ich ihn eigentlich **genießen** soll. NB, auch er »путал«[285] ein bißchen in der »Duma«frage und hat sich erst bei mir gefestigt. Er saß noch bei mir, als so gegen 9 Uhr Karl [Kautsky] mit Luise und einem *Genossen* aus Friedenau hereingestürzt kam, um mich mitzunehmen. Stell Dir vor, Karl hatte auf die Bitte der Friedenauer *Genossen* einen Vortrag über ... *»Marx' ökonomische Lehre«* – und rate, wo? – in dieser obskuren Kneipe an der Ecke Menzel- und Beckerstr., wo diese beiden entzückenden Hündchen sind, die wie Tiger aussehen, und die, wie es sich herausstellt, *»eine Hochburg«* der hiesigen Sozialdemokratie ist. Natürlich ging ich mit ihnen, und wir betraten ein verräuchertes, winziges Zimmerchen, darin saßen dichtgedrängt und höchst konzentriert – fünfundzwanzig *Mann*. Karolus räusperte sich und begann vorzutragen, was das ist, *Wert und Tauschwert* – NB, so unpopulär, daß ich mich direkt wunderte. So etwa ein Stündchen. Die Ärmsten kämpften krampfhaft gegen das Gähnen und den Schlaf an. Dann begann die Diskussion, ich mischte mich ein, und sofort wurde es sehr lebhaft; die Leute sagten immer wieder, daß ich oft kommen soll, es war sehr *gemütlich*, und wir unterhielten uns alles in allem sehr gut. Karolus gingen vor Bewunderung die Augen über: *Woher Du alle diese Tatsachen weißt* (verschiedene Praktiken *mit Tarifverträgen etc.*), *und woher verstehst Du, so mit den Leuten umzugehen* usw.

Heute hatte ich zwei angenehme Augenblicke innerhalb von ansonsten nicht allzu angenehmen Augenblicken: Der erste war Deine Frühsendung »Die Kunst«, der zweite war Dein Nachmittagsbrief mit »Z pola walki«. Für die »Kunst« danke ich Dir sehr. *»Wie Du mich kennst«* – setzte ich mich direkt aus dem Bett an die »Kunst« und blätterte Seite um Seite um. Die Reproduktionen sind prachtvoll, und ich verspreche mir noch viel Freude vom Lesen des Textes. Vielleicht erfahre ich endlich etwas über Lenbach. Ich nehme sie auch zu K.K.s [Karl Kautskys] mit, und wir werden dort gemeinsam blättern. »Z pola walki« ist sehr gelungen, das Foto auf der ersten Seite ist geradezu sagenhaft geworden. Das Ganze ist sehr imponierend, wenn mich nur nicht der Gedanke grämen würde, daß es sich um einen Monat verspätet hat, und zwar durch mich! Ha, unsere Leutchen in Warschau sind vielleicht nicht so wählerisch, und es wird ihnen noch nützen!

Jetzt müßten »blitzschnell« die weiteren Nummern »Z pola walki« und »Czerwony Sztandar« herausgegeben werden. Ich verspreche Besserung, und zum Beweis habe ich schon heute »Czego chcemy«[286] in Angriff genommen, habe etwas über die Selbstverwaltung hinzugesetzt und lege es bei. Ich wollte auch den Rest gleich machen und abschicken, aber ich behalte ihn, um **Deine Hinweise zu bekommen**. Schicke sie doch sofort! Und schreibe mir, was ich dort für diesen »Przegląd Robotniczy« noch zusätzlich machen soll, damit Du ihn so etwa in einer Woche schon aus der Maschine nehmen kannst. So würden wir uns ein wenig aufmöbeln, wenigstens in der öffentlichen Meinung. NB, mich quält wieder der Gedanke, was mit den Publikationen sein wird, wenn Du nicht dort bist: Du schreibst selbst, daß »Z pola walki« technisch noch soviel Schwierigkeiten gemacht hat und Du den ganzen Tag in der Druckerei sitzen mußtest, obwohl die ganze Nummer durch Deine Hände gegangen ist! Was wird das, wenn Du hier sein wirst? Ewiges Wütendsein über technische Nachlässigkeiten! Der einzige Mensch, der, zumindest scheint es mir so, genügend Pünktlichkeit und »настойчивости«[287] in diesen Dingen besäße, wäre Witold, wenn Du ihn in diese Kabbalistik einweihen würdest. Aber weder Julek [Marchlewski] und noch weniger Ad[olf Warski]!

Diese verdammte Malerarbeit ist hier jetzt fertig, aber es muß bis morgen »trocknen«, und erst dann beginnt das Wiederaufstellen des Gerümpels in der Küche und erst das richtige Saubermachen in den Zimmern. Die Küche erkennst Du nicht wieder, sie beschämt jetzt die Zimmer und wird wohl unser »Salon« sein.

Wie gefällt Dir das Fiasko der PPS in Kattowitz?[288] *Etwas Krachendes geradezu!* Das kam großartig zustatten als Illustration der Früchte der PPS-Taktik. Vergiß nicht, das im »Czerwony Sztandar« zu erwähnen.

Aber, aber, noch etwas von den Schulden: Was ist dort mit der **Broschüre** über Kasp[rzak] los? Damit kann man doch auch nicht mehr länger zögern!!

Schreib, wie es damit steht, wann sie herauskommen und was ich dazu schreiben soll.

Du wirst wieder traurig sein, daß ich über lauter »Äußerliches«, Geschäftliches schreibe, aber Du wirst Dich irren. Es ist wirklich so, daß all **dieses** Geschäftliche jetzt meinen »внутренний мир«[289] darstellt, denn es plagt und bedrückt mich ohne Unterlaß. Du hast keine Ahnung, wie diese Parteischulden (z. B. die Broschüre über die PPS[290], über die Autonomie[291]) mich vergiften. Ich bin wegen dieser Sachen nicht imstande, an irgend etwas ungezwungen zu denken. Und wann schaffe ich das alles! Und wird das alles nicht schon zu spät sein. *Zu allen Teufeln!*

Hier bekam Karolus plötzlich einen Brief von Singer, daß dieser von einem gewissen Nathan *(ein Parteijude aus der Bernstein-Mischpoche)* molestiert worden ist, er, Karl, und August [Bebel] sollten sich bemühen, auf die Russen »Einfluß« auszuüben, daß es keine *»Zersplitterung«* bei den Wahlen zur Duma gibt, denn es kommt sehr darauf an, daß die »Radikalen« bei den Wahlen durchkommen etc. etc. Natürlich muß »Paule« [Singer] darauf hereinfallen und gibt den Auftrag an Karl weiter. Karolus antwortete ihm darauf *»sehr kühl«*, daß es ihm nicht einmal im Traum einfällt, in dieser Richtung »Einfluß« auszuüben, »даже совсем наоборот«[292].

Interessant an dieser Geschichte ist nur, wer da hinter Nathan steht, denn eine solche Bitte konnte doch nur von den Iskra-Leuten[293] ausgehen.

Aber ich danke Dir für die russischen Blätter (»Oswoboshdenije« etc.), ich werde sie durchlesen, obwohl ich den »Пролетарий« und die »Iskra« schon vorher oberflächlich gelesen habe.

Ein amüsanter Skandal: Gestern kommt lachend Luise [Kautsky] zu mir, »*um vorzubeugen*, daß ich eventuell abends zu ihnen komme«. Es war nämlich von *Victor-Leben*[294] ein Brief gekommen, der seinen Besuch am gestrigen Abend avisierte, offensichtlich mit dem versteckten Seufzer, mir nicht wieder zu begegnen. Er ist speziell gekommen, um sich mit Karl [Kautsky] »по душе«[295] auszusprechen, über Karls Brief an Hilferding, in dem Adler von Karl *»ein Verräter am Marxismus«* genannt wird und dieser empfohlen hatte, jenem den Brief zu zeigen. Karolus hatte sich über einen gemeinen Artikel Adlers in der Wiener »Arbeiter-Zeitung« – *»Zum Jenaer Parteitag«* – mit einer bösartigen Polemik *gegen den Generalstreik*, ganz im Geiste von Eisner und Gradnauer, geärgert.

Das Wetter ist hier auch schauderhaft, fast unaufhörlich pladdert der Regen, es ist kalt und dunkel, man könnte rasend werden. Ich heize überhaupt noch nicht und laufe mit Sommerbluse bei offenem Fenster herum – »ich genieße«, solange Du noch nicht da bist und nicht den Krieg gegen die »frische Luft« eröffnest (siehst Du? ...).

Heute frage ich bei Pfannk[uch] schriftlich an, was dort mit dem Geld los ist. Sie haben schon mehr als 110 000, also werden wohl etwa 60 in bar sein. Am Sonntag werde ich vielleicht schon in besserer Stimmung sein. Wenn nur die Arbeit voranginge!! Ich umarme Dich, ruhe Dich nach dieser »гонка«[296] ein bißchen aus!! Deine

Benvenuto Cellini wirst Du hier lesen müssen, und ich werde das gern mit Dir zusammen noch einmal lesen. Eine großartige Sache, sie macht den Eindruck von etwas in der Art von *Jürg Jenatsch*[297]. Mich irritiert nur, daß wir gewöhnlich in solchen winzigen Portiönchen zu lesen pflegen, im Schneckentempo!

Gurcmans Foto ist ungeheuer sympathisch. Das muß ein sehr hübscher Junge sein.

Lies die Beilage zu »Czego chcemy« durch, bevor Du sie zum Druck gibst.

Leo Jogiches

[Friedenau, 14. Oktober 1905]

Teurer! Heute erhielt ich Deinen ganz kurzen und traurigen Brief, Du weißt inzwischen schon, warum ich Dir neulich nichts geschrieben habe, und hast heute meinen ausführlichen Brief erhalten. Über »Z pola walki« habe ich Dir schon geschrieben. Stell Dir vor, heute habe ich die ganze Nacht geträumt, daß Kasp[rzak] hier war und mit Dir über Parteifragen gesprochen hat, und ich habe zugehört. Als ich aufwachte und mir bewußt wurde, daß alles *aus* ist, und zwar für immer, da wurde mir schrecklich zumute, und ich hatte keine Lust aufzustehen. Ich denke überhaupt sehr oft an ihn und kann mich mit diesem Fakt überhaupt nicht abfinden.

Heute ging ich zum erstenmal spazieren. Aber es ist eigentlich auch der erste Tag ohne Regen, dafür ein kalter Wind, der einen fast umwirft. Aber trotzdem habe ich mich sehr erholt bei dem Gang durch das Feld, Du weißt schon, wo. Nur diese verdammte

»*Rennbahn*« mit dem unaufhörlichen Tuckern der Automobile trübt mir beträchtlich den Eindruck. Hör mal, was für ein amüsantes Zusammentreffen von Umständen: Am gleichen Tag, an dem Du mir »Die Kunst« geschickt hast, wollte ich Dir etwas aus der gleichen »Oper« schicken, habe allerdings die Absicht geändert und es bis zu Deiner Ankunft aufgehoben; eine nichtige Bagatelle schließlich.

Was die Kasse betrifft, noch eine Bemerkung: Ich bitte Dich, mach der Ordnung halber eine Quittung über 700 M (statt der über 680), und ich lege Dir die 6 M aus meiner Tasche zu (denn Du schreibst, daß Du noch 14 genommen hast). Gut?

K. K. [Karl Kautsky] hat mir einen Dienst erwiesen, das Pferd soll ihn treten. Nach einer großen Beratung mit mir in Jena²⁹⁸ versprach er den Hamburgern ein Referat über den Massenstreik im November. Jetzt hat er offenbar keine Lust mehr und redet sich damit heraus, daß er wegen der Polizei Befürchtungen hat, öffentlich zu häufig aufzutreten, und schrieb ihnen, ohne mein Wissen, daß ich ihn vertreten werde, was für sie sogar einen Gewinn bedeutet. Natürlich waren die Hamburger einverstanden, und jetzt bleibt mir nichts übrig, als auch einverstanden zu sein, denn ich kann doch K[autsky] nicht zum Gespött machen.

Morgen ist schon der 15., schreibe also, wann Du kommst, damit ich mich hier mit den Kleinigkeiten entsprechend einrichten kann.

Gestern bekam ich aus München von jemandem eine Karte an meine Adresse für Parvus. Das heißt, daß er heute oder morgen hier in die Tür fällt. Ich gestehe Dir, daß es mich diesmal ganz und gar nicht begeistert, und ich fühle, daß er von dem Empfang auch nicht begeistert sein wird. Bestimmt wirst Du empört sein, aber mich hat diese seine idiotische Taktik gegenüber der Duma aus der Fassung gebracht. *Ich habe genug von diesen »radikalen« Seitensprüngen.* Ferner hat mich sein Brief, den er mir nach Jena schickte, ein bißchen aus der Ruhe gebracht: *großmäulig und prahlerisch* wie gewöhnlich. Ich weiß, daß das Kindereien sind, aber ich bin dessen schon etwas überdrüssig. (Ich erwarte, daß Du mich dafür im nächsten Brief ausschimpfst.)

Mein Goldchen, *meine Kartelle lassen mich nicht schlafen.* Und ich kann mich hier aus diesen kleinen laufenden Arbeiten einfach nicht herausrappeln. Ich möchte zu gern einmal auskosten, wie ein Mensch lebt, der keine (schriftstellerischen) Schulden auf dem Gewissen hat und alles rechtzeitig erledigt. Aber ich sterbe bestimmt, ohne das erfahren zu haben, so wie besagte Frau bei Dikkens, die starb, *ohne das Ende von einer Sache zu sehen.* Vielleicht wird es auf mich seine Wirkung tun, wenn Du auch regelmäßig arbeiten wirst, was meinst Du?

Hast Du in dieser »*Kunst*« nach den schönen Sachen Lenbachs Kolbs aus Magdeburg »*moderne*« Scheusale gesehen? Gestern rannte ich gegen 9 Uhr früh für ein Stündchen zu den Kautskys, wir sahen uns das zusammen an und platzten vor Lachen. Besonders Karl machte zu allem amüsante *Randglossen.*

Victor-Leben[299] ist wegen Jena wütend auf mich, er zischt geradezu, wenn er von mir spricht, *was mir sehr viel Freude macht.* Heller ist schon aus der »Schwäbischen Tagwacht« ausgetreten (ihn haben unter anderem Klaras [Zetkin] Intrigen hinausgebissen), und da er in der Partei keine Stelle fand, so fuhr er nach Wien und gründete einfach *eine Kunst- und Buchhandlung! »Ein Mann über Bord!«* Aber wie es sich herausstellte, hat Kritsch[ewski] deshalb die Korrespondenz aufgegeben, weil ihn der gleiche Alexejew mit Aufträgen für legale Publikationen verführt und dieser Esel seine ganze Existenz aufs Spiel gesetzt hat. NB hat er ihnen auf Anhieb alle seine Übersetzungen »verkauft«, die Du von ihm gekauft und herausgegeben hast: Эрфуртскую программу, 18 Брюмера usw.[300] Was sagst Du dazu?

Ich bedaure übrigens, daß Du nicht hier bist, wenn Parvus kommt, denn Du könntest ernsthaft mit ihm reden und ihn beeinflussen, daß er ein ordentlicher Mensch wird, aber ich vermag es nicht und habe keine Lust dazu.

Goldjunge, verbringe den Sonntag gut. Ich verbringe den morgigen Tag wie gewöhnlich, den ganzen Tag allein. Ich will mich bemühen zu arbeiten. Wenn Du kommst, werden wir Theater besuchen, durch Annie [Luxemburg] kann ich verbilligte Karten bekommen, gut?

Umarmungen! Deine R.

Leo Jogiches

Teurer! Ich schreibe Dir in Eile, denn kaum hatte ich Deinen Brief mit den Bemerkungen zu »Czego chcemy«[301] erhalten, habe ich mich sofort an die Arbeit gemacht, um sie Dir mit der nächsten Post zurückzuschicken, damit Du von dieser Plage erlöst bist. – Deine Bemerkungen habe ich **alle** berücksichtigt, mit Ausnahme von zweien.

1. Was die Details betrifft, wie *Zwei-Kammer-System, Verantwortlichkeit der Minister* u. ä., so kann ich mir schwer darüber klarwerden, **ob** sie hier wirklich am Platze sind und an welchem Platz. Deshalb kann man das jedenfalls für die Broschüre aufheben. Bis dahin werden wir uns einig.

2. Was die »Duma« betrifft, so bist Du gänzlich *auf dem Holzweg*, wenn Du meinst, daß wir sie hier erwähnen müssen. Du bist verrückt, Goldchen. Das ist doch ein **Kommentar zum Programm von dauernder und allgemeiner** Bedeutung, unsere **positiven** Forderungen, aber kein Artikel oder eine Agitationsbroschüre, gedacht für einige Wochen oder Monate. Alles, was über die Duma gesagt werden muß, soll in Juleks [Marchlewski] Broschüre geschehen, und ich denke nicht daran, sie hier zu erwähnen. – Wenn Du die Fortsetzung der Bemerkungen herschickst, werde ich sie ebenfalls sofort erledigen.

Gestern holte ich durch einen merkwürdigen Zufall abends die Schachtel mit Mamas und Vaters letzten Briefen und den Briefen von Andzia [Luxemburg] und Józio [Luxemburg] aus jenen Zeiten hervor, las sie alle durch, mußte so weinen, daß meine Augen ganz geschwollen sind, und ging schlafen mit dem großen Wunsch, nicht wieder aufzuwachen. *Insbesondere* verhaßt wurde mir auch die ganze »Politik«, derentwegen ich (das Hinschmieren »Von Stufe zu Stufe«![302]) die Briefe von Vater und Mutter wochenlang nicht beantwortete, nie für sie Zeit hatte wegen dieser *weltbewegenden Aufgaben* (und das dauert bis zum heutigen Tage an), und Du wurdest mir verhaßt als derjenige, der mich für immer an diese verfluchte Politik geschmiedet hat. (Ich erinnere mich, daß ich auf Dein Zureden hin die Lübeck damals davon abgehalten habe, nach Weggis zu kommen, damit sie mich nicht stört, *den epochemachenden Artikel* für die »Sozialistischen Monatshefte«[303] zu beenden; dabei fuhr sie zu mir – mit der Nachricht vom Tode der Mutter!) Du siehst, wie offenherzig ich Dir alles schreibe. Heute lustwandelte ich in der Sonne, und es geht mir etwas besser. Gestern war ich schon nahe daran, den Entschluß zu fassen, mit einem Schlag diese ganze *gottverdammte Politik* oder vielmehr diese blutige Parodie eines »politischen« Lebens, wie wir es führen, sausen zu lassen *und pfeife auf die ganze Welt.* Das ist so ein idiotischer *Baaldienst*, sonst nichts, wobei die ganze menschliche Existenz der eigenen Zerrüttung, einer geistigen Rotzkrankheit zum Opfer gebracht wird. Würde ich doch an Gott glauben, dann wäre ich überzeugt, daß uns Gott für diese *Qual* schwer strafen wird.

Ich umarme Dich. Deine R.

Apropos, ein kleines Drama: Besagter Feldman vom »Potemkin«, ein neunzehnjähriger Junge (der jetzt wirklich schon gerettet ist, er ist im Ausland), hatte eine Verlobte, ein achtzehnjähriges Mädel. Dieses stürzte sich auf die **falsche** Nachricht von seiner Verhaftung hin, bevor er im Ausland eintraf, in Genf aus dem Fenster und war auf der Stelle tot.

Leo Jogiches

[Friedenau, 24./25. Oktober 1905] · Dienstag
Teurer Dziodziuś! Erst heute früh schickte ich Dir den Brief mit den Korrekturen, denn gestern abend war ich so erschöpft, daß ich nicht imstande war, zur *Friedrichstraße* zu fahren, und ich sagte mir, daß **Du** bestimmt dagegen wärst. Gestern war von Dir kein Brief, und heute morgen kam Dein Sonntagsbrief – so traurig und voller Zweifel, daß ich mich wunderte. Was? Warum? Weshalb? Das ist wohl eine Depression nach einer außergewöhnlichen Erschöpfung durch Arbeit, daß Du von irgendwelchen Vorahnungen träumst. Und ich putze hier nach Leibeskräften Dein Zimmer und schaue jeden Tag mehrere Male hinein, immer sofort nach dem Aufstehen, ich saß gerade in Deinem Zimmer, als ich diesen dummen Brief las. Ich hoffe, daß Dir diese Stimmung schon vergangen ist.

Wie Du aus dem heutigen »Vorwärts« (auf der letzten Seite) er-
siehst, macht die Palastrevolution Fortschritte, die Demission der
»Rechten« wurde angenommen, und schon zum 1. XI. soll *mit Ach
und Weh* die neue Redaktion komplettiert sein.[304] In diesem
Augenblick erhielt ich einen Brief von Bebel mit der Anfrage, ob
er mit mir rechnen kann, daß ich zum 1. XI. einen *Leitartikel* liefern werde (!). Es versteht sich von selbst, daß ich versprechen
und etwas Elegantes vorbereiten muß. Wie Du siehst, müssen wir
schon damit rechnen, daß ich ab 1. XI. diese zwei Leitartikel für
den »Vorwärts« auf dem Hals habe, aber bestimmt noch weit
mehr, denn K. K. [Karl Kautsky] fordert z. B., daß ich, wenn auch
nur von zu Hause aus (durch *Notizen*), den russischen Teil leite,
also wird es ziemlich viel Arbeit geben! Fürchte Dich nicht, ich
lasse mich nicht ganz im Geschmiere für den »Vorwärts« begraben, aber die zwei Leitartikel muß ich behalten, denn das ist auch
eine sehr wichtige Position, nun – und Zaster! In finanzieller
Hinsicht leben wir endlich auf, kommen aus den Schulden heraus
und schaffen uns allmählich die unbedingt notwendigen Sachen
an. Und was die Position betrifft, so fällt mir, in Anbetracht dessen, daß die Redaktion notgedrungen aus miserablen (dafür »ko-
scheren«) Federn bestehen wird, die Pflicht zu, »задавать тон«[305]
und **de facto** *die erste Geige* zu spielen. Vergiß nicht, das ist zugleich, *seit die Welt steht, das erste Experiment mit einer durchweg radikalen Kabinettbildung im »Vorwärts«. Und da gilt es zu zeigen, daß die
Linke »regierungsfähig« ist!* Wenn sie mir den **Eintritt** in die Redaktion anbieten würden (was auch *nicht ausgeschlossen* ist, August hat
mich *auf seiner Liste* vorgemerkt), bin ich entschlossen **abzulehnen.** Wozu brauche ich den Kram und die Verantwortung für die
Technik der Zeitung und die Nachtarbeit? Für mich ist es am **be-
quemsten,** nur die Leitartikel zu Hause zu schreiben und dadurch eine einflußreiche Stellung zu haben. Was denkst Du über
das alles? Schreibe sofort!

Heute war ich bei Ger[isch] und habe 10 000 bekommen, die ich
auch schon auf die Bank gebracht habe. Die zu verteilende
Summe betrug gemäß der Quittung im »Vorwärts« insgesamt
116 000.[306] Davon legten sie 6 000 als Reserve für alle kleinen Anforderungen zurück und nahmen 110 000. Davon entfallen 22 000
auf uns. Davon haben wir schon im August und September

2 000 + 5 000 = 7 000 bekommen. Jetzt bekam ich 10 000, das sind 17 000. Es bleiben also für uns in der Kasse des *Vorstandes* noch 5 000, die wir jederzeit anfordern und abholen können. Nach der Einzahlung der heutigen 10 000 haben wir in der Bank **reine** etwa 22 400 (und noch 5 000 bei Ger[isch]). Wie Du siehst, *stehen wir gar nicht schlecht.*

NB: Eine wichtige Sache. Wie ich in Essen und später aus dem »Vorwärts« erfuhr, spendete der *Bergarbeiterverband* vor einiger Zeit (sicher im Juni oder im Juli) 5 000 M »*zur Unterstützung der streikenden Bergarbeiter des russisch-polnischen Reviers*«. Dieses Geld ging über die *Generalkommission* »*nach Russisch-Polen an das Streikkomitee*«. *Ich wittere hier,* daß das irgendein *Schwindel* der PPS ist, denn unsere Leute haben wohl nichts bekommen. Und da das ausdrücklich ohne Parteimarke für die **Bergleute** gegeben wurde, so könnte die PPS durch den *Bergarbeiterverband* gezwungen werden, daß sie uns die Hälfte geben. Man muß folglich vor allem erfahren, ob unsere Leute im Kohlenrevier etwas von den 5 000 M wissen. Weiter sich an die *Generalkommission* mit der förmlichen Anfrage wenden, an welche Adresse sie jene 5 000 geschickt hat. Und im Falle eines Tricks der PPS die Herausgabe der Hälfte fordern.

Aber ich möchte, daß das **ohne mich** erledigt wird und daß nicht unser Auslandskomitee **als solches** auftritt, sondern *etwa* unsere Organisation im Kohlenrevier, die im Bedarfsfalle alle Angaben in bezug auf die Demaskierung jenes »*Streikkomitees*«, seiner Parteibindung und die Beschränktheit seines Einflusses liefern könnte. Nutze Eure Konferenz aus, um diese Frage aufzuklären. Ich nehme an, daß es sich eventuell lohnen würde, wenn wegen dieser Frage sogar jemand Kompetenter von unseren Leuten aus Dąbrowa hierher nach Berlin käme.

Jetzt muß ich mich noch bei Dir beklagen: Ich bekomme jetzt buchstäblich mit jeder Post zwei bis drei Einladungen zu Referaten in die verschiedensten Winkel, manchmal *mit ausdrücklichem Hinweis auf die »vorzügliche Rede in Jena«* (z. B. heute aus Dortmund). Eine wahre Plage, denn dieses stereotype Absagen bereitet mir gar keine Freude. Aber ich muß.

Jetzt mache ich mich an die Verbesserung des Stückes über die Selbstverwaltung. Zum Teufel, ich weiß selbst nicht, wie ich da herauskommen soll. Du bist wirklich gescheit, Du überläßt alle diese Fragen **mir** zum Entwirren. Aber woher, zum Teufel, soll ich wissen, *wie das machen?* Nun, ich mache es, wie ich kann. Aber das alles ist wieder auf einmal herabgestürzt! Ich eile an die Arbeit!

Umarmungen. R.

Leo Jogiches

[Friedenau, 26./27. Oktober 1905] · Donnerstag

Mein teurer Dziodziuś!

Heute nahmen im Zusammenhang mit den Skandalen im »Vorwärts« (Leitartikel)[307] die Kautskys wieder meine Zeit bis zur Post in Anspruch, die gerannt kamen, um Neuigkeiten mitzuteilen und die Situation zu besprechen. Ich lege Dir eine Notiz aus dem »Berliner Tageblatt« bei. Jetzt bleibt mir offensichtlich das Vergnügen nicht erspart, ab 1. XI. für den »Vorwärts« zu schmieren, und man muß ernsthaft damit rechnen.

Heute bekam ich Deine paar mit Bleistift geschriebenen Worte. Mit der Kürze des Briefes möchte ich mich gern abfinden, denn ich weiß, wieviel Arbeit Du dort jetzt hast, aber auch in diesen wenigen Worten klingt irgendeine *gedrückte Stimmung*, die mich unangenehm berührte. Aber vielleicht ist es mir nur so vorgekommen? Im übrigen scheint mir, könntest Du den Tag Deiner Ankunft jetzt schon festlegen, denn aus der Konferenz wird doch wohl angesichts des Eisenbahnerstreiks[308] nichts! Und der »Przegląd Robotniczy« ist schon fertig, wie Du selbst schreibst.

Heute habe ich mich in den »Освобождение« Nr. 77 vertieft und fand dort zwei Sachen, über die Du im allernächsten »Czerwony Sztandar« etwas bringen **mußt**: 1. das Protokoll des Kongresses des Bauernverbandes in Rußland, 2. den Bericht über die Verhandlungen des Büros des letzten Kongresses der Landwirte mit den Repräsentanten unserer Nar[odowa] Dem[okracja] und der Post[ępowa] Dem[okracja] samt dem **Autonomieprojekt** für Polen, das die Herren (»privat«) vorgelegt haben. Letzteres **müssen** wir unter die Lupe nehmen, und zwar sofort! Sicher haben der »Naprzód«, der »Przedświt« etc. das schon getan. Heute habe ich überhaupt die ganze Abnormität der Art und Weise meiner polnischen Arbeit lebhaft empfunden. Ich bekomme eine Bestellung: »Schreibe einen Leitartikel über die Autonomie« (oder über die »Konstituante«)! Gut. Aber, zum Teufel, dazu muß man die polnische und russische Presse verfolgen, au courant[309] sein, was in der Gesellschaft geschieht, mit den Parteiangelegenheiten *Fühlung* haben. Sonst kann doch nur irgendein blasser Formelkram aus der Feder herauskommen, kann ich nicht *»ins Schwarze treffen«*. Und jetzt ist die Zeit vorbei, da es noch anging, излагать[310] die positiven Anschauungen der Partei in agitatorischer Form. Jetzt ist jede Frage bereits Gegenstand des **Parteienkampfes.** Und diesen Kampf jetzt nach alter Gewohnheit nur auf die PPS zu beschränken ist ein furchtbarer Anachronismus. Wenn man jetzt einen Artikel über die Autonomie schreibt, muß man nicht nur die PPS, sondern gleichermaßen auch die ND und die PD sowie die Ugoda-Leute[311] berücksichtigen! Jede Bewegung muß in Rechnung gestellt werden. Aber wie soll ich das machen, wenn ich keine polnischen Zeitungen zu Gesicht bekomme, weder die legalen noch die von jenseits der Grenze: »Słowo Polskie«, »Naprzód«, »Przedświt« etc., weiter die **»Prawda«** u.ä. Früher (im Sommer) bekam ich noch von Zeit zu Zeit ein Häufchen Ausschnitte zu irgendeiner Frage. Jetzt habe ich seit zwei, drei Monaten keine polnischen Zeitungen gesehen, in einer Zeit, da gerade auf das lebhafteste verhandelt wird. Wie soll man angesichts dessen einen Artikel über diese verdammte Autonomie schreiben? Über das Projekt der ND und PD erfuhr ich **zufällig** aus dem »Освобождение«, den Du mir wegen eines ganz anderen Artikels (über die Duma) geschickt hast. Aber kann man sich darauf verlassen? In ihren Zeitungen

Freitag. Bis zu dieser Stelle bin ich gestern abend gelangt, als wieder Karl und Luise [Kautsky] hereingestürzt kamen, um mich zu Aujust [Bebel] mitzunehmen. Dieser hatte ihm wieder geschrieben, ich sollte zu Dienstag (die erste Nummer *unter neuem Kurs*) den Leitartikel garantieren und Karl zum Mittwoch. (August hat auch an Julek [Marchlewski] in Sache Zusammenarbeit geschrieben, denn Cunow möchte *Wirtschaftliches* auf Julek abwälzen, um sich selbst der Politik zu widmen.) Eigentlich gab es keinen

Grund, zu A[ugust] zu gehen, wie sich denn auch herausgestellt hat, aber ich wollte es Karl nicht abschlagen, nun, und im allgemeinen *ist es nützlich*. Wir saßen und plauderten, vielmehr hörten zu, denn er redete wie immer »ganz allein«, bis 11 Uhr. Wie sich herausstellt, hat sich die **ganze** bürgerliche Presse *den Braten* vorgenommen, die *Vossin* im Leitartikel! Überall ist auch die »*rrrevolutionäre Rosa*« als *Schreckgespenst* hingestellt. *Aujust ist fest wie Eisen.* Was Deine Ratschläge bezüglich der Rechte und Honorare betrifft, so verzeih, aber ich werde auch diesmal etwas anders vorgehen – nach meinem Instinkt und meiner Natur. *Ohne in Edelmut zu spielen* – keineswegs! Ich **beginne** jedoch nicht damit, Bedingungen zu stellen und zu feilschen. In diesem Augenblick geht es allein darum, die anderen hinauszufeuern, »das Haus vom Unrat zu säubern«. Das, was sich jetzt herausbildet, ist seiner Natur nach *ein Provisorium*. Folglich muß man jetzt hauptsächlich zeigen, *was man kann; sich kleinlich und berechnend zeigen* ist jetzt gar nicht apropos. Übrigens hege ich dahingehend nicht die geringste Befürchtung, denn ich habe in den Beziehungen zum *Vorstand* (übrigens auch zur Redaktion des »Vorwärts« – Du erinnerst Dich an die Honorare für meine *Marx-Artikel*[312]) wahrhaftig keinen Grund, mich zu beklagen. Mit einem Wort – *alles wird sich schon finden; Hauptsache: ruhig Blut, völlig korrektes Betragen und gediegene Leistung auf den ersten Schuß. Mißverstehe mich nicht*, wenn ich von einem »*Provisorium*« spreche, so meine ich nicht **Monate**, sondern höchstens ein paar Wochen.

Heute mache ich mich energisch an den Leitartikel für den »Czerwony Sztandar«, obgleich es mir wahrhaftig schwerfällt, wie ich geschrieben habe, *mit der Stange im Nebel herum[zu]fahren*. Was das deutsche Blättchen[313] betrifft, so schreibe forsch und sofort, was Du von mir willst. Das ist eine Kleinigkeit, das schreibt man в три мига[314] ohne Überlegung. Folglich zögere nicht. Den Nachtrag über die Autonomie hast Du gestern bekommen, hoffe ich. Ich erwarte also den »Przegląd Robotniczy« in einigen Tagen. Schreib doch, ob angesichts der Vorkommnisse bei der Eisenbahn aus Eurer Konferenz etwas wird? Wenn nicht, so hast Du wohl keinen Grund, nach der Fertigstellung des »Przegląd Robotniczy« dort zu sitzen.

Im heutigen frischen »Пролетарий« beachte außer dem Auszug aus dem »Czerwony Sztandar« (der NB selbst in der Übersetzung durch die talentierte Form von dem ganzen ungehobelten »Пролетарий« vorteilhaft absticht) die Korrespondenzen aus **Wilna** über uns (auf der letzten Seite). Könnte dieses unser Wilnaer »Komitee« nicht endlich kassiert werden, damit uns diese Narren durch ihre hartnäckige Existenz nicht kompromittieren? Denn eine Arbeit wird es dort anscheinend niemals geben. Ich lege die Korrespondenz aus Częstochowa bei. NB: In der »Iskra« fehlt das Artikelchen, dessen Korrekturabzug mir Parvus gegeben hat. Ich lege ihn Dir bei. Übrigens vielleicht wegen Platzmangels. Aber diese »Chuzpe«[315], die sie haben, und die Kritik an der Konferenz[316] sind wirklich komisch. Mich irritieren sie nicht, sondern bringen mich zum Lachen. Ich wundere mich, daß Du sie so tragisch nimmst. NB: Gestern habe ich mich schon an den Artikel für die »Neue Zeit« gemacht, aber wie soll man jetzt, angesichts dieser Ereignisse[317], von diesen albernen »тактические разногласия«[318] schreiben, da die Situation und **meine** Stellung vielmehr einen Artikel von der Art der Februar- und Märzartikel[319] erfordern würden – *breit angelegt, großzügig und nicht polemisch, sondern belehrend.* Im übrigen muß mein zweiter Leitartikel für den »Vorwärts« von Rußland handeln. Ich eile zur **Frühpost**, also Umarmungen! Sicherlich schreibe ich Dir heute noch einmal, wenn sie mich nicht wieder stören! Deine R.

Wenn Du erst hier bist, werden Dir *alle Marotten* schlagartig aus dem Kopf fliegen!

Leo Jogiches

[Friedenau, 1. November 1905]

Teurer! In Eile nur ein paar Worte: Ich bin nämlich seit gestern täglich im »Vorwärts« beschäftigt, und zwar schon ab 4 Uhr nachmittags. Es erweist sich – *der Karren steckt im Dreck*, und ich muß energisch helfen. Gestern schrieb ich dort an Ort und Stelle den Leitartikel[320] und habe alle Telegramme über Rußland bearbeitet. Heute gehe ich wieder den Leitartikel[321] schreiben und Rußland. Deshalb kurz:

Gaillardia
Comp.

Hopfen
(Humulus Lupulus)
Fam: Moraceen

Zweig mit Fruchtstande

Was die Taktik im Hinblick auf das Manifest[322] betrifft, so bin ich **ganz** Deiner Meinung und gehe sogar viel weiter *im Mißtrauen*. Unsere Losung muß sein: Jusqu'à outrance![323] In diesem Sinne habe ich auch den gestrigen Leitartikel geschrieben und heute ebenso. NB, Du kannst diese beiden Leitartikel aus dem »Vorwärts« wörtlich oder mit einer beliebigen Überarbeitung in den »Czerwony Sztandar« oder ein *Flugblatt* übernehmen. Aus Sosnowiec bekam ich gestern ein *Riesentelegramm*, das sie heute bringen werden.[324]

Ansonsten, *ich bleibe kalt wie eine Hundeschnauze*.

Deine Pläne in bezug auf Warschau sind hervorragend. Was meine Arbeit betrifft, so kannst Du beruhigt sein, aber meine Ruhe hier *ist bedingt durch Deine Rührigkeit*. Auf mich mußt Du jedoch zumindest in dieser Woche verzichten. Hole Julek [Marchlewski] telegrafisch nach Krakau, und er soll nach Deinem Diktat schreiben. Er hat mir gerade heute geschrieben, daß er schon frei ist und sich reisefertig macht. Parv[us] ebenfalls. Mein Artikel hat heute allgemein gefallen, Aujust [Bebel], der Ärmste, rennt ebenfalls jeden Abend in der Redaktion herum, aufgeregt und unzufrieden mit unseren Ochsen. Ich muß helfen, was das Zeug hält. Daher flüchte ich zum »Vorwärts«.

Umarmungen! Schreibe über alles. R.

Leo Jogiches

[Friedenau, 3. November 1905]

Teurer! Habe alle Telegramme erhalten und in diesem Augenblick Deinen (doppelten) Eilbrief.

Du fragst, warum ich nicht schreibe und was ich mache. Nun, *»was soll ich Ihnen viel sagen, Herr Cohn?«* – ich fühle mich hundeelend. Der »Vorwärts« sinkt, wie Du richtig bemerktest, schnell auf das Niveau der »Sächsischen Arbeiter-Zeitung« herab, und was das Schlimmste ist, nur ich begreife das, teilweise K. K. [Karl Kautsky].

Die Redaktion besteht aus Ochsen, und überheblichen noch

dazu. *»Journalist«* – nicht ein einziger, dabei führen Eisner & Co. mitsamt der ganzen *Meute* der Revisionisten eine erbitterte Polemik gegen uns in der Presse, und darauf antwortet entweder August [Bebel] (!) oder Cunow oder dgl. (!!). Und ich darf nur *Rußland* machen, *hie und da* Leitartikel schreiben und gute Ratschläge und Initiativen geben, die in ihrer Ausführung so éntsetzlich ausfallen, daß ich mich an den Kopf fasse. Ein kleines Beispiel: Gleich nach »unserer« ersten Nr. (vom 1. XI.) bemerkte ich zu Ströbel, daß seine Notiz gegen Calwer miserabler ist, als wenn Eisner sie geschrieben hätte, daß wir nicht dazu in den »Vorwärts« eingestiegen sind, um feige »вилять«[325], daß man *scharf und klar schreiben* muß. Darauf sagte er mir am anderen Tag: *»Nun, ich werde jetzt besser machen, da werden Sie zufrieden sein.«* Und da finde ich nun heute in der Nummer dieses furchtbare Geschnatter *»Revolutionäres Wetterleuchten«* – eine Reihe sinnloser Phrasen, »radikales« Gerede, und das **an der ersten Stelle der** *Politischen Übersicht!! Ist das nicht zum Heulen?* Und wenn Du Dir dann noch diesen **Stil** ein bißchen ansehen würdest, den sie alle schreiben! *Aus der Haut fahren möchte ich!* Natürlich erwartet uns (d. h. die Radikalen) eine solche Blamage, daß es furchtbar ist. Und einen Ausweg daraus sehe ich nicht, denn es gibt keine **Leute.** Zu all dem rechne noch hinzu, daß ich **müde** bin wie ein Hund und kaum krieche. Dieses tägliche Fahren um 4 Uhr zur Redaktion, Rückkehr gegen 9 Uhr und dieses Geschnatter dort mit dieser Bande quält mich unbeschreiblich. Dabei stehe ich (seitdem das Dienstmädchen da ist) jeden Morgen pünktlich um 8 Uhr auf und gehe dauernd unausgeschlafen herum, denn abends kann ich nicht einschlafen *vor Katzenjammer.* Mit einem Wort – *es ist schön.*

Die Aktion unserer Leute in der Heimat freut mich schrecklich. Leider kann ich im »Vorwärts« wegen Platzmangels sehr wenig unterbringen. Ich habe nicht die **russische** Sozialdemokratie, sondern die gesamtstaatliche gelobt, d. h. **unsere** Taktik gegenüber der Duma, wenn Du aufmerksam gelesen hast.

Umarmungen. R.

Luise und *Karl Kautsky* [Illowo, 29. Dezember 1905]
Freitag, 12 Uhr mittags
Meine Liebsten!

Hier sitze ich, forme zwar keine Menschen, aber esse Schnitzel mit Kartoffeln. Die ganze Nacht habe ich zwischen Alexandrowo und Thorn durchgebummelt, bin müde wie ein Hund.[326] Hier warte ich auf den Zug nach Mława. Was weiter – ist noch unklar. Auf Pferdewagen bis Sonntag keine Hoffnung wegen Schabbes! Dafür soll ein Zug nach Warschau heute noch abgehen – unter militärischer Bedeckung! Die Tragikomik der Situation im letzteren Falle könnt Ihr Euch selbst ausmalen. Der ganze Zug soll von Militär besetzt sein, und dazwischen – wahrscheinlich noch als einziger Fahrgast – ich ... Der Witz der Geschichte kann aber leicht ernst werden, falls [es] unterwegs zum Rencontre mit streikenden Eisenbahnbeamten kommt. Hoffentlich werde ich nicht in Warschau mit Brownings empfangen!

Viele Küsse! R.

Grüßt Paule [Singer] und erklärt ihm, weshalb ich mich von ihm nicht verabschieden konnte. In Alexandrowo lief alles ganz glatt ab.

Luise und *Karl Kautsky* [Warschau, 30. Dezember 1905]
Sonnabend
Meine Liebsten!

Gestern 9 Uhr abends bin ich glücklich angekommen in einem von Militär geführten, ungeheizten und unbeleuchteten Zug, der vor Furcht vor »Überraschungen« im Tempo der Granny ging. Die Stadt ist wie ausgestorben, Generalstreik, Soldaten auf Schritt und Tritt. Die Arbeit geht gut, heute beginne ich.

Viele herzliche Grüße Eure Rosa

Luise und *Karl Kautsky*

Meine Liebsten!

Ich schreibe kurz, weil ich sehr wenig Zeit habe. Bis jetzt habe ich mich über den Stand der Arbeit und die allgemeine Situation zu orientieren gesucht, jetzt stürze ich mich in die Arbeit. Um die Situation mit zwei Worten zu kennzeichnen (aber nur **für Euch**): Der Generalstreik ist so ziemlich **mißlungen,** am meisten in Petersburg, wo die Eisenbahner gar keinen Anlauf genommen haben, um ihn durchzuführen. (Die Informationen Deutschs waren also windig.) Die Stimmung überall ist schwankend und abwartend. Die Ursache von alledem ist aber der einfache Umstand, daß der **bloße Generalstreik** die Rolle ausgespielt hat. Jetzt kann nur ein direkter, allgemeiner Straßenkampf die Entscheidung bringen, dazu muß aber der Augenblick noch mehr vorbereitet werden. Es kann also noch eine Weile so gehen in der abwartenden Haltung. Es sei denn, daß irgendein »Zufall«, ein neues Manifest oder dergleichen, einen plötzlichen, spontanen Ausbruch herbeiführt. Im allgemeinen ist die Arbeit und die Stimmung sehr gut, nur muß man den Massen erklären, **weshalb** der jetzige Streik äußerlich »resultatlos« verlaufen ist. – Die Organisation wächst allenthalben stark und liegt doch zugleich im argen, weil alles in Fluß ist. Am ärgsten ist das Chaos in Petersburg. Moskau steht viel besser, und der Moskauer Kampf hat die allgemeine Taktik in eine neue Etappe vorgeschoben. – Von einer Leitung aus Petersburg ist keine Rede, die Leute lokalisieren ihre Gesichtspunkte in lächerlichster Weise. (Übrigens kommt das auch in der Argumentation zum Ausdruck, mit der D[eutsch] **nur** für Petersburg materielle Hilfe forderte. Von ihrem eigenen Standpunkt war das höchst unklug, wie ich mir nachher sagen mußte. In Petersburg allein kann die Revolution niemals siegen, sie kann jetzt nur im ganzen Reich siegen.)

Jetzt komme ich mit folgenden dringenden Bitten: 1. Den Artikel von Mehring schickt mir bitte sofort per eingeschriebenen Brief an die Adresse Dr. J. Goldenberg, Wierzbowa 9 (für mich im inneren Kuvert), **ohne** Vermittlung Thorns direkt nach Warschau. 2. Luiserl, sprich sofort mit Freythaler im »Vorwärts« und laß mir vom gleichen Tage ab täglich **zwei Exemplare** des »Vorwärts« un-

In der Eisenbahn

---

ter Kreuzband an die Adresse: Redaktion der Biblioteka Naukowa, Warschau, Nowy Świat 37, schicken. Ich glaube, daß er schon einmal überwiesen hat, aber durch den Poststreik ist nur eine Nummer angekommen, und außerdem brauche ich jetzt **zwei Exemplare,** beide unter **einem** Kreuzband. 3. Sei so lieb, teile dieselbe Adresse mit derselben Bitte um zwei Exemplare unter einem Kreuzband **Mehring** mit, damit ich die »Leipziger Volkszeitung« bekomme. 4. Schicke mir auch an dieselbe Adresse selbst jede Woche unter Kreuzband das Korrespondenzblatt der Generalkommission mit der »Sozialen Praxis« zusammen. Wir brauchen das für das Gewerkschaftsorgan, das jetzt erscheinen wird. Darauf warte ich **sofort.** Schicke die letzten Nummern, wenn Du sie noch findest. 5. Sei so gut, Luiserl, nimm aus meiner Schublade im Schreibtisch gleich vorne so ein Papiersäckchen mit blauen Sternen drauf, es enthält verschiedene Drucksachen. Schicke es mir als eingeschriebenen geschlossenen **Brief** an die obige Adresse (Nowy Świat) dringend **für mich.** 6. **Auf** dem Schreibtisch neben Voltaires Büste liegt in dem Häufchen Papiere ein längliches Papiersäckchen mit meinem russischen Manuskript, etwa 116 numerierte geschriebene Blättchen, drin. Wenn nicht dort, dann liegt es oben neben dem Marmorkopf vielleicht oder **in** der Schublade. Wenn Du es findest, schicke es gleichfalls als geschlossenen eingeschriebenen Brief an die Adresse Nowy Świat für mich. Falls es zuviel Gewicht ist, mach daraus zwei Briefe.

Nun habe ich Dich wieder mit Bitten überhäuft, aber ich weiß, Du wirst alles gern tun. Liebste, hier ist es sehr schön. Jeden Tag werden zwei bis drei Personen in der Stadt von Soldaten erstochen, Verhaftungen kommen täglich vor, sonst ist es aber sehr lustig. Trotz Kriegszustand geben wir unseren »[Czerwony] Sztandar« **täglich** heraus, und er wird auf den Straßen verkauft. Sobald der Kriegszustand aufgehoben wird, erscheint wieder die legale Tageszeitung »Trybuna [Ludowa]«. Jetzt muß man den Druck des »Sztandar« täglich mit Revolvern in der Hand in den bürgerlichen Druckereien erzwingen. Auch die Meetings werden sofort beginnen, wie der Kriegszustand vorbei ist, dann sollt Ihr von mir hören. Grimmige Kälte herrscht hier, und man fährt nur Schlitten.

Ich muß schließen. Viele Küsse an Euch beide und die Buben, herzliche Grüße an Granny, Hans [Kautsky], Mehring und Singer und meine Kollegen. Schreibt mir **sofort,** wie es Euch geht und was im allgemeinen vorgeht, wie es um den »Vorwärts« steht und ob August [Bebel] nicht geschimpft hat. Gewöhnliche Briefe adressiert an Goldenb[erg], drin ein Kuvert für mich.

Herzlich Eure R.

Luise und *Karl Kautsky*

[Warschau,] 11. Januar [1906]

Meine Liebsten!

Herzlichen Dank für Deine zwei (leider so kurzen!) Briefe, die ich mit Sehnsucht erwartete. Ich telegrafierte Dir nicht, weil M[archlewski] gerade nach Berlin sollte; seine Reise hat sich aber, wie das zu gehen pflegt, um einige Tage verschleppt. Er hat Euch hoffentlich meine Grüße ausgerichtet und Dich gebeten, mir die Sachen als **Geschäftspapiere** eingeschrieben zu schicken. Dann geht alles bequem in zwei Kuverts hinein. Den »Vorwärts« haben wir hier **einmal** bekommen (die »rote« Nummer) in zwei Exemplaren, seitdem – nichts! Woran das liegt, mögen die Götter und die Kosaken wissen. Am ungeduldigsten harre ich des Mehringschen Artikels, der uns mit der Herausgabe desjenigen von Karl zurückhält! Ob M[ehring] ihn überhaupt noch nicht geschrieben hat? Ich schreibe gleichzeitig an ihn, mahne auch Du, Luiserl. In den letzten Tagen war hier einer von der OK (der Menschinstwo)[327]. Ich habe aus ihm alle möglichen Informationen über die Sachlage herausgepreßt und will es für den »Vorwärts« verwerten. Im übrigen habe ich hier die löbliche Absicht, regelmäßig für die »Neue Zeit« zu schreiben, und zwar mehr Beleuchtungen der Ereignisse, wozu der »Vorwärts« nicht geeignet ist. Wenn man bloß ein bißchen mehr Zeit hätte!

Von dem Moskal[328] habe ich im übrigen erfahren, daß Parvus den Vorsitz und den Sitz im Rat der Delegierten niedergelegt hat, nachdem er in einer Frage im Laufe des letzten Generalstreiks in der Minorität geblieben ist. Es handelte sich um die Frage, wie der verunglückte Streik zu beleben ist; P[arvus] schlug vor, nach dem Vorbild Moskaus bewaffneten Aufstand zu proklamieren, um die Situation zu retten. Mit der Idee sind alle einverstanden, aber die Mehrheit war von der momentanen Unausführbarkeit überzeugt. P[arvus] erklärte, er sehe überhaupt ein, daß er seine Kenntnis der Verhältnisse überschätzt habe, er wolle vor allem noch lernen, und trat damit aus, um sich seiner Zeitung zu widmen, die kolossalen Erfolg hat. Momentan erscheint übrigens **keine einzige Zeitung** der Sozialdemokratie in ganz Rußland, auch alle demokratischen, ja, farblose und sogar reaktionäre Blätter sind verboten! (Daß unser »[Czerwony] Sztandar« trotzdem **täglich** erscheint und in der Stadt verkauft wird, weißt Du von M[archlewski].) Momentan ist die Sachlage die: Einerseits fühlt man allgemein, daß die kommende Phase des Kampfes die der bewaffneten Rencontres sein wird. Ich habe über Moskau viel und das **Erfreulichste** erfahren. (Sobald ich ganz genaue und zuverlässige Berichte habe, schreibe ich Euch.) Vorläufig nur soviel, daß in Moskau eher ein Sieg als eine Niederlage zu verzeichnen ist. Die gesamte Infanterie war untätig, ebenso die Kosaken! Nur Kavallerie und Artillerie sind noch »kriegstüchtig«. Verluste auf seiten der Revol[utionäre] sind **minimal,** die ganzen ungeheuren Opfer hat – die Bürgerschaft, d. h. ganz Unbeteiligte, gebracht, weil die Soldateska einfach blindlings drauflosfeuerte und Privathäuser vernichtete. Das Resultat: Die ganze Bürgerschaft ist wütend und revoltiert! Massenhaft wird von ihr Geld für die Bewaffnung der Arbeiter gegeben – von **leitenden** Revolutionären ist in Moskau fast **niemand** umgekommen. Nur die Sozialrevolutionäre fielen bei einer großen »geschlossenen« Konferenz sämtlich rein, und zwar gleich im Anfang. Den ganzen Kampf führte die Sozialdemokratie. Andererseits stehen auf dem Plan die Duma und die Wahlen. Das hundsgemeine Wahlrecht[329] kennst Du. Kommt hinzu, daß der Kriegszustand für die Zeit der Wahlen **nicht** aufgehoben werden soll!! Es sollte scheinen, daß unter solchen Umständen die **Teilnahme** an den Wahlen sich noch mehr verbietet als zu der Bulyginschen Duma. Nun, da haste: Die Sozialdemokratie in Petersburg hat **Wahlbeteiligung** beschlossen, und zwar wieder mit einem verrückten künstlichen Plan: Wählen soll man in allen Stufen (es gibt ja in der Provinz **vier**-stufige Wahlen!!). Aber auf Grund – des allgemeinen (nicht existierenden) Wahlrechts. Ferner, gewählt werden sollen nur die Wahlmänner bis zur höchsten Stufe, diese sollen jedoch **nicht** Abgeordnete für die Duma wählen, sondern ... sich der Staatsgewalt in der Provinz bemächtigen. Weiß der Deibel, ich kann diesen Quatsch nicht einmal wiederholen. – Das ist der »Sieg« der Iskra-Leute[330] über die Lenin-Leute, auf den sie sehr stolz sind. Ich konnte leider nicht rechtzeitig nach Petersburg fahren, sonst hätte ich ihnen diesen »Sieg« versalzen. Jetzt sind wir anderen »Völker« in sehr dummer Lage. **Faktisch** wird natürlich auch dieser kunstvolle Plan einfach in der Praxis zusammenbrechen, weil schon bei dem ersten Sturm auf die Wählerversammlungen ein allgemeines Tohuwabohu entstehen muß, bei dem die ganze Wahlkampagne sich in direkten Kampf verwandeln wird. Aber aus Rücksicht auf die Solidarität mit Petersburg geht es nicht gut an, eine gesonderte, verschiedene Losung zu geben, und doch können wir den Unsinn nicht mitmachen. Na, wir bleiben wohl doch bei der offenen und einfachen **Ablehnung** der Wahlen auf Grund eines Vierklassenwahlrechts und unter dem Kriegszustand.

Nach Petersburg werde ich in einigen Wochen fahren. Anfang Februar haben die beiden Fraktionen den ersten gemeinsamen konstituierenden Parteitag.[331] Ich will natürlich hin. Dabei kommt mir in den Sinn, daß es wohl angebracht wäre, um die Liierung der deutschen Partei mit der Revolution zu befestigen, daß die deutsche Sozialdemokratie auf diesem Parteitag vertreten wäre. Das würde auch auf die Fraktionen und ihre eventuellen Friktionen wohltuend wirken. Da keiner von Deutschland unter sotanen Umständen nach Petersburg fahren wird und keiner russisch kann, so könnte der Vorstand vielleicht auf mich zugleich die Vertretung Deutschlands übertragen. Ich bin ja sowieso dort, so daß auch **keine Kosten** dem Vorstand daraus erwachsen würden. Wenn Du das, Karlchen, für richtig hältst, so sprich Du mit den Vätern darüber, denn ich mag selbst nicht; sie sollen nicht denken, daß mir persönlich daran etwas liegt. Aber Du müßtest das recht **bald** erledigen; denn das Datum des Parteitages ist noch nicht fixiert und kann leicht beschleunigt werden.

Ich habe hier schon eine Broschüre über die allgemeine Situation und Aufgaben geschrieben, die im Druck ist.[332] Außerdem soll in dieser Woche mit einem **deutschen** Wochenblatt für Łódź und einem **gewerkschaftlichen** Wochenblatt begonnen werden. Ich erwarte deshalb sehnlich das Korrespondenzblatt und andere Gewerkschaftsblätter (österreichische!).

Persönlich geht es mir nicht ganz so, wie ich möchte, ich fühle mich physisch etwas matt, aber das wird schon besser. Meine Geschwister sehe ich einmal in der Woche. Sie wehklagen darüber sehr, aber – non possumus! Was macht Ihr, meine Liebsten, alle? Was schreibst Du jetzt, Karolus? Wie geht es Würmchen[333]? Wie steht es mit dem »Vorwärts«? Hat man schon Block engagiert? Was macht Granny, was die Buben? Mitten im Trubel muß ich beständig an Euch alle denken, meine Lulu. Schreibt mir doch wieder bald! Mit tausend Küssen und Grüßen an alle, Eure R.

Luise und *Karl Kautsky*

[Warschau,] 5. Februar [1906]

Meine Allerliebsten!

Lange habe ich nicht von mir hören lassen, und Ihr grollt wahrscheinlich mit Recht. Ich habe aber zu meiner Rechtfertigung den unaufhörlichen Trubel und die »Unsicherheit der Existenz«, unter der man hier jetzt beständig leidet. Ich kann die Details nicht gut hier beschreiben, die Hauptsachen sind: ungeheure Schwierigkeiten mit den Druckereien, tägliche Verhaftungen und die Bedrohung der Festgenommenen mit Erschießung. Zwei unserer Genossen schwebten tagelang unter diesem Damoklesschwert, es scheint jedoch, daß es dabei sein Bewenden haben wird. Trotz alledem geht die Arbeit munter fort, große Fabrikversammlungen finden statt, Flugschriften werden fast jeden Tag geschrieben und gedruckt, und die Zeitung wird mit Ach und Weh, doch fast täglich herausgegeben. Soeben hat eine kleine Konferenz in Finnland stattgefunden, an der alle Parteien teilgenommen haben. Es war eine Neuauflage der »Block«idee und hat sich natürlich zerschlagen. Dabei hat man aber wenigstens Gelegenheit gehabt, die Dinge in Petersburg näher ins Auge zu fassen. Leider sieht das Bild wie ein wahrer Hohn auf die jüngste Korrespondenz aus Petersburg in der »Leipziger Volkszeitung« aus! Ein unbeschreibliches Chaos in der Organisation, Fraktionskrach trotz aller Einigung und allgemeine Depression. Mag dies unter uns bleiben. Übrigens, nehmt das nicht zu tragisch. Sobald wieder eine frische Welle der Ereignisse kommt, werden auch die Leute dort munterer und kräftiger auftreten. Ein Unglück ist es nur, daß sie immer noch so schwankend und aus **eigenem** so wenig standhaft sind. Das Familienfest findet etwas später statt, als dies beabsichtigt war;[334] jedenfalls besten Dank für die Grüße von den Alten, die ich seinerzeit ausrichten werde.

Was jetzt in Petersburg wie bei uns den wunden Punkt der Bewegung macht, ist die kolossale Arbeitslosigkeit, die ein unbeschreibliches Elend verbreitet ... Ich wollte eigentlich nur einige Zeilen Einleitung über die Sachlage geben, um zu dem zu kommen, was mich in diesem Augenblick am meisten interessiert; ich sehe aber, daß mich die »Ereignisse« auch in diesem Briefe wieder zu verschlingen drohen; ich mache also einen kühnen Ruck und tauche endlich auf als »Mensch« mit der Frage: Wie geht es Dir, liebste Lulu?! Mir schrieb zwar Carolus in dankenswerter Weise einigemal beruhigend, doch nagte an mir beständig die Unruhe mitten in dem Trubel, wenn ich auch nicht zum Schreiben kam. **Was** Dir fehlte so plötzlich, weiß ich bis heute nicht! Es muß doch etwas Abscheuliches gewesen sein, was eine so lange Nachwirkung hat. Gehst Du schon aus? Bist Du geschwächt? Schau, die ganzen Jahre, wo ich dabei war, warst Du immer frisch und munter; kaum ziehe ich in die Welt hinaus – schnell wirst Du ernstlich krank! Wievielmal dachte ich mir hier bei der Arbeit: Wäre ich dort, so möchte ich täglich bei Dir einige Stunden sitzen und mit solcher Liebe Deine Wärterin sein! Nun, hoffentlich bedarfst Du keiner Wartung mehr. Wenn es Dir möglich ist, schreibe mir doch einige Zeilen zum Zeichen; es wird mir eine große Freude sein! Euch anderen geht es, wie ich hoffe, gut. Daß die Jungen mir bis jetzt nichts schreiben, kränkt mich nicht wenig. Den »Vorwärts« erhalten wir gar nicht, die »Leipziger Volkszeitung« sehr unregelmäßig. Was mich anbetrifft, so wird sich in den nächsten Tagen entscheiden, ob ich für kurze Zeit von hier nach Petersburg reise oder aber erst noch für zwei Monate ad penates[335] – zu Euch. Das einzige freilich, was mich persönlich zieht, seid Ihr, denn sonst ist mir jetzt, um die Wahrheit zu sagen, der Gedanke an die

Tretmühle und die Auseinandersetzungen mit Pëus und Rexhäuser ein Greuel!

Um den Faden aufzunehmen: Die Arbeitslosigkeit, voilà la plaie de la révolution[336], und kein Mittel, ihr zu steuern! Dabei entwickelt sich aber ein stiller Heroismus und ein Klassengefühl der Massen, die ich den lieben Deutschen gerne zeigen möchte. Die Arbeiter treffen allenthalben **von selbst** solche Arrangements, daß z. B. die Beschäftigten ständig einen Tageslohn in der Woche für die Arbeitslosen abgeben. Oder wo die Beschäftigung auf vier Tage pro Woche reduziert wird, da richten sie sich so ein, daß niemand entlassen wird, sondern alle einige Stunden weniger pro Tag arbeiten. Dies alles wird so schlicht, glatt und selbstverständlich gemacht, daß der Partei davon nur beiläufig eine Mitteilung gemacht wird. In der Tat ist das Gefühl der Solidarität und auch der Brüderlichkeit mit den **russischen** Arbeitern so stark entwikkelt, daß man unwillkürlich erstaunt, obwohl man selbst daran gearbeitet hat. – Sodann ein interessantes Ergebnis der Revolution: In allen Fabriken haben sich »von selbst« Ausschüsse, gewählt von den Arbeitern, gebildet, die über alle Arbeitsbedingungen, über Aufnahme und Entlassung von Arbeitern etc. entscheiden. Der Unternehmer hat tatsächlich aufgehört, »Herr im Hause« zu sein. Ein kurioses Pröbchen: Neulich will eine Fabrikleitung einige Arbeiter wegen starker Verspätung bestrafen, der Ausschuß verhindert das; darauf wendet sich der Fabrikant an das Komitee der Sozialdemokratie mit einer Beschwerde über den Ausschuß, der »nicht nach sozialdemokratischen Grundsätzen handle«, denn die Sozialdemokratie sei für fleißige und ehrliche Pflichterfüllung! Und so auf Schritt und Tritt! Freilich wird das alles nach der Revolution und der Wiederkehr der »normalen Verhältnisse« wahrscheinlich sehr anders werden. Aber spurlos werden diese Zustände nicht vorübergehen. Einstweilen ist das von der Revolution vollbrachte Werk der Vertiefung des Klassengegensatzes, der Verschärfung und Klärung der Verhältnisse ein enormes. Und dies alles sieht man im Auslande nicht! Man denkt, der Kampf habe aufgehört, weil er in die Tiefe gegangen ist. Und gleichzeitig schreitet die **Organisation** unermüdlich fort. Trotz Kriegszustand werden Gewerkschaften von der Sozialdemokratie fleißig ausgebaut – in aller Form: mit gedruckten Mitgliedsbüchlein, Marken,

Statuten, regelmäßigen Versammlungen etc. Man führt die Arbeit ganz, wie wenn die politische Freiheit bereits da wäre. Und die Polizei ist natürlich machtlos gegen diese Massenbewegung. In Łódź z.B. haben wir bereits in der sozialdemokratischen Gewerkschaft der Textilarbeiter 6000 eingeschriebene Mitglieder! Hier in Warschau 700 Maurer, 600 Bäcker usw. In Petersburg soll die Arbeit umgekehrt wieder ganz »unterirdisch« geworden sein, weshalb sie auch stoppt. Auch sind sie dort absolut nicht imstande, ein Blatt oder selbst Flugblätter herauszugeben. Ich möchte schon dort sein, um das alles zu ergründen. Leider muß ich schon schließen, und noch eine Bitte: Liebster Carolus, schicke uns gleich vom Hauptkonto[337] 1600,– M als Scheck auf den Namen: Otto Engelmann, dies im eingeschriebenen Brief an meine übliche Adresse. Es eilt! Mit jenem Brief aus Wilna ist alles in Ordnung.

Tausend Küsse und Grüße an Euch alle, namentlich an Dich, liebste Lulu. Schreibt mir recht bald!!! Eure R.

Luise und *Karl Kautsky*

[13. März 1906]

Meine Allerliebsten!

Am Sonntag, dem 4., abends hat mich das Schicksal ereilt: Ich bin verhaftet worden. Ich hatte bereits meinen Paß zur Rückreise visiert und war auf dem Sprung zu fahren. Nun, es muß auch so gehen. Hoffentlich werdet Ihr Euch nicht zu sehr die Sache zu Herzen nehmen. Es lebe die Re …! mit allem, was sie bringt. Gewissermaßen ist es mir sogar lieber, hier zu sitzen, als … mit Pëus zu diskutieren. Man fand mich in ziemlich unbequemer Lage, aber Schwamm darüber. Hier sitze ich im Rathaus, wo »Politische«, Gemeine und Geisteskranke zusammengepfercht sind. Meine Zelle, die ein Kleinod in dieser Garnitur ist (eine gewöhnliche Einzelzelle für eine Person in normalen Zeiten), enthält vierzehn Gäste, zum Glück lauter Politische. Tür an Tür mit uns noch zwei große Doppelzellen, in jeder ca. dreißig Personen, alle durcheinander. Dies sind schon, wie man mir erzählt, paradiesische Zustände; früher saßen sechzig zusammen in einer Zelle und schliefen schichtweise je paar Stunden in der Nacht, während die anderen »spazierten«. Jetzt schlafen wir alle wie die Könige auf Bretterlagern, querüber, nebeneinander wie Heringe, und es geht ganz gut – insofern nicht eine Extramusik hinzukommt wie gestern z. B., wo wir eine neue Kollegin, eine tobsüchtige Jüdin, bekommen hatten, die uns vierundzwanzig Stunden lang mit ihrem Geschrei und ihrem Laufen in allen Zellen in Atem hielt und eine Reihe Politische zum Weinkrampf brachte. Heute sind wir sie endlich los und haben nur drei ruhige »Myschuggene« bei uns. Spaziergänge im Hof kennt man hier überhaupt nicht, dafür sind die Zellen tagsüber offen, und man darf den ganzen Tag im Korridor spazieren, um sich unter den Prostituierten zu tummeln, ihre schönen Liedchen und Sprüche zu hören und die Düfte aus dem gleichfalls breit offenen oo zu genießen. Dies alles jedoch nur zur Charakteristik der Verhältnisse, nicht meiner Stimmung, die wie immer vorzüglich ist. Vorläufig bin ich verschleiert, doch wird's wohl nicht lange halten, man glaubt mir nicht. Die Sache im ganzen ist ernst, doch leben wir ja in bewegten Zeiten, wo »alles, was besteht, wert ist, zugrunde zu gehen«, daher glaube ich überhaupt an keine langfristigen Wechsel und Obligationen. Also seid guten Mutes und pfeift auf alles. Im ganzen ging die Sache bei uns bei meinen Lebzeiten **vorzüglich.** Ich bin stolz darauf; es war die einzige Oase in ganz Rußland, wo, trotz Sturm und Drang, die Arbeit und der Kampf so schneidig und lustig weiterging und Fortschritte machte wie zur Zeit der allerfreiesten »Konstitution«. Unter anderem die Obstruktion, die für weitere Zeiten vorbildlich sein wird in ganz Rußland, ist unser Werk. Gesundheitlich geht es mir ganz gut. Bald wird man mich wohl in ein anderes Gefängnis überführen, da die Sache ernst ist. Ich gebe Euch dann bald Nachricht. Wie geht es Euch, meine Liebsten? Was macht Ihr und die Buben und die Granny und Hans [Kautsky]? Grüßt Freund Franziskus [Mehring] herzlich von mir. Hoffentlich geht die Sache im »Vorwärts« wieder gut dank dem festen Block. Jetzt Bitten an Dich, Luiserl: 1. Bezahl meine Miete, ich werde Dir alles pünktlich mit vielem Dank zurückerstatten. 2. Schicke gleich per Mandat 2000 österreichische Kronen an Herrn Alexander Ripper in der

Rosa Luxemburg
im Gefängnis in Warschau,
1906

Druckerei von Teodorczuk, Krakau, Ulica Zielona Nr. 7, stelle als Absender Herrn Adam Pendzichowski. Alle **weiteren** etwaigen Forderungen von dieser Seite lasse **unberücksichtigt.** 3. Gleichfalls per Mandat an Janiszewski, Druckerei Berlin, Elisabethufer 29, Absender **Adam,** 500,– M. 4. Weiter gib gar kein Geld heraus ohne **meine** Forderung, höchstens aus dem Separat, niemals aus dem Haupt. Eventuell nur auf Forderung von **Karski,** sonst nicht. Auch nicht vom Konto bei Hans. 5. Fordere unseren Teil von den Alten und von Huysmans und hinterlege auf das Hauptkonto. 6. Karl, Lieber, Du mußt für die Zeit übernehmen die Vertretung der Sozialdemokratie Polens und Litauens im Büro[338], teile es dorthin formell mit, eventuelle Reisen zur Sitzung werden Dir erstattet. 7. Meine Verhaftung darf nicht publiziert werden, bis zur endgültigen Entschleierung. **Dann** aber – ich lasse es Dich wissen – macht Lärm, damit die Leutchen hier etwas Schreck kriegen.

Ich muß schließen. Tausend Küsse und Grüße. Schreibt mir an meine Adresse direkt: Frau Anna Matschke, Gefängnis im Rathaus Warschau. Ich bin ja Mitarbeiterin der »Neuen Zeit«. Aber natürlich, schreibt anständig. Nochmals Grüße. Man schließt die Zelle, ich umarme Euch herzlichst. Eure Anna

Luise und *Karl Kautsky*

[Kuokkala,] 11. August 1906

Meine Liebsten!

Ich schreibe schon direkt nach Friedenau in der Hoffnung, daß Ihr wieder zu Hause seid. Heute ist Dein Geburtstag, Lulu, und ich bin nicht einmal imstande, Dir einen ordentlichen langen und herzlichen Brief zu schreiben! Meine Nerven sind durch die vier Wochen in Warschau, die unaufhörliche Lauferei zu den Behörden, die endlose Unklarheit darüber, ob, wann und wohin ich verreisen würde und dergleichen, aufs äußerste kaputt.[339] Seit gestern bin ich hier, zwar von der Bahn ab bereits unter sorgsamer Aufsicht, aber, wie ich hoffe, außer Schußweite. Ich habe in Petersburg unsere Freunde gesehen und gesprochen und werde sie hier (eine Stunde von Petersburg) des öfteren sehen.[340] Pawel [Axelrod] ist auch hier in der Nähe. Der allgemeine Eindruck der Zerfahrenheit, der Desorganisation, vor allem aber die Verwirrung in den Begriffen, in der Taktik, hat mich vollends disgustiert. Bei Gott, die Revolution ist groß und stark, wenn die Sozialdemokratie sie nicht kaputtmachen wird! Ich habe bereits telegrafisch an Wurm meine Adresse mitgeteilt und um Zusendung der »Neuen Zeit« gebeten (seit Neujahr). Ich bereite mich fleißig zum Schreiben vor. Wurm wollte, daß ich auch in die Diskussion über den Generalstreik eingreife. Ich möchte es gerne tun, doch müßte ich zu diesem Behufe das Wichtigste, was bis jetzt geschrieben wurde (ich meine die **jüngste** Diskussion), bekommen. Könntest Du mir das schicken, liebster Karolus? Ferner erwarte ich endlich eine klare und bestimmte Nachricht, ob und wann ich nach Berlin zurück darf. Aus dem letzten Briefe Arthurs [Stadthagen] (vor vier Tagen) ersehe ich, daß die Befürchtungen nicht etwa auf positivem Material, sondern nur auf allgemeinen, vagen Vorsichtsrücksichten beruhen; so kann ich aber nicht lange warten. Kann denn niemand einfach anfragen und erfahren, ob eine steckbriefliche Verfolgung vorliegt oder ob eine sofortige Festnahme zu erwarten ist. Das einzige, was mich bewogen hat, nicht sofort nach Hause zu fahren, war eine im letzten Augenblick erhaltene Nachricht folgenden Inhalts: Ein **sehr** hochgestellter r[ussischer] Beamter, der unmittelbar die Sache führte, hat seinem persönlichen Freunde ausgeplaudert, daß der Generalgouverneur in Sachen R[osa] die ganze Zeit mit preußischen Behörden im Einvernehmen war und, als R[osa] noch festsaß, den Wunsch von jener Seite erhielt, R[osa] freizulassen und gleichzeitig zur Grenze zu expedieren, doch **vor Beginn der Reichstagssession**. Diese letztere Klausel macht die Sache verdächtig wahrscheinlich. Liebster Karolus, teile die Sache August [Bebel] mit, doch unter dem Siegel der Verschwiegenheit, und frage an, ob ich die Warnung ernst nehmen soll oder nicht. Ich werde nämlich ungeduldig und habe Lust, einfach loszugondeln. Zum mindesten will ich unbedingt in Mannheim[341] sein und möchte zu diesem Behufe schon zehn Tage vorher heimkehren, um Posen und Bromberg zu besuchen. Liebster, befasse Dich doch mit der Sache energisch, und laß mich endlich wissen, ob und wann ich zurück darf, ob es nicht bloße Gespenster sind, denen ich ausweichen soll. Ich warte sehnlichst auf eine klare und bestimmte Antwort. Wenn eine Vollmacht von mir nötig ist, so will ich sie unterschreiben, sobald ich ein Formular habe. Auch Arthur erwähnt so etwas, schickt mir aber keins, und die Zeit vergeht.

Eine weitere Sache, die mir durch die bloße Erinnerung das Leben verbittert, ist meine Wohnung und die Last, die ich Euch damit aufgebürdet habe. Da ich Deine Briefe, liebste Lulu, in Warschau **nicht** erhalten habe, so weiß ich auch nichts, was Du mir darüber schriebst. Ich möchte die Wohnung behalten (denn wohin soll ich mit den Siebensachen, auch will und hoffe ich, mal wieder in Friedenau sitzen und arbeiten zu können), das ausgelegte Geld werde ich Euch mit tausend Dank abzahlen; ich fange sofort zu arbeiten an und damit auch Geld zu verdienen.

Das Geld aus der Bank[342] werde ich bald von Euch erbitten müssen; es ist zum größten Teil bereits verausgabt, bloß wollten die Freunde aus lauter »Pietät« für mich ohne mein Wissen das Geld nicht von Berlin beziehen und halfen sich aus mit geborgtem auf privatem Wege. Jetzt werde ich natürlich die Schulden tilgen müssen, was bereits zirka 25 Mille erfordern wird. Doch warte ich damit auf eine bessere Adresse, als ich bis jetzt zur Verfügung habe. Ich schreibe Euch noch besonders in dieser Sache.

Ich erwarte mit größter Sehnsucht einen ausführlichen Brief von Euch! Eigentlich ist unsere Korrespondenz seit Mitte April abgebrochen. Ich habe tausend Dinge Euch zu sagen und zu erfragen. Vor allem: Was macht Ihr? Wie geht es Dir, liebste Lulu? Was macht Dein Haxerl? Bist Du nun ganz flügge? Wie habt Ihr die Ferien verbracht? Was macht Granny, was Hans [Kautsky], was die Buben? Von allem und jedem bin ich begierig zu erfahren! Schreibt, meine Liebsten! Sobald ich mitten in der Arbeit bin, werde ich meine gute Laune wiederfinden. Apropos, morgen werde ich den Dicken sehen.[343] Er liegt fest seit Januar und soll zur Kur bald recht weit geschickt werden, der Ärmste. Ich will ihn, coûte qui coûte[344], besuchen und freue mich schon sehr darauf. Tanja [Helphand] war neulich in Warschau, doch konnte ich sie nicht sehen, weil ich gerade in denselben Tagen schleunigst Warschau verlassen und ein ruhiger gelegenes Nest suchen mußte. Karskis Frau erzählte mir, daß sie vor dem Pogrom Odessa verlassen und fliehen mußte, sie leidet große Not; wo sie momentan ist, weiß ich nicht genau. Hier ist die »andere«, ich sah sie nicht. Für heute muß ich schließen, ich bildete mir ein, ich würde nur drei Zeilen schreiben! Nun, Lulu, Liebste, nur tausend stillschweigende Umarmungen zu Deinem Geburtstag und viele herzliche Küsse für **alle** aus der Gens. Eure R.

Adresse: Finnland, Kuokkala, via Helsingfors, Pestschanaja Doroga, Datscha Tschernigo Nr. 4, für Felicia Budilowitsch (nichts mehr).

Franz Mehring

12. August 1906

Lieber verehrter Freund!

Ich empfinde schon längst das Bedürfnis, Ihnen und Ihrer lieben Frau meine herzlichsten Grüße zu senden und auch wieder einige Zeilen von Ihnen zu erbitten. Ich bin aber erst etwa seit einer Woche soweit »in Ordnung«, daß ich meine Adresse angeben und mich selbst zu einem Briefe aufraffen kann. Während eines ganzen Monats seit meiner Freilassung hing ich an der Schnur, die von den lieben Behörden gehalten wurde und an der sie mich mit Genuß zappeln ließen.[345] Dann bin ich in Petersburg bei meiner ersten Zusammenkunft mit den russischen Freunden beinahe der Polizei wieder in die Hände gefallen, und auch hier in Kuokkala haben mich »Bassermanische Gestalten« vom Bahnhof ab auf meiner ganzen Suche nach einem Quartier begleitet. Allein, hier bin ich doch auf finnländischem Boden, in einem sogenannten »Verfassungsstaat«, und ich glaube auf dergleichen Schutzengel pfeifen zu können. Jetzt habe ich mich bis über die Ohren in Arbeit vergraben; Sie können sich denken, wie vieles ich nachzuholen habe: im Russischen die ganze Dumaperiode (Broschüren, Zeitungen, Berichte), deutsch – unsere neuste »Parteikrise«, »Vorwärts«, »Neue Zeit« etc. (Die »Leipziger Volkszeitung« habe ich leider nicht, nur in W[arschau], wo sie auch viele Verehrer hat, sah ich einige Nrn.) Den Bericht von dem gewerkschaftlichen Femegericht[346] habe ich dank Wurm erhalten und gelesen, man muß tief atmen beim Lesen, um in dieser Stickluft der Borniertheit nicht zu ersticken. Mir scheint aber die »Krise« sehr heilsam, wenn sie in Mannheim[347] gut ausgenützt wird zur gründlichen Luftreinigung. Daß ich unseren Parvus im Gefängnis besucht habe, werden Sie wohl von K[autsky]s schon wissen. Er ist wie immer: frisch und unternehmend. Wir haben lange geplaudert, er ließ alle Freunde in Deutschland herzlich grüßen. Wir hoffen, daß es ihm glückt, bald retour zu sein. – Ich habe mich jetzt so an das revolutionäre Milieu gewöhnt, daß mir bange wird, wenn ich mich in die ruhige deutsche Tretmühle zurückdenken soll; ich fürchte, ich werde dort nicht lange aushalten … Sie machen dann vielleicht mit mir zusammen eine Spritztour nach Warschau, ja?! …

Über Ihre Ausbeute aus Amerika werden Sie mir wohl einige Zeilen schreiben?

Mit herzlichen Grüßen an Sie und Ihre verehrte Frau, Ihre R.L.

Kuokkala, Finnland über **Stockholm,**
Sandgat Tschernigo Nr. 4
für F. Budilowitsch (nichts mehr!)
(Sandgat heißt deutsch: Sandweg)

Clara Zetkin

[nach dem 16. Dezember 1906]

Liebes Klärchen!

Ich las Deinen letzten Brief an Kostja und habe das Bedürfnis, Dir zu schreiben, wie es mir zumute ist. Der Aufruf des Parteivorstandes[348] hat nämlich auf mich genauso gewirkt wie auf Dich – das sagt Dir alles. Ich fühle mich – seit meiner Rückkehr aus Rußland – ziemlich einsam in dieser Beziehung. Mir kommt die Zaghaftigkeit und Kleinlichkeit unseres ganzen Parteiwesens so schroff und schmerzlich zu Bewußtsein wie nie zuvor. Nur Parvus empfindet ähnlich, aber er ist zu sehr von dem deutschen Parteileben doch schon losgelöst, um die ganze Bitterkeit so zu empfinden wie ich. Aber ich rege mich deshalb doch nicht so über diese Dinge auf wie Du, weil ich mit erschreckender Klarheit bereits eingesehen habe, daß diese Dinge und diese Menschen nicht zu ändern sind, solange die Situation nicht ganz anders geworden ist. Und auch dann – ich habe mir das bereits mit kühler Überlegung gesagt und bei mir ausgemacht – müssen wir einfach mit dem unvermeidlichen **Widerstand** dieser Leute rechnen, wenn wir die Massen vorwärts führen wollen. Die Situation ist einfach die: August [Bebel] und erst recht all die anderen haben sich **für** den Parlamentarismus und im Parlamentarismus gänzlich ausgegeben. Bei irgendeiner Wendung, die über die Schranken des Parlamentarismus hinausgeht, versagen sie gänzlich, ja, noch mehr, suchen alles auf den parlamentarischen Leisten zurückzuschrauben, werden also mit Grimm alles und jeden als »Volksfeind« bekämpfen, der darüber hinaus wird gehen wollen. Die Massen, und noch mehr die große Masse der **Genossen,** sind innerlich mit dem Parlamentarismus fertig, das Gefühl habe ich. Sie würden mit Jubel einen frischen Luftzug in der Taktik begrüßen; aber die alten Autoritäten lasten noch auf ihnen und noch mehr die oberste Schicht der opportunistischen Redakteure, Abgeordneten und Gewerkschaftsführer. **Unsere** Aufgabe ist jetzt, einfach dem Einrosten dieser Autoritäten mit möglichst schroffem Protest entgegenzuwirken, wobei wir nach Lage der Dinge nicht sowohl die Opportunisten als den Vorstand und den August gegen uns haben werden. Solange es die Defensive gegen Bernstein und Co. galt, ließen sich August und Co. unsere Gesellschaft und Hilfe gern gefallen – sintemalen sie selbst zuallererst in die Hosen gemacht haben. Kommt es aber zur **Offensive** gegen den Opportunismus, dann stehen die Alten mit Ede [Bernstein], Vollmar und David gegen uns. Dies meiner Auffassung nach die Lage, und nun die Hauptsache: **Werde gesund** und rege Dich nicht auf! Das sind Aufgaben, die auf lange Jahre berechnet sind! Leb wohl, ich küsse Dich herzlich.

Mathilde und *Robert Seidel* Berlin-Friedenau, 12. Januar 1907
Cranachstr. 58

Meine lieben Freunde!

Vielen Dank für Euren Neujahrsgruß! Ich wollte Euch lange schon ausführlich schreiben, aber ich war sehr in Anspruch genommen von den vielen Ereignissen in meinem jüngsten Leben. Wie Euch wahrscheinlich bekannt, wurde ich zusammen mit Grossi am 4. März vorigen Jahres in Warschau verhaftet; ich wurde nun Anfang Juli gegen Kaution freigelassen und ging im September nach Deutschland, er aber wurde festgehalten und vorgestern erst vor ein Kriegsgericht gestellt, das ihn zu acht Jahren Zwangsarbeit in Sibirien verurteilt hat. Ihr könnt Euch denken, liebe Freunde, wie es mir zumute ist und daß ich nicht viel schreiben kann. Aber diese Nachricht wollte ich Euch doch senden, da Ihr noch gerade für ihn Neujahrsgrüße schickt, die ich ihm übrigens im Briefe übermittelt habe. Mir geht es sonst wie immer; übermorgen gehe ich auf eine eineinhalbwöchige Agitationstour (Wahlen).

Wie geht es Euch denn? Was macht Ihr? Wie steht es mit der Gesundheit, liebe Mathilde? Was machen die Jungens?

Schreibt recht bald an Eure Euch herzlichst grüßende Rosa L.

Kostja Zetkin [13. Mai 1907] · Das ist der 3. Brief.
Montag, abends

Ich sitze mitten im berüchtigten Whitechapel[349] allein in einem Restaurant und warte seit einer Stunde (es ist über 10). Die eigentliche Sache geht erst morgen los, bis jetzt war offenbar erst eine Präliminarien-Balgerei, bei der die Anwesenheit of my gracious Majesty[350] nicht erwünscht war. Ich habe noch niemanden gesehen und bin hierher bestellt. Gott weiß, wie lange ich noch warten muß. In schrecklicher Stimmung fuhr ich die unendlichen Stationen der dunklen Metro durch und stieg gedrückt und verloren in dem wildfremden Stadtteil aus. Dunkel und schmutzig ist es hier, das trübe Laternenlicht flackert und spiegelt sich in den Pfützen

Rosa Luxemburg, 1907

und Lachen (es regnete den ganzen Tag), in der Dunkelheit leuchten rechts und links gespenstisch die bunten Restaurants und Bars auf, Banden von Betrunkenen torkeln mit wildem Lärmen und Schreien mitten durch die Straße, Zeitungsboys brüllen, Blumenmädchen von fürchterlicher, lasterhafter Häßlichkeit, wie wenn sie Pascin gezeichnet hätte, kreischen an den Ecken, unzählige Omnibusse knarren und [Kutscher] knallen mit den Peitschen. Es ist ein wildes Chaos und alles so wildfremd, ich konnte das verdammte Hotel lange nicht finden, und mein Herz schnürte sich schmerzlich zusammen. Warum, warum muß ich im Leben durch lauter stechende und schneidende Eindrücke gehen, wo in mir ewig die Sehnsucht nach ruhiger Harmonie weint? Warum stürze ich mich immer wieder in die Gefahren und Schrecken neuer Situationen, wo das Ich verlorengeht, weil es sich gegen die anstürmende Außenwelt nicht behaupten kann? Endlich fand ich die »Drei Nonnen«. »Drei Nonnen« – schon der Name ist so verflucht verdächtig. Ein bunter Speisesaal, noch leer; ich atmete auf, als ich ein paar Damen an einem Tischchen erblickte. Leider sehe ich, daß alle Gäste mit diesen Damen bekannt sind und sans façon[351] im Hut für einige Minuten an ihrem Tischchen Platz nehmen. Um die Wand ist offenbar ein Varieté von unzweideutigster Sorte, ich höre alle Couplets, nach jedem kommt ein rasender Beifallssturm mit Fußstampfen wie von einer wilden Horde. Dazu ein unaufhörliches Kommen und Gehen hier, merkwürdiges Bild im ganzen. Nun aber erwacht in mir plötzlich auch das Zigeunerblut, die schrillen Akkorde der Großstadtnacht mit ihrem dämonischen Zauber schlagen gewisse Saiten in der Seele des Großstadtkindes an. Es dämmert irgendwo in der Tiefe eine unklare Lust auf, sich in diesen Strudel zu stürzen … Was würde wohl der kleine Junge mit dem dicken Kopf und den tiefen dunklen Augen hier sagen? Der Junge, dessen Gesicht Ruhe und Festigkeit atmet, in dessen Seele aber noch graue Morgennebel brauen und unentschlossen hin und her wogen wie über einer wundervollen Gebirgslandschaft vor Sonnenaufgang. 's ist alles Quatsch, mein Junge, geh schlafen oder spazieren.

Adieu! R. L.

Aha, meine Adresse ist: London NW, Finchley R^d, 66 Goldhurst Terrace. Man kann ruhig schreiben.

Für den Fall, daß es Morgen ist (ein Gedicht v. J. 1619? 1649?):

> Pack, clonds, away, and welcome day,
> With night we banish sorrow;
> Sweet airs, blow soft, mount, larks, aloft,
> To give my Love good-morrow.
> Wings from the wind to please his* niend [?],
> To give my Love good-morrow,
> Bird, prime they [?] wing,
> Nightingale sing,
> To give my Love good-morrow.

* Im Original natürlich »her«.

Clara Zetkin

[Friedenau,] 4. Juni 1907

Liebes Klärchen!

Bevor ich ins Loch gehe,[352] will ich Dir noch schreiben. Ich bin erst jetzt von London gekommen,[353] hundemüde und erkältet. Der Parteitag machte einen höchst deprimierenden Eindruck; Plechanow ist fertig und hat sogar seine devotesten Anhänger bitter enttäuscht; er ist nur noch imstande, Witzchen zu erzählen, und zwar sehr alte Witze, die man schon von ihm seit zwanzig Jahren kennt. Bernstein und Jaurès hätten ihre helle Freude an ihm, wenn sie seine russische Politik verstehen könnten. Ich habe mich tüchtig gerauft und mir eine Masse neuer Feinde gemacht. Plechanow und Axelrod (mit ihnen Gurwitsch, Martow u. a.) sind das Kläglichste, was die russische Revolution jetzt bietet. An positiver Arbeit hat der Parteitag äußerst wenig geleistet, aber er hat zweifellos zur Klärung beigetragen. Die Majorität, im Sinne der prinzipiellen Politik, bildeten: die Hälfte der Russen (die sogenannten Bolschewiki), die Polen und die Letten. Die Juden vom Bund haben sich als die schäbigsten Schacherpolitiker entpuppt, die nach vielen Winkelzügen und radikalen Phrasen doch immer dem Plechanowschen Opportunismus die Stange hielten. Ich habe sie dafür mit geißelnden Worten festgenagelt und sie in hellste Wut gebracht. Zum Schluß war ich so müde und hatte einen solchen Katzenjammer, daß ich Selbstmordgedanken hatte – Du kennst ja diese Stimmung aus eigener Erfahrung. Jetzt steht vor mir das Gefängnis, oder vielmehr ich stehe vor ihm. Denk Dir, ich werde in **Berlin** sitzen, im Frauengefängnis Barnimstraße 10 – merke Dir die Adresse –, ich freue mich sehr darüber; es wird mir doch wohltun, mich in der Nähe von Freunden und Bekannten zu denken. Den Tag, wann ich hinein muß, weiß ich noch nicht, jedenfalls in einer Woche etwa. Schreib mir doch hin und wieder ins Loch, damit ich au courant[354] bleibe, auch speziell über Dich und Deine Gesundheit will ich alles wissen. Deine Balabanowa habe ich dort viel genossen; sie ist ein sehr gutes Wesen, bloß viel zu weinerlich für meinen Geschmack. Sie hat mich angefleht, daß Du Dich schonst und kurierst. Sicherlich machst Du gar nichts! Wirst Du Dich denn nicht vor allem von einem Spezialisten noch untersuchen lassen, um zu wissen, ob Salm[anoff]s Diagnose zutrifft? Wir beide sehen uns wohl erst auf dem internationalen Kongreß[355], wo ich bei Dir wohnen werde. Bis dahin schreib mir und sei tausendmal geküßt von Deiner R.

Kostja Zetkin

24. [September 1907]

Süßer kleiner Geliebter, ich erhielt am 21. Deinen lieben langen Brief und heute den kurzen. Du hast offenbar noch nicht abgeholt meinen, worin ich Dir den unruhigen vom 18. sogleich beantwortete. Liebling, Deine Sorge um mein Befinden ist grundlos; die Mutter hat es wahrscheinlich vom Karl [Kautsky] und dieser von Luise [Kautsky], die aus Mangel an anderem Thema verschiedenen Leuten meine imaginären Leiden klagt. Ich fühlte mich allerdings sehr elend, solange ich nicht allein war, aber das war rein geistige Depression und Müdigkeit; denke doch, daß ich außer der kurzen Woche bei Euch kein bißchen Erholung hatte nach

Rosa Luxemburg spricht auf einer Kundgebung
aus Anlaß des Internationalen Sozialistenkongresses
in Stuttgart 1907

---

den Zeiten in London, in Moabit und in Stuttgart und nach all dem,[356] was ich erlebt habe. Aber das gibt sich jetzt allmählich in ruhigem, regelmäßigem Leben und in fleißiger Arbeit. Endlich bin ich wieder in der Nationalökonomie richtig ins Lot gekommen, ich war schon ganz aus der Denkweise heraus, und das drückte mich sehr. Nun aber drohen mir doch neue Umwälzungen: Dem »Rudolf« sowie dem Astronomen – **dies im strengsten Vertrauen** – wurden Vorlesungen an der Schule untersagt.[357] Am 1. soll die Schule beginnen, und Lehrer fehlen. Nun faßt man mich Unglückliche beim Ohr, ich soll die Nationalökonomie übernehmen. Heute früh teilte mir Karl den Vorschlag mit, und ich muß morgen früh definitiv Antwort geben. Ich schwankte und schwanke noch sehr stark. Mein erster Gedanke und mein Gefühl war, nein zu sagen. Die ganze Schule interessiert mich blutwenig, und zum Schulmeister bin ich nicht geboren. Auch die Ehre, den schönen Rudolf zu ersetzen, ist gering. Aber andere Gründe sprechen dafür, nämlich es kam mir plötzlich in den Sinn, daß dies am Ende für mich endlich eine materielle Existenzbasis wäre. Man bekommt 3000 M für einen halbjährigen Kurs (Oktober–März) zu vier Vorlesungen in der Woche. Das sind eigentlich glänzende Bedingungen, und in einem halben Jahr hätte ich ständig mehr als für ein ganzes Jahr verdient, dabei habe ich die Nachmittage immer frei und ein halbes Jahr ganz für mich. Das wäre vielleicht das Vernünftigste, sonst werde ich, mit meiner launischen Art zu arbeiten, immer nur von Zufällen leben; so aber hätte ich Ruhe und Muße, um für mich wissenschaftlich zu arbeiten. Gerade zupaß kommt es mir, daß ich ja für den Berliner Kursus vorbereitet bin, und ich könnte denselben Plan benutzen, nur ausführlicher. Wie schade, daß Du nicht da bist, um zusammen mit mir zu beraten, aber ich habe das Gefühl, daß Du dieselben Gründe für und wider geltend machen und Dich wohl doch **für** entscheiden würdest. Ich hätte dann viermal in der Woche von 10 bis 12 vormittags Beschäftigung bis März, die übrige Zeit ganz frei. Den Kursus für die Berliner, auf den ich mich so sehr gefreut habe und den ich [für] zehnmal wichtiger halte, müßte ich natürlich schießenlassen; doch geht die Sache insofern nicht verloren, als ich die Vorlesungen als Broschüren geschrieben habe; jetzt muß ich nur noch zwei Wochen daran arbeiten, dann sind sie fertig.[358] Ich glaube, sie werden was taugen. – Morgen, nach der definitiven Regelung, schicke ich Dir noch einige Zeilen darüber.

Jetzt haben wir wieder wundervolle Tage, und ich gehe jeden Tag um 8 Uhr früh spazieren; ich denke dabei viel an Dich. Gestern waren meine Gedanken (angeregt durch eine Biographie Segantinis, der am Gardasee in Arco geboren wurde) mit Maderno und dem herrlichen dunkelblauen Garda beschäftigt. Es ist mein Traum, nochmals hinzugehen für einige Wochen, dann möchte ich aber Dich mitnehmen, kleiner Liebling, und mit Dir am See umherwandern. Ich glaube, meine Mittel werden uns das bald erlauben.

Auch an Deine Arbeit über die Kolonien denke ich; lies vorläufig nochmals die entsprechenden Kapitel im »Kapital« I[359], die Debatte in Essen[360] hat mir wieder Anregungen gegeben und gezeigt, wie notwendig eine solche Arbeit wäre. Daß Ferdinand [Lassalle] Dich bezaubert hat, freut mich sehr; ich schwärme auch für ihn und lasse mir ihn durch keinen und durch nichts verleiden. Auf mich wirkt er noch auch stets anspornend zur Arbeit und zur Wissenschaft; sie hat bei ihm ein so lebendiges, geniales Wesen. Marx ist zwar gewaltiger und tiefgründiger, aber lange nicht so blitzend und farbenreich wie dieser.

Luise erzählte mir gestern, daß Mara bald (ich glaube am 1. Oktober) herkommt und vorläufig (bis Neujahr) bei August [Bebel] Quartier nimmt. Du wirst also Gesellschaft haben. Mir träumte heute, sie hätte Dich erobert und Du wärest gekommen, mir das zu sagen ... Luise berichtete auch, Maxim [Zetkin] käme gleichfalls jetzt schon her, so hätte er Karl selbst gesagt. Ich glaube es nicht, nach dem, was M[axim] zu mir sprach. – Annie [Luxemburg] ist auch schon hier, seit dem 1. IX., sie kommt ziemlich oft.

Kater Misch ist also zu den Schatten gegangen! Und unser gemeinsamer Pflegling Mutik hat sein Erbe angetreten. Le roi est mort – vive le roi,[361] so ist der Welt Lauf. Ein unvermeidliches Pendant dazu ist leider: La reine est morte, vive la reine.[362] So habe ich Dir, glaube ich, heute im Traum mit bitterer Ironie geantwortet.

Kleiner Liebling, ich bin jetzt hier noch viel einsamer als Du, ich gehe nirgends [hin] und sehe keinen Menschen. Übrigens war erst gestern abend ein Genosse aus Polen nach elfmonatigem Gefängnis in einer Massenzelle (!) gekommen; er war ein blühender, heiterer Jüngling, ein ausgelassenes Kind; er ist zurückgekehrt als dickaufgedunsener Neurastheniker mit zitternden Händen; er hat »Urlaub«, um sich etwas zu restaurieren vor neuer Arbeit. Auch Rjasanow (ich glaube Du kennst ihn) – der breitschultrige Stämmige mit dem breiten Bart – ist aus der Haft hergekommen; er hat im Gefängnis eine Beule an der Hand bekommen, und man hat ihm den kleinen Finger ganz amputiert. Mir preßte es das Herz zusammen, ihn so verstümmelt zu sehen, und er selbst ist gedrückt.

Lauter so schöne Gestalten kommen aus jenem Strudel herein. Ich war gestern so aufgeregt, daß ich die halbe Nacht nicht schlief und böse Träume hatte ... Süßer Geliebter, ich küsse Dich.

Karl Kautsky

[Friedenau, Anfang Dezember 1907]

Lieber Karolus!

Deinen Brief habe ich mit großer Befriedigung gelesen, namentlich die Verwahrung gegen dessen Abdruck in einem bürgerlichen Blatt.[363]

Meinerseits möchte ich nur fragen: **Wer** ist der »Dr. Michailow«? Ich kenne so ziemlich alle hervorragenderen Führer **beider** russischen Richtungen; dieser ist mir gänzlich unbekannt, und mir wäre es einigermaßen peinlich, wenn **Deine** Äußerung, die für die Russen von großer Bedeutung ist, durch irgendeine obskure Größe ans Licht kommen sollte. Dies ist mir nämlich schon verdächtig, daß der Mensch Deinen Brief nicht in einem **Parteiorgan** veröffentlichen wollte, was doch jeder wirkliche Parteigenosse zu Ehren seiner Partei als das Nächstliegende betrachten würde.

Dann noch ein Argument **gegen** die Mitarbeiterschaft in der bürgerlichen Presse **heute** in **Rußland.** Wir erleben gerade die Epoche, wo die Arbeiterpartei sich in jeder Beziehung – politisch, geistig, literarisch – zur Selbständigkeit und zur **Führerrolle** im öffentlichen Leben durchringt. Die Presseerzeugnisse der russischen Sozialdemokratie genießen schon jetzt – trotz ihres unterirdischen Charakters – die größte Beachtung bei **allen** politischen Parteien. Sogar Flugblätter der Partei werden meistens in den bürgerlichen Blättern abgedruckt. Darin ist also die Äußerung Deines Michailow (wie auch Plechanows) einfach **unwahr**. Diese Leute reden von der Parteipresse, wie wenn sie noch in der **vorrevolutionären** Periode wäre; sie rechnen hier, wie in allem, nicht mit dem eingetretenen Umschwung. Und dazu kommt als besonderer wichtiger Umstand, was der leitende Gedanke der jetzigen Parteientwicklung ist: der Kampf der Sozialdemokratie mit **dem Liberalismus** um politische Hegemonie in der jetzigen Revolution. Zu dieser Hegemonie gehört auch die Selbständigkeit der Presse. Und es ist gerade die **liberale** Presse, die Presse der unmittelbaren **politischen** Konkurrenten, von denen man sich reinlich scheiden soll, wo die Plechanow & Co. antichambrieren und durch ihre Mitarbeiterschaft den bürgerlich-demokratischen Blättern ermöglichen, das Mäntelchen der »Unparteilichkeit« und des »klassenlosen Sozialismus« zu tragen.

Das sind sehr wichtige Gesichtspunkte, wie mir scheint. Und damit viele Grüße für Dich und Küsse für Luise, R.

Kostja Zetkin

[Chailly sur Clarens,] 16. [April 1908]

Geliebter Schatz, ich schickte Dir heute früh einen Brief, nun schreibe ich Dir wieder, obwohl ich nichts Besonderes zu sagen habe und nichts geschehen ist. Ich fühle mich ganz allein hier, gestern abend und heute früh ging ich auch allein spazieren, da K[autsky] kein Bedürfnis danach hat und nicht vom Fleck kommt. Ich hatte keine Ahnung, daß er schon so ruhebedürftig ist, ich hielt ihn für viel jünger. Danach graut mir ein wenig vor ganzen zehn Tagen, die er hier verbringen will, ohne eine einzige Tour zu unternehmen. Dabei locken die Berge ringsherum so, daß man kaum widerstehen kann. Heute früh saß ich oben und schaute auf den See unten und die Schneeberge am anderen Ufer, ließ mich von der Sonne braten und hörte dem Gesumm der Hummeln zu; irgendwo im Dorf gackerte beharrlich ein Huhn, und hinter mir ertönte der einförmige Schlag der Spaten, womit die Bauern jetzt überall ihre Weinberge aufwühlen. So viel Friede ist über dem Ganzen hier ausgegossen, daß ich mir gar nicht mehr die wilde, todbringende Leidenschaft vorstellen kann, die mich verfolgt und bedroht. Zugleich habe ich irgendwo in der Tiefe des Hirns den Gedanken: Laß dich nur nicht einlullen von diesem Frieden herum, das Gespenst lauert hinter deinem Rücken und wartet gerade darauf, daß du es vergißt ... Diudiu, mein geliebter Kleiner, wie schön wäre es, wenn Du so neben mir hier am Rande des Weinberges sitzen würdest. Wenn ich auch mit K[autsky] spaziere, er faßt alles anders auf als ich. Kalt, pedantisch und doktrinär, was mir die Illusion zerstört. Ich schrieb nach Cully und kriege vielleicht heute schon Deinen Brief zurück. Vielleicht finde ich dort einige liebe Worte; im gestrigen war nur Angst und Zurückhaltung; ich verstehe ja wohl, warum. Aber in meiner jetzigen Verfassung werde ich an allem leicht irre, auch an Dir, mein süßer Niuniu. Ich möchte, daß diese zehn Tage hier schon um wären, daß ich Dich sehe und mit Dir alles bespreche. Diudiuku, herziges, ich küsse Dich auf Dein süßes Mündchen vielmals. Sei ruhig und heiter, laß Dir den »Figaro« vorspielen und singen vom Meister. Jagugu

Kostja Zetkin

[Friedenau,] 8. Mai [1908]

Süßes Lieb, Niuniuku, heute erhielt ich Deinen dritten Brief (numeriere sie, Geliebter, wegen der Kontrolle). Hoffentlich hast Du auch heute meinen zweiten erhalten.

Ich bin schon brav seit gestern, die Migräne ist fast vorbei, ich bemühe mich zu arbeiten und war heute früh spazieren. Ich saß auf unserer Bank hinter dem Bismarck»denkmal«, auf der Wiese spielte eine ganze Schule kleiner Buben mit viel Lärm und Gepiepse, weiter unten spielten große Jungen Tennis. Mir war so wehmütig ums Herz, daß ich wie tot saß. [...] Niuniu, herziger, ich möchte so viel mit Dir sprechen, über alles, was ich lese, aber schreiben kann ich nicht, gelehrte Briefe kommen mir so unnatürlich vor. Was Du mir über Mignet schreibst, kenne ich wohl. Aber, Liebster, das ist bei jedem Buch so, denn jedes Buch für sich ist etwas schrecklich Unzulängliches; mich quält auch immer beim Lesen das Bedürfnis, den Dingen auf den Grund zu kommen, man hat immer das Gefühl, daß einem nur kleine Zipfel geboten werden, und das Rechte, Wichtige bleibt verborgen. Aber dem ist nur abzuhelfen durch **viele** Bücher, mit der Zeit, wenn sich das Wissen allmählich zusammenfügt. Ich lese jetzt eines von den Büchern, die ich für Dich zusammengekratzt habe: über Cabet, ein neues, dickes französisches Buch. Es ist so gründlich und ehrlich geschrieben und zugleich so klar und einfach in der Form, daß es ein Genuß ist. Hoffentlich wirst Du es auch gern lesen. Um mit Dir eine Berührung zu haben, möchte ich am liebsten alle dieselben Bücher jetzt lesen wie Du; ich blättre mit zärtlicher Liebe im Becker (Kommune 1793), im Fourier u. a., da es Bücher sind, die Du bald in der Hand haben wirst. Gugu, ich schicke Dir jetzt sieben Bücher:

von mir	1. Kritschewsky
	2. Becker
	3. Greulich (Fourier)
	4. Liebkn[echt] (Owen)
von K. K.	5. Lor. Stein
[Karl Kautsky]	6. Thomas (Babeuf)
	7. Janet (St-Simon)

Über Babeuf mußt Du noch aus der Bibliothek nehmen das gründlichste und beste Buch: **V. Advielle**, Histoire de Gracchus Babeuf et du babouvisme d'après de nombreux documents inédits,[364] Paris 1884, 2 Bände. – Die Bücher, namentlich die von K. K., schicke mir bald zurück; Du mußt also gleich beim Lesen Notizen daraus machen; denn ich möchte nicht, daß er weiß, daß ich Dir geschickt habe. Vor allem lies alles über die Revolution und entwerfe gleich das Kapitel schriftlich. [...]

Kostja Zetkin

[Friedenau, 9. Mai 1908]

Süßer Geliebter!

Ich komme von der Post – heute nichts von Dir gekommen. Ich weiß nicht, ob ich morgen wegen Sonntag etwas kriege, ich gehe aber hin fragen. Diudiu, Süßer, Du bekommst diese Zeilen erst Montag früh.

Ich fühle mich schon etwas besser, und die Arbeit ging heute ziemlich vonstatten. Auch habe ich heute vormittag etwa zehn rückständige Briefe geschrieben, die auf mir furchtbar lasteten. Darunter auch an den Russen nach Sibirien.

Jetzt ist es so still in der Wohnung. Deine Mutter ist den ganzen Tag bei den Frauen, Gertrud [Zlottko] ist in der Stadt, ich ganz allein; von draußen kommt durch den Balkon der Lärm der Straße: Spielen der Kinder, Rollen der Wagen, lautes Vogelgezwitscher – alles so heiter und freudig, weil es heute warm ist. Die Mandelbäumchen blühen unten in unserer Straße fast vor jedem Haus und sehen ganz bräutlich aus in dem zarten rosa Schmuck. (Der [Heinrich] Schulz, der Tepp, sagte heute über sie: der Schlehdorn. Ein schöner Pädagoge!) – Er kam die Mutter abholen. Aber für mich ist alles wie ohne Wärme und Glanz, Du fehlst mir, um dem Frühling erst die Seele zu geben. Ich gehe deshalb kalt und still herum. Wenn ich nur tüchtig arbeiten kann!

Diudiu, ich habe unseren Plan wegen der Schule heute schon um ein kleines Stückchen vorbereitet, im Gespräch mit Schulz, natürlich ohne Dich im geringsten zu erwähnen, obwohl er wie Deine Mutter durchaus wissen wollte, wen ich im Auge habe. Du mußt aber, Niuniu, einiges noch zu dem Zwecke tun. Nämlich rate ich Dir dringend, in dem dortigen Jugendverein Vorträge über einzelne Kapitel der Geschichte des Sozialismus zu halten, in dem Maße, wie Du mit der Lektüre vordringst. Z. B. über Babeuf, dann über St-Simon etc. Glaube mir, das wird 1. eine sehr gute Vorbereitung zum mündlichen Vortrag sein und 2. auch für die schriftliche Ausarbeitung; ich habe es an meinen ökonomischen Vorträgen hier gesehen, wieviel plastischer und klarer ich die Sache auffaßte **nach** dem Vortrag. Tu es, Geliebter! Schreibe mir, was Du davon denkst.

Cabet lese ich weiter mit viel Freude; das historische Werden,

Kostja Zetkin

die Ereignisse der Julimonarchie, das Hineinspielen der Traditionen der großen Revolution, das alles ist höchst spannend. Die Geschichte ist doch das Interessanteste, was es gibt, und ich habe im stillen die Hoffnung, wenn Du die Nationalökonomie auch verschmähst, daß Du in der Geschichte Dein eigentliches Gebiet findest und durch sie, für sie auch schließlich die Nationalökonomie erfassen wirst. [...]

Kostja Zetkin

[Friedenau,] 19. Mai [1908]

Geliebter, gestern war ein trauriger Tag: kein Brieflein von Niuniu. Dafür heute früh kam der zehnte.

Diudiu, mich freut so, daß Du doch so viel liest jetzt über die Geschichte. Wenn Du Dich auch immerzu ärgerst, so beweist das doch, wie Dir die Sache immer zu denken gibt. Aber verlier Dich nicht zu tief in die große Revolution, Niuniu, vergiß nicht, daß Du nur die proletarische Aktion dort brauchst, also Marat, Konvent[365], Babeuf.

Du stellst eine wichtige Frage: Ob überhaupt eine nennenswerte Arbeiterklasse damals in Frankreich existierte. Das ist es eben, was z. B. für die Würdigung solcher Ansichten wie der Bebelschen wichtig ist: In Rußland könne nichts Besonderes erreicht werden, weil die städtische Arbeiterklasse einen so geringen Prozentsatz der Bevölkerung ausmache! In Frankreich gab es zur Zeit der großen Revolution ein Fabrikproletariat so gut wie gar nicht; was an Arbeitern da war, das waren meist Handwerksgesellen in den Werkstätten und den wenigen Manufakturen von Paris mit Vororten. Und eben dieses geringe Proletariat in Paris allein war die treibende Kraft der Montagne[366], die Basis des Konvents! Allerdings muß man dazu noch das zahlreiche Pariser Kleinbürgertum: Handwerker, Krämer etc., rechnen, denn die Klassenscheidung war hier noch nicht vollzogen, und eben dieser Umstand charakterisiert auch die sozialen Reformen und die ganze Politik des Konvents (das Verteilen des Grundeigentums etc.). Lies übrigens noch einmal das Schriftchen von K. K.[367], soviel ich mich erinnere, hat er einiges darüber [geschrieben]. Aber ich werde Dir noch einige Bücher angeben, die mehr über die soziale Lage sprechen. Vor allem: **Levasseur**, Histoire des classes ouvrières in France[368] (ich zitiere auswendig, also der Titel kann ein bißchen anders sein) und **A. Espinas**, La Philosophie sociale du XVIIIs. et la Revolution[369], das letztere brauchst Du nur durchzupirschen, ich glaube, Du findest dort einiges.

Doch nochmals: Verlier Dich nicht, Niuniuk, denke an die Grenzen der Arbeit und an das Weitere!

Gugu, heute habe ich einen neuen Plan ausgeheckt: Ich kalkuliere doch, wie wir tun können, um in den Sommerferien zusammen zu sein. Allein wird es nicht gehen, aber was sagst Du dazu, wenn ich mit Luise K[autsky] und den beiden älteren [Jungen] nach der Schweiz gehe, und Du gehst mit, und dort machen wir die ganze Zeit Touren; ich kenne ja die Schweiz und habe die ganze Route ausgedacht. Karl mit Bendel gehen nämlich anderswo. Wir hätten ja Gelegenheit, hie und da auch allein zu sein, und vor allem immer zusammen – in der herrlichen Schweiz – auf Touren!! Diudiu, willst Du? Das Geld für uns beide würde ich schon beschaffen, nur müßte ich dann vielleicht verzichten jetzt auf die Pfingstfahrt zu Dir, um zu sparen. Herz, schreibe mir, ob Du willst, dann werde ich es deichseln. Aber die Deinigen müßten reinen Mund halten vor solchen Leuten wie Berta [Thalheimer] etc. Süßchen, ich sehne mich nach Niuniu, o wie sehr! ...

Kostja Zetkin

[Friedenau, 5. Juni 1908] · Freitag, 8 Uhr abends
Mir ist schrecklich, die Depression preßt mich so an der Kehle, daß ich ersticke. Oh, jetzt einen Menschen sehen – niemand ist da –, oh, jetzt Flügel haben und zu Niuniu fliegen – ach, keine Flügel, bloß paar freie Tage für mich haben, dann würde ich heute in den Nachtzug steigen und morgen früh bei Dir sein. Aber nichts ist möglich. O dieser furchtbare Druck auf dem Hirn und das Zappeln im Herzen! Ich weiß, was ich mache – ich setze mich

hin und schreibe an den Geliebten, an meinen teuren Freund, der mit seiner Liebe immer um mich war, als mich der Kummer packte in seine Krallen. Dudu, Herz, Du süßer Tröster, ich habe so viel Schreckliches erlebt seit gestern. In der Frühe kam, extra zu mir abgesandt, aus Warschau der wichtigste Rechtsanwalt in politischen Prozessen; er und seine Kollegen riefen mich an, um »Europa« auf die Beine zu bringen wegen der Greuel, die dort im Kriegsgericht, in den Gefängnissen, in den Folterkammern herrschen. Er erzählte und ich notierte das Material von 10 Uhr früh bis 7 Uhr abends, bis er abreisen mußte, um heute früh wieder im Gericht zu stehen. Wir weinten beide bei der Arbeit. Es ist grauenhaft, jeden Tag mehrere Hinrichtungen; in den Gefängnissen gehen Dinge vor, bei denen die Haare zu Berge stehen. Du kannst Dir denken, wie mir wurde. Zur kleinen Verschönerung kam noch folgendes: Er erzählte von verschiedenen Gefangenen, die er verteidigen soll, erwähnte u. a. meinen Jungen[370] (ohne zu ahnen); ich frage: Wie geht es dem? – Oh, sagt er, mit dem steht es ganz schlimm. – Wieso? – Ja, ich war bei ihm, gerade, bevor ich zu Ihnen reiste, mich rief der Gendarm selbst als »**unbedingt**« notwendig zu ihm; und tatsächlich – wie ich ihn sah, erschrak ich, gelb, eingefallen, kann er kaum noch sitzen und spricht so leise, daß ich mein Ohr fast an seinen Mund halten muß. Ich glaube, er hat Schwindsucht, und ich fuhr zu seiner Mutter, ihr das zu melden. – Niuniu, kannst Du Dir denken, wie mir war? Dann kam das Schreiben und die Lauferei, um jene Nachrichten in verschiedene Blätter telegrafisch zu bringen, um Leute auf die Beine zu bringen. Ich schlief die ganze Nacht nicht, und heute lief ich den ganzen Tag. Ich fühle mich jetzt ganz gebrochen. O mein lieber Freund, wenn ich Dich jetzt sehen könnte.

Ich fahre noch nicht am Sonntag fort, vielleicht am Dienstag. Schreibe mir also noch, laß mich nicht ohne Brief. Heute war mir Dein süßer Brief ein solcher Trost.

Aber bitte, Diudiu, sei nicht traurig, sei heiter, mein kleines Lieb, vielleicht sollte ich Dir das alles verschweigen, aber ich kann mich nicht verstellen.

Der Mond ist schon da und der Abendstern. Ich grüße Dich durch sie, mein Teurer. [...]

Kostja Zetkin

[Friedenau, 21. August 1908]

Niuniu, Herzlieb, Dein gestriger Brief über mein gemaltes Bildchen hat mich so beglückt und mir so Mut gegeben, daß ich gleich gestern ein neues angefangen habe. Es nimmt mich so in Anspruch, daß ich kaum essen kann, so ungeduldig bin ich, um es Dir schicken zu können. Aber es muß vielleicht noch vier, fünf Tage brauchen! Dudu, Liebster, wenn ich überhaupt noch male, so ist es Deine Schuld, denn Du allein gibst mir Mut zu dieser Verwegenheit. Duduk, Herz, heute habe ich noch keinen Brief von Dir, ich gehe erst zur Post.

Kuß!

Kostja Zetkin

[Friedenau,] 22. [August 1908] · Sonnabend

Dudu, Geliebter, heute ging ich zum erstenmal die Natur malen. Ich fuhr zum Schlachtensee und brannte vor Ungeduld, aber, Gott, welche Schwierigkeiten! Ich konnte ja nur ein Skizzenbuch mitnehmen, also auf dem einfachen Papier und in der Luft malen, denn die Staffelei ging doch nicht mitzuschleppen! Also in einer Hand das Skizzenbuch und die Palette, in der anderen die Pinsel halten! Dabei mußte ich **sitzen** (auf einer Bank), konnte also nicht immer zurücktreten, um die Wirkung zu prüfen. Auch mußte ich auf einem winzigen Format malen, und ich habe das Bedürfnis, gleich ganz große Bilder zu machen, sonst hat der Pinsel gar keine Wucht. Und zum Überfluß konnte ich nur eine Stunde knapp malen, dann kamen Leute und trieben mich fort. Also genug, um mich verzweifelt zu machen, da außerdem noch das Wasser alle Augenblicke sich veränderte und der Himmel auch (heute kommt immerzu ein Gewitter). Ich war nahe dem Weinen, wie ich nach Hause fuhr. Aber gelernt habe ich wieder was. Nur habe ich keine Ahnung, wie ich je diese äußeren Schwierigkeiten überwinden werde – wie die Staffelei mitnehmen und eine größere Pappe wenigstens? Ach, Dudu, könnte ich jetzt zwei Jahre nur dem Malen leben – das würde mich verschlingen. Ich würde bei keinem Maler je in die Lehre gehen, auch nie jemand um etwas fragen, nur selbst beim Malen lernen und Dich fragen! Aber das sind wahnsinnige Träume, ich darf ja nicht, denn meine klägliche Malerei braucht kein Hund, meine Artikel aber brauchen die Leute. – Das heutige Bildchen schicke ich Dir morgen, ich glaube, es wird schon trocken sein. Und diesmal fürchte ich so, Dich zu enttäuschen! Aber Du mußt streng und ehrlich mit Dir selbst und mit mir sein, sonst wäre schlimm, denn ich höre ja nur auf Dich!

Dudu, ich gehe jetzt zur Post und hoffe etwas zu kriegen.

Niuniu, ich kann doch nicht alles schreiben, was ich erlebe und was ich mit Dir erleben möchte. Meine Nerven sind jetzt sehr gespannt, nachts kann ich nur einige Stunden schlafen vor Erregung, und bei Tag jagen Stimmungen, Hoffnung und Verzagen einander wie Wolken am Himmel.

Dudu!

Küß das süße kleine Kätzchen auf das Köpfchen und auf die Backe. Ich bin nicht eifersüchtig, ich liebe es auch, das unschuldige kleine Ding. Die Nelke von gestern ist herrlich, steht im Wasser.

Kostja Zetkin

[Friedenau, 25. August 1908] · Dienstag

Herzlieb, Dudu, das gestrige »Bild« werde ich Dir wahrscheinlich nicht schicken, denn es ist schlimm geworden: Es war auf Papier gemacht, und nun ist alle Farbe reingekrochen, die Sache ist ganz stumpf und scheußlich geworden. Die Hauptsache ist aber die: Ich verpfusche mir alles selbst durch Ungeduld und Zeitmangel. Statt einige Tage hintereinander hinauszugehen und an demselben zu arbeiten, will ich unbedingt in einer Stunde alles fertig haben, schmiere deshalb nach einem einigermaßen guten Anfang den Rest rasch aus Jem Kopf und mache einen Stuß. Ach, Dudu, es wird doch nichts aus alledem: Wo nehme ich die Zeit her! Jetzt heißt es für ein halbes Jahr adieu, und dann mag ich nicht wieder

Kostja Zetkin

von Anfang an, nachdem ich ein halbes Jahr lang keine Fortschritte gemacht habe.

Ich Unglückliche muß wohl doch zum Parteitag[371], August [Bebel] hat schon zweimal dringend geschrieben, und die Väter besorgen mir ein Mandat, es gibt also keine Ausrede. Aus diesem Grunde muß ich jetzt auch mit höchster Hetze arbeiten, um bis 12. die ganze neue Nr. der polnischen Revue[372] wieder fertig zu machen, und darin muß ich selbst mindestens zwei Druckbogen füllen! Meine arme ökonomische Arbeit![373] Mir graut förmlich vor Nürnberg. Vielleicht kommst Du hin? Aber davon kann ja keine Rede sein, Du tust auch viel besser, wenn Du nach Tirol gehst in der Zeit. Daß ich im September nach Stuttgart komme, ist ja eine unmögliche Idee, Dudu! Wann soll ich dazu Zeit nehmen? Und es wird nachgerade auffallend vor dem Dichter, vor Mietze etc. Mich geniert das. Auch muß ich mich doch vor der Schule ein bißchen vorbereiten.

Ich schicke Dir heute den Advielle, ich hoffe, daß Du ihn mit Interesse lesen wirst. Er hat nur bis 12. Zeit, aber ich kann ja dann verlängern. Es ist noch ein solcher Band da, der mit der Verteidigung Babeufs vor dem Gericht gefüllt ist; ich schicke ihn Dir vorläufig nicht, es ist auch nicht unbedingt nötig, daß Du ihn liest, nur wenn Du etwa nachher Lust hast.

Ich erwarte jetzt weitere Nachrichten vom Arzt von Dir. Dudu, Geliebter, mit Deinem Herzlein ist also doch nicht alles in Ordnung! Soll ich mich wegen Militär darüber freuen? Das ist ein trauriger Trost für mich. Siehst Du, Liebling, ich sagte Dir, Du darfst das Herzlein nicht anstrengen! Ich habe schon Angst vor Deinem Steigen in Tirol …

Herz, ich küsse Dich. Jagugu

Clara Zetkin

[Friedenau, 30. August 1908]

Liebste Klara!

Ich bin soeben aus Schwiebus zurück, finde Deine Sendung und schicke Dir nach aufmerksamem Studium zurück. (Zufällig bringt mir Karl [Kautsky] sein Kuvert, ich packe also meine bei.) Die Leitsätze und die Resolution[374] sind ausgezeichnet: großzügig, gründlich, scharf und temperamentvoll. Da Du Kritik wünschst und ich ein Pedant bin, so habe ich einiges gestrichen und Bemerkungen angefügt, wo es mir nicht klar genug oder mißdeutig erschien. Du kannst die Bemerkungen ruhig in den Korb werfen.

Ich umarme Dich.

Auf Wiedersehen Deine

Ich komme am Sonntag, 13.[375], um 5 nachmittags, glaube ich. Laß mich wissen, wo ich Dich finde und wo wir wohnen.

Kostja Zetkin

[Friedenau, 9. Oktober 1908] · Freitag

Liebling, soeben bekam ich Deine Zeilen aus Freudenstadt. Ich habe Dir inzwischen nach Sillenbuch geschrieben.

Ich bin so froh, daß Du erfrischt bist; Deine Zeilen atmen Bergluft, Sonnenglut und Waldodem. Ich freue mich so.

Mir geht es gut, ich stehe früh auf, arbeite, schlendere und unterhalte mich mit Mimi. Sie hat gestern abend folgendes gemacht: Ich suchte sie in allen Zimmern, sie war nicht da, ich war schon unruhig, da entdeckte ich sie in meinem Bett, aber so, daß sie mit der Decke hübsch bis zum Kinn zugedeckt lag und das Köpfchen auf dem Kissen, genauso wie ich liege, und sie blickte mich ruhig und schelmisch an.

Heute ist hier Sonne und kühler Wind; ich dachte mir: zum Wandern herrlich. Bleibe möglichst lange oben.

Wir grüßen Dich beide vielmals.

Kostja Zetkin

[Friedenau, nach dem 3. Januar 1909] · Donnerstag

Süßer Geliebter, Deine Brieflein sind mir eine große Freude. Heute bin ich den ganzen Tag frei, meine Stunde[376] hat Rosenfeld, ich war am Vormittag ein bißchen spazieren – in Deiner Gegend. Sonst lese ich den ganzen Tag, so daß mir jetzt der Kopf wüst ist. Doch möchte ich keinen Menschen sehen und bin froh, daß niemand kommt. Ich las über die Geschichte der großen Gerichtsreform in Rußland 1864[377] (ich kam darauf durch meine Arbeit über die Autonomie[378]), die Sache interessiert mich sehr. Unter anderem ist ein Umstand interessant: Die Seele dieser ganzen Reform, derjenige, der namentlich als der Schöpfer der Schwurgerichte in Rußland gilt und fünfundzwanzig Jahre an dieser Reform arbeitete, war von Beruf – Astronom und hatte gar keine juristische Vorbildung gehabt! (Es ist dies übrigens Sarudny, der Vater jener Petersburger Malerin[379], deren Bild von mir bei K.K.s [Karl Kautskys] auf dem Schrank steht.) Daneben orientierte ich mich ein bißchen über die Sache in Westeuropa. Die Schwurgerichte existieren in England schon seit 1264, also ganz mittelalterliche Einrichtung, in Frankreich seit der großen Revolution (Robespierre und Barère), in Deutschland in einzelnen Staaten seit 1848, im Reich seit den siebziger Jahren. Jetzt soll ja eine Rückwärtsrevision stattfinden, ich muß darüber den Heinemann in der »Neuen Zeit« nachlesen[380].

Was steht im Hildebrand[381] über die Form?

Heute ist sehr stürmisch, aber warm zugleich, sehr naß, Tauwetter, doch der Sturm und die jagenden Wolken tun mir wohl. Ich werde jetzt noch abends nach dem Abendbrot etwas spazierengehen, ich habe solchen Hunger nach Luft.

Und Sehnsucht nach Niuniu.

Niuniuta, den Handschuh habe ich gefunden, aber ich vergaß wirklich bei Euch drei kleine gefranste Serviettchen, die in jenem Säckchen mit meinem Eßzeug waren. Die Gertrud [Zlottko] schreit danach. Gugu, bring sie mir mit.

Luise Kautsky

Liebste Lulu!

Ich schreibe Dir erst heute, weil ich seit der Ankunft hier wie im Gefängnis gelebt habe, d. h., ich hatte mir vorgenommen, meine Arbeit (für unsere polnische Revue[382]) erst fertigzumachen, bevor ich überhaupt den Kopf vom Schreibtisch aufhebe. Und tatsächlich arbeitete ich die ganzen zweieinhalb Wochen lang, und zwar oben im Zimmer ganz allein, nicht etwa im Garten, wo man sehr zerstreut wird; stand auf um 6½, hörte mit der Arbeit auf erst zum Abendbrot um 7 und ging herunter nur zu Mahlzeiten. Die Arbeit ging mir auch famos vonstatten, und ich habe zweieinhalb Druckbogen vollgeschmiert. Heute schicke ich das Manuskript fort, und deshalb fühle ich mich auch erlöst und schreibe Briefe, die ich die ganze Zeit über vernachlässigt habe. Morgen gehe ich weiter – zunächst nach Zürich. Ich habe solche Sehnsucht nach Sonne und Wärme! Hier ist es die ganze Zeit kalt und regnerisch, heute schneit es gar. Der Garten und der Wald sind trotzdem herrlich, alles blüht, und die Luft und Ruhe haben mir sehr wohl getan. Ich habe mich sehr erholt, trotz des strengen Lebenswandels.

Nun gehe ich weiter, und Du fragst, wohin. Ja, das ist es eben, daß ich [es] selbst nicht weiß in diesem Augenblick. Ich habe mir nämlich fest vorgenommen, in diesem Sommer endlich meine historische Arbeit über Polen fertig und druckfertig zu machen (jene, die Freund Franz so ungeniert ausgeplündert und abgeschrieben hat)[383]. Zu diesem Zwecke brauche ich viel Material aus der polnischen Geschichte, und dieses finde ich nur in der polnischen Bibliothek in Rapperswil bei Zürich. Nun entsteht aber die Frage, ob mir die Leute dort die Bücher eventuell nach Italien mitgeben oder ob ich gezwungen bin, sie an Ort und Stelle zu benutzen, d. h. irgendwo bei Zürich zu sitzen und nach Rapperswil arbeiten zu fahren. Das wird sich erst in Zürich entscheiden, und deshalb kann ich momentan auch nichts sagen. Ich hoffe bloß, es gelingt mir, die Bibliotheksverwaltung herumzukriegen, damit ich nach Italien kann. Ich schreibe Dir dann über meine weiteren Schicksale.

Von Klara [Zetkin] habe ich noch nicht gehört, wie es ihr in

Berlin erging[384], sie kommt morgen von London[385] zurück; ich warte eben noch ihre Ankunft ab, sonst würde ich schon heute abgereist sein.

Was machst Du denn, was macht Ihr alle? Wie haben sich Senior und Junioren erholt? An Karl [Kautsky] schicke ich dieser Tage auch einen Artikel für die »Neue Zeit« über russische Sachen.

Hannes [Diefenbach] ist hier, er ist gestern plötzlich aufgetaucht, ich habe aber nicht viel von ihm erfahren über Euch, er scheint ganz in seiner Medizin vergraben zu sein und »mönchisch« gelebt zu haben. – Es hat mich sehr gefreut, daß Klara Euch einige schöne Tage bereitet hat; ohne sie ist auch hier eine Lücke, die man sehr empfindet.

Zu meiner ständigen Gesellschaft im Zimmer gehört hier eine ganze Katzenfamilie: die hiesige Mimi mit zwei reizenden Kätzlein, die von mir mit großer Pünktlichkeit gefüttert, zu Bett gelegt und geweckt werden. Was aus diesen schönen Anfängen der Erziehung nachher wird, wenn ich fortgehe – das Herz blutet, wenn ich daran denke …

Ich küsse Dich herzlich und umarme Euch alle. Wenn Du gleich schreibst, so adressiere Zürich, poste restante. Wenn nicht, dann muß ich Dir erst später meine Adresse schicken, wenn ich mir eine solche beigelegt habe. Nochmals Kuß in treuer Liebe. Deine R.

Hans Kautsky

[Degerloch, 1. Mai 1909]

Lieber Hans!

Heute höre ich aus einem Briefe von Luise [Kautsky], daß Sie noch in Berlin sind! Welcher Leichtsinn, welcher Frevel an Ihrer Gesundheit! Hier haben wir die ganze Zeit ein sogenanntes Sauwetter mit Sturm, Kälte und Regen, und heute schneit es aus Anlaß des 1. Mai. Bei Euch drüben wird es nicht viel anders sein, und Sie eilen immer noch nicht nach dem Süden! Unerhört! Ich saß hier nur so lange, weil ich eine dringende schriftliche Arbeit zu

Hans Kautsky

Ende führen mußte.³⁸⁶ Heute ist dies vollbracht, und morgen gehe ich nach der Schweiz. Zunächst muß ich in Zürich haltmachen, um in der dortigen polnischen Bibliothek Material zu einer weiteren Arbeit zu suchen. Ob ich dort was kriege und wie lange mich das festhält, weiß ich nicht. Jedenfalls gehe ich nachher nach dem Süden. Von L[uise] hoffe ich auch weiter Ihre Adresse zu erfahren, um Ihnen ein Lebenszeichen von mir zu geben.

Einstweilen herzliche Grüße von Ihrer RL

Luise Kautsky

Genua, 14. Mai 1909

Liebste Lulu!

Nun bin ich seit einigen Tagen in der Genova superba, wie sie sich selbst nennt, während die Toskaner von ihr anderer Meinung sind und sagen, daß hier mare senza pesce, montagne senza alberi, uomini senza fede e donne senza vergogna³⁸⁷ seien. Ich neige zu der Auffassung der Toskaner, nur mit dem Unterschied, daß auch die uomini senza vergogna³⁸⁸ sind, wenigstens in den Kaufläden, wo sie mich stets anschwindeln im Preis und mir auch noch im Rest jedesmal ein paar ungültige Münzen einschmuggeln. Sonst ist es ein liebes Städtchen, herrlich gelegen, amphitheatralisch auf einer schmalen Küste um eine große Bucht herum, von hinten geschützt durch schöne Hügel, die, jeder von einem Fort gekrönt, sich scharf vom – natürlich italienischen – Himmel abheben. Im Hafen unten ist ein üblicher Hafenwirrwarr von Schiffen, Barken, Elevatoren, Schmutz, Rauch, Enge und Geschäftigkeit. Die Straßen eng, himmelkratzende und ihrerseits meist abgekratzte Häuser, zwei oder vier Fenster breit, von oben bis unten behängt mit bunter Wäsche, so daß bei jedem Zephyrhauch überall Hemden, Gatjen³⁸⁹, löcherige Strümpfe und dergleichen Frühlingsgegenstände flattern und klatschen. Um zu den höher gelegenen Straßen zu gelangen, gibt es von den unteren herauf alle paar Schritte reizende vicoli oder scalite, d.h. Gäßchen, die ganz dunkel, üppig, stinkend und gerade so breit sind, daß der Durchgang überall

Bittersüß od. Rankender Nachtschatten
Dulcamara
Fam: Solanaceen

Perückenbaum
(Rhus cotina)
Fam: Anacardiaceae

Bot. Garten Schweihelg

durch einen leicht vom Publikum abgewendeten und sich leicht wiegenden cittadino[390] versperrt ist, der seine Andacht verrichtet und für ständige Befeuchtung der Gäßchen sorgt, damit die Luft nicht zu trocken ist. In den etwas breiteren Sträßchen aber muß man karambolieren zwischen zweiräderigen Karren – andere habe ich hier nicht gesehen –, die mit zwei Mauleseln und einem Pferd in die Länge (das heißt eins vors andere) bespannt sind und mit Vorliebe links, nicht rechts fahren, so daß ein gut disziplinierter reichsdeutscher Kulturmensch des öfteren plötzlich hinter oder über seinem Kopf den liebevollen Hauch einer Schnauze oder das Ende einer knallenden Peitsche zu spüren bekommt; denn so was wie Trennung des Bürgersteigs vom Fahrdamm ist hier als undemokratisch verpönt, und jeglicher Kreatur ist überlassen, sich durchs Leben und durch die Gasse mit Ellbogen zu schlagen. Drei Lieblingsbeschäftigungen habe ich bei den Genuesern bemerkt: das Herumstehen mit den Händen in den Hosentaschen und einer Pfeife im Mund, um irgendeinem beschäftigten Mitmenschen, z. B. den Hafenarbeitern oder auch Erdarbeitern, mit ruhiger Sympathie stundenlang zuzuschauen, ferner das Ausspucken alle viertelstundenlang, aber nicht so einfach und formlos wie bei uns, sondern kunstvoll, im langen, dünnen Strahl aus dem Mundwinkel, ohne den Kopf zu bewegen und mit einem kleinen Zischlaut, endlich – sich rasieren zu lassen, und zwar nicht morgens, sondern abends. Um 7 bis 10 oder 11 Uhr abends kann oder vielmehr muß man in allen Straßen rechts und links in den offenen Läden der parrucchięri[391] (jeder dritte Genuese ist ein parrucchięre, die zwei anderen Schwindler von unbestimmter Beschäftigung) in weiße Mäntel gehüllte sitzende Gestalten bewundern, die mit philosophisch erhobener Nase die schmutzige Decke zu betrachten scheinen, während ein flinker schwarzäugiger Jüngling ihnen mit nicht ganz weißen Fingern um die Visage herumtanzt. Von übrigen Merkwürdigkeiten ist zu bemerken, daß dank des Staatsmonopols das Salz ein Luxusgegenstand ist, infolgedessen das Brot ganz ungesalzen, auch ohne Hefe ist und im Geschmack ungefähr der Mischung gleicht, mit der man bei uns im Norden zum Winter die Fenster zu verkitten pflegt. Auch der Zucker kostet – aus einem mir nicht näher bekannten Grund – 85 Centesimo das Pfund, und »das Pfund« faßt in Italien, wie ich erst nach längeren betrübenden Erfahrungen herausgebracht habe – nur 350 Gramm; infolgedessen vergißt der cameriẹre[392] im Café regelmäßig beim Servieren des Tees die Zuckerdose, und bis man Gelegenheit hat, ihn auf diese Kleinigkeit aufmerksam zu machen, wird der Tee kalt. Schließlich gehen und kommen die Züge mit einer normalen Verspätung von ein bis zwei Stunden, und wenn ein naiver Indogermane aus dem Norden Europas in Schweiß gebadet im letzten Moment (nach dem Orario[393]) ins Coupé springt, so hat er dann reichlich Zeit, sich abzukühlen und zu beruhigen; nach Verlauf einer halben Stunde nämlich ruft der Schaffner erst mit sonorer Stimme »partẹnza!«[394], um darauf zusammen mit dem Lokomotivführer im Buffet zu verschwinden; nach einer weiteren halben Stunde erscheinen beide sichtlich erfrischt und in guter Stimmung auf dem Perron, und der Zug setzt sich dann allmählich wirklich in Bewegung. (Dies erlebte ich gestern, als ich einen Ausflug an die Riviera levante machte und infolge der Verspätung um 2½ Uhr nachts nach Hause kam.) Über alledem lacht natürlich ein ewig blauer Himmel, und ich weiß jetzt schon, weshalb er lacht. Übrigens lacht er nur, insofern es nicht regnet.

Ecco una breve macchietta[395] meiner Eindrücke. Was mich selbst betrifft, so habe ich in Zürich günstigen Bescheid gekriegt: Ich darf alle Bücher hierher beziehen, doch durch die Vermittlung einer hiesigen staatlichen oder städtischen Bibliothek. Das bindet mich wieder etwas an Genua. Aber trotzdem ich hier ein hübsches Zimmer in guter Lage (hoch über der Stadt) gefunden habe, so glaube ich, daß ich das Leben hier sehr bald satt kriege und vielleicht irgendwo ans Meer gehe. Dies läßt sich jedoch leider nicht so leicht machen, wie man sich vorstellt; ich erfuhr es gleich gestern bei meiner ersten Umschau. Es gibt entweder richtige Kurorte wie Nervi, die mir ein Greuel sind, oder aber schmutzige heiße Städtchen, wo obendrein höchstens ganze Appartements zu finden sind – ohne Bedienung und ohne Pension. Außerdem ist kein richtiger Strand da, weil die Küste sehr felsig und steil ist. Trotzdem wird sich wohl schon etwas finden. Im ganzen gefällt mir das Leben und die Natur hier sehr, das Meer aber ist die Hauptsache, und dieses ist herrlich. Ich sehe es aus meinem Zimmer den ganzen Tag und kann mich nicht satt sehen.

Nun, wie geht es Dir, wie Euch allen? Sicher gehst Du zu den

Vorlesungen Klaras [Zetkin][39a], schreibe mir auch darüber alles Nähere. Da ich nicht weiß, wo Klara logiert, lege ich einen Brief für sie bei. – Übrigens habe ich hier bei meiner Arbeit eine Idee für Dich, Thema zu einer selbständigen Arbeit – eine kleine Studie, die für die »Gleichheit« oder die »Neue Zeit« gut wäre, bei der Du Deine Kenntnisse der englischen Sprache verwenden kannst und die sicher auch Deine bescheidene Selbsteinschätzung nicht übersteigen wird. Mich ärgert überhaupt, daß Du Dir eine öde Übersetzung nach der anderen aufladen läßt. Was hast Du davon? Was lernst Du bei dieser mechanischen Viechsarbeit? Wirklich schade um Deine Zeit und Kräfte. Wir sprechen oder schreiben über meinen Vorschlag, sobald Du mit jenem Mist fertig und wieder zur Arbeit disponiert bist. – Noch ein paar Bitten für meine Arbeit: Die Gertrud [Zlottko] hat Dir wohl meine Schlüssel gelassen, nun sei so lieb und schicke mir aus meiner Bibliothek (linke Seite des großen Regals) 1. Büchers Entstehung der Volkswirtschaft, 2. Ingrams Geschichte der Volkswirtschaftslehre, 3. Webbs Geschichte der Trade Unions. Außerdem sei so lieb und schreibe für mich folgendes aus: 1. aus **Roscher** (laß Dir von Karl seine Nationalökonomie geben) seine **Definition**: Was ist die Nationalökonomie (oder die Volkswirtschaftslehre); wahrscheinlich ist das im Anfang seines Kursus. Nur ein paar Sätze brauche ich, aber wörtlich zitiert und genauen Titel des Buches. 2. Aus dem »Handwörterbuch der Staatswissenschaften« Artikel **Schmollers** über die Volkswirtschaftslehre. Du mußt den Passus herausfinden, wo der Trottel sagt, daß die Nationalökonomie entstanden sei infolge der Finanz- und bürokratischen Bedürfnisse des modernen Staats im 18. Jahrhundert. Nur diesen Passus brauche ich. Ich weiß, daß Du mir gern helfen wirst, und das wird mir wirklich gute Hilfe sein, denn hier ist eine Saubibliothek, in der solche Werke nicht zu haben sind. Und noch eine Bitte: Könntest Du mir nicht abschreiben eine Tabelle der Ausfuhr und der Einfuhr Deutschlands aus irgendeinem der letzten Jahre, aber mit Einzelposten, so daß man sieht, welche Art Waren wohin gehen und welche woher kommen. (Nur Warenart, Land und Wertsumme **oder** Gewichtsmenge.) Dies jedoch, falls es Dir Schwierigkeiten bereiten sollte, laß, zum Teufel. Ich werde schon so auskommen.
Schreibe mir nun, wie es Euch allen geht, was machen die Bu-

ben[397]? Pardon, die Ex-Muli (wie heißen sie denn jetzt – asini[398]?) und der kleene Schnips[399]? Was macht Karolus magnus? Schreibe mir poste restante (si ferma in posta), aber **eingeschrieben**, sonst ist [es] unsicher. Namentlich aber die Bücher eingeschrieben. Ich küsse Euch alle herzlich. Eure R.

Was macht Granny, wo ist sie? Ich lasse sie bestens grüßen.

Luise Kautsky

[Levanto,] 13. [Juni] 1909

Liebste Lulu!

Heute habe ich Deine beiden Karten erhalten: vom 9. und 11. – zusammen! Du weißt inzwischen schon, daß das Paket angekommen ist, bist also beruhigt. Ich selbst schrieb lange nicht, weil ich inzwischen schuften mußte und jeden Tag auch einen oder einige geschäftliche Briefe zu schreiben hatte, so blieb mir keine richtige Muße, um Euch so zu schreiben, wie ich wollte. Auch machte mich das Warten auf die Bücher ungeduldig und »knurrig«, wie Franz [Mehring] sagen würde, und Du weißt, daß ich mich nicht gern zeige, wenn bei mir schlechtes Wetter ist. Heute ist wieder Sonnenschein – in mir und um mich. Tatsächlich hatten wir hier eine ganze Woche lang Regenwetter, Gewitter, kühle Winde und stürmische See. Heute plötzlich azurblauer Himmel, strahlende Sonne und tiefblaue See mit weißen Schaumkämmen, die im Sonnenlicht funkeln wie Schnee. Im ganzen ist es viel kühler hier, als ich dachte und als man sich gewöhnlich vorstellt. Ein Freund schreibt mir aus der Schweiz: Ich verstehe nicht, wie Sie [es] jetzt an der Riviera aushalten können! Ich mußte lachen, denn nach den Nachrichten von Bekannten zu urteilen, ist es jetzt in der Schweiz viel heißer als hier. Levanto ist ein winziges Nest, zwei Stunden weit von Genua, und da ich nicht wußte anfangs, ob ich hier auch bleiben kann – die Verhältnisse waren mir ja gänzlich fremd –, so gab ich Euch auch nicht gleich die Adresse an, auch der Friedenauer Post nicht, da Levanto in der weiten Welt unbekannt ist – Gott sei Dank – und die Briefe womöglich irgendwohin nach dem Orient wandern würden. Nun bin ich aber doch hier geblieben und erhalte auch meine Postsachen, wenngleich mit der saumäßigsten Unpünktlichkeit.

Jetzt zu Deinen, Euren und meinen Plänen. Ich gehe fast sicher im Juli nach der Schweiz, und so wird es sich doch hoffentlich machen lassen, daß wir uns treffen. Selbstverständlich werde ich Euch sofort benachrichtigen, wohin ich wandere, wenn ich es erst selbst weiß. Augenblicklich kann ich mich noch nicht entschließen, doch dürfte es schließlich mein geliebter Vierwaldstätter See werden; ich fürchte bloß aus alter Erfahrung, daß ich dort viel mehr braten werde als hier in Italien. Wo gedenkt Ihr denn mit Karl [Kautsky] die drei Wochen in der Schweiz zu verbringen? Schreibe mir darüber gleich, falls Ihr schon was Festes im Auge habt, das wird mir auch vielleicht meine Kombination erleichtern. Dann schreibe mir **genau**, wann Karl mit Bendel in Genua eintreffen – oder gehen sie direkt von Marseille nach der Schweiz? Auch mit welchem Schiff sie sich verfrachten. (Ist das wirklich ein Frachtschiff? Dann dürfte ja die Reise unendlich dauern!) Wenn wir uns erst alle in der Schweiz treffen, das gibt dann ein Gaudi und ein Schwatzen!!

Mein hiesiges Nest liegt reizend an einer kleinen Bucht, aber zum Glück ohne Hafen, so daß keine Fischerbarken und Segelboote den Ausblick versauen wie in Sestri Levante (wo Gerhart Hauptmann sta lavorando nella tranquillità lucida e fragrante[400], wie ich aus dem »Secolo« erfahren habe). Auch liegt es nicht an der großen Touristenstraße wie die Ponente und die Levante bis Sestri, wo die Automobile vorbeisausen und vorbeiduften. Eingefaßt ist das Städtle von weichen Appeninhügeln, die, mit Oliven und Pinien bedeckt, ein Grün in allen Schattierungen darbieten. Ganz still ist es hier, nur tragisches Knarren einer Mauleselstimme läßt sich von Zeit zu Zeit hören und eifriges Rufen der Maultiertreiber. Sonst stehen ein paar verschlafene Gestalten am Eingang von ein paar Läden in der »Hauptstraße«, und Kinder spielen im Sande, oder weißrote Katzen streifen über die Straße von einem Gartenzaun zum anderen. Den Mittelpunkt bildet eine viereckige Piazza Municipale, um die das mit Galerien ausgestattete Hauptgebäude geht. Darin ist alles, was Autorität, Rang und Staat darstellt: die Post, die Garnison (wohl sechs Soldaten mit zwei Offizieren), der Podestà, das Zollamt und natürlich daneben eine marmorne »Gedenktafel« mit zwei etwas hervorstehenden Seitenleisten. An dieser »Tafel« steht immer mit dem Rücken zum Platz irgendein Passant, während sonst nur die Sonne den leeren Platz überflutet, in dessen Mitte das Standbild Cavours »den größten Statisten des XIX. Jahrhunderts« darstellt, wie die Aufschrift witzig erklärt. (Al più grande statisto.[401]) Sonst sieht man nur an einem schmalen Bächlein unter drei großen Zedern die Lavandaien[402] immer knien und waschen, während die Männer am liebsten miteinander schwatzen. Vor meinem Albergo z. B. stellen oder setzen sich auf eine hervorstehende Hauskante irgendwelche zwei, drei Bürger und schwatzen stundenlang mit Behagen, während ich innerlich koche, da mich dieses unermüdliche Plätschern der Stimmen draußen ganz aus den Gedanken bringt und ich die Arbeit hinschmeiße und am liebsten selbst in der Sonne hocken möchte. Abends bei Kühle geht alles, was lebt, in der »Hauptstraße« auf und nieder spazieren, unzählige schwarze Kinder treiben sich spielend herum, und der »Eismann« an seinem kleinen Karren macht glänzende Geschäfte. Ich kaufe ihm auch jeden Abend für 10 Centesimo Eis in einer kleinen Waffeltüte ab, wenn es mir gelingt, durch die ihn umlagernden Kinder durchzudringen. Geistig ragen sichtlich über der Gesellschaft zwei Personen hervor: der Postbeamte, ein dicker, runder, schwarzblühender Jüngling, der in seinen weißen Schuhen und keck aufgesetztem Garibaldihut in außerdienstlichen Stunden das Haupt und Idol der hiesigen Jeunesse dorée ist; abends, umstanden von Freunden, spricht er Witze, die ich nicht verstehe, und verbreitet um sich Frohsinn und – wie ich fürchte – etwas Freigeist und Zynismus. Ganz anders ist der Apotheker, der zwar auch noch im besten Alter, aber blaß, finster, in seinem Laden immer ein paar ernstere Herren und auch den Herrn Abbate hat, die in Hüten sitzen und Politik treiben. Das tun sie übrigens auch, wenn der Apotheker abwesend ist, indem sie sich auch ohne ihn gut unterhalten und in seinem Laden Zeitungen lesen. Schon zweimal habe ich bei ihm Zahnpulver gekauft, und jedesmal mußte er von einem der politisierenden Herren der klerikalen Partei geholt werden. Jeden Sonntag gibt es eine Prozession, an der Kinder, Weiber und schwarzgehüllte alte Männer teilnehmen; die Prozession schleppt sich aber faul dahin, das Singen reißt alle Augenblicke ab, und die Zuschauer lachen; »Signor Gesù«, den man auf langem Holz schleppt, macht ein verkniffenes Gesicht, weil ihn die strahlende Sonne blendet und in der Nase kitzelt. Die Sache ist aber nicht immer so harmlos, wie sie aussieht. Wißt Ihr, woher der Sturm und Regen in voriger Woche kam? Heute las ich's im »Secolo«: In Porto Maurizio an der Ponente hatte man eine feierliche Prozession per scongiurare la siccità[403] veranstaltet. Und da soll man nicht an die göttliche Misericordia glauben? Die Apotheke triumphierte natürlich und schaute kaltlächelnd zu der Postpartei hinüber. Zugleich aber prangen jetzt noch an allen Ecken Riesenplakate der Sozialdemokratie zum 1. Mai. Niemand regt sich darüber auf – vielleicht regte sich auch am 1. Mai darüber niemand auf, das weiß ich nicht. Ach! Die Welt ist nicht vollkommen. Alles wäre so schön, aber – aber … Erstens: die Frösche. Sobald die Sonne sinkt, beginnen von allen Seiten die Froschkonzerte, wie ich sie in keinem Lande sonst gehört habe. Schon in Genua habe ich diese Überraschung, die ich an der Riviera am wenigsten suchte, erlebt. Frösche – meinetwegen. Aber **solche** Frösche, so ein breites, schnarrendes, selbstzufriedenes, aufgeblasenes Gequake, wie wenn der Frosch die erste und absolut wichtigste Person wäre! … Zweitens: die Glocken. Ich schätze und liebe die Kirchenglocken. Aber jede Viertelstunde Bimmeln, und zwar ein leichtsinniges, albernes, kindisches Bimbimbim – bimbambam, das kann einen ganz närrisch machen. Jeden Sonntag erst, und gar zum Fronleichnam, wälzten sich diese dummen Glocken vor Freude wie ein Ferkel und konnten sich gar nicht genugtun. Und drittens – – drittens, Karl, wenn Du nach Italien gehst, vergiß nicht, eine Schachtel Insektenpulver mitzunehmen. Sonst ist es herrlich.

Karolus, noch etwas Geschäftliches zum Schluß. Anbei ist der Titel eines neuen Buches von Lenin (Iljin ist sein Pseudonym), ihm liegt daran, daß das Buch in den eingelaufenen Schriften verzeichnet wird.[404] Was die Besprechung betrifft, so bestelle sie noch bei niemand, ich werde Dir vielleicht jemanden empfehlen können, sonst könntest Du ungewollt den Verfasser kränken. Aber in die »eingelaufenen« und **auch** in die Literatur des Sozialismus nimm das Buch **gleich** auf. Und nun küsse ich Euch alle miteinand und Dich, Lulu, im besonderen. Eure R.

Hans Kautsky

Lieber Hans!

Ich dachte, Sie würden mir gleich aus Wengen Ihre neue Adresse angeben, da Sie aber schweigen, so schreibe ich an die alte Adresse. Hoffentlich wird Ihnen der Brief nachgeschickt.

Nach der Schweiz komme ich am 1. Juli. Ich schrieb an L[uise Kautsky] und lud sie förmlich ein, gleich am 1. zu mir zu kommen. Ich gab Gersau (am Vierwaldstätter See) an, da ich momentan nichts anderes wußte. Ich werde auch in Gersau Luise erwarten und, je nachdem, wie es ihr bequem sein wird, dort bleiben oder gleich nach dem Walensee gehen. Da ich mich brieflich darüber mit ihr nicht verständigen kann, so wird es das beste sein, daß wir uns erst treffen und besprechen.

Nun werden Sie also zufrieden sein.

Früher nach der Schweiz kommen konnte ich nicht, es hätte auch für L[uise] keinen Zweck; sie kann ja doch erst in den ersten Tagen des Juli fort.

Ich freue mich sehr, daß Sie fleißig lesen. Über die große Revolution sollten Sie jetzt die Geschichte von Louis Blanc lesen, falls sie in Deutsch erschienen ist (nicht zu verwechseln mit der »Geschichte der Revolution 1848« und den »Zehn Jahren«, die er auch geschrieben hat). Falls Sie das nicht kriegen, lassen sie sich **Sybels** Geschichte kommen; es ist tendenziös »deutsch« und reaktionär, aber ein solides Werk. –

Daß Sie über meinen »Jacque« schimpfen, hat mich fröhlich gestimmt. Junge, ich habe ja nicht den **Roman** gelobt, der eine Sudelei ist wie das meiste von Bourget, sondern bloß die Figur der Mutter, die ja ausgezeichnet lebenswahr ist. Dafür hat mein Büchner also gefallen! »Aus dem Totenhaus«[405] muß man gelesen haben, aber die Sache wird Sie in Ihrer jetzigen Verfassung niederdrücken, sie ist grau in grau und grausam. Apropos: Über die große Revolution erinnere ich mich eines klassischen Werks, das Sie lesen müssen: **Tocqueville**: Das Ancien régime und die Revolution. Das ist sicher deutsch zu haben und war epochemachend seinerzeit.

Ich hoffe Sie ja auch ein bißchen zu sehen, wenngleich Sie anderes im Sinn haben, dann plaudern wir munter. Ach Gott, wenn

Rosa Luxemburg und Luise Kautsky
während ihres Aufenthaltes in der Schweiz,
Sommer 1909

Sie bloß nicht so ewig leiden würden! Ich möchte Sie so gern fröhlich und frei sehen, wie ich es bin z. B.

Nun leben Sie wohl und auf baldiges Wiedersehn!

Ihre R. Luxemburg

Konrad Haenisch

[Friedenau, vor dem 14. März 1910]

Lieber Genosse Haenisch!

Ich schicke Ihnen anbei zwei Leiter, deren Veröffentlichung mir gerade in Ihrem Blatte sehr lieb wäre.[406] Die Situation ist, kurz gesagt, die: Der Vorstand und die Generalkommission haben bereits die Frage des Massenstreiks erwogen, und nach langen Verhandlungen ist sie an dem Widerstand der Generalkommission gescheitert. Angesichts dessen glaubt der Parteivorstand natürlich die Segel streichen zu müssen und möchte am liebsten sogar eine **Diskussion** über den Massenstreik verbieten! Deshalb halte ich es für dringend notwendig, die Diskussion in breiteste Massen der Partei zu tragen. Die Massen selbst sollen entscheiden, unsere Pflicht aber ist es, ihnen das Für und Wider, die Argumentation zu liefern. Ich rechne also darauf, daß Sie hier Ihre Unterstützung bieten und die Artikel **unverzüglich** bringen. Wenn sie gedruckt sind, schicken Sie mir bitte einige Exemplare. Ich hoffe, daß die Artikel nachgedruckt werden.

Besten Gruß Rosa Luxemburg

Einem Honorar – wenn möglich – sieht man hierorts auch mit Sympathie entgegen.

Luise Kautsky

[Friedenau,] 17. März [1910]

Liebste Lulu!

Ich lebe jetzt hier so fieberhaft, daß ich einfach nicht dazu komme, Dir zu schreiben, obwohl es mich dazu die ganze Zeit mächtig drängt.

Also vom »Kriegsschauplatz«[407]. Meinen von Karl [Kautsky] abgelehnten Artikel habe ich noch besser bearbeitet (klarer und schärfer), und er ist schon in der Dortmunder »Arbeiter-Zeitung« (Konrad Haenisch) veröffentlicht.[408] Die Leipziger und die Bremer haben ihn schon nachgedruckt, hoffentlich folgen andere auch.

Vorgestern, am 15., am Dienstag, wurden hier achtundvierzig Abendversammlungen eingerichtet, mit der klaren Absicht, irgendeiner Aktion am 18.,[409] morgen, vorzubeugen. Als Redner lauter vierte und fünfte Garnitur und vorwiegend Gewerkschaftsbeamte! Außerdem war im voraus im »Vorwärts« verboten, etwa nach den Versammlungen Straßendemonstrationen zu machen. Ich erfuhr in der Schule[410] am 12., daß ein Redner fehlt, nahm sofort an und hielt abends also eine Rede im 4. Wahlkreis. Die Versammlung war zum Umkommen voll (ca. einhalbtausend), Stimmung glänzend. Ich zog natürlich gehörig vom Leder, und das fand stürmische Zustimmung. (Hannes [Diefenbach], Gerl[ach], Costia [Zetkin] und Eckst[ein] waren mit, letzterer ist seit gestern zu meiner Auffassung bekehrt, wie er mir sagte.)

Heute erhielt ich von Bremen telefonisch, von Essen brieflich eine dringende Aufforderung zu Versammlungen über den Massenstreik.[411]

Ich überlege, ob ich nicht nächstens die Schule hinschmeiße und ins Land ziehe, um überall einzuheizen. Ich werde Dir meine Artikel schicken. Heute abend gehe ich auf einen Sprung in die Niedstraße. Schreibe bald! Du fehlst mir so!

Ich küsse Dich in Eile. Deine Rosa

Luise Kautsky

[Dortmund, 13. April 1910]

Liebste Lulu!

Alles geht gut, acht Versammlungen habe ich schon hinter mir, noch sechs vor mir.[412] Überall finde ich unbedingte und l egeisterte Zustimmung der Genossen. Der Artikel von Karl [Kautsky][413] ruft Achselzucken hervor, namentlich habe ich das gesehen in Kiel, in Bremen, in Dortmund, in Solingen bei Dittmann. Was das Lustigste ist, Klara [Zetkin] schreibt mir, daß der Landessekretär Wasner (!) in einer Versammlung öffentlich seine Verwunderung über Karls Auftreten scharf ausgedrückt hat. Übrigens wußte ich gleich, daß ich die Korrektur nicht kriege. Karl will mir die Antwort, so lang es geht, unmöglich machen, auch ist es nicht »Wurms Manier«, wie Du meinst, daß der Artikel in zwei Nummern erscheint, sondern Karls eigene Manier zu demselben Zwecke. Sag ihm, daß ich die Loyalität und Freundschaft dieser kleinen Mittelchen wohl zu taxieren weiß, daß er sich aber mit seinem tapferen Mir-in-den-Rücken-Fallen bös in die Nesseln gesetzt hat. – Wie geht es Euch? Was macht meine Mimi? Schreibe mir eine Zeile hierher an Haenischs Adresse (Dresdener Straße 16), ich bleibe hier bis 16. und fahre von hier herum.

Kuß und Gruß Dir und den Buben. R.

Mathilde und *Robert Seidel*

[Friedenau,] 28. Mai 1910

Liebste Mathilde und lieber Robert!

Wieviel hundert Male habe ich Euch schon liebevolle Episteln geschrieben und geschickt – in meinen Gedanken … Es kam bloß nicht zu Tinte und Papier wegen des gottverfluchten Strudels des Lebens, in dem man lebt, in dem man immerzu das Nächstliegende, Dringende erledigt und das Persönliche und Liebe »auf morgen« verschiebt. Wie freute ich mich über Deine Blümchen aus Weggis, Mathilde! Mich packte eine solche Sehnsucht nach der Schweiz, daß ich am liebsten gleich zu Dir hingesaust wäre.

Aber ich bin ja hier an der Strippe der Parteiarbeit. Den ganzen April hindurch raste ich durch Deutschland mit Wahlrechtsversammlungen. Jetzt balge ich mich in der Presse herum (siehe »Neue Zeit«).[414] Dazwischen immer die russisch-polnische Arbeit. So gibt es genug immer zu tun. Aber ich bin zufrieden persönlich, ich lebe ja am fröhlichsten im Sturm. Außerdem habe ich für meine höchstpersönliche Lebensfreude noch etwas Apartes: Ich male. Plötzlich ist mir das eingefallen, und ich mache Porträts in Öl, was mir viel Vergnügen bereitet. Natürlich komme ich dazu nur einmal im Jahr, etwa im Sommer, denn von Herbst bis Frühling bin ich ja ganz von der Parteischule verschlungen. Aber genug von mir. Wie geht es Euch? Wie steht es mit Deiner Gesundheit, Mathilde? Wie mit Deiner Arbeit, Robert? Kommst Du nicht mal wieder nach Deutschland? Etwa aus Anlaß der Freiligrathfeier?[415] Was machen die »Jungen«, d.h. die großen Herren[416]? Seid »Christen«, belohnt Steine mit Brot und schreibt mir recht bald und ausführlich. Alles über Euch interessiert mich innig. Habt Ihr auch nicht eine Nachricht von Olympia [Lübeck]? Ich habe schon ein Jahrhundert nichts von ihr gehört, weiß auch ihre Adresse nicht.

Herzlichste Grüße Euch beiden. Rosa

Konrad Haenisch

[Friedenau,] 18. Juni 1910

Lieber Genosse Haenisch!

Ihre beiden Briefe haben mich sehr gefreut, namentlich aber das Freiligrathheft. Ich wollte Ihnen schon früher meine Freude darüber ausdrücken, war aber sehr beschäftigt.

Was Sie mir über die jüngsten »Ratschlüsse« mitteilen, ist ja direkt kläglich, aber das sind ja die Früchte der »Ermattungsstrategie«[417]. Hoffentlich wird wenigstens die jetzige Diskussion und die Fortsetzung in Magdeburg[418] unsere Leute aufrütteln und ihre Wachsamkeit gegenüber den »Instanzen« aufstacheln. Ich halte es jedenfalls für meine Parteipflicht, jetzt mit rücksichtsloser Offenheit vorzugehen. Daß K. K. [Karl Kautsky] sich so bös hineinreitet, immer tiefer in die Patsche, ist eine für den Radikalismus[419] sehr peinliche Sache. Aber auch dabei wird vielleicht der Gewinn herausspringen, daß unsere Leute lernen werden, selbst mehr zu denken und weniger auf Autoritäten zu schwören und nachzubeten.

Mit der »Republik« ist dem K. K. ein merkwürdiger Schwupper passiert: Jener »Passus« über Republik, den er nicht aufnehmen wollte, ist ja als selbständiger Artikel (»Zeit der Aussaat«[420]) in der Breslauer, Dortmunder und vielleicht einem Dutzend Blätter erschienen! Und jetzt wirft mir K[autsky] vor, ich hätte »selbst auf ihn verzichtet«! …

Klara [Zetkin] kommt heute her. Ihren Brief habe ich ihr zur Information geschickt.

NB: Kennen Sie meine Broschüre über den Massenstreik (1906?)[421] Sie behandelt **genau** alle die Fragen, die K.K. jetzt aufwirft. Es stellt sich heraus, daß selbst unsere Besten die Lehren der russischen Revolution tatsächlich gar nicht verdaut haben. Ich hielte es für sehr nützlich, daß diese Broschüre jetzt mehr verbreitet würde, jetzt ist vielleicht der Boden mehr vorbereitet zur Aufnahme. Wie wäre es, wenn Sie in Ihrer wissenschaftlichen Beilage die Broschüre, die ja kurz ist, in einigen Folgen abdruckten? Ich denke, die Hamburger könnten doch nichts dagegen haben.

Über die Gewehr-Sache[422] wird Ihnen Klara besser Bescheid geben. Ich glaube an keine »Verständigung«. Man will die arme Gewehr bloß irgendwie stumm machen, damit in Magdeburg der Vorstand und die Z[ietz] nicht blamiert werden.

Herzliche Grüße, Ihre Rosa Luxemburg

Parteischule der deutschen Sozialdemokratie.
Im Hintergrund stehend die Lehrer Rosa Luxemburg,
Franz Mehring und andere

Kostja Zetkin

[Friedenau, 22. März 1911]

Juju, Liebling!

Ich schrieb Dir gestern, aber heute ist so schön und warm, die Sonne scheint so herrlich, daß ich meinem Niuniu schreiben muß. Fenster und Balkontür stehen breit offen, und die Sonne füllt beide Zimmer, in der Luft steht lustiger Lärm der Kinder, Vogelgezwitscher und Surren der Elektrischen. Man möchte so gern lustig sein. Ich denke so oft, wie sich jetzt Niuniuś fühlt. Du schreibst nichts, aber sicher quält Dich die Sehnsucht nach Schönheit und Glück in der weiten Welt, und mich schmerzt, daß Du nichts davon hast.

Heute fand ich in einem Band des »Handwörterbuchs der Staatswissenschaften« dieses Blättchen von Deiner Hand, das ist wohl schon lange her. Ich freute mich, als ich das Blättchen fand.

Mir ist schon besser, Du brauchst nicht unruhig zu sein, nur allgemein bin ich müde vom Winter und der Schule[423]. Ich habe eine große Lust zur vernünftigen Arbeit für mich und will nun vor allem mit der Nationalökonomie Schluß machen[424], ich will vorwärtskommen, da ich seit einigen Jahren etwas im Rückstand bin; ich habe in diesen Jahren viel gelernt und fühle mich innerlich geistig sicher im Urteil, aber nun muß ich auch was wieder leisten.

Ich küsse Dich, Mimi auch, N

Kostja Zetkin

[Friedenau, Ende März 1911]

Niuniuś, Dein Brieflein mit den Blümchen drin hat mich sehr gefreut. Ich habe lachen müssen, daß Du genau die Stelle in der K[autsk]yschen Besprechung Hilferdings[425] bemerkt hast wie ich. Diese »Entdeckung« ist etwas Pyramidales. Aber Du urteilst wie ein kleiner Bub, wenn Du daraus für die arme Nationalökonomie als Wissenschaft etwas Kompromittierliches schließt. Nur K. K. macht sich damit lächerlich und zeigt seine gänzliche Weltabgeschiedenheit und geistige Verbauerung in den letzten Jahren. Ich lese übrigens gerade jetzt das H[ilferding]sche Buch. Ich bin mit dem Urteil noch nicht fertig, aber der Verdacht regt sich in mir leise, daß er die Probleme nur mit Marxschen Manieren umschreibt, sich aber an der Lösung vorbeidrückt. Wenn ich mit dem Buch fertig bin, werde ich vielleicht auch eine Rezension schreiben; dann würde ich auch die »Entdeckung« würdigen.

Jenes Stück war $2 \times 2 = 5$; ich habe mich wieder überzeugt, daß der gute Parvus ein innerlich roher Mensch ist; er hatte mir ja lebhaft zu dem Stück geraten.

Am Sonntag war hier, glaube ich, schönes Wetter, aber ich bin vor lauter Besuch nicht zur Besinnung gekommen.

Deine Blumen sind frisch und duften herrlich, ich habe sie soeben besprengt, Mimi half.

Wir küssen Dich, N

Kostja Zetkin

[Friedenau, 2. April 1911]

Kleiner Niuniuś, sei mir nicht bös, aber ich gehe nach der Schweiz. Ich warte aber auf die Mutter, da ich mich auf die Reise mit ihr furchtbar freue.

Am Sonnabend war in der Schule[426] Abschiedsfeier, ich habe mich sehr gut amüsiert und kam erst nach 2 Uhr nach Hause. Am Freitag war ich im »Don Juan«, der z. T. schlecht gegeben war, auf mich aber trotzdem zum Schluß einen mächtigen Eindruck machte. Heute werde ich in die »Zauberflöte« geschleppt, obwohl ich vorhatte, mich endlich ordentlich auszuschlafen, was mir seit langem nicht gelingt. Vorige Woche hatte ich viel Besuch.

Rosenfeld war da und saß bis $\frac{1}{2}$1. Frau Wurm hat mir auch einen langen Besuch gemacht, trotzdem ich ihn nicht mal grüße. Sie gefällt mir sehr gut. Gestern ist Lenin gekommen und war bis heute schon vier Mal. Ich rede mit ihm gern, er ist gescheit und gebildet und hat eine gar so häßliche Fratze, die ich gern sehe. Gestern bekam ich aus Konstantinopel einen lustigen Brief, den ich Dir beilege.

Hier ist wieder warm und lind, ganz Frühling. Die arme Mimi macht »kuru!«. Sie hat dem Lenin mächtig imponiert, er sagte, er hätte nur in Sibirien so stattliche Tiere gesehen, sie sei ein »Барский котъ« – herrschaftliche Katze. Sie kokettierte auch mit ihm, wälzte sich auf dem Rücken und lockte ihn, versuchte er aber, sich zu nähern, dann haute sie ihn mit dem Pfötlein und fauchte wie ein Tiger.

Die Mutter wollte aus Bremen schreiben, schreibt aber noch nichts.

Ich küsse Dich, Mimi auch, N

Leo Jogiches

[Sillenbuch, zwischen 2. und 16. April 1911]
Es geht mir wieder durch den Kopf, daß unbedingt jemand für zwei Tage nach Warschau fahren muß, um die Leute dort anzuspornen. Wenn man sich noch so sehr entrüstet, ich würde mit Freuden fahren, auf telegrafische Anforderung. (Der Paß ist fertig.)

Ich erhielt den beiliegenden Brief von »Kuba«, ich weiß nicht, wie ich reagieren soll.

Ich möchte mich mit Annie [Luxemburg] verständigen, aber ich habe ihre Adresse nicht.[447] Wenn Sie sie haben, so geben Sie ihr sofort Nachricht, damit sie zu mir umzieht (in die Cranachstraße), sie kann dort wohnen wie zu Hause und sich beköstigen. Ida [Raduin] kocht sowieso.

Ich erhielt die anliegende Karte von Huysmans' »Sekretär«.[428] Er selbst schreibt nicht mehr, er ist beleidigt, daß ich ihm auf seine zweimalige Bitte das Statut nicht geschickt habe. Kann man denn keins beschaffen? Das sieht sonderbar aus und macht die Partei lächerlich.

Die Einladung der Franzosen lege ich bei.[429] Meines Erachtens lohnt es nicht, ihnen Glückwunschbriefe zu schreiben. Höchstens man telegrafiert aus Berlin vielleicht zwei Worte: Voeux fraternels. Vive l'unité socialiste et l'intransigeance révolutionnaire.[430]

Rappoport, der hier war (zum Referat über Tolstoi), schreibt der Zetkin, daß Lenin aus San Remo zurückgekehrt ist, wo er mit Plech[anow] konferiert hat, letzterer sei sich demnach wieder mit Lenin einig. So weiß jedenfalls Lenin zu berichten.

Das Geld (offensichtlich von Józef) ist bei Ida schon nach meiner Abreise eingegangen.

NB: Adolf [Warski] sprach davon, daß Jadzia [Warska] bereit wäre, nach Warschau zu fahren und in der Expedition unserer Zeitung mitzumachen. Jetzt könnte man sie statt Radwański hinschicken und ihr sein Gehalt geben.

Ich lege noch einen Brief aus Magdeburg bei und bitte, daß Julek [Marchlewski] ihnen in meinem Namen absagt, aber **sofort**, denn ich weiß nicht, was ich antworten soll.

Kostja Zetkin

[Friedenau, 3. Mai 1911]
Dudu Jujuka, ich habe mich gestern sehr gefreut über Dein Brieflein und das Fläschchen Eau de Cologne.

Ich bin heute so fröhlich. Jetzt ist Morgen, das Wetter ist prachtvoll, die Straße ist noch still und sauber, von Sonne übergossen, und Mimi ist lustig, weil wir endlich allein sind. Gestern war nämlich ein großer Trubel den ganzen Tag. Vormittag kam die Mutter, und das hat uns beiden große Freude gemacht, ich habe die Mutter aufs Sofa gelegt, sie schlief fest, und ich arbeitete. Dann kam aber Annie [Luxemburg] in großer Toilette zur Oper, und es wurde sehr lärmend. Dann mußte ich in die Stadt jagen, um einiges zu kaufen, dann die Ida [Raduin] schnell zur Post schicken, damit Niuniuś noch vor der Abreise das Paketchen bekommt, dann kam plötzlich Adolf Geck, und wir mußten bis 10 sitzen. Heute ist aber ruhig und still hier.

Ich würde gern jetzt spazierenlaufen, aber Annie will noch kommen, Abschied nehmen, so kann ich nicht ausgehen. Sie möchte durchaus zurück nach Berlin, und ich bestärke sie darin.

Dudu, ich hoffe sehr, daß Du nach Paris gehst. Ich erwarte noch

definitive Nachricht von Dir. Ich gehe also Freitag früh nach Solingen, und dort ist mein ständiges Quartier bis zum 15. abends[431].
Am 16. früh fahre ich heim. Meine Adresse vorläufig: Redaktion
der »Bergischen Arbeiterstimme«, Solingen (oder vielleicht habt
Ihr in der Redaktion Dittmanns Privatadresse, die wäre ebenso-
gut).

Du bestimmst mir selbst, wie ich Dir nach Paris schreiben soll.
Der Nettelbeck[432] ist als Reiselektüre ganz gut. Ich denke, Du
kannst aus ihm für die »Gleichheit« einiges abdrucken, ich habe
die Seiten auf dem Aufschneider (im Buch) vermerkt. Ich kam auf
ihn aber nicht über Kolberg, sondern sah ihn einfach im Laden
und kaufte, weil ich Memoiren gern lese.

Ich arbeitete bisher an einem polnischen Artikel[433], der mir viel
Zeit nahm, und an dem Artikel für die »Leipziger Volkszeitung«.
Beide sind schon fertig, ich muß jetzt noch Fortsetzung für die
»Leipziger Volkszeitung«[434] machen und mich für die Vorträge in
Remscheid vorbereiten.

Sobald ich zurück bin, gehe ich an die ökonomische Arbeit[435],
schreibe auch regelmäßig für die »Leipziger Volkszeitung«. Es
währte lange, bis mein Hirn etwas flüssig wurde.

Jujuka, ich küsse Dich auf den süßen Rüssel, Mimi auch, N
Ich schreibe Dir noch eine Zeile morgen.

Clara Zetkin

[Friedenau, 18. Mai 1911]

Liebes Klärchen!

Vielen Dank für das Material und die vielen Nachrichten. Das
gibt mir die notwendige Grundlage, um weiter den Fall L[inde-
mann][436] zu behandeln. Mein zweiter L[indemann]-Artikel[437] ist in
der rheinischen Presse abgedruckt. Den dicken Wälzer muß ich
erst durchackern, dann geht er gleich retour. Dein Brief an August
[Bebel] war ausgezeichnet. Leider hörte ich gestern von Geck wieder, daß August bei der Fraktionssitzung in der elsässischen
Frage[438] wieder mit seiner Stimme **gegen** unsere Leute und Emmel

Rosa Luxemburg und Clara Zetkin
auf dem Wege zum Parteitag
der Sozialdemokratischen Partei Deutschlands
in Magdeburg 1910

zugunsten Franks und der Opportunisten den Ausschlag gegeben hat. (Es handelte sich darum, ob wir gleich im voraus die Erste Kammer als Preis des allgemeinen Wahlrechts schlucken sollen.)

Mit meiner rheinischen Tour[439] bin ich sehr zufrieden: Es war ein ordentliches Stück Arbeit. Außerdem habe ich mit Leuten Fühlung genommen. Dittmann ist ganz notre homme[440], wird auch die rheinische Presse zum Zusammengehen mit der »Leipziger Volkszeitung« anhalten und mit dem Beispiel vorangehen. In Düsseldorf war ich auf unserem neuen Büro, wo mich Limbertz und Pokorny um die Wette in die Arbeit einweihten.[441] Mit Limb[ertz] habe ich auch vertraulich gesprochen. Er ist ausgezeichnet und – was mich am meisten freute –, er stöhnt über sein neues Amt. »Ich stecke hier im Büro«, sagte er, »Haenisch in Berlin im Büro, so sind wir lahmgelegt.« Das sei nichts für uns, wir müssen draußen im Lande wirken, um Einfluß zu haben.

Über Gewehr sind dort die Leute nicht entzückt, daß er ihnen ein Kuckucksei gelegt hat in Gestalt der Kandidatur Eberts in Elberfeld.[442] Man faßt das auf als Rechnungsträgerei Gewehrs, um dem Parteivorstand etwas zuliebe zu tun. Sieht ihm schon ähnlich (ganz wie das Mandat K. K.s [Karl Kautsky] nach Magdeburg). Aber der arme Kerl ist so gefährlich krank (ohne daß er's weiß), daß mit ihm nicht mehr zu rechten ist, vielmehr ist zu bedenken, daß mit seinem Verlust eine schreckliche Lücke im Rheinland eingerissen wäre.

Apropos, ich weiß nicht, ob ich Dir schon schrieb: Jene »Empfehlung«, die gegen Thalheimer ausgenutzt wurde, stammte nicht von K. K., sondern … von Lensch!

Für heute nur dieses.

Ich umarme Dich, Deine R

Wilhelm Dittmann

[Friedenau, 23. Mai 1911]

Werter Genosse Dittmann!

Verzeihen Sie, daß ich Ihnen die gewünschte Auskunft über unsere Parteischule erst heute gebe – ich war sehr in Angriff genommen und fand keine freie Minute.

Wenn Sie meine Meinung wissen wollen, so glaube ich, daß sich die Organisation des Unterrichts in der Parteischule durchaus bewährt hat – abgesehen von dem Lehrplan, der meiner Meinung nach noch besserungsbedürftig ist. Ich bin heilfroh, daß es mir und dem Gen. Schulz geglückt ist, endlich die Geschichte des internationalen Sozialismus einzuführen, jetzt arbeite ich daran (habe auch in der letzten Lehrer- und Vorstandskonferenz den Antrag gestellt), als besonderes Lehrfach die **Gewerkschaftsbewegung** und ihre Geschichte, auch Stand in verschiedenen Ländern, einzuführen. Ich halte das für außerordentlich wichtig und ebenso notwendig wie die Geschichte des Sozialismus. Die Anregung hat die unbedingte Unterstützung bei **Bebel** gefunden, und es ist nur eine Frage der praktischen **Möglichkeit**, wann wir diesen Plan verwirklichen. Man muß nämlich sehr mit der Zeit und der Arbeitsfähigkeit der Schüler rechnen. So wie der Unterricht jetzt organisiert ist, entspricht er nämlich m.E. allen Anforderungen der Pädagogik. Wir haben ja **höchstens** dreißig Schüler im Kursus*, der Unterricht umfaßt jeden Tag nur zwei, manchmal drei Fächer, für jedes Fach sind zwei Stunden hintereinander (bei mir mit einer Viertelstunde Pause dazwischen) vorgesehen. So ist eigentlich nur der Vormittag 8–12 dem Unterricht gewidmet, nachmittag werden nur leichte, wenig anstrengende Fächer gelehrt, wie Stillehre oder Redeübungen, Naturwissenschaft. Unser Ideal ist, überhaupt den Nachmittag frei zu lassen (auch bei Nachmittagsstunden wird gewöhnlich um 3 oder 4 Schluß gemacht), denn

---

* Davon sind seit drei Jahren zehn Vakanzen den Gewerkschaften offengestellt; leider machen aber nur der Bergarbeiterverband und der Maurerverband davon Gebrauch, indem sie uns je zwei Schüler in jedem Kursus schicken. Die anderen Verbände, namentlich der Metallarbeiterverband, boykottieren die Parteischule – zum eigenen und [zu] unserem Schaden!

---

die Schüler müssen den Nachmittag und Abend zur Arbeit zu Hause haben. Ohne diese Möglichkeit, ohne Durcharbeiten zu Hause des am Vormittag gehörten Stoffes, der Notizen, ohne Lesen entsprechender Broschüren und Bücher ist der ganze Unterricht völlig wertlos und zwecklos. Sie brauchen da nur die Gewerkschaftsschule zu betrachten. Kennen Sie ihre Organisation? Mir ist es überhaupt unbegreiflich, wie praktische Menschen so ihr Geld und ihre Zeit zum Fenster hinauswerfen können. Vor allem dauert da jeder Kursus sechs Wochen (während wir in sechs Monaten kaum was Tüchtiges den Schülern beibringen können!). Dann sitzen zusammen etwa 60–70 Schüler, so daß an eine Diskussion mit dem Lehrer, an eine gründliche Behandlung des Lehrstoffs durch Fragestellung und allseitige Aussprache überhaupt nicht zu denken ist. Ferner aber werden jeden Tag fünf Fächer hintereinander von fünf verschiedenen Lehrern vorgetragen, jedes eine Stunde (nur ein Lehrfach am Tage hat von 3–5 Uhr zwei Stunden zur Verfügung). So jagen die Fächer hintereinander, daß die Schüler kaum zur Besinnung kommen können. Und der Unterricht ist so gelegt, daß er – von 9 bis 6 abends – den ganzen Vormittag wie den Nachmittag in Anspruch nimmt. Wo bleibt da Zeit, damit die Schüler für sich was lernen, lesen, das Gehörte überlegen und verdauen geistig? In der Mittagspause, 12–3, wird natürlich nicht gearbeitet, denn die Mahlzeit nimmt die Zeit weg, und die übrige wird eben notgedrungen vertrödelt. Bis sie abends nach Hause kommen und etwas gegessen haben, wird's 7–8, dann ist man natürlich zu müde, und den Schülern bleibt wohl nichts übrig, als sich zur Erfrischung irgendwo »ins Lokal« zu begeben, was zur Vertiefung der Wissenschaft und zur Arbeitsfreudigkeit für den nächsten Morgen kaum beitragen dürfte. Dann fällt noch eins auf: Von Anfang September bis Anfang April – während wir **einen** Kursus abmachen – müssen die Lehrer der Gewerkschaftsschule hintereinander vier Kurse durchnehmen, in denen sie notgedrungen ein und dasselbe viermal vortragen! Mir ist immer nach Schluß des schweren Kursus das freie Sommerhalbjahr eine direkte Erlösung, denn man will doch auch nicht bloß immer wiederholen, man will selbst für jeden neuen Kursus wieder frisches Material sammeln, ausbauen, ändern, bessern. Endlich kann ich mir einfach nicht vorstellen, wie dem Lehrer sein eigener Unterricht nicht zum Ekel wird, wenn man ihn binnen sieben Monaten viermal hintereinander durchpeitschen soll; man wird da beim besten Willen zu einem Phonographen. So scheint alles darauf angelegt zu sein, sowohl den Lehrern wie den Schülern jede Arbeitsfreudigkeit und wirkliche Leistungsfähigkeit zu erschweren. Ich betrachte das alles, wie Sie sehen, nur vom rein pädagogischen Standpunkt, erwähne also nicht einmal, daß als Lehrer in den wichtigsten Fächern Bernstein, Schippel, Bernhard, Calwer (ausgerechnet für Kartelle!) fungieren. Richtung der Lehrer ist Überzeugungssache; aber Organisation des Unterrichts ist Sache einer rationellen Pädagogik, und da ist mir die ganze Gewerkschaftsschule direkt ein Rätsel. Sind da nicht wieder die »Doktrinäre« und »Theoretiker« viel praktischer als die angeblichen »Praktiker«? Aber auch bei uns in der Parteischule soll noch weiter gebessert und ausgebaut werden. In jedem Kursus wiederholt sich der Wunsch, entweder den Kursus zu verlängern oder einen Fortbildungskursus zu schaffen. Mir wäre das letztere lieber, und das könnte ohne alle Mehrbelastung der Partei geschaffen werden. Aber natürlich stehen jetzt die Reichstagswahlen auf dem ersten Plan, und da ist keine Zeit zu Reformplänen. Ich hoffe stark, daß in diesem Jahr überhaupt die Schule ausfällt, ich hoffe – denn ich möchte doch auch einen Winter für mich arbeiten können.

Wie geht es Ihnen und Ihrer Frau? Ihr Brieflein hat mich sehr gefreut. Danke auch für den Bericht. Das Material über Liberalismus im nächsten Brief.

Mit Ros[enfeld] spreche ich heute oder morgen.

Einstweilen besten Gruß, Ihre R. Luxemburg

Kostja Zetkin

[Friedenau, 8. Juni 1911]

Liebling, ich freute mich über Dein Brieflein, daß das Kistchen doch noch zur Zeit kam. Mit France[443] bin ich fertig und schätze das Buch sehr; die Figur des Abbé ist ausgezeichnet geschildert und ist bei aller Schäbigkeit doch nicht ohne Größe; auch alle anderen Personen sind recht lebendig, außer dem Alchimisten, mit dem ich nichts anzufangen weiß. Am besten gefielen mir das Saufgelage bei Cathérine – wie plump und gemein würde diese Situation in einem deutschen Buch wirken, und wie graziös wird sie durch den eleganten französischen Geist! – und die Szene, als der verwundete Abbé ins Dorf getragen wird, wirkliche Poesie liegt darauf. Ich revidiere mein Urteil über France, den ich nicht leiden konnte.

Gestern wurde ich von Kautskys in den »Figaro« geschleppt; die Darstellung war miserabel, und die familienweise Verfrachtung erhöhte nicht den Genuß. Aber die Musik ist doch unsterblich und wirkt auf mich jedesmal. – Heute las ich aufmerksam die frische »Gleichheit« von meinem Niuniu; in der Politischen Übersicht fand ich seine bessernde Hand, die Bernstein-Geschichte[444] hat mich interessiert. (Das finnische Liedchen fand ich im Bücher.) Kennst Du Dahlmanns Geschichte der englischen Revolution? Hannes [Diefenbach] hat sie mir gebracht.

Mimi ist ein Schelm, sie springt auf mich vom Boden, um mich zu beißen.

Ich küsse Dich, Mimi auch. N

Kostja Zetkin

[Friedenau, 16. Juni 1911]
Juju, Liebling, Du hast mir doch solche Freude gemacht mit dem Feuerbach! Soeben kam ich von der Reise, und obenan lag auf dem Tisch der große Karton mit Niuniuś' Handschrift. Schon der Blick auf die Iphigenie[445] auf dem Umschlag hat mich fröhlich gemacht. Und dann Dein Brieflein. Hoffentlich hast Du meinen aus Danzig erhalten.[446] Ich kam so kaputt zurück, daß ich schrecklich aussehe. So heiser, wie ich war, mußte ich in Königsberg **im Freien** vor 5000 Personen zwei Stunden reden und am anderen Tag wieder in Elbing, wo das Stürmen der Massen von draußen auf den Saal den ganzen Abend einen Skandal machte. Die Leute waren überall furchtbar begeistert, in Königsberg kriegte ich

schöne Blumen zum Abschied. Dort kam zu meiner Versammlung unser Großagrarier Hofer aus Skaisgirren (etwa sechs Stunden Fahrt). Wir saßen zusammen bis ½ 2 nachts im Café, und am anderen Tag war er lange bei mir. Er will, daß ich zu ihm aufs Gut komme, er schafft sich ein Auto an und will mir das ganze Masurenland und Litauen zeigen.

Was mich sehr interessierte, war, daß er mich frug, was das mit Kautsky sei, der schwanke ja jetzt in seinen Agrarartikeln und scheine seinen früheren Standpunkt zu verlassen. Ich habe ja diese Artikel nicht verfolgt, da zeigt sich also dasselbe wie in anderen Fragen. Dabei ist Hofer der größte Bewunderer K[autsky]s.

Ich habe unterwegs das Buch über Spanien gelesen und will nach Valencia. Denkst Du im Ernst an Spanien? Welcher Teil würde Dich am meisten locken und in welchem Monat, glaubst Du, daß man hin müßte? Ich denke, ich kann erst nach dem Parteitag[447], dann wird es auch nicht so heiß sein. Die Berührung mit den Massen gibt mir immer Mut und Elastizität. Schade, daß Niuniu nicht mal mitkommt.

Die Mimi hat sich gleich mit mir gefreut und ist auch wieder übermütig, läuft mir nach wie ein Hund und packt mich an der Schleppe.

Sei heiter, Dudu, wir küssen Dich beide, N. u. M.

Es ist kalt und regnerisch hier. Ich werde noch viel anzuschauen haben die Bilder, ich habe [sie] erst einmal schnell betrachtet, um mich zu freuen, am Sonntag will ich sie langsam anschauen.

Wilhelm Dittmann

[Friedenau, 17. Juni 1911]

Werter Genosse Dittmann!

Ich danke Ihnen für den Brief, der anbei zurückfolgt, ich habe ihn mit Interesse gelesen.

Vorgestern war ich in Königsberg, wo ich mit Haase ausführlich redete: Er will Ihren Brief nächstens beantworten. Mit dem

Grundgedanken ist er vollkommen einverstanden, es bleibt also dabei, daß Ihre »Siebener-Kommission«[448] vor dem Parteitag zusammenkommt und dann mit den Vertretern der Landsmannschaften konferiert, um ein festes Zusammenwirken und eine fortlaufende Verständigung zu ermöglichen, damit ein Doppelparteitag wie in Magdeburg nicht erforderlich wird, außer in einigen wichtigeren Momenten.

Über die Kandidatenfrage[449] ist er mit uns ganz einig, d. h., er hält auch Bock und Hoch für die besten. Mit B[ock] und H[och] will er auch reden, da er mit beiden sehr gut steht. Nun kommt noch die Frage seiner **eigenen** Kandidatur – die ja jene nicht ausschließt – in Betracht; es gibt viele Leute, die darauf halten (u. a. auch Bebel). Ob er die Kandidatur definitiv ablehnt, werde ich in zwei Wochen wissen. Vorläufig erwähnen Sie nichts darüber, weder zu ihm noch zu anderen.

Hier mit den Berlinern ist die Verständigung schwer. Rosenfeld ist ganz unserer Meinung, auch in der Kandidatenfrage, hält es aber ebenso wie ich für geboten, äußerste Vorsicht gegen Wels & Co. zu gebrauchen. Bis jetzt konnten wir eine Zusammenkunft nicht zustande bringen; nächstens hoffe ich es soweit zu bringen. Was Leipzig betrifft, so versichert mich Lensch, den ich neulich sprach, daß man auf Lip[inski] ganz rechnen und ihn ruhig zu allen Konferenzen gleich heranziehen könne. Die Leipziger sind sicher.

Vorläufig soviel.

Besten Gruß auch an Ihre Frau, Ihre R. Luxemburg

Kostja Zetkin

[Friedenau, vor dem 6. Juli 1911]

Niuniu, Liebling, seit Sonnabend ist das Wetter umgeschlagen, es ist kühl, und ich arbeite wie eine Wilde. Und zwar – an der ökonomischen Arbeit[450], die mir viel Freude macht. Leider muß ich sie immerzu für anderes unterbrechen. Heute habe ich nachmittag einen langen polnischen Artikel geschrieben für das Warschauer

Wilhelm Dittmann

Wochenblatt[451], morgen muß ich schon für die »Leipziger Volkszeitung« schreiben, sonst bin ich bankrott.

Du frägst, warum ich nicht male. Ich bin ja mit diesem Bild fertig, und ein neues wage ich nicht anzufangen, obwohl ich es schon im Kopf habe, weil ich eben die ökonomische Arbeit endlich vorwärtsbringen will. Dieses Bild wirst Du in einigen Tagen kriegen. Ich bin auf mich selbst böse, daß ich mich beschwatzen ließ, es erst dem alten Diefenbach zu schicken, der es **Dir** heraufschicken soll, aber ich habe freilich einige finanzielle Pläne damit, sonst würde ich es überhaupt keinem Menschen außer Dir zeigen – und es hieß, der alte Dief[enbach] geht bald in die Ferien. Sobald Du es kriegst, schreibst Du mir.

Mimi ist allerliebst und hat heute im Beisein der Adolfschen Familie [Warski] allgemeine Bewunderung erregt, als sie auf der Wasserleitung, auf zwei Pfötlein stehend, die fallenden Tropfen mit einem Pfötlein auffing und herunterbegleitete.

Wir küssen Dich beide. N. u. M.

Kostja Zetkin

[Friedenau, 14. August 1911]
Niuniu, Liebling, wir freuen uns wohl beide, daß die Hitze fortdauert. Gestern aber, da ich nichts gegessen habe als ein Schüsselchen saure Milch und ein Schüsselchen sauren Tomatensalat, bekam ich scheußliche Magenschmerzen und kann heute nichts als Tee trinken. Bin aber trotzdem munter und arbeite fleißig. Am 20. soll ich in Leipzig mit Guesde und Vaillant auf dem Stötteritzer Felde reden. Ob die zwei zusagen und kommen, ist noch unbekannt. Am 26. machen die Hamburger in Altona aus Anlaß der Anwesenheit des Kaisers zum »Großen Zapfenstreich« eine Riesendemonstration, wo ich über die Republik reden soll. Ausgerechnet am Tage meines Umzugs. Aber ich nahm an. Telegraphische Aufforderungen aus Magdeburg und Hagen (gegen Marokko[452]) habe ich abgelehnt. Ich kann mich nicht wieder von meiner Arbeit ganz wegbringen lassen. Auch so werde ich Störun-

gen genug haben. Ich warte auf die »Gleichheit«, um Deine Einleitung zum Nettelbeck[453] zu lesen.

Mimi ißt fast nichts, ist aber so lustig und galoppiert durch alle Zimmer wie ein Hase. Wir sind jetzt miteinander sehr gut.

Wir küssen Dich beide auf den Mund. N. u. M.

Clara Zetkin

[Berlin, vor dem 7. September 1911]

Liebes Klärchen!

Ich finde, daß der Ausgang der Stuttgarter Sache[454] **gut** ist. Es ist nämlich eine scharfe Krise geworden, die zur radikalen Kur treiben wird. Es ist jedes Vertuschen der Gegensätze jetzt unmöglich, und die Masse in Stuttgart und im Lande wird aufgerüttelt. Mir ist dieser Ausgang lieber als alle Scheinsiege oder Kompromisse. Klarheit der Lage ist für uns das Beste. Wo wohnen wir in Jena?[455] Ich reise 7. früh nach Düsseldorf.[456]

Ich umarme Dich. Deine R

Kostja Zetkin

[Südende, 25. September 1911]

Niuniu, Liebling, ich bin seit dem Parteitag wie in einer Mühle und kam buchstäblich nicht dazu, Dir eine Zeile zu schreiben. Am Mittwoch hatte ich Versammlung in Magdeburg, am Donnerstag wurde ich telegraphisch berufen zur Sitzung des Internationalen Sozialistischen Büros nach Zürich[457]! Ich mußte mich in wenigen Stunden richten, und dabei hatte ich den ganzen Tag Leute bei mir: Bracke nochmals, dann Schulz mit dem Geld, Polen und so fort. Freitag früh um 8 reiste ich – nach Stuttgart, wo ich übernachtete. Es tat mir weh, in Deiner Nähe zu sein, ohne Dich zu sehen, aber ich mochte Dir nicht die Aufregung und Unruhe wegen ein paar Minuten verursachen; ich mußte nämlich am anderen Morgen schon um 8 Uhr früh wieder abfahren, weil die Sitzung um 2 stattfand. In Zürich war ich die ganze Zeit in Anspruch genommen bis zu meiner Abreise gestern um 3. Ich fuhr dann die ganze Nacht durch (III. Kl.), mein Zug blieb in Stuttgart nur 9 Minuten stehen, so lohnte sich wieder nicht, Dich abzuhetzen. Wir hätten doch nichts davon in solchem Trubel. Heute um 9 früh bin ich also angekommen, allerdings wie gerädert. Und nun erwarten mich schon hundert Geschäfte – u. a. die Aufforderung, morgen in Charlottenburg über den Jenaer Parteitag zu berichten, was ich annehmen muß.

Über die Sitzung in Zürich werde ich Dir im nächsten Briefe berichten. Jetzt Wichtigeres. Ich möchte etwas genauer wissen, wie Deine Pläne sind. Ich habe nämlich keine Absicht, zu Euch zu kommen. Ich will direkt von hier auf die Reise gehen. Ich dachte nur, falls Du schon am 5. X. losgehen kannst, dann komme ich von Nürnberg, wo ich am 3. rede, nach Stuttgart, damit wir dort zusammentreffen, denn die Route nach Spanien geht über Paris, dann wäre es für mich unterwegs. Schreibe mir also, wann Du gehen kannst. Ich will Dich nicht drängen, nur wissen, wie ich mich einrichten soll. Allerdings wäre mir lieb, wenn wir schon am 5. könnten, denn dann spare ich Reisekosten bis Nürnberg und überhaupt, je früher man geht, um so besser bei diesen kurzen Tagen.

Mimi hat sich heute sehr gefreut über meine Rückkehr. Ich bin sehr müde und etwas satt des Kontakts mit Parteigenossen und Menschen überhaupt. Es tut mir leid, daß Deine Tour verregnet ist. Hoffentlich haben wir im Süden besseres Wetter. Wir küssen Dich beide.

Kostja Zetkin

[Südende, 14. November 1911] · Dienstag

Niuniu, Liebling, gestern früh erhielt ich erst Deinen Brief vom Sonnabend. Ich lebe schon ganz regelmäßig und arbeite. Habe gestern und vorgestern Leiter für die »Leipziger Volkszeitung« ge-

Rosa Luxemburg
mit Kostja Zetkin auf dem Balkon
ihrer Wohnung

schickt, sie erscheinen aber jetzt ohne meine Chiffre – Lensch will offenbar nicht mehr, daß ich so aus dem Blatt herausfalle; mir ist das nicht besonders lieb, ich liebe es, selbst für mich verantwortlich zu sein, aber es paßt mir nicht, zu protestieren. Übrigens will Lensch zu mir nächstens kommen. Gestern abend hatte ich Lust, mich etwas zu lüften, ging mit Ida [Raduin] nach Steglitz, und dort zeigte sie mir das Kinematographentheater, wo sie sonntags hingeht. Ich ging mit ihr 'rein (zu 30 Pf I. Platz!) und amüsierte mich sehr gut, auch Musik war dabei; es saßen fast nur Kinder und Dienstmädchen oder Laufburschen drin. Eine sehr rührende Geschichte wurde gezeigt von einem Prinzen, der sich in ein Bauernmädchen verliebte, aber eine »Prinzessin von Illyrien« heiraten mußte und das Mädchen verließ. Ida weinte dabei, und ich natürlich auch, nur daß ich zugleich lachte, worüber sich Ida sehr wunderte. Dann wurde der päpstliche Palast in Avignon gezeigt – ein prachtvoller Bau, sieht aber wie ein Gefängnis aus. Auch eine Geschichte, wie ein Hund seinem Herrn das Leben rettete, indem er auf die Polizei lief und sie an die Räuberhöhle führte, wo sein Herr gefesselt lag, haben wir gesehen. Viele verschiedene Sachen, alle im strömenden Regen, wie das so immer aussieht.

Mimi ist lieb und spielerisch, gestern abend stellte sie sich hinter den Marmorkopf auf meinem Schreibtisch oben, umfaßte ihn mit Pfötlein um den Hals und biß ihn in die Nase. Das sah sehr drollig aus.

Von Besuchen werde ich noch ziemlich verschont, wir küssen Dich beide. N. u. M.

Kostja Zetkin

[Südende, 21. November 1911]
Liebling, ich habe mich so gefreut über Dein Brieflein zum Sonntag. Als ich das vom Erdbeben[458] las, kam es mir erst vor, als hättest Du geträumt, aber gleichzeitig kamen Zeitungen mit der Nachricht. Das imponiert mir sehr, daß Du das erlebt hast; ich möchte auch. Aber mich wundert, daß man an der Atmosphäre

Kostja Zetkin

275

nichts gemerkt hat, sonst spürt man sogar von den Antillen her an der faulen, drückenden Luft.

Ich mußte in den letzten Tagen viel Zeit mit Menschen verlieren, es kommt eben unaufhaltsam. Hannes D[iefenbach] ist schon im Lande, Kautskys melden sich, Adolf [Warski] mit Frau und Kind, Marchlewski mit Frau und Kind, sogar Frl. Gretl Bosch, alles hintereinander. Dabei sind meine Gedanken ganz bei meiner Arbeit[459]. Diese geht vorwärts, d. h., die Lösung jenes Problems rein ökonomisch geht vorwärts, und ich bin fast im reinen. Wie gern möchte ich Dir gleich die Sache berichten! Aber brieflich geht's nicht. Ich habe bei dieser Gelegenheit jene Artikelserie Kautskys in der »Neuen Zeit« 1902 gegen Tugan-Baranowski[460] aufmerksam durchgearbeitet und mußte auch hier entdecken, daß es loddrige, platte Pfuscherarbeit ist. Was man von ihm unter die Lupe nimmt, ist Dreck. Er hat die Marxsche Krisentheorie echt Kautzkysch verflacht und verschleimt und sagt: So faßten sie Marx und Engels auf. Dabei hat Tugan-Bar[anowski] im wesentlichen recht gegen ihn!

Mein Konflikt mit Lensch dauert an. Er kann zum Bußtag nicht her, wie er mir soeben schreibt, ich schreibe aber nicht, bis er formell zugibt, weiter meine Initialen zu lassen und meine Artikel nicht zu »redigieren«.[461] Marchlewski, der jetzt dort bis zu den Wahlen aushilft und nur für Sonntage in den Schoß der Familie fliegt, erzählte mir, daß sich an diesem Wegschneiden des Schlusses die ganze Redaktion (also auch er!) beteiligte. Und zwar waren sich die Genies über folgendes einig: es habe keinen Zweck jetzt, einen Kampf gegen die Fraktion resp. Bebel aufzunehmen, denn wir werden allein bleiben. Und siehe da – triumphieren sie –, die ganze Parteipresse (außer Mehring) hat geschluckt und geschwiegen! ... Das sind Argumente! Also wenn die Parteipresse so hündisch dressiert ist, sollen **wir** auch so werden und uns am Kaffeetisch über unsere innere Überlegenheit mit Witzchen trösten. Ja, Lensch muß noch politisch erzogen werden. Und deshalb gebe ich nicht nach, obwohl es mir in den Fingern kribbelt zu schreiben.

Ich stehe leider spät auf; zum Teil, weil ich jetzt spät zu Bett gehe; wenn mir die Leute Zeit wegnehmen, so sitze ich eben nach und arbeite. Außerdem aber lockt mich am Morgen nichts so aus

Kostja Zetkin

dem Bett wie ein Niuniu; nur die kalte Dusche ist ein Lichtpunkt jeden Morgen.

Wir küssen Dich beide. N. u. M.

Kostja Zetkin

[Südende, zwischen 15. und 19. Januar 1912]
Liebling, heute kam Dein Brieflein. Ich dusche weiter mit Vergnügen, aber das Schlimme ist, daß meine Wohnung gar nicht zu erheizen ist. Ich heize zweimal täglich und habe 8° Wärme im Zimmer. Das stört mich bei der Arbeit. Gestern war ich in der Stadt, aber nicht so bald wieder, ich kam wie geprügelt heim. Wenn Juju uns besucht, wird er jeden Tag heiß baden. Für die Vögel haben wir gestern bei Wertheim zwei Pfund gutes Vogelfutter gekauft, sie freuen sich heute sehr darüber. Mehring ist wieder sehr krank, das tut mir furchtbar leid. Es ist drollig zu beobachten, wie den guten Leuten ihr »M. d. R.«[462] zu Kopfe steigt, z. B. das Würmchen[463] ist jetzt auf hohen Rossen und glaubt sehr an seine Gottähnlichkeit. Bei anderen wird es entsprechend ärger sein. Gefreut hat mich der Triumph Ledebours, obwohl auch hier natürlich die Person des Kandidaten am wenigsten den Ausgang beeinflußt. Was liest Jujuka? Mimi starrt eben die Spatzen an.

Wir küssen Dich beide, N. u. M.

Kostja Zetkin

[Südende, den 20. Januar 1912]
Herzlein, soeben kam Dein Brieflein mit dem Sonntagsgruß. Ich will nicht, daß Du traurig bist. Du mußt den Dreck in der Partei nicht so tragisch nehmen wie die Mutter, die den ethischen Einschlag in der Einschätzung nicht loswerden kann. Das wird schon alles ins richtige Gleis kommen, wenn man's im großen und gan-

Kostja Zetkin

zen nimmt, ich glaube daran mehr als je, die Umstände sorgen ja schon dafür. Ich will Euch schreiben einen Leiter über die Aufgaben, die der Partei jetzt nach der Wahl erwachsen,[464] gefällt Dir das? Es ist ja nichts Neues, aber eben an das Alte muß man immer mahnen: Sie sollen nicht vergessen, den Sozialismus zu verbreiten. Heute war die kalte Dusche herrlich. Ich bin entschieden dafür, daß die Mutter nächstens aus der Preßkommission und aus der Kontrolle austritt,[465] um Ruhe zu haben und für sich arbeiten zu können. Ihre Nerven brauchen das dringend. Ich will ihr sehr zureden, wenn sie herkommt. Ich freue mich schon so darauf, daß sie kommt. Hoffentlich ist dann auch wärmer. Jetzt sind schon die Eisblumen von den Fenstern verschwunden.

Mimi schläft neben mir auf dem Sessel, gewickelt wie eine Schnecke.

Sei heiter, Liebling! Wir küssen Dich beide. N. u. M.

Ich lese mit Freude die Beilage mit Gorkis Erzählung; auch das Gedicht von Liliencron ist schön.[466]

Kostja Zetkin

[Südende, nach dem 26. Januar 1912]

Juju, Liebling, heute früh kam Dein liebes Brieflein, und jetzt komm ich auch erst dazu, Dir in Ruhe zu schreiben. Gestern saßen bei mir Leute – zum Glück war der Artikel[467] schon fertig –, und ich wußte gar nicht, was ich Dir schrieb. Heute ging ich vormittag ein wenig laufen, und das hat mich erfrischt; wie ich fortging, traf ich den Briefträger, der mir Dein Brieflein gab, ich las es gleich auf der Straße und wurde fröhlich. Juju, Du hast recht, man muß jetzt systematisch der Gefahr des parlamentarischen Kretinismus entgegenarbeiten, ich muß mir noch erst überlegen, wie das eigentlich zu fassen ist. Vor allem aber scheint es mir wichtig, für ein Aktionsprogramm in unserem Sinne zu agitieren, und ich hoffe, daß der gestrige Artikel auch von der Presse nachgedruckt wird. Sonst wissen unsere Radikalen – auch »Leipziger Volkszeitung« – nur wie Stare zu wiederholen: Wir bleiben, was wir sind, wir nehmen keine neue Taktik an. Das ist auch die ewige Defensive gegenüber dem Opportunismus, die nur die Phrase von der »alten bewährten Taktik« als Panier kennt. Ich glaube, wir müssen umgekehrt jetzt mächtig vorwärtstreiben, größere Aktionsfähigkeit und Angriff fordern. Schade, daß Duncker in der Versammlung bereits auf Konzessionen in der Präsidentschaftsfrage ausging.[468] Das sollte wahrscheinlich wieder schlaue Politik sein. Ich halte es für nötig, gerade so scharf wie möglich von vornherein zu sagen, daß uns die Sache völlig schnuppe ist. Mag das im ersten Augenblick auch bei unseren Leuten Anstoß erregen – es wird sich schon durchsetzen allmählich und wird ernüchternd wirken.

Am wichtigsten wäre jetzt, Versammlungen über die Fragen abzuhalten. Ich schwanke noch, ob ich nicht hier in Berlin eine abhalten soll. Sie würde schon wirken. Aber mir ist so schade, mich wieder zu zersplittern. Schließlich muß ich doch mal bei meiner ökonomischen Arbeit[469] bleiben!

Niuniu, ich habe jetzt ein Buch für Niuniu, das ich ihm durch die Mutter schicken werde und aus dem er viel für die Kinderbeilage benutzen kann. Ich lese es jetzt und freue mich. Dudu, es schneit heute, die Welt ist weiß. Mimi hat zwei Tage und Nächte gemiaut, daß ich ganz nervös wurde. Auch ist sie mager und blaß geworden, aber jetzt wird schon besser, heute hat sie schon mit mir ein wenig gespielt. Die arme liebe Mimi. Heute kam zum Essen unter anderen Spatzen ein armer Spatz mit einem ausgerenkten Beinchen, er hüpfte nur auf einem, konnte aber fliegen. Er tat mir so leid!

Wir küssen Dich alle: N., M. und Spatzen.

Kostja Zetkin

[Südende, 18. März 1912]
Liebling Juju, gestern abend war ich zur Matthäuspassion von Bach in der Garnisonkirche. Sie hat mir einen tiefen Eindruck gemacht, sie ist vielleicht noch schöner als die h-Moll-Messe, dramatischer und herber. Es sprechen die ganze Zeit abwechselnd Chri-

stus, Pilatus, noch jemand, ich glaube, die Engel (ich hatte kein Textbuch), und das Volk als Chor. Christus ganz visionär als Tenor, leise und weich, darauf der Bariton kräftig, Pilatus als brutaler Baß, dazwischen fallen immer wieder die Chöre mit einer kurzen Apostrophe ein, die zwei Frauensoli aber – Alt (das war die Philippi) und Sopran – klingen ganz hoch unter dem Gewölbe wie Lerchen. Jedes Solo verheiratet mit einem Einzelinstrument: dem Christus erwidert nur leise und dumpf die Orgel, dem Alt das Cello usw. Aber das Schönste sind die Chöre: Sie sind einfach ein Schreien, ein wüster, leidenschaftlicher Lärm, wo ein Wort zehnmal geschrien wird; man sieht förmlich die Juden mit fliegenden Bärten und gestikulierenden Händen und Stöcken, es ist mehr ein Gebelfer als Gesang, so daß man unwillkürlich lachen muß. Ich habe nie so wunderbaren Chor gehört. Ich glaube, daß erst hier gezeigt ist, wie eigentlich der Massenchor behandelt werden muß. Das Volk »singt« nicht, es schreit und tobt. Auch das Orchester ist ohne jeden Anspruch auf schöne Form, schlicht und kräftig. Kennst Du die Passion?

Heute ist ein so schöner Nachmittag, am Horizont rosiger Schimmer, die Luft frisch und sonnig. Wir sind allein mit Mimi. Ich soll arbeiten, bin aber faul, die Mimi wälzt sich schelmisch auf dem Teppich, sagt prau und läßt sich krauen am Bäuchlein.

Wir küssen Dich beide, N. u. M.

Für Mimi, das liebe Mütterchen, senden wir beide einen Kuß.

Die zwei Veilchen heute haben uns solche Freude gemacht! Sie duften herrlich, ich war ganz glücklich, und Mimi roch Sonntag lange daran.

Kostja Zetkin

[Südende, 28. März 1912]

Liebling Niuniu, die Mutter ist gut und munter angekommen. Ich habe so viel Freude gehabt über Deine Geschenke und Brieflein. Mit den Blumen haben wir uns gleich befaßt, d. h. Mimi und ich, sie hat mir tüchtig geholfen, saß die ganze Zeit neben der Schachtel auf dem Tisch, schnurrte, verspeiste ab und zu ein Gräslein

Rosa Luxemburg, Sommer 1912

und folgte jedem Blümchen, das ich in die Hand nahm. Wir haben jedem einzelnen das Endchen etwas abgeschnitten und in lauwarmes Wasser gestellt, so: die langen Schlüsselblümchen mit dem Wiesenschaumkraut haben einen ganzen Strauß abgegeben und stehen im hohen Hyazinthenglas, die kurzen Schlüssel mit den Anemonen und Tausendschönchen sind in der blauen niedrigen Vase und machen sich sehr bunt, untersetzt und schön. Die vier blauen Veilchen aber mit dem einen weißen stehen als zarteste Edelfräulein für sich allein in einem winzigen Schnapsgläslein und duften süß. Mimi beroch alles und küßte dabei meine Hände, sie freute sich, daß ich so in den Blumen kramte.

Ich lese abends gewöhnlich Tolstoi.

Sei heiter. Wir küssen Dich beide. N. u. M.

Franz Mehring

Südende, 19. April 1912

Sehr verehrter Genosse!

Ihre freundlichen Zeilen haben mir durch die Schlußwendung einen so lebhaften Schreck eingejagt, daß ich den Drang habe, sofort zur Feder zu greifen. Sie schreiben, daß Ihres Bleibens in der »Neuen Zeit« vielleicht nicht mehr lange sein werde.[470] Ich las heute in der »Neuen Zeit« den Angriff Bebels auf Sie,[471] erfuhr auch heute, daß eine von Ihnen angehängte Replik auf telegraphische Disposition Kautskys aus der Nr. entfernt wurde. Ich finde diese Handlungsweise K[autsky]s seinem Mitredakteur gegenüber schmachvoll und die Bebelsche Erklärung ein seniles Gefasel. Jeder anständige Mensch in der Partei, der nicht geistiger Knecht des Parteivorstands ist, wird auf Ihrer Seite stehen. Aber wie **dürfte** all das dazu führen, daß Sie einen so hochwichtigen Posten hinschmeißen könnten?! Bitte, behalten Sie unsere allgemeine Parteilage im Auge, Sie werden sicher auch das Gefühl haben, daß wir immer mehr Zeiten entgegengehen, wo die Masse der Partei einer energischen, rücksichtslosen und großzügigen Führung bedarf, und daß unsere führenden Instanzen: Parteivorstand, Zentralorgan, Fraktion und – das »wissenschaftliche Organ« ohne Sie genau in demselben Verhältnis immer kleinlicher, feiger und parlamentarisch-kretinhafter werden. Wir müssen also offen dieser schönen Zukunft ins Auge blicken, alle Posten besetzen und festhalten, die es ermöglichen, der offiziellen »Führerschaft« zum Trotz das Recht der Kritik wahrzunehmen. Wie wenig solcher Posten leider da sind und wie wenig Leute die Situation begreifen wollen, das wissen Sie sicher besser als ich. Daß trotzdem die **Massen** hinter uns stehen und eine andere Führung haben wollen, das hat ja die letzte Generalversammlung der Berliner[47], ja, die Haltung aller Parteimitgliedschaften im Lande gezeigt. Daraus erwächst aber für uns die Pflicht, gerade auszuharren, gerade nicht den offiziellen Parteibonzen den Gefallen zu tun und die Flinte ins Korn zu werfen. Auf ständige Kämpfe und Reibungen müssen wir ja gefaßt sein, namentlich, wenn man das Allerheiligste: den parlamentarischen Kretinismus so derb schüttelt, wie Sie das getan haben. Aber trotz alledem – keinen Fußbreit nachgeben scheint mir die beste Parole. Die »Neue Zeit« darf nicht der Senilität und dem Offiziosentum ganz ausgeliefert werden. Lachen Sie über die Erbärmlichkeiten und schreiben Sie darin weiter so, daß uns allen das Herz im Leibe lacht!

Mit herzl. Grüßen, auch an Ihre verehrte Frau, Ihre R. L.

Kostja Zetkin

[Berlin W, 10. Mai 1912]

Niuniu, Liebling, hoffentlich ist auch bei Euch schon so frisch wie hier, damit Du nicht mehr so unter der Schwüle leidest. Hier ist es herrlich. Gestern früh vor der Sitzung habe ich die Mutter schon $^3/_4$8 ins Feld geschleppt, wir spazierten über eine Stunde, sammelten Feldblumen am Kanal und hörten die Nachtigall aus dem Nachbargarten. Heute vormittag waren wir in der Sezession, von dort fuhren wir direkt nach Schlachtensee, wo die Mutter ein opulentes Mittagsmahl spendierte im Freien am Wasser, dann gingen wir spazieren den See entlang und zu Fuß nach Zehlendorf zur

Station. Das Wetter ist herrlich, wir labten uns am Wasser und [an] den Wolken, die bald holdselig und unschuldig aussahen, bald düster und drohend. Die Sezession ist ein unbeschreiblicher Dreck. Vorgestern bin ich mit Teil II meiner Arbeit[473] fertig geworden: 550 Seiten Manuskript. Jetzt noch der letzte Teil, der etwa wieder 250 Seiten umfaßt und für den ich vier Wochen brauche. Ich habe mir darauf zwei Tage bummeln erlaubt, zugleich überlegte ich schon weiter. Wie gern würde ich Dir vorlesen daraus, um Dein Urteil zu hören. Mir geht [es] jetzt so, wie wenn ich ein Bild male: Bald scheint es mir, es sei ausgezeichnet, und bald, es sei vollkommener Dreck. Aber ich hoffe doch, sie sei gut. Jetzt mit Energie weiter! Ach, wenn ich bloß nicht anderes Zeug machen müßte daneben (Polnisches, für Mehring etc.). Ich habe noch nie so systematisch und ausdauernd gearbeitet. Aber diesmal lasse ich nicht locker, bis die letzte Zeile geschrieben ist. Ich dachte gerade auch schon daran, mir den Stoff von der Mutter nähen zu lassen. Ich freue mich auf Dein neues graues Kleid. Die Maiglöckchen gehen alle auf und duften herrlich. Ich lege ein Stiefmütterchen von meinen Töpfen bei als Sonntagsgruß.

Wir küssen Dich beide. Sei heiter! Na. u. Mi.

Franz Mehring

[Berlin-Südende, nach dem 10. Februar 1913]
Sehr verehrter Genosse!

Gleich nach dem Absenden meines Briefes erhielt ich II. und III.[474] Vielen Dank für Ihre Güte und Ihre »Flankendeckung«. Daß Nachimson[475] um seine Maulschelle kommt, ist schade, aber sie wäre am Ende vielleicht zu viel Ehre für den Strolch und Konfusionsrat. Wichtiger ist jedenfalls, daß Sie den biederen P[annekoek] so elegant auslachen; der gute Mann zeigt da eine so hölzerne Verständnislosigkeit für das Problem selbst, daß ich baß überrascht bin. Daß das Buch im allgemeinen zunächst auf Widerstand stoßen wird, war ich mir wohl bewußt; unser herrschender »Marxismus« fürchtet leider jeden Gedankenluftzug wie ein alter

Franz Mehring

Gichtonkel, und ich rechne damit, erst viel streiten zu müssen. Es kribbelt mir sehr in den Fingern, dem Pannekoek im einzelnen seine ökonomische Borniertheit klarzumachen, es wird sich aber sicher ungefähr dasselbe gegen Kautsky und Otto Bauer[476] als nötig erweisen. Soll ich nun gleich losfeuern, soll ich warten und in einem Aufwaschen das ganze Problem nachher nochmals – etwa in einer polemischen Broschüre[477] – verteidigen? Ferner: Soll ich den Nachimson ganz laufen lassen, oder soll ich ihm mit meiner Unterschrift (in der »Leipziger Volkszeitung«) derb auf die Finger klopfen?

Für Rat wäre ich Ihnen herzlich dankbar.

Nochmals vielen Dank und besten Gruß auch an Ihre verehrte Frau. Ihre Rosa Luxemburg

Gen. Gerson erhielt inzwischen von Klara [Zetkin] Bescheid.

Walter Stoecker

Berlin-Südende, 11. März 1914 · Lindenstr. 2
Werter Genosse Stoecker!

Ich kann Ihnen keines von den bürgerlichen nationalökonomischen Werken empfehlen, weil sie Ihnen jetzt nur Zeitverlust und Unlust verursachen werden. Fahren Sie lieber im »Kapital«[478] fort. **Vor** dem II. Band des »Kapitals« würde ich Ihnen raten, vielleicht mein Buch über die Akkumulation durchzunehmen: Ich kenne leider kein anderes, das einigermaßen in den II. Band des »Kapitals« einführen würde; dieser Band ist aber sehr schwer, weil er mehr hingeworfene Probleme als etwas Durchgearbeitetes enthält. Immerhin versuchen Sie. Wenn Ihnen das Buch befremdend vorkommen wird, können Sie dann vielleicht erst mit meinem versuchen. Gefährlich ist nach mir am meisten, daß man im II. Band jede **Einzelheit** wohl bewältigen kann, sogar mit scheinbarer Leichtigkeit. Dabei merkt man aber meist nicht, daß man sich über die Grundfragen gar nicht klar ist: Auf welchem **Gebiet** bewegt sich denn eigentlich hier die Untersuchung, und was sind die eigentlichen Probleme des Bandes? – Daß es Genossen gibt, die annehmen können, daß ich wegen der Gefängnisstrafe[479] aus Deutschland fliehe, würde mich sehr amüsieren, wenn es nicht zugleich ein wenig betrübend wäre. Lieber junger Freund, ich versichere Sie, daß ich auch dann nicht fliehen würde, wenn mir der Galgen drohte, und zwar aus dem einfachen Grunde, weil ich für durchaus notwendig halte, unsere Partei daran zu gewöhnen, daß Opfer zum Handwerk des Sozialisten gehören und eine Selbstverständlichkeit sind. Sie haben recht: »Es lebe der Kampf!«

Herzl. Gruß Ihre R. Luxemburg

Paul Levi

[Berlin-Südende, März 1914]

Allerdings war gerade der Mann mit dem großen Schnurrbart [Leo Jogiches] da, als Dein Telegramm ankam. Ich hütete mich aber instinktiv, von Dir zu sprechen, und als er mich nachher frug, ob mir mein Rechtsanwalt gefalle, gab ich eine gemessene Antwort.

Meine Reisepläne! Bis 1. April sitze ich hier fest und hoffe nur, daß Du am Sonntag früh hier bist. Dann träume ich davon, etwa am 5. IV. für drei Wochen nach dem Süden zu fahren. Allerdings wird mein Portemonnaie wohl nur bis zum Genfer oder Vierwaldstätter See reichen. Aber ausruhen kann man auch dort. Falls Du am Sonntag kommst, sprechen wir vom Süden und vom Reisen. Bis Sonntag sind noch drei Tage, und Du kannst mir noch dreimal schreiben. RL

Paul Levi

[Berlin-Südende,] 31. [August 1914]

Als der Brief kam, wollte ich gerade telegraphieren, um zu fragen, warum ich so lange ohne Nachricht bin. Der Bericht über D[iß-mann]s Auffassung[480] hat mir die betrübende Gewißheit gegeben, daß die Klärung der Ansichten noch viel schwieriger ist, als ich schon ohnehin annahm. Die Unterscheidung der Kriegsbewilliger[481] aus gutem Herzen und solcher aus bösem Herzen, der Kriegspatrioten ohne Chauvinismus und mit Chauvinismus ist gut zur persönlichen Einschätzung der Leute, leider aber untauglich als politische Orientierungslinie. Übrigens ist das bei B[ernard] und den Hanauern einfach Reflex der Stellung Hochs[482], der in der Fraktion dieselbe Ansicht vertrat. Ich denke, ihre Auffassung wäre anders und wird anders sein, wenn sie die Sachlage innerhalb der Fraktion aus anderem Munde erfahren. Hier, wo es sich um den Lebensnerv, um das Sein oder Nichtsein des internationalen Sozialismus handelt, können **Nuancen** in der Bewilligung nicht maßgebend sein. Daß übrigens die Scheidung in Bewilliger aus Muß und Bewilliger aus freudigem Herzen keinen Schuß Pulver wert ist, beweist die Tatsache, daß **kein einziger** zugeben wird, er habe anders als aus eherner Zwangslage, vor vollendete Tatsachen gestellt, zugestimmt. Was dann übrigbliebe, ist das Lesen in den Herzen und Nieren der Menschen **entgegen** ihren eigenen Erklärungen. Über **Motive** kann in solchen Fällen von welthistorischer Bedeutung nicht geurteilt werden, sondern über Handlungen. Außerdem hat fast **jeder** von den Bewilligern etwas andere Motive vorgeführt, es ließen sich da nicht zwei, sondern sechs, acht Gruppen unterscheiden, und die angebliche Demarkationslinie verwischt sich im Sande. Das, was man jetzt der »Rechten« vorwerfen will, sind nur die **Konsequenzen** der Bewilligung, und die von D[ißmann] empfohlene Unterscheidung läuft dann in letzter Linie auf Kriegspolitik mit Konsequenz und ohne Konsequenz hinaus. Ich bin unter allen Umständen für Konsequenz und verspreche mir nichts als Jammer von dem Vorhaben, die Kriegsbewilligung zu schlucken und die Konsequenzen zu verdammen. Übrigens hoffe ich, baldigst über das alles mit Dir und D[ißmann] sprechen zu können. Am liebsten möchte ich, daß Du Dr. Obuch nach Frankfurt zitierst. Versuche das jetzt gleich zu bewerkstelligen, dann telegraphiere ich, wann ich komme, und Du benachrichtigst rechtzeitig O[buch] und D[ißmann]. – Vielleicht kommt Karl Liebkn[echt] mit mir, er hat Lust. Also auf Wiedersehen bald!

NB: Bestätige mir gleich telegraphisch den Empfang dieses Briefes.

Rosa Luxemburg
mit ihren Anwälten Dr. Paul Levi (links)
und Dr. Kurt Rosenfeld vor dem Berliner Landgericht
Berlin-Moabit, 1914

Carl Moor

Lieber Karl!

Ich benutze die Gelegenheit, um Dir auf Umwegen einige Zeilen zukommen zu lassen. Vor allem vielen Dank für das Blatt[483], das ich nunmehr auch ins Haus bekomme. Es ist eine Labsal jetzt, ein sozialdemokratisches Blatt zu Gesicht zu kriêgen, das in alter Weise redet, von der hiesigen Parteipresse kriegt man ja oft einen Brechreiz.

Auf meine beiden Karten erhielt ich jedoch von Dir kein Wort, ich nehme an, daß Du geschrieben hast, die Antwort aber nicht bis zu mir gelangte. In der jetzigen Zeit ist einem jeder Gruß und jedes Lebenszeichen von Gesinnungsgenossen aus dem Auslande doppelt teuer. Wir fühlen uns ja hier von der Welt abgeschnitten, und zwar durch eine doppelte Mauer: den Belagerungszustand und das Parteioffiziösentum. Zu Deiner und anderer Freunde Information (nicht zur öffentlichen Verwendung) sei nur gesagt, daß es ein grober Irrtum wäre, zu denken, die offizielle Haltung der Reichstagsfraktion, des Parteivorstandes und der Parteiredakteure entspräche dem Denken und Fühlen der gesamten Partei! Im Gegenteil läßt sich eine wachsende Erbitterung allenthalben merken. Wie weit diese Erbitterung reicht, auf welcher Seite die Mehrheit ist, kann jetzt natürlich nicht annähernd festgestellt werden, da gerade den Gegnern der parteioffiziellen Taktik das Maul verbunden ist und da das politische Leben der Massen völlig erdrückt ist. Auch verschiebt sich die Stimmung immer weiter; manche, die für die Bewilligung der Kredite[484] waren, haben seitdem ob der eingetretenen Entwicklung einen heilsamen Schreck gekriegt und sind nun Gegner dieser Politik oder werden es morgen sein. Zugleich rutscht ein anderer Teil Genossen mit jedem Tage mehr ins reinste Fahrwasser der nationalpatriotischen Regierungspolitik. Auf diese Weise vollzieht die innere Entwicklung der Partei im Kriege trotz ihrer Unmerklichkeit einen unaufhaltsamen Prozeß der Abschnürung von Elementen, die eigentlich zum bürgerlichen Lager gehören und höchstens eine militärfromme proletarische Reformpartei mit starkem nationalistischem Anstrich bilden, auf der anderen Seite von Elementen, die den Kern des revolutionären Klassenkampfes und des Internationalismus nicht preisgeben wollen. Schon jetzt hat der stille innere Kampf begonnen, obwohl wir ihn wahrhaftig unter so ungünstigen Bedingungen nicht aufnehmen wollen. Das gegenseitige Mißtrauen und der gegenseitige Haß lassen sich aber kaum verdecken und züngeln schon in ganz feinen Flämmchen an der Oberfläche. Daß, sobald der Krieg und der Belagerungszustand vorbei sind, die innere Auseinandersetzung mit gewaltiger Macht losbricht, verheimlicht sich kein Mensch, ebensowenig wird jemand hoffen, die altgepriesene Einigkeit der Partei bei so tiefgehendem innerem Zwiespalt aufrechterhalten zu können. Es ist nur der Belagerungszustand und der Krieg, die unsere angebliche Einigkeit künstlich zusammenhalten. Es unterliegt keinem Zweifel: Der deutsche wie der internationale Sozialismus machen eine Krise durch wie noch nie in der Geschichte und werden durch diesen Krieg vor die Schicksalsfrage gestellt. Gelingt es nicht, nach dem Kriege eine regelrechte und diesmal auch für den Kriegsfall ernstgemeinte Absage des internationalen Sozialismus an den Imperialismus und Militarismus unter allen ihren Vorwänden zu erreichen, dann kann sich der Sozialismus begraben lassen, oder er hat sich dann vielmehr schon selbst begraben. Die Klärung nach dem Kriege wird über das Sein oder Nichtsein des Sozialismus entscheiden. Aber gerade weil diese Klärung von so unermeßlicher welthistorischer Bedeutung ist, muß sie gründlich, ehrlich und mit Bedacht vorgenommen werden. Zu diesem Zwecke wäre wichtig, daß man keine voreiligen, unbedachten Schritte von seiten der Internationale unternimmt, die etwa darauf hinausgingen, so schnell wie möglich eine Sitzung des Internationalen Büros oder eine Konferenz einzuberufen. Denn jetzt kann nur eins von beiden herauskommen: Entweder werden sich die Vertreter der einzelnen Nationen untereinander bös verzanken und es ablehnen, einander zu rechtfertigen, was jedenfalls nur eine traurige Dokumentierung des Zusammenbruchs der Internationale wäre. Oder aber es werden sich alle kriegführenden Parteien – vielleicht unter dem Segen der Neutralen – gegenseitig Pardon erteilen für die begangenen Schweinereien und unter gegenseitiger Toleranz erklären, daß jede Partei begreift, die andere habe nicht anders handeln können; das wäre dann aber noch fataler, denn das hieße, unter dem heuchlerischen Schein der Internationale tatsächlich den internationalen Sozialismus begraben. Also lieber keine Versuche, künstlich die Internationale zusammenzuleimen, bis dazu wieder gesunde und feste Grundlagen geschaffen sind, und diese können nur durch die **innere** Klärung in jeder nationalen Partei geschaffen werden. Erst lasse man uns Zeit, in Deutschland selbst festzustellen, wie die Partei in ihrer Mehrheit denkt und wie sie zu dem Kriege steht, dasselbe mögen Franzosen, Engländer, Italiener etc. tun, dann wird die Internationale wissen, woran sie ist und wie sie wieder aufgebaut werden kann. Alle krampfhaften Versuche, jetzt so schnell wie möglich die Fäden der Internationalen wieder anzuknüpfen, können nur heuchlerisches Pfuschwerk zutage fördern, wenn sie nicht noch eine viel verwerflichere Tendenz haben, wie die Reisen aus Berlin und Wien ins neutrale Ausland[485], die den deutlichen Zweck verfolgen, im Interesse der deutschösterreichischen Kriegführung die »Neutralität« zu festigen und das Ausland günstig zu stimmen.

Nach alledem ist unsere Lage hier innerhalb der Partei sehr traurig, und man muß täglich alle Kraft und allen Mut zusammennehmen, um diesen Morast weiter durchzuwaten. Die Selbstpreisgabe des »Vorwärts«[486] z. B. war für viele ein harter Stoß, und man schämt sich manchmal, das alles quasi mitmachen zu müssen. Daß wir bei jeder Gelegenheit uns diesem Stromabwärts entgegenzustemmen suchen, kannst Du glauben. Leider sind alle Zentralinstitutionen der Partei, die momentan die äußere Macht in den Händen haben, von opportunistischen Elementen beherrscht, und alle Opposition zerschellt, da die Massen nicht aufmucken können, zum großen Teil auch auf den Schlachtfeldern zerstreut sind. NB: Es hat mich gefreut, in Deinem Blatte vom 30. September **meinen** Artikel[487] zu lesen. Mehring und ich geben nämlich weiter unsere »Korrespondenz«[488] heraus, und es finden sich doch einige Blätter, die sie abdrucken. (»Komödienspiele«[489] am 28. September war von Mehring.)

Jetzt mehrere Bitten:

1. Die beiliegende Erklärung[490] sei so gut in Deinem Blatt sowie im »**Volksrecht**« zum Abdruck zu bringen.
2. Schreibe doch an die »**Volksrecht**«-Leute von mir die Bitte, sie möchten mir ein Exemplar täglich schicken (gib ihnen meine Adresse) und auch seit 1.8. nachsenden.

3. Schreibe an die Angelica Balabanoff, daß gleichzeitig auch an sie ein Brief geht auf demselben Wege, sie soll durch eine Post- karte an mich (gib ihr die Adresse) bestätigen, ob sie den Brief erhalten. Klara [Zetkin] hat ihr nämlich schon vor einem Monat an Mussolinis Adresse geschrieben, aber kein Wort der Antwort gekriegt.
4. Bestätige mir Du selbst gleich durch eine unverfängliche Post- karte den Empfang dieses Briefes und ob Du alle meine Bitten ausführen wirst.
5. Schreibe an die Redaktion des »**Avanti**« eine Bitte von mir, sie sollen mir auch gleich ein Exemplar ihres Blattes überwei- sen.
6. Die »Erklärung« schicke auch an den »**Avanti**«, da man ja nicht wissen kann, ob er auf anderem Wege kriegt.

Und nun viele herzliche Grüße und Händedrücke Dir und allen Freunden von mir und anderen, die mit ganzem Herzen der Inter- nationale treu geblieben sind. Schreibe doch bald auch ausführ- lich, wenn auch vorsichtig, an die Adresse: Herrn Hugo Eberlein wohlgeb., Berlin-Mariendorf, Ringstr. 82, nichts mehr. Ich krieg's dann. R. L.

Grüße mir speziell Otto Lang recht herzlich.

Hans Diefenbach

[Berlin-Südende,] 1. November 1914

Mein liebes Hannesle, heute soll's werden! Seit Wochen schreibe ich Ihnen »im Geiste« die ausführlichsten Briefe und komme nicht dazu, sie zu Papier zu bringen. Das lastet mir schon wie ein Stein auf dem Herzen. Aber ich habe so wenig Ruhe und Einsam- keit, trotzdem alles darniederliegt. Nun, jetzt soll's besser werden, ich habe wieder einmal vor, »ein neues Leben« zu beginnen, früh schlafen zu gehen, alle Besuche zur Tür hinaus[zu]schmeißen und – zu arbeiten, aber feste! Und der erste Schritt des »neuen Lebens« ist der Brief an Sie. Ihre beiden letzten ausführlichen Briefe via Hans [Kautsky] haben mir furchtbar viel Freude gemacht. So kann ich mir wenigstens vorstellen, wie Sie leben und was Sie treiben ...

Zuerst ein kleiner Bericht von mir, da Sie's wollten. Also meine verzweifelte anfängliche Stimmung ist auch schon anders. Nicht als ob ich die Lage rosiger beurteilte oder Grund zur Heiterkeit hätte – durchaus nicht. Aber die Heftigkeit des ersten Schlages, den man empfangen, ist abgestumpft, nachdem die Schläge zum täglichen Brot geworden sind. Daß die Partei und die Internationale kaputt sind, gründlich kaputt, unterliegt keinem Zweifel, aber gerade die wachsenden Dimensionen dieses Unglücks machen es zu einem weltgeschichtlichen Drama, dem gegenüber wieder die objektive historische Beurteilung Platz greift und das persönliche Sichhaareausraufen deplaciert wird. Natürlich bleibt die manchmal kaum erträgliche Pein jeden Augenblick bei immer neuen Schurkereien und Erbärmlichkeiten der ehemaligen »Freunde«, bei der unerhörten Degradation der Presse. Aber demgegenüber bleibt mir immer mehr die innere Überzeugung, daß – wenn es halt nicht anders gehen kann – ich mir noch allerlei schönen Trost für meine bescheidenen persönlichen Bedürfnisse finde: ein gutes Buch, einen Spaziergang im Südender Felde bei schönem Herbstwetter, wie damals mit Hannesle über die Stoppeln, und endlich – die Musik! Ach Musik! Wie schmerzlich entbehre ich sie, und wie sehne ich mich nach ihr! Bis jetzt konnte ich mir keine verschaffen. Erst gab es wochenlang nichts. Dann begannen aus jedem Anlaß politische Demonstrationen in der Oper, im Konzertsaal. Endlich jetzt könnte man's wagen, aber Hannesle ist nicht da, um Billette zu besorgen, und auch so ganz ohne Gesellschaft tröstet einen die Musik nicht. Schließlich hoffe ich noch auf Hans. Er war vor einer Woche bei mir, um mir Ihren Brief zu bringen. Er ist frisch, rotbäckig, verjüngt. Rom hat ihm ausgezeichnet getan. Auch sonst hat er mir einen sehr angenehmen Eindruck gemacht, und ich versprach, gleich zu ihm zu kommen – komm' aber nicht dazu. Vielleicht gehe ich morgen hin. Er versprach mir, täglich zwei Stunden zu spielen, wenn ich nur komme. Von seinen Kindern hat er Ihnen wohl berichtet: Gretl glückliche Braut eines Slowaken von rührender Schüchternheit; Fritz – ein schneidiger Leutnant, Robert – perfekter Maler; nur Hansl bleibt ein Fils perdu[491] und mokiert sich über den Papschi

---

in den Briefen an Robertl, und der arme Papschi muß just diese Briefe finden und lesen. Luise [Kautsky] ist, wie H[ans] erzählt, so parterre, daß ich besser tue, nicht hinzugehen, schon ein Telephongespräch ist ihr zuviel. Nächste Woche fahren sie (H[ans] und L[uise]) wieder nach dem Süden, ich beneide sie. Karli [Kautsky] hat Karriere gemacht in Frankfurt (Main), Bendel [Kautsky] ist seit dem Typhus dick wie ein Schweinchen, Felix [Kautsky] wie immer. Alles in allem gedeiht die Gens K[autsky] und findet ihren Weg durch die Fährnisse des Lebens. Vorige Woche war Donna Klara [Zetkin] bei mir sechs Tage, sie ist körperlich furchtbar herunter. Costia ist noch zu Hause und arbeitet in der Redaktion.[492] Von Maxim [Zetkin] wieder kein Lebenszeichen seit einem Monat. Ja, von Medi erhielt ich neulich wieder ein liebes Lebenszeichen. Sie war ja krank; jetzt ist sie wieder zu Hause und an der Arbeit. Brandels Vater[493] war endlich wieder hier vorige Woche, zusammen mit der Klara. Der Arme hat sich ziemlich verändert, eine Gesichtshälfte ist starr. Er zeigte mir einen Brief von Brandel, der sehr interessant war und den Burschen im besten Lichte zeigt. Er ist nicht weit von Ihnen. Schreiben Sie ihm: Vizefeldwebel B[randel] G[eck], XVIII. Armeekorps, 25. Division, aktives Regiment Nr. 116, 6. Kompagnie. Er wird sich sicher freuen, von Ihnen zu hören. – Kurt Rosenfeld schreibt mir sehr oft, er ist im Osten, war neulich in Wiłkowyszky, wo er – als Bataillonsschreiber – Preistaxen für koscheres und nichtkoscheres Fleisch festsetzte, Haussuchungen vornahm und dergleichen juristische Funktionen ausübte. Dann kam er in eine heiße Schlacht, machte Furchtbares durch, und jetzt ist er, glaub' ich, wieder auf deutschem Boden. Er ist geistig sehr frisch und mobil geblieben und steht natürlich treu zur Fahne. Sie wollen wissen, was ich treibe, und namentlich, was ich schreibe. Also vor allem will ich jetzt meine Nationalökonomie[494] fertig machen, was sich schon aus persönlich-ökonomischen Gründen sehr empfiehlt. Das ist eine Arbeit für mehrere Monate. Die Parteischule ist ja im Kriegsjahr geschlossen, so hätte ich Zeit, wenn ich nicht von Morgen bis Abend Besuche, Besprechungen und Sitzungen hätte. Aber das soll – wie gesagt – jetzt abgeschafft werden. Außerdem will ich natürlich eine Studie über den Krieg[495] schreiben, was – wie Sie sich denken können –, eine dringende Notwendigkeit bald wird.

Freilich herrscht einstweilen der »Burgfrieden«. Aber im stillen leben wir mit den Südekums etc. wie Hunde und Katzen, und die Stimmung wird überhaupt immer lebendiger. Mich reizt das Problem rein theoretisch und schriftstellerisch sehr. »Nur Zeit, mein Weib, nur Zeit!« wie Dehmel – der »Freiwillige«[496] – einst sang. Die Kundgebungen aller deutschen Poeten, Künstler und Gelehrten werden übrigens einst ein Document humain ersten Ranges bilden.

Bald muß ich wohl meinen privaten »Burgfrieden« beziehen – in der festen Burg an der Turmstraße.[497] Daß mich dies unter solchen Umständen sonderlich freut, kann ich nicht behaupten. Vor einem halben Jahr freute ich mich darauf wie auf ein Fest, heute fällt mir diese Ehre an die Brust wie Ihnen das eiserne Kreuz. Nun, ich tröste mich, daß ich zum Schluß des Krieges denn doch schon wieder Luft atme, wir ziehen wohl beide gleichzeitig in die Hauptstadt, Sie mit Eichenlaub um die Stirn als Sieger, ich – als Ihre weiße Ehrenjungfrau. Der Bundesrat rechnet nämlich in seiner gestrigen Kundgebung über die Höchstpreise mit einer Kriegsdauer bis über die Ernte 1915 hinaus, die englische und die russische Presse ebenso. Prosit Mahlzeit! Man fragt allgemein, wie halten das die Erntevorräte aus? Ich frage, wie halten das die Nerven der Soldaten und der Offiziere aus? Gott geb Ihnen weiter das ruhige Leben in der gastlichen Hütte Ihrer Bäuerin, bei der Sie so rührend den abwesenden Gatten zu vertreten suchen. Ich sehe aus Ihrem letzten Briefe übrigens, daß Sie ein paar fühlende Seelen unter Larven denn doch entdeckt haben, und freue mich sehr darüber. Schreiben Sie mir weiter so oft wie möglich, es ist immer ein Fest in meinem Hause, wenn ein Brief von Ihnen kommt. Sogar die Mimi beriecht ihn liebevoll (sie nennt das »lesen«). Gertrud [Zlottko] ist seit dem 15. fort, ich gebe mir aber Rat allein. Seien Sie ruhig um mich, Hannesle, ich werde mich schon durchschlagen. Aber wenn Sie als ein bereicherter Conquistadore einen 100-Markschein monatlich hinwerfen wollen, sagen Sie, könnten Sie das nicht opfern für einen jungen Kerl, der studieren will, höchst begabt ist und keine Mittel hat? Wenn er so wenigstens das Kriegsjahr ausnützen könnte, vielleicht schafft er sich später selbst eine Basis. – Gertrud hat Ihnen übrigens geschrieben und beklagt Ihr Schweigen. Nun herzliche Grüße von mir und Mimi. Schreiben Sie bald, ob Sie den Brief erhalten haben. Ihre R.

Sie können ruhig an mich adressieren oder, wenn Sie wollen, an Felix [Kautsky], der mir galant sofort übergeben wird (ich meine, wenn Hans wieder fort ist).

Paul Levi

[Berlin-Südende,] 17. November [1914]
Längst wollte ich schon schreiben, wenn ich bloß **einen** Tag mal Ruhe hätte! Dieses verfluchte geschäftige Umherjagen und Umherreden, bei dem die Dinge nicht vom Fleck kommen! Die ganze Zeit geht damit hin. Jeden Tag ist jemand neuer »umgefallen«, und jeden Tag gibt es neue Sauerei zu hören. Die Hauptsauerei steht uns aber am 2.12. bevor.[498] Natürlich wird sich die Geschichte vom 4. 8.[499] wiederholen, aber diesmal schon keine Entschuldigungsgründe wie Überrumpelung, mangelnde Information und dergleichen. Das wird einfach der Nagel zum Sarge der Parteiehre sein. Nun werden sich unsere »Radikalen« wieder mit Glanz bedecken. Zum Minderheitsvotum wird sich sicher nur Karl allein finden, und wenn es gut geht – noch zwei, drei!

Das Urteil[500] ist dieser Tage angekommen, auch die Gerichtskosten. Fehlt also nur noch Strafantrittsbefehl. Ich lege das Urteil anbei, es ist schön.

Von Dißm[ann] hab ich heute den Brief. Auch jetzt noch keine Courage, gegen den kleinen Lumpazi Wittr[isch] vorzugehen, auch jetzt noch Umstände, Vorsicht, Diplomatie, wo es sich darum handelt, ein kleines Lümplein am Ohr zu fassen … Und mit solchen Leuten soll man die Welt aus den Angeln heben. Ich habe bald keine Geduld und keine Hoffnung, mit **der** Armee mal Siege zu erringen. Auch weiß ich keinen »festen und unerschrockenen« Mann, der unter den zehn von D[ißmann] in blaue Möglichkeiten eingewickelten Bedingungen den Posten »vielleicht« übernimmt.[501] NB: Antrick hat besser seine Sache gemacht, er hat nach Braunschweig an Stelle Wagners den Thalheimer genommen.[502] – Jetzt eine Frage: Könntest Du nicht einige notwendige

Reisen machen, um mit den Leuten Fühlung zu nehmen und mit uns Verbindungen herzustellen? München, Karlsruhe, Hof vor allem? Wenn ja, schicke ich Adressen. Hier hat niemand Zeit und Geld dazu, die Fühlung ist aber notwendig. Die Weihnachten in der Schweiz verbringen ist eine feine Idee. Glücklich, wer es könnte!

Falls Du fährst, schicke ich Dir Briefe an Freunde. Am liebsten geht der Weg nach der Schweiz – über Berlin, das ist meine Meinung. Dann könnte man reden und die Reise ausnutzen.

NB: Der infame Artikel in Eurer »Volksstimme« »Drei Monate Weltkrieg« (so vor zwei Wochen)[503] ist von … Lensch! Er ist schon halb umgefallen.

Schreib bald. RL

Marta Rosenbaum

Südende, 5. Januar 1915 · Lindenstr. 2

Liebe Genossin Rosenbaum!

Unter den vielen Bitten und Aufträgen, mit denen ich Sie vor meinem Dahinscheiden[504] plagen muß, duldet eine Angelegenheit keinen Aufschub. Wir haben beschlossen, die »unterirdische« Korrespondenz der Generalkommission der Gewerkschaften[505], die systematisch das Gift gegen die ausländischen Genossen verbreitet, zu abonnieren und in unserem Kreise zu verbreiten, um der Mache entgegenwirken zu könen. Als Abonnent müßte ein unauffälliger Name gewählt werden. Ein Mariendorfer Genosse, Hugo Eberlein, ein uns völlig ergebener und einflußreicher Mann, hat es übernommen, die Korrespondenz zu abonnieren und sie weiterzugeben. Die erste Sendung ist schon eingetroffen, befindet sich bei Karl Liebknecht, geht von ihm an Mehring, später an Sie und von Ihnen an Kurt [Rosenfeld]; so möchten wir es auch weiter halten. Wollen Sie nun so gut sein – da ich ja ausscheide –, die Regelung der Sache und der Finanzen zu übernehmen? Die Kosten, die ja nicht gering sind, kann Eberlein ja natürlich nicht tragen, wir können sie auf den Fonds der Zeitschrift[506] legen. Wollen Sie deshalb so gut sein, dem beiliegenden Schein gemäß an Eberlein den Betrag zu senden? Viele Grüße und auf baldiges Wiedersehen! Ihre R. L.

Adresse Eberleins auf der Quittung.

Alexander Winkler

Berlin-Südende, 11. Februar 1915 · Lindenstr. 2

Sehr geehrter Genosse Winkler!

Im Namen Karl L[iebknecht]s und in meinem danke ich Ihnen herzlich für die tatkräftige Unterstützung unserer Unternehmung.[507] Die Vorbereitungen sind im Gange, gestern war hier der Geschäftsleiter aus Leipzig, bei dem wir die Zeitschrift in Druck geben, und wir haben die praktische Seite besprochen. Die 1. Nr. wird zu Beginn des Monats März herauskommen, die Beiträge sind schon in Arbeit. Ich hoffe, daß die Sache einschlagen wird; hier in Berlin und in mehreren Parteiorten, mit denen wir in Verbindung stehen, herrscht ein wahrer Heißhunger nach einem sozialdemokratischen Wort im alten Sinne. Die Massen der Parteigenossen, das sieht man immer deutlicher, haben **nicht** »umgelernt«, sie haben bloß verlernt, ihren Führern unbedingt zu trauen, da diese so kläglich versagt haben.

Vorgestern hatten wir hier wieder in Charlottenburg, einem der wichtigsten Parteizentren Berlins, eine Generalversammlung des Wahlvereins (Besuch ca. 600 Personen), wobei der Abgeordnete des Kreises, Zubeil, die Haltung der Fraktion zu rechtfertigen suchte. In der Diskussion zeigte sich, daß vielleicht dreißig anwesende Gewerkschaftsbeamte auf seiten der Fraktion stehen, die ganze große Versammlung dagegen in stürmischer Opposition. Und das erleben wir in **jeder** Versammlung bisher. Die emsige Arbeit der Rechten, die vielen Broschüren und Artikel der Heine, Scheidemann etc. haben offenbar nur die entgegengesetzte Wirkung: Den Massen werden die Augen geöffnet, sie sehen, welche Gefahren der Parteibewegung drohen.

Ohne sehr stürmische Kämpfe wird es natürlich nicht abgehen, aber ich hoffe, die alte Tradition wird sich doch stärker erweisen als der »neue Kurs«. – Selbstverständlich schicken wir Ihnen das erste Exemplar der Zeitschrift, das fertiggestellt wird. Möge Ihre Gesundheit Ihnen erlauben, mit uns die bevorstehende schwere Krise des Parteilebens siegreich zu überstehen.

Mit den besten Wünschen u. Grüßen Ihre Rosa Luxemburg

Helene Winkler

Berlin-Südende, 11. Februar 1915 · Lindenstr. 2

Liebe Genossin Winkler!

Ihr lieber Brief hat mir viel Freude gemacht. Ich habe gehört, daß der Gesundheitszustand Ihres lieben Vaters leider zu wünschen übrigläßt und daß Sie ihn mit Hingebung pflegen. Mit Karl [Liebknecht] ist so, daß er keinen grauen Rock trägt, ja, solches ist ihm sogar ausdrücklich »verboten« worden.[508] Das ist eine sehr komische und sehr bezeichnende Geschichte: Er ist einfach vor einen höheren Vorgesetzten gerufen worden, und dieser erklärte ihm: Von heute ab haben Sie sich als Soldat zu betrachten; Berlin dürfen Sie nicht verlassen, Uniform dürfen Sie nicht tragen, und **jegliche politische Mitarbeit** (außer im Parlament) **ist Ihnen verboten.** – Das war also der Zweck. K[arl] L[iebknecht] sollte es unmöglich gemacht werden, etwa an Protestversammlungen gegen die Fraktionsmehrheit teilzunehmen, öffentliche Erklärungen abzugeben etc. Mit einem Wort: Er ist ausgeschaltet. Eigentlichen Dienst tut er aber nicht, vielleicht wird er später doch herangezogen werden, wenn er sich durch irgend etwas wieder »lästig« macht.

Inzwischen gehen die Dinge in der Partei weiter ihren fatalen Gang: Die Zensur wird immer schärfer, die ökonomische Lage immer schwieriger und die offizielle Partei sowie namentlich die Gewerkschaftsführer immer mehr Regierungspartei. »Gegen die Quertreiber«, d.h. gegen uns alle, die wir den alten Boden und die glorreichen Traditionen der Partei verteidigen, geht eine heftige Hetze. Aber ich vertraue auf die Massen und scheue mich nicht vor dem Kampf. Ça ira – es wird schon gehen! Ich weiß nicht, wie es bei Euch in Thüringen ist, aber hier in Berlin und noch in einigen Großstädten ist die Stimmung ausgezeichnet.

Ich werde mich sehr freuen, wenn Sie mir wieder einmal ein Lebenszeichen geben und auch über den Gesundheitszustand Ihres lieben Vaters berichten. Mir geht es ziemlich gut, wenigstens habe ich nicht viel Zeit, daran zu denken, und das ist für unsereinen das beste.

Herzlichen Gruß Ihre R. L.

Kostja Zetkin

[Berlin,] 10. April 1915

Niuniu, Liebling, hoffentlich kriegst Du diesen Brief richtig zum Geburtstag. Ich lege Dir bei als Geschenk ein Bild von Mimi, das ich gestern gekriegt habe und das mir große Freude gemacht hat. Der junge Arzt, der sie hält, ist ein Bekannter von Frl. Jacob, er wollte die Mimi mit seinem Apparat photographieren, mußte sie aber selbst mit Gewalt halten. Ein Buch für Dich habe ich schon vor mehreren Tagen bei Wertheim bestellt, der schickt's aber noch nicht; sobald es kommt, kriegst Du's. Ich hoffe, daß Du doch an Sonntagen mal Zeit und Lust hast, einige Stunden zu lesen. Für die 10 M, die extra kommen, mußt Du Dir etwas Gutes kaufen, ich kann's ja leider nicht,[509] Blumen darf man wohl in der Kaserne[510] nicht halten, also etwas anderes. Ich dachte, daß Dir eine Füllfeder vielleicht von Nutzen wäre. Ich kann das Instrument nicht leiden, es gehört in die Kategorie der Thermometer, aber im Felde kann es einem wirklich nützlich sein.

Du schreibst so traurig von dem Osterurlaub; Niuniu, Du sollst doch nicht mit so schwerem Herzen herumlaufen. Der einzige ernste Grund dazu wäre der Zustand der Mutter, aber ich hoffe da auf die Hope [Adams-Lehmann], daß sie sich der Mutter energisch annimmt. Vielleicht schreibst Du ihr (der Hope) einige Zeilen, das wird sehr gut wirken. Übrigens will ich an organischen Herzfehler noch nicht so ohne weiteres glauben, die bisherigen

Herzbeschwerden der Mutter waren wohl mehr nervöser Natur. Laß Dir von Hope die Diagnose schreiben, damit wir die Wahrheit wissen. Sonst mußt Du aber ruhig und heiter sein, Niuniu, nur noch einige Zeit Geduld, in einem Jahr wird sich sicher alles zum Beßren wenden. Denke an nichts als an die Arbeit des Tages, dann vergeht die Zeit schnell. Nächstes Jahr wollen wir Deinen Geburtstag ordentlich feiern, schon das zweite Mal ist es nichts Richtiges. Aber voriges Jahr warst Du wenigstens in Persien und hattest es schön.

Niuniu, denk, ich botanisiere hier wieder! Ich habe meine Hefte mit, auch den Fünfstück und die kleinen Atlanten von Dir, und manchmal kriege ich ein bißchen Blumen oder im Brief von Frl. Jacob, die zu Ostern in Thüringen ist. Ich habe ein neues Heft angelegt (das elfte!) und als erstes Blümchen dort das Schneeglöckchen von Niuniu zum 5. 3.ᵐ angebracht. Das war das »große Schneeglöckchen« – Leucojum vernum; das »kleine« hat die inneren drei Kronblättchen nicht spitz, sondern herzförmig ausgeschnitten, mit drei grünen Strichlein auf jedem; es wird in Berlin massenhaft im Februar verkauft auf den Straßen, aber Ihr habt's im Garten nicht, wie ich glaube. Es hat so einen hübschen Namen: Galanthus nivalis. Denk Dir, zu dieser Familie (Amaryllisgewächse) gehört außer Schneeglöckchen und Narzisse – die große Agave! Wenn Du Seidelbast oder die »Scilla«, die ich nicht kenne, oder sonst was Hübsches findest, dann schicke mir im Brief. Auch eine Kuhschelle mit zartem Flaum hat mir Frl. Jacob geschickt und einen Goldstern, der sehr schön ist. Kennst Du ihn?

Mir kam in den Sinn, wie wir sogleich ungeduldig und wehleidig werden, wenn uns einige Zeit Gefängnis oder Kaserne und allerlei Mißliches trifft, aber Cervantes hat z.B. so lange Jahre in richtiger Sklaverei ausgehalten. Früher konnten die Menschen überhaupt mehr vertragen, ich meine als Individuen, auf eigene Faust, nicht als Massen»helden« aus Kadavergehorsam. Ich weiß nicht, wer mich neulich auf den Cervantes gebracht hat, ich las irgendwo eine grenzenlose Bewunderung für den »Don Quijote«. Vielleicht war's Goethe?

Niuniu, ich lege Dir noch eine Notiz über die Osterinseln bei. Mich bezaubert schon dieser Name, und erst das »Geheimnis« der Steinriesen! Wußtest Du etwas davon, und kannst Du vermuten,

Frauengefängnis in der Berliner Barnimstraße,
in dem Rosa Luxemburg inhaftiert war

was das ist? Sicher war die Insel bloß ein Teil eines untergetauchten alten Kontinents, das mit Chiliküste vielleicht eins bildete. Nur daß die Figuren alle aufs Meer schauen. Aber halt! War das nicht ein Aprilscherz des »Berliner Tageblattes«?

Ich umarme Dich Niunia

Franz Mehring

[Berlin,] 31. August 1915 · Barnimstr. 10

Sehr verehrter u. lieber Freund, Ihr Brief hat mir herzliche Freude bereitet, um so mehr da ich schon mit Sehnsucht nach einer Nachricht von Ihrem und der lieben Frau Eva Befinden auslugte und gern wissen wollte, ob Sie die erwünschte Erholung gefunden haben. Sehr betrübt hat es mich, daß Sie unter dem schlechten Wetter so gelitten haben, und mit Sorge schaue ich durch den Spalt meiner Luftklappe oben auf den schweren, grauen Himmel und den platschenden Regen, die vielleicht auch Sie im Harz heimsuchen und Ihnen die Laune wieder verderben. Aber wie unrecht haben Sie, diese Stimmungen in irgendeine Beziehung mit dem Alter zu setzen! Dann dürfte ich ja Ihre Großmutter sein, denn ich bin vom Wetter so abhängig wie ein Frosch, und beim herbstlichen Regen erscheint mir manchmal mein ganzes Dasein wie eine schale und abgeschmackte Farce. Und was ist denn Jugend anderes als diese unverwüstliche Freude am Arbeiten, am Raufen und am Lachen, worin Sie uns alle noch jeden Tag in die Pfanne hauen? Sie wissen gar nicht, wie sehr mich gerade das Beispiel Ihrer wunderbaren Arbeitskraft, der Gedanke an Ihre geistige Elastizität und auch die leise Hoffnung auf Ihren Beifall beschämen und anspornen, wenn ich wieder einmal im Begriff bin – Sie kennen nur zuwenig meine schändlichen Schwächen –, mich zu verträumen oder aus dem Joch der Pflicht vor Ungeduld Reißaus zu nehmen.

Freilich ist jetzt die ganze Lage derart verworren, daß eine richtige Freude am Kampf gar nicht aufkommen kann. Alles ist noch in der Verschiebung begriffen, der große Bergrutsch scheint gar kein Ende zu nehmen, und auf einem solchen zerwühlten und schwankenden Felde die Strategie zu bestimmen und die Schlacht zu ordnen ist eine verteufelt schwierige Sache. Ich fürchte mich eigentlich jetzt vor gar nichts mehr. Im ersten Moment, damals am 4. August[112], war ich entsetzt, fast gebrochen; seitdem bin ich ganz ruhig geworden. Die Katastrophe hat solche Dimensionen angenommen, daß die gewöhnlichen Maßstäbe von menschlicher Schuld und menschlichem Schmerz versagen; elementare Verheerungen haben ja etwas Beruhigendes gerade in ihrer Größe und Blindheit. Und schließlich, wenn es schon so um die Dinge stand und die ganze Friedensherrlichkeit bloß Irrlicht auf dem Sumpfe war, dann ist ja besser, daß die Sache mal zum Klappen kam. Aber vorläufig haben wir die Qual und die Unbehaglichkeit des Übergangszustands, und auf uns paßt wirklich: Le mort saisit le vif.[113] Die Jämmerlichkeit unserer schwankenden Freunde, über die Sie stöhnen, ist ja auch nichts anderes als die Frucht von der allgemeinen Korruption, an der die Baracke, die im Frieden so stolz glänzte, zusammengekracht ist. Wohin man greift, ist morscher Zunder. Das muß sich, denk' ich mir, alles noch weiter zurechtrutschen und noch mehr auseinanderfallen, damit das gesunde Holz endlich herauskommt.

In dieser Misere, die ich also nun in aller Seelenruhe hinnehme, sind mir Ihre Arbeiten ein wahrer Trost. Der erste Artikel hat mich doppelt interessiert, weil ich gerade einiges bei Seeley und bei Macaulay gelesen hatte, was mit dem Thema in Berührung steht und worin ich die Ansicht vollauf bestätigt fand, die Sie vertreten: daß der Siebenjährige Krieg im Grunde genommen nichts war als eine Auseinandersetzung zwischen England und Frankreich um die Herrschaft in Amerika und in Asien und daß Friedrich der Nutznießer dieser Weltkonkurrenz war. Zuerst war ich durch diesen Standpunkt frappiert – man bringt ja von der Schulbank gut hausbacken-europäische Gesichtspunkte mit –, jetzt aber, gerade im Lichte der heutigen Ereignisse freut man sich über die breiten Horizonte, die einem so eröffnet werden. Auch kam mir bei der Schilderung der friderizianischen Heere und ihrer glänzenden Siege sowie solcher Figuren wie Clive und seiner Sepoys[114] in den Sinn, wie manches sich zum aktuellen Kapitel »Kriegsheldentum« – allgemeine Wehrpflicht – englische Söldner« – im Lichte der Geschichte sagen ließe. Nun warte ich gespannt auf das Weitere, die heutige »Neue Zeit« bringt aber blödsinnigerweise keine Fortsetzung! Dort redigiert wohl nicht einmal der Briefträger mehr, denn dieser hätte wenigstens Ihre Zusendung hintereinander an den Leser bestellt.

Zu meiner Erfrischung lese ich ferner ein wenig im Lassalle[315]. Aber helft mir, ihr Götter, daß ich bei Bernsteins Anmerkungen nicht aus der Haut fahre. Wie ein blöder Köter springt er dem Lassalle immer zwischen den Beinen. Wenn dieser gerade am schönsten ausholt, um Schulzen eine klatschende Ohrfeige zu versetzen, packt ihn das Rindvieh am Ärmel, um mit gehobenem Finger zu bemerken, daß »eigentlich« Schulze »insofern« »nicht ganz« unrecht hätte als usw. Und wenn Lassalle ein Kapitel wie ein rollendes Gewitter mit Blitzen und Donnern abschließt und ich in der frischen Luft tief aufatmen will, taucht schnell von unten am Seil einer Fußnote, wie die Spinne am Faden, der unvermeidliche Ede [Bernstein] auf und »bemerkt«, daß »eigentlich« Molinari schon im Jahre 1846 so etwas gesagt habe oder was weiß ich was für einen Kohl sonst. O daß dich doch der Teufel holt! muß ich alle Augenblicke ausrufen. Er verleidet einem ja völlig das Alleinsein mit Lassalle. Wie konnten Sie so eine Leichenschändung dulden? Warum haben Sie nicht dagegen geflucht und gewettert? Ach, wir haben zu vieles ruhig hingenommen. Frau Eva hat schon recht: Wir waren viel zu milde. Aber ich schwöre, ich will mich bessern. Ich fühle mich schon ganz wie ein Stachelschwein und brenne darauf, mang die Filister zu laufen.

Leider geht es bei mir mit der Arbeit nicht so recht vorwärts. Es ist wohl die Einförmigkeit und die Enge des Lebens, der Mangel an Eindrücken, was sich allmählich wie Kleister um die Sinne legt. Ich kann ja überhaupt nur im Rausch arbeiten, wenn ich in frischfröhlicher Stimmung bin, jetzt aber muß ich mir das bißchen mit Mühe abringen. Dies nicht als Klage, sondern nur als »mildernder Umstand« zu meiner Entschuldigung, wenn ich Ihre Erwartungen enttäuschen werde.

Sonst können Sie um meine Gesundheit ganz ruhig sein, und Fräulein J[acob] wird eine Kopfwäsche bekommen, daß sie Sie mit meinem Kadaver in Anspruch nimmt. Ich möchte ebensoruhig um unsere Klara [Zetkin] sein können.[316] Aber die Ungewißheit, was mit ihr wird und wie lange der üble Spaß noch dauert,

7. 8. 15

Liebe Gertrud,

Sie haben mir mit der kleinen Sendung
viel Freude gemacht, ebenso wie mit
den 3 kleinen Bötchen, die früher gekommen sind. Ich freue mich vor allem,
dass Sie fleissig malen u. Fortschritte machen. Von der Mappe sind drei Bilder
(Das blaue Stück Fluss oder Kanal, Der
flache Strand mit den zwei Landzungen
u. die Waldpartie mit dem goldglänzenden
Himmel) sehr gut; am besten jedoch gefällt mir eins von den winzigen Bildchen: das graue mit d. Fischerbarken: ich
finde es ausgezeichnet. So sehr es auch
herb scheint, werde ich nächstens mal diese
Bilderchen sowie vielleicht das von
unserem Empires an Herrn v. Diefenbach
schicken (der mir neulich schrieb), um
ihm einen Rippenstoss zu geben. — Aber
Sie schreiben ja gar nicht was Sie trei-

Erste Seite eines Briefes Rosa Luxemburgs
aus dem Frauengefängnis in der Barnimstraße in Berlin
an Gertrud Zlottko

geht mir etwas an die Nieren. Ich bin übrigens entrüstet – nein, seien wir ehrlich: ich bin froh, daß die Fraktion kein Wort über Klara geäußert hat. Wissen Sie, wie der sterbende Valentin zum Gretchen sagt: Und bist du einmal eine –, so sei es eben recht![517]

Nun noch die herzlichsten Grüße an Sie beide. Wie ich mich schon darauf freue, wieder in Ihrem behaglichen Arbeitszimmer an dem kleinen Tischchen zu sitzen, zusammen zu plaudern und zu lachen!

Nochmals alles Gute. Ihre R. L.

Vielen Dank im voraus für die »Lessing-Legende«[518] und die Marx-Bogen[519].

NB: Sie haben, wohl aus Versehen, Ihren Brief gar nicht zugemacht! …

Clara Zetkin

Bestätige mir gleich den
Empfang per Postkarte!

[Südende,] 9. März 1916

Meine liebste Klara!

Glaubst Du mir, daß ich erst heute die nötige Ruhe habe, um Dir so, wie ich will, von Herzen schreiben zu können? Ich kam direkt aus dem Loch in den Trubel, in die Arbeit und kaum zu Atem. Sei nur unbesorgt um mich. Ich bin frisch und arbeitsfähig, mein körperlicher Zustand ist nicht gut, das stört mich aber wenig. Übrigens kuriere ich mich systematisch, bin in Behandlung bei einem guten Spezialisten (eben erwarte ich ihn wieder bei mir) und befolge seine Befehle – mit Ausnahme der Regel, früh und regelmäßig zu Bett zu gehen und jeden Tag zweimal spazierenzugehen. Aber ich werde von heute ab wieder etwas ruhiger leben, wenigstens nehme ich's mir vor. –

Wie soll ich Dir und dem Dichter danken für die Blumenpracht zum 5.[520]! Ich bin ganz erdrückt durch so viel Güte, die ich jetzt von allen Seiten erfahre, mir ist dabei ganz unheimlich, ich weiß gar nicht, warum das alles! Die vier Blumenvasen von Dir zum

18.[521] machen täglich meine Freude, mir fehlten Vasen wirklich, und nun habe ich so zauberhaft schöne, daß jeder sie bewundert. Und die zwei Blumenkörbe zum 5. sind fabelhaft an Farbe und Fülle! Auch Deine Blümchen aus dem Brief stehen im Gläschen auf meinem Schreibtisch und erfreuen mich herzlich, denn ich weiß, daß Du sie selbst für mich gepflückt hast. Wie mich die hiesigen Genossinnen empfangen haben, wirst Du wohl schon gehört haben. Über tausend an der Zahl holten sie mich ab, und dann kamen sie massenhaft zu mir in die Wohnung, um mir die Hand zu drücken. Meine Wohnung war und ist noch vollgestopft mit ihren Geschenken, Blumenkästen, Kuchen, Stollen, Konservenbüchsen, Teesäckchen, Seife, Kakao, Sardinen, feinste Gemüse – wie in einem Delikatessenladen, alles von diesen armen und herzlichen Frauen selbst gebacken, selbst eingemacht, selbst gebracht. Du wirst wissen, was ich empfinde, wenn ich das sehe. Ich möchte heulen vor Beschämung und tröste mich nur mit dem Gedanken, daß ich hier doch nur die Holzstange bin, an die sie die Fahne ihrer allgemeinen Kampfbegeisterung gehängt haben. In Mariendorf folgte dann der Empfang im Leseabend, wieder ein Riesenstrauß auf dem Tisch, und diese Gesichter, diese ernsten und leuchtenden Augen! Du hättest herzliche Freude an diesen Frauen. Begrüßt wurde ich vom Vorsitzenden mit der Erklärung, die Demonstration am 18. sei ganz spontan aus eigenem Antrieb von den Frauen Berlins gemacht worden, um diejenige zu begrüßen, die »uns gefehlt hat, weil sie gerade den Parteiführern ein scharfes Wort sagt, weil sie die ist, die man oben in der Partei lieber ins Gefängnis ein- als aus ihm ausgehen sieht«. In der Tat habe ich vom Parteivorstand auch nicht eine Silbe gekriegt, aber halt! – von Luise Zietz, denk Dir, ein riesiges, höchst herzliches Telegramm im Namen aller Frauen Deutschlands (sie kann sich offenbar auch nicht mehr räuspern, ohne daß dies »im Namen aller Frauen« geschieht). –

Ich will Dir nun andererseits von meinen sachlichen Eindrücken referieren. Ich glaube, ich habe mich schon im allgemeinen orientiert, und kann Dir nur sagen, daß ich mit dem Stande der Dinge sehr zufrieden bin. Du verstehst mich wohl: Ich meine natürlich nicht den allgemeinen Jammer und die furchtbaren Leiden, die unsre armen Massen durchmachen müssen, ich meine die innerparteilichen Zustände und die Richtung, welche die Dinge in ihrer Entwicklung nehmen. Ich finde nach einem Jahr – niemand von Euch kann das so gut wahrnehmen wie ich – einen gewaltigen Schritt vorwärts in der Klärung, Erstarkung und Differenzierung der Geister. Die Entwicklung vollzieht sich ganz folgerichtig. Daß einzelne Fehler und Schwankungen auch von den nächsten Freunden gemacht werden, daß manches klarer, entschlossener durchgeführt werden könnte, ist ohne Zweifel. Aber ich mache mir aus alledem gar nichts. Wir brauchen durchaus nicht zu zappeln, uns über Einzelheiten und Nebensächlichkeiten aufzuregen, wenn nur im großen und ganzen die Dinge ihren richtigen Weg gehen. Ich vertraue da am meisten auf die objektive Logik der Geschichte, die ihr Werk der Aufklärung und Differenzierung unermüdlich vollzieht. Es ist auch ein Fehler des Politikers, wenn er die Suppe essen will, ehe sie gar gekocht ist. Natürlich verfalle ich nicht etwa in bequemen Fatalismus, davon keine Rede. Ich möchte Dir nur die ruhige Sicherheit mitteilen, die ich habe, die immer damit rechnet, daß dies oder jenes Detail nicht richtig gemacht, verbummelt oder überstürzt wird, und doch dabei nur die große Hauptlinie im Auge behält. Ich will mit Dir über Einzelheiten nicht sprechen, schon um Dich zu schonen, aber auch weil ich solche Sachen nicht zu zapplig nehme, wie mancher andere von unseren Freunden. Über das Große und Ganze kannst Du beruhigt sein.

Soeben kriege ich die Nachricht, daß unser Termin in Düsseldorf[322] vom 22. **aufgehoben** ist; auch dies wird Dir angenehm sein. – Ich kenne Dich zu gut, um [nicht] genau zu wissen, wie Dir die jetzige aufgezwungene Ruhe lästig und unausstehlich ist. Aber Du kannst sie wirklich mit gutem Gewissen einhalten. Aus meiner reifen Überlegung der Dinge und aus vollster Überzeugung kann ich Dich versichern: Nicht jetzt, sondern erst bedeutend später, vielleicht in einem Jahr, werden wir jede Kraft, also Deine in erster Linie, brauchen und aufs äußerste anspannen müssen. Dann kommt natürlich erst die Generalauseinandersetzung mit der Rechten und mit dem Sumpf. Was sich jetzt und monatelang noch vollzieht, ist der vorbereitende Prozeß der inneren Abschnürung der Opposition vom Sumpfe, ein Prozeß, der für die meisten unserer Leute neu ist, deshalb Zeit, inneres Heranreifen braucht, ein Prozeß, bei dem nur mit Maß und Überlegung nachgeholfen zu werden braucht, und was schon besorgt werden wird – darüber kannst Du beruhigt sein. Ich bin im allgemeinen dafür, die Dinge sollen lieber langsam und gründlich gehen als rasch und oberflächlich. Es ist eine ganze politische Schulung, die von unseren Massen durchgemacht werden muß, und das braucht seine Zeit. Geduld haben ist auch eine wenn auch nicht angenehme Pflicht des Politikers und Führers in solchen Übergangszeiten. Und diese Geduld mußt auch Du üben, aber ruhig und möglichst heiter, so wie ich's tue, nicht selbstquälerisch, wie Du es tust. Ich weiß, Liebste, was alles Deinen Frieden stört, ich weiß aber auch, daß Du **vor allem** der Pflichtmensch bist, der sich bei dem Gedanken verzehrt, nicht mit anfassen zu können, wenn Arbeit so dringend nötig scheint. Gerade diese falsche Vorstellung möchte ich bei Dir beseitigen. Nicht ad usum Delphini sage ich das, nicht um Dich zu trösten. Du weißt doch, wie ernst ich die Situation beurteile. Es ist dies meine innerste Überzeugung, die ich sofort auch dem zappelnden Karl [Liebknecht] und anderen geäußert habe: nicht zu viel tun wollen, wenige, ruhige, wohlgezielte Schritte, das ist, was jetzt nötig, aber auch vollkommen aus- reichend ist. Das übrige muß noch die objektive Entwicklung an ihrem Teil leisten. Ruhe Dich also aus, daß wir Dich haben, wenn wirklich »alle Mann an Bord« sein müssen. Damit hat es aber – zum Glück oder leider!, wie man es nimmt – noch gute, gute Weile.

Das Schlimmste ist, daß ich jetzt nicht zu Dir kann, auch nur für zwei Tage: 1. ich habe hier zu tun, 2. ich muß mich kurieren und fühle mich kaum imstande, die Reise zu machen, 3. man muß Geld sparen (auch Du wie ich und wir alle!). Und da schickst Du mir solche Blumenkörbe, und der Dichter frönt auch solchem Luxus! O Ihr unverbesserlichen Grandseigneurs im Herzen – mit löchrigen Taschen! Ein ausgiebiges Gespräch mit Dir würde so befreiend wirken. Aber was tun! Man muß auch das ruhig und heiter nehmen.

Ich habe mich in der Barnimstraße so gut trainiert, daß ich wirk- lich alles schlucken kann, ohne mit der Wimper zu zucken. – Von Costia erhielt ich zum 5. ein Brieflein, das ich eben beantworten will. Er hat es sicher nicht leicht, ich spüre aber in seinen Briefen viel männliche Reife und Kraft, er erstarkt sichtlich in dieser harten Schule[523], und wenn sie, wie ich hoffe, gut endet, dann werden wir's alle nicht zu bedauern haben. Dein Buch und das seine haben mir herzliche Freude bereitet. – Kommst Du zum Lesen? Ich möchte, daß Du nur ganz leichte Sachen liest, gute Belletristik. Dein Mehring-Artikel[524] war ausgezeichnet – darüber herrscht nur eine Meinung. Es ist nur Dein krankhafter Zustand, der Dir alles so schwarz erscheinen läßt. Die Frauenzeitung habe ich noch nicht gesehen. – Dem Alten[525] haben wir ein sehr schönes Fest bereitet, viele Reden gehalten, alles ernst und würdig. Es war ganz anders als bei Bebel damals, weißt Du noch? Der Alte hat auf Dich eine Rede gehalten, in die wir herzlich einstimmten. Vorläufig Schluß, bald mehr.

Tausend Küsse Deine

Über meine Gesundheit nur zu Deiner Beruhigung: Es ist nichts weiter als ruinierter Magen, aber die Kur wirkt schon, und ich befolge sie weiter.

Clara Zetkin

[Südende,] 12. Mai 1916

Liebste Klara!

Du kannst Dir wohl denken, wie sehr ich seit dem 1.5.[526] im Trubel war und daß ich Dir, an die ich täglich und stündlich denke, nicht schreiben und nicht einmal für den lieben Blumengruß vom Sonntag danken konnte. Von dem Augenblick an, wo Karl [Liebknecht] verhaftet wurde – es geschah um $^1/_2$9, als wir zusammen auf dem Potsdamer Platz in der Menge promenierten –, hatte ich natürlich keinen freien Moment, da es galt zu erfahren, wo man ihn hingebracht hatte, und zu ihm vorzudringen. Ich suchte ihn ja mit aller Kraft meiner Fäuste zu »befreien« und zerrte an ihm und den Schutzleuten bis in die Wache, wo man mich unsanft auswies. Dann war am gleichen Abend nichts mehr über sein Schicksal zu erfahren, trotz Lauferei und Automobilfahrerei bis 1 Uhr nachts. Am andern Morgen war ich in seiner Wohnung bei der Haussuchung, dann gab's eine Lauferei auf sein Büro, weil auch dort

Haussuchung war. Dann Hin und Her, bis wir beide (seine Frau muß mich, wie Du Dir denken kannst, ständig bei sich haben, da sie sehr ratlos und aufgeregt ist) am gleichen Abend herausgefunden haben, daß er im Militärarrest sitzt, und zu ihm vorgedrungen sind, um ihm wenigstens einige Kleinigkeiten hineinzugeben und so ein Zeichen der Sorge um ihn zu zeigen. Am andern Morgen hat ihn seine Frau schon sehen können und seitdem jeden Tag. Die Leute sind dort sehr nett und menschlich – hundertmal menschlicher als das Hundepack am Alexanderplatz[127] oder im Reichstag[128]. Karl belastet sich in seiner üblichen Weise bis zum äußersten. Trotzdem hoffe ich noch, daß die Militärjustiz mehr Sinn für offenkundige Tatsachen haben wird als das Reichstagsgesindel und den von der Polizei und der Regierung gierig erwünschten und plump suggerierten Landesverrat nicht entdecken wird, wo er mit Kerzen nicht zu finden ist. Karl ist persönlich sehr wohl, sieht ausgezeichnet aus (der Arme schläft, ißt und liest zum ersten Mal seit langer Zeit) und ist in seiner üblichen prächtigen Stimmung. Er darf jeden Tag Essen von Hause, Bücher und sonstige Kleinigkeiten kriegen. Wir haben den Eindruck, daß ihn alle dort mit Sympathie und Achtung behandeln, sie sind halt einfach Militärs und keine »Parteigenossen«, deshalb wissen sie noch den Mann und Charakter auch im Gegner zu schätzen. Im übrigen bleibt abzuwarten, wie die Anklage lautet; sie soll Mitte nächster Woche formuliert werden. Einen Verteidiger darf und will er nehmen, die Schwierigkeit ist aber, daß zum Kriegsgericht nur wenige zugelassen sind, und aus den wenigen kann man natürlich nicht jeden nehmen; bis jetzt haben wir noch keinen. Sobald die Anklage fertig ist, werde ich Dir sofort Nachricht geben.

Nun zu Dir, Liebste! Sowohl die Nachricht von den Folgen Deiner »Reise« in die Stadt wie namentlich die Einziehung des Dichters[129] haben mich entsetzt. Was wird das werden?! Wird man den Dichter allen Ernstes nehmen? Nach den Beispielen, die man hier erlebt (so z. B. mit unserem armen Weinberg), scheint keine Krankheit vor dem »Diensttauglich« zu schützen, man muß also auf das Schlimmste gefaßt sein. Was dann aber mit Dir?! Ich kann mir das nicht ausdenken. Ich müßte dann zu Dir, um Dich zu pflegen, aber gerade jetzt, nach Karls Ausscheiden, kann ich von hier weniger als je fort. Es gibt auch neben Großem an Pflichten allerlei kleines Kroppzeug an Unannehmlichkeiten (so z. B. wie üblich mit Franziskus [Mehring] …), das alles frißt Zeit und Kraft und fesselt mich an Berlin. Was wird also sein? Ich sehe nur einen Ausweg: daß Du zu mir ziehst, wenn der Dichter im Ernst eingezogen werden sollte. Aber eine Reise ist ja undenkbar für Dich! Und natürlich, Deinen herrlichen Garten habe ich für Dich hier nicht. Wahrhaftig, ich zerbreche mir den Kopf, was wird. In dem Trubel der letzten Zeit habe ich übrigens auch an Costia [Zetkin] schon lange nicht geschrieben, will es morgen tun. Weiß er schon, was dem Dichter bevorsteht? Ich kann mir seine Sorge um Dich denken! …

Daß Du nicht zur Kontrolle kamst und aus ihr »ausgeschlossen« bist[130], betrachte ich als einen Gewinn. Der Parteivorstand treibt ja mit blindem Eifer zur Anarchie und zerreißt mit eigenen Händen alle gottgewollten Abhängigkeiten, Autoritäten und Traditionen. Das wird die hartnäckigsten »Legalisten« der Opposition kurieren.

Liebste, ich hätte Dir noch tausend Dinge zu sagen, aber ich muß jetzt Schluß machen, um die Lauferei um ein paar Eier, Brötchen und dergleichen zu beginnen, damit das »Diner« zustande kommt, das mit jedem Tag ein verwickelteres Problem wird. Es ist nämlich kaum noch was zu kriegen, zumal hier in der Wildnis Südende.

Sei trotz alledem ruhig und guter Stimmung. Es wird sich schon alles zum Besseren wenden. Ich umarme Dich vielmals, Deine R
Bald mehr.

Mathilde Wurm

Wronke, 28. Dezember 1916

Meine liebe Tilde!

Ich will Deinen Weihnachtsbrief gleich beantworten, solange ich noch in dem frischen Zorn bin, den er in mir erregt hat. Ja, Dein Brief hat mich fuchsteufelswild gemacht, weil er mir, so kurz er ist, in jeder Zeile zeigt, wie sehr Du wieder ganz im Bann Deines Milieus[131] stehst. Dieser heulmeierische Ton, dieses Ach und Weh über die »Enttäuschungen«, die Ihr erlebt habt – angeblich an anderen, statt nur selbst in den Spiegel zu blicken, um der Menschheit ganzen Jammer in treffendstem Konterfei zu erblikken! Und »wir« bedeutet jetzt in Deinem Munde Deine sumpfige Froschgesellschaft, während es Dir früher, wenn Du mit mir zusammenwarst, **meine** Gesellschaft bedeutete. Dann wart, ich werde Dich per »Ihr« behandeln.

Ihr seid mir »zu wenig draufgeherisch«, meinst Du melancholisch. »Zu wenig« ist gut! Ihr seid überhaupt nicht »geherisch«, sondern »kriecherisch«. Es ist nicht ein Unterschied des Grades, sondern der Wesenheit. »Ihr« seid überhaupt eine andere zoologische Gattung als ich, und nie war mir Euer griesgrämiges, sauertöpfisches, feiges und halbes Wesen so fremd, so verhaßt wie jetzt. Das »Draufgängertum« würde Euch schon passen, meinst Du, bloß wird man dafür ins Loch gesteckt und »nutzt dann wenig«. Ach, Ihr elende Kleinkrämerseelen, die Ihr bereit wäret, auch ein bißchen »Heldentum« feilzubieten, aber nur »gegen bar«, und sei es um verschimmelte drei Kupferpfennige, aber man soll gleich einen »Nutzen« auf dem Ladentisch sehen. Und das einfache Wort des ehrlichen und geraden Menschen: »Hier steh' ich, ich kann nicht anders, Gott helf mir«, ist für Euch nicht gesprochen. Ein Glück, daß die bisherige Weltgeschichte nicht von Euersgleichen gemacht war, sonst hätten wir keine Reformation und säßen wohl noch im Ancien régime. Was mich anbelangt, so bin ich in der letzten Zeit, wenn ich schon nie weich war, hart geworden wie geschliffener Stahl und werde nunmehr weder politisch noch im persönlichen Umgang auch die geringste Konzession machen. Wenn ich mich nur an die Galerie Deiner Helden erinnere, so ergreift mich der Katzenjammer: der süße Haase, der Dittmann mit dem schönen Bart und den schönen Reichstagsreden, der schwankende Hirte Kautsky, dem Dein Emmo[132] natürlich treu durch alle Höhen und Tiefen folgt, der herrliche Arthur [Stadthagen] – ah, je n'en finirai![133] Ich schwöre Dir: Lieber sitze ich jahrelang – ich sage nicht hier, wo ich's nach allem wie im Himmelreich habe, sondern lieber in der Spelunke am Alexanderplatz[134], wo ich in der 11 m³ großen Zelle, morgens und abends ohne Licht, eingeklemmt zwischen das C (aber ohne W) und die eiserne Pritsche, meinen Mörike deklamierte, als mit Euren Helden zusammen mit Verlaub zu sagen »kämpfen« oder überhaupt zu tun haben! Dann schon lieber Graf Westarp – und nicht deshalb, weil er von meinen »mandelförmigen Samtaugen« im Reichstag redete, sondern weil er ein **Mann** ist. Ich sage Dir, sobald ich wieder die Nase hinausstecken kann, werde ich Eure Froschgesellschaft jagen und hetzen mit Trompetenschall, Peitschengeknall und Bluthunden – wie Penthesilea, wollte ich sagen, aber Ihr seid bei Gott keine Achilleus. Hast Du jetzt genug zum Neujahrsgruß? Dann sieh, daß Du **Mensch** bleibst. Mensch sein ist vor allem die Hauptsache. Und das heißt: fest und klar und **heiter** sein, ja, heiter trotz alledem und alledem, denn das Heulen ist Geschäft der Schwäche. Mensch sein, heißt sein ganzes Leben »auf des Schicksals große Waage« freudig hinwerfen, wenn's sein muß, sich zugleich aber an jedem hellen Tag und jeder schönen Wolke freuen, ach, ich weiß keine Rezepte zu schreiben, wie man Mensch sein soll, ich weiß nur, wie man's **ist**, und Du wußtest es auch immer, wenn wir einige Stunden zusammen im Südender Feld spazierengingen und auf dem Getreide roter Abendschein lag. Die Welt ist so schön bei allem Graus und wäre noch schöner, wenn es keine Schwächlinge und Feiglinge auf ihr gäbe. Komm, Du kriegst doch noch einen Kuß, weil Du doch ein ehrlicher kleiner Kerl bist. Prosit Neujahr! R.

Luise Kautsky

Wronke i. P., Festung · 26. Januar 1917

Lulu, geliebte! Gestern hatte ich in Berlin (in meiner Abwesenheit) Termin, wo sicher wieder ein paar Monate Gefängnis abgefallen sind.[135] Heute sind es genau drei Monate, daß ich hier – auf der dritten Etappe[136] – festsitze. Zur Feier solcher zwei Gedenktage, wie sie in dieser Art schon seit Jahren mein Dasein in angenehmer Weise unterbrechen, sollst Du einen Brief kriegen. Verzeih, Liebste, daß ich Dich so hab' auf Antwort warten lassen, ich hatte aber soeben eine kurze Periode erbärmlicher Feigheit. Wir hatten mehrere Tage eisigen Sturmwind, und ich fühlte mich so winzig und schwach, daß ich gar nicht aus der Bude ging, damit

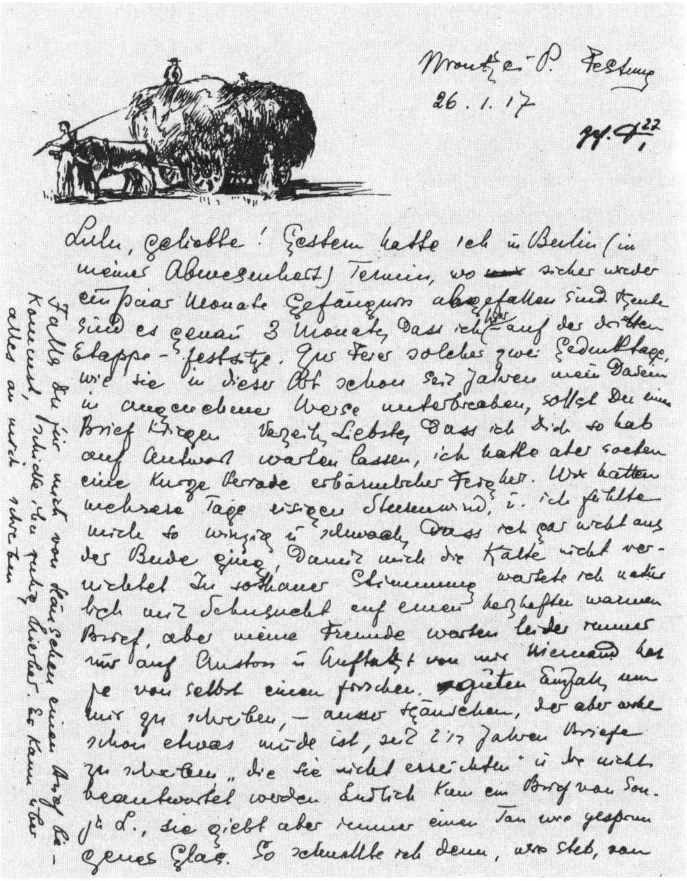

Wronke i. P. Festung
26. 1. 17

Lulu, geliebte! Gestern hatte ich in Berlin (in meiner Abwesenheit) Termin, wo sicher wieder ein paar Monate Gefängnis abgefallen sind. Heute sind es genau 3 Monate, dass ich hier auf der dritten Etappe festsitze. Zur Feier solcher zwei Gedenktage, wie sie in dieser Art schon seit Jahren mein Dasein in angenehmer Weise unterbrechen, sollst Du einen Brief kriegen. Verzeih, Liebste, dass ich Dich so lange auf Antwort warten lassen, ich hatte aber soeben eine kurze Periode erbärmlicher Feigheit. Wir hatten mehrere Tage eisigen Sturmwind, u. ich fühlte mich so winzig u. schwach, dass ich gar nicht aus der Bude ging, damit mich die Kälte nicht vernichtet. In solcher Stimmung wartete ich natürlich mit Sehnsucht auf einen herzhaften warmen Brief, aber meine Freunde warten leider immer nur auf Anstoss u. Auftakt von mir. Niemand hat je von selbst einen frischen guten Einfall, um mir zu schreiben, – ausser Hänschen, der aber auch schon etwas müde ist, seit 2½ Jahren Briefe zu schreiben, „die sie nicht erreichten" u. die nicht beantwortet werden. Endlich kam ein Brief von Sonja L., sie giebt aber immer einen Ton wie gesprungenes Glas. So schmollte ich denn, war steif, von

Falls Du für mich von Hänschen einen Brief bekommst, schicke ihn ruhig hierher. Er kann ihr alles an mich schreiben.

Erste Seite eines Briefes Rosa Luxemburgs aus der Festung Wronke an Luise Kautsky

mich die Kälte nicht vernichtet. In sotaner Stimmung wartete ich natürlich mit Sehnsucht auf einen herzhaften, warmen Brief; aber meine Freunde warten leider immer nur auf Anstoß und Auftakt von mir. Niemand hat je von selbst einen frischen, guten Einfall, um mir zu schreiben – außer Hänschen [Kautsky], der aber wohl schon etwas müde ist, seit $2^1/_2$ Jahren Briefe zu schreiben, »die sie nicht erreichten« und die nicht beantwortet werden. Endlich kam ein Brief von Sonja L[iebknecht], sie gibt aber immer einen Ton wie gesprungenes Glas. So schnellte ich denn, wie stets, von selbst wieder in die Höhe, und es ist gut so.

Jetzt bin ich wieder munter und guter Dinge, und Du fehlst mir nur, um so zu schnattern und zu lachen, wie wir zwei es allein verstehen. Ich würde Dich schon bald wieder zum Lachen bringen, obwohl Deine letzten Briefe bedenklich moros klangen. Weißt Du noch, wie wir einmal von einem Abend bei Bebel zurückkamen und um Mitternacht auf der Straße zu dritt ein Froschkonzert aufführten, da sagtest Du, Du wärest immer, wenn wir zusammen sind, ein wenig im Rausch, als hätten wir Sekt getrunken. Gerade das liebe ich bei Dir, daß ich Dich immer in die Champagnerstimmung bringen kann, wo uns das Leben in den Fingern prickelt und man zu jeder Narretei aufgelegt ist. Wir können uns drei Jahre nicht sehen, und dann ist es nach einer halben Stunde, als wäre es erst gestern gewesen. Und so möchte ich jetzt plötzlich bei Hans Naivus hineinbrechen und mit Eurer Tafelrunde wieder so lachen können, wie wir im Juni beim Besuch Hänschens [Diefenbach] lachten. (Er schrieb mir nachher, daß er noch auf dem ganzen Weg zur Front zur Verwunderung der Kameraden im Coupé von Zeit zu Zeit auflachen mußte und ihnen sicher »wie ein Idiot vorkam«.) Mit dem wirklichen Champagner ist es nun für längere Zeit aus, seit der arme Faisst als erstes Opfer des Weltkrieges fiel.[137] Aus mit Champagner und aus mit Wolf-Liedern. Von unserem letzten »Gelage« habe ich übrigens eine sehr heitere Erinnerung. Es war im letzten Sommer, als ich im Schwarzwald war.[138] Er kam eines Sonntags mit Costia [Zetkin] zu Besuch von Wildbad heraufgekraxelt; es war ein herrlicher Tag, und wir saßen nach dem Essen im Freien um eine kleine Batterie Mumm-Flaschen, freuten uns der Sonne und waren sehr lustig. Am meisten trank natürlich »der edle Spender« selbst. Er erlebte wieder einmal

18.9.15 in die Zelle
hereingeweht vom Wind
aus dem Lazarethof.

Rüster
(Ulmus)
Fam: Ulmaceen

»eine unvergeßliche Stunde«, lachte, gestikulierte, schrie und
stürzte ein perlendes Glas nach dem andern in seine breite schwäbische »Gosch«. Besonders amüsierte ihn das um uns auf der Ve-
randa wimmelnde Sonntagspublikum. »Schauen Sie, wie diese
Philister uns angaffen«, rief er immerzu begeistert, »wenn die erst
wüßten, wer hier zecht!« Und das Gelungenste war, daß nur wir
die Ahnungslosen waren, denn der Wirt hatte, wie er mir abends
selbst erzählte, irgendwie mein unglückliches »Inkognito« herausbekommen und es natürlich allen seinen Gästen aufgetischt. Der
Schelm bediente uns auch mit so merkwürdigem Schmunzeln und
ließ die Pfropfen extra knallen, die Philister aber waren, wie Du
Dir denken kannst, über dieses »sozialdemokratische Sektgelage«
höchlichst erbaut. – Und jetzt wird über Faissts Grabe schon zum
dritten Mal der Frühling »sein blaues Band flattern« lassen (er
sang dieses Lied [139] sehr schön, viel besser als die Julia Culp, die
wir – weißt Du noch? – einmal zusammen in der Singakademie
gehört haben). Dir ist wohl jetzt die Lust zur Musik wie zu allem
für eine ganze Weile vergangen, Dein Kopf ist voller Sorgen um
die schiefgehende Weltgeschichte und Dein Herz voller Seufzer
um die Erbärmlichkeit der – Scheidemann & Gen. Und jeder, der
mir schreibt, stöhnt und seufzt gleichfalls. Ich finde nichts läher-
licher als das. Begreifst Du denn nicht, daß der allgemeine Dalles
viel **zu groß** ist, um über ihn zu stöhnen? Ich kann mich grämen,
wenn mir die Mimi krank wird oder wenn Dir etwas fehlt. Aber
wenn die gesamte Welt aus den Fugen geht, dann suche ich nur
zu **begreifen**, was und weshalb [es] passiert ist, und hab' ich
meine Pflicht getan, dann bin ich weiter ruhig und guter Dinge.
Ultra posse nemo obligatur. [140] Und dann bleibt mir noch **alles**, was
mich sonst erfreute: Musik und Malerei und Wolken und das Botanisieren im Frühling und gute Bücher und Mimi und Du und
noch manches – kurz, ich bin steinreich und gedenke es bis zum
Schluß zu bleiben. Dieses völlige Aufgehen im Jammer des Tages
ist mir überhaupt unbegreiflich und unerträglich. Schau z. B. wie
ein Goethe mit kühler Gelassenheit über den Dingen stand. Denk
doch, was er erleben mußte: die Große Französische Revolution,
die doch aus der Nähe gesehen sicher wie eine blutige und völlig
zwecklose Farce sich ausnahm, und dann von 1793 bis 1815 eine un-
unterbrochene Kette von Kriegen, wo die Welt wiederum wie ein

losgelassenes Irrenhaus aussah. Und wie ruhig, mit welchem geistigen Gleichgewicht trieb er gleichzeitig seine Studien über die Metamorphose der Pflanzen, über Farbenlehre, über tausend Dinge. Ich verlange nicht, daß Du wie Goethe dichtest, aber seine Lebensauffassung – den Universalismus der Interessen, die innere Harmonie – kann sich jeder anschaffen oder wenigstens anstreben. Und wenn Du etwa sagst: Goethe war eben kein politischer Kämpfer, so meine ich: Ein Kämpfer muß erst recht über den Dingen zu stehen suchen, sonst versinkt er mit der Nase in jedem Quark – freilich denke ich an einen Kämpfer größeren Stils, nicht an ein Wetterfähnlein vom Kaliber der »großen Männer« von Eurer Tafelrunde, die mir neulich einen Kartengruß hierher geschickt hat ... Nevermind – **Dein** Gruß war mir dabei wirklich der einzige liebe. Und dafür will ich Dir nächstens ein Bildchen aus meiner Turner-Mappe schicken. Daß Du mir bloß nicht auch einen Korb dafür gibst, wie mir das neulich passierte. Denk Dir, ich schicke zu Weihnachten ein wunderschönes Bild aus dieser Mappe an Leo [Jogiches] und kriege nun durch Frl. Jacob den Bescheid: dankend abgelehnt; das sei »Vandalismus«, das Bildchen müsse zurück in die Mappe! Echter Leo, nicht wahr? Ich war wütend, denn ich halte es auch hier mit Goethe:

> »Hätt' ich irgend wohl Bedenken,
> Balch, Bokhara, Samarkand,
> Süßes Liebchen, dir zu schenken
> Dieser Städte Rausch und Tand?
> Aber frag einmal den Kaiser,
> Ob er dir die Städte gibt?
> Er ist herrlicher und weiser,
> Doch er weiß nicht, wie man liebt.«

Leo ist weder Kaiser noch »weiser«, aber er weiß auch nicht, »wie man liebt«. Wir beide wissen's aber, nicht wahr, Lulu? Und wenn mir nächstens einfällt, ein paar Sterne herunterzuholen, um sie jemand als Manschettenknöpfe zu verschenken, so soll mir kein kalter Pedant mit gehobenem Finger wehren, daß ich sämtliche Schulatlanten der Astronomie in Verwirrung bringe.

Die Greiner-Mappe von Euch erfreut mich immer mehr, ich blättere sie oft durch und kriege dabei immer mehr Hunger nach anderem. Könnte mir nicht Robert [Kautsky] durch das nächste Lebewesen, das mich hier besucht (wen der Finger des Herrn von Kessel bezeichnet, ist bei Frl. J[acob] zu erfahren), ein paar seiner letzten Bilder mitschicken? Sie kämen garantiert unversehrt zurück, und ich hätte eine Mohrenfreude! Überhaupt, könnte Robert selbst mich nicht mal besuchen? Er könnte ja vielleicht dabei sein Vorhaben ausführen und mich malen, falls ihm drei bis vier Sitzungen genügen. Bei Gott, die Idee macht mir Spaß. Da ich nun einmal »sitze«, so könnte ich auch **ihm** sitzen. Auf jeden Fall würde mir schon der Anblick des taufrischen Jungen mit seinen strahlenden Augen sehr wohltun. Daß er als Sohn des Hoftheatermalers[141] Erlaubnis kriegt, bin ich sicher, zumal wenn Graf Hülsen[142] eine Zeile schreibt … Das sage ich natürlich zum Spaß; Hans Naivus wird doch eher sterben, als dem Grafen seine Freundschaft mit der Petroleuse verraten. Aber Robert kriegt wohl auch ohne Protektion Erlaubnis. Wie ist es aber vor allem mit **Dir?** Hast Du Dich schon gemeldet? Ich möchte freilich lieber, daß Du im Frühjahr herkommst, wenn die Gegend etwas gastlicher aussieht, und sie soll schön sein, wie Leute behaupten, die sie gesehen haben. Bei den jetzigen Bahnkalamitäten und dem rauhen Wetter wäre es für Dich noch viel zu riskant. Aber für das Frühjahr bestelle ich mir unbedingt Deinen Besuch. Wirst staunen, wen Du hier alles um mich findest! Die Kohlmeisen assistieren mir treu vor dem Fenster, sie kennen schon genau meine Stimme und haben's, scheint's, gern, wenn ich singe. Neulich sang ich die Gräfin-Arie aus »Figaro«, da hockten Stücker sechs auf dem Strauch vor dem Fenster und lauschten unbeweglich bis zu Ende; es sah sehr drollig aus. Dann kommen auf den Ruf jeden Tag auch zwei Amseln, ich habe noch nie so zahme gesehen. Sie essen vom Blech vor dem Fenster. Dafür habe ich mir aber auch zum 1. April eine Kantate bestellt, die soll sich gewaschen haben. Kannst Du mir nicht für das Volk Sonnenblumenkerne schicken? Und dann bestelle ich mir noch für den eigenen Schnabel so einen Kriegskuchen, wie Du mir schon paarmal schicktest, er gibt einen leisen Vorgeschmack des Paradieses. Und da ich nun von hohen und höchsten Dingen rede, noch eine Sache, die mir keine Ruhe gibt: Die Sternenwelt scheint auch ohne mein Verschulden in Verwirrung geraten zu sein. Ich weiß nämlich nicht, ob Ihr vor lauter Sorgen um Scheidemann bemerkt habt, daß voriges Jahr eine epochemachende Entdeckung gemacht worden ist: Der Engländer Walkey soll »das Zentrum des Weltalls« entdeckt haben, und das wäre der Stern **Kanopus** im Bilde Schiff Argo (südliche Hemisphäre), der »nur« 500 Lichtjahre von uns entfernt und etwa $1^1/_2$ Millionen Mal größer ist als die Sonne. Diese Dimensionen imponieren mir nun gar nicht, ich bin abgebrüht. Aber eine andere Sorge habe ich: **Ein** Zentrum, um das sich »alles« bewegt, verwandelt das Weltall in eine Kugel. Nun finde ich es von vollendeter Abgeschmacktheit, mir das Universum als eine Kugel – eine Art großen Kartoffelkloß oder Eisbombe – vorzustellen. Diese Symmetrie der Figur ist gerade in diesem Fall, wo es »ums Ganze« geht, eine ganz kleinbürgerliche, platte Vorstellung. Sodann aber geht doch dabei nicht mehr und nicht minder wie die **Unendlichkeit** des Universums flöten. Denn eine »kugelförmige Unendlichkeit« ist doch Blech. Und ich muß zu meinem geistigen Komfort unbedingt noch irgend etwas außer der menschlichen Dummheit als unendlich denken können! Wie Du siehst, habe ich buchstäblich »die Sorgen des Herrn von Kant«. Was meint dazu Hans Naivus oder sein gelehrter Filius? Schreib jetzt gleich einen ordentlichen Brief de omnibus rebus[343], sonst exmittiere ich Dich aus der Hauptkammer meines Herzens, wo Du gleich neben Mimi sitzest, in eine Nebenkammer. –

Herrgott! Die Hauptsache vergaß ich: Die Übersetzung[344] habe ich noch nicht fertig, nur noch sieben Bogen, aber auch die müßte ich erst abschreiben. Kann der Verleger denn nicht nach zwölf Bogen urteilen?! Endlich Schluß.

Ich umarme Dich, Deine R.

NB: Du kannst direkt hierher schreiben: Wronke i. P., Festung, ich kriege den Brief sicher.

Falls Du für mich von Hänschen einen Brief bekommst, schicke ihn ruhig hierher. Er kann über alles an mich schreiben.

Marta Rosenbaum

Mein liebes Martchen!

Ich war so glücklich über den gestrigen Besuch. Es war so schön und gemütlich, und ich hoffe sicher, heute und Sonntag wird es ebenso sein. Das ist für mich eine große seelische Erfrischung, von der ich nun mehrere Wochen zehren werde. Sie haben mich so wohlig erwärmt durch Ihre Nähe, Sie liebe Seele. Nach einiger Zeit kommen Sie wieder, ja? Ich freue mich schon auf das nächste Mal. Das heißt, wenn ich noch weiter hier sitze. Aber Sie können im allgemeinen wirklich ruhig um mich sein: Ich befolge jetzt die ärztlichen Vorschriften aufs peinlichste und hoffe fest, von hier gesund und kräftig wegzugehen, so daß Ihr an mir in Kampf und Arbeit Freude haben sollt. Zu kämpfen und zu arbeiten wird es viel, viel geben. Aber ich verzage absolut nicht. Liebste, die Geschichte weiß immer selbst am besten Rat, wo die Sachlage am verzweifeltsten aussieht. Ich rede da nicht etwa einem bequemen Fatalismus das Wort! Ganz im Gegenteil! Der menschliche Wille muß aufs äußerste angestachelt werden, und es gilt, bewußt zu kämpfen aus aller Kraft. Aber ich meine: Der **Erfolg** dieser bewußten Einwirkung auf die Massen hängt jetzt, wo alles so absolut hoffnungslos **aussieht**, von elementaren, tief verborgenen Sprungfedern der Geschichte ab, und ich weiß aus der geschichtlichen Erfahrung, auch aus persönlicher Erfahrung in Rußland, daß gerade dann, wenn äußerlich sich alles gänzlich ausweglos und jämmerlich ausnimmt, schon ein völliger Umschwung sich vorbereitet, der dann allerdings um so heftiger ist. Vergessen Sie überhaupt nie: Wir sind an geschichtliche Entwicklungsgesetze gebunden, und diese versagen **nie**, wenn sie auch manchmal nicht just nach Schema F gehen, das wir uns zurechtgelegt haben. Also, auf jeden Fall: Kopf hoch und den Mut nicht sinken lassen.

Ich umarme Sie kräftig in warmer Liebe, Ihre R.

Schreiben Sie noch Hänschen [Diefenbach], falls er hier, wie ich rate, einfach auftauchen will, dann am besten **Sonntag**mittag. Vielleicht nächstens? Er soll natürlich nicht erwähnen, daß er **wußte**, es sei am Sonntag am besten, er soll aufs »Geratewohl« kommen, weil die Erlaubnis der Kommandantur zu lange daure. Ich garantiere für Erfolg.

Mathilde Jacob

[Wronke, 7. Februar 1917]

Meine liebe Mathilde!

Ich habe solche Gewissensbisse: Marta [Rosenbaum] war heute hier, und ich war gerade in scheußlicher Stimmung. Aber ich will mich für das nächste Mal zusammennehmen. Davon, daß Sie meinen Geburtstag an Luise [Kautsky] abtreten wollen, kann gar keine Rede sein. Ich bestehe auf meinem Schein. Ich freue mich doch schon seit Wochen auf diesen Ihren Besuch, und bis jetzt habe ich Sie noch stets am Geburtstag gehabt, und nun wollen Sie auf meine Kosten die Großmütige spielen! An Luise schreibe ich eben, daß ich sie zum Mai einlade, bitte, überlassen Sie mir doch, wer und wann zu mir kommen soll.

Heute bekam ich das Urteil wegen Beleidigung des Kriminalbeamten: zehn Tage Gefängnis und Kosten. Veranlassen Sie beim Büro Dr. Weinberg die nötigen Schritte. Das Urteil ist gefällt vom Schöffengericht Berlin-Mitte, Abteilung 136, am 25. Januar, trägt die Nr. 136 D $\frac{565}{II}$ 16. In der Begründung steht nicht mehr als die Konstatierung der Tatsachen, die ich zugegeben habe.[545]

Um meinen schlimmen Finger regen Sie sich auch schon auf? Es ist nichts damit: Ich schloß nur energisch die Schublade in der Kommode, vergaß aber meinen kleinen Finger drin, darauf kam er zerquetscht heraus, was mir ganz recht geschah.

O Mathilde, wann werde ich mit Ihnen und Mimi in Südende sitzen und euch beiden wieder Goethe vorlesen? Doch, ich will Ihnen gleich heute ein Gedicht aus dem Kopf vortragen, heut Nacht fiel es mir wieder – weiß Gott, weshalb – ein. Es ist eins von Conrad Ferdinand Meyer, dem lieben Schweizer, der auch den »Jürg Jenatsch« geschrieben hat. Setzen Sie sich nun, nehmen Sie die Mimi auf den Schoß, und machen Sie das liebe andächtige Schafsgesichtlein, das Sie zu machen pflegen, wenn ich Ihnen etwas vorlese. Also Silentium:

Huttens Beichte

Hier schrei' ich über meinem Grabe nun.
Hei Hutten, willst du deine Beichte tun?
's ist Christenbrauch. Ich schlage mir die Brust.
Wer ist ein Mensch und ist nicht schuldbewußt?

Mich reut mein allzu spät erkanntes Amt,
Mich reut, daß mir zu schwach das Herz geflammt,
Mich reut, daß ich in meine Fehden trat
Mit schärferen Streichen nicht und kühnerer Tat.
Mich reut, daß ich nur einmal bin gebannt,
Mich reut, daß oft ich Menschenfurcht gekannt.
Mich reut der Tag, der keine Wunde schlug,
Mich reut die Stunde, die nicht Harnisch trug,
Mich reut, ich beicht' es mit zerknirschtem Sinn,
Daß ich nicht dreifach kühn gewesen bin.

Diesen Schluß werden Sie mir aufs Grab setzen ... Haben Sie
das ernst genommen, Mathilde? Ei, lachen Sie darüber. Auf meinem Grabe wie in meinem Leben wird es keine großspurigen
Phrasen geben. Auf meiner Grabestafel dürfen nur zwei Silben
stehen: »Zwi-zwi.« Das ist nämlich der Ruf der Kohlmeisen, den
ich so gut nachmache, daß sie sofort herlaufen. Und denken Sie,
in diesem Zwi-zwi, das sonst ganz klar und dünn, wie eine Stahl-
nadel auffunkelte, gibt es seit einigen Tagen einen ganz kleinen
Triller, einen winzigen Brustton. Und wissen Sie, Fräulein Jacob,
was das bedeutet? Das ist die erste leise Regung des kommenden
Frühlings – trotz Schnee und Frost und Einsamkeit glauben wir –
die Kohlmeisen und ich – an den kommenden Frühling! Und
wenn ich den vor Ungeduld nicht erleben sollte, dann vergessen
Sie nicht, daß auf meiner Grabestafel **nichts** stehen darf außer
»Zwi-zwi« ...

Ich umarme Sie und Mimi in schrecklicher Sehnsucht, Ihre R. L.

Mathilde Wurm   Wronke i. P., Festung,
16. Februar 1917
(Sende Deine Briefe direkt hierher
verschlossen und ohne Aufschrift
»Kriegsgefangenenbrief«.)

Meine liebe Tilde!

Brief, Karte und Keks erhalten – besten Dank. Sei ruhig, trotzdem Du mir so tapfer pariert hast und mir sogar Fehde ansagst,[146] bleibe ich Dir so gut wie ich war. Daß Du mich »bekämpfen« willst, habe ich belächeln müssen. Mädchen, ich sitze fest im Sattel, mich hat noch keiner in den Sand gestreckt; auf den, der's kann, bin ich neugierig. Ich mußte aber noch aus einem andern Grunde lächeln: Weil Du mich gar nicht »bekämpfen« magst und an mir auch politisch viel mehr hängst, als Du's wahrhaben willst. Ich werde Dir stets der Kompaß bleiben, weil Dir Deine gerade Natur sagt, daß ich das unbeirrbarste Urteil habe – fallen doch bei mir all die störenden Nebenmomente weg: Ängstlichkeit, Routine, parlamentarischer Kretinismus, die das Urteil des anderen trüben. Deine ganze Argumentation gegen meine Losung: Hier steh' ich – ich kann nicht anders! läuft auf das Folgende hinaus: Schön und gut, aber die Menschen sind feig und schwach für solches Heldentum, ergo müsse man die Taktik ihrer Schwachheit und dem Grundsatz chi va piano, va sano[147] anpassen. Welche Enge des historischen Blicks, mein Lämmchen! Es gibt nichts Wandelbareres als menschliche Psychologie. Zumal die Psyche der Massen birgt stets in sich, wie die Thalatta, das ewige Meer, alle latenten Möglichkeiten: tödliche Windstille und brausenden Sturm, niedrigste Feigheit und wildesten Heroismus. Die Masse ist stets das, was sie nach Zeitumständen sein **muß**, und sie ist stets auf dem Sprunge, etwas total anderes zu werden, als sie scheint. Ein schöner Kapitän, der seinen Kurs nur nach dem momentanen Aussehen der Wasseroberfläche steuern und nicht verstehen würde, aus Zeichen am Himmel und in der Tiefe auf kommende Stürme zu schließen! Mein kleines Mädchen, die »Enttäuschung über die Massen« ist stets das blamabelste Zeugnis für den politischen Führer. Ein Führer großen Stils richtet seine Taktik nicht nach der momentanen Stimmung der Massen, sondern nach ehernen Gesetzen der Entwicklung, hält an seiner Taktik fest trotz aller Enttäuschungen und läßt im übrigen ruhig die Geschichte ihr Werk zur Reife bringen.

Damit wollen wir »die Debatte schließen«. Freundin bleibe ich Dir gern.

Ob ich Dir auch, wie Du willst, Lehrerin bleibe, hängt von **Dir** ab.

Du erinnerst mich an einen Abend vor 6 Jahren, an dem wir zusammen am Schlachtensee auf den Kometen[148] warteten. Merkwürdig, kann mich absolut nicht mehr entsinnen. Aber eine andere Erinnerung rufst Du mir wach. Ich saß damals an einem Oktoberabend mit Hans Kautsky (dem Maler) an der Havel, vis-à-vis der Pfaueninsel, und wir warteten auch auf den Kometen. Es war schon tiefe Dämmerung, doch am Horizont brannte noch ein düsterer Purpurstreif, der sich in der Havel spiegelte und die Wassertafel in ein großes Rosenblatt verwandelte. Eine leichte Böe strich darüber hin und kräuselte dunkle Schuppen auf dem Wasser, das von einem Schwarm schwarzer Punkte besprenkelt war; es waren Wildenten, die auf ihrem Zug in der Havel Rast hielten und ihren gedämpften Schrei, in dem so viel Sehnsucht und Weite klingt, zu uns herübersandten. Es war eine wunderbare Stimmung, und wir saßen schweigend, wie verzaubert. Ich blickte auf die Havel. Hans zufällig auf mich. Plötzlich fuhr er entsetzt auf, umfaßte mich bei der Hand: Was mit mir wäre? rief er. Hinter seinem Rücken war nämlich ein Meteor niedergegangen und hatte mich mit phosphorgrünem Licht übergossen, so daß ich leichenhaft erblaßte. Und da ich bei dem seltsamen Schauspiel, das ihm unsichtbar war, heftig zusammenzuckte, so dachte Hans wohl nicht anders, als ich sei im Sterben. (Er machte von dem Abend an der Havel nachher ein schönes großes Bild.)

Daß Du für nichts Zeit und Sinn hast jetzt als für »den einen Punkt«, nämlich die Parteimisere, ist fatal, denn solche Einseitigkeit trübt auch das politische Urteil, und vor allem muß man jederzeit als voller Mensch leben. Aber sieh, Mädchen, wenn Du schon so selten dazu kommst, ein Buch in die Hand zu nehmen, dann lies doch wenigstens nur **Gutes,** nicht solchen Kitsch wie den »Spinoza-Roman«, den Du mir schicktest. Was willst Du mit den speziellen Judenschmerzen? Mir sind die armen Opfer der Gummiplantagen in Putumayo, die Neger in Afrika, mit deren

Körper die Europäer Fangball spielen, ebenso nahe. Weißt Du noch die Worte auf dem Werke des Großen Generalstabs über den Trothaschen Feldzug in der Kalahari[149]: »Und das Röcheln der Sterbenden, der Wahnsinnsschrei der Verdurstenden verhallten in der erhabenen Stille der Unendlichkeit.« O diese »erhabene Stille der Unendlichkeit«, in der so viele Schreie **ungehört** verhallen, sie klingt in mir so stark, daß ich keinen Sonderwinkel im Herzen für das Ghetto habe. Ich fühle mich in der ganzen Welt zu Hause, wo es Wolken und Vögel und Menschentränen gibt.

Gestern abend gab es wunderschöne rosige Wolken über meiner Festungsmauer. Ich stand vor meinem vergitterten Fenster und rezitierte für mich mein Lieblingsgedicht von Mörike:

> In ein freundliches Städtchen tret' ich ein,
> In den Straßen liegt roter Abendschein,
> Aus einem offenen Fenster eben,
> Über den reichsten Blumenflor
> Hinweg, hört man Goldglockentöne schweben,
> Und eine Menschenstimme scheint ein Nachtigallenchor,
> Daß die Blumen beben,
> Daß die Düfte leben,
> Daß in höherem Rot die Rosen leuchten vor.
> Lang hielt ich staunend, lustbeklommen,
> Wie ich hinaus vors Tor gekommen,
> Ich weiß es selber wahrlich nicht.
> Und hier – wie liegt die Welt so licht!
> Der Himmel wogt in purpurnem Gewühle,
> Rückwärts die Stadt in goldenem Rauch.
> Wie rauscht der Erlenbach?
> Wie rauscht im Grund die Mühle?
> Ich bin wie trunken, irregeführt.
> O Muse, Du hast mein Herz berührt
> Mit Deinem Liebesband! ...

So und nun leb wohl, mein braves, gutes Mädchen. Weiß der Himmel, wann ich wieder dazu komme, Dir einen Brief zu schreiben, ich habe jetzt keine Schreiblust. Aber diesen war ich Dir schuldig.

Kuß und kräftigen Händedruck, Deine R.

Hans Diefenbach   Wronke i. P., 5. März 1917
                                        (zur Feier des Tages)[550]

Mein liebes Hänschen!

Ihre Vermutungen über meine Impulsivität, Jugendlichkeit und
dergleichen schmeichelhafte Dinge beruhen auf einem Irrtum.
Denn erstens **habe** ich Ihnen geschrieben – einen schönen, acht
Seiten langen Brief –, ich habe ihn bloß nicht abgeschickt (zum
Beweis lege ich hier die Zeichnung, die ihn schmückte, bei, vielleicht gefällt sie Ihnen). Zweitens lebte ich ständig in der mir
durch die Sehnsucht suggerierten Vorstellung, Sie müßten jeden
Tag hier leibhaftig eintreffen. Doch es scheint, daß Herr von Kessel[551] es herausgekriegt hat, wie er mich am wehesten treffen kann,
und will mich nun auf die Probe stellen, ob ich's »durchhalte«.
Machen Sie mir das Durchhalten nicht schwerer, indem Sie mir
zürnen, sondern schreiben Sie unverdrossen weiter – lieb und geduldig mit mir, wenn ich's auch nicht wert bin –, wie immer.

In Wirklichkeit mache ich jetzt eben eine etwas schwere Zeit
durch. Es wiederholt sich genau wie voriges Jahr in der Barnimstraße: Sieben Monate halte ich mich stramm, im achten, neunten
versagen die Nerven plötzlich; jeder Tag, den ich herunterleben
muß, wird ein kleiner Berg, der mühsam bestiegen wird, und jede
Kleinigkeit irritiert mich schmerzlich. In fünf Tagen sind eben
volle acht Monate des zweiten Jahres meiner Einsamkeit durch.
Dann kommt sicher wieder, wie voriges Jahr, eine Belebung von
selber, zumal es ja zum Frühling geht. Übrigens wäre alles viel
leichter zu erleben, wenn ich bloß nicht das Grundgebot vergessen würde, das ich mir fürs Leben gemacht habe: **Gut** sein ist
Hauptsache! Einfach und schlicht **gut** sein, das löst und bindet alles und ist besser als alle Klugheit und Rechthaberei. Aber wer
soll mich daran hier erinnern, wenn nicht einmal die Mimi da ist?
Die wußte mich zu Hause so manches Mal durch ihren schwei-
genden, langen Blick auf den richtigen Weg zu führen, daß ich sie
(Ihnen zum Trotz!) immer wieder abküssen mußte und sagen: Du
hast recht, gut sein ist Hauptsache. Wenn Sie also aus meinem
Schweigen oder Reden manchmal merken, daß ich trotzig oder
verbissen bin, mahnen Sie mich nur an den Wahrspruch der Mimi
und – gehen Sie mir mit dem Beispiel voran: Seien **Sie** gut, ob
ich's auch nicht verdiene ...

331

Nun vor allem vielen Dank – die Liste ist lang angewachsen: für Büchlein, für Sacharin (folgt mit Draufgabe zurück, da ich großen Vorrat bekam und Sie ihn selbst brauchen), für das Bildchen, für das Thermometer, für die Süßigkeiten, für die zwei letzten Bücher, besonders für die römischen Kaiserporträts, die eine anschauliche Erziehung zum republikanischen Glauben sind, vor allem für Briefe, die mir ein großer Trost sind. Ihre Epopöe in Wronke hat mir viel Spaß gemacht, schade nur, daß ich sie nicht mitmachen und nicht einmal einen Strahl davon abfangen konnte. Unbändig freute ich mich aber über den Brief, in dem Sie mich mit allen Künsten zu verführen suchen, mal den Hebbel zu lesen, und im voraus die Überraschung meiner Ahnungslosigkeit genießen! Wie freue ich mich, daß Sie immer noch dasselbe unverwüstliche Hänschen sind und unmöglich annehmen können, daß ich etwas weiß und kenne, was ich nicht aus Ihren lieben Mentorhänden empfange! O Hanneselein, ich kenne den Hebbel länger, als ich Sie kenne. Ich habe ihn noch von Mehring ausgeborgt in jener Zeit, als unsere Freundschaft die heißeste Zeit durchmachte und die Gegend zwischen Steglitz und Friedenau (allwo ich noch wohnte) eine tropische Landschaft darstellte, in der Elephas primigenius[152] graste und die schlanke Giraffe die grünen Wedel von der Phönixpalme abpflückte. Damals – wo Hänschen noch nicht mal in Konzeption für Berlin existierte – las ich die »Agnes Bernauer«, »Maria Magdalena«, «Judith«, »Herodes und Mariamne«. Weiter kam ich allerdings nicht, denn das tropische Klima mußte jäh der ersten großen Gletscherperiode weichen, und meine dicke Gertrud [Zlottko] mußte mit einem Waschkorb voll erhaltener Geschenke und geliehener Bücher nach Steglitz wandern, in Beantwortung eines ebensolchen Transportes, der in Friedenau eingetroffen war, wie dies bei unserer jedesmaligen Entlobung zu erfolgen pflegt. Hebbel kenne ich also und habe für ihn einen großen, wenn auch kühlen Respekt. Ich stelle ihn bei weitem **unter** Grillparzer und Kleist. Er hat viel Intelligenz und schöne Form, seine Menschen besitzen aber zuwenig Blut und Leben, sind zu sehr bloß Träger ausgeklügelter, spitzfindiger Probleme. Wenn Sie mir ihn verehren wollen, dürfte ich vielleicht umtauschen, und zwar gegen **Grillparzer?** Diesen liebe ich schon ernstlich. Kennen Sie ihn und schätzen Sie ihn auch genügend? Wenn

Sie etwas Vortreffliches lesen wollen, dann nehmen Sie ein kurzes Fragment von ihm: die »Judith«[33]. Der reinste Shakespeare an Knappheit, Treffsicherheit und volkstümlichem Humor, mit dem zarten, poetischen Hauch noch dazu, den Sh[akespeare] nicht hat. Ist es nicht zum Lachen, daß Grillparzer ein lederner Staatsbeamter und langweiliger Patron war? (Siehe seine Selbstbiographie, die fast so abgeschmackt ist wie die Bebelsche.)

Wie steht es nun aber mit **Ihrer** Lektüre? Sind Sie genügend versehen? Ich habe nämlich in der letzten Zeit eine Reihe neuer guter Bekanntschaften gemacht, die ich Ihnen sehr ans Herz legen möchte. So vor allem – falls Sie ihn noch nicht kennen – den »Emanuel Quint« von Gerh[art] Hauptmann (ein Roman). Kennen Sie die Christus-Bilder von Hans Thoma? So werden Sie in diesem Buche die Vision des Christus erleben. wie er schlank und von rötlichem Licht umflossen durch reife Kornfelder geht und um seine dunkle Gestalt rechts und links weiche Lilawogen über die silbernen Ähren fließen. Mich hat dort unter unzähligen anderen ein Problem gepackt, das ich sonst noch nirgends dargestellt fand und das ich aus eigenem Leben so tief empfinde: die Tragik des Menschen, der der Menge predigt und fühlt, wie jedes Wort in demselben Augenblick, wo es seinen Mund verläßt, vergröbert und erstarrt und in den Hirnen der Hörer zum Zerrbild wird; und auf dieses Zerrbild seiner selbst wird nun der Prediger festgenagelt und von den Schülern schließlich umringt und mit rohem Lärm umtobt: »Zeige uns das Wunder! Du hast uns so gelehrt. Wo ist dein Wunder?« Es ist geradezu genial, wie Hauptmann das schildert. Hänschen, man soll nie mit seinem Urteil über Menschen fertig werden, sie können einen immer noch überraschen, im schlechten, aber gottlob auch im guten Sinne. Ich hielt den Hauptmann für einen vollendeten Fatzke, und nun schwingt der Kerl so ein Buch voller Tiefe und Größe, daß ich ihm am liebsten gleich einen fieberheißen Brief geschrieben hätte. Ich weiß, **Sie** hätten mich dazu ermuntert, wie Sie wollten, daß ich der Ricarda Huch schreibe. Ich bin aber zu solchen ostentativen Beichten zu scheu und zurückhaltend, mir genügt es, wenn ich **Ihnen** beichte.

Ich hätte Ihnen noch tausend Dinge zu sagen. Wann kommen Sie endlich? Herzl. Ihre R.

Bitte richten Sie bei Marchl[ewskis] meinen schönsten Dank für die »Ingeborg« von Kellermann und viele Grüße aus. Ich hoffe die Herrschaften mal zu besuchen und die reizende Jagoda kennenzu lernen.

Hans Diefenbach

Wronke i. P., 27. März [1917] · Abends

L. H.

Was machen Sie für Sachen! Sie schreiben am 13., daß Sie »morgen« einen ausführlichen Brief senden, und dann schweigen Sie zwei Wochen. Ich hatte ja schon die schwärzesten Ahnungen in bezug auf Ihre Krankheit, plötzliche Abreise, etc. etc. Und dann: nach der bitteren Enttäuschung der Absage sind mir ja die Briefe der einzige Trost. Also bessern Sie sich. Und schreiben Sie nicht so lange an einem Brief, oder wenigstens häufiger Karten dazwischen. Was heißt übrigens, daß Sie jetzt »tüchtig arbeiten«? Sie sind ja Patient!! Oder was für »Arbeit« meinen Sie?

Wie mich Rußland[354] innerlich in Aufruhr gebracht hat, können Sie sich ja denken. So mancher alte Freund, der in Moskau, in Petersburg, Orel oder Riga seit Jahren im Kerker schmachtete, spaziert jetzt frei. Wie mir das mein Sitzen hier erleichtert! Ein komischer Change de places[355], nicht wahr? Aber ich bin's zufrieden und gönne jenen ihre Freiheit, wenn auch **meine** Chancen gerade dadurch um so schlechter geworden sind ...

Was meine Visite bei Dr. L[ehmann] betrifft, so reduziert sich die Kur im Grunde genommen auf jenen Rat, den der gute alte Pfarrer auf der Ufenau dem todkranken Hutten gab:

>»... Jetzt findet Ruhe hier,
>Horcht nicht hinaus, horcht nicht hinüber mir,
>In dieser stillen Bucht erstirbt der Sturm der Zeit,
>Vergesset, Hutten, daß Ihr Hutten seid!«

Und darauf Hutten:

>»Dein Rat, mein teurer Freund, ist wundervoll;
>**Nicht** leben soll ich – wenn ich leben soll!«

Nun, ich pflege mich ja nie über Unerreichbares lange zu grämen und hänge mit ganzer Seele an der Gegenwart und dem Schönen, was sie bietet. Meine schlimmste Zeit ist übrigens schon vorbei, und ich atme freier – der ominöse achte Monat war gestern zu Ende.[356] Wir hatten hier einen heiteren, sonnigen Tag, wenn auch etwas kühl, und das Gewirr der noch ganz kahlen Sträucher in meinem Gärtlein schillerte im Sonnenschein in allen Regenbogenfarben. Dazu trillerten die Lerchen schon hoch in der Luft, und man bekam trotz Schnee und Kälte doch eine Ahnung vom Frühling. Da kam mir in den Sinn, daß ich voriges Jahr um diese Zeit schon und noch frei war und zur Osterzeit mit Karl [Liebknecht] und seiner Frau in der Garnisonkirche bei der Matthäuspassion saß.

Doch was braucht's Bach und die Matthäuspassion! Wenn ich an einem lauen Frühlingstag einfach in meinem Südende auf den Straßen schlendere – ich glaube, dort kennt mich schon jedermann an meinem verträumten Herumstrolchen –, beide Hände in den Taschen des Jäckchens, ohne Ziel, nur um zu gaffen und das Leben einzusaugen – aus den Häusern tönt osterliches Matratzenklopfen, eine Henne gackert irgendwo laut, kleine Schulbuben balgen sich auf dem Nachhauseweg mitten auf dem Fahrdamm mit hellem Geschrei und Lachen, ein vorbeikeuchender Stadtbahnzug sendet einen kurzen grüßenden Pfiff in die Luft, ein schwerer Bierwagen rattert die Straße herunter, und die Hufe seiner Pferde klopfen rhythmisch und kräftig auf der Eisenbahnbrücke, dazwischen schilpen lärmend die Spatzen –, so ergibt das alles in hellem Sonnenschein eine solche Symphonie, ein solches »Lied an die Freude«, wie sie kein Bach und kein Beethoven wiedergeben kann, und mein Herz jauchzt über alles, über jede nüchternste Kleinigkeit.

Ich stehe neben anderen Gaffern an dem kleinen Südende-Bahnhof, vor dem stets irgendwelche Grüppchen herumlungern. Wissen Sie noch? Links der Blumenladen, rechts der Zigarrenladen. Wie herrlich das Farbengewirr im Schaufenster des Blumenladens! Das hübsche Ladenfräulein lächelt mir von innen zu, über die Blumen hinweg, die sie einer Dame verkauft, sie kennt mich gut, da ich nie vorbeigehe, ohne, sei es auch für die letzten 10 Pf, ein Sträußchen zu kaufen. Im Fenster des Zigarrenladens hängen

Lotterielose, sind sie nicht entzückend? Ich lächele beglückt über Pferdelotterielose. Drinnen im Laden, dessen Tür breit offensteht, spricht jemand (für 5 Pf) laut in das Telephon: »Ja. Wie? Ja. Ich komme also um 5 Uhr. Ja. Na schön. Dann auf Wiedersehen also. Um 5 Uhr. Auf Wiedersehen! Adieu!« ... Wie sympathisch diese speckige Stimme und dieses dumme Gespräch! Wie erfreulich scheint mir, daß dieser Herr um 5 Uhr irgendwohin kommen wird. Ich möchte ihm beinahe zurufen: Grüßen Sie bitte von mir – was weiß ich, wen. Wen Sie wollen ... Hier stehen zwei alte Weiber mit Markttaschen am Arm und schwatzen mit den üblichen geheimnisvoll verbissenen Mienen. Ich finde sie lieblich ... An der Ecke trippelt der einäugige, hagere Zeitungsmensch, reibt sich die Hände und ruft wie ein Automat sein ewiges: »Voschsche Zeitung mit Zeitbilda« ... Wenn graues Wetter ist – ich muß ja hier zur Parteischule jeden Tag vorbei –, bringt mich dieser Mensch mit seiner Aussprache zur Verzweiflung, und ich verliere jedesmal die Hoffnung, daß aus meinem Leben noch irgend etwas Vernünftiges wird. Jetzt, da er von oben bis unten in der Aprilsonne badet, finde ich seine »Zeitbilda« rührend, lächele ihn wie einen alten Freund an und suche ihm durch Kauf seiner »Voschschen« alle die grimmigen Blicke abzubitten, die ich ihm im Winter zugeschleudert hatte ... An der anderen Ecke ist ein kleines Schultheiß-Restaurant mit ewig heruntergelassenen gelben Jalousien; diese schmutzigen, verhängten Scheiben und die Tische draußen im Vorgärtchen auf dem Kies, mit den ewig rot-blau gewürfelten Decken, die mich sonst so melancholisch stimmen, daß ich rasch vorbei muß, um nicht in Tränen auszubrechen, diese Tische scheinen mir heute geradezu hübsch. Schauen Sie, wie auf ihnen die Schatten vom Geäste des danebenstehenden Ahorns spielen und leise hin- und herhuschen – kann es etwas Lieblicheres geben? Und hier beim Bäcker geht die Tür mit lautem Knarren fortwährend auf und zu. Adrette Dienstmädchen, kleine Kinder gehen hinein und mit weißen Tüten beladen wieder heraus. Mutet dieses fleißige Knarren, das sich irgendwie mit dem appetitlichen Duft des Gebäcks aus dem Laden und dem Schilpen der Spatzen auf dem Fahrdamm vermischt, nicht wie etwas Tüchtiges, Selbstverständliches an? Scheint es nicht zu sagen: »Ich bin das Leben, und das Leben ist schön« ... Jetzt taucht aus dem Bäckerladen, vor dem ich gaffend stehe, die steinalte, gebückte Großmutter von Schusters aus meiner Straße. »Fräulein, Sie wollten uns doch mal zum Kaffee besuchen«, redet sie mich mit zahnlosem Mund an. (Sie nennen mich alle in Südende »Fräulein«, ich weiß nicht, warum.) Ich kann sie kaum verstehen, verspreche aber freudig, mal »zum Kaffee« zu kommen. Ganz bestimmt. Da nickt sie lächelnd, und ihr ganzes verrunzeltes altes Gesicht strahlt. »Aber ganz bestimmt!« ruft sie noch zurück. Herrgott, wie sind alle Menschen eigentlich nett und gut; da grüßt mich schon wieder eine Dame, die ich gar nicht kenne, und schaut sich lächelnd um. Wahrscheinlich sehe ich mit meinem glückstrahlenden Gesicht und den Händen in den Taschen etwas sonderbar aus. Aber was geht es mich an! Gibt es denn ein höheres Glück, als solch zielloses Herumstehen auf der Straße in der Frühlingssonne, die Hände in den Taschen und ein Sträußchen für 10 Pf im Knopfloch?

Hänschen, ich glaube, Posen liegt östlicher als Wronke. Zu Ihnen kommt die Aprilsonne zuerst. Schicken Sie sie dann schleunigst zu mir, damit sie mir wieder die Wunder des Lebens zeigt, die überall auf der Straße liegen, und mich wieder gut, klar und ruhig macht … R.

Hans Diefenbach

Wronke i. P., 30. März 1917

L. H.

Mitten in meinem mühsam aufgebauten schönen Gleichgewicht packte mich gestern vor dem Einschlafen wieder eine Verzweiflung, die viel schwärzer war als die Nacht. Und heute ist auch noch ein grauer Tag, statt Sonne – kalter Ostwind … Ich fühle mich wie eine erfrorene Hummel; haben Sie schon mal im Garten an den ersten frostigen Herbstmorgen eine solche Hummel gefunden, wie sie ganz klamm, wie tot, auf dem Rücken liegt im Gras, die Beinchen eingezogen und das Pelzlein mit Reif bedeckt? Erst wenn die Sonne sie ordentlich durchwärmt, fangen die Beinchen sich langsam zu regen und zu strecken an, dann wälzt sich das

Körperchen um und erhebt sich endlich mit Gebrumm schwerfällig in die Luft. Es war immer mein Geschäft, an solchen erfrorenen Hummeln niederzuknien und sie mit dem warmen Atem meines Mundes zum Leben zu wecken. Wenn mich Arme doch die Sonne auch schon aus meiner Todeskälte erwecken wollte! Einstweilen fechte ich wider die Teufel in meinem Innern wie Luther – mit dem Tintenfaß. Und deshalb müssen Sie als Opfer einem Sperrfeuer von Briefen standhalten. Bis Sie Ihr großes Geschütz geladen haben, überschütte ich Sie mit meinem kleinkalibrigen, daß Ihnen angst und bange wird. Übrigens, wenn Sie an der Front auch mit dieser Rapidität Ihre Kanonen luden, dann wundert mich unser jetziger Rückzug an der Somme und Ancre wahrhaftig nicht, und **Sie** werden es sicher auf dem Gewissen haben, wenn wir den Frieden schließen müssen, ohne das schöne Flandern zu annektieren.

Ich danke Ihnen sehr für das kleine Buch Ricarda Huchs über Keller. Vorige Woche, da mir gar jämmerlich zumute war, las ich's mit Vergnügen. Ricarda ist wirklich eine äußerst gescheite und intelligente Person. Nur kommt mir ihr so sehr ausgeglichener, zurückhaltender, beherrschter Stil etwas gemacht vor, ihre Klassizität mutet mich etwas **pseudo**klassisch, absichtlich an. Wer innerlich wirklich reich und frei ist, kann sich doch jederzeit natürlich geben und von seiner Leidenschaft mit fortreißen lassen, ohne sich untreu zu werden. Auch Gottfried Keller las ich wieder: die »Züricher Novellen« und den »Martin Salander«. Bitte fahren Sie nicht in die Höhe, aber Keller kann entschieden keinen Roman und keine Novelle schreiben. Was er gibt, ist immer nur **Erzählung** über längst vergangene tote Dinge und Menschen, aber ich bin nie dabei, wenn etwas geschieht, ich sehe immer nur den Erzähler, der schöne Erinnerungen auskramt, wie alte Leute gern tun. Nur der erste Teil des »Grünen Heinrich« **lebt** wirklich. Trotzdem tut mir Keller immer wohl, weil er so ein Prachtkerl ist, und wen man lieb hat, mit dem sitzt man gern und plaudert über die nichtigsten Dinge und die kleinsten Erinnerungen.

Ich habe noch nie einen Frühling so bewußt und in vollen Zügen erlebt wie den vorigen um diese Zeit. Vielleicht weil es nach dem Jahr Zelle[557] war oder weil ich jetzt jeden Strauch und jedes Gräslein genau kenne und deshalb die Entfaltung im einzelnen

Hans Diefenbach

verfolgen kann. Wissen Sie noch, wie wir erst vor einigen Jahren bei einem gelbblühenden Strauch im Südende rieten, was es wohl sei? Sie machten »den Vorschlag«, es als »Goldregen« zu rekognoszieren. Natürlich war's keiner! Wie froh bin ich, daß ich mich vor drei Jahren plötzlich in das Botanisieren gestürzt habe, wie in alles, gleich mit meiner ganzen Glut, mit dem ganzen Ich, daß mir die Welt, die Partei und die Arbeit verging und nur die eine Leidenschaft mich Tag und Nacht erfüllte: draußen in Frühlingsfeldern herumzustrolchen, die Arme voll Pflanzen zu sammeln und dann zu Hause zu ordnen, zu erkennen, in die Hefte einzutragen. Wie lebte ich damals den ganzen Frühling wie im Fieber, wieviel litt ich, wenn ich vor einem neuen Pflänzchen saß und es lange nicht festzustellen und einzureihen wußte; ich wurde mehrmals fast ohnmächtig in solchen Fällen, so daß die Gertrud [Zlottko] mir vor Ärger die Pflanzen »wegzunehmen« drohte. Dafür bin ich jetzt in dem grünen Reich zu Hause, ich habe es mir erobert – im Sturm, in Leidenschaft, und was man so mit Glut erfaßt, das hat in einem feste Wurzeln.

Vorigen Frühling habe ich noch einen Partner bei diesen Wanderungen gehabt: Karl L[iebknecht]. Sie wissen vielleicht, wie er seit langen Jahren lebte: nur noch im Parlament, [in] Sitzungen, Kommissionen, Besprechungen, in Hatz und Drang, stets auf dem Sprung von der Stadtbahn auf die Elektrische und von der Elektrischen ins Auto, alle Taschen vollgepfropft mit Notizenblocks, alle Arme voll frisch gekaufter Zeitungen, die er doch unmöglich Zeit hatte, alle zu lesen, Leib und Seele mit Straßenstaub bedeckt, und doch immer mit dem liebenswürdigen jungen Lächeln im Gesicht. Ich hatte ihn gezwungen vorigen Frühling, ein wenig Pause zu machen, sich zu erinnern, daß es außer Reichstag und Landtag noch eine Welt gibt, und er schlenderte mit Sonja [Liebknecht] und mir mehrmals durch die Felder und im Botanischen. Wie konnte er sich da wie ein Kind vor einer Birke mit jungen Kätzchen freuen! Einmal machten wir quer über die Felder den Marsch nach Marienfelde. Sie kennen auch den Weg – wissen Sie noch? –, wir haben diese Tour mal beide im Herbst gemacht, wo wir über Stoppeln mußten. Vorigen April aber mit Karl war es an einem Vormittag, und die Felder standen erst im frischen Grün der Wintersaaten. Ein lauer Wind jagte graue Wolken am Himmel stoßweise hin und her, und die Felder strahlten bald im hellen Sonnenschein, bald verdunkelten sie sich smaragdgrün im Schatten – ein herrliches Spiel, bei dem wir schweigend marschierten. Plötzlich blieb Karl stehen und fing an, seltsame Sprünge auszuführen, dazu noch mit ernstem Gesicht. Ich sah ihm erstaunt zu und erschrak sogar ein wenig. »Was haben Sie?« »Ich bin so selig«, antwortete er bloß, worauf wir natürlich wie toll lachen mußten. Herzl. R.

In die Perlenschnur der Hindenburgschen Affen aus Afrika und Asien wollten Sie mich zu Unrecht als »schönsten Edelstein« eingereiht wissen. Ich bin nach amtlicher Erklärung **keine** »Kriegsgefangene«. Beweis: Ich muß meine Briefe frankieren.

Hans Diefenbach

Nr. 1 Wronke i. P., 5. April 1917
L. H.

Guten Tag! Mein kleiner Pfeil soll Sie gleich an der Schwelle Ihres Zimmers annageln, um Ihnen herzlichste Ostergrüße aus Wronke zu bringen und vielen Dank für drei Briefe und sechs Prachtbände Grillparzer. Zuerst zu Ihrer Beruhigung: Ich habe **alles** von Ihnen pünktlich erhalten, außer dem einen mysteriösen Brief vom 20., der irgendwohin abgeirrt ist, was schließlich »in den besten Familien« mal vorkommt. Sie können also unbesorgt weiter frisch drauflosschreiben, zur Kontrolle wollen wir nunmehr die Briefe **numerieren** (**nicht** Postkarten!), notieren Sie sich aber selbst auf, um keine Verwirrung anzustiften …

Ihr langer Brief vom 24.–29. 3. hatte mich durch seinen gedrückten und gequälten Ton tief betrübt, was aber wohl daran lag, daß Sie an ihm, wie der liebe Herrgott an der Weltschöpfung, ganze sechs Tage arbeiteten, bei welcher Methode natürlich in beiden Fällen nichts Vollkommenes werden konnte. Im Ernst, Hänschen, Ihre Depression, die in jenem Brief und auch noch in dem folgenden kurzen so deutlich spricht, hat mir lebhaft Sorge gemacht. Was ist's zu Hause: Ist der alte Herr nicht auf dem Posten, ist's was mit der Tante, mit der Schwester? Geben Sie einen kleinen Wink.

Wie freue ich mich, daß Sie in zwei Wochen wieder nach Posen kommen! Dieser krasse Egoismus, nicht wahr? Aber es ist wirklich komisch: Obwohl ich Sie ja hier genausowenig sehe, als wenn Sie in Frankreich wären, so gibt mir das Gefühl Ihrer geographischen Nähe doch eine ganz andere Lust zum Briefwechsel als während der zwei Jahre, wo Sie in unbekannten Fernen zwischen Glogau und Gorsous schwebten.

Ich bin mit den Nibelungen von Hebbel fertig, die ich mir in Posen erstanden hatte, und bin – bitte, nehmen Sie's mir nicht übel – ehrlich enttäuscht. Ich halte die Nibelungen für seine schwächste Sache; kein Vergleich an Geschlossenheit und straffer Muskulatur mit »Judith«, »Herodes« oder »Gyges«. Er konnte sichtlich den großen Stoff nicht bewältigen, zerfasert sich, irrt auf Nebenwege ab und erzielt, wenigstens bei mir, keine Wirkung. Vor allem aber: Es ist ja ewig ein und dasselbe Problem, das er wälzt: die Kraftprobe zwischen Weib und Mann. Ein rein akademisches, herausspintisiertes Problem, das in Wirklichkeit gar nicht existiert. Denn entweder ist die Frau eine Persönlichkeit – ich meine nicht eine sogenannte »hervorragende Frau«, sondern ein Herz voller Güte und innerer Festigkeit, wie man es so gut in der Bauernhütte als in Bürgerfamilien finden kann –, dann setzt sie sich durch und bleibt moralisch Siegerin, auch wenn sie in Kleinigkeiten nachgibt. Oder sie ist innerlich nichts – dann gibt es wieder gar kein Problem ...

Hänschen, eine Wespe! Wirklich, die erste junge, schlanke Wespe, offenbar heute früh ausgeschlüpft, summt eben bei mir im Zimmer! Sie ist durch das offene Fenster hereingeflogen und stürzte sich dann gleich auf die geschlossene oberste Scheibe. Einen Zoll tiefer steht es breit offen, sie aber verbohrt sich in das Oberfenster und rutscht immerzu hinauf und hinab mit ärgerlichem Summen, wie wenn jemand schuld wäre, daß sie so dumm ist. Ach, wie schön und anheimelnd klingt dieses eigensinnige dumpfe Summen! Es mahnt so an Sommer, an Hitze, an meinen offenen Balkon in Südende mit der weiten Aussicht auf wogende Felder und Baumgruppen, an Mimi, die faul in der Sonne wie ein weiches Paket zusammengewickelt liegt und nach der summenden Wespe hinaufblinzelt. Und nun habe ich Arbeit wie jeden Sommer: Ich muß auf den Stuhl klettern und lange doch auch so kaum zur obersten Scheibe, um die Wespe behutsam zu fangen und sie wieder ins Freie zu befördern, sonst quält sie sich ja halbtot an dem Glas. Sie tun mir nie was, setzen sich mir im Freien sogar auf die Lippen, was sehr kitzelt; aber ich habe Angst, **ihr** wehe zu tun, wenn ich anfasse. Aber es gelingt doch schließlich, und plötzlich wird es im Zimmer still. Nur in meinem Ohr und Herzen bleibt ein sonniger Nachhall klingen. Hänschen, seien Sie doch fröhlich, das Leben ist so schön! Die Wespe hat es wieder gesagt, und die weiß Bescheid.

Besten Gruß für Ihren alten Herrn und die Tante. R.

Clara Zetkin

Wronke i. P., 13. April 1917

Meine liebste Klara!

Hab tausend Dank für die prächtige Blumensendung zu Ostern. Ich habe mir hier ein ganzes Blumentischchen ausbauen können und fühle mich königlich. Der Korb kam gerade am Sonnabend früh vor dem Fest. Aber ein Brieflein von Dir habe ich nicht erhalten; ich erwähne das nur »zur Kontrolle«, da auch Du Dich zu Frl. J[acob] über neue Schmerzen beklagt hast, während ich Dir im März zweimal geschrieben habe – allerdings nur Karten, da ich annahm, daß sie sicherer in Deine Hände gelangen würden als ein geschlossener Brief. Du bist auch um mich ständig besorgt, wie Frl. J[acob] sagte. **Ganz grundlos**, Liebste. Es geht mir jetzt sehr gut. Ich habe allerdings in den letzten zwei Monaten mit der Nervenabspannung ziemlich zu tun gehabt, genau wie vor einem Jahr in der Barnimstr., aber jetzt bin ich wieder ganz auf dem Damm und hoffe nächstens fleißig arbeiten zu können. Die Nachrichten aus Rußland[558] und der Frühling sind auch ganz dazu angetan, einen frisch und munter zu machen. Die russischen Ereignisse sind von unberechenbarer, gewaltiger Tragweite, und ich betrachte das, was dort bis jetzt geschehen, nur als eine kleine

Ouvertüre. Die Dinge müssen dort ins Grandiose gehen, das liegt in der Natur der Sache. Und ein Echo in der gesamten Welt ist unausbleiblich.

Der Frühling kommt allerdings sehr zögernd. In meinem Gärtlein hier ist noch kein Grün zu sehen. Ich habe aber nach den Knospen schon alle Sträucher festgestellt und erwarte eine ganz herrliche Blüte. Es sind drin: zwei junge Bergahornbäume, eine große Silberpappel, eine »Akazie« (oder was man so nennt, in Wirklichkeit: Robinia), zwei Kastanienbäumchen, zwei Zierkirschen (wie bei Euch am Eingang zum Garten, mit dem blutroten Laub), mehrere Zierjohannisbeeren (die gelbblühende Ribes), mehrere Schneebeeren und roter Cornus, der weiß blüht und blaue Beeren hat, einige Ligustersträucher, zwei Haselsträucher, außerdem eine Menge Flieder! Das wird schön nacheinander blühen, und ich warte ohne Ungeduld, denn ich habe jetzt schon an den Knospen große Freude. Von Vöglein sind zu meinen Meisen und Amseln hinzugekommen: Buchfink, Zeisig, Blaumeisen und Bachstelzen. Der Buchfink kommt jeden Morgen um 7 und ruft am Fenster nach Futter; ganz zahm ist das Kerlchen. Schicke aber kein Vogelfutter mehr, Liebste. Diese Schelme wollten auch den Winter nichts von Körnern hören, nur Knorrs Haferflocken, Wurst und Kuchen wollten sie immer haben, anderes lassen sie einfach liegen, und ich muß natürlich herauslegen, was sie bestellen. –

Zu uns sind jetzt viele Zwergmäuse vom Feld ins Gefängnis hineingekommen, weil draußen naß ist. Bei mir hat eine im Schrank in ein Seidenkleid ein großes Loch gebissen, ich fürchte, daß die Farbe der Seide giftig war, denn ich fand vorgestern leider eine tote; dabei habe ich ihr Kuchen gestreut, aber die Seide ist ihr wohl nicht bekommen; ich kann nichts dafür, aber es tut mir so weh, das reizende Tierchen als Leiche zu finden. –

Du schriebst an Frl. J[acob], daß meine Lieblingskatze bei Euch gestorben sei, sollte das am Ende Mohrle sein?! Das wäre arg. Wie kommt denn, daß die Kätzlein so eingehen? Sie war doch so gut gepflegt. Habt Ihr denn jetzt gar keine? Meiner Mimi geht es immer ganz gut. Ich habe große Lust, sie herkommen zu lassen, fürchte aber, die Eisenbahnreise wird für sie eine zu große Aufregung sein. Du weißt, wie ich jede Aufregung für sie vermeide, seit sie damals im Feld den Anfall hatte. – Frl. J[acob] hat mir neulich einen Liegestuhl und einen Korbstuhl besorgt, und ich darf den ganzen Tag im Freien sein, nur gibt es noch wenig Sonne, und es ist zu windig; aber ich laufe doch täglich drei bis vier Stunden im Freien.

Schreibe mir doch genau, wie es Dir geht. Daß ich um die »Gleichheit« wieder bitte, ließ ich Dir sagen. Ich hatte nämlich erst abonniert, da sie dann doppelt kam, erneuerte ich das Abonnement nicht, und nun kriege ich keine. (Dafür zwei Exemplare des »Vorwärts«, wo es mir schon von einem schlecht wird! ...) Hannes [Diefenbach] ist jetzt zu Hause, und ich rechne drauf, daß er Dich sieht und mir dann – wenn auch nur brieflich – berichtet. Für Costia [Zetkin] schickte ich Dir ein Büchlein neulich, weil ich dachte, von Dir kriegt er's sicher. Wahrscheinlich hat Dich auch Karls Frau[559] besucht, die jetzt in Stuttgart ist. Sie war mit ihren Nerven schon ganz herunter. Sie macht aber auch alles so unvernünftig; jetzt sollte sie in ein Sanatorium, um sich endlich zu erholen, statt dessen sitzt sie wochenlang im Hotel in Stuttgart, was ihr unmöglich gut bekommen kann. Treibe sie zur Abreise an, wenn sie noch dort ist! –

De Costers »Hochzeitsreise« ist viel schwächer natürlich als »Tyll Ulenspiegel«, aber ich bin Dir sehr dankbar, daß ich sie kennengelernt habe. Hast Du vielleicht den Broodcoorens[560] noch schnell gelesen, den ich Costia schickte? Das ist eine famose Sache. – Bestätige mir nun rasch den Empfang dieses Briefes und berichte mir genau, wie es Dir und dem Dichter geht und was Costia macht. Auch von den Tieren und vom Garten genauen Bericht!

Ich umarme Dich vielmals und grüße herzlichst den Dichter. Deine R.

Luise Kautsky

Geliebte Lulu!

Dein kurzes Brieflein vor Ostern hat mich durch seinen äußerst gedrückten Ton lebhaft beunruhigt, und ich habe mir gleich vorgenommen, Dir wieder einmal das Köpfchen zu waschen. Sag mal, wie kannst Du bloß wie eine traurige Zikade Dein Liedlein der Trübsal weitersingen, während aus Rußland[561] ein solch heller Lerchenchor herübertönt?! Begreifst Du denn nicht, daß dies unsere eigene Sache ist, die dort siegt und triumphiert, daß es die Weltgeschichte in Person ist, die dort ihre Schlachten schlägt und freudetrunken die Carmagnole tanzt? Muß man denn nicht alle Privatmisere bei solchem Gang der allgemeinen Sache vergessen?

Ich weiß, Dich bedrückt, daß ich gerade jetzt nicht frei bin, um die Funken zu sammeln, die dort stieben, um dort und anderswo zu helfen und zu steuern. Sicher, das wäre schön, und Du kannst Dir denken, wie mir in den Gliedern zuckt, und wie mir jede Nachricht von dort wie ein elektrischer Schlag bis in die Fingerspitzen fährt. Aber das Nichtmitmachenkönnen stimmt mich deshalb nicht um ein Jota trüber, und es fällt mir nicht ein, mir durch Stöhnen über das, was ich nicht ändern kann, die Freude am Geschehenden zu verkümmern.

Siehst Du, ich habe gerade aus der Geschichte der letzten Jahre und von da rückschauend aus der ganzen Geschichte gelernt, daß man das Wirken des einzelnen nicht überschätzen soll. Im Grunde genommen wirken und entscheiden die großen, unsichtbaren, plutonischen Kräfte der Tiefe, und alles rückt sich schließlich zurecht, sozusagen »von selbst«. Mißverstehe mich nicht: Ich rede da nicht etwa einem bequemen fatalistischen Optimismus das Wort, der die eigene Impotenz verschleiern soll, wie er mir gerade bei Deinem verehrten Gatten verhaßt ist. Nein, nein, ich bin allzeit auf dem Posten und werde bei der nächsten Möglichkeit wieder dem Weltklavier mit allen zehn Fingern in die Tasten fallen, daß es dröhnt. Nun ich aber nicht durch meine Schuld, sondern durch äußeren Zwang »auf Urlaub« bei der Weltgeschichte bin, so lache ich mir einen Ast, freue mich, wenn's auch ohne mich geht, und glaube felsenfest, daß es gutgehen wird. Die

Geschichte weiß stets am besten Rat, wo sie sich am hoffnungslosesten in die Sackgasse verlaufen zu haben scheint.

Liebste, wenn man die üble Gewohnheit hat, in jeder Blüte nach einem Tröpflein Gift zu suchen, so findet man, solange man lebt, eine Ursache zum Stöhnen. Nimm aber die Dinge umgekehrt und suche nach Honig in jeder Blüte, so findest Du stets Ursache, um heiter zu sein. Außerdem glaube mir, die Zeit, die ich – wie auch andere – jetzt hinter Schloß und Riegel verbringe, ist auch nicht verloren. Sie kommt irgendwie in der großen allgemeinen Rechnung zur Geltung. Ich bin der Meinung, daß man einfach, ohne zu viel Schlauheit und Kopfzerbrechen, so leben soll, wie man es für recht hält, ohne für alles gleich in bar auf die Hand ausgezahlt kriegen zu wollen. Es wird sich schon alles zum Schluß finden. Und wenn nicht – ist mir »ooch schnuppe«; ich freue mich ja auch schon so des Lebens, inspiziere jeden Morgen gründlich den Knospenstand auf allen meinen Sträuchern, besuche jeden Tag ein rotes Marienkäferlein mit zwei schwarzen Pünktchen auf dem Rücken, das ich seit einer Woche auf einem Ast in einem warmen Verband aus Watte trotz Wind und Kälte am Leben erhalte, beobachte die Wolken, wie sie stets neu und immer schöner sind, und – fühle mich im ganzen nicht wichtiger als dieses Marienkäferlein und in diesem Gefühl meiner Winzigkeit unaussprechlich glücklich.

Vor allem: die Wolken! Welcher unerschöpfliche Grund des Entzückens für ein Paar Menschenaugen! Gestern, Sonnabend, stand ich nachmittags gegen fünf Uhr gelehnt an meinen Drahtzaun, der das Gärtlein von dem übrigen Hof trennt, ließ mir die Sonne auf den Buckel scheinen und blickte nach dem Osten. Dort türmte sich auf blaßblauem Himmelsgrund ein großes Wolkengebilde von zartestem Grau, über das ein leichter Rosaschimmer wie hingehaucht war; das zauberte eine ganze ferne Welt vor, in der unendliche Ruhe, Milde und Feinheit herrschten. Alles sah wie ein schwaches Lächeln aus, wie eine unbestimmt schöne Erinnerung aus früher Jugend, oder wie wenn man manchmal am Morgen erwacht mit dem wohligen Gefühl, etwas sehr Schönes geträumt zu haben, ohne sich mehr erinnern zu können, was es eigentlich war. Der Hof war leer und ich, wie immer, allein und allen fremd. Aus den offenen Fenstern des Gefängnisses drangen einige polternde Laute des sonnabendlichen Scheuerns und Putzens, eine zurechtweisende Stimme wurde hie und da laut; dazwischen schlug immer wieder der Buchfink ganz hoch auf der Pappel, deren Stamm, noch ganz kahl, im schrägen Licht der scheidenden Sonne silbern glänzte. Alles atmete solchen Frieden, und meine Blicke hingen an dem mattlächelnden Wolkengebilde dort fern am Himmel – ich stand wie gebannt im Zauber und dachte an Dich, an Euch alle: Seht Ihr denn nicht, wie schön die Welt ist? Habt Ihr denn nicht Augen wie ich und ein Herz wie ich, um Euch zu freuen?

Ich fing heute den »Wallenstein« der Ricarda Huch an und bin Dir herzlich dankbar für das Buch. Es erfrischt mich ungemein durch die rege Gedankenarbeit und die Freude am Schildern der menschlichen Schicksale, die so deutlich aus jeder Zeile spricht. Natürlich ist das keine exakte wissenschaftliche Arbeit; ihre Geschichtsauffassung hat gar keine ernste Basis, ist durch und durch dilettantisch und zumeist direkt schief. Aber für mich machen einen Menschen wie ein Buch nicht Ansichten, sondern der Grundstoff, aus dem Mensch und Buch bestehen. Ganz verkehrte Ansichten stören mich gar nicht, wenn ich nur innere Aufrichtigkeit, lebhafte Intelligenz und künstlerische Freude am Weltbild und Leben finde. Wie schön, daß man immer noch um die Ecke wieder Menschen entdeckt, an denen man sich freuen kann! ...

Deine Nachlaßbände[562] will ich natürlich gern dem Julek [Marchlewski] zur Verfügung stellen, aber ich warte damit bis zum nächsten Besuch, denn per Post mit mir als Absender dürften sie wohl nicht so sicher in seine Hände gelangen. Was meinst Du? Übrigens kenne ich nicht einmal seine Adresse. Vielleicht kann ich sie bald Dir selbst einhändigen! Wollen wir hoffen. Laß mich sofort wissen, wenn Du Bescheid kriegst.

Meine Übersetzung[563] will ich jetzt beschleunigen; ich konnte in den letzten Monaten schlecht arbeiten, nun will ich mich bessern. Hab also Geduld mit mir.

Daß Du jetzt mit Mathilde J[acob] so gut stehst (worüber auch sie mir hocherfreut berichtete), ist mir eine wahre Wohltat. Du erfährst in diesem Fall wieder, woran ich fest glaube: Man kann die Menschen nur dann richtig verstehen, wenn man sie lieb hat.

Und nun sei mir heiter, hörst Du? Schimpfe nicht über das

graue Wetter, studiere lieber, wie schön und mannigfaltig gerade der graue Himmel ist. Hab auch nicht so ungeduldige Eile mit dem Frühling, nachher geht doch alles gewöhnlich so schnell vorbei! Jetzt kann man sich wenigstens in der Erwartung freuen. Schreibe mir auch bald wieder, damit ich sehe, ob Du in besserer Stimmung bist. Hannes [Diefenbach] berichtete mir über Euer – wie üblich – verfehltes Rendezvous an der Friedrichstraße. Ich freue mich schon auf seine Rückkehr nach Posen.

Sei herzlich umarmt samt dem unwürdigen Igel von Deiner R.

Grüße von mir Bendel [Kautsky], auch Hilferding. Henriette [Roland-Holst] könnte mir hierher mal schreiben, natürlich nicht über Politik.

Hans Diefenbach

Nr. 2   Wronke i. P., 16. April 1917

Hänschen, Ihre Nr. 1 hat mir gestern den Sonntag sehr verschönert. Heute regnet es hier in Strömen, doch bin ich früh am Morgen zwei Stunden lang im Gärtlein gewandert – wie immer ohne Schirm, nur im alten Hut und in das Cape der Großmutter [Minna] Kautsky gewickelt. Es war so schön, zu sinnen und zu träumen im Gehen, während mir der Regen durch Hut und Haar aufs Gesicht und in den Nacken rann. Auch die Vöglein waren munter. Eine Kohlmeise, mit der ich besonders befreundet bin, geht oft mit mir zusammen spazieren, und das macht sie so: Ich laufe immer an zwei Seiten des Gartens, entlang der Mauern, die Meise aber hüpft im Schritt mit mir daneben von Strauch zu Strauch, einmal hin und zurück. Ist das nicht nett? Wir beide scheuen auch kein Wetter und haben schon im Schneegestöber unseren täglichen Spaziergang gemacht. Heute sah das Vöglein so verweht, naß, ganz heruntergekommen aus, ich sicher ebenso, und es war uns beiden sehr wohl dabei.

Jetzt nachmittags ist es allerdings so stürmisch, daß wir uns nicht mehr hinauswagen. Die Kohlmeise sitzt auf meinem Gitter am Fenster und verdreht das Köpflein nach rechts und links, um durch die Scheibe zu mir hineinzublicken, ich aber sitze hier am

Schreibtisch, freue mich über das Ticken der Uhr, die so gemütlich im Zimmer macht, und arbeite.

Für die Ernährungsfrage ist dieses Wetter – soviel ich verstehe – ganz fatal. Die Felder können doch unmöglich jetzt für die Sommersaat bestellt werden, alles verspätet sich, die Wintersaat aber hat sicher durch den Spätfrost gelitten. Voriges Jahr um diese Zeit war der Winterweizen in Südende schon zwanzig bis fünfundzwanzig Zentimeter hoch, und das Sommerfeld war im März schon bestellt. Dazu kommen noch die Überschwemmungen. Die armen Leute »aus der Tiefe« werden's, wie immer, auszubaden haben ... Ihr alter Herr hat jetzt guten Grund zum Poltern; der Himmel scheint im englischen Sold zu stehen.

Ihre Odyssee Berlin – Stuttgart ist erschütternd, am meisten wird Ihnen wohl dabei gefehlt haben, daß Sie diesmal nicht sämtliche Tücken des Objekts auf mein sündig Haupt wälzen konnten, wie bei unseren berühmten Weihnachtsfahrten nach Stuttgart. Die Idee, für ein paar Tage im Frieden nach Nürnberg und anderen Nestern der Pfalz zu fahren, ist sehr verlockend. Ich habe von Nürnberg, wie von allen Städten, in denen ich nur zum Parteitag oder zur Versammlung war, eine ganz nebelhafte Vorstellung. Von der letzten Versammlung vor dem Kriege erinnere ich mich nur, daß auf meinem Podium ein Riesenstrauß knallroter Nelken stand, der mich sehr am Reden störte; und daß, just als ich den Mund öffnen wollte, ein mir zuerst unverständlicher Anruf: »Sanitäter!« erscholl. Der Saal war nämlich derart überfüllt, daß drei Personen ohnmächtig hinausgetragen werden mußten, was auf mich stets deprimierend wirkt. Ich mußte mich anfangs gehörig zusammennehmen, ehe ich in's Feuer kam.

Während des Parteitages[364] aber hat mich irgend jemand mal aus der Abendsitzung entführt und in einem bequemen Landauer einige Stunden durch die Stadt langsam spazierengefahren. Es war Ende September, die Stadt im bläulichen Herbstduft, aus dem die grünbewachsene Burg am Graben und die spitzen Dächer und Kirchen ganz phantastisch bunt, mittelalterlich ragten, und über allem lag ein dunkelroter Schein des scheidenden Tages, während sich unten in den Gäßchen und Winkeln bereits dämmerige Schatten verdichteten. Ganz wunderbar ist die Vision jener Stunde, die mir geblieben ist, zumal der Kontrast der göttlichen

Ruhe und Schönheit draußen, gleichsam auf dem Hintergrund des gleichmäßigen Pferdegetrappels, nach dem zerrissenen Gewirr und der marternden Geschmacklosigkeit im Parteitagslokal. Ich weiß gar nicht mehr, wer neben mir im Wagen saß, weiß nur, daß ich auf der ganzen Fahrt kein Wort gesprochen habe und beim Aussteigen vor meinem Hotel flüchtig ein enttäuschtes Gesicht sah. Ich will unbedingt noch einmal nach Nürnberg, aber ohne Versammlung und Parteitag, dafür mit einem Band Mörike oder Goethe, aus dem Sie mir mit Ihrem tiefen Knabenbaß so oft vorlasen.

Wie schade, daß Sie mir jetzt hier nicht Shakespeare vorlesen können, so wie wir den ganzen Wallenstein[565] durchgenommen haben. Ich habe mir meinen William herbringen lassen. (Wissen Sie noch bei Goethe:

> Einer Einzigen angehören,
> Einen Einzigen verehren,
> Wie vereint das Herz und Sinn!
> Lida! Glück der nächsten Nähe,
> William! Stern der höchsten Höhe,
> Euch verdank' ich, was ich bin!

Lida ist natürlich die Frau von Stein.) Mein erneutes Interesse für ihn hat mir – Sie werden sich wundern – der Theaterkritiker der »Leipziger Volkszeitung« erweckt. Er schreibt äußerst geistreich und anregend. Hier z.B. seine Charakteristik einer Frauenfigur aus »Wie es Euch gefällt«:

»Diese Rosalinde ist eine Frau nach des Dichters Herzen. Sie ist Dame und Naturkind, sie weiß, was sich schickt, und schlägt aller Schicklichkeit ein Schnippchen, sie ist nicht gelehrt und weiß die gescheitesten Dinge zu sagen, sie ist voller Übermut und voller Bescheidenheit. Sie kann das alles sein, weil sie sichere Instinkte hat und im Vertrauen auf ihre gesunden Instinkte durch die Welt tänzelt, springt und schreitet, als könnte ihr ernstlich nie eine Gefahr drohen. Es ist nicht etwa hier das einzige Mal, daß Shakespeare ein solches in sich sicheres Mädchen zeichnet: in seinen Werken trifft man mehrere der Art. Wir wissen nicht, ob er je einer Frau begegnet, die so wie Rosalinde, wie Beatrice, wie Porzia war, ob er nach Modellen arbeiten konnte oder Bilder der

Sehnsucht schuf, aber das wissen wir bestimmt: Aus diesen Gestalten spricht sein Glaube an die Frau. So herrlich, ist seine Überzeugung, kann das Weib sein kraft seiner besonderen Natur. Er war – wenigstens eine Zeit seines Lebens – ein Frauenlob wie nur je ein Dichter. In der Frau sah er eine Naturkraft wirksam, der alle Kultur nichts anhaben kann: Sie nimmt alles auf, was die Kultur bietet, verarbeitet es, aber läßt sich nicht in dem Wege beirren, den ihr die Natur vorschreibt.«[566]

Ist das nicht eine feine Analyse? Wenn Sie wüßten, was dieser Dr. Morgenstern im Privatverkehr für ein abgeschmackter trockener Kauz ist! Aber seinen psychologischen Scharfsinn wünsche ich mir bei dem künftigen Schöpfer des deutschen Essay ... Apropos: Sie stammen also von Justinus Kerner ab? Bei Gott, ein fürnehmer Ahnherr! Ich kenne zwar nichts von ihm, habe nur eine allgemeine Erinnerung an eherne Rhythmen, starkes Pathos, eine revolutionäre Geste. Übrigens wirkt schon der Name fabelhaft. Nicht wahr, es gibt solche für die Ewigkeit geschaffenen Namen, die wie ein olympischer Akkord klingen, ohne daß man etwas Näheres weiß. Wer kennt heute auch nur einen Vers von Sappho? Wer (außer mir) liest den Machiavelli? Wer hat eine Oper von Cimarosa gehört? Aber jedem ist ein solcher Name wie ein Blitz der Ewigkeit, vor dem man ehrfürchtig das Haupt entblößt. Indes: noblesse oblige. Hänschen, Sie müssen was Rechtes werden, wir sind es dem Justinus Kerner schuldig. R.

Sie erwähnen nichts von Klara [Zetkin]? Hoffentlich sehen Sie sie mehrmals? ...

Sophie Liebknecht

Wronke, 19. April 1917

Sonjuscha, mein kleines Vöglein!

Ich habe mich gestern über Ihren Kartengruß herzlich gefreut, obwohl er so traurig klang. Wie möchte ich jetzt bei Ihnen sein, um Sie wieder zum Lachen zu bringen wie damals nach Karls Verhaftung[567], als wir beide – wissen Sie noch? – im Café Fürstenhof durch unsere übermütigen Lachsalven einiges Aufsehen erregten.

*Die Familie Liebknecht
während eines Aufenthalts in Oberwiesenthal,
1913*

———

353

Wie war das damals schön – trotz alledem! Unsere tägliche Jagd am frühen Morgen auf ein Automobil auf dem Potsdamer Platz, dann die Fahrt zum Gefängnis durch den blühenden Tiergarten und die stille Lehrter Straße mit den hohen Rüstern, dann auf dem Rückweg das obligate Absteigen im Fürstenhof, dann Ihr obligater Besuch bei mir in Südende, wo alles in der Maipracht stand, die gemütlichen Stunden in meiner Küche, wo Sie und Mimi am weißgedeckten Tischchen geduldig auf die Erzeugnisse meiner Kochkunst warteten (wissen Sie noch die feinen haricots verts à la Parisienne?[568]). Dann das Blumentischchen mit Goethe und einem Tellerchen Kompott, das ich Ihnen im Erker am Fenster baute? Zu alledem habe ich die lebhafte Erinnerung eines unveränderlich strahlenden heißen Wetters, und nur bei einem solchen hat man ja das richtige freudige Frühlingsgefühl. Dann abends meine obligaten Besuche bei Ihnen, in Ihrem lieben Zimmerchen – ich habe Sie so gern als Hausfrau, das steht Ihnen so besonders lieb, wenn Sie mit Ihrem Backfischfigürchen, am Tisch stehend, Tee einschenken –, und schließlich um Mitternacht unsere gegenseitige Begleiterei nach Hause durch die duftenden dunklen Straßen! Erinnern Sie sich noch der fabelhaften Mondnacht in Südende, in der ich Sie heimbegleitete und uns die Häusergiebel mit ihren schroffen schwarzen Konturen auf dem Hintergrund der süßen Himmelsbläue wie alte Ritterburgen vorkamen?

Sonjuscha, so möchte ich ständig um Sie sein, Sie zerstreuen, mit Ihnen plaudern oder schweigen, damit Sie nicht in Ihr düsteres, verzweifeltes Brüten verfallen. Sie fragen in Ihrer Karte: »Warum ist alles so?« Sie Kind, »so« ist eben das Leben seit jeher, alles gehört dazu: Leid und Trennung und Sehnsucht. Man muß es immer mit allem nehmen und **alles** schön und gut finden. Ich tue es wenigstens so. Nicht durch ausgeklügelte Weisheit, sondern einfach so aus meiner Natur. Ich fühle instinktiv, daß das die einzige richtige Art ist, das Leben zu nehmen, und fühle mich deshalb wirklich glücklich in jeder Lage. Ich möchte auch **nichts** aus meinem Leben missen und nichts anders haben, als es war und ist. Wenn ich Sie doch zu dieser Lebensauffassung bringen könnte! ...

Ich habe Ihnen noch nicht für das Bild Karls gedankt. Wie ha-

ben Sie mich damit erfreut! Es war wirklich das schönste Geburts-
tagsgeschenk, das Sie mir geben konnten. Er steht im guten Rah-
men auf dem Tisch vor mir und verfolgt mich überall mit seinen
Blicken (Sie wissen, es gibt Bilder, die einen anzuschauen scheinen, wo man sich auch hinstellt). Das Bild ist ausgezeichnet getroffen. Wie muß Karl sich jetzt über die Nachrichten aus Rußland[569] freuen! Aber auch Sie persönlich haben Grund, fröhlich zu
sein: Nun wird ja der Reise Ihrer Mutter zu Ihnen wohl nichts im
Wege stehen! Haben Sie das schon ins Auge gefaßt? Ihretwegen
wünsche ich dringend Sonne und Wärme herbei. Hier steht noch
alles erst in Knospen, und gestern hatten wir Schneegraupen. Wie
mag es wohl in meiner »südlichen Landschaft« in Südende aussehen? Voriges Jahr standen wir beide dort vor dem Gitter, und Sie
bewunderten die Fülle des Flors.

Dieser kleine Winkel erinnert mich jedesmal so lebhaft an jenes
Frühlingsgedicht Goethes, auf das ich Karl aufmerksam gemacht
habe und das Ihr beide, glaub' ich, nicht so recht bemerkt habt:

> Das Beet, schon lockert
> Sich's in die Höh,
> Da wanken Glöckchen
> So weiß wie Schnee;
> Safran entfaltet
> Gewalt'ge Glut,
> Smaragden keimt es
> Und keimt wie Blut.
> Primeln stolzieren
> So naseweis,
> Schalkhafte Veilchen,
> Versteckt mit Fleiß;
> Was auch noch alles
> Da regt und webt,
> Genug, der Frühling,
> Er wirkt und lebt.
>
> Doch was im Garten
> Am reichsten blüht,
> Das ist des Liebchens
> Lieblich Gemüt.

Da glühen Blicke
Mir immerfort,
Erregend Liedchen,
Erheiternd Wort,
Ein immer offen,
Ein Blütenherz,
Im Ernste freundlich
Und rein im Scherz.
Wenn Ros' und Lilie
Der Sommer bringt,
Er doch vergebens
Mit Liebchen ringt.

Wenn Sie wüßten, welches Himmelslied Hugo Wolf daraus komponiert hat! Mein verstorbener Freund Faisst sang es mir so schön zum Geburtstag! '

Sonjuschka, Sie sollen sich nicht mit Briefen abquälen. Ich will Ihnen häufig schreiben, mir genügt aber vollkommen, wenn Sie einen kurzen Gruß auf einer Postkarte schicken! Seien Sie viel im Freien, botanisieren Sie viel. Haben Sie den kleinen Blumenatlas von mir mit? Seien Sie ruhig und heiter, Liebste, alles wird gut gehen! Sie werden sehen!

Ich umarme Sie vielmals und herzlich, Ihre stets, Rosa

Hans Diefenbach

Nr. 3   Wronke i. P., 28. April [1917]

Hänschen, Frau Marta [Rosenbaum] kann leider diesmal unmöglich einen Besuch in Lissa machen, sie hat zu kurzen Urlaub, und es rächt sich doch schon, daß Ihr neuer Wohnsitz so abseits vom Wege liegt. Ich habe nämlich gleich Ihre Residenz im alten Schulatlas von Diercke festgestellt (in demselben alten Diercke, der noch mit **Ihnen** zusammen in Stuttgart aufs Karls-Gymnasium wanderte, denn ich habe ihn von Costia [Zetkin]), da sah ich denn, daß Lissa halbwegs zwischen Posen und Breslau liegt, also in entgegengesetzter Richtung als nach Berlin. Dafür werden Sie sicher in ca. zwei Wochen Hans und Luise [Kautsky] begrüßen: Luise hat Erlaubnis für die Zeit zwischen 10. und 15. Mai.

Daß Sie die Klara [Zetkin] nicht besucht haben, nehme ich Ihnen ernstlich übel. Sie hätten die Zeit finden **müssen**. Verstehen Sie meine Psychologie in diesem Falle? Je mehr ich mir selbst innerlich Vorwürfe mache, daß ich jetzt nicht genügend zu ihr halte, um so mehr war es mir ein Bedürfnis und eine Beruhigung, daß Sie besser als ich handeln und sozusagen auch schon für mich an Güte und Zartgefühl ihr gegenüber das Maß voll machen. Und nun versagen Sie gänzlich! Ob ich ihr Ihre Anwesenheit in Stuttgart zu Ostern verraten habe, weiß ich bei Gott nicht mehr, bitte Sie aber, ihr gerade ganz offen und ehrlich zu schreiben und durch einen lieben Brief die Versäumnisse gutzumachen. Nur sich nicht feige verstellen, Hänschen, das ist Ihrer nicht würdig.

Den »Wallenstein« der Ricarda Huch habe ich nun fertig. Anfänglich hat sie mich sehr erfrischt und angeregt, zum Schluß aber zerrinnt das Bild völlig in nichts. Vor lauter Details und Kleinmalerei kommt gar nichts Ganzes zustande. Da können Sie förmlich studieren, wie man einen Essay **nicht** schreiben soll und wie Sie's besser machen müssen. Ich bleibe dabei: Es ist die deutsche Gründlichkeit, die es verhindert, ein mit leichten Strichen hingeworfenes Lebens- oder Zeitbild zu schaffen, das zugleich ein volles köstliches Erlebnis sein kann. Auch der Ricarda fehlt – obwohl sie eine Frau ist – die geistige Grazie, die ihr sagen mußte, daß das Ausschöpfen aller Einzelheiten auf einen feiner empfindenden Menschen ermüdend und beleidigend wirkt, während wenige künstlerisch gewählte Züge die Phantasie des Lesers anregen und von ihm selbst zu einem geschlossenen Bild abgerundet werden. Genau wie im Privatverkehr geistreicher Menschen leichte Andeutungen viel genußreicher sind als plumpe Deutlichkeit.

Ich möchte Ihnen nächstens eine Komödie von Bernard Shaw schicken »Der verlorene Vater«. Erst war ich über die schreienden Paradoxe und Absurditäten aller handelnden Personen ungeduldig, dann kommen ein paar ernste Stellen, die man mit dem gemischten Gefühl der Erleichterung liest, endlich die wirkliche Meinung und Absicht des Verfassers zu erfahren, und zugleich einer gewissen Scheu vor der Abgeschmacktheit moralisierender

Sentenzen. Bis man am Schluß entdeckt, daß diese »ernsten Stellen« erst recht Ulk waren und daß Shaw sich einfach über die ganze Welt, den Leser und auch über sich selbst lustig macht, nach dem Motto:· Es gibt überhaupt nichts im Leben, was wert wäre, tragisch genommen zu werden. Die Schlußszene, wo in eine ledertrockene juristische Beratung zweier Rechtsanwälte ein Maskenball hineinplatzt und die beiden im Walzer wegführt, wirkt schon shakespeareartig und weht einem die kichernde Koboldstimmung des »Sommernachtstraums« ins Gesicht. Ich habe bei dieser Schlußszene – einsam, wie ich in meiner Bude saß, und schon um Mitternacht – in Kaskaden laut gelacht, wie Sie mich kennen. Das war gerade nach einem kleinen Verzweiflungsanfall, den ich wieder hatte, und das tolle Buch hat mir sehr wohlgetan.

Da ich schon bei der Literatur bin, hören Sie mal, können Sie mir nicht sagen, wo ich die folgenden paar Verse her habe:

> Sein hoher Gang, seine edle Gestalt,
> Seines Mundes Lächeln, seiner Augen Gewalt,
> Und seiner Stimme Zauberfluß,
> Sein Händedruck –

Weiter weiß ich nicht. Ich möchte schwören, das ist doch Gretchen am Spinnrad.[170] Zugleich möchte ich schwören, daß Gretchen am Spinnrad ganz etwas anderes singt, nämlich den König von Thule. Ich habe hier nur Ihre kleine Harnack-Ausgabe von Goethe, nicht aber den »Faust«, und kann nicht nachprüfen. Diese paar Reime gehen mir aber schon seit Ostern im Kopf herum, daß ich bald glaube, ich habe selbst ein Spinnrad drin. Kennen Sie das, wie es einen martert, wenn man sich nicht erinnern kann, wo man einen Fetzen Gedicht oder eine Melodie her hat?

Direkt über meiner Bude ist das Schulzimmer unseres »Panoptikums«. Während ich dies schreibe, ist gerade Unterricht. Erst hörte ich das plumpe Getrappel mehrerer Füße, dann Stille, eine alte dozierende Lehrerstimme und nun das eintönige Vorlesen einer Mädchenstimme – ganz so wie kleine Kinder lesen, in der hohen, etwas ängstlichen, halb fragenden Tonlage, ohne jede Unterbrechung. Ich kann kein Wort unterscheiden, aber gerade das gedämpfte Gemurmel wirkt so anheimelnd. Ich habe aus dieser verschleierten kleinen Szene über mir, deren entfernte Geräusche nur zu mir dringen, wieder das deutliche Gefühl, daß das Leben sehr schön ist. R.

Der »charmante Marquis Renard«[571], wie Sie einmal schrieben, hat das Verdienstkreuz für Zivildienst erhalten. Wenn es in Lissa Champagner gibt, dann trinken Sie einen »extra dry«.

Marta Rosenbaum

Wronke, [29. April 1917]

Mein liebes Martchen!

Diesmal wird es nichts Richtiges werden, fürchte ich. Ich war Freitag (und werde wohl auch heute) so verdattert, und der Kopf geht mir so 'rum, daß ich gar nicht ruhig und offen mit Ihnen plaudern kann. Das liegt schon an der doppelten Aufsicht und ist nichts zu machen. Sie sind, wie ich ahne, in derselben Verfassung. Aber es ist mir doch ein Labsal, Sie wenigstens zu sehen und Ihre Nähe zu fühlen. Schade, daß das so im Galopp geht. Sie müssen das nächste Mal am **Donnerstag** kommen und bis Montag oder Dienstag bleiben. Ob aus unserem morgigen Abschiedskuß noch was wird, weiß ich nicht. Aber wenn es auch nicht geht, so müssen wir halt auch so auskommen! Ich bin schon gefaßt. Wie bin ich Ihnen dankbar, daß Sie gekommen sind! Seien Sie ruhig um mich, gesundheitlich geht's mir zwar mit dem Magen immer noch nicht besser, aber mit Nerven im allgemeinen geht's langsam vorwärts. Dann wird wohl der Magen auch zur Ruhe kommen, wenn bloß der Frühling schon käme! Die Sonne und Wärme und das junge Grün sind mir das Wichtigste für den allgemeinen Zustand, Sie kennen mich ja! Nun, und die herrlichen Dinge in Rußland[572] wirken auf mich auch wie Lebenselixier. Das ist ja für uns alle eine Heilsbotschaft, was von dort kommt, ich fürchte, Ihr alle schätzt das nicht genügend hoch, empfindet nicht genügend, daß es unsere eigene Sache ist, die dort siegt. Das **muß**, das **wird** auf die ganze Welt erlösend wirken, das **muß** ausstrahlen nach ganz Europa, ich bin felsenfest überzeugt, daß eine neue Epoche jetzt beginnt und daß der Krieg nicht mehr lange dauern kann. Deshalb möchte ich hören, daß Sie in besserer Verfassung sind, daß Ihr alle in gehobener und froher Stimmung lebt – trotz allem Elend und Graus. Sie sehen, die Geschichte weiß sich Rat zu geben, wo es am ratlosesten aussieht. Seien Sie mir froh und munter, ich umarme Sie tausendmal und grüße Kurtchen [Rosenfeld] vielmals. Ihre R.

Mathilde Jacob

Wronke, 3. Mai 1917

Meine liebe, liebe Mathilde!

Heute früh erhielt ich Ihr kurzes Brieflein, das mich sehr traurig gemacht hat, denn Sie haben mir noch nie so knapp geschrieben, und ich fühle daraus deutlich, wie sehr Sie wieder abgearbeitet und herunter sind. Dann kam aber am Nachmittag das Paket mit den Veilchen und hat mich etwas getröstet. Vielen Dank dafür, und so will ich Ihnen gleich umgehend einige Zeilen zu Ihrer Beruhigung schicken.

Bei mir ist nichts Neues, als daß ich jetzt viel im Freien, in der Sonne sitze. Dabei kommt mir Ihr schöner Korbstuhl sehr zustatten; er ist so leicht zum Herumschleppen, und es sitzt sich in ihm königlich. Heute kam eine Menge Schmetterlinge und Hummeln, sie fanden aber kein einziges Blümchen im Garten. – Ich stellte deshalb den blühenden Topf Cineraria heraus, den mir Marta [Rosenbaum] geschenkt hat, und Sie hätten sehen sollen, wie sich die Tierchen darauf stürzten und von dem Goldstaub nicht genug naschen konnten. Auch einen prächtigen Vogel habe ich heute zum ersten Mal im Leben gesehen: die Goldammer. Ich saß so still und unbeweglich, daß sie ganz nahe heranhüpfte und ich sie genau betrachten konnte. Was ich alles hier in Wronke kennenlerne! Wirklich, Mathilde, ich sammle hier massenhaft neue Kenntnisse, lese dann gleich darüber nach und fühle mich förmlich bereichert.

Vielen Dank für das Manuskript[573]. Ehe ich jedoch an die Revision herangehe, möchte ich, daß Sie durch Lene[574] beim Alten[575] anfragen, ob und wie weit er damit ist. Ich könnte ja doch nicht direkt an den Verleger schicken, sondern an Mehring, und er wäre

Mathilde Jacob

sicher bitter gekränkt, falls er umsonst ein gut Teil der Arbeit gemacht haben würde.

Luise [Kautsky] schreibt mir heute aus Frankfurt (Main), sie käme zwischen 10. und 15. Ich möchte aber baldigst den genauen Tag ihrer Ankunft erfahren, um nicht ins Blaue hinein tagelang zu zappeln. Bitte, fragen Sie bei ihr kurz telephonisch nach (oder schreiben Sie nach Frankfurt am Main, Städtisches Krankenhaus; sie ist dort bei ihrem Jungen[576]) und lassen Sie mich dann wissen. Luise selbst wird's ja doch nicht tun.

Heute schickte ich an Sie drei Bücher von Pfemfert, die Sie ihm mit Dank zurückgeben möchten (unter uns taugen sie sehr wenig, ich habe sie gar nicht lesen mögen), und ein Notenbüchlein für Martas Gatten. Nach Ihrer jüngsten Predigt wage ich gar keine Eilboten mehr zu mobilisieren und möchte deshalb wissen, wann Sie das Paket erhalten. – Und nun erwarte ich mit Sehnsucht wieder einmal einen ruhigen guten Brief von Ihnen, der mir sehr wohltun wird. Mit noch mehr Sehnsucht erwarte ich Sie selbst. Ich hoffe, Sie zu Pfingsten wieder in dem leichten Musselinkleid zu sehen, das ich so gern habe. Könnten Sie nicht die dunkle Garnitur wegnehmen lassen, die das Kleid tötet, und eine mattgrüne oder mattblaue anbringen?

Hören Sie, Liebste! Sonja [Liebknecht] beklagt sich so bitter über Lene, daß sie »Karls Haushalt« und »Karls Kinder« vernachlässige, sie sollte doch in Sonjas Abwesenheit[577] sich um die Dinge kümmern. Auch Karl sei ungehalten. Bitte, könnte man nicht dem Alten diese Mission übertragen, falls Lene zu beschäftigt ist? Laßt doch jedenfalls die arme nervöse Sonja nicht zappeln! …

Ich umarme Sie und Mimi tausendmal in großer Sehnsucht, Ihre R.

Dank für das Briefpapier, ich finde es leider etwas lappig und möchte wenigstens bei den steifen Kuverts bleiben. Könnte man nicht mehr davon kriegen? Ich meine solche wie dieses, in dem ich den Brief schicke.

Hans Diefenbach

Nr. 4   Wronke, 12. Mai 1917

L. H.

Nr. 5 erhalten, vielen Dank; ich warte auf Ihre Stilkorrekturen[178]
(zum Teil beruhen sie, wie ich sehe, auf Versehen das Maschinen-
fräuleins). Ihre Bemerkung, daß in der »Antikritik« einige Stellen
bis zur Unkenntlichkeit verstümmelt sind, veranlaßt mich doch,
die Sache nochmals selbst zu revidieren. Ich bin sonst nie imstande, das einmal Geschriebene noch durchzulesen, und je stärker ich's beim Schreiben erlebe, um so mehr ist es für mich nachher erledigt und abgetan. Ich weiß wohl, Hänschen, daß ich meine
ökonomischen Sachen für sechs Personen schreibe. Aber ich
schreibe sie ja eigentlich nur für eine Person: für mich selbst. Die
Zeit, als ich die »Akkumulation«[179] schrieb, gehört zu den glück-
lichsten meines Lebens. Ich lebte wirklich wie im Rausch, sah und
hörte Tag und Nacht nichts als dieses eine Problem, das sich so
schön vor mir entfaltete, und ich weiß nicht zu sagen, was mir höhere Freude gewährte: der Prozeß des Denkens, wenn ich eine
verwickelte Frage im langsamen Hinundherwandeln durch das
Zimmer wälzte, aufmerksam beobachtet von der Mimi, die auf
dem Tisch mit der roten Plüschdecke mit untergeschlagenen Pfötlein lag und das kluge Köpfchen nach mir hin- und herwandte,
oder das Gestalten, das literarische Formen mit der Feder in der
Hand. Wissen Sie, daß ich damals die ganzen 30 Druckbogen in
einem Zug in vier Monaten – unerhörte Sache! – niedergeschrie-
ben habe und, ohne das Brouillon auch nur einmal durchzulesen,
direkt in Druck gab? Ähnlich ging es mir in der Barnimstr. mit der
»Antikritik«. Und dann verliere ich nach einer so stark erlebten
Arbeit so jedes Interesse für sie, daß ich mich seitdem kaum um
einen Verleger bemüht habe. Freilich war das bei meinen »Umständen« in den letzten eineinhalb Jahren etwas schwierig. – Eckstein überschätzen Sie ganz entschieden. Seine »Kritik« war nichts
als Rache für lange vergebliche und schroff von mir zurückgewie-
sene Anfreundungsversuche, und gerade dieses Übertragen des
»Allzumenschlichen« in die hochalpine Region der reinen Wissenschaft hat mich mit solcher Verachtung für ihn erfüllt. Er
konnte übrigens auch recht nett und witzig sein. Einmal bei
Kautskys, als ich verzweifelte Versuche im Vorzimmer machte,

um mein Jäckchen vom Kleiderständer herunterzulangen und meine Liliputgestalt verwünschte, hielt er mir das Jäckchen galant hin und murmelte lächelnd das Wolfsche Lied: »Auch kleine Dinge können uns entzücken ...« (Sie wissen wohl, daß Hugo Wolf in Wien mit dem Ecksteinschen Haus liiert war und dort Hausgott ist.) – Ihre Idee, daß ich ein Buch über Tolstoi schreibe, sagt mir nicht ein bißchen zu. Für wen? Wozu, Hänschen? Alle Leute können doch Tolstois Bücher lesen, und wem die Bücher nicht selbst den starken Lebensodem geben, dem werde ich es auch nicht durch Kommentare beibringen. Kann man jemand »erklären«, was Mozartsche Musik ist? Kann man »erklären«, worin der Zauber des Lebens besteht, wenn es jemand nicht selbst aus den kleinsten und alltäglichen Dingen heraushört oder richtiger: in sich selbst trägt? Ich halte auch z. B. die ganze riesige Goethe-Literatur (d. h. die Literatur **über** Goethe) für Makulatur und bin der Meinung, daß schon viel zu viel Bücher geschrieben sind; vor lauter Literatur vergessen die Menschen, auf die schöne Welt zu schauen.

Seit dem 1. haben wir also eine Serie von sonnigen Tagen, und mich grüßt schon beim Erwachen der erste Morgenstrahl, da meine Fenster hier nach dem Osten liegen. In Südende, wo meine Wohnung, wie Sie wissen, wie eine Laterne von allen Seiten der Sonne offensteht, gestalten sich solche Morgenstunden sehr schön. Nach dem Frühstück nahm ich gewöhnlich das schwere Kristallprisma mit den unzähligen Ecken und Kanten, das auf meinem Schreibtisch als Briefbeschwerer liegt, und stellte es in die Sonne, deren Strahlen dann sofort in hundert kleinen Regenbogenspritzern über Decke und Wände zerstoben. Mimi schaute dem Spiel begeistert zu, besonders wenn ich das Prisma bewegte und die bunten Flecke hin- und herhuschen und tanzen ließ. Anfangs lief und sprang sie hoch, um danach zu haschen, bald hatte sie jedoch heraus, daß sie »nichts«, bloße Augentäuschung seien und verfolgte den Tanz mit lustigen Äuglein, ohne sich zu rühren. Reizende Effekte erzielten wir damit, wenn so ein kleiner Regenbogen auf eine weiße Hyazinthe auf dem Blumentisch fiel oder auf den Marmorkopf über dem Schreibtisch oder auf die große Bronzeuhr vor dem Spiegel. Das sauber aufgeräumte, sonnenerfüllte Zimmer mit der hellen Tapete atmete soviel Ruhe und

Behagen, durch die offene Balkontür drang nur das Schilpen der Spatzen ein, das Surren der Elektrischen, die von Zeit zu Zeit vorbeiglitt, oder das helle metallische Klopfen der Arbeiter, die irgendwo an den Schienen flickten. Dann nahm ich den Hut und ging ins Feld, besehen, was über Nacht gewachsen war, und für Mimi frisches, saftiges Gras holen. Hier gehe ich auch gleich nach dem Frühstück ins Gärtlein und habe eine herrliche Beschäftigung: meine »Pflanzung« vor dem Fenster begießen. Ich habe mir ein kleines hübsches Gießkännlein besorgen lassen und muß mit ihm wohl ein dutzendmal zum Wasserzober laufen, bis die Rabatte genug feucht ist. Die Wasserspritzer funkeln in der Morgensonne, und die Tropfen zittern noch lange auf den rosa und blauen Hyazinthen, die schon halb erschlossen sind. Warum bin ich dennoch traurig? Ich glaube fast, ich habe die Sonne am Himmel und ihre Macht überschätzt, sie mag noch so strahlen, sie erwärmt mich manchmal gar nicht, wenn mein eigenes Herz ihr keine Wärme leiht. R.

Sophie Liebknecht

Wronke, 23. Mai 1917

Sonjuscha, mein Liebling, Ihr letzter Brief vom 14. (aber mit dem Poststempel vom 18.!) war schon hier, als ich den meinigen abschickte. Ich bin sehr froh, wieder in Fühlung mit Ihnen zu sein, und möchte Ihnen heute einen warmen Pfingstgruß senden.

»Pfingsten, das liebliche Fest, war gekommen«, so beginnt der Goethesche »Reineke Fuchs«. Hoffentlich werden Sie es einigermaßen heiter verleben. Voriges Jahr haben wir ja zu Pfingsten zu dritt mit Mathilde [Jacob] den schönen Ausflug nach Lichtenrade gemacht, wo ich die Ähren für Karl [Liebknecht] pflückte und den wundervollen Zweig mit Birkenkätzchen. Am Abend gingen wir dann noch als die »drei edlen Frauen aus Ravenna« mit Rosen in der Hand auf dem Südender Feld spazieren. Hier blüht jetzt auch schon der Flieder, heute ist er aufgegangen; es ist so warm, daß ich mein leichtestes Musselinkleid anziehen mußte. Trotz Sonne und Wärme sind aber meine Vöglein nach und nach fast ganz verstummt! Sie sind offenbar alle vom Brutgeschäft sehr in Anspruch genommen; die Weibchen sitzen im Nest, und die Männchen haben »alle Schnäbel« voll zu tun, um für sich und die Gattinnen Nahrung zu suchen. Auch nisten sie wohl mehr draußen im Feld oder auf größeren Bäumen, wenigstens ist es jetzt in meinem Gärtlein still, nur hie und da schlägt kurz die Nachtigall, oder der Grünling macht seinen klappernden Triller, oder spät abends schmettert noch ein-, zweimal der Buchfink. Meine Meisen lassen sich gar nicht mehr blicken. Nur einen kurzen Gruß bekam ich plötzlich gestern von weitem von einer Blaumeise, und das hat mich ganz erschüttert. Die Blaumeise ist nämlich nicht wie die Kohlmeise Standvogel, sondern sie kommt erst Ende März wieder zu uns. Sie hielt sich auch zuerst immer in der Nähe meiner Fenster, kam mit den anderen zum Futter und sang fleißig ihr drolliges »Zizi-bäh«, aber so ganz gedehnt, daß es wie ungezogenes Kindernecken klang. Ich mußte jedesmal lachen und ihr ebenso antworten. Dann verschwand sie Anfang Mai mit den anderen, um irgendwo draußen zu brüten. Ich sah und hörte sie wochenlang nicht mehr. Gestern höre ich plötzlich von drüben über die Mauer, die unseren Hof von einem anderen Gefängnisterrain trennt, den bekannten Gruß, aber so ganz verändert, nur ganz kurz und eilig dreimal hintereinander: »Zizibä – zizibä – zizibä!«, dann wurde es still. Mir zuckte das Herz zusammen, so viel lag in diesem eiligen fernen Ruf: eine ganze kleine Vogelgeschichte. Das war nämlich eine Erinnerung der Blaumeise an die schöne Zeit des Liebeswerbens im Vorfrühling, wo man den ganzen Tag sang und lockte; jetzt aber heißt es, den ganzen Tag Fliegen und Mücken sammeln für sich und die Familie; also nur kurz eine Reminiszenz: »Ich habe keine Zeit – ach ja, es war schön – Frühling ist bald zu Ende – Zizibä – zizibä – zizibä! …« Glauben Sie mir, Sonjuscha, daß mich ein solcher kleiner Vogelruf, in dem so viel Ausdruck liegt, tief ergreifen kann. Meine Mutter, die nebst Schiller die Bibel für der höchsten Weisheit Quell hielt, glaubte steif und fest, daß König Salomo die Sprache der Vögel verstand. Ich lächelte damals mit der ganzen Überlegenheit meiner fünfzehn Jahre und einer modernen naturwissenschaftlichen Bildung über diese mütterliche Naivität. Jetzt bin ich selbst wie König Salomo: Ich verstehe auch die Sprache der Vögel und aller Tiere. Natürlich nicht, als ob sie menschliche Worte gebrauchten, sondern ich verstehe die verschiedensten Nuancen und Empfindungen, die sie in ihre Laute legen. Nur dem rohen Ohr eines gleichgültigen Menschen ist ein Vogelgesang immer ein und dasselbe. Wenn man die Tiere liebt und für sie Verständnis hat, findet man große Mannigfaltigkeit des Ausdrucks, eine ganze »Sprache«. Auch das allgemeine Verstummen jetzt nach dem Lärm des Vorfrühlings ist voller Ausdruck, und ich weiß, wenn ich noch im Herbst hier bin, was aller Wahrscheinlichkeit nach der Fall sein wird, dann werden alle meine Freunde wieder zurückkehren und an meinem Fenster Futter suchen; ich freue mich schon jetzt auf die eine Kohlmeise, mit der ich besonders herzlich befreundet bin.

Sonjuscha, Sie sind erbittert über meine lange Haft und fragen: »Wie kommt das, daß Menschen über andere Menschen entscheiden dürfen. Wozu ist das alles?« Verzeihen Sie, mein Liebling, aber ich mußte beim Lesen laut herauslachen. Bei Dostojewski in den »Brüdern Karamasoff« gibt es eine Madame Chochlakowa, die genau solche Fragen zu stellen pflegte, wobei sie ratlos von einem zum anderen in der Gesellschaft herumblickte, ehe aber auch nur einer zu antworten versuchte, schon auf etwas ganz anderes herübersprang. Mein Vöglein, die ganze Kulturgeschichte der Menschheit, die nach bescheidenen Schätzungen einige zwanzig Jahrtausende zählt, basiert auf der »Entscheidung von Menschen über andere Menschen«, was in den materiellen Lebensbedingungen tiefe Wurzeln hat. Erst eine weitere qualvolle Entwicklung vermag dies zu ändern, wir sind ja gerade jetzt Zeugen eines dieser qualvollen Kapitel, und Sie fragen: »Wozu das alles?« »Wozu« ist überhaupt kein Begriff für die Gesamtheit des Lebens und seine Formen. Wozu gibt es Blaumeisen auf der Welt? Ich weiß es wirklich nicht, aber ich freue mich, daß es welche gibt, und empfinde es als süßen Trost, wenn mir plötzlich über die Mauer ein eiliges »Zizibä!« aus der Ferne herübertönt.

Sie überschätzen übrigens meine »Abgeklärtheit«, Sonitschka. Mein inneres Gleichgewicht und meine Glückseligkeit können leider schon beim leisesten Schatten, der auf mich fällt, aus den Fugen gehen, und ich leide dann unaussprechlich, nur daß ich die Eigentümlichkeit besitze, dann zu verstummen. Buchstäblich, Sonitschka, ich kann dann kein Wort über die Lippen bringen. Z. B.

in diesen letzten Tagen, ich war schon so heiter und selig, freute mich der Sonne, da erfaßte mich plötzlich am Montag ein eisiger Sturmwind – ich weiß weder »wozu« noch »weshalb« –, und auf einmal wandelte sich meine strahlende Heiterkeit in tiefsten Jammer. Und wenn meiner Seele Glück in Person plötzlich vor mir stünde, ich brächte keinen Ton über die Lippen und könnte höchstens mit stummem Blick meine Verzweiflung klagen. Freilich komme ich selten genug in die Versuchung zu reden, ich höre ja wochenlang meine eigene Stimme nicht. Dies ist übrigens der Grund, weshalb ich den heroischen Entschluß gefaßt habe, meine Mimi doch nicht herkommen zu lassen. Das Tierchen ist gewöhnt an Munterkeit und Leben, sie hat gern, wenn ich singe, lache und mit ihr durch alle Zimmer Haschen spiele, sie würde mir ja hier trübsinnig werden. Ich lasse sie also bei Mathilde. Mathilde kommt zu mir in den nächsten Tagen, und ich hoffe mich dann wieder aufzurappeln. Vielleicht wird Pfingsten auch für mich »das liebliche Fest« sein. Sonitschka, seien Sie mir heiter und ruhig, alles wird doch noch gut werden, glauben Sie mir. Grüßen Sie herzlichst Karl. Ich umarme Sie vielmals. Vielen Dank für das schöne Bildchen! Ihre R

Hans Diefenbach

Nr. 6   Wronke, 20. Juni 1917

Hänschen, guten Tag! Hier bin ich wieder. Es scheint mir eine Ewigkeit, seit ich Ihnen schrieb und seit ich Ihre Nr. 7 erhielt (aber die 6 haben Sie unterschlagen!) Frl. Mathilde [Jacob] hat Ihnen doch inzwischen berichtet, wie sehr mein Schweigen mir contre coeur[180] war. Nun will ich wieder fleißig sein, erwarte aber auch von Ihnen, daß Sie christlich handeln und die Steine meines Schweigens mit der nahrhaften Manna häufiger Briefe vergelten.

Ach, ach, was habe ich alles inzwischen erlebt! Eine ganze Generation von Blüten hat sich unter meiner sorgsamen Aufsicht dem Leben erschlossen und ist dem Tode verfallen – von der ersten Knospe des Flieders bis zu den betäubend schwül duftenden,

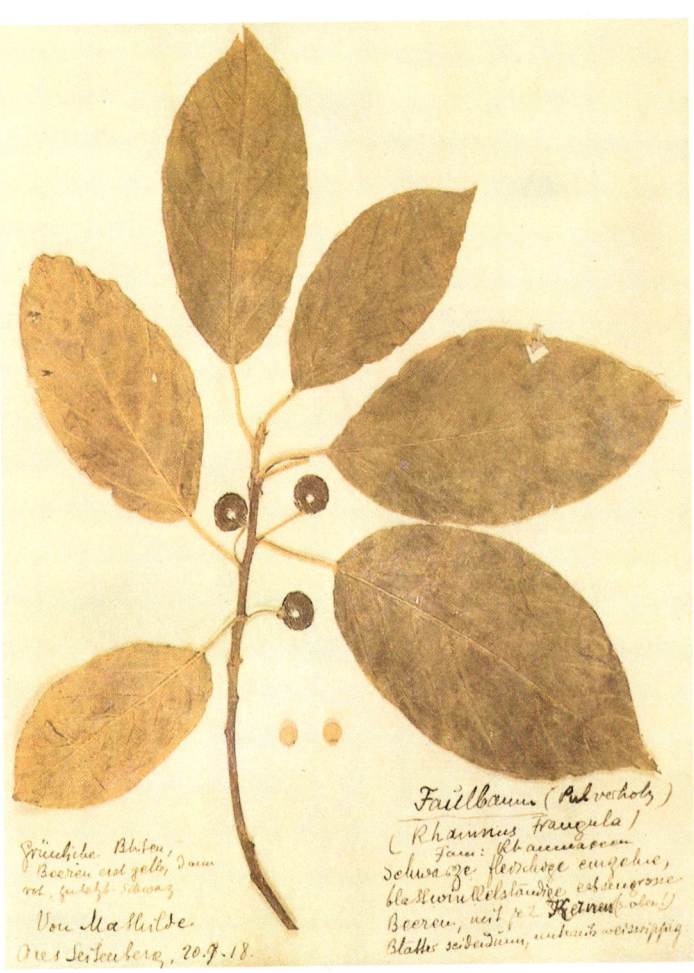

Faulbaum (Pulverholz)
(Rhamnus Frangula)
Fam: Rhamnaceen
schwarze, fleischige, einzelne,
blättrige Gelständer, erbsengrosse
Beeren, mit je 2 Kernen (Samen!)
Blätter seidendünn, unterseits weissrippig

Grünliche Blüten,
Beeren erst gelb, dann
rot, zuletzt schwarz

Von Mathilde
Ottes Seitenberg, 20.9.18.

Löwenmaul
(Antirrhinum majus)
Fam: Scrofulariaceen

Im Hause von El. Jacob
13. 10.

Hieher gehören:
Fingerhut, Läusekraut, Wachtelweizen, Königskerze, Braunwurz, Leinkraut, Ehrenpreis,
Augentrost, Schuppenwurz,
Klappertopf, Gnadenkraut, Zinkeerblume.

matt herabhängenden Trauben der Akazie, die nun den Boden ringsherum mit dem sanften Schneefall ihrer zerflatternden Blüten bedecken. Eilig bilden und runden sich an allen Sträuchern schwellende Früchte, grüne Beeren, die sich täglich üppiger mit Saft füllen und strotzen, um bald rot oder blau und schwarz zu werden.

Eine ganze Generation von Vögeln ist aufgekommen, deren Geburt ich in dem diskreten Verstummen des Vogelchors erriet, deren Wachstum ich dann in dem zarten Piepsen aus den versteckten Nestern in allen Winkeln meines Gärtleins belauschte und die nun – o Freude! – zusammen mit Eltern auf mein Fenster kommen, um hier vor meinen Augen gefüttert zu werden. Da kommt vor allem täglich mehrmals eine Familie Buchfink. Die Mutter, die ich schon von ihren Brauttagen her genau kenne, bringt mir jetzt immer ein Töchterlein aufs Fenster mit. »Unser Liebling«, der viel größer und dicker ist als Mama, sitzt aufgeplustert da, reißt nur von Zeit zu Zeit den ungeheuren Schnabel mit heiserem Kreischen auf, wackelt dabei mit dem kahlen Kopf wie ein Epileptiker und läßt sich von der abgemagerten, verhärmten und struppigen Mama vollstopfen, ganze Ladungen meiner Haferflocken wandern so in den Schlund des »Lieblings«, kaum daß die Alte irgendein Körnlein selbst herunterschluckt. Dabei kann der Balg schon ganz gut fliegen und selbst picken, was er auch hie und da zu tun geruht. Ich, die ich die Szene jedesmal hinter der Gardine beobachte, habe manchmal nicht übel Lust dreinzufahren und diesem unverschämten Balg eine Ohrfeige zu geben. Ich erinnere mich aber rechtzeitig, daß Mama Buchfink sicher in ihrer Jugend sich genauso von der Großmutter hat durchschleppen lassen und daß »Liebling« schon im nächsten Juni genauso abgehärmt wird seine eigenen Bälger stopfen, die Rechnung gleicht sich also irgendwie ohne meine Intervention schon aus (wie denn bei meinen Interventionen für gewöhnlich irgendeine Dummheit herauszukommen pflegt, so wenn ich irgendeine halbkrepierte Kreatur mit großer Mühe errette, damit sie sich noch länger nutzlos abquält). Ich erinnere mich endlich auch, daß in meiner Familie eigentlich genauso als unverbrüchliches Naturgesetz galt, daß die Mutter ausschließlich dazu auf der Welt sei, um unsere ewig aufgerissenen Schnäbel (den des Paterfamilias vor allem!) nach jeglicher Richtung und Dimension zu stopfen. Dann bleibe ich bescheiden hinter der Gardine ... Noch ein Monat, dann wird Madame Buchfink mit Lieblingen nach dem Süden wandern, Vater aber womöglich hierbleiben. Er heißt deshalb Fringilla coelebs – der Hagestolz, nicht jeder kann es sich leisten, en toute famille Reisen nach dem Süden zu machen; Vater bleibt also oft im nebligen Norden und schickt bloß Weib und Kind nach Afrika. Oder aber er kommt viel später im besonderen »Männerzug« nach und kehrt eher im Frühjahr zurück, um in der Gegend Umschau zu halten und für den nachrückenden »Weiberzug« das Heim vorzubereiten.

Was habe ich gestern für eine Aufregung erlebt – ach, ach! In meinem Korridor fing sich eine dicke Hummel (graues Pelzröcklein, goldener Gürtel!), verrannte sich an das geschlossene Oberfenster und begann die Scheibe auf und ab zu stürmen, wobei sie in höchster Entrüstung und in tiefstem Baß brummte. Ich schleppte natürlich gleich einen Stuhl herbei und packte sie im Eifer mit der bloßen Hand, worauf sie mich sofort stach, daß ich laut aufschreien mußte. Dann holte ich ein Taschentuch, fing sie nach großem Kampf und rannte mit ihr den Korridor entlang zur Gartentür, um sie ins Freie zu lassen. Da hätten Sie aber hören sollen, wie das Tierlein im Taschentuch schrie! Plötzlich hatte sich der tiefe Baß in das dünnste Fistelstimmchen gewandelt, es war förmlich das klägliche Weinen eines Kindes, das in höchster Angst vergeht; sie dachte, es ginge ihr an das bißchen Leben, die Ärmste, und sie weinte! Mir ging dieses dünne Stimmchen so auf die Nerven, daß mir die Hände zitterten und ich sie noch zwei Mal losließ, worauf sie natürlich jedesmal sofort an die fatale Scheibe zurückrannte. Endlich, beim dritten Mal, nahm ich meinen ganzen Charakter zusammen und trug sie bis zum Garten hinaus – hui, wie sie da in die Höhe schoß! und gleich wieder im Baß brummte – adieu! ...

So, das wären meine aufregenden Erlebnisse in dieser Zeit. Haben Euer Liebden über ebenso harmlose zu berichten? ... Hören Sie mal, den Geheimbderat von Goethe habe ich aber auf einer Geschichtsfälschung ertappt. Sie wissen doch – in »Anakreons Grab« (ach, ich starb jedesmal vor Wonne, wenn Faisst mir das Lied vorsang!) geht es doch zum Schluß ungefähr so:

Schlafraum Rosa Luxemburgs
in der Festung Wronke

Frühling, Sommer und Herbst genoß der glückliche Dichter,
vor dem Winter hat endlich ihn dieser Hügel bewahrt.

Danach könnte man annehmen, Anakreon sei etwa im 50. Le-
bensjahr, in voller Manneskraft gestorben. Nun habe ich neulich
Anakreons Lieder gelesen, und da beschreibt er sich selbst als
ganz alten Weinschlauch und Schürzenjäger, der seiner Doris,
Phyllis oder Chloë immer wieder einreden will, daß seine »weißen
Locken« zu ihren rosigen Wangen so trefflich paßten »wie die
weiße Lohe zur Rose im Kranz«. Seine Gedichte sind eigentlich
nur ewige Variationen dieses einen Themas. Einige verstand ich
nicht recht, so z. B. dieses:

»Du loser Schelm! Dein Possenspiel
Hab' ich durchschaut nun. Doch nimm Dich in acht,
Daß Köcher, Bogen, Pfeil und Ziel,
So zwischen Mutwill, Ernst und Scherz,
Nicht derart Du verwirrst, daß, wenn ein Kobold lacht,
Im Spiel Du aus Versehn mein zuckend Herz
Durchbohrst und es verblutet. Treibe
Indeß, was Dir gefällt. Ich liebe Dich, ich bleibe Dein.«

Weiß der Himmel, was das bedeutet und wer an wen das
spricht.

Nun, Hanneselein, ich erwarte jetzt ein umfassendes Geständnis über alles, was man ohne mich getrieben hat. Herzl. R.

Ich bin in großer Sorge, wie Sie diese kannibalische Hitze ertragen.

Hans Diefenbach

Nr. 7   Wronke, 23. Juni 1917
Hänschen, guten Tag, hier bin ich wieder. Ich fühle mich heute so
einsam und muß mich durch Plaudern mit Ihnen ein wenig erfrischen. – Heute nachmittag lag ich auf dem Sofa der ärztlich vorge-
schriebenen Siesta ob, las Zeitungen und beschloß, da es halb drei
war, daß es Zeit sei, aufzustehen. Einen Augenblick darauf schlief
ich unversehens ein und hatte einen wunderschönen Traum, der

sehr lebhaft, aber von unbestimmtem Inhalt war; ich weiß nur, daß irgend jemand Lieber bei mir war, daß ich ihn mit dem Finger auf die Lippen berührte und frug: »Wessen Mund ist das?« Der Betreffende antwortete: »Meiner.« – »Ach nein«, rief ich lachend, »dieser Mund gehört doch **mir**!« Ich erwachte vor Lachen über diesen Unsinn, blickte auf die Uhr: Es war immer noch halb drei, mein langer Traum hatte also offenbar eine Sekunde gedauert, ließ mir aber das Gefühl eines köstlichen Erlebnisses zurück, und ich ging getröstet wieder in den Garten. Hier sollte ich bald noch etwas Schönes erleben: Ein Rotkehlchen setzte sich auf die Mauer gerade hinter mir und sang mir ein bißchen vor. Im allgemeinen sind die Vögel jetzt ganz von Familiensorgen in Anspruch genommen, nur hie und da läßt sich einer kurz hören. So heute plötzlich das Rotkehlchen, das mich nur Anfang Mai ein paar Mal besucht hat. Ich weiß nicht, ob Sie dieses Vöglein und seinen Gesang näher kennen, ich habe es – wie so vieles anderes – erst hier genau kennengelernt und liebe es unvergleichlich mehr als die vielgerühmte Nachtigall. Der schallende Vortrag der Nachtigall ist mir zu sehr primadonnenhaft, mahnt zu sehr an Publikum, rauschende Triumphe, entzückte Lobeshymnen. Das Rotkehlchen hat ein ganz kleines, zartes Stimmchen, und es trägt eine eigenartige, intime Melodie vor, die wie ein Auftakt, wie ein Stückchen Reveille klingt, wissen Sie den erlösenden fernen Trompetenschall in der Kerkerszene im »Fidelio«, der gleichsam die Dunkelheit der Nacht zerteilt? So ungefähr klingt das Lied des Rotkehlchens, aber vorgetragen im leisen, tremolierenden Ton von unendlicher Süßigkeit, daß es ganz verschleiert, wie eine traumverlorene Erinnerung wirkt. Mir zappelt förmlich das Herz vor Wonne und Weh, wenn ich dieses Lied höre, und sofort sehe ich mein Leben und die Welt in neuer Beleuchtung, wie wenn sich Wolken verteilten und ein heller Sonnenstrahl auf die Erde fiele. Es wurde mir heute von diesem kleinen zarten Lied auf der Mauer, das wohl nicht länger als eine halbe Minute gedauert hat, so weich, so mild in der Brust. Ich bereute sofort alles Böse, was ich je einem Menschen zugefügt habe, und alle schroffen Gedanken und Gefühle, und ich beschloß wieder einmal, gut zu sein, einfach gut um jeden Preis: Das ist besser als »recht haben« und über jede kleine Kränkung Buch führen. Und dann beschloß ich,

Ihnen gleich heute zu schreiben, obwohl auf meinem Tisch seit gestern ein Täfelchen mit sieben Lebensregeln steht, die mich fortan leiten sollen und deren erste lautet: »Keine Briefe schreiben.« Sehen Sie, so halte ich meine eigenen »ehernen« Lebensregeln ein, so schwach bin ich! Wenn, wie Sie in Ihrem letzten Brief schrieben, dem starken Geschlecht die Frauen am meisten gefallen, wenn sie sich schwach zeigen, dann müßten Sie jetzt von mir entzückt sein: Ich bin hier ach! so schwach, mehr, als mir lieb ist.

Übrigens redete da Ihr Kindermund wahrer, als er ahnte, und das habe ich neulich auf die drolligste Weise erlebt. Sie haben doch wohl auf dem Kopenhagener Kongreß[581] Camille Huysmans gesehen, den großen Jungen mit den dunklen Locken und dem typischen Vlamengesicht? Er ist ja jetzt der Hauptmacher der Stockholmer Konferenz.[582] Zehn Jahre lang gehörten wir beide dem Internationalen Büro an, und zehn Jahre lang haßten wir einander, sofern mein »Taubenherz« (der Ausdruck stammt von – Heinrich Schulz, MdR!!) eines solchen Gefühls überhaupt fähig ist. Weshalb – ist schwer zu sagen. Ich glaube, er kann politisch tätige Frauen nicht leiden, mir fiel wohl sein impertinentes Gesicht auf die Nerven. Es fügte sich nun bei der letzten Sitzung in Brüssel, die angesichts des bevorstehenden Krieges Ende Juli 1914[583] stattfand, daß wir zum Schluß einige Stunden zusammen waren. Ich saß gerade – es war in einem eleganten Restaurant – bei einem Strauß Gladiolen, die auf dem Tische standen und in deren Anblick ich mich ganz vertiefte, ohne mich an dem politischen Gespräch zu beteiligen. Dann kam die Rede auf meine Abreise, wobei meine Hilflosigkeit in »irdischen Dingen« zum Vorschein kam, mein ewiges Bedürfnis nach einem Vormund, der mir das Billett besorgt, mich in den richtigen Zug steckt, meine verlorenen Handtaschen einsammelt – kurz meine ganze blamable Schwäche, die Ihnen schon so viel frohe Augenblicke bereitet hat. Huysmans beobachtete mich schweigend die ganze Zeit, und der zehnjährige Haß wandelte sich in einer Stunde in glühende Freundschaft. Es war zum Lachen. Er hatte mich endlich schwach gesehen und war in seinem Element. Nun nahm er sofort meine Schicksale in seine Hand, schleppte mich zusammen mit Anseele, dem reizenden kleinen Wallonen, zu sich zu einem Souper, brachte mir eine kleine Katze, spielte und sang mir Mozart und

Schubert vor. Er besitzt ein gutes Klavier und einen hübschen Tenor, und es war ihm eine neue Offenbarung, daß mir die musikalische Kultur Lebensluft ist. Besonders nett trug er die Schubertschen »Grenzen der Menschheit« vor; den Schlußvers »Und mit uns spielen Wolken und Winde« sang er ein paarmal in seiner drolligen vlämischen Aussprache – mit dem tiefen L in der Kehle, etwa wie »Wouken« – in tiefer Ergriffenheit vor. Dann brachte er mich natürlich zum Zug, trug selbst meinen Koffer, saß dann noch im Coupé mit mir und beschloß plötzlich: Mais il est impossible de vous laisser voyager seule![184] Als ob ich wirklich ein Säugling wäre. Kaum habe ich ihm ausgeredet, daß er mich nicht wenigstens bis zur deutschen Grenze begleite, er sprang hinaus, erst als der Zug in Bewegung war, und rief noch: Au revoir à Paris![185] Wir sollten nämlich in zwei Wochen einen Kongreß in Paris[186] abhalten. Das war am 31. Juli. Als aber mein Zug in Berlin anlangte, war hier die Mobilisation schon im vollen Gange, und zwei Tage später war das geliebte Belgien des armen Huysmans besetzt. »Und mit uns spielen Wolken und Winde«, mußte ich mir wiederholen ...

In zwei Wochen ist ein volles Jahr meiner Haft um oder – wenn man von der kurzen Zwischenpause absieht – sind zwei volle Jahre um.[187] Ach, wie täte mir jetzt ein Stündchen harmloses Plaudern wohl! Bei den Sprechstunden bespricht man natürlich nur hastig das Geschäftliche, und ich sitze meist wie auf Kohlen. Und sonst sehe und höre ich keine Menschenseele.

Jetzt ist 9 Uhr abends, aber natürlich taghell. So still ist es hier um mich, nur das Ticken der Uhr zu hören und aus der Ferne gedämpftes Bellen eines Hundes. Wie das merkwürdig anheimelnd wirkt, wenn man auf dem Lande abends fernes Hundegebell hört, nicht wahr? Gleich stelle ich mir ein gemütliches Bauernhaus vor, einen Mann in Hemdsärmeln, der auf der Schwelle steht und mit einer alten Nachbarsfrau plaudert, seine Pfeife im Munde; aus dem Innern helle Kinderstimmen und Geschirrgeklapper und draußen der Geruch reifen Getreides und das erste zaghafte Quaken der Frösche ...

Adieu, Hänschen. R.

Hans Diefenbach

Nr. 8   Wronke, 29. Juni 1917

Guten Tag, Hänschen!

Also schön, Ihnen zuliebe soll die erste der sieben Lebensregeln[188] gestrichen werden. Die andern sechs sind aber sehr vernünftig und werden sicher Ihren Beifall finden. Daß Gerlach mich nur gegen einen Feldmarschall in Tausch geben will, ist rührend. Sein Brief wirkt übrigens sehr gut; er scheint im Kriege innerlich gewachsen zu sein, und ich werde mich freuen, wenn ich ihn wieder in unserem »Schwaben«-Kreise sehe. Wann wird das sein? ...

Jeden Abend, wenn ich an meinem vergitterten Fenster sitze, die Beine auf einem zweiten Stuhl gestreckt, um die frische Luft einzuatmen und zu träumen, beginnt irgendwo in der Nachbarschaft ein fleißiges gedämpftes Teppichklopfen oder etwas Derartiges. Ich habe keine Ahnung, wer und wo diese Verrichtung tut, habe aber schon durch die regelmäßige Wiederkehr jener Laute eine unbestimmt intime Beziehung zu ihnen gewonnen. Sie wekken in mir irgendwelche vagen Vorstellungen von tüchtigem häuslichem Schaffen, von einer kleinen Wirtschaft, in der alles blitzblank und sauber ist – vielleicht ist es eine unserer Beamten, die nur spät am Abend nach des Tages Dienst Zeit findet, ihr winziges Hauswesen zu besorgen – eine einsame alte Jungfer oder Witwe, wie die meisten Gefängnisbeamten sind, die ihre karge Muße dazu verwendet, ewig ihre paar Stuben, die doch niemand betritt und von denen sie selbst nur selten Gebrauch macht, in peinliche Ordnung zu bringen. Ich weiß eben nichts, aber die paar Klopftöne wehen mir jedesmal das Gefühl der geordneten, fest abgezirkelten Ruhe an und zugleich ein wenig Beklemmung von der Enge und Hoffnungslosigkeit eines ärmlichen Daseins – »Vertikow«, vergilbte Photographien, künstliche Blumen, ein hartgepolstertes Sofa ...

Kennen Sie auch diese besondere Wirkung von Tönen, deren Herkunft uns unbekannt ist? Ich habe das in jedem Gefängnis erprobt. Zum Beispiel in Zwickau[189] weckten mich jede Nacht Punkt zwei Uhr Enten, die irgendwo in der Nachbarschaft auf dem Teich wohnten, mit einem lauten »Quà-qua-qua-qua!«. Die erste der vier Silben wurde in hoher Tonlage mit der stärksten Betonung und Überzeugung geschrien, worauf es skandierend zum

tiefen Baßgemurmel herunterging. Beim Erwachen durch diesen
Schrei mußte ich mich immer in der stockfinstern Dunkelheit auf
der steinharten Matratze erst nach einigen Sekunden zurechtfin-
den und besinnen, wo ich war. Das stets leicht bedrückende Gefühl, in der Gefängniszelle zu sein, die besondere Betonung des
»Quà-qua ...« und daß ich keine Ahnung hatte, wo die Enten sich
befanden, sie nur in der Nacht hörte, gab ihrem Schrei etwas Ge-
heimnisvolles, Bedeutsames. Er tönte mir stets wie irgendein
weltweiser Ausspruch, der durch die regelmäßige Wiederholung
jede Nacht etwas Unwiderrufliches, seit Anbeginn der Welt Gel-
tendes hatte, wie irgendeine kophtische Lebensregel:

> Und auf den Höhen der indischen Lüfte,
> Und in den Tiefen ägyptischer Grüfte,
> Hab' ich das heilige Wort nur gehört ...

Daß ich den Sinn dieser Entenweisheit nicht entziffern konnte,
nur eine vage Ahnung davon hatte, rief mir im Herzen jedesmal
eine seltsame Beunruhigung hervor, und ich pflegte darauf noch
lange in bangem Gefühl wach zu liegen.

Ganz anders in der Barnimstraße. Um 9 Uhr legte ich mich immer – da das Licht ausging – nolens volens ins Bett, konnte aber
natürlich nicht einschlafen. Kurz nach 9 begann regelmäßig in der
nächtlichen Stille in irgendeiner der benachbarten Mietskasernen
das Weinen eines zwei- bis dreijährigen Bübchens. Es hub an
stets durch ein paar leise, abgerissene Wimmerlaute, frisch aus
dem Schlaf; dann, nach einigen Pausen, schluchzte sich das kleine
Kerlchen allmählich in ein richtiges klägliches Weinen hinein, das
jedoch nichts Heftiges hatte, keinen bestimmten Schmerz oder
bestimmtes Begehren ausdrückte, nur allgemeine Unbehaglichkeit
vom Dasein, Unfähigkeit, mit den Schwierigkeiten des Lebens
· und seinen Problemen fertig zu werden, zumal Mama offenbar
nicht bei der Hand war. Dieses hilflose Weinen dauerte [eine] ge-
schlagene Dreiviertelstunde. Punkt um 10 hörte ich die Tür energisch aufgehen, leichte rasche Schritte, die in der kleinen Stube
laut hallten, und eine klangvolle, jugendliche Frauenstimme, der
man noch die Frische der Straßenluft anhörte: »Warum schläfst
Du denn nicht? Warum schläfst Du denn nicht?« Worauf jedesmal
drei saftige Klapse folgten, aus denen man förmlich die appetitli-

che Rundung und die Bettwärme des betroffenen kleinen Körperteils herausfühlte. Und – o Wunder! – die drei Klapse lösten plötzlich alle Schwierigkeiten und verwickelten Probleme des Daseins spielend. Das Wimmern hörte auf, das Bübchen schlief augenblicklich ein, und eine erlösende Stille herrschte wieder im Hof. Diese Szene wiederholte sich so regelmäßig jeden Abend, daß sie zu meinem eigenen Dasein gehörte. Ich pflegte schon um 9 Uhr mit gespannten Nerven auf das Erwachen und Wimmern meines kleinen unbekannten Nachbars zu warten, dessen alle Register ich im voraus kannte und verfolgte, wobei sich das Gefühl der Ratlosigkeit dem Leben gegenüber mir vollauf mitteilte. Dann wartete ich auf die Heimkehr der jungen Frau, auf ihre wohltönende Frage und namentlich auf die befreienden drei Klapse. Glauben Sie mir, Hänschen, dies altväterische Mittel, Daseinsprobleme zu lösen, bewirkte durch den Podex des kleinen Bübchens auch in meiner Seele Wunder: Meine Nerven entspannten sich sofort mit den seinen, und ich schlief jedesmal fast gleichzeitig mit dem Kleinen ein. Nie habe ich erfahren, aus welchem geraniengeschmückten Fenster, aus welchem Dachstübchen sich diese Fäden zu mir spannten. Im grellen Tageslicht sahen alle Häuser, die ich überblicken konnte, gleich grau, nüchtern und streng verschlossen aus, mit der Miene: »Wir wissen von nichts.« Erst im nächtlichen Dunkel, durch den linden Hauch der Sommerluft spannen sich geheimnisvolle Beziehungen zwischen Menschen, die sich nie kannten oder sahen.

Ach, welche schöne Erinnerung habe ich vom Alexanderplatz! Wissen Sie, Hänschen, was Alexanderplatz ist? Der anderthalbmonatige Aufenthalt[190] dort hat auf meinem Kopf graue Haare und in meinen Nerven Risse zurückgelassen, die ich nie verwinden werde. Und doch habe ich von dort eine kleine Erinnerung, die wie eine Blume in meinem Gedächtnis aufblickt. Dort begann die Nacht – es war Spätherbst, Oktober, und gar keine Beleuchtung in der Zelle – schon um 5,6 Uhr. Es blieb mir in der 11 cbm großen Zelle nichts übrig, als mich auf der Pritsche hinzustrecken, eingeklemmt zwischen unbeschreiblichen Möbelstücken, und in die Höllenmusik der fortwährend vorbeidonnernden Stadtbahnzüge, von denen die Zelle erbebte und auf den klirrenden Fensterscheiben rote Lichtreflexe aufblitzten, meinen Mörike halblaut zu deklamieren. Von 10 Uhr ab pflegte sich das diabolische Konzert der Stadtbahn etwas zu besänftigen, und bald darauf wurde von der Straße her die folgende kleine Episode hörbar. Erst eine dumpfe männliche Stimme, die etwas Rufendes und Ermahnendes hatte, dann als Antwort der Gesang eines etwa achtjährigen Mädchens, das offenbar im Springen und Hüpfen ein Kinderliedchen vortrug und zugleich ein silbernes, glockenreines Lachen erschallen ließ. Das mochte irgendein müder, mürrischer Portier sein, der sein Töchterchen zum Schlafengehen nach Hause rief. Der kleine Schelm aber wollte nicht folgen, ließ sich von dem bärtigen Brummbaß von Vater haschen, gaukelte in der Straße herum wie ein Schmetterling und neckte den verstellt Strengen mit einem lustigen Kinderreim. Man sah förmlich die kurzen Röckchen flattern und die dünnen Beinchen in Tanzstellung fliegen. In diesem hüpfenden Rhythmus des Kinderlieds, in dem perlenden Lachen lag so viel sorglose, siegreiche Lebenslust, daß der ganze finstere schimmlige Bau des Polizeipräsidiums wie von einem silbernen Nebelmantel eingehüllt wurde und in meiner übelriechenden Zelle es plötzlich in der Luft wie von fallenden dunkelroten Rosen duftete ... So liest man sich überall von der Straße ein bißchen Glück auf und wird immer wieder daran gemahnt, daß das Leben schön und reich ist.

Hänschen, Sie haben keine Ahnung, wie blau der Himmel heute war! Oder war er ebenso blau in Lissa? Ich gehe gewöhnlich vor »Einschluß« abends noch für ein halbes Stündchen hinaus, um mein kleines Blumenbeet (selbstgesetzte Stiefmütterchen, Vergißmeinnicht und Phlox!) mit einem kleinen eigenen Kännchen zu begießen und mich noch ein bißchen im Garten zu ergehen. Diese vorabendliche Stunde hat einen eigenen Zauber. Die Sonne war noch heiß, aber man läßt sich gern ihre schrägen Strahlen auf Nacken und Wangen wie einen Kuß brennen. Ein leiser Lufthauch bewegte die Sträucher wie ein lispelndes Versprechen, daß die abendliche Kühle bald kommt, den heißen Tag abzulösen. Am Himmel, der von flimmernder, zitternder Bläue war, standen ein paar blendend weiße, hochaufgetürmte Wolkengebilde; ein ganz blasser Halbmond schwamm zwischen ihnen schemenhaft wie im Traume hindurch. Die Schwalben begannen schon ihren allabendlichen Gesellschaftsflug, schnitten mit spitzen Flügelchen die

blaue Seide des Raumes in Fetzen, schossen hin und her und
überschlugen sich mit schrillem Zirren in schwindelnder Höhe.
Ich stand mit meinem tropfenden Gießkännchen in der Hand und
mit gehobenem Kopf und hatte eine unbändige Sehnsucht, in die
feuchte, schimmernde Bläue droben zu tauchen, drin zu baden,
zu plätschern, mich drin ganz in Schaum aufzulösen und zu verschwinden. Mörike kam mir in den Sinn – wissen Sie:

> O Fluß, mein Fluß im Morgenstrahl!
> Empfange nun, empfange
> Den sehnsuchtsvollen Leib einmal
> Und küsse Brust und Wange! –
> Der Himmel blau und kinderrein,
> Worin die Wellen singen,
> Der Himmel ist die Seele dein,
> O laß mich ihn durchdringen!
> Ich tauche mich mit Geist und Sinn
> Durch die vertiefte Bläue hin
> Und kann sie nicht erschwingen! …
> Was ist so tief, so tief wie sie?
> Die Liebe nur alleine,
> Sie ist nicht satt und sättigt nie
> Mit ihrem Wechselscheine …   R.

Um Himmels willen, Hänschen, befolgen Sie aber nicht mein
übles Beispiel, und werden Sie nicht auch so redselig. Mir soll es
nicht mehr passieren, ich schwöre!!!

Hans Diefenbach
Nr. 8   [Wronke,] 6. Juli 1917 · Freitagabend
Hänschen, schlafen Sie? Ich komme mit einem langen Strohhalm,
um Sie am Ohr zu kitzeln. Ich brauche Gesellschaft, ich bin traurig, ich will beichten. In diesen Tagen war ich bös, und deshalb
unglücklich und deshalb krank. Oder war die Reihenfolge umgekehrt: Ich war krank und deshalb unglücklich und deshalb bös –

ich weiß es nicht mehr. Jetzt bin ich wieder gut und gelobe, nie, nie wieder den Teufeln in meinem Innern Gehör zu schenken. Können Sie mir verargen, daß ich manchmal unglücklich bin, da ich das, was mir Leben und Glück bedeutet, stets nur von weitem sehen und hören muß? Aber ja, schelten Sie mich nur, ich schwöre, ich will von nun an Geduld und Sanftmut und Dankbarkeit selbst sein. Herrgott, habe ich nicht Grund genug dankbar und fröhlich zu sein, da mir die Sonne so scheint und die Vögel das uralte Lied singen, dessen Sinn ich so gut erfaßt habe? ...

Wer mich am meisten zur Vernunft gebracht hat, ist ein kleiner Freund, dessen Bild ich Ihnen hier schicke. Dieser Geselle mit dem kecken Schnabel, der steilen Stirn und dem altklugen Auge heißt »Hypolais hypolais«, zu Deutsch »Gartenlaubvogel« oder auch »Gartenspötter«. Sie haben ihn sicher schon irgendwo gehört, denn er nistet gern überall in dichten Gärten und Parkanlagen, Sie haben ihn nur nicht beachtet, wie die Menschen zumeist an holdesten Dingen im Leben achtlos vorbeigehen. Dieser Vogel ist ein ganz eigenartiger Kauz. Er singt nicht etwa ein Lied, eine Melodie, wie andere Vögel, sondern er ist ein Volksredner von Gottes Gnaden, er hält Ansprachen an den Garten, und das mit ganz lauter Stimme, voller dramatischer Aufregung, sprunghafter Übergänge, pathetischer Steigerungen. Er wirft die unmöglichsten Fragen auf, beeilt sich, selbst darauf unsinnige Antworten zu geben, stellt die gewagtesten Behauptungen auf, widerlegt hitzig Ansichten, die niemand geäußert hat, rennt offene Türen ein, triumphiert dann plötzlich: »Hab' ich's nicht gesagt? Hab' ich's nicht gesagt?« Gleich darauf warnt er feierlich alle, die es hören wollen oder nicht wollen: »Ihr werdet schon sehen! Ihr werdet schon sehen!« (Er hat nämlich die gescheite Gewohnheit, jeden Witz zweimal zu wiederholen.) Es kommt ihm nicht darauf an, dazwischen plötzlich aufzupiepsen wie eine Maus, die sich den Schwanz eingeklemmt hat, oder in ein satanisch sein sollendes Lachen auszubrechen, das sich in diesem winzigen Kehlchen unglaublich komisch ausnimmt. Kurz, er füllt den Garten unermüdlich mit blühendstem Unsinn, und man glaubt in der Stille, die während seiner Ansprachen herrscht, die andern Vögel Blicke tauschen und die Achseln zucken zu sehen. Nur ich zucke nicht die Achseln, sondern lache jedesmal beglückt und rufe ihm laut zu:

»Süßer Quatschkopf!« Ich weiß nämlich, daß sein törichtes Geschwätz die tiefste Weisheit ist und daß er in allem recht hat. Ein zweiter Erasmus von Rotterdam, singt er Das Lob der Torheit mit vollem Bewußtsein und trifft damit unbedingt den Nagel auf den Kopf. Ich glaube, er kennt mich auch schon an der Stimme. Heute hat er nach mehreren Wochen Schweigen wieder zu lärmen angefangen und setzte sich dabei auf den kleinen Haselstrauch dicht vor meinem Fenster. Als ich ihm erfreut meinen üblichen Gruß: »Süßer Quatschkopf!« zurief, kreischte er mir etwas Impertinentes zur Antwort, das beinahe so gedeutet werden konnte: »Du bist ja selbst eine Törin!« ... Das gab ich ihm denn mit dankbarem Lachen sofort zu und war auf einmal geheilt von Bosheit, Unglück und Krankheit. – Hänschen, ich phantasiere aber nicht über das dramatische Geschwätz! Jedes Wort stimmt. Sie werden sich mal selbst im Botanischen Garten in Berlin überzeugen, wo der Gartenspötter massenhaft nistet, und werden sich über den lustigen Kerl schieflachen.

Heute war hier wieder ein Tag von unbeschreiblicher, unfaßbarer Schönheit. Ich pflege sonst um 10 Uhr des Morgens wieder in meine Bude zu gehen, um zu arbeiten, heute konnte ich nicht. Ich lag ausgestreckt in meinem Korbstuhl, den Kopf hintenübergelehnt, und blickte stundenlang ohne Regung in den Himmel. Riesige Wolken von phantastischen Formen lagerten von allen Seiten auf dem matten Pastellblau, das zwischen ihren zerfetzten Umrissen hindurch schimmerte. Sie waren vom Sonnenlicht rings herum leuchtend weiß umsäumt, in der Mitte aber von ausdrucksvollem Grau, das in allen Abstufungen vom zartesten silbrigen Hauch bis zum finsteren Gewitterton spielte. Haben Sie schon beachtet, wie schön und reich die graue Farbe ist? Sie hat so etwas Vornehmes und Verhaltenes an sich, ist so vieler Möglichkeiten fähig. Und wie wunderbar machten sich diese grauen Töne auf dem pastellblauen Grund des Himmels! So wie ein graues Kleid zu tiefen blauen Augen steht. Derweil rauschte vor mir die große Pappel meines Gartens, ihre Blätter erzitterten wie im wollüstigen Schauer und funkelten in der Sonne. Mir schien in diesen paar Stunden, wo ich ganz in graue und blaue Träumereien versunken lag, als erlebe ich Jahrtausende. Bei Kipling wird in irgendeiner seiner indischen Geschichten erzählt, wie eine Büffelherde des

Dorfes jeden Tag um die Mittagszeit hinausgetrieben wird. Die Riesentiere, die mit ihren Hufen ein ganzes Dorf in wenigen Minuten zerstampfen könnten, folgen geduldig der Gerte zweier dunkelbrauner Bauernkinder in bloßen Hemdchen, die sie zielbewußt zum entlegenen Sumpf treiben. Hier lassen sich die Tiere mit klatschendem Laut in den Schlamm hinab, in dem sie sich behaglich suhlen und bis auf die Schnauze ganz versinken, die Kinder aber ziehen sich vor der unbarmherzig sengenden Sonne unter den Schatten irgendeines schmächtigen Akazienstrauches zurück, verzehren langsam ihr mitgebrachtes Stück Gebäck aus Reismehl, betrachten die im Sonnenlicht schlafenden Eidechsen und blicken schweigend in den flimmernden Raum ... »Und ein solcher Nachmittag dünkt ihnen länger, als manchen Menschen ihr ganzes Leben«, heißt es dann bei Kipling, wenn ich mich recht erinnere. Wie schön ist das gesagt, nicht wahr? Ich fühle mich auch so, wie jene indischen Dorfkinder, wenn ich einen Vormittag wie heute verlebe.

Nur eines quält mich: daß ich **allein** so viel Schönheit genießen soll. Ich möchte laut über die Mauer hinausrufen: O bitte, beachten Sie doch diesen herrlichen Tag! Vergessen Sie nicht, wenn Sie noch so beschäftigt sind, wenn Sie auch nur in dringendem Tagewerk über den Hof eilen, vergessen Sie nicht, schnell den Kopf zu heben und einen Blick auf diese riesigen silbernen Wolken zu werfen und auf den stillen blauen Ozean, in dem sie schwimmen. Beachten Sie doch die Luft, die von leidenschaftlichem Atem der letzten Lindenblüten schwer ist, und den Glanz und die Herrlichkeit, die auf diesem Tage liegen, denn dieser Tag kommt nie, nie wieder! Er ist Ihnen geschenkt wie eine vollaufgeblühte Rose, die zu Ihren Füßen liegt und darauf wartet, daß Sie sie aufheben und an Ihre Lippen drücken. R.

Sophie Liebknecht

Meine liebste Sonitschka!

Ihr Brief, den ich am 28. erhielt, war die erste Nachricht, die mich hier von der Außenwelt erreichte, und Sie können sich leicht denken, wie sehr ich mich darüber freute. Meine Übersiedlung[591] nehmen Sie, in Ihrer liebevollen Sorge um mich, entschieden zu tragisch. Unsereiner lebt ja ständig »den Fuß beim Male«, und ich nehme, wie Sie wissen, alle Wendungen des Schicksals mit dem nötigen heiteren Gleichmut hin. Ich habe mich schon hier gut eingelebt, heute sind meine Kisten mit Büchern aus Wronke angekommen, bald werden also meine zwei Zellen hier mit den Büchern und Bildchen und dem bescheidenen Zierat, den ich sonst mit herumschleppe, wieder so anheimelnd und behaglich aussehen wie in Wronke, und ich werde mit doppelter Lust an die Arbeit gehen. Was mir hier fehlt, ist natürlich die relative Bewegungsfreiheit, die ich dort hatte, wo die Festung den ganzen Tag offenstand, während ich hier einfach eingesperrt bin, dann die herrliche Luft, der Garten und vor allem die Vögel! Sie haben keine Ahnung, wie ich an dieser kleinen Gesellschaft hing. Aber das alles kann man natürlich entbehren, und bald werde ich vergessen, daß ich es je besser hatte als hier. Die ganze Situation hier ist so ziemlich genau wie in der Barnimstraße, nur der hübsche grüne Lazaretthof fehlt, in dem ich doch jeden Tag irgendeine kleine botanische oder zoologische Entdeckung machen konnte. Hier gibt es auf dem großen gepflasterten Wirtschaftshof, der nur zum Spaziergang dient, nichts zu »entdecken«, und ich hefte krampfhaft meine Blicke beim Wandeln auf die grauen Pflastersteine, um dem Anblick der im Hofe beschäftigten Gefangenen zu entgehen, die mir stets in ihrer diffamierenden Tracht eine Pein sind und unter denen sich immer ein paar finden, bei denen Alter, Geschlecht, individuelle Züge unter dem Stempel der tiefsten menschlichen Degradation verwischt sind, die aber gerade durch einen schmerzlichen Magnetismus immer wieder meine Blicke anziehen. Freilich gibt es auch wieder überall einzelne Gestalten, denen sogar die Gefängnistracht nichts anhaben kann und die ein Malerauge erfreuen würden. So entdeckte ich schon hier eine junge Arbeiterin im Hof, deren schlanke, knappe Formen sowie

Entstanden im Frauengefängnis
in der Barnimstraße

Weihnacht 1915

Entstanden im Frauengefängnis
in der Barnimstraße

der tuchumwundene Kopf mit dem strengen Profil direkt eine Millet-Gestalt abgeben; es ist ein Genuß zu sehen, mit welchem Adel der Bewegungen sie Lasten schleppt, und das magere Gesicht mit der straff anliegenden Haut und dem gleichmäßig kreideweißen Teint erinnert an eine tragische Pierrot-Maske. Aber gewitzigt durch traurige Erfahrung, suche ich solchen vielversprechenden Erscheinungen weit aus dem Wege zu gehen. In der Barnimstraße hatte ich nämlich auch eine Gefangene entdeckt von wahrhaft königlicher Gestalt und Haltung und dachte mir ein entsprechendes »Interieur« dazu. Dann kam sie als Kalfaktrice auf meine Station, und es zeigte sich nach zwei Tagen, daß unter dieser schönen Maske ein solches Maß von Dummheit und niedriger Gesinnung steckt, daß ich fortan die Blicke immer abwendete, wenn sie mir in den Weg lief. Ich dachte mir damals, daß die Venus von Milo am Ende nur deshalb ihre Reputation als schönste der Frauen durch Jahrtausende hat bewahren können, weil sie schweigt. Würde sie den Mund auftun, dann könnte sich vielleicht herausstellen, daß sie im Grunde genommen eine Waschfrau oder eine Nähmamsell ist, und der ganze Charme wäre zum Teufel.

Mein Visavis ist das Männergefängnis, der übliche düstere, rote Backsteinbau. Aber quer über die Mauer sehe ich die grünen Baumwipfel irgendeiner Anlage, eine große Schwarzpappel, die bei stärkerem Luftzug vernehmlich rauscht, und eine Reihe viel hellerer Edeleschen, die mit gelben (später tiefbraunen) Schotenbündeln behängt sind. Die Fenster geben auf Nordwest Aussicht, so daß ich manchmal schöne Abendwolken sehe, und Sie wissen, daß mich eine solche rosige Wolke allem entrücken und für alles entschädigen kann. In diesem Augenblick – 8 Uhr abends (in Wirklichkeit also 7)[192] – ist die Sonne kaum hinter den Giebel des Männergefängnisses gesunken, sie scheint noch grell durch die Glasbodenluken im Dache, und der ganze Himmel leuchtet goldig. Ich fühle mich sehr wohl und muß – ich weiß selbst nicht warum – das Ave Maria von Gounod leise vor mich hin singen (Sie kennen es wohl?).

Vielen Dank für die abgeschriebenen Goethe-Sachen. »Die berechtigten Männer« sind in der Tat schön, obschon sie mir von selbst nicht aufgefallen wären; man läßt sich ja auch manchmal die

Schönheit eines Dings suggerieren. Ich möchte Sie noch bitten, mir gelegentlich »Anakreons Grab« abzuschreiben. Kennen Sie es gut? Ich habe es natürlich erst durch Wolfsche Musik' richtig verstanden, im Lied macht es geradezu einen architektonischen Eindruck: Man meint einen griechischen Tempel vor sich zu sehen.

Sie fragen, »wie man gut wird«, wie man die »subalternen Teufel« in seinem Innern zum Schweigen bringt? Sonitschka, ich weiß dagegen kein anderes Mittel als eben jene Verknüpfung mit der Heiterkeit und Schönheit des Lebens, die stets und überall um uns sind, wenn man nur versteht, Augen und Ohren zu gebrauchen, und die innerliches Gleichgewicht verschaffen, über alles Ärgerliche und Kleine hinwegheben ...

Jetzt eben – ich habe eine kleine Pause gemacht, um den Himmel zu beobachten – ist die Sonne schon viel tiefer hinter dem Gebäude versunken, und hoch oben schweben – weiß Gott, woher – lautlos zusammengelaufene Myriaden kleiner Wölkchen, die am Rande silbrig leuchten, in der Mitte zartgrau, und alle ihre zerfetzten Umrisse nach dem Norden steuern. Es liegt so viel Unbekümmertheit und kühles Lächeln in diesem Wolkenflug, daß ich mitlächeln muß, wie ich immer den Rhythmus des umgebenden Lebens mitmachen muß. Wie könnte man bei solchem Himmel »bös« oder kleinlich sein? Vergessen Sie bloß nie, um sich zu blicken, dann werden Sie immer wieder »gut« sein.

Daß Karl [Liebknecht] ein Buch speziell über den Vogelgesang will, wundert mich ein wenig. Für mich ist die Stimme der Vögel untrennbar von ihrem ganzen Habitus und ihrem Leben, nur das Ganze interessiert mich, nicht irgendein losgerissenes Detail. Geben Sie ihm ein gutes Buch über Tiergeographie, das wird ihm sicher viel Anregung geben.

Hoffentlich kommen Sie bald zu Besuch zu mir! Sobald Sie Erlaubnis haben, telegraphieren Sie mir.

Ich umarme Sie vielmals, Ihre R

Gott gnade mir! Acht Seiten sind's geworden! Nun, für diesmal mag's hingehen. Dank für die Bücher.

Sagen Sie bitte gleich der Mathilde [Jacob], daß in meiner Leipziger Sache Revisionstermin am 8. d. M. ist, in Dresden, Oberlandesgericht, Gerichtsstraße 2^II Zimmer 154.[593] Sie soll es meinem Rechtsanwalt mitteilen.

Mathilde Jacob

Breslau, 6. August 1917

Meine liebste Mathilde!

Ihre beiden Briefe (vom 1. und vom 3.) habe ich heute, Montag, zusammen erhalten. Und damit Sie genau orientiert sind: Vorher hatte ich am 1. eine Karte von Ihnen und am 2. wieder eine Karte sowie die gemeinsame von Marta [Rosenbaum] erhalten. Ich wartete mit meinem Brief, bis ich von Ihnen eine Bestätigung meines ersten kriege, was nunmehr geschehen. – Die Kisten aus Wronke sind hier am 2. angelangt, ich packte natürlich sofort aus und bin schon ganz »eingerichtet«. Die beiden Räume sehen nunmehr halbwegs menschlich aus, allein ich fürchte, die Sache wird sich nicht durchführen lassen, und ich werde mich wieder auf eine Zelle einschränken müssen. Zwei Räume sind nämlich schön, wenn man zu ihnen Zutritt hat, ich bin aber immer fest eingesperrt, und bis ich in meine andere Zelle gelange, muß ich klopfen und die Aufseherin in Bewegung setzen. Abgesehen davon, daß es mir in der Seele widersteht, jemand öfters für mich zu beanspruchen, ist das auch praktisch nicht gut möglich, denn die Aufseherin hat natürlich verschiedentlich zu tun und ist häufig gar nicht auf der Station; außerdem aber ist sie von 1 bis 4 Uhr überhaupt nicht da (Mittagspause), und abends nach 6 ist sie fort, während ich bis 10 Licht haben darf. Mit alledem geht es also schwierig, und ich bin entweder getrennt von meinem Bett, wo ich mich zwischen der Arbeit oder wenn ich mich schlecht fühle mal hinlegen kann, sowie von meinem Teekocher und meiner Apotheke, oder aber ich bin getrennt von meinem Schreibtisch und vom Licht abends. Das ist nämlich anders hier als in Wronke und auch in der Barnimstraße, wo die Schutzhaftgefangenen nur zur Nacht eingesperrt werden und bei Tag sich im Lazarett frei bewegen dürfen, und wie gesagt, ich zweifle, ob das mit den zwei Zellen unter diesen Umständen gehen wird, sosehr mir natürlich schwer wäre, mit allen Sachen in einer schmalen Zelle unterzukommen. Aber das wird sich bald herausstellen, beunruhigen Sie sich bitte deswegen nicht. Es wird eben so gehen müssen, wie es möglich ist. – Mir ging es mit meinem Magen seit Freitag miserabel, aber ich hoffe, jetzt wird's besser. Ich denke, das kommt vom hiesigen Brot, an das ich mich erst gewöhnen muß. Sonst ist das

Essen, das mir die Frau besorgt[194], sehr gut. – Der Spezialarzt Dr. Oppler, der mir bewilligt worden ist, schrieb mir, daß er bis Ende August verreist ist. Inzwischen sind ja die Herren Anstalts-ärzte da; freilich kann mir einstweilen wenig geholfen werden, da mein Magen ja alle Medikamente ablehnt. Auch deswegen werden Sie bitte nicht unruhig; es geht mir ja schon besser.

Sie schreiben, daß Sonja [Liebknecht] sich freut, mich bald zu besuchen, sagen aber kein Wort, ob sie Erlaubnis gekriegt hat. Das ist doch die Hauptsache, und bis dahin hat alles Freuen wenig zu sagen.

Ihr adressiert immer noch nicht richtig. Merken Sie sich: zwei Kuverts und Doppelporto sind überflüssig. Adressieren Sie ein-fach: Kommandantur Breslau für Frau Dr. R. Luxemburg. Das ge-nügt vollkommen. Jemand hat hier, wie ich höre, eine Karte ge-schrieben und sowohl die Kommandantur wie das Strafgefängnis erwähnt; natürlich kam die Karte erst hierher, und an Zeit wurde nichts gewonnen. (Ich habe die Karte noch nicht zurückerhalten.) Auf der Kommandantur weiß man doch genau, wo ich mich be-finde. Also belehren Sie bitte Sonja, Marta etc., wie sie zu adres-sieren haben. Von Mehring hatte ich einen lieben Brief und werde ihn nächstens beantworten.

Mir scheint, daß Sie zur Mimi kälter geworden sind! … Das tut mir weh. Sie empfindet das sicher, glauben Sie mir. Sie wird dann apathisch und unbeweglich. Seien Sie doch zu ihr lieb, wie früher!

Ich danke für die grüne Decke, und auch ohne die zwei Bilder komme ich gut aus, lieber nicht zuviel mehr herschicken! Irgend-ein leichtes Büchlein zur Unterhaltung könnte ich brauchen. Schicken Sie's einfach im Kuvert oder Kreuzband, ich erhielt eins von Math[ilde] Wurm sehr schnell, bloß taugt es nichts. – Ja, mein Glas mit Klebstoff ist mir kaputtgegangen, schicken Sie mir durch Sonja welchen. Ich umarme Sie tausendmal und Mimi! Ihre R.

Ihrer lieben Frau Mutter meine herzlichsten Grüße!

Hans Diefenbach

Hänschen, ich schrieb Ihnen neulich einen kurzen Gruß auf einer Postkarte, sehne mich schon aber sehr nach einem ordentlichen Brief von Ihnen. Ich führe hier das regelrechte Dasein einer Strafgefangenen, d. h., ich bin Tag und Nacht in meiner Zelle eingesperrt und sehe nur das Männergefängnis als Visavis. Ich darf freilich, so viel ich will, im Hof unten mich ergehen, es ist aber ein gewöhnlicher gepflasterter Wirtschaftshof inmitten von Gefängnisgebäuden, auf dem Gefangene bei der Arbeit hin und her laufen, so daß ich den Aufenthalt dort auf das ärztlich vorgeschriebene Minimum der Bewegung aus Gesundheitsrücksichten einschränke und auch während dieser »Spaziergänge« möglichst wenig um mich her blicke. Der Abrutsch nach Wronke ist in jeder Hinsicht ein schroffer, aber dies nicht als Klage, sondern nur zur Erklärung, weshalb ich Ihnen vorläufig keinen aus Rosenduft, Himmelblau und Wolkenschleiern gewobenen Brief schreiben kann, wie Sie's aus Wronke gewöhnt sind. Die Heiterkeit wird mir schon noch zurückkommen – trage ich sie doch in mir selbst in unerschöpflichen Mengen –, nur muß ich erst mit meinem Kadaver einigermaßen in Ordnung sein, womit es bis dato bedenklich hapert. Mein Magen rebelliert heftig seit eineinhalb Wochen, so daß ich eine Woche lang liegen mußte, und auch jetzt lebe ich noch hauptsächlich von heißen Umschlägen und dünnen Suppchen. Die Ursache ist mir unklar, wahrscheinlich ist das die Nervenreaktion auf die schroffe Verschlimmerung der allgemeinen Lebensbedingungen. Heute geht es mir schon etwas besser, ich war wieder unten eine Stunde in der Sonne und glaube, das Schlimmste ist vorbei. Es gibt dort im Hof zwei schmale schwindsüchtige Rasenstreifen, die häufig durch die daneben die Wäsche aufhängenden und abnehmenden Gefangenen getreten werden und es natürlich nicht zur Üppigkeit bringen können. Immerhin habe ich darin schon sämtliche vorkommende Species festgestellt, alle in verkrüppelten Formen; ein paar zwerghafte Schafgarben blühen, und ein Dutzend Habichtkräuter (Sie kennen sie sicher, ohne den botanischen Namen zu wissen: Sie sehen aus wie Löwenzahn, nur viel kleiner) erheben ihre gelben, sonnigen Köpfchen. Kohlweißlinge, die jetzt in Mengen herumflattern, hängen sich gern an sie. Auch ein paar Tauben gibt es, wie in jedem Gefängnishof, sie kommen aus der Nachbarschaft, fühlen sich aber hier ganz heimisch und spazieren dreist heran, wenn Getreidesäcke (vom Militär) hier gewendet und ausgeschüttet werden, wahrscheinlich fällt hie und da noch ein Körnchen ab. Sonst schleichen nur schweigsam ein paar Sperlinge herum.

Ich lese jetzt Mignet und Cunow über Französische Revolution. Welches unerschöpfliche Drama, das einen immer wieder packt und bezaubert! Aber ich finde doch die englische noch mächtiger und phantasievoller, glanzvoller, obwohl sie in so morosen Formen des Puritanismus sich abspielte. Den Guizot habe ich schon dreimal gelesen, werde ihn aber noch öfters vornehmen.

Ich bin fleißig bei der Korolenko-Übersetzung[195], die ich bis Ende des Monats zu liefern versprach. Allerdings erfuhr sie durch meine Erkrankung eine empfindliche Verzögerung. – Wie finden Sie die Sache?

Mir kommt in den Sinn, daß Sie mir vielleicht schon unter dem Namen Frau Dr. Lübeck[196] schrieben und niemand hier wußte, daß ich es sei. Auf jeden Fall: Ich habe **nichts** von Ihnen hier erhalten und warte nun sehnlich auf einen Brief. Hier sind mir Briefe noch ganz anders liebe Gäste als in Wronke.

Auf Wiedersehen bis zum nächsten Brief, herzlich Ihre R.

NB: Ich habe natürlich hier meine Identität als **Frau Dr. Lübeck** bereits festgestellt, und Sie können ruhig so adressieren. Direkt an die Kommandantur. Können Sie mir nicht etwas Belletristik schicken? Ich bin völlig blank. Sonja [Liebknecht] schickte mir ein Pack – lauter Unmögliches …

Ich lege Ihnen eine Skizze über Shakespeare (von Dr. Morgenstern) bei.

Hans Diefenbach

Breslau, 27. August 1917

Hänschen, heute ist ein trüber Tag, scheußliches Regenwetter, deshalb sitze ich den ganzen Tag eingesperrt in der Bude. Nun aber brachte man mir die Post: einige Briefe und darunter von

Ihnen – und da bin ich wieder froh und heiter! Auch mir ist es eine Erlösung, daß unsere Korrespondenz endlich wieder in Fluß kommt. Übrigens hatte ich Ihnen gerade nach Stuttgart geschrieben, konnte aber den Brief noch zurückziehen, um diesen dafür zu schreiben.

Armes Hannesle, ich kann Ihnen die Stimmung nachfühlen, in der Sie sich jetzt befinden, und es ist mir gerade ein Bedürfnis, auch von Ihren Trübsalen Näheres zu hören. Ich wäre auch dafür, daß Sie jetzt nach Stuttgart übersiedeln, um bei Ihrem alten Herrn zu sein. Kann man schon nichts helfen und tun, so ist es wenigstens eine Erleichterung, in seiner Nähe zu sein; Ihre bloße Anwesenheit ist doch für den Ärmsten eine Wohltat, und nachher macht man sich bittere Vorwürfe für jede Stunde, die man den alten Leuten entzogen hatte. Ich war nicht so glücklich, auch nur dies Wenige tun zu können. Ich mußte ja ständig der Menschheit dringende Geschäfte besorgen und die Welt beglücken, und so fand ich die Nachricht vom Tode des Vaters in Berlin, als ich vom internationalen Kongreß in Paris[197] zurückkam, wo ich mit Jaurès, Millerand, Daszyński, Bebel und Gott weiß noch wem mich herumhieb, daß nur die Federn flogen, derweil konnte der alte Herr nicht länger warten, sagte sich wohl auch, es hätte doch keinen Zweck, mochte er noch so lange warten, da ich ja doch nie »Zeit hätte« für ihn und für mich selbst – und er starb. Als ich von Paris zurückkam, war er schon seit einer Woche begraben. **Jetzt** wäre ich natürlich klüger, aber man wird ja meist klüger, wenn's zu spät ist. Also wenn Sie irgend können, gehen Sie zu Ihrem alten Herrn hin, und bleiben Sie bei ihm bis zu Ende. Dieser Rat ist kein geringes Opfer meinerseits: Ist mir doch, als seien Sie mir in Lissa näher und als sei ich ganz und gar verlassen, wenn Sie nach Stuttgart fahren. Aber ich hab' ja Zeit – **jetzt** hab' ich viel Zeit! … –, und schließlich bringt mir die Post Ihre Nachrichten auch von dort.

Romain Rolland ist mir kein Unbekannter, Hänschen. Er ist ja einer der weißen Raben intra et extra muros[198], die nicht im Kriege den Rückfall in die Psychologie der Neandertal-Zeit mitgemacht haben. Gelesen habe ich von ihm »Jean-Christophe in Paris« in deutscher Übersetzung. Ich fürchte Sie zu kränken, will aber, wie immer, ganz ehrlich sein: Ich fand das Buch sehr brav und sympathisch, aber mehr Pamphlet als Roman, kein eigentliches Kunstwerk. Ich bin in dieser Beziehung so unerbittlich empfindlich, daß mir die schönste Tendenz das einfache göttliche Genie nicht ersetzen kann. Aber ich werde sehr gern mehr von ihm lesen, zumal französisch, was mir an sich ein Genuß sein wird, und vielleicht finde ich in andern Bänden mehr als in jenem.

Wie steht es aber mit meinem Hauptmannschen »Narr in Christo«? Haben Sie's noch nicht gelesen? Dann wäre das jetzt in Ihrer Stimmung für Sie ein wahrer Schatz. Wenn Sie's aber schon intus haben, bitte dringend um Ihr Urteil.

Seit einigen Tagen schwirren massenhaft Wespen zu mir in die Zelle (ich halte natürlich Tag und Nacht das Fenster offen). Sie suchen jetzt zielbewußt nach Nahrung, und ich bin, wie Sie wissen, gastfrei. Ich habe ihnen ein Näpfchen mit allerlei Naschwerk hingestellt, und sie beladen sich fleißig. Es ist ein Genuß zu sehen, wie diese winzigen Tiere alle paar Minuten mit einer neuen Ladung durchs Fenster verschwinden, um sich weit weg in einen Garten zu begeben, dessen grüne Wipfel ich nur von weitem sehe, und nach einigen Minuten wieder geradenwegs ins Fenster zurückfliegen und sich zu dem Napf zu begeben. Hänschen, welches fabelhafte Orientierungsvermögen bei diesen Äuglein, die so groß sind wie ein Stecknadelkopf, und welches Gedächtnis: Sie kommen Tag für Tag, vergessen also über Nacht keineswegs den Weg zu dem »bürgerlichen Mittagstisch« hinter Gitterstäben! In Wronke habe ich sie auf meinem Spazierweg im Garten täglich beobachtet, wie sie in die Erde zwischen Pflastersteinen tiefe Löcher und Gänge bohrten und die Erde zur Oberfläche hinausschafften. Dutzende von solchen Löchern gab es dort auf jedem Quadratmeter, für unser menschliches Auge gar nicht zu unterscheiden. Dabei wußte jedes Tier genau und direkt den Weg zu dem eigenen, als es von einer großen Exkursion in die Weite zurückkehrte! Ebensolche Rätsel der Intelligenz geben die Vögel bei ihren Wanderzügen auf, womit ich mich gerade näher befasse. Wissen Sie, Hänschen, daß bei dem herbstlichen Zug nach dem Süden große Vögel, wie Kraniche, oft einen ganzen Haufen kleiner, wie Lerchen, Schwalben, Goldhähnchen etc. auf ihrem Rücken tragen?! Das ist kein Kindermärchen, sondern wissenschaftlich erhärtete Beobachtung. Und die Kleinen zwitschern munter und unterhalten sich dabei auf ihrem »Omnibussitz«! ... Wissen Sie, daß bei solchen Herbstwanderungen oft Raubvögel – Sperber, Falken, Weihe – in einem Haufen mit kleinen Singvögeln, die sie sonst zu fressen pflegen, die Reise machen und daß auf dieser Reise eine Art treuga dei, ein allgemeiner Waffenstillstand herrscht? Wenn ich so etwas lese, bin ich so erschüttert und lebensfreudig gestimmt, daß ich sogar Breslau für einen Ort halte, in dem Menschen leben können. Ich weiß selbst nicht, warum das auf mich wirkt; vielleicht, weil es mich wieder daran erinnert, daß das Leben doch ein schönes Märchen ist. Im Anfang hätt ich's hier beinahe vergessen, jetzt kommt es mir aber wieder. Ich lasse mich nicht unterkriegen ...

Schreiben Sie bald. Herzlich Ihre R.

[...]

Franz Mehring [599]

[Breslau,] 8. September 1917

Mit einem lachenden und einem weinenden Auge verfolge ich auch den unerschöpflichen Born der Kautskyschen Feder, die nie müde wird, weiter ruhig ein »Thema« nach dem andern mit der Geduld einer Spinne auszuarbeiten, alles sauber in kleine Kapitelchen mit Untertiteln zerlegt und alles »historisch« betrachtet, das heißt vom Urnebel angefangen bis auf den heutigen Tag. Nur in der Hauptsache weiß er leider immer noch nicht, was er eigentlich weiß. Ich muß immer denken an den Fritz Adler, der, als er mich das letzte Mal in Berlin besuchte und mir sagte, er stimme vollständig dem Junius [600] zu, auf meinen Einwurf: »Ich denke doch, Sie stehen auf Kautskys Standpunkt?« die Antwort gab: »Wie macht man das? Kautsky steht doch auch nicht auf Kautskys Standpunkt.« Aber die Scheidemänner werden ihn doch nächstens auch noch zum Märtyrer machen und damit seine kahle Glorie wieder frisch erstrahlen lassen.

Marta Rosenbaum

[Breslau, nach dem 12. November 1917]

Mein liebes Martchen!

Vielen Dank für Ihre herzliche Karte. Auch mir war Ihr Besuch hier[601] eine körperliche und geistige Erfrischung, von der ich jetzt noch zehre. So viel Liebe und Güte, wie Sie ausstrahlen, muß ja jeden erwärmen. Es ging auch diesmal alles viel netter und »menschlicher«, als ich gefürchtet hatte, und ich hoffe, das nächste Mal, wenn Sie hier sind, wird es noch besser gehen. Im übrigen lebe ich immer weiter in gleicher Weise: Auf den Spaziergängen in dem häßlichen Gefängnishof träume ich mir etwas Schönes so intensiv, daß ich gar nicht die Umgebung merke, und die übrige Zeit in der Zelle lese und arbeite ich die ganze Zeit in ruhiger Stimmung. Seit einer Woche etwa sind natürlich alle meine Gedanken in Petersburg[602], und ich greife mit ungeduldiger Hand jeden Morgen und Abend zu frischen Zeitungen, aber die Nachrichten sind leider knapp und konfus. Auf dauernden Erfolg ist ja dort nicht zu rechnen, aber auf jeden Fall ist schon der Anlauf selbst zur Machtergreifung dort ein Faustschlag ins Gesicht der hiesigen Sozialdemokratie und der ganzen schlummernden Internationale. Kautsky allerdings weiß nichts Besseres, als statistisch zu beweisen, daß die sozialen Verhältnisse Rußlands für die Diktatur des Proletariats noch nicht reif sind! Ein würdiger »Theoretiker« der Unabhängigen Sozialdemokratischen Partei! Er hat vergessen, daß »statistisch« Frankreich im Jahre 1789 und auch 1793 noch viel weniger reif war zur Herrschaft der Bourgeoisie ... Zum Glück geht die Geschichte schon längst nicht nach Kautskys theoretischen Rezepten, also hoffen wir das Beste.

Was lesen Sie jetzt? Was schreiben Sie? (Denken Sie, meine Schuhe habe ich noch immer nicht zurück! ... Eine lustige Geschichte.) Liebes Martchen, bleiben Sie frisch und munter und haben Sie nochmals Dank für alles. Notabene: Die hiesige Frau Oberin ist von Ihnen begeistert. Schreiben Sie wieder einmal eine Zeile (ohne auf dieses Brieflein Bezug zu nehmen). Ich umarme Sie herzlich und grüße vielmals Ihren Gatten und Frl. Ännchen, auch Veilchen. Ihre R.

Luise Kautsky

Liebste!

Dank Dir für Deine paar Worte, die mich beschämt haben, weil ich Dir ja die schreckliche Nachricht so kurz und unumwunden geschrieben hatte.[603] Aber ich erhielt sie ebenso und fand: in einem **solchen** Fall ist Kürze und Offenheit noch das Barmherzigste, wie bei einer schweren Operation. Ich finde auch keine Worte darüber.

Ich möchte nur jetzt mit Dir und Hans [Kautsky] sein können, weil mir ist, als ob die Atmosphäre der Liebe, die zwischen uns dreien um seine Person webt, ihn irgendwie doch lebendig erhielte.

Ich komme immer noch nicht aus dem tiefen Erstaunen heraus: Ist das möglich? Es ist mir wie ein mitten im Satz verstummtes Wort, wie ein plötzlich abgerissener Akkord, den ich noch immer höre.

Wir hatten tausend Pläne für die Zeit nach dem Kriege, wir wollten »das Leben genießen«, reisen, gute Bücher lesen, den Frühling bewundern wie noch nie ... Ich begreife es nicht: Ist das möglich? Wie eine abgerissene und zertretene Blume ...

Liebste, behalte den Kopf oben. Man muß stolz bleiben und nichts zeigen. Wir müssen uns nur etwas mehr zusammenschließen, damit es »wärmer« wird. Ich umarme Dich und Hans in treuester Liebe. Deine R.

Mathilde Wurm

Meine liebste Tilde!

Wie gern hätte ich Dir schon viel früher geschrieben; doch ich hoffe, Du weißt, daß es nicht an mir liegt, wenn ich's nicht bis jetzt getan: Ich ließ Dir sagen, daß ich mich im Briefschreiben einschränken muß. Sonst waren und sind meine Gedanken gar oft bei Dir, und namentlich finde ich so lieb und so rührend von Dir, daß Du mich mit Deiner Hände Werken so trefflich versorgst. Ich freue mich jedesmal herzlich, wenn ein Brot von Dir eintrifft, und sage mir lächelnd: Tilde ist eine aufs Reelle und Praktische gerichtete Natur, ihre Liebe und Freundschaft hat gern handgreifliche Formen. Notabene, mir war direkt zum Lachen, als ich in Deinem vorigen Brief las, E[manuel Wurm] hätte seinen 60. Geburtstag gefeiert. Ich meinte im ersten Moment, Du hättest Dich verschrieben: 50. hätte es heißen sollen; dann besann ich mich erst, daß es doch wohl nicht stimmen könnte. Aber wie wenig paßt diese ehrwürdige Zahl zu der frischen, mobilen Vorstellung, die man von ihm hat, und gar zu Dir, mein Mädchen! Nun, ich konnte ihm und Dir nicht rechtzeitig gratulieren, nimm nachträglich meine herzlichsten Wünsche, auch zu Deinem Geburtstag, dessen Datum mir unbekannt war. Ich war sehr betrübt zu hören, daß Emmo so herunter war, nun aber schriebst Du mir ja von seiner erheblichen Besserung. Das zeigt wieder, wie kolossal elastisch der Mann ist und wie er nur der richtigen Pflege und Ausspannung bedarf, um immer auf dem Posten zu sein.

Zu Eurer »Maßregelung«[604] schrieb ich Dir nichts, weil, abgesehen davon, daß ich nicht schreiben kann, wann ich will, zu diesem Casus für mich so wenig zu sagen ist. Ich bin nicht imstande, mich zu entrüsten über Leute und Dinge, die bereits längst jenseits von Gut und Böse sind. Ich möchte **handeln** können, kalt und fest, ohne viel Worte, aber wirksam ... Da ich's nicht kann, so schweige ich lieber. Mich so durch Entrüstungsworte im kleinen Kreise zu erleichtern ist nicht mein Geschmack ...

Ich lebe hier in der Dir bekannten Weise: immer in Bücher vertieft, am liebsten in solche, die mich weit weg von der Gegenwart und von der Gattung Homo sapiens führen, ich meine wissenschaftliche Bücher. Belletristik kann ich nur selten lesen und nur sehr gute. Verzeihe mir, Liebste, ich kann mich mit dem »Hyperion« immer noch nicht befreunden, wie mir überhaupt Hölderlin wesensfremd ist. Es kann aber sein, daß ich einmal plötzlich den Weg zu ihm finde. Solches ist mir schon mehrmals passiert. So habe ich z. B. heute den »Simplicius Simplicissimus« von Grimmelshausen beendet, den ich schon – in der schönen Ausgabe bei Alb. Langen – seit Jahren besitze, ohne daß ich früher an ihm Geschmack gefunden hätte. Es ist ein starkes und großes Zeitgemälde aus dem Dreißigjährigen Krieg, ein Bild der damaligen ge-

Mathilde Wurm

sellschaftlichen Verwilderung in Deutschland, von erschütternder Wirkung. Ich rate es Dir jedoch nicht etwa jetzt zu lesen, es würde Dich vielleicht sehr niederdrücken. Ich habe es jetzt in einem Zug ausgelesen, nur um mich zu betäuben und abzulenken, da mich ein schwerer Schlag getroffen: Hans Diefenbach ist gefallen. Ich weiß, daß das Leben weitergeht, daß man weiter fest und mutig und sogar heiter bleiben muß, ich weiß alles – – ich werde schon allein mit allem fertig werden, nur reden mag ich nicht darüber.

Sag mal, hast Du den »Narr in Christo« von Gerhart Hauptmann gelesen, um den ich Dich schon einmal interpelliert habe? Anworte darauf unbedingt; wenn Du ihn noch nicht kennst, so schicke ich ihn Dir sofort. Das **mußt** Du lesen, denn dieses Buch wird Dich geistig erfrischen wie eine Hochgebirgstour.

Von der Margarete Wengels erhielt ich vor längerer Zeit einen herzlichen Brief, der mich sehr erfreut hatte. Ich hätte ihr so gerne wiedergeschrieben, wenn ich's nur könnte. Ich tue es bei der nächsten Möglichkeit. Grüße sie inzwischen von mir vielmals.

Um die Russen bangt mein Herz sehr, ich erhoffe leider keinen Sieg der Leninisten[605], aber immerhin – ein solcher Untergang ist mir doch lieber als »Lebenbleiben für das Vaterland« …

Leb nun wohl, mein liebes Mädchen, hoffentlich sehe ich Dich nächstens hier. Bleib munter und tapfer. Es wird schon alles anders und besser, wenn die Zeit dafür kommt. In Conrad Ferdinand Meyers »Hutten« heißt es an einer Stelle: »Das Größte tut nur, wer nicht anders kann« … Also warten wir ab.

Kuß und Händedruck! Deine Rosa

Wenn Du mir wieder was schickst, dann nur als Wertpaket oder per Nachnahme. Es gehen auch zu viel Pakete verloren. Neulich wieder eins von Klara [Zetkin]. Für Mörikes Briefe vielen Dank, ich lese sie mit Vergnügen.

Clara Zetkin

Meine liebste Klara!

Ich schreibe Dir durch eine Gelegenheit, nimm also in Deinem künftigen Brief auf diesen keinen Bezug.

Vielen Dank für Deine beiden ausführlichen Briefe, die ich gleichzeitig erhielt, da das Paket zehn Tage unterwegs war. Ich schrieb Dir schon kurz, daß ich die Nachricht über Hannes[606] bereits am 9. hatte. Gerlach, der mir von Zeit zu Zeit schreibt, schickte sie mir sofort, wofür ich ihm sehr dankbar war. Es hat keinen Zweck, darüber Worte zu machen.

Es tat mir so wohl, daß Maxim [Zetkin] den Tod H[anne]s' so tief empfand. Frage ihn im Brief, ob er sich an jenen Abschied bei mir auf dem Balkon am 2. August 1914 erinnert, als Hannes wie ein Kind mit Tränen versicherte, er wolle und er könne nicht in den Krieg, er vertrage das nicht, er habe auch das Gefühl, er werde nicht zurückkehren, und wie ich ihn wie einen kleinen Jungen trösten mußte. Maxim lächelte dabei still in seiner Weise, hatte aber, glaub' ich, auch Tränen in den Augen. Ich habe damals die beiden noch weit ins Feld begleitet. Freilich habe ich H[annes] noch einmal 1916 in Berlin gesehen, und dann kam er nach Wronke zu mir.

Ich hoffe, Du erholst Dich jetzt auch gesundheitlich, da Du über Deinen Besuch so glücklich bist. Bald ist ja Neujahr, und dann kann man schon auf den Frühling warten, der Dich wieder in den Garten hinausführt. Ich treibe hier eine Gärtnerei im Kleinen. Alle Leute überschütten mich so mit Blumen und Blumentöpfen, daß ich einen ganzen Wintergarten in der Zelle habe und nicht wenig Zeit darauf verwenden muß, all das Volk jeden Morgen zu begießen und zu bespritzen. Ich habe u. a. eine Fuchsia zur zweiten Blüte im Oktober gebracht und davon durch sorgfältige Bestäubung der Blüten **Früchte** gezogen. Ich hatte noch nie welche gesehen, da ja die gedankenlosen Menschen welke Blüten stets abknipsen und es so nie zur Frucht kommen lassen. Es interessierte mich also sehr, was herauskommt. Es ist ein rotes fleischiges Früchtchen von der Größe einer Haselnuß mit vielen grauen Samen drin. Fuchsia gehört übrigens zu derselben Familie wie das Weidenröschen. Jetzt habe ich eine große blühende weiße

Lilie bestäubt, wir wollen sehen, was da für eine Frucht herauskommt.

Von Tieren habe ich hier nur Tauben, die ich füttere und die sich von allen Seiten auf mich stürzen jeden Morgen, kaum daß ich in der Türe des Hofes erscheine.

Hast Du den »Oblomow«[607] zurückgekriegt, den ich Dir vor einem Monat schicken ließ? Ich wollte ihn einschreiben lassen, die Post nimmt aber hier nicht eingeschriebene Sachen an. Verzeih mir, ich konnte ihn nicht weiter als bis Seite 25 lesen. In früheren Zeiten habe ich ihn einmal russisch gelesen und war sehr begeistert. Jetzt kam er mir so unerträglich weitschweifig und farblos vor, und vor allem beginnt er schon auf der ersten Seite als ein derart fertiger und zum Extrem getriebener Typus, daß ich nicht weiß, was er noch weiter bieten kann; jede Entwicklung und damit Interesse sind ja gleich abgeschnitten. Also vielen Dank, aber es war mir unmöglich.

Ich habe jetzt u. a. ein kleines Büchlein »Fremdenlegionär Kirsch« von Hans Paasche gekriegt, das mich nur des Verfassers wegen interessiert. Ich weiß nicht, ob Du von ihm etwas weißt. Hans P[aasche] ist der Sohn des früheren Vizepräsidenten des Reichstags [Hermann Paasche], hat sich neulich mit der Tochter des Posener Oberbürgermeisters Witting (Hardens Bruder) verheiratet, und beide haben eine Hochzeitsreise zu den Quellen des Nils gemacht, wobei die Frau, die Suaheli vollkommen beherrscht, alle Strapazen mitmachte. Die beiden haben darauf ein Buch geschrieben (aus dem ich einen Auszug im »Berliner Tageblatt« gelesen habe), worin sie über die Neger so menschlich und freiheitlich sich äußerten, daß das Buch sofort beschlagnahmt und eingestampft wurde. Hannes wollte es für mich besorgen, konnte es aber nicht mehr kriegen. Nun ist derselbe H[ans] Paasche neulich verhaftet worden – wie es hieß, wegen eines Flugblattes, worin er die Frauen der Munitionsbranche zum Massenstreik aufgerufen haben soll! ... Tatsache ist, daß er in Untersuchungshaft sitzt. Ist es nicht wunderbar, daß man plötzlich noch Menschen, **Männer** entdeckt, und zwar in Kreisen, wo man sie am wenigsten vermutete? Sieh z. B. auch, wie tapfer sich Th. Wolf im »B[erliner] T[ageblatt]« hält, namentlich wenn man ihn mit dem »Vorwärts« vergleicht.

Von dem Froschmäusekrieg der »Unabhängigen« mit den Scheidemännern wird mir übel. Ich bin wirklich nicht mehr imstande, die Siegesberichte über die Reisepredigten der Vogtherr, Geyer und Dittmann zu lesen, zumal wenn ich mir diese Figuren vorstelle. Wie jämmerlich und lächerlich haben sie sich erst in jener »denkwürdigen« Michaelis-Affäre (wegen der Wilhelmshavener)[608] gebärdet. Es war zum Heulen.

Na, hol sie allesamt der Teufel. Ich bin trotz alledem guten Muts in bezug auf die Gesamtsituation, weil ich jetzt die Überzeugung habe, daß in einigen Jahren eine große Umwälzung in ganz Europa unvermeidlich ist – zumal wenn der Krieg noch lange dauert –, und das ist mehr als wahrscheinlich.

Die Dinge in Rußland sind von wunderbarer Größe und Tragik. Gegen dieses unentwirrbare Chaos können natürlich die Lenin-Leute nicht aufkommen, aber ihr Anlauf allein ist eine welthistorische Tatsache und ein wirklicher »Markstein« – anders als der übliche »Markstein« des seligen Paulus [Singer] am Schluß jedes hundsgemeinscheißdreckigen deutschen Parteitags. Ich bin sicher, daß die edlen deutschen Proletarier genauso wie die Franzosen und Engländer vorläufig die Russen ruhig sich werden verbluten lassen.

Aber in ein paar Jahren muß es sich allenthalben wenden, da hilft keine Feigheit und Schwäche. Übrigens nehme ich alle diese Dinge jetzt völlig ruhig und heiter. Je mehr der allgemeine Bankrott Riesendimensionen und feste Dauer annimmt, um so mehr wird er zur elementaren Erscheinung, der gegenüber sittliche Maßstäbe ganz unangebracht sind. Sich über eine ganze Menschheit entrüsten ist lächerlich, man muß die Dinge mit der Ruhe eines Naturforschers studieren und beobachten. Ich habe das sichere Gefühl, die Entwicklung geht jetzt zu entscheidenden Wendungen. Ich bin bloß gespannt, ob ich das alles durch das Gitter bewundern soll.

Deine »Frauenbeilage«[609] lese ich natürlich sehr fleißig. Die arme Berta [Thalheimer] tut mir sehr leid, ich habe aber von ihr einige muntere und tapfere Zeilen erhalten. Ob ihr meine Antwort zugestellt worden ist, weiß ich nicht.

Die Margarete Wengels schreibt mir sehr nette Briefe. Um ihren Sohn, der ja mein Schüler war, war es sehr schade. Westmeyer ist ein großer Verlust.[610] Ich dachte immer, er würde noch in großen Zeiten eine Rolle spielen.

Ich umarme Dich vielmals, Deine R

Bitte adressiere nur: Kommandantur Abt. II d, Breslau, Karlstr.

(Schicke mir kein Gesälz mehr, ich kann es leider nicht vertragen. Für die Äpfel schönsten Dank!)

Sophie Liebknecht

[Breslau,] 24. November 1917

Meine liebe kleine Sonitschka, ich hatte mir ohnehin vorgenommen, die Gelegenheit nochmal zu benutzen, um Ihnen zu schreiben. Nun kam gestern auch noch Ihr lieber Brief, und ich muß mit Ihnen plaudern, obwohl ich leider nicht dazu so viel Zeit und Ruhe habe, wie es mir lieb wäre.

Reden Sie mir nicht von »hysterischen Dämchen«, mein Vöglein. Verstehen Sie denn nicht, haben Sie nicht bemerkt, daß an Ihrem Übel die besten Frauen leiden? Sehen Sie die Augen der armen Marta [Rosenbaum], in denen so namenloses Leid liegt und so unaussprechliche Angst – Angst, daß die Schranken des Lebens schon geschlossen sind und das eigentliche Leben gar nicht berührt und ausgekostet ist. Die Luise [Kautsky] – als ich sie kennenlernte, war sie ein ganz anderer Mensch als jetzt –, robust, zufrieden, beinahe dickfellig, fertig. Seitdem hat das Leid und [der] Verkehr mit anderen Menschen als ihrem Mann aus ihr ein sensibles, weiches Wesen gemacht; blicken Sie in ihre Augen: wieviel Staunen, Unruhe, Tasten und Suchen und schmerzliche Enttäuschung! Und all das auch dasselbe, was Sie klagen ... Ich führe das alles nicht etwa an, um Ihnen den abgeschmackten Trost zu bringen, weil auch andere daran leiden, sollen Sie Ihr Leid vergessen. Ich weiß, für jeden Menschen, jede Kreatur ist **eigenes** Leben das einzige, einmalige Gut, das man hat, und mit jedem kleinen Flieglein, das man achtlos zerdrückt, geht die ganze Welt jedesmal unter, für das brechende Auge dieses Flieglins ist alles so gut aus, als wenn der Weltuntergang alles Leben vernichtete. Nein, ich sage Ihnen von den anderen Frauen, gerade damit Sie Ihren Schmerz nicht unterschätzen und mißachten, damit Sie sich selbst nicht falsch verstehen und nicht Ihr eigenes Bild vor sich selbst verzerren. Oh, wie wohl ich Sie verstehe, wenn Ihnen jede schöne Melodie, jede Blume, jeder Frühlingstag, jede Mondnacht eine Sehnsucht und Lockung nach dem Schönsten ist, was die Welt zu bieten hat. Und wie ich verstehe, daß Sie »in die Liebe« verliebt sind! Mir war (oder ist? ...) auch die Liebe an sich stets wichtiger und heiliger als der Gegenstand, der zu ihr anregt. Und zwar deshalb, weil sie erlaubt, die Welt als ein schimmerndes Märchen zu sehen, weil sie aus dem Menschen das Edelste und Schönste herauslockt, weil sie das Gewöhnlichste und Geringste erhebt und in Brillanten faßt, und weil sie ermöglicht, im Rausch, in Ekstase zu leben ... Aber, kleine Sonjuscha, **Sie** sind nicht, wie Marta und Luise, an der Grenze des Lebens. Sie sind jung und schön, und Sie müssen noch richtig leben. Nur diese fatalen paar Jahre muß man überdauern, aber dann – muß vieles anders werden, so oder so. Sie dürfen und sollen Ihre Rechnung noch nicht abschließen, es ist lächerlich. Ich möchte Sie noch in allen Rausch des Lebensglücks tauchen und werde Ihr Recht darauf fest verteidigen. –

Sie irren sich, daß ich von vornherein gegen die modernen Dichter bin. Vor etwa fünfzehn Jahren habe ich Dehmel mit Begeisterung gelesen – irgendeine Prosasache von ihm – am Sterbelager einer geliebten Frau – ich habe nur eine dunkle Erinnerung – hat mich entzückt. Arno Holz' »Phantasus« kann ich jetzt noch auswendig. Johann Schlafs »Frühling« (Poesie in Prosaform) hat mich damals hingerissen und bezaubert. Dann bin ich abgekommen und zu Goethe und Mörike zurückgekehrt. Hofmannsthal verstehe ich einfach nicht, schlecht und recht kapiere ich nichts. George kenne ich nicht. Es ist wahr: Ich fürchte bei ihnen allen ein wenig die meisterhafte vollendete Beherrschung der Form, des poetischen Ausdrucksmittels und das Fehlen einer großen, edlen Weltanschauung dabei. Dieser Zwiespalt klingt mir so hohl in die Seele, daß mir dadurch die schöne Form zur Fratze wird. Sie geben gewöhnlich wunderbar **Stimmungen** wieder. Aber Stimmungen machen noch keinen Menschen.

Sonitschka, es sind so zauberhafte Abende jetzt, wie im Frühling. Ich gehe um 4 Uhr herunter in den Hof, es dämmert schon, dann sehe ich die scheußliche Umgebung in [den] geheimnisvollen Schleier der Dunkelheit gehüllt, dafür leuchtet in süßer Bläue der Himmel, und ein silberner, klarer Mond schwimmt darauf. Um diese Stunde ziehen jeden Tag quer über den Hof hoch oben Hunderte von Krähen in lockerem, weitem Band nach den Feldern hinaus, zu ihrem »Schlafbaum«, wo sie zur Nacht rasten. Sie ziehen mit gemächlichem Flügelschlag und tauschen merkwürdige Rufe aus – ganz anders als das scharfe »Krah«, mit dem sie bei Tag raubgierig nach Beute jagen. Jetzt klingt das gedämpft und weich, ein tiefer Kehllaut, der auf mich wirkt wie eine kleine Metallkugel. Und wenn mehrere abwechselnd dieses »Kau-Kau« gurgelnd ausstoßen, ist mir, als ob sie spielend einander Metallkügelchen zuwerfen, die in der Luft im Bogen schweben. Es ist ein ruhiges Geplauder von dem Erlebten, »vom Tage, vom heute genossenen Tage …«. Sie kommen mir so ernst und wichtig vor, wie sie so jeden Abend ihrer Sitte und vorgezeichneten Bahn folgen, ich empfinde wie Ehrfurcht für diese großen Vögel, denen ich mit gehobenem Kopf nachschaue – bis zum letzten. Dann wandle ich in der Dunkelheit hin und her und sehe die Gefangenen, die eilig ihre Arbeiten noch im Hofe verrichten, wie undeutliche Schatten herumhuschen und freue mich, daß ich selbst unsichtbar bin – so allein, so frei mit meinen Träumereien und den verstohlenen Grüßen zwischen mir und dem Krähenzug droben, mir ist so wohl bei dem linden frühlingsmäßigen Luftzug. Dann gehen die Gefangenen mit den schweren Kesseln (Abendsuppe!) durch den Hof ins Haus, zwei und zwei, marschmäßig, zehn Paar hintereinander; ich folge als letzte; im Hof, in den Wirtschaftsgebäuden verlöschen allmählich die Lichter, ich trete ins Haus, und die Türen werden zweimal verschlossen und zugeriegelt – der Tag ist aus. Ich fühle mich so wohl, trotz des Schmerzes um Hans [Diefenbach]. Ich lebe nämlich in einer Traumwelt, in der er gar nicht gestorben ist. Für mich lebt er weiter, und ich lächle ihm oft zu, wenn ich an ihn denke.

Sonitschka, mein kleiner Liebling, leben Sie wohl. Ich freue mich so auf Ihr Kommen. Schreiben Sie bald wieder – vorläufig offiziell, das geht ja auch – und dann durch Gelegenheit.

Ich umarme Sie, Ihre R

Luise Kautsky

[Breslau,] 24. November 1917

Liebste Lulu!

Ich habe Dir neulich einige Zeilen geschrieben. Jetzt benütze ich die Gelegenheit, obwohl es mir schwerfällt, etwas gerade jetzt zu schreiben. Mit **Dir** kann ich ja jetzt fast von nichts als von **Dem**[611] sprechen, aber gerade hier ist nichts zu sagen. Ich kann wenigstens keine Worte machen. Ich darf auch nicht daran denken, ich könnte es sonst nicht ertragen. Ich lebe im Gegenteil weiter in dem Traum, daß er da ist, ich sehe ihn lebendig vor mir, plaudere mit ihm in Gedanken über alles, in **mir** lebt er weiter.

Gestern hat man mir meinen Brief an ihn vom 21. 10. zurückgeschickt, das ist schon der zweite. Briefe, die ihn nicht erreichten.

Ich habe von seiner Schwester[612] einen lieben Brief gehabt, es muß eine feine Frau sein, halt doch Hannes' Schwester.

Was machst denn Du, wie lebst Du jetzt ohne alle Deine Jungen? Es muß ja bei Euch zu Hause ganz still und leer sein. Wie verbringst Du denn Deine Tage? Ich sehe Dich immer noch wie in Wronke im Mai, Du sahst damals so lieb aus, hattest solchen angstvoll-schmerzlichen Ausdruck in den Augen. Du hast mich nicht gesehen, als ich auf Dich aus meinem Versteck schaute, Du gingst quer über den Hof in unser »Haus« und trugst das Köfferlein mit den Gaben in der Hand, ich blickte auf Dein liebes Gesicht und dachte mir: Wie jung sind diese graublauen Augen, in denen so viel unruhiges, unbefriedigtes Suchen und so hilflose Qual liegt, diese Augen sind um zwanzig Jahre jünger als Dein Aussehen sonst; sie verraten, daß Du innerlich noch immer das tastende, suchende, ängstliche Mädchen bist. Wie ich Dich gerade für diese innere Unsicherheit liebe! ... Jetzt möchte ich draußen sein, um mit Dir zu sitzen und zu plaudern. Liebste, sei nicht verzagt, leb nicht wie ein zertretenes Fröschlein! Schau, wir haben jetzt – wenigstens hier – so herrliche milde Frühlingstage, die Abende mit dem silbernen Mond sind so schön. Ich kann mich gar nicht satt sehen, wenn ich in der Dämmerung meinen Spaziergang in dem Gefängnishof mache (ich gehe absichtlich abends, um die Mauern und die ganze Umgebung nicht zu sehen). Lies was Schönes! Hast Du jetzt gute Bücher? Schreib mir doch, bitte, was Du liest, vielleicht schicke ich Dir oder empfehle Dir wenigstens etwas Schönes, was Dich erquickt.

Ich bin über die Ohren in der Geologie, die mich außerordentlich anregt und beglückt. Ich kriege Angst, wenn ich denke, wie kurz das Leben für mich noch ist und wieviel noch zu lernen wäre!

Freust Du Dich über die Russen[613]? Natürlich werden sie sich in diesem Hexensabbath nicht halten können – nicht weil die Statistik eine so rückständige ökonomische Entwicklung in Rußland aufweist, wie Dein gescheiter Gatte ausgerechnet hat, sondern weil die Sozialdemokratie in dem hochentwickelten Westen aus hundsjämmerlichen Feiglingen besteht und die Russen, ruhig zusehend, sich werden verbluten lassen. Aber ein solcher Untergang ist besser als »leben bleiben für das Vaterland«, es ist eine weltgeschichtliche Tat, deren Spur in Äonen nicht untergehen wird. Ich erwarte noch viel Großes in den nächsten Jahren, nur möchte ich die Weltgeschichte nicht bloß durch das Gitter bewundern …

Liebste, sei ruhig und fest, sei heiter trotz alledem – und schreibe mir bald. Ich umarme Dich. Deine R.

Sophie Liebknecht

[Breslau, vor dem 24. Dezember 1917]
Sonitschka, mein Vöglein, ich habe mich so über Ihren Brief gefreut, wollte gleich antworten, hatte aber gerade viel zu tun, wobei ich mich sehr konzentrieren mußte, deshalb durfte ich mir nicht den Luxus gestatten. Dann aber wollte ich schon lieber auf Gelegenheit warten, weil es doch so viel schöner ist, zwanglos ganz unter uns plaudern zu können.

Ich dachte an Sie jeden Tag beim Lesen der Nachrichten aus Rußland und stellte mir mit Sorge vor, wie Sie bei jedem unsinnigen Telegramm grundlos in Aufregung geraten. Was jetzt von drüben kommt, sind ja meist Tatarennachrichten, und das stimmt doppelt für den Süden[614]. Den Telegrammagenturen liegt es (hüben wie drüben) daran, das Chaos möglichst zu übertreiben, und sie bauschen jedes unbeglaubigte Gerücht tendenziös auf. Bis die Dinge sich klären, hat es gar keinen Sinn und Grund, unruhig zu sein, so ins Blaue hinein, auf Vorschuß. Im allgemeinen scheinen die Dinge dort ganz unblutig zu verlaufen, jedenfalls sind alle Gerüchte von »Schlachten« unbestätigt geblieben. Es ist einfach ein erbitterter Parteikampf, der ja in der Beleuchtung bürgerlicher Zeitungskorrespondenten stets wie ein losgelassener Irrsinn und eine Hölle aussieht. Was nun die Judenpogrome betrifft, so sind alle dergleichen Gerüchte direkt **erlogen**. In Rußland ist die Zeit der Pogrome ein für allemal vorbei. Dazu ist die Macht der Arbeiter und des Sozialismus dort viel zu stark. Die Revolution hat die Luft drüben so gereinigt von Miasmen und von der Stickluft der Reaktion, daß Kischinjow⁶¹⁵ für immer passé ist. Eher kann ich mir – in Deutschland noch Judenpogrome vorstellen ... Jedenfalls herrscht die dazu passende Atmosphäre der Niedertracht, Feigheit, Reaktion und des Stumpfsinns. In dieser Hinsicht können Sie also für Südrußland völlig beruhigt sein. Da sich die Dinge dort zu einem sehr scharfen Konflikt zwischen der Petersburger Regierung und der Rada⁶¹⁶ zugespitzt haben, so wird auch die Lösung und die Klärung sehr bald eintreten müssen, worauf man die Situation wird überblicken können. Von allen Standpunkten hat es absolut keinen Sinn, keinen Zweck, daß Sie sich aufs Ungewisse vor Angst und Unruhe verzehren. Halten Sie sich doch tapfer, mein kleines Mädchen, Kopf hoch, fest und ruhig bleiben. Es wird sich noch alles zum Besseren wenden, nur nicht gleich immer das Schlimmste erwarten! ...

Ich hoffte fest darauf, Sie bald, im Januar, hier schon zu sehen. Nun heißt es, Mat[hilde] W[urm] wolle im Januar kommen. Mir wäre es schwer, auf Ihren Besuch im Januar zu verzichten, aber ich kann natürlich nicht disponieren. Wenn Sie erklären, Sie können nicht anders als im Januar, dann bleibt es vielleicht dabei; vielleicht kann Mat[hilde] W[urm] im Februar? Ich möchte jedenfalls bald wissen, wann ich Sie sehe.

Jetzt ist es ein Jahr, daß Karl in Luckau⁶¹⁷ sitzt. Ich habe in diesem Monat oft daran gedacht. Und genau vor einem Jahr waren Sie bei mir in Wronke, haben mir den schönen Weihnachtsbaum beschert ... Heuer habe ich mir hier einen besorgen lassen, aber man brachte mir einen ganz schäbigen, mit fehlenden Ästen –

kein Vergleich mit dem vorjährigen. Ich weiß nicht, wie ich darauf die acht Lichtlein anbringe, die ich erstanden habe. Es sind meine dritten Weihnachten im Kittchen, aber nehmen Sie's ja nicht tragisch. Ich bin so ruhig und heiter wie immer.

Gestern lag ich lange wach – ich kann jetzt nie vor 1 Uhr einschlafen, muß aber schon um 10 ins Bett, weil das Licht ausgelöscht wird, dann träume ich mir Verschiedenes im Dunkeln. Gestern dachte ich also: Wie merkwürdig das ist, daß ich ständig in einem freudigen Rausch lebe – ohne jeden besonderen Grund. So liege ich z. B. hier in der dunklen Zelle auf einer steinharten Matratze, um mich im Hause herrscht die übliche Kirchhofsstille, man kommt sich vor wie im Grabe; vom Fenster her zeichnet sich auf der Decke der Reflex der Laterne, die vor dem Gefängnis die ganze Nacht brennt. Von Zeit zu Zeit hört man nur ganz dumpf das ferne Rattern eines vorbeigehenden Eisenbahnzuges oder ganz in der Nähe unter den Fenstern das Räuspern der Schildwache, die in ihren schweren Stiefeln ein paar Schritte langsam macht, um die steifen Beine zu vertreten. Der Sand knirscht so hoffnungslos unter diesen Schritten, daß die ganze Öde und Ausweglosigkeit des Daseins daraus klingt in die feuchte, dunkle Nacht. Da liege ich still, allein, gewickelt in diese vielfachen schwarzen Tücher der Finsternis, Langeweile, Unfreiheit, des Winters – und dabei klopft mein Herz von einer unbegreiflichen, unbekannten inneren Freude, wie wenn ich im strahlenden Sonnenschein über eine blühende Wiese gehen würde. Und ich lächle im Dunkeln dem Leben, wie wenn ich irgendein zauberhaftes Geheimnis wüßte, das alles Böse und Traurige Lügen straft und in lauter Helligkeit und Glück wandelt. Und dabei suche ich selbst nach einem Grund zu dieser Freude, finde nichts und muß wieder lächeln – über mich selbst. Ich glaube, das Geheimnis ist nichts anderes als das Leben selbst; die tiefe nächtliche Finsternis ist so schön und weich wie Sammet, wenn man nur richtig schaut; und in dem Knirschen des feuchten Sandes unter den langsamen, schweren Schritten der Schildwache singt auch ein kleines schönes Lied vom Leben – wenn man nur richtig zu hören weiß. In solchen Augenblicken denke ich an Sie und möchte Ihnen so gern diesen Zauberschlüssel mitteilen, um immer und in allen Lagen das Schöne und Freudige des Lebens wahrzunehmen, damit Sie

Sophie Liebknecht

auch im Rausch leben und wie über eine bunte Wiese gehen. Ich denke ja nicht daran, Sie mit Asketentum, mit eingebildeten Freuden abzuspeisen. Ich gönne Ihnen alle reellen Sinnesfreuden, die Sie sich wünschen. Ich möchte Ihnen nur noch dazu meine unerschöpfliche innere Heiterkeit geben, damit ich um Sie ruhig bin, daß Sie in einem sternbestickten Mantel durchs Leben gehen, der Sie vor allem Kleinen, Trivialen und Beängstigenden schützt.

Sie haben im Steglitzer Park einen schönen Strauß aus schwarzen und rosigvioletten Beeren gepflückt. Für die schwarzen Beeren kommen in Betracht entweder Holunder – seine Beeren hängen aber in schweren, dichten Trauben zwischen großen gefiederten Blattwedeln, sicher kennen Sie sie – oder, wahrscheinlicher, Liguster: schlanke, zierliche, aufrechte Rispen von Beeren und schmale, längliche grüne Blättchen. Die rosigvioletten, unter kleinen Blättern versteckten Beeren könnten die der Zwergmispel sein; sie sind zwar eigentlich rot, aber in dieser späten Jahreszeit, ein bißchen schon überreif und angefault, erscheinen sie oft violettrötlich; die Blättchen sehen der Myrte ähnlich: klein, spitz am Ende, dunkelgrün und lederig oben, unten rauh.

Sonjuscha, kennen Sie Platens »Verhängnisvolle Gabel«? Könnten Sie's mir schicken oder bringen? Karl hat einmal erwähnt, daß er sie zu Hause gelesen hat. Die Gedichte Georges sind schön; jetzt weiß ich, woher der Vers »Und unterm Rauschen rötlichen Getreides ...« stammt, den Sie gewöhnlich hersagten, wenn wir im Felde spazierengingen. Können Sie mir gelegentlich den »Neuen Amadis«[618] abschreiben? Ich liebe das Gedicht so sehr – natürlich dank Hugo Wolfs Lied –, habe es aber nicht hier. Lesen Sie weiter die »Lessing-Legende«[619]? Ich habe wieder zu Langes »Geschichte des Materialismus« gegriffen, die mich stets anregt und erfrischt. Ich möchte so sehr, daß Sie sie mal lesen.

Ach Sonitschka, ich habe hier einen scharfen Schmerz erlebt. Auf den Hof, wo ich spaziere, kommen oft Wagen vom Militär, vollbepackt mit Säcken oder alten Soldatenröcken und -hemden, oft mit Blutflecken ..., die werden hier abgeladen, in die Zellen verteilt, geflickt, dann wieder aufgeladen und ans Militär abgeliefert. Neulich kam so ein Wagen, bespannt statt mit Pferden mit Büffeln. Ich sah die Tiere zum ersten Mal in der Nähe. Sie sind kräftiger und breiter gebaut als unsere Rinder, mit flachen Köpfen und flach abgebogenen Hörnern, die Schädel also unseren Schafen ähnlich, ganz schwarz, mit großen sanften schwarzen Augen. Sie stammen aus Rumänien, sind Kriegstrophäen ... Die Soldaten, die den Wagen fuhren, erzählen, daß es sehr mühsam war, diese wilden Tiere zu fangen, und noch schwerer, sie, die an die Freiheit gewöhnt waren, zum Lastziehen zu benutzen. Sie wurden furchtbar geprügelt bis sie begreifen lernten, daß sie den Krieg verloren hatten und daß für sie das Wort gilt »vae victis«[620] ... An hundert Stück der Tiere sollen in Breslau allein sein; dazu bekommen sie, die an die üppige rumänische Weide gewohnt waren, elendes und karges Futter. Sie werden schonungslos ausgenutzt, um alle möglichen Lastwagen zu schleppen, und gehen dabei rasch zugrunde. – Vor einigen Tagen kam also ein Wagen mit Säkken hereingefahren. Die Last war so hoch aufgetürmt, daß die Büffel nicht über die Schwelle bei der Toreinfahrt konnten. Der begleitende Soldat, ein brutaler Kerl, fing an, derart auf die Tiere mit dem dicken Ende des Peitschenstiels loszuschlagen, daß die Aufseherin ihn empört zur Rede stellte, ob er denn kein Mitleid mit den Tieren hätte. »Mit uns Menschen hat auch niemand Mitleid«, antwortete er mit bösem Lächeln und hieb noch kräftiger ein ... Die Tiere zogen schließlich an und kamen über den Berg, aber eines blutete ... Sonitschka, die Büffelhaut ist sprichwörtlich an Dicke und Zähigkeit, und die war zerrissen. Die Tiere standen dann beim Abladen ganz still, erschöpft, und eins, das, welches blutete, schaute dabei vor sich hin mit einem Ausdruck in dem schwarzen Gesicht und den sanften schwarzen Augen wie ein verweintes Kind. Es war direkt der Ausdruck eines Kindes, das hart bestraft worden ist und nicht weiß, wofür, weshalb, nicht weiß, wie es der Qual und der rohen Gewalt entgehen soll ... Ich stand davor, und das Tier blickte mich an, mir rannen die Tränen herunter – es waren **seine** Tränen, man kann um den liebsten Bruder nicht schmerzlicher zucken, als ich in meiner Ohnmacht um dieses stumme Leid zuckte. Wie weit, wie unerreichbar, verloren die schönen freien saftiggrünen Weiden Rumäniens! Wie anders schien dort die Sonne, blies der Wind, wie anders waren die schönen Laute der Vögel, die man dort hörte, oder das melodische Rufen des Hirten. Und hier – diese fremde, schaurige Stadt, der dumpfe Stall, das ekelerregende muffige Heu, mit faulem Stroh gemischt, die fremden, furchtbaren Menschen und – die Schläge, das Blut, das aus der frischen Wunde rinnt ... Oh, mein armer Büffel, mein armer, geliebter Bruder, wir stehen hier beide so ohnmächtig und stumm und sind nur eins in Schmerz, in Ohnmacht, in Sehnsucht. – Derweil tummelten sich die Gefangenen geschäftig um den Wagen, luden die schweren Säcke ab und schleppten sie ins Haus; der Soldat aber steckte beide Hände in die Hosentaschen, spazierte mit großen Schritten über den Hof, lächelte und pfiff leise einen Gassenhauer. Und der ganze herrliche Krieg zog an mir vorbei.

Schreiben Sie schnell. Ich umarme Sie, Sonitschka, Ihre R

Sonjuscha, Liebste, seien Sie trotz alledem ruhig und heiter. So ist das Leben, und so muß man es nehmen, tapfer, unverzagt und lächelnd – trotz alledem. Fröhliche Weihnachten! ... R

Franz Mehring[621]

[Breslau,] 30. Dezember [1917]

Wie schön, daß Ihr »Marx« wenigstens gesichert ist und bald erscheinen wird[622], das ist wirklich ein Lichtblick in diesen traurigen Zeiten. Ich hoffe, das Buch wird sehr vielen eine Erquickung und eine Ermunterung sein, eine wehmütige Erinnerung zugleich an die schöne Zeit, wo man sich noch nicht schämen mußte, deutscher Sozialdemokrat zu heißen.

Franz Mehring[623]

[Breslau,] 8. März 1918

Wie mich Ihr letzter Brief und namentlich der Bericht von dem fatalen Unfall[624] erschüttert hat, kann ich Ihnen gar nicht sagen. Ich vertrage ja sonst meine nunmehr ins vierte Jahr gehende Sklaverei mit wahrer Lammsgeduld, hier aber, unter dem schmerzlichen

Eindruck solcher Nachrichten, packte mich eine fieberhafte Ungeduld und ein brennendes Verlangen, sofort hinaus zu dürfen, nach Berlin zu eilen und mich durch Augenschein zu überzeugen, wie es Ihnen geht, Ihnen die Hand zu drücken und mit Ihnen ein Stündchen zu plaudern. Dies alles nicht tun zu können und hier in der öden Zelle wie ein Hund an der Kette liegen zu müssen, mit dem ewigen Ausblick auf das Männergefängnis auf der einen und auf das Irrenhaus auf der anderen Seite, hat mich nach Ihrem Brief wahrlich in Aufruhr gebracht ...

Ich habe trotz alledem die feste Zuversicht, daß wir uns schon nächstes Jahr endlich zu Ihrem Geburtstag wieder um Sie versammeln können. Der Krieg kann unmöglich länger als bis zum nächsten Jahr gehen, und dann – rechne ich auf die geschichtliche Dialektik, die sich zum Schluß doch aus allen Wirrnissen auf offenen großen Weg herausfinden muß. Ich zweifle nicht einen Augenblick, daß Sie mit uns allen schon noch etwas reinere Luft atmen werden, als man jetzt atmen muß.

Rosi Wolfstein

[Breslau,] 8. März 1918

Meine liebe Rosi, Sie haben mir mit Ihrer Sendung und Ihren Zeilen – die pünktlich am 5. eingetroffen sind – große Freude gemacht. Namentlich aber machen mich die Kätzchen und das kleine Elefantchen glücklich. Wenn man bloß mit dem »Glück im Winkel«, das ich nun im vierten Jahr genieße, auskommen könnte! Aber die Weltgeschichte kommt einem ja vor wie ein schlechtes Buch, ein Kolportageroman, wo grelle Effekte und Bluttaten sich in roher Übertreibung häufen und wo man keine Menschen, keine Charaktere, sondern Holzpuppen handeln sieht. Leider kann man dieses schlechte Buch nicht aus der Hand schmeißen, man muß sich durchbeißen. Und doch – »sie bewegt sich«. Ich verzweifle nicht einen Augenblick an der geschichtlichen Dialektik ... Von Ihren Schicksalen bin ich fortlaufend, wenn auch kurz, informiert. Ich hoffe Sie stets ebenso frisch, munter und unverzagt, wie ich Sie von früher her kenne. Eine Nachricht von Ihnen tut mir immer wohl. Nochmals vielen Dank und herzlichsten Händedruck! Ihre R. L.

Clara Zetkin

[Breslau,] 11. März 1918

Meine liebste Klara!

Wieviel Freude hast Du mir mit Deiner fürstlichen Sendung und Deinem Brief bereitet! Ein herrlicher Orchideenstrauß von Euch und ein Riesenkorb weißer und blauer Hyazinthen von Costia [Zetkin] verwandelt meine Zelle in einen Wintergarten. Die Bücher sind mein Entzücken; ich hatte von Mörike nur die Gedichte, nun lese ich den »Maler Nolten«. Die »Italienische Reise« Goethes ist eine wunderschöne Ausgabe, schon die Bilder drin erfreuten mich herzlich. Die Kuchen waren großartig, Äpfel und Gesälz natürlich auch. Schreibe bitte Costia, daß ich ihm sehr danke und mich sehr gefreut habe. Wie schön, daß Du Maxim [Zetkin] endlich wieder hast. Von Hannes' Schwester[625] habe ich auch einen sehr lieben Brief erhalten und von allen Seiten Blumen und Geschenke. Wenn man bloß das Gemüt hätte, sich allen diesen Freuden zu ergeben! Aber ... »das weitere, das weitere verschweige ich« – doch Du weißt es selbst. Herrgott, Kreuzhageldonnerwetter, wenn ich jetzt mit Dir ein paar Stunden de omnibus rebus[626] reden könnte! Ja, Kuchen! ... Auch hier ist ein Rückfall in den Winter erfolgt, aber ich hoffe, nicht für lange. Auf Deinen neuen Lebensgenossen Luchs bin ich sehr gespannt, er soll aber ja nicht an die Kätzchen, sonst will ich von ihm nichts hören. Ich umarme Dich tausendmal und grüße herzlich Deine Männer. R

Mathilde Jacob

[Breslau,] 28. Mai 1918

Meine liebste Mathilde, ich erhielt gestern Ihren Brief, der mich nach so langem Warten sehr erfreut hat, dann kam nachmittags auch gleich die süße Sendung wohlbehalten an. Daß ich auch früher die Schachtel mit den kleinen Kuchen pünktlich erhalten habe, erwähnte ich schon mal in einem Briefe, Sie haben es wohl nicht beachtet. Aber bitte nochmals **dringend**: Keine Eßsachen mehr schicken oder bringen! Sie müssen meine Bitte respektieren. **Ich brauche gar nichts**, geben Sie alles anderen, die es eher brauchen, oder Ihrem Mütterchen von mir, das wird mir wirkliche Freude sein. – Handschuhe werden wir schon hier besorgen. – Ich höre es gern, daß Sie wieder ein wenig zur Besinnung und zum Lesen kommen; beschaffen Sie sich doch für diesen Zweck endlich mal die »Sonnentage« von Nexö, die ich vor einer Ewigkeit Marta [Rosenbaum] für Sie gegeben habe! Ich schreibe Ihnen bald ausführlicher. Für heute nur noch viele herzliche Grüße, auch an die Ihrigen. Ihre R. L.

Luise Kautsky

[Breslau,] 28. Mai 1918

Liebste, Dank Dir für das Kärtchen, ein kleines Lebenszeichen macht schon viel Freude. Ich kann mir denken, wie sehr Du jetzt in Anspruch genommen bist, und begreife, daß Du die schönen Pläne des Igelschen Idylls zerschlagen hast, wenn es mir gleichwohl ein wenig um ihn[627] und auch um Dich weh tut. Ich habe bloß aus Deiner Karte nicht verstanden, ob Du die ganze Reise aufgibst oder sie nur verschiebst und abkürzt? Wohl das letztere ist der Fall! Wenn Du fährst, bekomme ich doch sicher erst Nachricht, nicht wahr?

Nun zu Korolenko[628]! Denk Dir, was mir heute in einer schlaflosen Nacht in den Sinn gekommen ist: Mir ist plötzlich klargeworden, daß ich es nicht zugeben darf, daß noch jemand an dem Manuskript feilt! Der Gedanke ist mir unerträglich, daß ich unter meinem Namen eine Arbeit herausgeben soll, die nicht bis zum Tipfelchen über dem i **mein** sei. Es ist mir unbegreiflich, warum ich darauf erst jetzt gekommen bin, aber das ging ja zwischen uns immer mit der üblichen Hast und Aufregung des Wiedersehens, so daß ich nicht recht zur Besinnung kam. Jedenfalls ist mein Entschluß jetzt fest, und ich bin mir darüber ganz klar: Ich will »herauskommen« telle quelle[629] – mit allen Slawismen und sonstigen Schönheitsfehlern. Also bitte, sei so lieb und gib einfach den ganzen Kram »ungesäuert, unverwässert, ungezückert«, wie meine edlen Landsleute den Rum geschlückert, an Cassirer zum Druck, und vogue la galère[630]. Was bis jetzt gemacht ist, laß natürlich stehen, aber keinen Strich mehr. Du wirst mir natürlich mit vollem Recht verargen, daß ich Dir so viel Zeit bis jetzt geraubt habe, aber ich kann es leider nicht mehr ändern und tröste mich nur damit, daß Du ja sowieso Interesse für Korolenko hattest, und ich wollte ja Dein Urteil über das Ganze vor allem wissen. Also nochmals: Sei mir nicht bös und gib schleunigst alles an Kestenberg.

Mit dem Material zur Einleitung kann ich auskommen und danke Dir für das Erhaltene vielmals. Ich will nicht allzu »beredt« werden und beabsichtige, mich kurz zu fassen. Ich berichte darüber übrigens direkt an Cassirer. Sobald Du den Schluß von Mathilde J[acob] erhalten und gelesen, schreibe mir bitte Dein endgültiges Urteil über das Werk (und auch über die Übersetzung).

Ich bin entzückt, daß »Beethoven«[631] Dir so gefiel. Sag, Du hast noch nie erwähnt, ob Du die »Drei Menschen« von Gorki kennst. Ich möchte gern wissen, was Du darüber denkst. Mir war, offen gestanden, peinlich, daß dies gerade jetzt dem deutschen Publikum geboten werden mußte, da es ein ganz antiquiertes und deshalb falsches Bild von Rußland gibt. Schreib bald, wenn auch nur eine kurze Zeile!

Ich umarme dich tausendmal Deine R.

Clara Zetkin

Breslau, 29. Juni 1918

Liebste Klara, ich hoffe stark, daß diese Zeilen Dich rechtzeitig zum 4. 7.[632] erreichen und Dir sagen, wie mein Herz und meine Gedanken bei Dir sind. Als ich Dir im vorigen Jahr aus Wronke zum Geburtstag schrieb, dachte ich nicht, daß ich auch in diesem Jahr verhindert sein werde, zu Dir zu fahren, und heute frage ich mich auch nur: Wievielmal noch muß ich mich mit einem brieflichen Geburtstagsgruß begnügen? Vielmehr: Ich frage gar nicht, denn es hat ja keinen Zweck und Sinn. Wir treiben einfach ins uferlose, wie nun auch Kühlmann glücklich eingesehen hat.[633] Wie froh bin ich und wie ist mir Trost und Stärkung, daß Du wenigstens eine Art »Freiheit« genießt, wenn auch nur in dem sehr verkümmerten Maße, das durch die »Zeitumstände« und durch Deinen Gesundheitszustand bedingt ist. Immerhin fand Dich Erna neulich beim Besuch – wie mir berichtet wurde – ziemlich frisch und mobil. Ich rechne viel auf Deinen Garten, der ja jetzt im »Rosenmonat« ganz herrlich sein muß, daß er Dich kräftigt und erfrischt für den Winter, den vergangenen und auch den kommenden. Das Buch Mehrings[634] hat Dir sicher große Freude gemacht, ich finde es großartig und verspreche mir eine starke Wirkung auf die Massen. Wenn sie's bloß lesen! Die Ausstattung ist zwar hundsmäßig, aber diese äußere Misere ist mir eine gewisse Wohltat, weil sie wenigstens dem inneren Kern und Wesen des Lebens heute entspricht und nicht, wie früher die snobistischen, eleganten Ausstattungen, nur eine heuchlerische Hülle im schreienden Widerspruch zum inneren Elend des geistigen Lebens darstellt. – Hat Dir Franziskus [Mehring] die Kritik an der Landtagsfraktion[635] nicht übelgenommen? Ich freute mich über sie rechtschaffen.

Eben hatte ich den Besuch von Frl. Jacob, die diesmal nur kurz hier sein konnte, so daß wir unsere Besprechungen dicht hintereinander abhalten mußten. Gestern ist sie abgereist. Es war mir natürlich eine große Freude und Erfrischung, ich hatte nämlich seit Mitte April niemand gesehen. Sie ist aber maßlos abgehetzt, überarbeitet, trotz alledem jedoch mobil und frisch wie immer. Der Alte[636] hingegen klagt leider sehr über seinen Zustand. Es tat mir so weh, daß er mir in seinem letzten Brief schrieb, er hätte sich einen schöneren Lebensabend gewünscht. Ich will für ihn hoffen, daß er noch was Schöneres erlebt als den Weltkrieg.

Hast Du immer gute Nachrichten von Deinen Jungen[637]? Die Schwester Hannes'[638] muß eine liebe und feine Person sein. Wir stehen in Korrespondenz, und sie hat sich erboten, mir Bücher aus seiner Bibliothek zu schicken; neulich schickte sie sogar Kuchen! Gegenüber einer Person, die sie nie gesehen hat, ist das doch reizend. Leider kann ich, gebunden, wie ich bin, nur selten eine Zeile schreiben. Und Dir erst! Du kannst Dir denken, wie gern ich Dir oft und viel schreiben möchte! Aber – warten wir, bis wir endlich miteinander **sprechen** können.

Ich sende Dir nochmals tausend Wünsche und Grüße und umarme Dich von Herzen. Laß mich sehr bald wieder von Dir hören! Deine R

Besten Gruß für den Dichter! Ob Dir mein »Gil Blas«[639] einiges Vergnügen bereiten wird? Ich habe ihn gern gelesen.

Rosi Wolfstein

Breslau, 16. Juli 1918

Meine liebe Rosi, ich habe ganz unverhofft einen so netten Rippenstoß erhalten, daß ich Ihnen gleich einige Zeilen senden will. Ich ließ Ihnen schon längst durch Frl. J[acob] meinen schönsten Dank für die neuliche süße Sendung ausrichten, was hoffentlich geschehen ist. Wie mag es Ihnen ergehen jetzt?

Für die Stetigkeit meiner Erlebnisse, wenigstens der »äußeren«, ist ja gesorgt; die »inneren« sind wohl nicht sehr verschieden von den Ihrigen und [denen] anderer Freunde, nur daß ich sie – für mich behalten muß. – Ich fürchte, daß Sie, so stark beschäftigt, wie Sie sind, kaum dazu kommen, Bücher zu lesen, worin ich für mein Teil im Übermaß schwelgen kann. Haben Sie das Mehringsche Marx-Buch[640] schon gelesen? Dank auch noch für das Dürersche Häslein, das mich als alter lieber Bekannter erfreut hat.

Alles Gute und herzl. Händedruck Ihre R. L.

Clara Zetkin

[Breslau,] 23. Juli 1918

Liebste Klara!

Dein Schweigen macht mich so unruhig, wenn ich nur wüßte, wie es Dir geht, wie es mit Deiner Gesundheit steht, ob Du von Deinen Jungen[641] gute Nachricht hast! Bitte, bitte, schreibe mir doch nur eine Zeile, mich plagen so allerlei unruhige Gedanken.

Bei mir nichts Neues, ich lese viel, arbeite viel und mache mir über die Vorgänge draußen meine Gedanken. Ich sehe nicht die geringste Aussicht, wann und wie das alles enden soll, aber die Geschichte steht ja nicht still, und sie wird schon wissen, wie sie ihren Weg weitergeht. Hast Du Dich über das Mehringsche Buch[642] gefreut? Schreibe mir! Ich umarme Dich in alter Treue und grüße Dich tausendmal. Deine R

Gestern war ein Jahr, seit ich hier in Breslau sitze, und am 10. waren zwei Jahre, seit ich zum zweiten Mal verhaftet bin. – Ich habe mir im Topf eine Bohne gesät; es ist ein großer Strauch mit ganz gewaltigen Bohnen geworden!

Karl Liebknecht

Breslau, 8. August 1918

Lieber Karl!

Zu Ihrem Geburtstag wenigstens möchte ich Ihnen einen direkten Gruß schicken. Durch Sonja [Liebknecht] höre ich von Ihnen oft. Ich zweifle nicht, daß Sie fest, frisch und munter sind. Alles, alles Gute! Auf Wiedersehn in besseren Zeiten!

Herzlichst Ihre R. Luxemburg

Sophie Liebknecht

Breslau, 12. September 1918

Meine liebste Sonitschka, wie habe ich mich über Ihre beiden letzten Briefe gefreut! Ich wollte Ihnen längst schreiben, es ging mir aber gesundheitlich nicht besonders, und ich möchte vor Ihnen immer nur frisch und munter erscheinen, um auch Sie so zu stimmen. Heute bin ich zwar noch nicht auf dem Damm, will aber nicht länger säumen, zumal wir uns über Ihren Besuch verständigen wollen. Ich halte Sie also fest beim Wort: Sie kommen im Oktober! Unbändig freue ich mich schon darauf. Ich schreibe auch gleichzeitig in diesem Sinne an Marta [Rosenbaum] und bitte Sie, an dieser Abmachung nicht mehr zu ändern. Das heißt natürlich, wenn Ihnen das bequem und angenehm ist! Sollte irgend etwas eintreten, was Ihren Besuch im Oktober für Sie unbequem macht, dann schreiben Sie's **mir** ohne weiteres (ohne jedoch mit jemand anderem einen »Tausch« zu verabreden). Sonst bleibt es dabei, daß ich Sie im Oktober erwarte, ja? Wir werden auch diesmal ganz sicher ein- oder zweimal zusammen ausgehen können, und darauf warte ich mit der größten Ungeduld. Ich habe ja noch nie hier die Freude gehabt, mit **Ihnen** zusammen im Freien zu sein und ein bißchen die Welt zu sehen. Mathilde [Jacob] wird Ihnen sagen, wie Sie das bewerkstelligen sollen, oder ich sage es Ihnen gleich, denn das ist sehr einfach: Sie schreiben noch im September eine Eingabe an die Kommandantur hier um Genehmigung für zwei Besuche und zwei Ausfahrten. Dann marschieren wir einige Stunden zusammen hier im Wäldchen und sammeln Blumen!

Mathilde sagte mir, Sie seien wie neugeboren, seit Sie von Ihrer Mutter Nachricht haben. Das war mir ein großer Trost. Auch sehe ich aus Ihren Briefen, daß Sie die Ferien einigermaßen genossen haben. Und doch vermißte ich schmerzlich, daß Sie nicht einen richtigen Landaufenthalt genommen haben. Über Ost und West denken und empfinden wir wohl ungefähr dasselbe oder wenigstens ähnlich. Die Verworrenheit der Dinge scheint noch erst die unwahrscheinlichsten Gipfel erklimmen zu wollen, ehe die menschliche Vernunft zu walten beginnt. Aber schließlich muß sie doch einmal ihre Herrschaft antreten. – Ich lese jetzt viel in alter deutscher Literatur aus dem 16. und 17. Jahrhundert, daneben

Karl Liebknecht

421

ein wundervolles botanisches Buch, das wie eine Kette von lauter Märchen wirkt, es ist aber ein streng wissenschaftliches Grundwerk. – »Das verlorene Paradies«[643] ist mir unmöglich zu lesen, ich habe es vor Zeiten mehrmals begonnen – es ging nicht. Ich versuche es jetzt mit dem »Befreiten Jerusalem« von Torquato Tasso, erhoffe aber ebensowenig Erfolg. In diesen Sachen ist für mich das Licht erloschen. Können Sie das bewältigen? Das flämische Buch, das Sie mir geschenkt haben, enthält wunderschöne Skizzen, es erinnert manchmal an Teniers, dann wieder an den Höllen-Breughel.

Schreiben Sie bald, Liebste, ob und wann Sie kommen.

Tausend Grüße! Ich umarme Sie, Ihre RL

Adolf Geck

Breslau, 14. September 1918

Lieber Freund Adolfus!

Haben Sie vielen Dank für Ihre lieben Grüße und auch für die Zusendung des »Alt' Offeburger«. Es war mir eine herzliche Freude, ein Lebenszeichen von Euch zu empfangen, zumal ich daraus ersah, daß Sie in alter Frische und Munterkeit auf dem Posten sind. Was bedeutet es, daß Marie [Geck] »ins Schwabenalter« eingetreten sei? Sollte sie erst 40 geworden sein? Ich denke wohl eher 50? Auf jeden Fall sende ich ihr noch nachträglich meine herzlichsten Wünsche. Ich würde mich so sehr freuen, Näheres über Euch alle, über jeden einzelnen, über die Buben wie die Mädchen zu erfahren! Über den Tod unseres teuren Hans Diefenbach seid Ihr wohl informiert. Bei mir nichts Neues: Ich »sitze«, arbeite, lese und – warte. Seid mir alle vielmals von Herzen gegrüßt und laßt wieder was von Euch hören.

In alter Treue R. Luxemburg

Auch den beiden Gen. Trabinger richten Sie bitte einen Gruß aus. Die Erinnerung an L[udwig] Frank war sehr hübsch und fein.

Adolf und Marie Geck

Sophie Liebknecht

[Breslau,] 18. Oktober 1918

Liebste Sonitschka, ich schrieb Ihnen vorgestern. Bis heute habe ich noch keinen Bescheid auf mein Telegramm an den Reichskanzler, es kann vielleicht noch einige Tage dauern. Jedenfalls steht aber eins fest: Meine Stimmung ist schon derart, daß mir ein Besuch meiner Freunde unter Aufsicht zur Unmöglichkeit geworden ist. Ich ertrug alles ganz geduldig die Jahre hindurch und wäre unter anderen Umständen noch weitere Jahre ebenso geduldig geblieben. Nachdem aber der allgemeine Umschwung in der Lage kam, gab es auch in meiner Psychologie einen Knick. Die Unterredungen unter Aufsicht, die Unmöglichkeit, darüber zu reden, was mich wirklich interessiert, sind mir schon so lästig, daß ich lieber auf jeden Besuch verzichte, bis wir uns als freie Menschen sehn.

Lange kann es ja nicht mehr dauern. Wenn Dittmann und Kurt Eisner freigelassen sind, können sie mich nicht länger im Gefängnis halten, und auch Karl [Liebknecht] wird bald frei sein.[644] Warten wir also lieber auf das Wiedersehen in Berlin.

Bis dahin tausend Grüße. Stets Ihre Rosa

Paul Löbe

[Breslau, 8. November 1918]

Ich bin im Transportarbeiterbüro Roßplatz 23.[645] Sie können zu jeder Stunde jetzt nachts oder morgen **vor** der Versammlung zu mir Einlaß bekommen. Es ist **unbedingt** notwendig, daß wir uns vor der Demonstration verständigen. R.

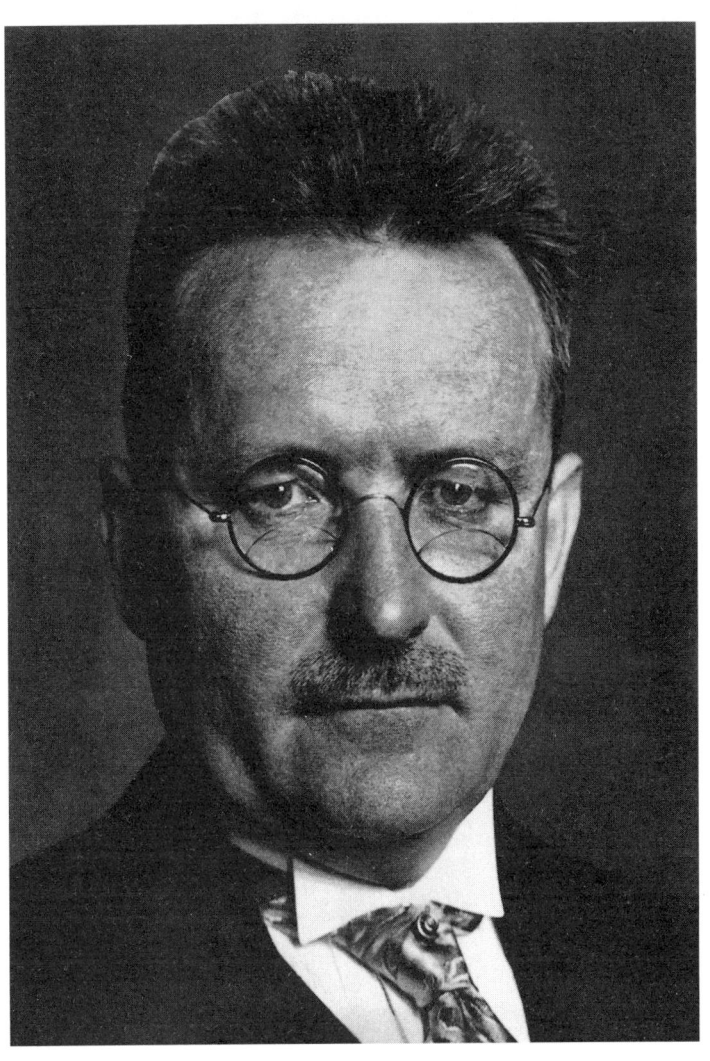

Paul Löbe

_____

425

Marie und *Adolf Geck*   Berlin, Hotel Moltke
(Meine jetzige Adresse)
18. November 1918

Meine teuren, geliebten, herzinnigen Freunde!

Eben erhalte ich über Breslau das furchtbare schwarze Kuvert.[646] Mir zitterte schon die Hand und das Herz, als ich die Schrift und den Stempel sah, doch hoffte ich noch, das Schrecklichste würde nicht Wahrheit sein. Ich kann es nicht fassen, und Tränen hindern mich am Schreiben. Was Ihr durchmacht, ich weiß es, ich fühle es, wir wissen den furchtbaren Schlag alle zu ermessen. Ich habe so unendlich viel von ihm für die Partei, für die Menschheit erwartet. Mit den Zähnen möchte man knirschen. Ich möchte Euch helfen, und doch gibt es keine Hilfe, keinen Trost. Ihr Lieben, laßt Euch nicht durch Schmerz überwältigen, laßt die Sonne, die in Eurem Hause immer strahlt, nicht hinter diesem Entsetzlichen verschwinden. Wir alle stehen unter dem blinden Schicksal, mich tröstet nur der grimmige Gedanke, daß ich doch auch vielleicht bald ins Jenseits befördert werde – vielleicht durch eine Kugel der Gegenrevolution, die von allen Seiten lauert. Aber solange ich lebe, bleibe ich Euch in wärmster, treuester, innigster Liebe verbunden und will mit Euch jedes Leid, jeden Schmerz teilen.

Tausend Grüße Eure Rosa L.

Mein herzlichstes Beileid und viele beste Grüße Ihr K. Liebknecht

Wolfgang Fernbach

[Berlin,] 18. November 1918 · Hotel Moltke

Lieber Genosse Fernbach!

Auf Ihre Mitarbeit bei dem Blatte haben wir ohne weiteres gerechnet. Es wird viel zu arbeiten geben, da wir ja außer der »Roten Fahne« auch noch anderes herausgeben wollen. Nur ist dabei ständige Fühlungnahme notwendig. Wie Sie z. B. aus der heutigen Nr. ersehen, haben wir bereits das Thema behandelt, das Sie sich gewählt haben: die Todesstrafe. Zur Vermeidung solcher Fälle wird es für die Zukunft notwendig sein, daß Sie sich stets mit uns vorher über Thema und Umfang verständigen. Sodann die große Schwierigkeit: Wir sind alle in der Redaktion der Meinung, daß in einer Nr. nicht mehr als zwei Artikel erscheinen dürfen, sonst wird das Blatt zu schwer. Diese zwei sind aber vorläufig durch eine Reihe politischer Grundprobleme der Revolution und der Taktik in Anspruch genommen, so daß wir über die Artikel nicht mehr frei verfügen können. Was aber sehr nötig und nützlich, sind **Notizen**, kurze Entrefilets aktueller Natur. Darüber müßte man sich von Fall zu Fall verständigen. Aus allen diesen Gründen wäre es nötig, daß Sie nächstens mal auf die Redaktion kommen und mit uns, namentlich mit Genossen Meyer, der Sekretär der Redaktion ist, sprechen oder mit Genossen Levi, der dieses Ressort meist selbst bearbeitet, Rücksprache nehmen. Freilich haben wir vorläufig nicht einmal Redaktionsräume, das soll alles noch beschafft und geordnet werden. Doch ich hoffe, bald wird alles klappen.

Inzwischen mit bestem Gruß Ihre R. Luxemburg

Clara Zetkin   Meine Adresse: Berlin, Hotel Moltke
18. November 1918

Liebste, in aller Eile nur zwei Zeilen. Ich bin, seitdem ich aus dem Zug gestiegen bin[647], noch nicht mit einem Fuß in meiner Wohnung gewesen. Die ganze Zeit bis gestern war Jagd hinter der »Roten Fahne« her. Erscheint sie – erscheint sie nicht? Darum drehte sich der Kampf von früh bis spät. Endlich ist sie da. Du mußt Geduld mit ihr haben, sie ist technisch noch nicht auf der Höhe, das kommt alles nach und nach. Vor allem aber will ich Dein Urteil über den Inhalt hören. Ich habe das Gefühl, daß wir völlig konform gehen werden, und das macht mich glücklich. Alle meine Gedanken und mein Herz sind bei Dir. Wenn ich nur zu Dir für einen Tag könnte! Aber das wird jetzt gehen, sobald die Züge wieder funktionieren. Einstweilen schreibe mir Eilbrief. Ich warte sehnlichst auf Deinen Artikel – ganz kurz! Mach Dir nicht viel Arbeit. Deinen Namen wollen wir gleich haben. Schreibe etwas vielleicht über Frauen[648], das ist so wichtig jetzt, und niemand von uns hier versteht was davon.

Liebste, in Eile tausend Grüße und Umarmungen Deine RL

Clara Zetkin

Berlin, 24. November 1918
Meine Adresse vorläufig Mathilde [Jacob].
(Ich war immer noch nicht zu Hause!!)

Liebste, in fliegender Hast statt des ellenlangen Briefes, der in meinem Herzen fertig ist, nur einige armselige Zeilen. Die Hauptsache ist: Ich möchte Dich natürlich sehen und sprechen. Abkommen von hier für zwei Tage könnte ich erst in etwa zwei Wochen, falls inzwischen Thalheimer und Hoernle hier sind, um im Blatt zu helfen. Wir geben uns nämlich kaum Rat, dazu noch der furchtbare Raummangel (zumal uns das Feuilleton jetzt sehr beengt!). Du hast ja gesehen, daß wir genötigt waren, selbst aus Deinem Artikel satzweise etwas herauszustehlen, sonst wäre die Nr. einfach nicht fertig geworden. Wir denken schon daran, entweder sechsseitig zu erscheinen oder zweimal täglich, das erfordert aber natürlich mehr Kräfte, und wir warten mit Ungeduld auf Thalheimer und Hoernle, denn auch das Soldaten- und Jugendblatt braucht Kräfte!

Nun die Frauenagitation! Ihre Wichtigkeit und Dringlichkeit leuchtet uns genauso ein wie Dir. Wir haben ja in der ersten Sitzung unserer Korona auf meinen Antrag beschlossen, auch ein Frauenblatt herauszugeben und Dich zu diesem Zwecke (oder richtiger mit diesem Mittel) von der Leipzigerin[649] zu stehlen. (Übrigens hält sich die »Leipziger Volkszeitung« jetzt so tapfer, daß wir sie eigentlich nicht zu schädigen brauchen.) Jedenfalls muß hier in Berlin von uns ein Frauenblatt gemacht werden, ob als selbständiges Wochenblatt oder zweimal die Woche, ob als tägliche Beilage zur »Roten Fahne« – darüber hättest Du zu bestimmen, darüber müßten wir natürlich uns verständigen! Und die Sache ist so dringend! Jeder verlorene Tag ist eine Sünde.

Deine Idee mit Flugblättern ist natürlich glänzend. Es fragt sich bloß, ob nicht praktischer tägliche Beilage zur »Roten Fahne«? Alles hängt davon ab, wo Du bist und wie wir das einrichten, damit Du es in der Hand hast.

Also vor allem ausführliche Unterredung. Wie gesagt: Ich könnte erst in zwei Wochen zu Dir. Du willst hierherkommen. Kannst Du das wirklich riskieren? Können wir es auf unser Gewissen nehmen, Dir eine solche Strapaze zuzumuten?! Denn heute ist eine Reise von Stuttgart nach Berlin beinahe lebensgefährlich. Antworte offen! Deine Gesundheit ist denn doch wichtiger als alle anderen Rücksichten. Viel eher als ich zu Dir könntest Du doch nicht herkommen, denn die Züge gehen ja nicht.

Die Mängel der »Roten Fahne« sind mir schmerzlich klar, bezweifle es nicht! Es ist alles nur Notbehelf und Surrogat und soll besser werden.

Wir sind alle in Trubel und Arbeit bis über die Ohren. Taktisch besteht wohl zwischen Dir und uns nicht der geringste Unterschied. Das ist ein großer Trost und eine Freude! Trotzdem wäre so viel zu bereden und zu beraten! Also vorläufig tausend Umarmungen für Dich und Grüße für Deine Männer. Deine Rosa

Clara Zetkin

[Berlin,] 29. November 1918

Liebste, ich komme um, nicht nur vor Arbeit und Trubel, sondern auch vor Kummer um die »Rote Fahne«, in der noch so vieles fehlt und noch so vieles schlecht ist. Thalheimer hilft uns mit rührendem Eifer, ist aber redaktionell noch etwas unerfahren, und der gute Rück ist noch sehr jung. Seine neuliche Notiz von »Juvenis«[650], die natürlich ohne mein Wissen reingeschlüpft ist, mit der hanebüchenen »Polemik« gegen die Unabhängigen hat mir beinahe den Schlag gebracht. Ich habe Vorsorge getroffen, daß dergleichen nicht mehr passiert.

Im allgemeinen hören wir nur eine Stimme von allen Seiten und namentlich von den Unabhängigen: Die »Rote Fahne« sei das einzige sozialistische Blatt in Berlin. Über die »Freiheit« sind alle ihre Leute enttäuscht bis zum äußersten. Neulich war sowohl in der Sitzung des Zentralvorstandes Großberlins wie in der Preßkommission der »Freiheit« eine allgemeine scharfe Kritik über die »Freiheit«, der man die »Rote Fahne« als Muster entgegenstellte, zum Ausdruck gekommen. Nur Haase und Hilferding (der Chef) verteidigten sie schwach. Däumig, Eichhorn usw. behaupten, ganz auf unserem Boden zu stehen, ebenso Ledebour, Zietz, Kurt Rosenfeld und – die Massen! Diese Linke billigt nicht nur unsere Kritik, sondern macht uns zum Teil Vorwürfe, daß wir an ihnen, den Unabhängigen, zu wenig Kritik üben. Ihre Sehnsucht geht offenbar dahin, so rasch als möglich aus der fatalen Verkoppelung mit den Scheidemännern sich zu befreien und mit uns zusammenzugehen. Wir fordern deshalb den Parteitag.

Jetzt zu unserer »Fahne«. Es ist beschlossen, eine Wochenbeilage von einem halben Bogen als Frauenzeitung zu machen. **Du** sollst sie machen. Disponiere darüber, wie Du für richtig hältst. Wir denken uns die Beilage nicht theoretisch – etwa im Stile der Beilage der »Leipziger Volkszeitung« –, sondern populär agitatorisch, ungefähr in dem Zuschnitt, wie die »Rote Fahne« im ganzen. Material dazu mußt Du Dir natürlich aus der Presse selbst schaffen. Wir möchten Dich bitten, stets etwa einen Leiter in dieser Beilage zu bringen, so von einer bis eineinhalb Spalten, dann allerlei Rubriken und Nachrichten aus dem Ausland, Inland, bürgerliche Frauenbewegung, Wirtschaftliches etc. Wen Du an Mitarbeitern für nötig hältst, zieh selbst heran, aber aus Leuten, die auch offiziell auf unserem Boden stehen (z.B. Zietz und M.Wurm **nicht**, denn das würde jetzt zur Verwirrung führen). Wir sind in den besten Beziehungen mit jenen persönlich, wollen aber abwarten, bis sie auch offen zu uns kommen, was ja nicht zu vermeiden ist. Es käme da, fürchte ich, nur die Käte D[uncker], Regina Ruben und – ich weiß nicht mehr – in Betracht. Die Hauptarbeit fiele natürlich auf Dich selbst, übrigens disponierst Du ja selbst und wirst schon sehen, wie es zu machen ist. (Pekuniär ist die Gruppe in der Lage, alle nötigen Kosten zu tragen und auch Dir, wie uns allen, ein Gehalt zu zahlen.) Noch ein Haken! Alle diese Pläne hängen vom Papier ab, um das hier täglich gerungen werden muß. Jedenfalls ist es nur eine Frage von Wochen, vielleicht von Tagen, wann wir sechsseitig erscheinen und wöchentlich die Frauenbeilage bringen können. Vor allem antworte sofort, ob Du mit dem Plan einverstanden bist und wie Du die Sache zu machen gedenkst, d.h., ob wir Dir irgend etwas zur Hilfe vorbereiten können.

Dein Vorschlag betr. Flugblätter ist allgemein akzeptiert, das erste sollst Du so bald als möglich schreiben. Nur Bedingung: kurz! Wir kriegen nämlich kein Papier für doppelte Flugblätter, rechne also nur mit zwei Seiten. Wir warten auf das Manuskript. Es soll ein allgemeines Flugblatt über Arbeiterinnen und Revolution sein.

Wir wollen außerdem in der »Roten Fahne« täglich eine kleine Rubrik »Aus der Frauenbewegung« von etwa $\frac{1}{3}$ bis $\frac{1}{2}$ Spalte einführen, die hauptsächlich kleine laufende Nachrichten bringt, manchmal eine Notiz etc. Käte Du[ncker] soll diese Rubrik machen. Allerdings erst dann, wenn wir sechsseitig erscheinen.

Wenn Du wüßtest, wieviel ich Dir zu sagen hätte und wie ich hier lebe – wie im Hexenkessel! Gestern nacht um 12 Uhr bin ich zum ersten Mal in meine Wohnung gekommen, und zwar nur deshalb, weil wir beide – Karl [Liebknecht] und ich – aus sämtlichen Hotels dieser Gegend (um den Potsdamer und Anhalter Bahnhof) ausgewiesen worden sind!

Tausend Grüße, ich muß schließen. Ich umarme Dich. Deine R

Eben bekomme ich nach Rücksprache die Mitteilung, daß mit Papier für die Frauenbeilage keine Schwierigkeit besteht. Sie kann also beginnen, sobald Du fertig bist!

Nochmals Kuß und Gruß!

Clara Zetkin

[Berlin, wahrscheinlich 20. Dezember 1918]

Liebste Klara!

Ich benutze wieder die Gelegenheit, um Dir eine Zeile zu schicken. Dein Artikelchen über die Ärzte[61] ist famos und gleich in Druck gegeben. Schicke, was Du so kannst an Kleinigkeiten, am liebsten natürlich etwas mit Unterschrift. Aber kurz! Wir kriegen kein Papier zur Vergrößerung des Blattes und ersticken in den drei Seiten, die uns zur Verfügung stehen.

Ich sehe, daß Du wieder mobil und frisch bist, und das war das Schönste an dem Artikel. Der Genosse Unfried[652] wartet, also in aller Eile nur tausend Grüße und Umarmungen. Deine RL

Clara Zetkin

[Berlin,] 25. Dezember [1918]
Liebste Klara, heute sitze ich zum ersten Mal seit Breslau[653] an meinem Schreibtisch und will Dir einen Weihnachtsgruß senden. Wieviel lieber wäre ich zu Dir gefahren! Aber davon kann keine Rede sein, da ich an die Redaktion[654] angekettet bin und jeden Tag dort bis Mitternacht in der Druckerei bin, um auch den Umbruch zu beaufsichtigen, außerdem treffen bei diesen aufgeregten Zeiten erst um 10 und 11 Uhr nachts die dringendsten Nachrichten und Weisungen ein, auf die sofort reagiert werden muß. Dazu fast jeden Tag vom frühen Morgen Konferenzen und Besprechungen, dazwischen noch Versammlungen, und zur Abwechslung alle paar Tage die dringende Warnung von »amtlichen Stellen«, daß Karl [Liebknecht] und mir von Mordbuben aufgelauert wird, so daß wir nicht zu Hause schlafen sollen, sondern jede Nacht anderswo Obdach suchen müssen, bis mir die Sache zu dumm wird und ich einfach wieder nach Südende zurückkehre. So lebe ich im Trubel und in der Hatz seit dem ersten Augenblick und komme nicht zur Besinnung. Ich habe dabei nur eine kleine Aussicht: Bald erwarten wir den Julek (Marchlewski), dann könnte ich vielleicht für eine kurze Zeit ausspannen und zu Dir fahren. Es kommt nur darauf an, wann es ihm gelingt, über die Grenze zu kommen.[655]

Hier spitzen sich die Verhältnisse zu, sowohl außen – zu Ebert-Leuten – wie innen, in der USP. Du erhältst wohl die »Rote Fahne« jetzt regelmäßig und siehst, daß wir nicht aufhören, nach einem Parteitag zu schreien. Gestern erfolgte darauf die förmliche **Absage.** Die Partei ist in voller Auflösung – Ströbel, Haase,

20.12.18

Дорогой Владимиръ,

Пользуюсь поѣздкой Дяди, чтобы переслать всѣмъ вамъ сердечный привѣтъ отъ нашей семьи, Карла Франца и другихъ. Дай богъ, чтобы грядущій годъ всѣ наши желанія исполнилъ.

Всего хорошаго!

О нашей вѣрѣ-борьбѣ разскажетъ дядя.

Цѣлую васъ, рукопожатія и привѣтъ

Роза

Brief Rosa Luxemburgs an W. I. Lenin
vom 20. Dezember 1918 [656]

Bock (!), die »Freiheit« fordern offen eine »Abgrenzung nach links«, d. h. gegen uns. Andererseits ist die Verschmelzung zwischen USP und den Scheidemännern in der Provinz in vollem Gange. Die Zietz hält sich jetzt höchst zweideutig: Sie war es, die die »Reichskonferenz« an Stelle des Parteitags ausgeheckt hat und den Parteitag hintertrieben hat.

Dienstag! Nun kam gestern natürlich wieder eine »revolutionäre Störung«. Es gab eine großartige Demonstration am Schloß[657], dann begab sich spontan ein Teil der Demonstranten zum »Vorwärts« und besetzte ihn! Man fand darin 18 Maschinengewehre und ein Panzerauto versteckt! Ich wurde dann schnell zu einer Sitzung gerufen und kam erst $1/2$ 12 nach Hause. Heute muß ich sofort wieder nach der Stadt. So geht es alle Tage. Also bleibt es wenigstens bei diesem eiligen Gruß.

Tausend Grüße! Deine

Clara Zetkin

[Berlin,] 26. Dezember [1918]

Liebste, ich erhalte soeben Deine Zeilen vom 23. Daß ich zu Euch komme, ist **undenkbar**, ich kann das Blatt[658] nicht für einen Tag verlassen. Die Aussicht, daß Du herkommst, begrüße ich mit tausend Freuden. Hier warten auf Dich sehnlich Freunde, ein großes Arbeitsfeld und ich mit offenen Armen. Mein Häuslein steht natürlich zu Deiner Verfügung und wartet auf Dich. Ich werde Dir von nun an jeden Tag die »Rote Fahne« selbst schicken. Schreibe **baldigst**, ob und wann Du kommst. Ich bin glücklich bei dem Gedanken daran.

Ich umarme Dich von Herzen, immer Deine RL

Clara Zetkin

[Berlin, Dezember 1918]

Liebste Klara!

Ich war so glücklich über die Nachricht, daß es Dir besser geht. Ein schwerer Stein fiel mir vom Herzen, und ich konnte nochmal so frisch an die Arbeit gehen. Jetzt warte ich wieder sehnlichst auf Nachrichten, wie es Dir weiter geht.

Die Arbeit hier entwickelt sich famos. Das Nähere wird Dir in bester Weise Freund Münzenberg erzählen. Auch über meine und unsere Auffassung in den wichtigsten Fragen.

Sobald Du auf dem Damm bist, reden wir über die Arbeit. Wir sind hier dabei, unter anderem die Frauenarbeit und Bildungsarbeit zu gründen. Es geht leider noch schwach, Käte D[uncker] ist sehr krank und wenig aktionsfähig. Und sonst haben wir keine Kräfte!

Ich selbst bin so im Trubel, daß ich keine Zeit habe zu denken, wie es mir geht. »C'est la révolution.« Wenn ich **Dich** nur gesund weiß, dann geht es mir glänzend.

Tausend Grüße für Euch alle in Eile.

Ich umarme Dich herzlichst Deine RL

Marta Rosenbaum

Berlin, 4. Januar 1919

Mein liebes, liebes Martchen!

Ich sende Ihnen mit tausend Grüßen endlich die erste Nummer der »Roten Fahne«, um die der Kampf mich all die vergangenen Tage von morgens bis abends in Atem hielt. Ich habe das dringendste Bedürfnis, Sie zu sehen, zu umarmen, zu sprechen. Kurt [Rosenfeld] sagte mir, Sie fühlten sich durch mich gekränkt. Es war mir, wie wenn einem ein Ziegelstein auf den Kopf fällt.

Habe ich mir durch die ganze Zeit unserer Freundschaft nicht so viel Vertrauen verdient, daß Mißverständnisse ausgeschlossen sind? Es war schmerzlich. Nun, man muß auch das in Kauf nehmen; wir müssen uns sprechen, und kein Schatten darf zwischen mir und meiner lieben Marta mit dem goldenen Herzen stehen. Ich versuchte, Sie gestern telephonisch zu erreichen, es ging aber nicht, später hatte ich keine freie Sekunde. Ich will sehen, ob es heute geht.

Inzwischen umarme ich Sie, in alter Liebe und Treue tausendmal grüßend Sie und Ihren Gatten. Ihre Rosa L.

Clara Zetkin

[Berlin,] 11. Januar [1919]

Liebste Klara, heute erhielt ich Deinen ausführlichen Brief, kam endlich dazu, ihn in Ruhe zu lesen und, was noch unglaublicher: ihn zu beantworten. Es ist nämlich nicht zu beschreiben, welche Lebensweise ich – wir alle – seit Wochen führen, den Trubel, den ständigen Wohnungswechsel, die unaufhörlichen Alarmnachrichten, dazwischen angestrengte Arbeit, Konferenzen etc. etc. Ich kam buchstäblich nicht dazu, Dir zu schreiben! Meine Wohnung sehe ich nur ab und zu für ein paar Nachtstunden. Heute wird es vielleicht doch mit dem Brief gelingen. Nur weiß ich nicht recht, wo ich anfangen soll, so viel habe ich Dir zu sagen.

Also vor allem, was die Frage der Nichtbeteiligung an den Wahlen[659] betrifft: Du überschätzt enorm die Tragweite dieses Beschlusses. Es gibt gar keine »Rühlianer«, Rühle war gar kein »Führer« auf der Konferenz. Unsere »Niederlage« war nur der Triumph eines etwas kindischen, unausgegorenen, gradlinigen Radikalismus. Aber das war eben nur der Anfang der Konferenz. In ihrem weiteren Verlauf wurde die Fühlung zwischen uns (der Zentrale) und den Delegierten hergestellt, und als ich während meines Referats auf die Frage der Wahlbeteiligung kurz zurückkam, fühlte ich schon eine ganz andere Resonanz als im Anfang. Vergiß nicht, daß die »Spartakisten« zu einem großen Teil eine frische Generation sind, frei von den verblödenden Traditionen der »alten bewährten« Partei – und das muß mit Licht- und Schattenseiten genommen werden. Wir haben alle einstimmig beschlossen, den Casus nicht zur Kabinettsfrage zu machen und nicht tragisch zu nehmen. In Wirklichkeit wird die Frage der Nationalversammlung von den stürmenden Ereignissen ganz in den Hintergrund geschoben, und wenn die Dinge so weiter verlaufen wie bisher, erscheint es sehr fraglich, ob es überhaupt zu Wahlen und zur Nationalversammlung kommt. Du beurteilst die Frage (ich meine die Tragik des Beschlusses) ganz anders als wir, weil Du leider mit uns jetzt keine Fühlung ins Detail hast, vielmehr keine Fühlung mit der Situation, wie man sie unmittelbar durch eigene Wahrnehmungen empfinden muß. Meine erste Regung war, als ich Deinen Brief und Dein Telegramm über die Wahlfrage las, Dir zu telegraphieren: Komm schleunigst her. Ich bin **sicher**, daß eine Woche Aufenthalt hier und unmittelbare Beteiligung an unseren Arbeiten und Beratungen genügen würden, um die völlige Konformität zwischen Dir und uns in allem und jedem herzustellen. Nun aber sehe ich mich gezwungen, Dir umgekehrt zu sagen: Warte noch eine Weile mit dem Kommen, bis wir wieder einigermaßen ruhigere Zeiten haben. In diesem Trubel und dieser stündlichen Gefahr, Wohnungswechsel, Hatz und Jagd zu leben ist nichts für Dich und namentlich gar keine Möglichkeit, ordentlich zu arbeiten und auch nur zu beraten. Ich hoffe, in einer Woche hat sich die Situation so oder anders geklärt, und regelmäßige Arbeit wird wieder möglich sein. Dann würde Deine Übersiedlung hierher der Beginn einer systematischen Zusammenarbeit sein, bei der sich die Fühlung und Einverständnis von selbst ergibt.

Notabene: »Borchardtianer« haben wir keine aufgenommen. Im Gegenteil, B[orchardt] ist von den »Internationalen Kommunisten«[660] rausgeschmissen worden, und zwar auf unsere Forderung. Die »Kommunisten« waren in der Hauptsache Hamburger und Bremer; diese Acquisition[661] hat sicher ihre Stacheln, aber das sind jedenfalls Nebensächlichkeiten, über die man hinwegkommen muß und die sich mit dem Fortschritt der Bewegung abschleifen werden. –

Im ganzen entwickelt sich unsere Bewegung prächtig, und zwar im ganzen Reich. Die Trennung von der USP war absolut unvermeidlich geworden aus **politischen** Gründen, denn wenn auch die **Menschen** noch dieselben sind, wie sie in Gotha[662] waren, so ist doch die **Situation** eine total andere geworden.

Die heftigen politischen Krisen, die wir hier in Berlin alle zwei

Wochen oder noch häufiger erleben, hemmen stark den Gang der systematischen Schulungs- und Organisationsarbeit, sie sind aber zugleich selbst eine großartige Schule für die Massen. Und schließlich muß man die Geschichte so nehmen, wie sie laufen will. – Daß Du die »Rote Fahne« so selten erhältst, ist geradezu fatal! Ich werde sehen, daß ich sie Dir täglich schicke. – In diesem Augenblick dauern in Berlin die Schlachten[663], viele unserer braven Jungen sind gefallen, Meyer, Ledebour und (wie wir befürchten) Leo [Jogiches] sind verhaftet.

Für heute muß ich Schluß machen.

Ich umarme Dich tausendmal, Deine R

Anhang

Anmerkungen

Vorwort

1 Rosa Luxemburg: Gesammelte Briefe (im folgenden: Briefe), Bd. 1–5, Berlin 1982 bis 1984.

2 Siehe Institut für Marxismus-Leninismus beim ZK der SED, Zentrales Parteiarchiv, NL 45/76.

3 Siehe Annelies Laschitza/Günter Radczun: Rosa Luxemburg. Ihr Wirken in der deutschen Arbeiterbewegung, Berlin 1980, S. 24f.

4 Siehe Nie ogłoszona praca członka kierownictwa SDKPiL, Zdzisława Ledera, o Leonie Jogichesie-Tyszce. Hrsg. Feliks Tych. In: Archiwum ruchu robotniczego III, Warschau 1976, S. 193–339. – Horst Schumacher: »Man muß arbeiten, das ist alles!« In: Beiträge zur Geschichte der Arbeiterbewegung, (Berlin) (im folgenden: BzG), 1967, H. 1, S. 133.

5 Clara Zetkin: Rosa Luxemburg, Karl Liebknecht, Franz Mehring, Moskau, Leningrad 1934, S. 130.

6 Rosa Luxemburg an Leo Jogiches, 25. September 1898. In: Briefe, Bd. 1, Berlin 1984, S. 208.

7 Rosa Luxemburg an Leo Jogiches, 2. Februar 1899. In: Ebenda, S. 264/265.

8 Siehe Rosa Luxemburg an Leo Jogiches, 14. Mai 1898. In: Ebenda, S. 111.

9 Siehe Rosa Luxemburg: Aus dem Nachlaß unserer Meister. In: Gesammelte Werke, Bd. 1, Zweiter Halbbd., Berlin 1983, S. 130–141.

10 Siehe Rosa Luxemburg: Rezension. In: Ebenda, S. 533–536.

11 Siehe Rosa Luxemburg an Leo Jogiches, 13. Februar 1902. In: Briefe, Bd. 1, S. 604.

12 Siehe Rosa Luxemburg: Rede über das Verhältnis des trade-unionistischen zum politischen Kampf. In: Gesammelte Werke, Bd. 1, Erster Halbbd., Berlin 1982, S. 238.

13 Rosa Luxemburg an Leo Jogiches, 3. März 1899. In: Briefe, Bd. 1, S. 281.

14 Karl Kautsky an Eduard Bernstein, 29. Oktober 1898. In: IISG, Amsterdam, Kautsky-Nachlaß, C 210.

15 Karl Kautsky an Eduard Bernstein, 29. März 1899. In: Ebenda, C 230.

16 Rosa Luxemburg an Leo Jogiches, zwischen 10. und 18. Juni 1910. In: Briefe, Bd. 3, Berlin 1984, S. 175.

17 Siehe Rosa Luxemburg an August Bebel, 11. Oktober 1902. In: Ebenda, Bd. 1, S. 648.

18 Rosa Luxemburg an Leo Jogiches, 30. September 1905. In: Ebenda, Bd. 2, Berlin 1984, S. 178.

19 Rosa Luxemburg an Leo Jogiches, 6. Oktober 1905. Vorliegender Band, S. 173.

20 Rosa Luxemburg an Leo Jogiches, 24./25. Oktober 1905. In: Ebenda, S. 187.

21 Rosa Luxemburg an Leo Jogiches, 6. Oktober 1905. In: Ebenda, S. 173.

22 Siehe Feliks Tych: Ostatni pobyt Róży Luksemburg w Warszawie. In: Studia Warszawskie, Bd. II: Warszawa popowstaniowa, 1864–1918, Warschau 1968, S. 240.

23 Ebenda, S. 249.

24 Rosa Luxemburg an Luise Kautsky, 26. August 1906. In: Briefe, Bd. 2, S. 269.

25 Siehe Rosa Luxemburg an Familie Kautsky, 8. Juli 1906. In: Ebenda, S. 256.

26 Siehe Rosa Luxemburg an Kostja Zetkin, 13. Mai 1907. Vorliegender Band, S. 214 u. 216.

27 Rosa Luxemburg: Rede über die Rolle der Bourgeoisie in der Revolution 1905/1906 in Rußland. In: Gesammelte Werke, Bd. 2, Berlin 1981, S. 224.

28 Rosa Luxemburg an Leo Jogiches, 30. April 1900. Vorliegender Band, S. 147.

29 Siehe Rosa Luxemburg an Leo Jogiches, 13. Januar 1900. In: Ebenda, S. 139–141.

30 Siehe Annelies Laschitza/Günter Radczun: Rosa Luxemburg. Ihr Wirken in der deutschen Arbeiterbewegung, S. 279 ff.

31 Rosa Luxemburg an Hans Diefenbach, 12. Mai 1917. Vorliegender Band, S. 363.

32 Rosa Luxemburg an Kostja Zetkin, 10. Mai 1912. In: Ebenda, S. 286.

33 Rosa Luxemburg an Kostja Zetkin, 2. August 1914. In: Briefe, Bd. 5, Berlin 1984, S. 7.

34 Rosa Luxemburg: Die Krise der Sozialdemokratie. In: Gesammelte Werke, Bd. 4, Berlin 1983, S. 62.

35 Rosa Luxemburg an Carl Moor, 12. Oktober 1914. Vorliegender Band, S. 292.

36 W. I. Lenin: Über die Junius-Broschüre. In: Werke, Bd. 22, S. 312.

37 Siehe Rosa Luxemburg an Leo Jogiches, nach dem 22. März 1910. In: Briefe, Bd. 3, S. 128.

38 Siehe Sophie Liebknecht. In: Karl und Rosa. Erinnerungen, Berlin 1978, S. 122 ff.

39 Ebenda, S. 131.

40 Rosa Luxemburg an Sophie Liebknecht, Anfang Januar 1917. In: Briefe, Bd. 5, S. 155.

41 Siehe Gerlinde Grahn: Neu aufgefundene Dokumente zur Postüberwachung der deutschen Linken im ersten Weltkrieg. In: BzG, 1979, H. 6, S. 872–881. – Siehe Georg Adler: Neues zur Biographie Rosa Luxemburgs. In: Ebenda, 1981, H. 1, S. 79–83.

42 Rosa Luxemburg an Mathilde Wurm, 16. Februar 1917. Vorliegender Band, S. 330.

43 Siehe Rosa Luxemburg an Hans Diefenbach, 6. Juli 1917. In: Ebenda, S. 381/382.

44 Siehe Rosa Luxemburg an Sophie Liebknecht, vor dem 24. Dezember 1917. In: Ebenda, S. 410–412.

45 Siehe Luise Kautsky: Rosa Luxemburg. Ein Gedenkbuch, Berlin 1929, S. 43 ff.

46 Rosa Luxemburg an Luise Kautsky, 26. Januar 1917. Vorliegender Band, S. 320.

47 In: Ebenda.

48 Rosa Luxemburg an Luise Kautsky, 27. Dezember 1915. In: Briefe, Bd. 5, S. 95.

49 Rosa Luxemburg an Luise Kautsky, 7. Februar 1917. In: Ebenda, S. 169.

50 Rosa Luxemburg an Luise Kautsky, 26. Januar 1917. Vorliegender Band, S. 320.

51 Siehe Gerlinde Grahn: Rosa Luxemburg in Briefen ihrer Freunde. In: BzG, 1980, H. 5, S. 701–703.

52 Siehe Rosa Luxemburg an Margarete Müller, nach dem 16. November 1917. In: Briefe, Bd. 5, S. 326.

53 Rosa Luxemburg an Luise Kautsky, 15. November 1917. Vorliegender Band, S. 395.

54 Siehe Rosa Luxemburg an Marta Rosenbaum, 29. April 1917. In: Ebenda, S. 359.

55 Rosa Luxemburg an Clara Zetkin, 13. April 1917. In: Ebenda, S. 343.

56 Rosa Luxemburg: Der alte Maulwurf. In: Gesammelte Werke, Bd. 4, S. 258.

57 Rosa Luxemburg an Clara Zetkin, 13. April 1917. Vorliegender Bd., S. 344.

58 Rosa Luxemburg an Marta Rosenbaum, 29. April 1917. In: Ebenda, S. 359.

59 Siehe Annelies Laschitza: »Eine neue, bessere Welt nimmt ihren Anfang«. Über die Stellung der führenden deutschen Linken zur Großen Sozialistischen Oktoberrevolution. In: Einheit, (Berlin), 1977, H. 3, S. 325–333.

60 Rosa Luxemburg an Mathilde Wurm, 15. November 1917. Vorliegender Band, S. 398.

61 Rosa Luxemburg an Luise Kautsky, 24. November 1917. In: Ebenda, S. 406.

62 Siehe Rosa Luxemburg an Clara Zetkin, 29. November 1918. In: Ebenda, S. 430/431.

63 Siehe Rosa Luxemburg an Clara Zetkin, 18. November 1918. In: Ebenda, S. 427/428.

64 Rosa Luxemburg an Clara Zetkin, 11. Januar 1919. In: Ebenda, S. 437.

65 Gilbert Badia: Rosa Luxemburg. Journaliste, Polémiste, Révolutionnaire, Paris 1975, S. 754.

66 Siehe Rosa Luxemburg: Vive la lutte! Correspondance 1891–1914. Textes réunis, traduits et annotés sous la direction de Georges Haupt par Claudie Weill, Irène Petit, Gilbert Badia, Paris 1975, S. 14.

67 Rosa Luxemburg: Die Sozialisierung der Gesellschaft. In: Gesammelte Werke, Bd. 4, S. 434.

Briefe

1 unaufhörliches Summen

2 oder

3 In Wilna, dem Geburtsort Leo Jogiches', wohnten seine Mutter Zofia, die Brüder Paweł und Józef und die Schwester Emilia.

4 Ein Brief zur Verteidigung Marcin Kasprzaks, gegen den von im Ausland lebenden Führern der PPS der verleumderische Vorwurf erhoben worden war, als Spitzel im Dienste der Polizei zu stehen. Dieser Brief wurde nicht veröffentlicht.

5 Rosa Luxemburg meint die mit A. W. gezeichnete »Heimatübersicht« (polnisch), die in der »Sprawa Robotnicza«, Nr. 7 vom Januar 1894, veröffentlicht wurde.

6 Rosa Luxemburg meint den Artikel Julian Marchlewskis »Was uns der Maifeiertag schon gegeben hat« (polnisch), der, mit J. gezeichnet, in der »Sprawa Robotnicza«, Nr. 8 vom Februar 1894, veröffentlicht wurde.

7 Rosa Luxemburg meint verhaftete Mitglieder des Verbandes Polnischer Arbeiter.

8 »Vögelchen«

9 auf dem laufenden

10 Siehe Anmerkung 6.

11 Rosa Luxemburg meint ihren mit dem Pseudonym R. K. (R. Kruszyńska) gezeichneten Artikel »Der Feiertag des 1. Mai 1892 in Łódź« (polnisch), der in der »Sprawa Robotnicza«, Nr. 8 vom Februar 1894, veröffentlicht wurde.

12 Der Artikel von B. N. Kritschewski »Der Maifeiertag und der Sozialismus« (polnisch) wurde in der »Sprawa Robotnicza«, Nr. 8 vom Februar 1894, veröffentlicht.

13 Rosa Luxemburg meint ihren Artikel »Der Kampf um die Verkürzung des Arbeitstages« (polnisch), der, mit X. gezeichnet, in der »Sprawa Robotnicza«, Nr. 8 vom Februar 1894, veröffentlicht wurde.

14 Rosa Luxemburg meint den Artikel von Jadwiga Warska (Pseudonym: Chrzanowska) »Der Maifeiertag« (polnisch), der, mit Ch. gezeichnet, in der »Sprawa Robotnicza«, Nr. 8 vom Februar 1894, veröffentlicht wurde.

15 Rosa Luxemburg meint damit alle sozialistischen Parteien und Gruppierungen in Frankreich.

16 Rosa Luxemburg meint den Artikel Adolf Warskis »Wie muß man den Feiertag des 1. Mai begehen?« (polnisch), der, mit A. W. gezeichnet, in der »Sprawa Robotnicza«, Nr. 8 vom Februar 1894, veröffentlicht wurde.

17 decken sich

18 Am 1. Mai 1886 war in Chicago auf Initiative der American Federation of Labor ein Generalstreik für den Achtstundentag durchgeführt worden. Als die Polizei mit Waffengewalt vorging und es Tote und Verletzte gab, wurden Protestdemonstrationen und Kundgebungen organisiert. Während der Kundgebung auf dem Haymarket in Chicago warf ein Provokateur eine Bombe unter die Polizisten. Diese Tat diente als Vorwand für die Verhaftung der Führer der Arbeiterbewegung, von denen vier hingerichtet wurden. Die Ereignisse in Chicago waren der Anlaß, den 1. Mai zum internationalen Kampftag der Arbeiterklasse zu erklären.

19 »Eintracht« war ein sozialdemokratisches Parteilokal in Zürich.

20 Anfang 1889 kämpften die Arbeiter der Londoner Gaswerke erfolgreich für bessere Arbeitsbedingungen. Im selben Jahr wurde auch von den 30 000 Dockarbeitern des Londoner Hafens ein erfolgreicher Generalstreik durchgeführt.

21 Großes Warenhaus in Paris.

22 Rosa Luxemburg meint einen Aufruf der Leitung der SDKP an die deutschen Arbeiter im polnischen Gebiet, solidarisch mit der polnischen Arbeiterklasse den 1. Mai durch Arbeitsniederlegung zu feiern. Dieser Aufruf wurde in deutscher Sprache in der »Sprawa Robotnicza«, Nr. 11/12 vom Mai/Juni 1894, veröffentlicht.

23 »Lies meinen Brief aufmerksam.«

24 Der Drucker Adolf Reiff hatte in Paris einem Spitzel ein Zusammen-

treffen mit Rosa Luxemburg ermöglicht und ihm auch eine Mainummer der »Sprawa Robotnicza« gegeben.

25 Rosa Luxemburg meint wahrscheinlich ihre Broschüre »Święto 1 Maja 1892 w Łodzi« (Der Feiertag des 1. Mai in Łódź), die 1892 anonym in Berlin herausgegeben worden war.

26 Ein Pariser Kabarett.

27 Rosa Luxemburg erwog die Möglichkeit, in Paris für die Emigranten einen Vortrag über die polnische Frage zu halten, in dem sie sich mit dem Standpunkt der PPS und des Auslandsverbandes Polnischer Sozialisten auseinandersetzen wollte.

28 nicht gut geht

29 Rosa Luxemburg meint wahrscheinlich die Arbeit von J. Posnanski »Производительные сили Царства Польского« (Die Produktivkräfte des Königreichs Polen), Petersburg 1880, die sie für ihre Dissertation auswertete.

30 Rosa Luxemburg meint eine Notiz über die Verurteilung verhafteter Funktionäre des Verbandes Polnischer Arbeiter, des »II. Proletariats« und der SDKP. Diese Notiz wurde unter dem Titel »Urteile« (polnisch) in der »Sprawa Robotnicza«, Nr. 19 vom Januar 1895, veröffentlicht.

31 Die »Sprawa Robotnicza«, Nr. 21 vom März 1895, bestand ganz aus Arbeiterkorrespondenzen, die aus Polen gesandt worden waren. Auf der letzten Seite dieser Nummer wurden unter dem Titel »Lieder der Gefangenschaft« Gedichte eines sozialdemokratischen Arbeiters, der in der Warschauer Zitadelle gefangengehalten wurde, aufgenommen. Unterzeichnet waren sie mit dem Pseudonym Mularz.

32 Rosa Luxemburg meint die Mitglieder und Anhänger der von Jules Guesde geführten Parti Ouvrier Français (Französische Arbeiterpartei), die in der französischen Arbeiterbewegung die revolutionäre, marxistische Richtung verkörperte.

33 »Gefühl des Klassenkampfes«

34 Rosa Luxemburg meint den Artikel von Friedrich Engels »Die Bauernfrage in Frankreich und Deutschland«, der am 28. November 1894 in der »Neuen Zeit«, 13.Jg. 1894/95, Erster Band, veröffentlicht worden war. (Siehe Karl Marx/Friedrich Engels: Werke, Bd. 22, S.483–505.) Engels kritisierte in diesem Artikel unter anderem das Agrarprogramm der Französischen Arbeiterpartei, das auf dem Kongreß in Marseille 1892 angenommen worden war.

35 Rosa Luxemburg meint ihren Artikel »Neue Herrschaft« (polnisch), der anonym in der »Sprawa Robotnicza«, Nr. 19 vom Januar 1895, veröffentlicht wurde.

36 Siehe Anmerkung 31.

37 Rosa Luxemburg meint ihren Artikel »Das Schicksal des Sozialpatriotismus und der 1. Mai« (polnisch), der anonym in der »Sprawa Robotnicza«, Nr. 22 vom April 1895, veröffentlicht wurde.

38 auf Seiten (im Gegensatz zu Spaltensatz)

39 Rosa Luxemburg meint ihren Artikel »Zum Kongreß der polnischen Sozialisten in Deutschland« (polnisch), der anonym in der »Sprawa Robotnicza«, Nr. 15/16 vom September/Oktober 1894, veröffentlicht wurde.

40 Rosa Luxemburg meint eine zwölfseitige Beilage zur »Sprawa Robotnicza«, Nr. 13/14 vom Juli/August 1894, die mit dem Titel »Unter der Peitsche der öffentlichen Meinung« (polnisch) erschien und ausschließlich gegen die Auffassungen der PPS gerichtete Artikel und Notizen enthielt.

41 Rosa Luxemburg meint ihre Arbeit »Niepodległa Polska a sprawa robotnicza« (Das unabhängige Polen und die Arbeiterfrage), die unter dem Pseudonym Maciej Rózga 1895 in Paris als Publikation der »Sprawa Robotnicza« im Auftrag des Vorstandes der SDKP herausgegeben wurde.

42 Der Auslandsverband Polnischer Sozialisten (Związek Zagraniczny Socjalistów Polskich – ZZSP) war eine im November 1892 in Paris geschaffene Organisation sozialistischer Emigranten aus dem Königreich Polen, die die Gründung der Polnischen Sozialistischen Partei (Polska Partia Socjalistyczna – PPS) einleitete und zu ihrer Auslandsvertretung wurde. Im Jahr 1899 wurde sie die Auslandsorganisation der PPS.

43 Gemeint sind die Feiern zum 100. Jahrestag des Aufstandes gegen die Teilung Polens, an dessen Spitze Tadeusz Kościuszko gestanden hatte.

44 Rosa Luxemburg meint ihren Artikel »Zwei Daten« (polnisch), der anonym in der »Sprawa Robotnicza«, Nr. 11/12 vom Mai/Juni 1894, veröffentlicht wurde. Dieser Artikel war dem 100. Jahrestag des Kościuszkoaufstandes gewidmet.

45 Rosa Luxemburg meint die Anhänger Jean Allemanes, die sich 1891 von den Possibilisten getrennt und die Parti Ouvrier Socialiste Révolutionnaire (Sozialistische Revolutionäre Arbeiterpartei) gegründet hatten. Ein Teil ihrer Mitglieder vertrat anarchistische Tendenzen.

46 Siehe Anmerkung 32.

47 Rosa Luxemburg meint die »Sprawa Robotnicza«, Nr. 21 vom März 1895, die unter dem Titel »Polska Robotnicza« (Arbeiterpolen) als Son-

dernummer herausgegeben wurde und vollständig auf Arbeiterkorrespondenzen beruhte.

48 Gemeint ist der illegale Transport der Parteiliteratur von Frankreich nach Polen.

49 Wahrscheinlich ist J. S. Blumenfeld gemeint.

50 unterwerfen

51 schließlich

52 »ich schmolle«

53 das ist nicht Deine Sache, kümmere Dich um Deine Angelegenheiten

54 »Wieviel Dramen!« nicht wahr? »Langweilig! Immer ein und dasselbe.« Und ich habe ein solches Gefühl, als hätte ich nicht einmal den zehnten Teil von dem gesagt und gar nicht das gesagt, was ich wollte.

55 Nun, lebe wohl! Ich bedaure schon beinahe, daß ich geschrieben habe. Vielleicht wirst Du böse sein? Vielleicht wirst Du lachen? O nein, lach nicht.

56 Wörtlich: »geradezu der Bauch weh tut«

57 »der Soldat da war«

58 »Soldat«

59 »war und ist«

60 »nicht mit einem Offizier durchbrennt«

61 So in der Quelle.

62 Weil mich das immer berührt, wenn ich mit mir selbst spreche.

63 Hör doch auf zu weinen, Du wirst aussehen, der Teufel weiß wie, und folgsam lege ich das Taschentuch weg, um morgen nicht auszusehen, der Teufel weiß wie!

64 Sie wissen: die Frauen ...

65 packen und nicht loslassen

66 Am 16. Juni 1898 wurden die Wahlen zum Reichstag durchgeführt.

67 ersten Echos des Kampfes

68 Vatersname (Iljinitschna)

69 »des Kampfes«

70 Rosa Luxemburg meint das vom Vorstand der Sozialdemokratischen Partei Deutschlands herausgegebene »Handbuch für sozialdemokratische Wähler. Der Reichstag 1893–1898«, Berlin 1898.

71 Im Verlag Duncker & Humblot in Leipzig wurde Rosa Luxemburgs Dissertation »Die industrielle Entwicklung Polens« im Jahre 1898 herausgegeben. (Siehe Rosa Luxemburg: Gesammelte Werke, Bd. 1, Erster Halbbd., Berlin 1982, S. 113–216.)

72 Rosa Luxemburg benötigte von der Polizei eine Bescheinigung über die deutsche Staatsbürgerschaft, um in Deutschland ungehindert poli-

tisch tätig sein zu können. Um dies zu erreichen, war sie im Frühjahr 1898 mit Gustav Lübeck eine Scheinehe eingegangen und hatte so automatisch die preußische Staatsbürgerschaft erworben. Die Scheinehe wurde am 4. April 1903 geschieden.

73 In der Katzbachstraße 9 in Berlin hatte der Vorstand der Sozialdemokratischen Partei seinen Sitz.

74 »Gutsbesitzer«

75 Dem Vorstand der Sozialdemokratischen Partei Deutschlands gehörten an: August Bebel und Paul Singer als Vorsitzende, Ignatz Auer und Wilhelm Pfannkuch als Sekretäre sowie Alwin Gerisch als Kassierer.

76 Gemeint ist die »Gazeta Robotnicza«, die 1891 in Berlin mit Hilfe des Vorstandes der deutschen Sozialdemokratie gegründet worden war und von ihm finanziert wurde.

77 Gemeint ist der Einfluß des Auslandsverbandes Polnischer Sozialisten, der seinen Sitz in London hatte. Er vertrat in der polnischen Frage nationalistische Positionen.

78 Wilhelm Liebknecht hatte auf dem Parteitag der deutschen Sozialdemokratie vom 3. bis 9. Oktober 1897 in Hamburg zweimal zur polnischen Frage gesprochen.

79 Wahrscheinlich eine Anspielung auf die Polemik, die Ende 1896 zwischen Rosa Luxemburg und Wilhelm Liebknecht wegen der Auffassungen in der Orientfrage in der Presse geführt worden war. (Siehe Rosa Luxemburg: Zur Orientpolitik des »Vorwärts«. In: Gesammelte Werke, Bd. 1, Erster Halbbd., S. 69–73.)

80 Rosa Luxemburg meint die Zentren der PPS.

81 Am 4. Juni 1897 war in der »Sächsischen Arbeiter-Zeitung« August Winters Artikel »Der Parteitag der polnischen sozialdemokratischen Partei« veröffentlicht worden, den ein Teil der Funktionäre der PPS zum Anlaß für scharfe Angriffe auf Winter nahm. Winter hatte sich darin ungenau dahingehend geäußert, daß es eine Art der Germanisierung gäbe, gegen die nichts Vernünftiges einzuwenden sei, nämlich die allmähliche Germanisierung von Polen durch Abwanderung in deutsche Gegenden, durch Umgang mit Deutschen im täglichen Leben, insbesondere bei der Arbeit und ähnlichen Anlässen, und daß es nicht schaden könne, wenn diese Germanisierung durch gute deutsche Schulen gefördert werde.

82 Redakteur der »Gazeta Robotnicza« war Franciszek Morawski.

83 Gemeint sind ein von der PPS im preußischen Annexionsgebiet im Mai 1898 in polnischer Sprache herausgegebener »Aufruf an das polnische Volk« und die in London erschienene Agitationsbroschüre

»1 Maja 1898. Pamiątka majowa i przedwyborcza ludu pracującego zaboru prusgiego« (Der 1. Mai. Mai- und Wahlandenken des werktätigen Volkes des preußisch besetzten Gebietes).

84 Diese Bemerkung bezieht sich wahrscheinlich auf den Hinweis August Bebels im Bericht des Vorstandes an den Parteitag der deutschen Sozialdemokratie in Halle vom 12. bis 18. Oktober 1890, daß die agitatorische Tätigkeit der Partei unter den polnischen Arbeitern durch Gründung einer polnischen Arbeiterzeitung erweitert werden müsse. Mit politischer Unterstützung und finanzieller Hilfe des Parteivorstandes wurde die Wochenschrift »Gazeta Robotnicza« für die von Preußen annektierten polnischen Gebiete gegründet, deren erste Nummer am 1. Januar 1891 erschien.

85 Die Broschüre »Die Sozialdemokraten kommen« war von der PPS im preußischen Annexionsgebiet 1896 in London unter dem Titel »Socjaliści idą. Rzecz dzieje się na wsi« (Die Sozialdemokraten kommen. Die Sache findet auf dem Lande statt) herausgegeben worden.

86 Westfalen war ein Zentrum polnischer Arbeiter in Deutschland.

87 Wahrscheinlich handelt es sich um die Redaktion der »Gazeta Robotnicza«.

88 Siehe Anmerkung 66.

89 zurückwies

90 Siehe Anmerkung 70.

91 Rosa Luxemburg meint das in deutscher und polnischer Sprache für das Zentralwahlkomitee Königshütte herausgegebene mehrseitige Flugblatt »Oberschlesier, auf zur Wahl!«, das vom Parteivorstand in 120 000 Exemplaren zur Verfügung gestellt worden war.

92 Gemeint ist der Vorstand der Vereinigung sozialdemokratischer Arbeiter des Königreichs Polen im Ausland.

93 Siehe Anmerkung 72.

94 Siehe Anmerkung 86.

95 Auftritt

96 Siehe Anmerkung 87.

97 Siehe Anmerkung 72.

98 Eine Stichwahl wurde dann in einem Wahlkreis durchgeführt, wenn in der Hauptwahl keiner der Kandidaten dieses Wahlkreises das erforderliche Minimum an Stimmen erhalten hatte. Dieser engeren Wahl stellten sich die beiden Kandidaten, die in der Hauptwahl die meisten Stimmen auf sich vereinigen konnten.

99 Tomasz Wolny war für den Reichstagswahlkreis Großstrehlitz-Kosel als Kandidat der Sozialdemokratie zu den Reichstagswahlen am 16. Juni 1898 aufgestellt worden.

100 In diesem Brief vom 8. Juni 1898 unterrichtete Julius Bruhns August
Winter unter anderem davon, daß er Rosa Luxemburg für die Zeit
vom 13. bis 16. Juni als Referentin für Wahlversammlungen in Breslau
gewonnen habe, da er selbst erkrankt sei und nicht sprechen könne.

101 Siehe Anmerkung 98.

102 In der Breslauer »Volkswacht« vom 6. Juni 1898 war ein Bericht über
die Versammlung am 5. Juni 1898 in Breslau, auf der Rosa Luxemburg
gesprochen hatte, veröffentlicht.

103 Rosa Luxemburg meint die Vereinigung sozialdemokratischer Arbeiter des Königreichs Polen im Ausland.

104 Siehe Anmerkung 71.

105 Rosa Luxemburg meint die Korrekturbogen ihrer Dissertation »Die
industrielle Entwicklung Polens«.

106 Im Jahre 1893 (nicht 1888) hatten russische Kaufleute auf dem Markt
von Nishni-Nowgorod dem Finanzminister eine Petition überreicht,
in der eine spezielle Besteuerung der Geschäftsreisenden Łódźer Fabriken gefordert wurde mit der Absicht, den Moskauer industriellen
Rayon von der Łódźer Konkurrenz zu befreien.

107 Siehe S. 82.

108 Rosa Luxemburg meint ihren Artikel »Die Wahlen in Oberschlesien«,
der in der »Leipziger Volkszeitung« vom 2. Juli 1898 veröffentlicht
wurde. (Siehe Rosa Luxemburg: Gesammelte Werke, Bd. 1, Erster
Halbbd., S. 217–221.)

109 Gemeint ist der Parteitag der deutschen Sozialdemokratie, der vom 3.
bis 8. Oktober 1898 in Stuttgart durchgeführt wurde.

110 mit Glanz

111 Eduard Bernstein hatte vom Herbst 1896 bis Mitte 1898 in der »Neuen
Zeit« eine Reihe von Artikeln veröffentlicht, in denen er die marxistische Lehre vom Klassenkampf, von der proletarischen Revolution
und der Diktatur des Proletariats preisgab. Die revolutionären Kräfte
setzten sich mit den Auffassungen Bernsteins auseinander. Rosa Luxemburgs Artikel wurden unter dem Titel »Sozialreform oder Revolution?« in der »Leipziger Volkszeitung« vom 21. bis 28. September 1898
veröffentlicht. (Siehe Rosa Luxemburg: Gesammelte Werke, Bd. 1, Erster Halbbd., S. 373–408.)

112 Wörtlich: Schwein mit Truthahn. Bedeutet soviel wie: völlig verschiedene Dinge.

113 »Nicht bekannt.«

114 Die Vertrauensleute waren in der Sozialdemokratischen Partei
Deutschlands das Bindeglied zwischen der Mitgliedschaft und dem
Parteivorstand. Durch das im Organisationsstatut verankerte Vertrau-

ensleutesystem war es der Sozialdemokratie möglich, reaktionäre, besonders vereinsgesetzliche Maßnahmen, die sich gegen die politische Organisation der Arbeiterbewegung richteten, zu umgehen.

115 Das ist die Frage.

116 eine Erbse in die Scheuer zu tragen, aber dafür unverhältnismäßig viel seiner Kräfte und seiner Gesundheit zu verbrauchen

117 Rosa Luxemburg meint ihren Artikel »Von Stufe zu Stufe«. (Siehe Rosa Luxemburg: Gesammelte Werke, Bd.1, Erster Halbbd., S.94–111.)

118 Rosa Luxemburg meint ihren mit K.P. gezeichneten Artikel »Die Agitation unter der polnischen Bevölkerung«, der am 5. und 6.Juni 1897 in der »Sächsischen Arbeiter-Zeitung« erschienen war. (Siehe Rosa Luxemburg: Gesammelte Werke, Bd.1, Erster Halbbd., S.74–81.)

119 Józef Luxemburg.

120 Rosa Luxemburg meint ihre Dissertation »Die industrielle Entwicklung Polens«.

121 Gemeint ist die Sozialdemokratische Arbeiterpartei Rußlands (SDAPR), deren I.Parteitag vom 1. bis 3.März 1898 in Minsk durchgeführt worden war.

122 Die Frage gilt den Bemühungen Leo Jogiches', die Schweizer Staatsbürgerschaft zu erlangen.

123 Siehe Anmerkung 105.

124 Siehe Anmerkung 108.

125 Gemeint ist die Sitzungsperiode des Reichstags.

126 Rosa Luxemburg meint die »Deutsche medizinische Wochenschrift«.

127 Rosa Luxemburgs Dissertation »Die industrielle Entwicklung Polens« wurde bei Duncker & Humblot als Dissertation und in Buchform herausgegeben.

128 Siehe dazu S.82.

129 auf dem laufenden

130 Siehe Anmerkung 111.

131 Anna Luxemburg.

132 Im Polnischen ironischer Ausdruck für Deutsche.

133 Eine Bibliothek in Zürich.

134 Ungezwungenheit

135 Gemeint ist die Diskussion über die revisionistischen Anschauungen Eduard Bernsteins (siehe Anmerkung 111), die in der »Neuen Zeit« begonnen hatte.

136 Rosa Luxemburg meint ihre Dissertation »Die industrielle Entwicklung Polens«.

137 Gemeint ist die Tagesordnung des Parteitages der deutschen Sozialdemokratie vom 3. bis 8.Oktober 1898 in Stuttgart.

138 Auf dem Parteitag der deutschen Sozialdemokratie vom 3. bis 8. Oktober 1898 in Stuttgart war August Bebel für die Vertagung der Debatte über die revisionistischen Anschauungen Eduard Bernsteins eingetreten, da die Auseinandersetzung über die Grundauffassungen der Partei erst einer gründlichen Vorbereitung in der sozialdemokratischen Presse bedürfe. Karl Kautsky forderte Bernstein im »Vorwärts« vom 13. Oktober 1898 auf, seine Auffassungen in einer Broschüre zusammenzufassen. Diese Arbeit erschien im März 1899 unter dem Titel »Die Voraussetzungen des Sozialismus und die Aufgaben der Sozialdemokratie«.

139 In der »Sächsischen Arbeiter-Zeitung« vom 30. Oktober, 2. und 3. November 1898 war der Offene Brief G. W. Plechanows an Karl Kautsky »Erörterungen über die Taktik. Wofür sollen wir ihm dankbar sein?« veröffentlicht worden. Plechanow äußerte seine Verwunderung über die Zurückhaltung Kautskys in den Debatten mit Eduard Bernstein, die nur dazu beitragen werde, die Auseinandersetzung mit dem Revisionismus zu verzögern, und wies ausführlich nach, daß Bernstein sich die theoretischen Anschauungen der Gegner des wissenschaftlichen Sozialismus zu eigen gemacht und von einem Sozialdemokraten zu einem Sozialreformer gewandelt habe.

140 Ende September 1898 hatte Rosa Luxemburg die Redaktion der »Sächsischen Arbeiter-Zeitung« in Dresden übernommen, da die beiden Redakteure Parvus und Julian Marchlewski wegen ihrer politischen Tätigkeit als Ausländer aus Sachsen ausgewiesen worden waren. Nach der Sitzung der Preßkommission am 2. November sah sich Rosa Luxemburg jedoch gezwungen, die Redaktion der Zeitung niederzulegen.

141 Emil Eichhorn, Emil Nitzsche und Heinrich Wetzker, Mitglieder der Redaktion der »Sächsischen Arbeiter-Zeitung«, hatten im »Vorwärts« vom 30. Oktober 1898 eine Erklärung veröffentlicht, in der sie betonten, sie hätten nicht gewußt, daß Rosa Luxemburg eine Erwiderung Georg Gradnauers in der Auseinandersetzung mit ihr nicht in die »Sächsische Arbeiter-Zeitung« aufgenommen hatte, und daß sie dieses Vorgehen nicht billigen könnten. (Siehe dazu Rosa Luxemburg: Ein Parteistreit. In: Gesammelte Werke, Bd. 1, Erster Halbbd., S. 271–273.)

142 Gemeint ist die Preßkommission der »Sächsischen Arbeiter-Zeitung«, die am 2. November 1898 getagt hatte.

143 Rosa Luxemburg schrieb zeitweilig für die »Sächsische Arbeiter-Zeitung« mit ego gezeichnete wöchentliche Wirtschaftsübersichten unter dem Titel »Wirtschaftliche und sozialpolitische Rundschau«. (Siehe

Rosa Luxemburg: Gesammelte Werke, Bd. 1, Erster Halbbd., S. 278 bis 294, 308–317, 326–347, 352–360.)

144 Es handelt sich um die Artikel Rosa Luxemburgs »Erörterungen über die Taktik« in der »Sächsischen Arbeiter-Zeitung« vom 19. und 26. Oktober 1898, in denen sie sich mit revisionistischen Auffassungen Georg Gradnauers auseinandersetzte. (Siehe Rosa Luxemburg: Gesammelte Werke, Bd. 1, Erster Halbbd., S. 257–263.) Sie unterstützte damit die revolutionären Positionen Franz Mehrings, die dieser in den »Glossen zum Parteitag« in der »Leipziger Volkszeitung« vom 8. bis 13. Oktober 1898 vertreten hatte.

145 Gemeint ist der Parteitag der deutschen Sozialdemokratie vom 3. bis 8. Oktober 1898 in Stuttgart.

146 über alles Wissenswerte

147 Rosa Luxemburg meint ihre erste »Wirtschaftliche und sozialpolitische Rundschau«, die, mit ego gezeichnet, in der »Sächsischen Arbeiter-Zeitung« vom 4. Dezember 1898 veröffentlicht wurde. (Siehe Rosa Luxemburg: Gesammelte Werke, Bd. 1, Erster Halbbd., S. 278–283.)

148 Gemeint ist Rosa Luxemburgs zweite Artikelserie »Sozialreform oder Revolution?«, die in der »Leipziger Volkszeitung« vom 4. bis 8. April 1899 veröffentlicht wurde.

149 W. W. Swjatlowski: Fabrikhygiene.

150 Siehe Anmerkung 148.

151 Eduard Bernsteins Buch »Die Voraussetzungen des Sozialismus und die Aufgaben der Sozialdemokratie« erschien im März 1899.

152 Rosa Luxemburg verwirklichte ihre Absicht. Die beiden Artikelserien (siehe Anmerkungen 111 und 148) wurden im Frühjahr 1899 unter dem Titel »Sozialreform oder Revolution?« als Broschüre herausgegeben.

153 Glanz

154 Rosa Luxemburgs Arikel »Die englische Brille«, in dem sie sich mit Eduard Bernstein über den Trade-Unionismus auseinandersetzte, erschien in der »Leipziger Volkszeitung« vom 9. und 10. Mai 1899. (Siehe Rosa Luxemburg: Gesammelte Werke, Bd. 1, Erster Halbbd., S. 471–482.)

155 N. I. Siber.

156 Rosa Luxemburg meint von Karl Marx »Zur Kritik der politischen Ökonomie«. (Siehe Karl Marx/Friedrich Engels: Werke, Bd. 13, S. 5–160.)

157 Unter dem Pseudonym A. Wolgin hatte G. W. Plechanow 1896 die Arbeit »Обоснование народничества в трудах г-на Воронцова (В. В.)« (Die Begründung der Volkstümlerrichtung in den Arbeiten des Herrn Woronzow [W. W.]) in Petersburg veröffentlicht.

158 Die Vertreter der sogenannten Grenznutzenschule vertraten eine vulgäre Kapital- und Zinstheorie und versuchten, mit Hilfe subjektiv-psychologischer Faktoren und mathematischer Methoden die Grundzüge eines geschlossenen, gegen den Marxismus gerichteten ökonomischen Systems zu formulieren.

159 Die erste Session des im Juni 1898 gewählten Reichstags begann am 6. Dezember 1898.

160 Issajew ... ein Marxist nicht ohne seltsame Auffassungen

161 Journal

162 »sich hinreißen zu lassen«

163 Gemeint ist eine Sitzung der sozialdemokratischen Reichstagsfraktion.

164 Ignatz Auer hatte sich während des Parteitages der deutschen Sozialdemokratie vom 3. bis 8. Oktober 1898 in Stuttgart gegenüber Rosa Luxemburg und Clara Zetkin, die die revolutionäre Taktik der Sozialdemokratie verteidigten, abfällig geäußert.

165 Parvus gab die Privatkorrespondenz »Aus der Weltpolitik« heraus.

166 Rosa Luxemburg meint »Lohnarbeit und Kapital« von Karl Marx und das »Manifest der Kommunistischen Partei«. (Siehe Karl Marx/Friedrich Engels: Werke, Bd. 6, S. 397–423 und Bd. 4, S. 459–493.)

167 Rosa Luxemburg meint den Artikel von Heinrich Cunow »Zur Zusammenbruchstheorie«, der in der »Neuen Zeit«, 17. Jg. 1898/99, Erster Band, veröffentlicht wurde.

168 Gemeint ist von David Friedrich Strauss »Das Leben Jesu«.

169 Rosa Luxemburg meint ihren Artikel »Die Kosten eines Sieges«, der in der »Leipziger Volkszeitung« vom 19. Dezember 1898 veröffentlicht worden war. (Siehe Rosa Luxemburg: Gesammelte Werke, Bd. 1, Erster Halbbd., S. 295–301.)

170 Rosa Luxemburg meint ihren Artikel »Adam Mickiewicz«, der in der »Leipziger Volkszeitung« vom 24. Dezember 1898 veröffentlicht worden war. (Siehe Rosa Luxemburg: Gesammelte Werke, Bd. 1, Erster Halbbd., S. 302–307.)

171 Diese »Wirtschaftliche und sozialpolitische Rundschau« Rosa Luxemburgs wurde tatsächlich am Mittwoch, dem 28. Dezember 1898, in der »Sächsischen Arbeiter-Zeitung« veröffentlicht. (Siehe Rosa Luxemburg: Gesammelte Werke, Bd. 1, Erster Halbbd., S. 308–317.)

172 Siehe Anmerkung 169.

173 Rosa Luxemburg meint ihre Polemik gegen die revisionistischen Anschauungen Max Schippels, die unter dem Titel »Miliz und Militarismus« als Anhang zu ihrer Arbeit »Sozialreform oder Revolution?« in der »Leipziger Volkszeitung« vom 20. bis 22. und am 25. Februar 1899

veröffentlicht worden war. (Siehe Rosa Luxemburg: Gesammelte Werke, Bd. 1, Erster Halbbd., S. 446–466.)

174 bist nicht in die richtige Gasse eingebogen

175 im Dickicht

176 Gemeint ist der vierte Artikel von »Miliz und Militarismus«.

177 In einer Sondersitzung der sozialdemokratischen Reichstagsfraktion am 10. Januar 1899 waren revisionistische Anschauungen Max Schippels verurteilt worden.

178 Die Morgenausgabe der »Kreuz-Zeitung« vom 2. März 1899 hatte sich zum »Fall Schippel« geäußert und das Auftreten Rosa Luxemburgs wie auch anderer in der revolutionären Arbeiterbewegung tätigen Frauen diffamiert.

179 Parvus hatte in der »Sächsischen Arbeiter-Zeitung« vom 17. Januar 1899 eine Erklärung unter dem Titel »Mein Kampf um das freie Wort im ›Vorwärts‹« veröffentlicht. Er beschuldigte die Redaktion des »Vorwärts«, sie beschneide ihm die Möglichkeit, sich in dieser Zeitung zu äußern. Der »Vorwärts« veröffentlichte daraufhin am 18. Januar 1899 eine polemische Notiz, auf die Parvus in einem Brief an die Redaktion antwortete, der unter »Zurückweisung und Berichtigung« im »Vorwärts« vom 21. Januar 1899 veröffentlicht und mit einer Antwort der Redaktion versehen wurde.

180 Siehe Anmerkung 165.

181 Zofia Daszyńska hatte in den »Sozialistischen Monatsheften« vom Februar 1899 eine Rezension zu Rosa Luxemburgs Dissertation »Die industrielle Entwicklung Polens« veröffentlicht. Ein Ersuchen der Redaktion, in dieser Zeitschrift darauf zu antworten, lehnte Rosa Luxemburg ab. Bei Karl Kautsky hatte sie angefragt, ob ihre Antwort eventuell in der »Neuen Zeit« veröffentlicht werden könne. Kautsky sagte zu, jedoch wurde ein solcher Artikel nicht geschrieben.

182 Wilhelm Liebknecht.

183 wenn man in die Runde blickt

184 Siehe Anmerkung 165.

185 Auf Grund eines Jahre zurückliegenden Konfliktes zwischen Bruno Schoenlank und Franz Mehring war es Maximilian Harden gelungen, erneut Unstimmigkeiten zwischen diesen beiden sozialdemokratischen Publizisten hervorzurufen, so daß Franz Mehring seine Mitarbeit an der »Leipziger Volkszeitung« einstellte.

186 Rosa Luxemburg meint die Reaktion auf ihre Polemik gegen Max Schippel in der »Leipziger Volkszeitung«. (Siehe Anmerkung 173.)

187 In Hannover wurde vom 9. bis 14. Oktober 1899 der Parteitag der deutschen Sozialdemokratie durchgeführt.

188 Kampfsignale

189 Unterlassungssünden

190 Siehe Anmerkung 117.

191 »Nichts als Schlittenhunde gibt es, ganz kleine.« (Anspielung auf eine völlige Abgeschiedenheit.)

192 Rosa Luxemburg meint ihre Erwiderung auf eine Rezension von Zofia Daszyńska. (Siehe Anmerkung 181.)

193 »sich um jeden Preis um ein Referat zu bemühen«

194 der Nabel der Welt

195 Die unterschiedliche Taktik der Sozialdemokraten bei Landtagswahlen in Preußen, Sachsen und anderen Bundesländern hatte in den Jahren 1898 und 1899 zu Diskussionen in der deutschen Sozialdemokratie geführt. Die Meinungen über den Wert der Beteiligung an Wahlen, die auf der Grundlage reaktionärer Wahlgesetze durchgeführt wurden, gingen dabei weit auseinander. Heftige Auseinandersetzungen rief die Frage hervor, ob und inwieweit ein Zusammengehen der Sozialdemokratie mit bürgerlichen Parteien zulässig sei.

196 Wörtlich: nicht begonnene Ecken; hier im Sinne von: unerschlossene Gebiete.

197 Siehe Anmerkung 187.

198 die oberste Regel

199 Rosa Luxemburg meint ihre Arbeit »Sozialreform oder Revolution?«.

200 Außerdem bin ich der Ansicht

201 »Mit einem Wort: Mehring ist notwendig!«

202 nicht notwendig

203 In der Katzbachstraße 9 in Berlin hatte der Vorstand der Sozialdemokratischen Partei seinen Sitz.

204 Rosa Luxemburg weilte vom 25. Dezember 1899 bis 1. Januar 1900 zur Agitation in Oberschlesien und hielt sich unter anderem in Bielschowitz, Kattowitz und Zabrze auf.

205 Rosa Luxemburgs Artikel »Die französische Einigung« wurde in der »Leipziger Volkszeitung« vom 18. bis 20. Dezember 1899 veröffentlicht. (Siehe Rosa Luxemburg: Gesammelte Werke, Bd. 1, Erster Halbbd., S. 651–660.)

206 Eine Anspielung auf die Äußerung Franz von Ballestrems, seit 1898 Präsident des Deutschen Reichstags, die Arbeiterlöhne seien während der sogenannten Gründerzeit so hoch gewesen, daß z. B. die Bauarbeiter Champagner aus Biergläsern getrunken hätten.

207 Leo Jogiches hatte statt eines Artikels von Rosa Luxemburg ein Schweizer Kursbuch erhalten. Rosa Luxemburg nahm an, daß beides bei der Schweizer Post vertauscht worden war.

208 »deine Postkarte ist in einem Ton, der mich nicht in die Stimmung versetzt, eingehender zu schreiben«

209 hinsichtlich Deiner Aufgaben in der deutschen Bewegung und in der publizistischen Tätigkeit und auch hinsichtlich der eigenen Arbeiten im Hause

210 »hinsichtlich der Aufgaben«

211 Rosa Luxemburg hatte am 31. Dezember 1899 in Bielschowitz über die Grundbegriffe des Sozialismus gesprochen. Der Bericht über die Versammlung war in der »Gazeta Robotnicza« vom 13. Januar 1900 veröffentlicht worden.

212 Heinrich Cunow war Redakteur bei der »Neuen Zeit«.

213 Von Rosa Luxemburg wurde dieser Brief mit dem 24. Juni 1900 datiert. Dem Inhalt nach handelt es sich um den 24. April 1900.

214 »hinausgedrängt habe«

215 »Hinausdrängen«

216 Rosa Luxemburg hatte am V. Parteitag der PPS im preußischen Annexionsgebiet, der am 15. und 16. April 1900 in Berlin durchgeführt worden war, teilgenommen.

217 Der Bericht über den zweiten Tag des Parteitages war im »Vorwärts« vom 20. April 1900 veröffentlicht worden. Über den ersten Tag hatte der »Vorwärts« am 18. April berichtet.

218 Verwirrung

219 Der Artikel »Über den Parteitag« (polnisch) in der »Gazeta Robotnicza«, Nr. 16 vom 21. April 1900, befaßte sich speziell mit dem Auftreten Rosa Luxemburgs auf dem Parteitag der PPS, begrüßte die Tatsache, daß sie sich der Partei angeschlossen habe, und konstatierte nicht ohne boshafte Akzente, daß »Rosa Luxemburg schließlich zu einer polnischen Sozialistin geworden ist«. Der Eintritt Rosa Luxemburgs bedeute offensichtlich, daß auch sie das Programm der PPS zur Unabhängigkeit Polens unterstütze.
Die Antwort Rosa Luxemburgs auf diesen Artikel wurde nicht unmittelbar nach der Übersendung veröffentlicht, sondern die Redaktion brachte in Nummer 17 eine Notiz, mit der Rosa Luxemburg auf die nächste Nummer der Zeitschrift vertröstet wurde. (Diese Notiz erwähnte Rosa Luxemburg im Brief an Leo Jogiches vom 30. April 1900.) Die Antwort Rosa Luxemburgs erschien dann in der »Gazeta Robotnicza«, Nr. 18 vom 5. Mai 1900, mit einer Bemerkung der Redaktion, daß die sachlichen Korrekturen, die die Verfasserin vornehmen wollte, nicht berücksichtigt worden seien. Rosa Luxemburgs »Erwiderung an den Vorstand« (polnisch), veröffentlicht in der »Gazeta Robotnicza«, Nr. 21 vom 26. Mai 1900, versah die Redaktion mit einem

Kommentar des Vorstandes, der heftige Angriffe gegen Rosa Luxemburg enthielt.

220 Rosa Luxemburg meint von Richard Schüller »Die Wirtschaftspolitik der historischen Schule«, Berlin 1899. Die Rezension Rosa Luxemburgs erschien erst im Mai 1900 unter dem Titel »Zurück auf Adam Smith« in der »Neuen Zeit«, 18. Jg. 1899/1900, Zweiter Band. (Siehe Rosa Luxemburg: Gesammelte Werke, Bd. 1, Erster Halbbd., S. 728 bis 737.)

221 Das Buch Karl Kautskys »Bernstein und das sozialdemokratische Programm« war 1900 in Paris in französischer Übersetzung unter dem Titel »Le Marxisme et son Critique Bernstein« herausgegeben worden.

222 Rosa Luxemburg hielt sich vom 24. bis 27. März 1900 in Posen auf, wo sie in mehreren Versammlungen sprach.

223 Gemeint sind die Artikelserie »Agrarische Interessen und Zollpolitik« und der Artikel »Zur Verlegung des polnischen Parteiblattes«, die in der »Leipziger Volkszeitung« vom 23. bis 25. und am 27. April 1900 veröffentlicht wurden. (Siehe Rosa Luxemburg: Gesammelte Werke, Bd. 1, Erster Halbbd., S. 709–722.)

224 Im »Vorwärts« vom 3. April 1900 war eine Resolution veröffentlicht worden, die die Posener Parteiorganisation zum bevorstehenden Parteitag der PPS im preußischen Annexionsgebiet angenommen hatte. In ihr wurde erklärt, daß die Posener Organisation mit der deutschen Sozialdemokratie voll und ganz auf gemeinsamem Boden stehe, und vom Vorstand der PPS gefordert, eng mit der deutschen Sozialdemokratie zusammenzuarbeiten. Diese Resolution hatte Rosa Luxemburg eingebracht, nachdem sie die Zurücknahme einer anderen Entschließung durchgesetzt hatte, in der die Auflösung der PPS im preußischen Annexionsgebiet und der Übertritt der Mitglieder in die örtlichen deutschen Organisationen gefordert worden war.

225 Gemeint ist die Pressekommission für die »Gazeta Robotnicza«.

226 Es handelt sich um die Antwort auf den Artikel »Über den Parteitag«. (Siehe dazu Anmerkung 219.)

227 Rosa Luxemburg meint die Scheidung ihrer Ehe (siehe dazu Anmerkung 72). Der Rechtsanwalt Ludwig Forrer vertrat sie dabei in der Schweiz und Arthur Stadthagen in Berlin.

228 Rosa Luxemburgs Artikel »Bilanz der Obstruktion« wurde in der »Neuen Zeit«, 18. Jg. 1899/1900, Zweiter Band, veröffentlicht. (Siehe Rosa Luxemburg: Gesammelte Werke, Bd. 1, Erster Halbbd., S. 752 bis 758.)

229 Rosa Luxemburg schrieb diesen Brief in französischer Sprache.

230 Gemeint ist die Artikelserie »Die sozialistische Krise in Frankreich«,

die im Januar/Februar 1900 in der »Neuen Zeit« veröffentlicht wurde. (Siehe Rosa Luxemburg: Gesammelte Werke, Bd. 1, Zweiter Halbbd., Berlin 1983, S. 5–73.)

231 Anton Fendrich hatte in der Landesversammlung der badischen Sozialdemokraten am 24. Februar 1901 in Offenburg versucht, die Bewilligung des Landesbudgets durch die sozialdemokratische Landtagsfraktion am 28. Mai 1900 zu begründen und zu rechtfertigen. August Dreesbach verteidigte diesen opportunistischen Standpunkt und verlangte von der Sozialdemokratie »praktische Arbeit«. Die sozialdemokratische Fraktion des badischen Landtages werde, falls sie stark genug sei, in der nächsten Legislaturperiode die Stelle des zweiten Vizepräsidenten des Landtags beanspruchen, denn es schade einem Sozialdemokraten nichts, als Mitglied des Präsidiums dem Landesfürsten persönlich Meldung zu erstatten.

232 Am 1. Juni 1894 hatte die sozialdemokratische Fraktion im bayerischen Landtag unter Führung Georg von Vollmars dem Landesbudget zugestimmt und damit erstmals das Prinzip: Diesem System keinen Mann und keinen Groschen! durchbrochen. Die Mehrheit der Sozialdemokratischen Partei hatte entschieden gegen den Opportunismus der bayerischen Landtagsfraktion protestiert.

233 Ojerum, o welche Veränderung der Dinge!

234 Auf dem Parteitag der deutschen Sozialdemokratie vom 22. bis 28. September 1901 in Lübeck wurde von den revolutionären Kräften scharfe Kritik an dem opportunistischen Verhalten der sozialdemokratischen Landtagsfraktion in Baden geübt, die mit ihrer Zustimmung zum Landesbudget der kapitalistischen Regierung ein Vertrauensvotum ausgesprochen hatte. In einer Resolution wird ihr Verhalten als mit dem sozialdemokratischen Parteiprogramm und den Grundsätzen des proletarischen Klassenkampfes unvereinbar bezeichnet und die Ablehnung des Budgets allen sozialdemokratischen Abgeordneten zur Pflicht gemacht.

235 Siehe Anmerkung 138.

236 In der Zeit von November 1900 bis Februar 1901 hatte es zwischen der Geschäftsleitung der »Leipziger Volkszeitung« und der örtlichen Leitung der sozialdemokratischen Organisation einerseits und dem Leipziger Verein des Verbandes deutscher Buchdrucker andererseits Differenzen gegeben, weil nach Einführung der Setzmaschinen in der Druckerei der »Leipziger Volkszeitung« einige Setzer entlassen worden waren. Da es bei den Entlassungen Rechtsverletzungen gegeben haben sollte, hatte sich eine Anzahl Setzer mit den Entlassenen solidarisch erklärt und die Kündigung eingereicht. Die Versuche des so-

zialdemokratischen Parteivorstandes, die Differenzen zu schlichten, führten nur zu Teilergebnissen.

237 Der bürgerliche Schriftsteller Hans Leuß war wegen Meineids zu Zuchthaus verurteilt worden und hatte nach Verbüßung seiner Strafe keine Existenzmöglichkeit gefunden. Er wandte sich an Franz Mehring, der ihm half, einen Verleger für Gedichte zu finden und in der »Neuen Zeit« einige Artikel über die Zustände in den Strafanstalten zu veröffentlichen, die eine Anklage gegen die bürgerliche Klassenjustiz darstellten. Später wurde Leuß die Mitarbeit an sozialdemokratischen Zeitungen unter stark einschränkenden Bedingungen gestattet. Dabei kam es bei einer Zeitung, wahrscheinlich der »Sächsischen Arbeiter-Zeitung«, unter Mithilfe von Opportunisten zu Unehrlichkeiten, die durch Franz Mehring bereinigt wurden.

238 Rosa Luxemburg war auf dem Parteitag der deutschen Sozialdemokratie vom 22. bis 28. September 1901 in Lübeck, nachdem sie ihn hatte vorzeitig verlassen müssen, von Richard Fischer scharf angegriffen und der Fälschung bezichtigt worden. Sie beabsichtigte, in der »Neuen Zeit« eine Erklärung gegen Fischer zu veröffentlichen. Die Redaktion bemühte sich, sie von diesem Vorhaben abzubringen. (Die Erklärung vom 1. Oktober 1901 siehe Rosa Luxemburg: Gesammelte Werke, Bd. 1, Zweiter Halbbd., S. 146/147.)

239 Auf dem Lübecker Parteitag waren die »Neue Zeit« und ihr Chefredakteur Karl Kautsky wegen der Auseinandersetzung mit den revisionistischen Anschauungen heftig von den Opportunisten angegriffen worden.

240 Es handelt sich um Robert Seidels Arbeit »Lebensmittelzölle und Sozialreform, ergänzt durch Vorwort, ›Geschichte des Zollkampfes von 1890/1891‹ und ›Die Zollfrage im Jahre 1902/1903‹«, Zürich 1903.

241 Ludwig Forrer, Vertreter der radikalen Demokraten, war 1902 zum schweizerischen Bundesrat gewählt worden. Über die Taktik der Sozialdemokratischen Partei, die sich gegen den Kandidaten gewandt hatte, setzte sich Otto Lang Ende Dezember 1902 im »Volksrecht« mit Robert Seidel auseinander, der Ludwig Forrer verteidigte. Diese Nummern des »Volksrechts« sowie seine Zollbroschüre hatte Robert Seidel am 2. Januar 1903 an Rosa Luxemburg gesandt.

242 Rosa Luxemburg bemühte sich um eine Besprechung der Arbeit Robert Seidels »Die Handarbeit – der Grund- und Eckstein der harmonischen Bildung und Erziehung«, die in Leipzig herausgegeben worden war.

243 Das Theaterstück »Nachtasyl« von Maxim Gorki hatte am 23. Januar 1903 im Kleinen Theater in Berlin Premiere.

461

244 direkt ins Gesicht

245 Absteigequartier

246 Rosa Luxemburg unternahm von Chemnitz aus vom 5. bis 15.Juni 1903 zur Vorbereitung der Reichstagswahlen eine Versammlungstour, bei der sie in Hohenstein, Lichtenstein, Glauchau, Meerane, Mülsen-St.Jacob, Oberlungwitz, Markneukirchen, Plauen, Adorf und Oelsnitz sprach.

247 Gemeint ist Karl Kautskys Artikel »Das Gemetzel in Kischinjow und die jüdische Frage« (polnisch), der im »Przegląd Socjaldemokratyczny« vom Mai 1903 veröffentlicht worden war.

248 Bedeutet soviel wie: miese Brüder.

249 Siehe Anmerkung 72.

250 Tatsächlich erhielt Ignatz Auer bei den Wahlen zum Reichstag am 16.Juni 1903 im Wahlkreis Glauchau-Meerane 4912 Stimmen mehr als bei den Wahlen 1898.

251 Julius Bruhns hatte im Sommer 1903 eine Haftstrafe von zwei Monaten verbüßen müssen.

252 Gemeint ist die »Gazeta Ludowa«.

253 Randbemerkung von Rosa Luxemburg: Apropos, das Geld müßte m. E. an Gogowski immer durch Sie gehen von den Kolporteuren. Expedition ist in Gogowskis Händen, Breitestr. 21.

254 Vom 12. bis 25.Juli 1904 wurde in Königsberg ein Prozeß gegen neun deutsche Sozialdemokraten durchgeführt, die wegen des Transportes illegaler, gegen den Zarismus gerichteter Schriften nach Rußland angeklagt worden waren. Karl Liebknecht als einer der Verteidiger entlarvte die brutale Unterdrückung im zaristischen Rußland und die Zusammenarbeit der preußischen mit den zaristischen Behörden.

255 schöne Seelen finden sich

256 Natalie Liebknecht, die Frau Wilhelm Liebknechts, war eine geborene Reh.

257 Jüdischer Ausdruck, bedeutet soviel wie »Viel Glück!«.

258 Rosa Luxemburg meint die Fahrt nach Amsterdam, wo vom 14. bis 20. August 1904 der Internationale Sozialistenkongreß durchgeführt wurde, an dem sie als Delegierte teilnahm.

259 Clara Zetkin hatte im Frühjahr 1904 in einer Versammlung in Breslau die zaristische Selbstherrschaft angeprangert und den opfervollen Kampf der russischen Revolutionäre gewürdigt. In ihrer Rede hatte sie Johann Gottlieb Fichte zitiert und aus Friedrich Schillers »Wilhelm Tell« ein Zitat über die Grenzen der Tyrannenmacht verwendet, woraufhin die Versammlung von dem überwachenden Beamten aufgelöst worden war. Wegen dieses Zitats wurde gegen Clara Zetkin

Anklage wegen »Aufreizung zum Klassenhaß« und zu anderen politischen »Verbrechen« erhoben. Zu einem Prozeß kam es nicht, da die Anklage, offensichtlich unter dem Eindruck des Königsberger Prozesses (siehe Anmerkung 254), niedergeschlagen wurde.

260 Karl Kautsky hatte Rosa Luxemburg davon unterrichtet, daß die Veröffentlichung ihres gegen Auffassungen der »Vorwärts«-Redaktion über den Terrorismus gerichteten Artikels von der Redaktion und der Preßkommission dieser Zeitung abgelehnt worden war.

261 Auf dem Internationalen Sozialistenkongreß vom 14. bis 20. August 1904 in Amsterdam war die Resolution des Parteitages der deutschen Sozialdemokratie in Dresden 1903 mit 25 gegen 5 Stimmen bei 12 Stimmenthaltungen angenommen worden, in der die revisionistischen Bestrebungen, die revolutionäre Taktik der Sozialdemokratie im Klassenkampf zu beseitigen und durch Kompromisse mit dem Klassengegner zu ersetzen, zurückgewiesen wurden.

262 In Bremen wurde vom 18. bis 24. September 1904 der Parteitag der deutschen Sozialdemokratie durchgeführt.

263 Arthur Stadthagen und Paul Singer.

264 Es handelt sich um die Arbeit von Karl Marx »Theorien über den Mehrwert«, deren Herausgabe Karl Kautsky vorbereitete. Die Bände 1 und 2 erschienen 1905, Band 3 kam 1910 heraus. Die Besprechung des 1. Bandes durch Rosa Luxemburg wurde im »Vorwärts« vom 8. Januar 1905 unter dem Titel »Aus dem literarischen Nachlaß von Karl Marx« veröffentlicht. (Siehe Rosa Luxemburg: Gesammelte Werke, Bd. 1, Zweiter Halbbd., S. 462–476.)

265 Minna Kautsky.

266 Franz Mehring, empört über die milden und inkonsequenten Schiedssprüche gegen die Opportunisten, die ihn auf dem Parteitag der deutschen Sozialdemokratie vom 14. bis 20. September 1903 in Dresden verleumdet hatten, äußerte im Juni 1904 die Absicht, seine Tätigkeit an der »Leipziger Volkszeitung« und der »Neuen Zeit« aufzugeben.

267 In Basel wurde vom 26. bis 28. September 1904 die Dritte Generalversammlung der Vereinigung für gesetzlichen Arbeiterschutz durchgeführt. Der Schweizer Sozialdemokrat Eugen Wullschleger, Regierungspräsident in Basel, eröffnete die Versammlung, auf der unter anderen auch Alexandre-Étienne Millerand auftrat. Der Papst ließ der Versammlung seine warme Anteilnahme aussprechen.

268 Und als König und als Papst trinken wir Wein ohne Wasser.

269 Siehe Anmerkung 98.

270 Rosa Luxemburg hatte auf dem Jenaer Parteitag 1905 zum Verhältnis

von Partei und Gewerkschaften, über die erste russische Revolution und die deutsche Arbeiterbewegung gesprochen und eine persönliche Bemerkung gemacht. (Siehe Rosa Luxemburg: Gesammelte Werke, Bd. 1, Zweiter Halbbd., S. 595–604.)

271 Hast

272 sich ergoß

273 Rosa Luxemburg meint die Kommission, der die Verteilung der für die revolutionären Parteien in Rußland gespendeten Gelder oblag.

274 tapfer

275 Dieser Artikel, den Rosa Luxemburg im Zusammenhang mit der Hinrichtung Marcin Kasprzaks schrieb, wurde unter dem Titel »Es lebe die Revolution!« (polnisch) in »Z pola walki«, Nr. 12 vom 30. September 1905, veröffentlicht.

276 Lieber Rakowski! – Diese Anrede benutzte August Bebel des öfteren in Briefen an Rosa Luxemburg.

277 Der »Vorwärts«, der nach dem Tode Wilhelm Liebknechts unter der Chefredaktion Kurt Eisners immer mehr in das Fahrwasser der Opportunisten geraten war, hatte sich 1905 auf die Seite der Gegner des politischen Massenstreiks gestellt und durch diese Haltung große Empörung bei der Mehrheit der Sozialdemokraten ausgelöst. Dieses Problem hatte auch auf dem Parteitag in Jena 1905 eine Rolle gespielt. Unter dem Druck der Massenstimmung sah sich der Parteivorstand am 23. Oktober 1905 gezwungen, die Kündigung der Redakteure Paul Büttner, Kurt Eisner, Georg Gradnauer, Julius Kaliski, Wilhelm Schröder und Heinrich Wetzker anzunehmen und dafür revolutionäre Sozialdemokraten einzusetzen. Auch Rosa Luxemburg wurde kurze Zeit zur Mitarbeit herangezogen. Später allerdings geriet der »Vorwärts« wieder unter den Einfluß der Opportunisten.

278 eine äußerst schwierige Lage

279 eiserne Entschlossenheit meine Faust erfaßt

280 auf dem laufenden

281 auf neuer Grundlage

282 »laßt sie machen«

283 Siehe Anmerkung 132.

284 wärmstens

285 »war verwirrt«

286 Rosa Luxemburg meint den zweiten Teil ihrer Arbeit »Was wollen wir?« (polnisch), der 1905 im »Przegląd Robotniczy« Nr. 6 veröffentlicht wurde. Zusammen mit dem ersten Teil, der 1904 im »Przegląd Robotniczy« Nr. 5 erschienen war, wurde die Arbeit als Broschüre mit dem Titel »Czego chcemy? Komentarz do programu Socjaldemokracji

Królestwa Polskiego i Litwy« (Was wollen wir? Kommentar zum Programm der Sozialdemokratie des Königreichs Polen und Litauens) 1906 in Warschau herausgegeben. (Siehe Rosa Luxemburg: Gesammelte Werke, Bd. 2, Berlin 1981, S. 37–89.)

287 »Ausdauer«

288 Bei den Nachwahlen zum Reichstag am 12. Oktober 1905 im Wahlkreis Kattowitz-Zabrze hatte der Kandidat der PPS im preußischen Annexionsgebiet, Franciszek Morawski, die wenigsten Stimmen erhalten. Gegenüber der Wahl am 16. Juni 1903, wo er 10 044 Stimmen auf sich vereinigen konnte, erhielt er 1905 nur 4780 Stimmen. Gewählt wurde der bürgerliche Publizist Albert Korfanty mit 23 550 Stimmen.

289 »inneren Frieden«

290 Die Broschüre Rosa Luxemburgs »Program federacji, czyli PPS w błednym kole« (Das Föderationsprogramm oder Die PPS im fehlerhaften Kreislauf) wurde anonym 1906 in Warschau herausgegeben.

291 Dem Problem der Autonomie widmete Rosa Luxemburg die Artikelserie »Die Nationalitätenfrage und die Autonomie« (polnisch), die im »Przegląd Socjaldemokratyczny« von August bis Dezember 1908 und von Juni bis September 1909 veröffentlicht wurde.

292 »sogar ganz im Gegenteil«

293 Gemeint sind die Menschewiki, die Ende 1903 die Zeitung »Iskra« unter ihren Einfluß gebracht hatten.

294 Victor Adler.

295 »von Herzen«

296 »Hast«

297 Ein Roman des Schweizer Schriftstellers C. F. Meyer.

298 Das heißt während des Parteitages der deutschen Sozialdemokratie vom 17. bis 23. September 1905 in Jena.

299 Victor Adler.

300 »Erfurter Programm«, »18. Brumaire« usw. – Publikationen aus der Reihe »Sozialdemokratische Bibliothek«, die in der ersten Hälfte der neunziger Jahre von Leo Jogiches in der Schweiz für die revolutionäre Bewegung in Rußland herausgegeben worden waren.

301 Siehe Anmerkung 286.

302 Siehe Anmerkung 117.

303 Rosa Luxemburg meint ihren Artikel »Der Sozialismus in Polen«, der in den »Sozialistischen Monatsheften« vom Oktober 1897 veröffentlicht worden war. (Siehe Rosa Luxemburg: Gesammelte Werke, Bd. 1, Erster Halbbd., S. 82–93.)

304 Im »Vorwärts« vom 25. Oktober 1905 wurde die Mitteilung des Vorstandes der Sozialdemokratischen Partei veröffentlicht, daß die Kün-

digung der »Vorwärts«-Redakteure akzeptiert worden ist. (Siehe Anmerkung 277.)

305 »den Ton anzugeben«

306 Am 5. Juli 1905 hatte der Vorstand der deutschen Sozialdemokratie das deutsche Proletariat aufgerufen, die Revolution in Rußland nicht nur durch Sympathiekundgebungen, sondern auch durch Geldspenden zu unterstützen. Diese Sammlungen ergaben bis November 1905 über 130 000 Mark. Im »Vorwärts« vom 13. Oktober 1905 konnte die Summe von 116 390 Mark quittiert werden.

307 Im »Vorwärts« vom 26. Oktober 1905 protestierten die sechs Redakteure, die ihre Kündigung eingereicht hatten (siehe Anmerkung 277), gegen die Besprechung der politischen und personellen Fragen des »Vorwärts« durch den Vorstand und die Preßkommission und auch gegen die ständige Mitarbeit Rosa Luxemburgs am »Vorwärts«.

308 Am 7. (20.) Oktober 1905 hatten die Arbeiter und Angestellten der Moskau-Kasaner-Bahn auf Beschluß der bolschewistischen Organisationen die Arbeit niedergelegt. Das Zentralbüro des Allrussischen Eisenbahnerverbandes rief den Generalstreik auf den Eisenbahnen aus, woraufhin am 11. (24.) Oktober auf 14 Eisenbahnlinien die Arbeit ruhte. Der allgemeine Streik der russischen Eisenbahnbeamten wurde am 17. (30.) Oktober 1905 Tatsache. Er »legte den Eisenbahnverkehr still und paralysierte die Regierungsgewalt am heftigsten« (W. I. Lenin: Werke, Bd. 23, S. 256).

309 auf dem laufenden

310 darzulegen

311 Eine politische Strömung, die bestrebt war, sich mit dem Zarismus auszusöhnen.

312 Rosa Luxemburg meint ihre Artikel »Stillstand und Fortschritt im Marxismus« und »Karl Marx«, die im »Vorwärts« vom 14. März 1903 veröffentlicht worden waren. (Siehe Rosa Luxemburg: Gesammelte Werke, Bd. 1, Zweiter Halbbd., S. 363–377.)

313 Es war geplant, eine Zeitung der SDKPiL in deutscher Sprache herauszugeben, die hauptsächlich für die deutschen Arbeiter im Gebiet von Łódź bestimmt war. Die erste Nummer dieser Zeitung mit dem Titel »Vorwärts« erschien im Februar 1906.

314 im Handumdrehen

315 Dreistigkeit

316 Das ZK der SDAPR, das heißt die Bolschewiki, hatten eine Konferenz der nationalen sozialdemokratischen Parteien einberufen, auf der die Taktik gegenüber der Bulyginschen Duma und das gemeinsame Vorgehen beraten werden sollten. Diese Konferenz wurde vom

7. (20.) bis 9. (22.) September 1905 in Riga durchgeführt. Vertreten waren das ZK der SDAPR, der Bund, die Lettische Sozialdemokratische Arbeiterpartei, die SDKPiL und die Revolutionäre Ukrainische Partei. Für die SDKPiL nahmen Leo Jogiches und Adolf Warski teil. Vom Organisationskomitee der SDAPR, das heißt von den Menschewiki, die ein gemeinsames Vorgehen ablehnten, war auf der Konferenz ein Vertreter anwesend, allerdings ohne die erforderlichen Vollmachten. Die Konferenz sprach sich für den aktiven Boykott der Bulyginschen Duma aus.

317 Im Oktober 1905 wurden in allen Industriezentren des zaristischen Rußlands politische Massenstreiks durchgeführt unter der Losung: Sturz der Selbstherrschaft, aktiver Boykott der Bulyginschen Duma, Einberufung der Konstituierenden Versammlung und Errichtung der demokratischen Republik.

318 »taktische Meinungsverschiedenheiten«

319 Gemeint sind Artikel zu Problemen der Revolution von 1905, die Rosa Luxemburg im Februar und März 1905 in der »Neuen Zeit«, der »Sächsischen Arbeiter-Zeitung« und im »Vorwärts« veröffentlicht hatte. (Siehe Rosa Luxemburg: Gesammelte Werke, Bd. 1, Zweiter Halbbd., S. 485–532.)

320 Rosa Luxemburgs Artikel »Das neue Verfassungsmanifest Nikolaus' des Letzten« wurde anonym im »Vorwärts« vom 1. November 1905 veröffentlicht.

321 Rosa Luxemburgs Artikel »Das Pulver trocken, das Schwert geschliffen!« wurde anonym im »Vorwärts« vom 2. November 1905 veröffentlicht.

322 Die zaristische Regierung sah sich angesichts des politischen Massenstreiks in Rußland gezwungen, konstitutionelle Zugeständnisse zu machen. Im Manifest vom 17. (30.) Oktober 1905 wurden bürgerliche Freiheiten gewährt, der Kreis der Wahlberechtigten für die Duma erweitert und der Duma die legislative Gewalt gegeben.

323 Bis zum Äußersten!

324 Die Depesche aus Sosnowiec vom 31. Oktober 1905 wurde unter dem Titel »Ein von Sozialdemokraten verhafteter Polizeihauptmann!« im »Vorwärts« vom 2. November 1905 veröffentlicht.

325 »auszuweichen«

326 Rosa Luxemburg hatte am 28. Dezember 1905 mit einem Paß auf den Namen Anna Matschke von Berlin aus die Reise nach Warschau angetreten, um dort aktiv an der Revolution teilzunehmen. Von ihrer Reise wußten nur sehr wenige ihrer engsten Freunde und Kampfgefährten.

327 Rosa Luxemburg meint die Organisationskommission der Menschewiki.

328 Russen

329 Nach dem Wahlgesetz vom Dezember 1905 wurden die Wähler nach
Stand und Besitz in vier Kurien eingeteilt, wobei die Grundbesitzer
besondere Privilegien erhielten und die Zahl der Arbeiter- und Bauerndeputierten beschränkt wurde.

330 Siehe Anmerkung 293.

331 Der IV. Parteitag der SDAPR, als Vereinigungsparteitag bekannt geworden, wurde vom 23. April bis 8. Mai 1906 in Stockholm durchgeführt. Rosa Luxemburg konnte nicht daran teilnehmen, da sie am
4. März 1906 in Warschau verhaftet wurde.

332 Es handelt sich wahrscheinlich um die Arbeit Róża Luxemburg: Z
doby rewolucyjnej: Co dalej? Nr. 3, Warschau 1906. (Rosa Luxemburg:
In revolutionärer Stunde: Was weiter? In: Gesammelte Werke, Bd. 2,
S. 11–36.) Diese Schrift ist als selbständige Broschüre im Verlag der
Zeitschrift »Czerwony Sztandar« erschienen und als Nr. 3 gekenn-
zeichnet. Die Teile 1 und 2 waren 1905 als Beilage zu Nr. 25 und Nr. 26
der Zeitschrift »Czerwony Sztandar« erschienen und nicht numeriert.
(Siehe Gesammelte Werke, Bd. 1, Zweiter Halbbd., S. 541–572.)

333 Emanuel Wurm.

334 Rosa Luxemburg meint den Parteitag der SDAPR, der für Dezember
1905 vorgesehen war, aber durch die revolutionären Ereignisse in
Rußland erst vom 23. April bis 8. Mai 1906 in Stockholm durchgeführt
werden konnte.

335 nach Hause

336 das ist die offene Wunde der Revolution

337 Kautskys hatten während der Abwesenheit Rosa Luxemburgs den
Parteifonds der SDKPiL auf ihr Bankkonto übernommen.

338 Rosa Luxemburg meint das Internationale Sozialistische Büro, in dem
sie seit 1904 als Vertreterin der SDKPiL tätig war.

339 Durch Bestechung hatten Kampfgefährten erreicht, daß Rosa Luxemburg am 28. Juni 1906 gegen eine Kaution von 3 000 Rubel unter der
Bedingung auf freien Fuß gesetzt wurde, Warschau bis zum Abschluß
der Untersuchung nicht zu verlassen. Am 31. Juli erhielt Rosa Luxemburg auf Grund eines ärztlichen Attestes die Erlaubnis, Warschau zu
einer Kur zu verlassen. Am 1. August reiste sie über Petersburg nach
Kuokkala in Finnland.

340 Bei ihrem Aufenthalt in Petersburg hatte Rosa Luxemburg mit den
Menschewiki gesprochen. In Kuokkala diskutierte sie dann vorwiegend mit W. I. Lenin und einem Kreis von Bolschewiki über die Revo-

lution in Rußland und die Perspektiven der internationalen Arbeiterbewegung.

341 In Mannheim wurde vom 23. bis 29. September 1906 der Parteitag der deutschen Sozialdemokratie durchgeführt.

342 Siehe Anmerkung 337.

343 Rosa Luxemburg meint Alexander Helphand (Parvus), der während der Revolution in Rußland 1905 ein führendes Mitglied des Petersburger Sowjets war und sich in Haft befand. Parvus floh 1906 auf dem Wege in die Verbannung und ging zurück nach Deutschland.

344 koste es, was es wolle

345 Siehe Anmerkung 339.

346 Das Bekanntwerden geheimer Vereinbarungen des Vorstandes der Sozialdemokratischen Partei Deutschlands mit der Generalkommission der Gewerkschaften Deutschlands, die in einer Beratung am 16. Februar 1906 getroffen worden waren und die sich gegen die Anerkennung des politischen Massenstreiks als Kampfmittel im revolutionären Klassenkampf richteten, hatte eine Welle der Empörung in der sozialdemokratischen Mitgliedschaft ausgelöst. Wegen Veröffentlichungen über diese Beratung entspann sich ein heftiger Streit zwischen dem Parteivorstand und der Generalkommission der Gewerkschaften.

347 Siehe Anmerkung 341.

348 Rosa Luxemburg meint wahrscheinlich den Aufruf des Vorstandes der Sozialdemokratischen Partei Deutschlands zu den Reichstagswahlen am 25. Januar 1907, der im »Vorwärts« vom 16. Dezember 1906 veröffentlicht worden war. Darin forderte der Parteivorstand die Parteimitglieder auf, den Wahlkampf in erster Linie zu nutzen, um die finanziellen Mittel der Partei zu erhöhen, neue Parteimitglieder und neue Abonnenten für die sozialdemokratische Presse zu werben und sich von den bürgerlichen Parteien nicht verblüffen zu lassen.

349 Rosa Luxemburg hielt sich in London auf, wo sie als Delegierte der SDKPiL und als Vertreterin der Sozialdemokratischen Partei Deutschlands vom 13. Mai bis 1. Juni 1907 am V. Parteitag der SDAPR teilnahm.

350 meiner gnädigsten Majestät

351 formlos

352 Rosa Luxemburg war auf Grund ihrer Rede über den politischen Massenstreik, die sie auf dem Parteitag der deutschen Sozialdemokratie 1905 in Jena gehalten hatte, wegen »Aufreizung zu Gewalttätigkeiten« angeklagt und am 12. Dezember 1906 vom Landgericht Weimar zu zwei Monaten Gefängnis verurteilt worden. Vom 12. Juni bis 12. Au-

gust war sie deshalb im Berliner Frauengefängnis in der Barnimstraße in Haft.

353 Siehe Anmerkung 349.

354 auf dem laufenden

355 Der Internationale Sozialistenkongreß wurde vom 18. bis 24. August 1907 in Stuttgart durchgeführt.

356 Rosa Luxemburg erinnert hier an ihre Teilnahme am Londoner Parteitag der SDAPR (13. Mai bis 1. Juni 1907), an ihre zweimonatige Gefängnishaft (12. Juni bis 12. August 1907), an ihre Teilnahme an der I. Internationalen Konferenz sozialistischer Frauen (17. und 19. August 1907) und am Internationalen Sozialistenkongreß (18. bis 24. August 1907) in Stuttgart.

357 Rudolf Hilferding und Anton Pannekoek wurde auf Verfügung preußischer Aufsichtsbehörden untersagt, als Ausländer ohne deutsche Staatsbürgerschaft an der Parteischule der deutschen Sozialdemokratie, die im November 1906 in Berlin eröffnet worden war, zu lehren. Rosa Luxemburg sprang in die Bresche und war ab 1. Oktober 1907 als Lehrerin für Wirtschaftsgeschichte und Nationalökonomie an der Parteischule tätig.

358 Rosa Luxemburg hatte für Oktober/November 1907 in Berlin einen sechs Themen umfassenden Kursus über ökonomische Fragen geplant. Die als Broschüren geschriebenen Vorlesungen blieben zunächst unvollendet und sollten dann 1909/1910 unter dem Titel »Einführung in die Nationalökonomie« herausgegeben werden. Verschiedene Umstände verhinderten die Herausgabe, so daß das Fragment erstmals 1925 veröffentlicht wurde. Nach dem handschriftlichen Manuskript wurde dieses Fragment in die »Gesammelten Werke« Rosa Luxemburgs, Bd. 5, Berlin 1985, S. 524–778 aufgenommen.

359 Rosa Luxemburg meint von Karl Marx: Das Kapital. Kritik der politischen Ökonomie. Erster Band. (Siehe Karl Marx/Friedrich Engels: Werke, Bd. 23.)

360 Auf dem Parteitag der deutschen Sozialdemokratie vom 15. bis 21. September 1907 in Essen stand im Mittelpunkt der Beratungen die Stellung der Partei zum Krieg und zur Kolonialfrage.

361 Der König ist tot – es lebe der König.

362 Die Königin ist tot – es lebe die Königin.

363 Karl Kautsky war von einem Dr. Michailow aus Petersburg um seine Stellungnahme zum Problem der Mitarbeit von Sozialdemokraten an bürgerlichen Zeitungen gebeten worden. Michailow beabsichtigte, darüber einen Artikel für die bürgerlich-liberale Zeitung »Towarischtsch«, an der auch G. W. Plechanow und andere Menschewiki

mitarbeiteten, zu schreiben. Die Antwort Kautskys wollte er ebenfalls in dieser Zeitung veröffentlichen. Kautsky antwortete Michailow am 3. Dezember 1907 und sandte seine Stellungnahme auch an Rosa Luxemburg.

364 Geschichte des Gracchus Babeuf und seines politischen Systems nach zahlreichen unveröffentlichten Dokumenten.

365 Der Nationalkonvent war während der Französischen Revolution die oberste Volksvertretung, die, gestützt auf die Initiative des Volkes, durch Gesetzgebung die Feudalverhältnisse vernichtete.

366 In der Montagne, der sogenannten Bergpartei, waren die Jakobiner die führende Kraft. Die Partei führte durch den Volksaufstand vom 31. Mai bis 2. Juni 1793 die Revolution zum Höhepunkt und errichtete die revolutionär-demokratische Jakobinerdiktatur.

367 Karl Kautsky »Die Klassengegensätze im Zeitalter der Französischen Revolution«.

368 E. Levasseur: Histoire des classes ouvrières en France depuis 1789 jusqu'à nos jours (Geschichte der Arbeiterklassen in Frankreich von 1789 bis auf unsere Tage).

369 Alfred-Victor Espinas: La Philosophie sociale du XVIII. Siècle et la Révolution (Die Gesellschaftsphilosophie des 18. Jahrhunderts und die Revolution).

370 Es handelt sich um einen polnischen Revolutionär, dessen Name nicht ermittelt werden konnte.

371 Der Parteitag der deutschen Sozialdemokratie wurde vom 13. bis 19. September 1908 in Nürnberg durchgeführt. Rosa Luxemburg nahm als Delegierte für Posen und Züllichau-Krossen daran teil.

372 Gemeint ist die Zeitschrift »Przegląd Socjaldemokratyczny«.

373 Rosa Luxemburg meint die »Einführung in die Nationalökonomie«. (Siehe dazu Anmerkung 358.)

374 Es handelt sich wahrscheinlich um die Leitsätze zur proletarischen Jugendorganisation und die entsprechende Resolution, die von Clara Zetkin auf der 5. Konferenz der sozialdemokratischen Frauen Deutschlands am 11. und 12. September 1908 in Nürnberg vorgelegt und begründet wurden. Die große Mehrheit der Frauenkonferenz stimmte den Leitsätzen und der Resolution zu.

375 Am 13. September 1908 begann in Nürnberg der Parteitag der deutschen Sozialdemokratie, an dem Rosa Luxemburg und Clara Zetkin als Delegierte teilnahmen.

376 Rosa Luxemburg meint die Unterrichtsstunde in der sozialdemokratischen Parteischule. (Siehe dazu Anmerkung 357.)

377 Durch die Gerichtsordnung von 1864 in Rußland war ein einheitliches

System der gerichtlichen Institutionen eingeführt worden, das vom Grundsatz der formalen Gleichheit aller sozialen Gruppen der Bevölkerung vor dem Gesetz ausging. Trotz aller Fortschritte blieb der Einfluß der Überreste der Leibeigenschaft deutlich erkennbar, und die Gerichte blieben weiterhin von der zaristischen Selbstherrschaft und ihren Behörden abhängig.

378 Siehe Anmerkung 291.

379 Jekaterina Sarudnaja-Cavos.

380 Rosa Luxemburg meint die Artikelserie Hugo Heinemanns »Zur Reform der Strafprozeßordnung«, die in der »Neuen Zeit«, 27. Jg. 1908/09, Erster Band, veröffentlicht wurde.

381 Adolf E. R. Ritter von Hildebrand: Das Problem der Form in der bildenden Kunst.

382 Rosa Luxemburg hatte für das Organ der SDKPiL »Przegląd Socjaldemokratyczny« die Arbeit »Die Nationalitätenfrage und die Autonomie« geschrieben.

383 Franz Mehring hatte 1902 vier Bände »Aus dem literarischen Nachlaß von Karl Marx, Friedrich Engels und Ferdinand Lassalle« herausgegeben. In der Einleitung zu Band III: Gesammelte Schriften von Karl Marx und Friedrich Engels. Vom Mai 1848 bis Oktober 1850, behandelte Mehring unter anderem die polnische Frage. Den überwiegenden Inhalt dieses Kapitels verdankte er entsprechenden Veröffentlichungen Rosa Luxemburgs und einer handschriftlichen Arbeit, die sie ihm zur Verfügung gestellt hatte. Dieses Manuskript Rosa Luxemburgs ist nicht veröffentlicht worden. Es ging wahrscheinlich mit anderen Papieren verloren.

384 Clara Zetkin hatte einen Zyklus von fünf Vorträgen übernommen, der vom 14. bis 28. Mai 1909 in Berlin zum Thema »Die geschichtliche Stellung der Frau« durchgeführt wurde.

385 In London wurde am 26. April 1909 eine internationale Demonstrationsversammlung der Frauen für das allgemeine Wahlrecht durchgeführt, an der Clara Zetkin als Sekretärin der internationalen proletarischen Frauenbewegung teilnahm. Sie begründete das allgemeine, gleiche Wahlrecht für die Frauen. Clara Zetkin sprach ebenfalls auf der Demonstration anläßlich des 1. Mai 1909 im Londoner Hyde-Park.

386 Siehe Anmerkung 382.

387 das Meer ohne Fische, die Berge ohne Bäume, die Männer ohne Treue, die Weiber ohne Scham

388 Männer ohne Scham

389 Unterhosen

390 Bürger

391 Haarkünstler

392 Kellner

393 Fahrplan

394 »Abfahrt!«

395 Dies eine kurze Skizzierung

396 Siehe Anmerkung 384.

397 Felix und Karl Kautsky.

398 Esel

399 Wahrscheinlich ist Benedikt Kautsky gemeint.

400 in der leuchtenden, duftenden Stille arbeitet

401 Dem größten Staatsmann.

402 Wäscherinnen

403 zur Beschwörung der Dürre

404 W. I. Lenin hatte Rosa Luxemburg in einem Brief vom 18. Mai 1909 mitgeteilt, daß er ihr sein Buch über Philosophie zuschicke, und sie gebeten, in der »Neuen Zeit« eine Notiz über diese Arbeit zu veröffentlichen. Diese Notiz über W. I. Lenins Werk »Materialismus und Empiriokritizismus« erschien in der »Neuen Zeit«, 28. Jg. 1909/10, Erster Band.

405 F. Dostojewski: Aufzeichnungen aus einem Totenhaus.

406 Es handelt sich um Rosa Luxemburgs Artikel »Was weiter?«, der am 14. und 15. März 1910 in der Dortmunder »Arbeiter-Zeitung« veröffentlicht wurde, nachdem Karl Kautsky den Abdruck in der »Neuen Zeit« abgelehnt hatte.

407 Rosa Luxemburg meint die Aktionen des Proletariats im Kampf für ein demokratisches Wahlrecht in Preußen im Frühjahr 1910.

408 Siehe Anmerkung 406.

409 Am 18. März jeden Jahres gedachten die Berliner Werktätigen im Friedrichshain der Opfer der Revolution von 1848.

410 Rosa Luxemburg meint die sozialdemokratische Parteischule in Berlin, an der sie als Lehrerin tätig war.

411 Rosa Luxemburg sprach in Bremen am 6. April 1910 zum Thema »Der Wahlrechtskampf und seine Lehren« und am 11. April in Essen über den Massenstreik und die politische Situation.

412 Rosa Luxemburg unternahm vom 3. bis 18. April 1910 eine Agitationstour, auf der sie u. a. in Gottesberg, Liegnitz, Breslau, Essen, Elberfeld, Barmen, Düsseldorf und Frankfurt am Main über den Wahlrechtskampf und seine Lehren sprach.

413 Gemeint ist der Artikel »Was nun?«, den Karl Kautsky in der »Neuen Zeit«, 28. Jg. 1909/10, Zweiter Band, veröffentlicht hatte. In Erwide-

rung auf Rosa Luxemburgs Forderung nach politischem Massenstreik und demokratischer Republik lehnte Kautsky Erörterungen über den Massenstreik ab, da er den Zeitpunkt für außerparlamentarische Kämpfe als noch nicht herangereift betrachtete.

414 Rosa Luxemburg setzte sich in der »Neuen Zeit« wie auch in der Tagespresse vorwiegend mit den Auffassungen Karl Kautskys über den politischen Massenstreik und mit seiner »Ermattungsstrategie« (siehe Anmerkung 417) auseinander.

415 Im Juni 1910 wurde der 100. Geburtstag des Dichters Ferdinand Freiligrath festlich begangen.

416 Kurt und Alfred Seidel.

417 Diese von Karl Kautsky propagierte opportunistische Theorie besagte, daß der Kampf des Proletariats nur auf parlamentarischer Ebene geführt werden sollte, um damit die politischen Machtpositionen der herrschenden Klasse zu untergraben, den Klassengegner zu »ermatten« und auf friedlichem Wege in den Sozialismus hineinwachsen zu können.

418 In Magdeburg wurde vom 18. bis 24. September 1910 der Parteitag der deutschen Sozialdemokratie durchgeführt, auf dem Fragen des politischen Massenstreiks und der Taktik der Arbeiterklasse mit im Mittelpunkt der Debatten standen.

419 Unter Radikalismus faßte Rosa Luxemburg die linke Strömung in der deutschen Sozialdemokratie.

420 Rosa Luxemburgs Artikel »Zeit der Aussaat« wurde zuerst in der Breslauer »Volkswacht« vom 25. März 1910 veröffentlicht. (Siehe Rosa Luxemburg: Gesammelte Werke, Bd. 2, S. 300–304.)

421 Rosa Luxemburg meint ihre Broschüre »Massenstreik, Partei und Gewerkschaften«, Hamburg 1906. (Siehe Rosa Luxemburg: Gesammelte Werke, Bd. 2, S. 91–170.)

422 Ende 1909 sollte in der Redaktion der »Gleichheit« eine Sekretärin für sechs Monate aushilfsweise eingestellt werden. Die Redaktion der Zeitschrift hatte dafür Elfriede Gewehr vorgeschlagen. Diesen Vorschlag lehnte der Vorstand der Sozialdemokratischen Partei ab. Gegen diese Entscheidung wurde Beschwerde bei der Kontrollkommission der Partei eingelegt, die diese Entscheidung mißbilligte, ihr aber nicht entgegentrat, da sich die Angelegenheit inzwischen erledigt hatte.

423 Siehe Anmerkung 410.

424 Siehe Anmerkung 358.

425 Zu dem Buch Rudolf Hilferdings »Das Finanzkapital. Eine Studie über die jüngste Entwicklung des Kapitalismus« hatte Karl Kautsky

unter dem Titel »Finanzkapital und Krisen« eine Artikelserie in der »Neuen Zeit«, 29.Jg. 1910/11, Erster Band, veröffentlicht.

426 Siehe Anmerkung 410.

427 Die Nichte Rosa Luxemburgs, Annie Luxemburg, war Studentin am Konservatorium in Berlin.

428 Mit dieser Karte vom 31.März 1911 wandte sich E.de Puyt mit der Aufforderung an Rosa Luxemburg, Statut und Programm der SDKPiL so schnell wie möglich an das ISB zu senden, da die Absicht bestand, Programme und Statuten aller im ISB vereinten Parteien herauszugeben.

429 Die französischen Sozialisten (SFIO) hatten in einem Schreiben vom 11.März 1911 zur Teilnahme am 8.Kongreß der Partei eingeladen, der vom 16. bis 19.April 1911 nach Saint-Quentin einberufen war.

430 Brüderliche Grüße. Es lebe die sozialistische Einheit und die revolutionäre Unversöhnlichkeit.

431 Rosa Luxemburg befand sich vom 5. bis 15.Mai 1911 zur Agitation im Rheinland.

432 Rosa Luxemburg meint von Joachim Nettelbeck »Bürger zu Kolberg. Eine Lebensbeschreibung von ihm selbst aufgezeichnet«.

433 Gemeint ist Rosa Luxemburgs Artikel »Gegen die Strolche« (polnisch), der ungezeichnet in »Wolny Głos«, Nr.7 vom 3.Juni 1911, veröffentlicht wurde.

434 In der »Leipziger Volkszeitung« vom 6. und 8.Mai 1911 wurde Rosa Luxemburgs Artikel »Friedensutopien« veröffentlicht. (Siehe Rosa Luxemburg: Gesammelte Werke, Bd.2, S.491–504.)

435 Rosa Luxemburg meint ihre »Einführung in die Nationalökonomie«. (Siehe dazu Anmerkung 358.)

436 In Stuttgart hatten die Sozialdemokraten zur Wahl eines neuen Oberbürgermeisters am 12.Mai 1911 unter Mißachtung der sozialdemokratischen Grundsätze den Opportunisten Hugo Lindemann als Kandidaten aufgestellt. Rosa Luxemburg schrieb dazu den Artikel »Gefährliche Neuerungen«, der in der »Leipziger Volkszeitung« vom 9.Mai 1911 veröffentlicht wurde. (Siehe Rosa Luxemburg: Gesammelte Werke, Bd.2, S.505–508.) Bei der Wahl erlitt Lindemann eine Niederlage.

437 Gemeint ist der Artikel »Der Disziplinbruch als Methode«, der in der »Leipziger Volkszeitung« vom 15.Mai 1911 erschien. (Siehe Rosa Luxemburg: Gesammelte Werke, Bd.2, S.509–514.)

438 Im Reichstag wurde die Vorlage einer Verfassung für Elsaß-Lothringen debattiert, die u.a. das allgemeine, gleiche, geheime und direkte Wahlrecht für die neue elsaß-lothringische Zweite Kammer enthielt.

Um dieses von der Sozialdemokratie erstrebte demokratische Wahlrecht für Elsaß-Lothringen zu sichern, wurde bei der Abstimmung über den Gesamtentwurf der Verfassung die Übertragung der Staatsgewalt auf den Kaiser und die Errichtung einer Ersten Kammer in Kauf genommen. Diese eigene Landesverfassung für Elsaß-Lothringen bedeutete einen Fortschritt, erfüllte jedoch nicht die Forderung der Bevölkerung nach Autonomie.

439 Siehe Anmerkung 431.

440 unser Mann

441 Der Vorstand der Sozialdemokratischen Partei Deutschlands hatte 1910 in Verbindung mit dem Deutschen Bergarbeiterverband Bochum in Düsseldorf das Sozialdemokratische Büro für Rheinland-Westfalen eingerichtet, das von Heinrich Limbertz und Franz Pokorny geleitet wurde. Als Sekretär war Peter Winnen tätig. Das Büro nahm am 1. Februar 1911 seine Arbeit auf. Seine Aufgabe bestand darin, die Tagesliteratur zu verfolgen und Agitationsmaterial vornehmlich gegen die Zentrumspartei und die Ruhrindustriellen zu sammeln und für die Agitation zur Verfügung zu stellen.

442 Friedrich Ebert kandidierte im Reichstagswahlkreis Elberfeld-Barmen und wurde bei den Wahlen zum Reichstag am 12. Januar 1912 gewählt.

443 Rosa Luxemburg meint von Anatole France »Rôtisserie de la reine Pédauque«.

444 In der Kinderbeilage Nr. 18, 1911, zur »Gleichheit« erschien die Erzählung »Bernstein« von Eugenie Jacobie.

445 Ein Gemälde von Anselm Feuerbach.

446 Rosa Luxemburg hatte am 13. Juni 1911 in Danzig, am 14. Juni in Ludwigshof bei Königsberg und am 15. Juni in Elbing zum Thema »Unser Kampf um die Macht« gesprochen.

447 Der Parteitag der deutschen Sozialdemokratie wurde vom 10. bis 16. September 1911 in Jena durchgeführt.

448 Die Siebener-Kommission, zu der Wilhelm Dittmann, Heinrich Stubbe, Edmund Gottschalk, Richard Lipinski, Max Süßheim, Kurt Rosenfeld und Wilhelm Haupt gehörten, sollte eine ständige Verbindung und Verständigung unter den revolutionären Vertretern der deutschen Sozialdemokratie organisieren. Sie war hervorgegangen aus den ersten Versuchen revolutionärer Sozialdemokraten und Linker, den Revisionisten organisiert entgegenzutreten, und in Vorbereitung auf den Parteitag in Magdeburg 1910 entstanden.

449 Es sollte ein geeigneter Kandidat für den Parteivorstand als Nachfolger für den am 31. Januar 1911 verstorbenen Paul Singer gefunden werden.

450 Rosa Luxemburg meint ihre »Einführung in die Nationalökonomie«. (Siehe dazu Anmerkung 358.)

451 Gemeint ist »Wolny Głos«.

452 Im Frühjahr 1911 hatte der französische Imperialismus den Versuch unternommen, seine Herrschaft auf ganz Marokko auszudehnen und endgültig zu festigen. Dieses Vorgehen nahmen die deutschen Imperialisten zum Anlaß, ihre Forderungen nach Einflußnahme in Marokko zu erneuern. Am 1. Juli 1911 entsandte die deutsche Regierung die Kriegsschiffe »Panther« und »Berlin« nach Agadir und beschwor durch diese Provokation eine unmittelbare Kriegsgefahr herauf. Das Eingreifen Englands zugunsten Frankreichs zwang die deutschen Kolonialpolitiker zum Nachgeben. Zwischen Deutschland und Frankreich wurde ein Kompromiß geschlossen.

453 In der Kinderbeilage, Nr. 23–25, 1911, zur »Gleichheit« erschien »Negerhandel«, mit dem Untertitel »Aus Nettelbecks Lebensbeschreibung«.

454 Auf der Landesversammlung der württembergischen Sozialdemokraten am 2. und 3. September 1911 in Stuttgart waren die revolutionären Redakteure der »Schwäbischen Tagwacht« Friedrich Westmeyer und Otto Krille gemaßregelt worden. Daraufhin verließ eine starke Minderheit die Landesversammlung, was ein Scheitern jeglicher Vermittlungsversuche zwischen den Linken und den Opportunisten bedeutete.

455 Gemeint ist während des Parteitages der deutschen Sozialdemokratie vom 10. bis 16. September 1911 in Jena.

456 In Düsseldorf sprach Rosa Luxemburg am 7. September 1911 in einer Wählerversammlung zur Vorbereitung einer Nachwahl zum Reichstag, die am 19. September durchgeführt wurde und dem sozialdemokratischen Kandidaten 48,55 Prozent der abgegebenen Stimmen brachte.

457 Das ISB tagte am 23. und 24. September 1911 in Zürich. Rosa Luxemburg brachte eine Resolution über die Lebensmittelteuerung ein, die einstimmig angenommen wurde. (Siehe Rosa Luxemburg: Gesammelte Werke, Bd. 3, Berlin 1984, S. 57.) W. I. Lenin, der ebenfalls anwesend war, verteidigte in dieser Sitzung die Haltung Rosa Luxemburgs in der Marokkofrage gegenüber den Opportunisten.

458 Am 16. November 1911 hatte ein Erdbeben ganz Süd- und Mitteldeutschland erschüttert. Die Auswirkungen waren bis Kassel, Magdeburg und Halle (Saale) zu spüren.

459 Rosa Luxemburg meint ihre »Einführung in die Nationalökonomie«. (Siehe dazu Anmerkung 358.)

460 Gemeint ist Karl Kautskys Artikelserie »Krisentheorien« in der »Neuen Zeit«, 20.Jg. 1901/02, Zweiter Band.

461 Der Chefredakteur der »Leipziger Volkszeitung«, Paul Lensch, hatte Artikel Rosa Luxemburgs ungezeichnet veröffentlicht, wogegen Rosa Luxemburg protestierte. Bei dem Artikel »Der Massenstreik vor dem Reichstag«, erschienen in der »Leipziger Volkszeitung« vom 14. November 1911, war ein kritischer Schluß, gegen die sozialdemokratische Fraktion gerichtet, gestrichen worden.

462 »Mitglied des Reichstags«

463 Emanuel Wurm.

464 Dieser Artikel wurde unter dem Titel »Was nun?« in der »Gleichheit«, Nr.10 vom 5.Februar 1912, veröffentlicht. (Siehe Rosa Luxemburg: Gesammelte Werke, Bd.3, S.91–99.)

465 Gemeint ist die Preßkommission der »Schwäbischen Tagwacht« und die Kontrollkommission des sozialdemokratischen Parteivorstandes, in denen Clara Zetkin Mitglied war.

466 In der Frauenbeilage, Nr. 9–11, 1912, zur »Gleichheit« wurde Maxim Gorkis Erzählung »Jemeljan Piljaj« und in der Kinderbeilage, Nr. 9, 1912, das Gedicht »Heide im Winter« von Detlev von Liliencron abgedruckt.

467 Siehe Anmerkung 464.

468 Es handelt sich um die Frage, ob die Sozialdemokratie auf Grund ihrer Stärke im Reichstag unbedingt im Reichstagspräsidium vertreten sein müsse. – Von einer Versammlung am 25.Januar 1912 in Stuttgart, in der Hermann Duncker gesprochen hatte, wurde in einer Resolution gefordert, »daß die Fraktion ihre Ansprüche, in der Leitung des Parlaments vertreten zu sein, geltend macht«.

469 Rosa Luxemburg meint ihre Arbeit »Die Akkumulation des Kapitals. Ein Beitrag zur ökonomischen Erklärung des Imperialismus«, mit der sie seit Januar 1912 beschäftigt war. (Siehe Rosa Luxemburg: Gesammelte Werke, Bd.5, Berlin 1985, S.5–411.)

470 Durch die grundverschiedene Stellung zum bürgerlichen Parlamentarismus und zum Verhältnis von Reform und Revolution in Strategie und Taktik der deutschen Sozialdemokratie war zwischen Karl Kautsky und Franz Mehring ein Konflikt entstanden, bei dem sich der Parteivorstand gegen Mehring stellte. Die Kritik Mehrings an der Politik des Parteivorstandes in Artikeln der »Neuen Zeit« diente Kautsky und dem Parteivorstand als Anlaß, Franz Mehring als Leitartikler aus der »Neuen Zeit« hinauszudrängen.

471 Gemeint ist August Bebels Artikel »Berichtigung und Ergänzung«, veröffentlicht in der »Neuen Zeit«, 30.Jg. 1911/12, Zweiter Band.

472 Rosa Luxemburg meint die Generalversammlung des Verbandes sozialdemokratischer Wahlvereine Berlins und Umgegend am 17. und 31. März 1912, in der u. a. das geheime Abkommen des Parteivorstandes mit der Fortschrittlichen Volkspartei zu den Stichwahlen im Januar 1912 abgelehnt worden war, da es die Einstellung des Wahlkampfes der Sozialdemokratie in einer Reihe Wahlkreise beinhaltete.

473 Siehe Anmerkung 469.

474 Franz Mehring hatte in drei Artikeln den wesentlichen Inhalt von Rosa Luxemburgs Arbeit »Die Akkumulation des Kapitals« zusammengefaßt und sich mit einigen kritischen Rezensionen zu diesem Buch auseinandergesetzt.

475 M. I. Nachimson hatte Rosa Luxemburgs Buch in der »Dresdner Volkszeitung« vom 21. und 22. Januar 1913 und Anton Pannekoek in der »Bremer Bürger-Zeitung« vom 29. und 30. Januar 1913 rezensiert.

476 Eine Rezension von Otto Bauer wurde im März 1913 in der »Neuen Zeit«, 31. Jg. 1912/13, Erster Band, veröffentlicht.

477 Eine Antwort auf die Rezensionen verfaßte Rosa Luxemburg erst in der Haft während des ersten Weltkrieges. Sie wurde erstmals 1921 unter dem Titel »Die Akkumulation des Kapitals oder Was die Epigonen aus der Marxschen Theorie gemacht haben« veröffentlicht. (Siehe Rosa Luxemburg: Gesammelte Werke, Bd. 5, S. 413–523.)

478 Gemeint ist »Das Kapital« von Karl Marx. (Siehe Karl Marx/Friedrich Engels: Werke, Bde. 23–25.)

479 Gegen Rosa Luxemburg war im Oktober 1913 ein Strafverfahren eingeleitet worden, weil sie in zwei Versammlungen – in Fechenheim am 25. September und in Bockenheim am 26. September 1913 – zum Kampf gegen die Kriegsgefahr aufgerufen und die Arbeiter aufgefordert hatte, im Falle eines Krieges nicht auf ihre Klassenbrüder in Frankreich und in anderen Ländern zu schießen. Der Prozeß wurde am 20. Februar 1914 vor dem Landgericht Frankfurt (Main) durchgeführt und Rosa Luxemburg zu einem Jahr Gefängnis verurteilt.

480 Robert Dißmann versuchte, Verständnis für die Haltung der sozialdemokratischen Fraktion, die die Kriegskredite bewilligt hatte, zu finden.

481 Am 4. August 1914 hatte die sozialdemokratische Fraktion im Reichstag – unter Anwendung des Fraktionszwangs gegen die Minderheit – für die Kriegskreditvorlage der imperialistischen Regierung gestimmt. Der Beschluß zur Bewilligung war am 3. August nach heftigen Auseinandersetzungen in der Fraktion mit 78 gegen 14 Stimmen gefaßt worden. Damit war die seit Jahren in der deutschen Sozialdemokratie schwelende Krise offen ausgebrochen. Die Unterstützung der

Opportunisten für die Monopolbourgeoisie führte zur offenen Spaltung der Partei.

482 Gustav Hoch war in den Sitzungen der sozialdemokratischen Reichstagsfraktion vor dem 4. August 1914 für die Bewilligung der Kriegskredite eingetreten und gehörte der Kommission an, der die endgültige Ausarbeitung der Fraktionserklärung zum 4. August übertragen worden war.

483 Es handelt sich um die »Berner Tagwacht«.

484 Siehe Anmerkung 481.

485 Der Vorstand der deutschen Sozialdemokratie hatte Albert Südekum nach Italien, Richard Fischer in die Schweiz, Philipp Scheidemann nach Holland und Wilhelm Jansson nach Dänemark und Schweden, der Vorstand der österreichischen Sozialdemokratie drei Vertreter nach Italien entsandt, um die chauvinistische Haltung der beiden Parteiführungen bei Beginn des ersten Weltkrieges vor den Sozialdemokraten der neutralen Länder zu rechtfertigen und diese für ihren Standpunkt zu gewinnen.

486 Der »Vorwärts« war am 27. September 1914 vom Oberkommando in den Marken auf unbestimmte Zeit verboten worden, weil er in dem Artikel »Deutschland und das Ausland« angedeutet hatte, daß die deutschen Arbeiter wie die Arbeiter der anderen Länder gegen ihren Willen zum Kriege gezwungen worden seien. Nachdem sich der Parteivorstand schriftlich verpflichtet hatte, die Zeitung so zu redigieren, daß während des Krieges das Thema »Klassenhaß und Klassenkampf« nicht mehr berührt werde, wurde das Verbot am 30. September wieder aufgehoben. Damit unterwarf sich der Parteivorstand offen der Militärdiktatur.

487 Rosa Luxemburgs Artikel »Gegen den Franktireurkrieg«, ungezeichnet erschienen in der »Sozialdemokratischen Korrespondenz« vom 17. September 1914, war unter dem Titel »Parteipflichten« im »Volksblatt«, Halle (Saale), am 19. September veröffentlicht und von der »Berner Tagwacht« am 30. September 1914 übernommen worden. (Siehe Rosa Luxemburg: Gesammelte Werke, Bd. 4, Berlin 1983, S. 6–8.)

488 Gemeint ist die »Sozialdemokratische Korrespondenz«.

489 Der Artikel »Komödienspiele« war ungezeichnet in der »Sozialdemokratischen Korrespondenz« vom 22. September 1914 veröffentlicht und unter anderem von der »Bremer Bürger-Zeitung« am 24. September abgedruckt worden. Die »Berner Tagwacht« vom 28. September hatte diese Veröffentlichung übernommen.

490 Es handelt sich um die Erklärung Rosa Luxemburgs, Karl Lieb-

knechts, Franz Mehrings und Clara Zetkins vom 10. September 1914 an verschiedene ausländische Zeitungen. (Siehe Rosa Luxemburg: Gesammelte Werke, Bd. 4, S. 5.) In der »Berner Tagwacht« wurde sie am 30. Oktober und im Züricher »Volksrecht« am 31. Oktober 1914 veröffentlicht.

491 verlorener Sohn

492 Kostja Zetkin arbeitete in der Redaktion der »Gleichheit« und redigierte vorwiegend die »Beilage für unsere Kinder«.

493 Adolf Geck.

494 Rosa Luxemburg meint ihre »Einführung in die Nationalökonomie«. (Siehe dazu Anmerkung 358.)

495 Diese Arbeit über den Krieg schrieb Rosa Luxemburg im April 1915 im Gefängnis. Franz Pfemfert ließ sie illegal drucken, und im Februar 1916 erschien sie illegal mit dem Titel »Die Krise der Sozialdemokratie« unter dem Pseudonym Junius. (Siehe Rosa Luxemburg: Gesammelte Werke, Bd. 4, S. 49–164.)

496 Der sozialdemokratische Lyriker Richard Dehmel meldete sich 1914 als Kriegsfreiwilliger.

497 Rosa Luxemburg rechnete damit, die ihr zudiktierte Strafe von einem Jahr (siehe Anmerkung 479) in der Haftanstalt Berlin-Moabit, Turmstraße, verbringen zu müssen.

498 Rosa Luxemburg vermutete, daß die sozialdemokratische Fraktion am 2. Dezember 1914 auch der zweiten Kriegskreditvorlage zustimmen würde. Bei dieser Abstimmung lehnte Karl Liebknecht als einziger Abgeordneter die Kriegskredite ab.

499 Siehe Anmerkung 481.

500 Gemeint ist das Urteil im Frankfurter Prozeß (siehe Anmerkung 479), das nach der Ablehnung der Revision am 22. Oktober 1914 rechtskräftig wurde.

501 Es handelt sich um eine Umbesetzung in der Redaktion der »Volksstimme«, Frankfurt (Main).

502 Richard Wagner, ein linke Positionen vertretender Redakteur des »Volksfreunds«, Braunschweig, war mit Beginn des ersten Weltkrieges auf rechtsopportunistische Positionen übergegangen und aus der Redaktion entlassen worden. Auf Initiative Otto Antricks wurde August Thalheimer als Redakteur an den »Volksfreund« geholt.

503 Siehe »Volksstimme«, Frankfurt am Main, vom 2. November 1914.

504 Rosa Luxemburg meint den Antritt ihrer Gefängnisstrafe.

505 Gemeint ist wahrscheinlich die »Internationale Korrespondenz«, die seit September 1914 von Albert Baumeister in Berlin herausgegeben wurde und die rechtsopportunistische Ansichten propagierte.

506 Gemeint ist wahrscheinlich »Die Internationale«.

507 Alexander Winkler aus Arnstadt hatte einer Bitte′ Karl Liebknechts entsprochen und die revolutionären Kräfte bei der Herausgabe von Agitationsmaterial, besonders bei der Herstellung der Zeitschrift »Die Internationale«, finanziell unterstützt.

508 Karl Liebknecht hatte am 6. Februar 1915 telegrafisch den Gestellungsbefehl als Armierungssoldat zum Landsturm für den 7. Februar erhalten. Am 7. Februar wurde ihm mitgeteilt, daß ihm außer seiner Abgeordnetentätigkeit jede andere politische Betätigung verboten und er für die Teilnahme an den Sitzungen des preußischen Abgeordnetenhauses und des Reichstages zunächst »beurlaubt« sei. Karl Liebknecht blieb daraufhin bis zum 21. März 1915 in Berlin.

509 Rosa Luxemburg mußte vom 18. Februar 1915 bis 18. Februar 1916 im Berliner Frauengefängnis Barnimstraße die ihr im Februar 1914 zudiktierte Gefängnisstrafe absitzen.

510 Kostja Zetkin war im März 1915 zum Militärdienst einberufen worden.

511 Am 5. März hatte Rosa Luxemburg Geburtstag.

512 Siehe Anmerkung 481.

513 Der Tote setzt den Lebenden in den Besitz.

514 General Robert Clive war der Begründer der englischen Kolonialmacht in Ostindien, die Sepoys waren die eingeborenen Soldaten im früheren englisch-ostindischen Heer.

515 Rosa Luxemburg meint wahrscheinlich von Ferdinand Lassalle: Herr Bastiat–Schulze von Delitzsch, der ökonomische Julian, oder Kapital und Arbeit. In: Ferd. Lassalle's Reden und Schriften. Neue Gesammt-Ausgabe. Mit einer biographischen Einleitung hrsg. von Ed. Bernstein, Dritter Band.

516 Clara Zetkin war am 29. Juli 1915 in Stuttgart verhaftet und nach Karlsruhe überführt worden. Am 30. Juli wurde gegen sie ein Untersuchungsverfahren wegen »versuchten Landesverrats« eingeleitet. Das Verfahren bezog sich auf ihre führende Beteiligung an der vom 26. bis 28. März 1915 in Bern durchgeführten Internationalen Sozialistischen Frauenkonferenz und die Verbreitung des Manifestes dieser Konferenz in Deutschland. Am 10. Oktober 1915 wurde Clara Zetkin aus der Haft entlassen.

517 Johann Wolfgang von Goethe: Faust, Erster Teil, Szene »Straße vor Gretchens Türe«.

518 »Die Lessing-Legende« von Franz Mehring.

519 Franz Mehring arbeitete an einer Biographie, die 1918 unter dem Titel »Karl Marx. Geschichte seines Lebens« in Leipzig herausgegeben wurde.

520 Am 5. März hatte Rosa Luxemburg Geburtstag.

521 Am 18. Februar war Rosa Luxemburg aus dem Berliner Frauengefängnis in der Barnimstraße entlassen worden.

522 Im Mai 1915 war gegen Peter Berten, Rosa Luxemburg, Franz Mehring und Clara Zetkin ein Strafverfahren wegen der Mitarbeit an der Zeitschrift »Die Internationale« eingeleitet worden. Dieses Verfahren war in Düsseldorf, dem Erscheinungsort der »Internationale«, anhängig.

523 Kostja Zetkin, der im März 1915 einberufen worden war, beendete im Juli 1916 einen Ausbildungskursus als Sanitäter und ging zu seinem Regiment nach Ulm zurück.

524 Gemeint ist Clara Zetkins Artikel »Franz Mehring. Zum 70. Geburtstag«, der ungezeichnet in der »Gleichheit«, Nr. 11 vom 18. Februar 1916, veröffentlicht worden war.

525 Franz Mehring.

526 Am 1. Mai 1916 hatte Karl Liebknecht während der Maidemonstration auf dem Potsdamer Platz in Berlin gefordert: »Nieder mit dem Krieg! Nieder mit der Regierung!« Er war verhaftet und in das Militärgefängnis Lehrter Straße eingeliefert worden.

527 Am Alexanderplatz in Berlin befand sich das Polizeipräsidium mit dem Polizeigefängnis, in dem Rosa Luxemburg im Juli und September/Oktober 1916 eingekerkert war.

528 Am 2. Mai 1916 hatte die sozialdemokratische Fraktion im Reichstag beantragt, »das gegen den Abgeordneten Dr. Liebknecht eingeleitete Verfahren für die Dauer der Sitzungsperiode auszusetzen und die über ihn verhängte Haft aufzuheben«. Dieser Antrag wurde am 9. Mai vom Reichstag zusammen mit einem ähnlich lautenden Antrag der zentristischen Sozialdemokratischen Arbeitsgemeinschaft vom 8. Mai einer Geschäftsordnungskommission zur Behandlung überwiesen. Am 11. Mai beantragte diese Kommission, die beiden Anträge abzulehnen, was in namentlicher Abstimmung mit 230 gegen 110 Stimmen bei 2 Enthaltungen auch geschah. In der Begründung des Antrages der sozialdemokratischen Fraktion hatte Otto Landsberg die Unterstützung der Kriegspolitik der imperialistischen Regierung bekräftigt und sich vom Kampf Karl Liebknechts distanziert.

529 Friedrich Zundel fuhr als Zivilist freiwillig mit seinem Automobil für das Rote Kreuz und war u. a. auf dem Kriegsschauplatz in Frankreich eingesetzt.

530 Clara Zetkin war seit 1895 Mitglied der Kontrollkommission der Sozialdemokratischen Partei Deutschlands. Wegen ihres schlechten Gesundheitszustandes konnte sie längere Zeit nicht an den Sitzungen in Berlin teilnehmen. Offiziell ausgeschlossen wurde sie im Mai 1917, da

sie in Stuttgart einer von revolutionären Sozialdemokraten geschaffenen Parteiorganisation angehörte, die in Opposition zum Parteivorstand stand und an diesen keine Mitgliedsbeiträge abführte.

531 Rosa Luxemburg meint die zentristische Opposition in der deutschen Sozialdemokratie.

532 Emanuel Wurm.

533 Ich finde kein Ende!

534 Siehe Anmerkung 527.

535 Am 25. Januar 1917 war vor dem Königlichen Schöffengericht in Berlin-Mitte gegen Rosa Luxemburg wegen Beleidigung eines Kriminalschutzmannes verhandelt worden. Rosa Luxemburg wurde zu zehn Tagen Gefängnis verurteilt. (Siehe dazu Anmerkung 545.)

536 Rosa Luxemburg war wegen ihres politischen Wirkens am 10. Juli 1916 auf Verfügung des militärischen Oberkommandos in den Marken in »militärische Sicherheitshaft« genommen worden. Sie wurde zunächst in das Polizeigefängnis am Alexanderplatz in Berlin eingeliefert und kam am 21. Juli 1916 in das Berliner Frauengefängnis in der Barnimstraße. Vom 26. Oktober 1916 bis zum 22. Juli 1917 war sie in der Festung Wronke in Posen eingekerkert und wurde anschließend in das Gefängnis nach Breslau gebracht, aus dem sie am 8. November 1918 durch die Revolution befreit wurde.

537 Hugo Faisst war am 30. Juli 1914 gestorben.

538 Rosa Luxemburg meint wahrscheinlich ihren Aufenthalt in Weisenbach im Schwarzwald, wo sie im August 1912 mit Clara Zetkin zusammen war.

539 Es handelt sich um die Vertonung von Eduard Mörikes Gedicht »Er ist's«.

540 Niemand ist verpflichtet, mehr zu tun, als er kann.

541 Hans Kautsky war Hoftheatermaler in Berlin.

542 Georg Graf von Hülsen-Haeseler war Generalintendant der preußischen Hoftheater.

543 über alles Wissenswerte

544 Rosa Luxemburg übersetzte von Wladimir Korolenko »Die Geschichte meines Zeitgenossen«. Sie erschien 1919 im Verlag Paul Cassirer in Berlin. Die Einleitung dazu schrieb Rosa Luxemburg im Juli 1918 im Breslauer Gefängnis. (Siehe Rosa Luxemburg: Gesammelte Werke, Bd. 4, S. 302–331.)

545 In der Begründung des Urteils gegen Rosa Luxemburg vom 25. Januar 1917 hieß es: »Die Angeklagte ist beschuldigt, zu Berlin-Mitte am 22. September 1916 den Kriminalschutzmann Palm wörtlich und tätlich beleidigt zu haben, indem sie ihm zurief: ›Sie sind ein ganz ordinärer

Spitzel und Schweinehund. Machen Sie, daß Sie hinauskommen‹, und indem sie einen Tintendrücker nach ihm warf ... Die Angeklagte befand sich in Sicherheitshaft im Berliner Frauengefängnis. Am fraglichen Tage überwachte der Kriminalschutzmann Palm ihre Unterredung mit Mathilde Jacob. Nach Ablauf von 10 Minuten erklärte er das Gespräch für beendet. Die Angeklagte ließ sich nun geständlich zu den erwähnten wörtlichen Beleidigungen hinreißen. Nach dem Beamten geworfen zu haben, bestreitet sie.«

546 Siehe dazu S. 316–318.

547 Im übertragenen Sinne: Wer langsam geht, kommt auch zum Ziel.

548 Gemeint ist der Halleysche Komet, der 1910 zu sehen war.

549 Im Jahre 1904 hatten sich in Südwestafrika die Völker der Herero und der Hottentotten gegen die Kolonialherrschaft des deutschen Imperialismus erhoben. Zur Niederschlagung des Aufstandes war eine Kolonialtruppe von 12000 Mann unter dem Befehl General Lothar von Trothas eingesetzt worden. Die Eingeborenen wurden in die Wüste getrieben, von ihren Wasservorkommen abgeschnitten und so zu Tausenden einem grausamen Tod ausgesetzt. General von Trotha hatte Befehl gegeben, auch auf Frauen und Kinder zu schießen.

550 Am 5. März hatte Rosa Luxemburg Geburtstag.

551 Rosa Luxemburg war als »militärischer Schutzhäftling« dem Oberkommandierenden in den Marken, General Gustav von Kessel, unterstellt.

552 der Urelefant

553 Rosa Luxemburg meint offensichtlich Franz Grillparzers Fragment »Esther«.

554 In Rußland hatte im Februar 1917 die bürgerlich-demokratische Revolution begonnen. Am 25. Februar (10. März) 1917 war die Streikbewegung der Petersburger Arbeiter in den politischen Generalstreik hinübergewachsen. Am 26. Februar (11. März) begannen die Streikenden nach den Losungen der Bolschewiki den bewaffneten Aufstand, der auf das ganze Land übergriff. Der Zarismus wurde gestürzt. Als einheitliche revolutionäre Körperschaft bildete sich in Petersburg der Sowjet der Arbeiter- und Soldatendeputierten. Neben diesem Organ der revolutionär-demokratischen Diktatur der Arbeiter und Bauern entstand mit versteckter Unterstützung der Sozialrevolutionäre und der Menschewiki, die in den Sowjets noch die Mehrheit hatten, die Provisorische Regierung als Organ der Diktatur der Bourgeoisie. So bildete sich in Rußland eine Doppelherrschaft heraus, die bis zum Juli 1917, als die Bourgeoisie zeitweilig die Alleinherrschaft übernahm, andauerte.

555 Stellenwechsel

556 Siehe dazu S. 331.

557 Siehe Anmerkung 509.

558 Siehe Anmerkung 554.

559 Sophie Liebknecht.

560 Gemeint ist der Roman »Rotes Flamenblut« von Pierre Broodcoorens, der 1916 in deutscher Übersetzung erschienen war.

561 Siehe Fußnote 554.

562 Luise Kautsky hatte aus dem Nachlaß von Karl Marx und Friedrich Engels Übersetzungen angefertigt für »Gesammelte Schriften von Karl Marx und Friedrich Engels 1852 bis 1862«, die in zwei Bänden von N. Rjasanow 1917 in Stuttgart herausgegeben wurden.

563 Siehe Anmerkung 544.

564 Der Parteitag der deutschen Sozialdemokratie in Nürnberg wurde vom 13. bis 19. September 1908 durchgeführt.

565 Rosa Luxemburg meint Friedrich Schillers Wallenstein-Trilogie »Wallensteins Lager«, »Die Piccolomini« und »Wallensteins Tod«.

566 Feuilleton-Beilage der »Leipziger Volkszeitung« vom 16. März 1917.

567 Siehe Anmerkung 526.

568 Grüne Bohnen nach Pariserin Art.

569 Siehe Anmerkung 554.

570 Es ist ein Zitat aus Gretchens Versen am Spinnrad aus »Faust«, Erster Teil, von Johann Wolfgang von Goethe.

571 Gemeint ist wahrscheinlich Friedrich Zundel, der mit seinem Automobil Zivildienst für das Rote Kreuz leistete.

572 Siehe Anmerkung 554.

573 Rosa Luxemburg meint ihre Arbeit »Die Akkumulation des Kapitals oder Was die Epigonen aus der Marxschen Theorie gemacht haben. Eine Antikritik«. (Siehe Rosa Luxemburg: Gesammelte Werke, Bd. 5, S. 413–523.) Diese Arbeit wurde 1921 erstmals veröffentlicht.

574 Leo Jogiches.

575 Franz Mehring.

576 Karl Kautsky jun. war als Arzt im Städtischen Krankenhaus in Frankfurt (Main) tätig.

577 Sophie Liebknecht hielt sich zur Kur im Sanatorium Ebenhausen bei München auf.

578 Siehe Anmerkung 573.

579 Siehe Anmerkung 469.

580 gegen den Strich

581 Gemeint ist der Internationale Sozialistenkongreß in Kopenhagen vom 28. August bis 3. September 1910.

582 Ein holländisch-skandinavischer Ausschuß des ISB und der sozialre-
volutionär-menschewistisch geführte Petrograder Sowjet der Arbei-
ter- und Soldatendeputierten hatten nach langwierigen Vorbereitungen beschlossen, eine gemeinsame sogenannte Friedenskonferenz
nach Stockholm einzuberufen, an der Sozialisten aller Länder, auch
Sozialchauvinisten, teilnehmen sollten. Die Partei der Bolschewiki
und die Spartakusgruppe protestierten gegen eine Konferenz mit Beteiligung rechtssozialistischer Kreise und bewirkten, daß die Internationale Sozialistische Kommission als Organ der Zimmerwalder Bewegung die Teilnahme ablehnte. Da die englische und die
französische Regierung den Delegierten aus ihren Ländern die Aus-
reise nach Stockholm verweigerte, kam diese Konferenz nicht zustande.

583 Diese Sitzung des ISB wurde am 29. und 30. Juli 1914 in Brüssel durchgeführt.

584 Aber es ist unmöglich, Sie allein reisen zu lassen.

585 Auf Wiedersehen in Paris!

586 Der für die Zeit vom 23. bis 29. August 1914 nach Wien einberufene Internationale Sozialistenkongreß war vom ISB in der Sitzung am
29./30. Juli 1914 angesichts des Krieges zwischen Österreich-Ungarn
und Serbien nach Paris verlegt worden. Der Beginn des ersten
Weltkrieges verhinderte die Durchführung dieses Kongresses.

587 Siehe Anmerkung 509 und 536.

588 Siehe dazu S. 373/374.

589 Rosa Luxemburg war am 16. Januar 1904 von der Strafkammer des
Landgerichts in Zwickau wegen »Majestätsbeleidigung« zu drei Monaten Gefängnis verurteilt worden und befand sich vom 26. August
bis 25. Oktober 1904 – durch Amnestie wurde ihr ein Monat erlas-
sen – im Zwickauer Landgerichtsgefängnis in Haft.

590 Siehe Anmerkung 527.

591 Rosa Luxemburg war am 22. Juli 1917 von der Festung Wronke in das
Gefängnis in Breslau überführt worden.

592 In Deutschland galt vom 16. April bis 17. September 1917 Sommerzeit,
d. h., die Uhren waren eine Stunde vorgestellt worden.

593 Rosa Luxemburg hatte am 6. Juli 1916 in Leipzig vor sozialdemokratischen Parteifunktionären über die durch die Parteispaltung geschaffene Lage, über die Kriegsziele und die Kriegskreditbewilligung gesprochen. Da die Versammlung nicht »ordnungsgemäß« angemeldet
und der Vortrag nicht der Polizei vorgelegt worden war, wurden der
Versammlungsleiter Johannes Scheib und Rosa Luxemburg durch
amtsrichterlichen Strafbefehl auf Grund des Gesetzes über den Bela-

gerungszustand von 1851 zu drei Tagen beziehungsweise sechs Wochen Gefängnis verurteilt. Der Einspruch der Verurteilten wurde am 29. März 1917 vor dem Schöffengericht in Leipzig behandelt. Das Urteil lautete auf 100 Mark Geldstrafe für Scheib und auf sechs Wochen Gefängnis für Rosa Luxemburg. Gegen dieses Urteil legte Rosa Luxemburg Revision ein, die am 8. August 1917 vom Sächsischen Oberlandesgericht in Dresden verworfen wurde, womit das Urteil rechtskräftig war.

594 Auf Ersuchen Mathilde Jacobs hatte Frau Selma Schlisch die Verpflegung Rosa Luxemburgs im Breslauer Gefängnis übernommen.

595 Siehe Anmerkung 544.

596 Diesen Namen benutzte Rosa Luxemburg hin und wieder nach ihrer mit Gustav Lübeck 1898 eingegangenen Scheinehe, die im April 1903 geschieden worden war.

597 Der Internationale Sozialistenkongreß in Paris wurde vom 23. bis 27. September 1900 durchgeführt.

598 Wörtlich: innerhalb und außerhalb der Mauern.

599 Auszug, veröffentlicht in: Die Internationale, Jg. 6, 1923, Heft 3. Das Original wurde bisher nicht gefunden.

600 Unter dem Pseudonym Junius war Rosa Luxemburgs Arbeit »Die Krise der Sozialdemokratie« veröffentlicht worden. (Siehe dazu Anmerkung 495.)

601 Marta Rosenbaum hatte sich in Breslau aufgehalten und Rosa Luxemburg vom 26. Oktober bis 1. November 1917 viermal besucht.

602 Am 24. Oktober (6. November) 1917 hatten die revolutionären Arbeiter, Soldaten und Matrosen in Petrograd unter Führung der Bolschewiki den bewaffneten Aufstand begonnen, am 25. Oktober (7. November) die Provisorische Regierung Kerenski gestürzt und damit die Große Sozialistische Oktoberrevolution eingeleitet. Am 26. Oktober (8. November) beschloß der II. Gesamtrussische Sowjetkongreß die Übernahme der Macht durch die Sowjets der Arbeiter-, Soldaten- und Bauerndeputierten. Es wurde die erste Sowjetregierung, der Rat der Volkskommissare, dessen Vorsitzender W. I. Lenin war, gebildet.

603 Rosa Luxemburg hatte Luise Kautsky am 10. November mitgeteilt, daß Hans Diefenbach gefallen sei.

604 Mit Wirkung vom 1. Oktober 1917 hatte der Vorstand der SPD dem Mitbegründer der »Neuen Zeit« Karl Kautsky und dem langjährigen Redakteur Emanuel Wurm die Redaktion der Zeitschrift entzogen, da beide der im April 1917 gegründeten USPD angehörten und die Zeitschrift nicht im Sinne der SPD leiteten. Die Leitung wurde Heinrich Cunow übertragen.

605 Siehe Anmerkung 602.

606 Hans Diefenbach war in der Nacht vom 24. zum 25. Oktober 1917 in Frankreich gefallen.

607 Gemeint ist der Roman »Oblomow« von I. A. Gontscharow.

608 Reichskanzler Georg Michaelis hatte in der Reichstagsdebatte am 9. Oktober 1917 über den Aufstandsversuch der Matrosen der deutschen Hochseeflotte im August 1917 in Wilhelmshaven seine schon vorher geäußerte Auffassung bekräftigt, er sehe in der USPD eine für den Bestand des Deutschen Reiches gefährliche Partei und könne ihr deshalb nicht, wie anderen Parteien und Richtungen, objektiv gegenüberstehen. In dieser Debatte distanzierten sich die führenden Vertreter der USPD vom revolutionären Kampf der Schiffsmannschaften, deren Vertreter sich seit Gründung der Partei im April 1917 vertrauensvoll an sie gewandt hatten. Die Führer der USPD bedauerten lediglich die Matrosen, die nach der Niederschlagung des Aufstandsversuches der Marinejustiz zum Opfer fielen.

609 Als Ersatz für die »Gleichheit«, aus der Clara Zetkin ausgeschlossen worden war, gab die USPD die »Frauen-Beilage der Leipziger Volkszeitung« heraus, deren Leitung Clara Zetkin übertragen wurde. Die erste Nummer dieser Beilage erschien am 29. Juni 1917.

610 Friedrich Westmeyer war am 14. November 1917 in einem Lazarett in Frankreich gestorben.

611 Das heißt vom Tode Hans Diefenbachs.

612 Margarete Müller.

613 Siehe Anmerkung 602.

614 Sophie Liebknecht stammte aus Rostow am Don.

615 In Kischinjow hatte im April 1903 eine vom zaristischen Regime geschaffene bewaffnete Organisation Juden, Studenten, Revolutionäre und klassenbewußte Arbeiter terrorisiert. Diese Pogrome waren eine Reaktion des Zarenregimes auf Streiks und Demonstrationen der Arbeiter gewesen.

616 In Kiew war im April 1917 vom Block der ukrainischen bürgerlichen und kleinbürgerlichen Parteien und Gruppen die Ukrainische Zentralrada, eine konterrevolutionäre, nationalistische Organisation, gebildet worden, die sich nach dem Sieg der Großen Sozialistischen Oktoberrevolution zum obersten Organ der »Ukrainischen Volksrepublik« erklärte und die Sowjetmacht bekämpfte. Auf dem I. Gesamtukrainischen Sowjetkongreß im Dezember 1917 in Charkow wurde die Ukraine zur Sowjetrepublik erklärt und die Ukrainische Sowjetregierung gebildet. Am 26. Januar (8. Februar) 1918 besetzten sowjetische Truppen Kiew und beseitigten die Herrschaft der bürgerlichen Rada.

617 Karl Liebknecht, der 1916 zu vier Jahren und einem Monat Zuchthaus verurteilt worden war, wurde am 8. Dezember 1916 in das Zuchthaus Luckau eingeliefert.

618 Gedicht von Johann Wolfgang von Goethe.

619 »Die Lessing-Legende« von Franz Mehring.

620 »wehe den Besiegten«

621 Siehe Anmerkung 599.

622 Siehe Anmerkung 519.

623 Siehe Anmerkung 599.

624 Franz Mehring hatte auf der Straße einen Ohnmachtsanfall erlitten und sich eine Verletzung am Hinterkopf zugezogen.

625 Margarete Müller, die Schwester Hans Diefenbachs.

626 über alles Wissenswerte

627 Hans Kautsky.

628 Siehe Anmerkung 544.

629 so wie es ist

630 komme, was da wolle

631 Roman von Romain Rolland.

632 Clara Zetkin hatte am 5. Juli Geburtstag.

633 Richard von Kühlmann, Staatssekretär des Auswärtigen Amtes, hatte am 24. Juni 1918 im Reichstag erklärt, daß »bei der ungeheuren Größe dieses Koalitionskrieges und bei der Zahl der in ihm begriffenen auch überseeischen Mächte durch rein militärische Entscheidungen allein ohne alle diplomatische Verhandlungen ein absolutes Ende kaum erwartet werden« könne.

634 Gemeint ist von Franz Mehring »Karl Marx. Geschichte seines Lebens«.

635 Clara Zetkin hatte in dem Artikel »Ums Volksrecht in Preußen«, der in der »Frauen-Beilage der Leipziger Volkszeitung« vom 17. Mai 1918 veröffentlicht worden war, unter anderem das opportunistische Verhalten der Landtagsfraktion der USPD bei Verhandlungen über eine reaktionäre Wahlrechtsvorlage im preußischen Abgeordnetenhaus kritisiert.

636 Franz Mehring.

637 Maxim und Konstantin Zetkin.

638 Margarete Müller, die Schwester Hans Diefenbachs.

639 Roman von Alain-René Lesage.

640 Siehe Anmerkung 634.

641 Maxim und Konstantin Zetkin.

642 Siehe Anmerkung 634.

643 Roman von Anton Freiherr von Perfall.

644 Karl Liebknecht wurde am 23. Oktober 1918 aus dem Zuchthaus Luk-
kau entlassen und kehrte nach Berlin zurück.

645 Rosa Luxemburg war am 8. November 1918 aus dem Breslauer Gefängnis entlassen worden. Sie kehrte am 10. November nach Berlin zurück.

646 Rosa Luxemburg hatte mit diesem Brief die Nachricht erhalten, daß
Brandel Geck gefallen war.

647 Siehe Anmerkung 645.

648 Der Artikel Clara Zetkins erschien unter dem Titel »Die Revolution –
der Frauen Dank« in der »Roten Fahne« vom 22. November 1918.

649 Gemeint ist die »Leipziger Volkszeitung«, Organ der USPD, an der
Clara Zetkin die Frauenbeilage redigierte.

650 Gemeint ist »Der Weg zum Nichts«, veröffentlicht unter dem Pseudonym Juvenis in der »Roten Fahne« vom 28. November 1918.

651 Gemeint ist die Notiz »Ein Stück Sozialisierung«, die ungezeichnet in
der »Roten Fahne« vom 21. Dezember 1918 veröffentlicht wurde.

652 Emil Unfried, Mitglied des Stuttgarter Arbeiterrates, hielt sich offenbar als Kurier in Berlin auf.

653 Siehe Anmerkung 645.

654 Rosa Luxemburg war gemeinsam mit Karl Liebknecht für die Herausgabe der »Roten Fahne« verantwortlich.

655 Julian Marchlewski war am 22. Mai 1916 in »militärische Sicherheitshaft« genommen und in der Berliner Stadtvogtei eingekerkert worden. Am 25. Oktober 1916 wurde er in das Internierungslager Havelberg überführt, von wo er Mitte 1918 durch die Sowjetregierung im
Austausch gegen deutsche Kriegsgefangene befreit werden konnte.
Er war über Petrograd nach Moskau gelangt, von wo er nach Über-
windung großer Schwierigkeiten erst am 18. Januar 1919 nach Berlin zurückkehren konnte.

656 Teurer Wladimir!   20. 12. 18
Ich benutze die Reise des Onkels, um Ihnen allen einen herzlichen
Gruß von unserer Familie, von Karl, Franz und den anderen zu über-
senden. Gebe Gott, daß das kommende Jahr alle unsere Wünsche er-
füllen wird.
Alles Gute!
Über unser Leben und Treiben wird der Onkel erzählen.
Einstweilen drücke ich Ihnen die Hände und grüße Sie.
                                                              Rosa

657 Am Nachmittag des 25. Dezember 1918 protestierten die Berliner Arbeiter und viele Soldaten im Tiergarten gegen den Putschversuch,
den konterrevolutionäre Truppen am Vortage gegen die Volksmarinedivision am Schloß und am Marstall in Berlin unternommen hatten.

Redner des Spartakusbundes, darunter Karl Liebknecht, der revolutionären Obleute und der Volksmarinedivision prangerten die konterrevolutionären Machenschaften an und forderten die Aufstellung einer Roten Garde und einer Arbeitermiliz sowie die Entwaffnung der Offiziere und der aktiven Unteroffiziere. Ein gewaltiger Demonstrationszug bewegte sich danach zum Berliner Schloß und zum Marstall. Nach einer weiteren Ansprache Karl Liebknechts, in der er vor neuen Gewaltakten der Regierung warnte und die Lügen des »Vorwärts« über die revolutionäre Bewegung geißelte, eilte ein Teil der Demonstranten in die Lindenstraße und besetzte die Redaktion und die Druckerei des »Vorwärts«. Im Gebäude fanden sie ein Panzerauto, 21 Maschinengewehre mit großem Munitionsvorrat und große Mengen Handgranaten.

658 Siehe Anmerkung 654.

659 Auf dem Gründungsparteitag der Kommunistischen Partei Deutschlands vom 30. Dezember 1918 bis 1. Januar 1919 in Berlin war mit 62 gegen 23 Stimmen beschlossen worden, daß sich die Partei nicht an den Wahlen zur Nationalversammlung beteiligen werde. Dieser Beschluß, gegen die Auffassung und den Willen Rosa Luxemburgs, Karl Liebknechts und anderer Vertreter der Zentrale gefaßt, war von Otto Rühle eingebracht und befürwortet worden.

660 Den Namen Internationale Kommunisten Deutschlands hatten sich im November 1918 vor allem die Gruppen der Bremer und Hamburger Linken sowie eine Gruppe in Dresden gegeben. Sie schlossen sich auf dem Gründungsparteitag der KPD an.

661 Erwerbung

662 In Gotha war auf dem Parteitag vom 6. bis 8. April 1917 die Unabhängige Sozialdemokratische Partei Deutschlands gegründet worden.

663 Am 4. Januar 1919 hatte die sozialdemokratische Regierung den Berliner Polizeipräsidenten Emil Eichhorn, der dem linken Flügel der USPD angehörte, für abgesetzt erklärt. Damit wurden die revolutionären Arbeiter und Soldaten Berlins zu unvorbereiteten bewaffneten Kämpfen provoziert, die am 12. Januar mit einer Niederlage für die revolutionären Arbeiter endeten.

Personenverzeichnis

Die biographischen Angaben umfassen
die Zeit bis zur Ermordung Rosa Luxemburgs
im Januar 1919

Abramowitsch siehe *Tjutrjumowa-Abramowitsch, R. A.*

Adam 208

Adams-Lehmann, Hope Bridges (1855–1916) Ärztin; Sozialdemokratin; englischer Herkunft, lebte seit 1872 in Deutschland; seit 1881 zunächst in Frankfurt am Main, dann in München als Ärztin tätig; schrieb in der sozialdemokratischen Presse über Sozialhygiene und die Frauenfrage. 303 304

Adler, Friedrich (1879–1960) österreichischer Physiker; Sozialdemokrat; Theoretiker des Austromarxismus; 1907–1911 Privatdozent an der Universität in Zürich; 1910–1911 Redakteur der schweizerischen sozialdemokratischen Zeitung »Volksrecht«, danach Sekretär der Sozialdemokratischen Partei Österreichs; verübte am 21. Oktober 1916 ein Attentat auf den österreichischen Premierminister Graf Stürgkh. 393

Adler, Georg (1863–1908) Sozialpolitiker. 100

Adler, Victor (1852–1918) Arzt, Journalist; Mitbegründer und führendes Mitglied der Sozialdemokratischen Partei Österreichs; Vertreter des Reformismus in der II. Internationale; während des ersten Weltkrieges Zentrist. 181 184

Advielle, Victor (1833–1903) französischer Schriftsteller, schrieb historische und biographische Werke; höherer Beamter im Finanzministerium. 225 234

Alex 46

Alexejew, S. A. (etwa 1878–1930) Herausgeber sozialdemokratischer Literatur, 1904 in Odessa, später in Petersburg; übersetzte Karl Marx' Arbeit »Das Elend der Philosophie« ins Russische. 184

Allemane, Jean (1843–1935) französischer kleinbürgerlicher Sozialist; Kommunarde; zunächst Possibilist; vertrat anarcho-syndikalistische Auffassungen; gründete 1890 die Revolutionäre Sozialistische Arbeiterpartei; wurde 1901, 1906 und 1910 ins Parlament gewählt. 447

Anakreon (Mitte 6. Jh. v. u. Z.) altgriechischer Lyriker. 372

Andersen Nexö, Martin (1869–1954) dänischer Dichter; Schriftsteller des revolutionären Proletariats; 1919 Mitbegründer der KP Dänemarks. 415

Anseele, Édouard (1856–1938) Mitbegründer und Führer der belgischen Arbeiterpartei; führender Vertreter der belgischen Genossenschaftsbewegung; Mitglied des ISB; Vertreter opportunistischer Auffassungen; seit 1918 Minister für öffentliche Arbeiten. 374

Antoni wahrscheinlich Mitglied der SDKPiL, das sich aktiv am Versand von Parteiliteratur, die in Berlin gedruckt wurde, beteiligte. 178

Antoni Hausdiener in Warschau. 168 169

Antrick, Otto Friedrich Wilhelm (1858–1924) Zigarrenfabrikant; Sozialdemokrat; 1898–1903 und 1912–1918 MdR, 1903–1906 Stadtverordneter in Berlin, seit 1906 Parteisekretär in Braunschweig. 120 299 481

Arons, Martin Leo (1860–1919) Physiker, seit 1890 Privatdozent in Berlin; Sozialdemokrat; 1899 wegen seiner politischen Haltung suspendiert; arbeitete in den Gewerkschaften und Genossenschaften; Geldgeber und ständiger Mitarbeiter der »Sozialistischen Monatshefte«. 121

Askew, John B. (gest. 1929) englischer Sozialist; Mitglied der sozialdemokratischen Föderation und der Independent Labour Party; ging nach Deutschland und war publizistisch tätig. 139

Auer, Ignatz (1846–1907) Sattler; Sozialdemokrat; seit 1869 Mitglied der SDAP; 1874 Sekretär des Parteiausschusses, 1875 auf dem Gothaer Vereinigungskongreß zu einem der Sekretäre der SDAP gewählt; 1877/78, 1880/81, 1884–1887 und 1890–1907 MdR; seit 1890 Sekretär des Vorstandes der Sozialdemokratischen Partei Deutschlands; seit Mitte der neunziger Jahre einflußreicher Reformist. 61 62 70 72–77 81 110 115 129 157 449 455 462

Augspurg, Anita (1857–1943) Frauenrechtlerin; studierte in Zürich Rechtswissenschaften und promovierte 1897; kehrte im gleichen Jahr nach Deutschland zurück; gründete 1903 den Deutschen Verband für Frauenstimmrecht und wurde Mitbegründerin und Führerin der Internationalen Frauenliga für Frieden und Freiheit. 66

Axelrod, P. B. (1850–1928) in den siebziger Jahren des 19. Jahrhunderts Volkstümler, 1883 Mitbegründer der russischen marxistischen Gruppe Befreiung der Arbeit; 1900 Redakteur der »Iskra«, nach 1903 einer der führenden Menschewiki. 94 209 217

Babeuf, Gracchus (eigentlich François-Noël) (1760–1797) französischer Revolutionär, utopischer Kommunist, 1797 Herausgeber der Zeitung »Le Tribune du peuple«; bereitete 1796 mit der Verschwörung der Gleichen den bewaffneten Aufstand zur Weiterführung der Französischen Revolution vor. 225 226 228 234

Bach, Johann Sebastian (1685–1750) deutscher Komponist. 335

Bachman, H. 70

Balabanowa, A. I. (Balabanoff, Angelica) (1878–1965) Sozialdemokratin; in der russischen und nach der Emigration 1897 in der italienischen sozialistischen Bewegung tätig; Mitglied des ZK der Italienischen Sozialistischen

Partei und Redakteur des »Avanti«; Mitglied des ISB; während des ersten Weltkrieges Vertreterin zentristischer Auffassungen; Teilnehmerin der Konferenzen in Zimmerwald 1915 und Kienthal 1916; kehrte nach 1917 für kurze Zeit nach Rußland zurück. 218 295

Ballestrem, Franz Graf von (1834–1910) Großindustrieller; gehörte zum konservativen Flügel der Zentrumspartei; 1872–1893 und 1898–1906 MdR, 1890–1893 1. Vizepräsident und 1898–1903 Präsident des Reichstages. 133 457

Barère de Vieuzac, Bertrand (1755–1841) französischer Jurist und Politiker der Französischen Revolution; Deputierter des Konvents, Jakobiner; später aktiver Teilnehmer am konterrevolutionären Staatsstreich vom 27. Juli 1794. 236

Bauer, Otto (Pseud.: Karl Mann, Friedrich Schulze, Heinrich Weber) (1882–1938) einer der Führer der österreichischen Sozialdemokratie und der II. Internationale; 1907 Gründer der theoretischen Zeitschrift »Der Kampf«, Wien; Ideologe des Austromarxismus; verhielt sich ablehnend gegenüber der Großen Sozialistischen Oktoberrevolution 1917 in Rußland; 1918/19 Minister für Auswärtige Angelegenheiten. 288 479

Baumann, H. Zimmervermieter in Zürich. 155

Baumeister, Albert (geb. 1882) Sozialdemokrat, Gewerkschaftsfunktionär; Herausgeber der »Internationalen Korrespondenz«; während des ersten Weltkrieges Sozialchauvinist; Mitbegründer der Republikanischen Soldatenwehr und des Regiments »Reichstag«. 481

Bebel, Ferdinand August (1840–1913) Drechsler; Sozialdemokrat; 1867–1881 und 1883–1913 MdR; 1869 Mitbegründer der SDAP; leitete während des Sozialistengesetzes den legalen und illegalen Kampf der Partei und wirkte maßgeblich an der Gründung des illegal erschienenen Zentralorgans »Der Sozialdemokrat« mit; 1881–1890 Mitglied des sächsischen Landtages; 1892–1913 einer der beiden Vorsitzenden der Sozialdemokratischen Partei Deutschlands; seit 1889 führendes Mitglied der II. Internationale und seit 1900 Mitglied des ISB. 10–14 23 52 62 68–72 74 108 114 120 121 123 124 129–131 150–152 156 164 169 172–176 181 187 190 191 193 194 199 209 213 221 234 260 263 268 276 284 314 320 333 391 449 450 453 464 478

Bebel, Johanna Caroline Julie (1843–1910) Frau und Kampfgefährtin August Bebels. 176

Becker, Bernhard (1826–1882) Schriftsteller und Redakteur; Sozialdemokrat; nahm 1863 an der Gründung des ADAV teil und war 1864/65 dessen Präsident; trat 1870 der SDAP bei, redigierte 1871 die »Freie Presse«, Chemnitz, und Ende 1871–1874 den »Volksfreund«, Braunschweig; wandte sich 1874 von der Arbeiterbewegung ab. 225

Beer, Max (1864–1943) Historiker; ging 1894 nach London und 1897 nach Paris, wo er teilweise als Korrespondent arbeitete; 1901–1911 in London, unter anderem als Korrespondent für den »Vorwärts«, Berlin, tätig; kehrte nach Deutschland zurück und war vorwiegend als Übersetzer und revolutionärer Schriftsteller tätig. 118

Beethoven, Ludwig van (1770–1827) deutscher Komponist. 335

Bein, Leopold (Lopek) (1867–nach 1935) führender Vertreter des ZRP; näherte sich 1892 reformistischen Positionen der Zeitschrift »Przegląd Socjalistyczny«; 1893/94 Mitglied der PPS; 1895 inhaftiert und anschließend in der Verbannung im Gouvernement Archangelsk, danach in der Emigration. 34 134 145

Berfus, August Stanisław (Pseud.: Ber, Stach) (1852–vor 1914) seit 1892 Sekretär der Vereinigung Polnischer Sozialisten in Berlin; 1893–1905 Vorsitzender der PPS im preußischen Annexionsgebiet; Mitherausgeber der »Gazeta Robotnicza«; näherte sich unter dem Einfluß der Revolution von 1905 in Rußland der linken Strömung der PPS und den deutschen Linken. 72

Bernard, Georg (geb. 1876) Maschinenbauer; Sozialdemokrat; seit 1913 Bezirksleiter des Metallarbeiter-Verbandes Frankfurt am Main; Zweiter Vorsitzender des Sozialdemokratischen Vereins für Bockenheim. 290

Bernhard, Georg (1875–1944) Sozialdemokrat; schrieb für bürgerliche Publikationsorgane und entwickelte sich zum bürgerlichen Journalisten; seit 1914 einer der Leiter der »Vossischen Zeitung«. 265

Bernhardt, Sarah (eigentlich Henriette Rosine Bernard) (1844–1923) französische Schauspielerin. 42

Bernstein, Eduard (1850–1932) Handlungsgehilfe, Publizist; Sozialdemokrat; seit 1872 Mitglied der SDAP; 1890–1901 in der Emigration in London; 1896–1900 ständiger Mitarbeiter der »Neuen Zeit«; seit 1896 Theoretiker des Revisionismus; 1901–1905 Herausgeber der »Documente des Socialismus. Hefte für Geschichte, Urkunden und Bibliographie des Socialismus«; 1902–1906 und 1912–1918 MdR; seit 1906 Lehrer an der Gewerkschaftsschule in Berlin; ständiger Mitarbeiter der »Sozialistischen Monatshefte«; nach dem 4. August 1914 aus der Sozialdemokratischen Partei Deutschlands ausgetreten; gehörte 1916 zur Sozialdemokratischen Arbeitsgemeinschaft; seit 1917 Mitglied der USPD; 1919 wieder Mitglied der SPD. 7 10 88 91 100 101 104 109 111–113 117 118 124 129–131 144 151 160 213 217 265 308 451 453 454

Berten, Peter (1873–1960) Schreiner; Sozialdemokrat; seit 1908 Redakteur der »Volkszeitung« in Düsseldorf; gehörte zur Gruppe Internationale (Spartakusgruppe); seit 1917 Mitglied der USPD. 483

Bertenson, L. Mitglied des wissenschaftlichen Bergbaukomitees in Petersburg. 110

Bielecki, Jan (Janek) (1869–1926) gehörte an der Zürcher Universität der ersten polnischen sozialdemokratischen Gruppe um Rosa Luxemburg an;

lebte nach 1896 in England und Frankreich, zog sich von der Arbeiterbewegung zurück; ab 1919 Professor für Chemie am Warschauer Polytechnikum. 52

Bietkiewicz, Stanisława (Stasia) 52

Blanc, Louis (1811–1882) französischer Journalist, Historiker und Politiker; kleinbürgerlicher Sozialist; 1848 Mitglied der Provisorischen Regierung; 1848–1870 in England in der Emigration; 1871 in die Nationalversammlung gewählt; unterstützte die Regierung Thiers und nahm gegen die Pariser Kommune Stellung; seit 1876 Mitglied der Radikalen Partei. 248

Block, Hans (1870–1953) Buchhändler; Sozialdemokrat; 1892 Geschäftsführer der »Westfälischen Freien Presse«, Dortmund, 1893–1899 Redakteur der »Arbeiter-Zeitung«, Dortmund, 1899–1906 der »Sächsischen Arbeiter-Zeitung«, Dresden, 1906–1911 des »Vorwärts« und seit 1911 Chefredakteur der »Leipziger Volkszeitung«. 202

Blumenfeld, J. S. (1865–1941) Schriftsetzer; Mitglied der russischen marxistischen Gruppe Befreiung der Arbeit; später Mitglied der Organisation »Iskra«; nach 1903 Menschewik; zog sich nach der Großen Sozialistischen Oktoberrevolution 1917 in Rußland von der politischen Tätigkeit zurück. 53 448

Bluntschli, Johann Caspar (1808–1881) Jurist; reaktionärer Staatsrechtler und Politiker in der Schweiz und in Baden; entschiedener Vertreter der preußischen Vormachtstellung in Deutschland. 100

Bock, Wilhelm (1846–1931) Schuhmacher; Sozialdemokrat; seit 1867 Mitglied des ADAV; Teilnehmer am Gründungskongreß der SDAP 1869 in Eisenach; seit 1873 Vorsitzender der Internationalen Gewerksgenossenschaft der Schuhmacher, 1875–1878 Herausgeber ihres Organs »Der Wekker«; 1875 an der Vorbereitung und Durchführung des Gothaer Vereinigungskongresses beteiligt; gründete 1878 das »Gothaer Volksblatt«; 1878–1887 Redakteur der Zeitung »Der Schuhmacher«; 1884–1887, 1890–1906 und 1912–1918 MdR; 1893–1918 Mitglied des Landtages des Herzogtums Coburg-Gotha; seit 1901 Mitglied und 1913–1917 Vorsitzender der Kontrollkommission der Sozialdemokratischen Partei Deutschlands; gehörte 1916 zur Sozialdemokratischen Arbeitsgemeinschaft; war 1917 Mitbegründer der USPD. 268 432

Böhm-Bawerk, Eugen von (1851–1914) österreichischer Staatsmann und Ökonom, führender Vertreter der Grenznutzenschule; 1895, 1897/98 und 1900–1904 Finanzminister. 112

Borchardt, Julian (1868–1932) Handlungsgehilfe; Sozialdemokrat; 1900/01 Redakteur am »Volksblatt für Harburg, Wilhelmsburg und Umgegend«, Hamburg, und 1901–1906 an der »Königsberger Volkszeitung«; 1907–1913 Wanderredner der Sozialdemokratischen Partei Deutschlands; 1911–1913

Mitglied des preußischen Abgeordnetenhauses; seit 1913 Herausgeber der Zeitschrift »Lichtstrahlen«; gehörte in der Novemberrevolution 1918/19 in Deutschland zu den Internationalen Kommunisten (IKD); Vertreter linkssektiererischer Auffassungen. 437

Börne, Ludwig (eigentlich Löb Baruch) (1786–1837) Schriftsteller und Publizist; kleinbürgerlich-radikaler Demokrat des Vormärz. 84 85 102 103

Borys, Klemens (1874–1928) einer der Pioniere der polnischen sozialistischen Bewegung in Oberschlesien; führender Funktionär der PPS in diesem Gebiet. 136

Bosch, Gretel 276

Bourget, Charles-Joseph-Paul (1852–1935) französischer Romanschriftsteller, Essayist und Dramatiker; wurde 1894 Mitglied der Académie française. 248

Bracke (Desrousseaux), Alexandre-Marie (1861–1955) französischer Sozialist; Mitglied und Sekretär der Französischen Arbeiterpartei und Sekretär der Sozialistischen Partei Frankreichs; Redakteur des »Socialiste«; Mitarbeiter am »Travailleur du Nord« und am »Petit Sou«; 1912 Redakteur der Zeitung »l'Humanité«; Mitglied des ISB; 1912 und 1914 Abgeordneter; während des ersten Weltkrieges Sozialchauvinist. 271

Breughel, Pieter d. J. (um 1564–um 1638) niederländischer Maler. 422

Broodcoorens, Pierre (geb. 1885) belgischer Schriftsteller. 345 486

Bruhns, Julius August Friedrich (1860–1927) Zigarrenarbeiter; Sozialdemokrat; 1890–1893 MdR; 1890–1894 Redakteur der »Bremer Bürger-Zeitung«, 1895–1903 der »Volkswacht«, Breslau; 1898–1903 Stadtverordneter in Breslau; 1903–1908 Parteisekretär für Oberschlesien; 1908 Redakteur des »Offenbacher Abendblatts«; Mitarbeiter der »Sozialistischen Monatshefte«. 80 81 83 90 101 151 451 462

Bruhns, Selma zweite Frau von Julius Bruhns. 160

Brzezina, Karol Funktionär des linken Flügels der PPS im preußischen Annexionsgebiet; beteiligte sich am Transport illegaler Literatur der SDKP ins Königreich Polen. 37 54

Bucher, Adolf Lothar (1817–1892) preußischer Justizbeamter; gehörte 1848 der Linken in der preußischen Nationalversammlung an, ging später ins Lager der Reaktion über und war ab 1864 enger Mitarbeiter Bismarcks. 139

Bücher, Karl (1847–1930) bürgerlicher Ökonom und Wirtschaftshistoriker; Begründer einer vulgären Wirtschaftstheorie. 234 266

Büchner, Georg (1813–1837) revolutionär-demokratischer Publizist, Dramatiker und Erzähler; gründete die Gesellschaft der Menschenrechte und verfaßte die revolutionäre Flugschrift »Der Hessische Landbote«; entzog sich 1835 der Verhaftung durch die Flucht nach Straßburg und übersiedelte 1836 nach Zürich. 248

Budilowitsch, Felicia Pseudonym Rosa Luxemburgs. 211 212

Büttner, Paul Sozialdemokrat; bis 1905 Redakteur des »Vorwärts«. 464

Cabet, Étienne (1788–1856) französischer Rechtsanwalt; utopischer Kommunist; Mitglied der Carbonari, nahm an der Julirevolution von 1830 teil, war bis 1831 Oberstaatsanwalt auf Korsika; lebte 1834–1839 in London im Exil. 225 226

Calwer, Richard (1868–1927) Sozialdemokrat; seit 1891 Redakteur des »Volksfreund«, Braunschweig, nach 1895 Mitarbeiter der »Leipziger Volkszeitung«; 1898–1903 MdR; 1909 aus der Sozialdemokratischen Partei Deutschlands ausgetreten. 114 194 265

Camélinat, Zéphirin (1840–1932) Funktionär der französischen Arbeiterbewegung; 1864 Mitbegründer der Pariser Sektion der I. Internationale, während der Pariser Kommune von 1871 Direktor der Münze; Schatzmeister der Sozialistischen Partei. 49

Carnaud, Maximilien-Antoine-Albert (1863–1937) Lehrer; französischer Sozialist; Ministerialist; 1906 stellvertretender Direktor der Zeitung »La Petite République«, trat 1906 aus der Sozialistischen Partei aus. 49

Cassirer, Paul (1871–1926) Verleger und Kunsthändler; Mitbegründer der Berliner Sezession. 415 416 484

Cavour, Camillo Graf von (1810–1861) italienischer Staatsmann; gründete 1847 die Zeitung »Il Risorgimento«; vertrat eine gemäßigt-liberale Politik, erreichte 1861 die Einigung Italiens. 246

Cellini, Benvenuto (1500–1571) italienischer Goldschmied, Bildhauer und Medailleur der Spätrenaissance. 177 182

Cervantes Saavedra, Miguel de (1547–1616) spanischer Schriftsteller. 304

Chauvin, René Auguste (1860–1936) französischer Sozialist, Mitglied der Französischen Arbeiterpartei und seit 1901 der Sozialistischen Partei Frankreichs; trat 1914 aus der Partei aus. 40

Chłosta, Michał (geb. 1868) Mitglied der SDKP; emigrierte 1895 nach Deutschland; Mitglied der Berliner Sektion der Vereinigung der sozialdemokratischen polnischen Arbeiter im Ausland. 81 82

Cimarosa, Domenico (1749–1801) italienischer Opernkomponist; 1799 wegen Beteiligung am neapolitanischen Volksaufstand zum Tode verurteilt, dann begnadigt. 352

Claassen Familie 68 69 75 97

Clemenceau, Georges Benjamin (1841–1929) französischer bürgerlicher Politiker; 1906 Innenminister, 1906–1909 und 1917–1920 Ministerpräsident; Chauvinist. 178

Clive, Robert Lord of Plassey (1725–1774) 1764 englischer Gouverneur und Oberbefehlshaber in Indien, Begründer der englischen Macht in Indien. 307 482

nationaldemokratische Auffassungen; nach 1905 als Arzt in Warschau tätig. 34

Studium der Philosophie, Volkswirtschaft und Geschichte; 1903 Redaktionsvolontär an der »Leipziger Volkszeitung«; 1904 Leiter des Leipziger und 1905–1907 des Dresdner Arbeitersekretariats und Lehrer in Schulungskursen; seit 1906 Wanderredner der Sozialdemokratischen Partei Deutschlands; 1912–1914 Lehrer für Geschichte des Sozialismus an der zentralen Parteischule in Berlin; gehörte zu den deutschen Linken; Mitbegründer der Gruppe Internationale (Spartakusgruppe); besetzte am 9. November 1918 mit Matrosen und Arbeitern den »Berliner Lokal-Anzeiger« und gab die erste Nummer der »Roten Fahne« heraus; Mitglied der Zentrale des Spartakusbundes und Mitbegründer der KPD. 5 18 281 478

Duncker, Käte (1871–1953) Lehrerin; Sozialdemokratin; 1906–1908 Mitarbeiterin in der Redaktion der »Gleichheit«; gehörte zu den deutschen Linken; war aktiv in der proletarischen Frauenbewegung tätig; Mitbegründerin der Gruppe Internationale (Spartakusgruppe) und der KPD; Frau Hermann Dunckers. 430 431 435

Duncker & Humblot 1809 in Berlin gegründete Verlagsbuchhandlung, wurde nach 1866 nach Leipzig und 1912 nach München verlegt. 66 69 82 86 87 91 98 101 448 452

Dzierżyński, Feliks (Pseud.: Józef) (1877–1926) Funktionär der polnischen und der russischen Arbeiterbewegung; seit 1895 Mitglied der Litauischen Sozialdemokratie; seit 1897 mehrmals verhaftet, zur Verbannung verurteilt und geflohen; 1900 Mitbegründer der SDKPiL; seit 1902 Emigration in Berlin, dann in Krakau; Mitglied des Auslandskomitees und seit 1903 des Hauptvorstandes der SDKPiL; seit 1906 Vertreter der SDKPiL im ZK der SDAPR; nach 1908 Emigration vorwiegend in Krakau; 1912 in Warschau erneut verhaftet, in der Zitadelle, dann in Orjol und Moskau eingekerkert, wo er durch die Februarrevolution 1917 in Rußland befreit wurde; nach der Großen Sozialistischen Oktoberrevolution 1917 als Funktionär im Partei- und Staatsapparat Sowjetrußlands tätig. 259

Eberlein, Max Albert Hugo (1887–1944) Zeichner; Sozialdemokrat; 1909 Mitbegründer und Vorsitzender der freigewerkschaftlichen Organisation der graphischen Zeichner; 1915 wegen Verbreitung von Antikriegsmaterial verhaftet; Teilnehmer an der Reichskonferenz der Gruppe Internationale am 1. Januar 1916 in Berlin; 1916 Vorsitzender des Kreisvorstands des Sozialdemokratischen Wahlvereins für Teltow-Beeskow-Storkow-Charlottenburg; 1918 Mitglied der Zentrale des Spartakusbundes; Mitglied der KPD seit ihrer Gründung. 295 300 301

Ebert, Friedrich (1871–1925) Sattler; Sozialdemokrat; 1891–1905 zeitweise Vorsitzender der sozialdemokratischen Parteiorganisation in Bremen; 1893/94 Lokalredakteur und Gerichtsberichterstatter der »Bremer Bürger-

Zeitung«; seit 1905 Mitglied des Vorstandes der Sozialdemokratischen Partei Deutschlands; 1908 Vorsitzender der Zentralstelle für die arbeitende Jugend Deutschlands; 1912–1918 MdR; seit 1913 neben Hugo Haase Vorsitzender der Sozialdemokratischen Partei Deutschlands; führender Vertreter des Reformismus und während des ersten Weltkrieges des Sozialchauvinismus; seit 1916 Vorsitzender der sozialdemokratischen Reichstagsfraktion; am 9. November 1918 durch Prinz Max von Baden zum Reichskanzler ernannt; Vorsitzender des Rates der Volksbeauftragten; war maßgeblich an der Niederschlagung der Novemberrevolution 1918/19 in Deutschland beteiligt. 262 476

Eckstein, Gustav (1875–1916) österreichischer Historiker und Ökonom; Sozialdemokrat; 1910/11 Lehrer für Geschichte des Sozialismus an der zentralen Parteischule in Berlin; seit 1910 Redakteur der »Neuen Zeit«. 251 363

Ehrenfels, Christian Freiherr von (1859–1932) österreichischer Philosoph; seit 1900 Professor der Universität Prag; in seinem Hauptwerk »System der Werttheorie« machte er eine allgemeine Werttheorie zur Grundlage der Ethik. 114

Eichhorn, Robert Emil (1863–1925) Mechaniker; Sozialdemokrat; 1893–1900 Redakteur der »Sächsischen Arbeiter-Zeitung«, Dresden, 1900–1904 Chefredakteur der Mannheimer »Volksstimme«; 1901–1909 Mitglied des badischen Landtags; 1903–1911 MdR; 1908–1916 Leiter des sozialdemokratischen Pressebüros in Berlin; seit 1917 Mitglied der USPD; während der Novemberrevolution 1918/19 in Deutschland Polizeipräsident von Berlin. 430 453 492

Eisner, Kurt (1867–1919) Journalist, Schriftsteller; Sozialdemokrat; 1899–1905 Redakteur des »Vorwärts«, 1907–1910 Chefredakteur der »Fränkischen Tagespost«, Nürnberg; vertrat ethisch-sozialistische und reformistische Auffassungen; seit 1917 Mitglied der USPD, 1918 an der Vorbereitung und Durchführung der Revolution und dem Sturz der bayrischen Monarchie beteiligt; 1918/19 bayrischer Ministerpräsident, 1919 von der Konterrevolution ermordet. 164 174 181 194 424 464

Emmel, Joseph Leopold (1863–1919) Sozialdemokrat; seit 1902 Geschäftsführer der »Mülhauser Volkszeitung« (Elsaß); Mitglied des Gemeinderats und des Landtags; Vorsitzender der Kreisorganisation und der Kontrollkommission der Sozialdemokratischen Partei in Elsaß-Lothringen; 1907–1918 MdR. 260

Engelmann, Otto siehe *Jogiches, Leo*

Engels, Friedrich (1820–1895) 9 18 49 153 276 446 486

Erna 417

Espinas, Alfred-Victor (1844–1922) französischer Philosoph; 1877–1894 Professor in Bordeaux, 1904 Professor an der Sorbonne in Paris, seit 1905 Mitglied der Académie des sciences morales et politiques. 229 471

Ettinger-Dalski, Adam Stanisław (Samuel) (1878–1934) Jurist, Soziologe; Funktionär der SDKPiL; nach 1918 mit der Kommunistischen Arbeiterpartei Polens verbunden. 170 172

Eulenburg, Albert (1840–1917) Arzt; seit 1894 Redakteur der »Deutschen medizinischen Wochenschrift«; seit 1903 Professor der Nervenheilkunde in Berlin. 93 98

Faisst, Hugo (1862–1914) Rechtsanwalt; Förderer der Kunst Hugo Wolfs; stand der deutschen Sozialdemokratie nahe. 320 321 356 370 484

Feinstein, Władisław (Pseud.: Zdzisław Leder, Zdzisław, Witold) Jurist, Publizist; Funktionär der polnischen und der internationalen Arbeiterbewegung; seit 1903 Funktionär der SDKPiL; seit 1906 Mitglied und seit 1908 Sekretär des Hauptvorstandes der Partei; wurde 1919 Mitglied der Kommunistischen Arbeiterpartei Polens. 180

Feldman Matrose auf dem Panzerkreuzer »Potemkin«. 186

Fendrich, Anton (1868–1949) Schriftsteller; Sozialdemokrat; 1897–1901 Mitglied des badischen Landtags; vertrat revisionistische Auffassungen. 150 460

Feuerbach, Anselm (1829–1880) Maler, lebte vorwiegend in Italien. 266 476

Fichte, Johann Gottlieb (1762–1814) Philosoph, subjektiver Idealist; Professor und erster gewählter Rektor der Berliner Universität; Verfechter der Ideen der Französischen Revolution von 1789, Verteidiger der Jakobinerdiktatur. 163 462

Fischer, Kuno (1824–1907) Philosophiehistoriker; von der Philosophie Hegels beeinflußt, näherte er sich dem Neukantianismus. 95

Fischer, Richard (1855–1926) Schriftsetzer; Sozialdemokrat; 1893–1918 MdR; seit 1902 Geschäftsführer der »Vorwärts«-Druckerei; vertrat revisionistische Auffassungen; im ersten Weltkrieg Sozialchauvinist. 461 480

Forrer, Ludwig (1845–1921) bis 1900 Rechtsanwalt in Winterthur (Schweiz); Nationalrat; seit 1900 Direktor des Zentralrats für internationalen Eisenbahntransport; seit 1902 Bundesrat. 115 148 153 154 459 461

Fourier, François-Marie-Charles (1772–1837) französischer utopischer Sozialist. 225

France, Anatole (eigentlich Anatole François Thibault) (1844–1924) französischer Schriftsteller, führender Vertreter der bürgerlich-humanistischen Literatur. 265 266 476

Frank, Ludwig (1874–1914) Rechtsanwalt; Sozialdemokrat; seit 1904 Stadtverordneter in Mannheim; 1905–1914 Mitglied des badischen Landtages; Mitbegründer der Arbeiterjugendbewegung in Süddeutschland; 1906–1908 Redakteur der Zeitschrift »Die Junge Garde«; 1907–1914 MdR; führender

Vertreter des Reformismus; bei Beginn des ersten Weltkrieges Sozialchauvinist; fiel als Kriegsfreiwilliger. 262 422

Freiligrath, Ferdinand (1810–1876) Lyriker; schloß sich der revolutionären Bewegung des Vormärz an; emigrierte 1845 in die Schweiz; 1846–1848 Kaufmann in London; Mitglied des Bundes der Kommunisten; kehrte 1848 nach Deutschland zurück; Mitarbeiter der »Neuen Rheinischen Zeitung«; zog sich Mitte der fünfziger Jahre des 19. Jahrhunderts vom politischen Leben zurück und näherte sich kleinbürgerlichen Positionen. 474

Freythaler, Wilhelm (geb. 1862) Drechsler, Eisendreher; Sozialdemokrat; seit Dezember 1902 Redaktionssekretär des »Vorwärts«; 1902–1909 Vorsitzender des Sozialdemokratischen Wahlvereins im 6. Berliner Reichstagswahlkreis. 196

Friedrich II. (1712–1786) 1740–1786 König von Preußen. 307

Fünfstück, Moritz (1856–1925) Botaniker; Professor in Stuttgart. 304

Ganelin, S. S. (1862–1926) russischer Chemieingenieur; fand über die volkstümlichen Auffassungen zum Marxismus; 1885 verhaftet, emigrierte 1886; besuchte in Zürich das Polytechnikum; schloß sich der russischen marxistischen Gruppe Befreiung der Arbeit an; ging 1892 nach Amerika; nach 1897 nicht mehr politisch tätig. 94

Gaspey, Thomas englischer Historiker. 95

Geck, Brandel (1893–1918) Sozialdemokrat; Sohn von Adolf Geck. 297 491

Geck, Ernst Adolf (1854–1942) Techniker; Sozialdemokrat; 1897–1919 Mitglied des badischen Landtages, 1898–1912 MdR; 1899–1933 Herausgeber des Wochenblattes »D'r alt Offeburger«; 1902–1916 Mitglied der Kontrollkommission der Sozialdemokratischen Partei Deutschlands; seit 1917 Mitglied der USPD. 259 260 297

Geck, Marie (1865–1927) Sozialdemokratin; Frau von Adolf Geck. 422

Gelfand siehe *Helphand, Alexander L.*

George, Stefan (1868–1933) Schriftsteller, Übersetzer und Nachdichter; gründete 1892 die Zeitschrift »Blätter für die Kunst«, die bis 1919 erschien. 403 410

Gerisch, Karl Alwin (1857–1922) Maschinenbauer; Sozialdemokrat; 1894 bis 1898 und 1903–1906 MdR; 1892–1912 Kassierer und 1912–1917 Sekretär im Vorstand der Sozialdemokratischen Partei Deutschlands. 93 157 158 187 188 449

Gerlach Arzt; stand der Sozialdemokratie nahe. 251 376 399

Gerson, Julius Kaufmann; Inhaber einer Steindruckerei in Berlin; Sozialdemokrat; Mitglied der USPD. 288

Gewehr, Elfriede Sozialdemokratin; 1908/09 Teilnehmerin am 3. Kursus der zentralen Parteischule in Berlin; Tochter Wilhelm Gewehrs. 254 474

Gewehr, Wilhelm (1858–1913) Holzarbeiter; Sozialdemokrat; 1908 Redakteur der sozialdemokratischen Zeitung »Freie Presse«, Elberfeld; 1910 Vorsitzender des Sozialdemokratischen Agitationskomitees für den Niederrhein. 262

Geyer, Friedrich August Carl (1853–1937) Zigarrenfabrikant; Sozialdemokrat; 1886–1918 MdR; 1895–1918 Redakteur des »Tabakarbeiters«; 1898–1902 Vorsitzender des Sozialdemokratischen Vereins für Leipzig-Stadt; seit 1913 Mitglied der Kontrollkommission der Sozialdemokratischen Partei Deutschlands; während des ersten Weltkrieges Vertreter zentristischer Auffassungen, gehörte 1916 zur Sozialdemokratischen Arbeitsgemeinschaft, seit 1917 Mitglied der USPD. 401

Glasberg 94

Goethe, Johann Wolfgang von (1749–1832) Dichter, Hauptvertreter der deutschen Klassik. 103 125 177 178 304 321 322 326 351 354 355 358 364 365 370 403 414 482 486 490

Gogowski, Joseph (geb. 1870) Sozialdemokrat; 1899–1903 Arbeitersekretär in Posen, 1904 in Iserlohn, später in Singen und Lübeck. 157 159 462

Göhre, Paul (1864–1928) evangelischer Theologe und Sozialpolitiker; seit 1900 Mitglied der Sozialdemokratischen Partei Deutschlands; Mitarbeiter der »Sozialistischen Monatshefte«; im Juni 1903 in den Reichstag gewählt, legte am 1. Oktober 1903 sein Reichstagsmandat nieder. 139

Goldenberg, Jakub (Pseud.: Stanisław Turski) (gest. 1935) Arzt; seit 1902 Funktionär der SDKPiL in Warschau; nach der Revolution 1905 in Rußland nach Frankreich emigriert, nahm er auch aktiv an der französischen Arbeiterbewegung teil. 196 199

Goldendach siehe *Rjasanow, D. B.*

Gontscharow, I. A. (1812–1891) russischer Schriftsteller; Verfasser literaturhistorischer Arbeiten. 489

Gordon, Anna Teilnehmerin der sozialistischen Bewegung in Wilna; studierte in der Schweiz. 40 41 65 68 70 149

Gorki, Maxim (eigentlich A. M. Peschkow) (1868–1936) russisch-sowjetischer Schriftsteller, Begründer des sozialistischen Realismus. 280 416 461 478

Gottschalk, Edmund (geb. 1870) Schuhmacher; Sozialdemokrat; seit 1908 Expedient des Arbeiter-Radfahrer-Bundes »Solidarität«; 1909/10 Zweiter Bezirksvorsitzender der Sozialdemokratischen Partei in Offenbach (Main). 476

Gounod, Charles François (1818–1893) französischer Komponist. 385

Goupy, G. Morin Succ. Druckerei in Paris. 47 53

Gradnauer, Georg (1866–1946) Schriftsteller; Sozialdemokrat; 1890–1896 Redakteur der »Sächsischen Arbeiter-Zeitung«, Dresden, 1897–1905 Redakteur des »Vorwärts«; 1898–1906 und 1912–1918 MdR; vertrat opportunistische Auffassungen; während des ersten Weltkrieges Sozialchauvinist. 61 62 106 107 123 164 174 181 453 454 464

Granny siehe *Kautsky, Minna*

Greiner, Otto (1869–1916) Maler und Graphiker. 322

Greulich, Hermann (1842–1925) Buchbinder; ging 1865 in die Schweiz; Mitbegründer der Sozialdemokratischen Partei der Schweiz; einer der reformistischen Führer der II. Internationale; während des ersten Weltkrieges Sozialchauvinist. 154 225

Grillparzer, Franz (1791–1872) österreichischer Dichter und Dramatiker. 332 333 341 485

Grimmelshausen, Hans Jakob Christoffel von (um 1622–1676) Prosadichter mit gesellschaftskritischer Einstellung. 396

Grosovski (Grossi) siehe *Jogiches, Leo*

Grunwald, Max (1873–1926) Sozialdemokrat; 1901/02 Redakteur der »Tribüne«, Erfurt; seit 1904 Archivar des sozialdemokratischen Parteiarchivs; 1904–1909 Sekretär der sozialdemokratischen Reichstagsfraktion; Lehrer an der Gewerkschaftsschule in Berlin; Redakteur des »Jahrbuchs für Partei- und Gewerkschaftsangestellte«. 9

Guesde, Jules (Mathieu-Basile) (1845–1922) französischer Journalist; 1879 Begründer der Französischen Arbeiterpartei; Vertreter der marxistischen Richtung in der französischen Arbeiterbewegung; entwickelte sich später zum Opportunisten. 40 48 49 52 270 446

Guizot, François Pierre Guillaume (1787–1874) französischer bürgerlicher Historiker und Staatsmann; leitete 1840–1848 die französische Innen- und Außenpolitik, vertrat die Interessen der großen Finanzbourgeoisie. 390

Gurcman, Benedykt (1882–1907) Ingenieur; Funktionär der SDKPiL; 1904 bei der Besetzung der illegalen Druckerei der SDKPiL in Warschau mit Marcin Kasprzak zusammen verhaftet, zu 15 Jahren Verbannung in Sibirien verurteilt, wo er verstarb. 182

Gurwitsch, F. I. siehe *Dan, F. I.*

Gutt, Stanisław (1868–etwa 1907) Mitglied des ZRP und später der SDKPiL; emigrierte 1894 in die Schweiz; dort Funktionär des Vereins polnischer sozialdemokratischer Arbeiter im Ausland; 1905 Rückkehr nach Polen; Agent der zaristischen Ochrana. 49 74 81

Haase, Hugo (1863–1919) Rechtsanwalt; Sozialdemokrat; 1894–1910 Stadtverordneter in Königsberg; 1897–1906 und 1912–1918 MdR; 1911–1916 einer der Vorsitzenden der Sozialdemokratischen Partei Deutschlands, 1912–1915 Vorsitzender der sozialdemokratischen Reichstagsfraktion; entwickelte sich zu einem der führenden Zentristen; 1916 Vorstandsmitglied der Sozialdemokratischen Arbeitsgemeinschaft, 1917 einer der Vorsitzenden der USPD; 1918 Mitglied des Rates der Volksbeauftragten. 267 317 430 432

Haenisch, Konrad (1876–1925) Sozialdemokrat; 1898/99 Redakteur der »Pfälzischen Post«, Ludwigshafen, 1899/1900 der »Sächsischen Arbeiter-Zeitung«, Dresden, 1900–1905 Chefredakteur der »Arbeiter-Zeitung«, Dortmund, 1905/06 Redakteur der »Leipziger Volkszeitung«, 1906–1911 erneut Chefredakteur der »Arbeiter-Zeitung«; bis 1914 vertrat H. Auffassungen der deutschen Linken, während des ersten Weltkrieges entwickelte er sich zum Sozialchauvinisten; 1915–1919 Redakteur der Zeitschrift die »Die Glocke«. 251 252 262

Hanecki, Jakub (eigentlich J. Fürstenberg) (Pseud.: Franciszek, Henryk, Kuba, Mikołaj) (1879–1937) 1903–1910 Mitglied des Hauptvorstandes der SDKPiL; nach der Spaltung der Partei 1912 gehörte er zu dem Teil, der engere Kontakte zu den Bolschewiki knüpfte; 1912–1915 in Krakau und Poronin, danach in Schweden, wo er 1917 Mitglied des Auslandsbüros des ZK der SDAPR(B) war; nach der Großen Sozialistischen Oktoberrevolution 1917 in Sowjetrußland in Staatsfunktionen tätig. 13 169 258

Harden, Maximilian (eigentlich Maximilian Felix Ernst Witkowski) (1861–1927) bürgerlicher Schriftsteller und Publizist, gründete und leitete die politische Wochenschrift »Die Zukunft«. 400 456

Hartman, Mieczysław (Mitek) (1869–1893) Student; mit der Auslandsgruppe polnischer Sozialdemokraten um Rosa Luxemburg in Zürich verbunden. 36

Haupt, Wilhelm (geb. 1869) Schuhmacher; Sozialdemokrat; seit 1899 Expedient der »Volksstimme«, Magdeburg; seit 1900 Stadtverordneter in Magdeburg, seit 1912 MdR. 476

Hauptmann, Gerhart (1862–1946) Schriftsteller und Dramatiker, schuf realistische, sozialkritische Bühnenwerke. 245 333 392 398

Hebbel, Christian Friedrich (1813–1863) Schriftsteller und Dramatiker. 332 342

Heine, Heinrich (1797–1856) Dichter, Essayist und literarischer Publizist. 103

Heine, Wolfgang (1861–1944) Rechtsanwalt; Sozialdemokrat; 1898–1918 MdR; führender Vertreter des Revisionismus, Mitarbeiter der »Sozialistischen Monatshefte« und am bürgerlichen »Berliner Tageblatt«; während des ersten Weltkrieges Sozialchauvinist; November 1918 bis Januar 1919 preußischer Justizminister. 151 152

Heinemann, Hugo (1863–1919) Rechtsanwalt; Sozialdemokrat; Lehrer für Strafrecht an der zentralen Parteischule und an der Gewerkschaftsschule in Berlin; ständiger Mitarbeiter der »Sozialistischen Monatshefte«; während des ersten Weltkrieges Sozialchauvinist. 236 472

Heinrich, Władysław (1869–1957) Philosoph und Psychologe; als Student in Zürich mit der SDKP verbunden; zog sich 1896 von der Arbeiterbewegung zurück. 36 37 41 44 46

Heller, Hugo (1870–1923) österreichischer Sozialdemokrat; Mitarbeiter der »Neuen Zeit«; 1902–1905 Redakteur der »Schwäbischen Tagwacht«, Stuttgart; kehrte nach Wien zurück und gründete eine Buch- und Kunsthandlung. 184

Helphand, Alexander L. (Pseud.: Parvus) (1867–1924) russischer Sozialdemokrat; seit den neunziger Jahren des 19. Jahrhunderts in der deutschen Sozialdemokratie tätig; 1895/96 Redakteur der »Leipziger Volkszeitung«, 1896–1898 Chefredakteur der »Sächsischen Arbeiter-Zeitung«, Dresden; gründete 1902 in München mit Julian Marchlewski einen Verlag für fortschrittliche internationale Literatur und gab die Artikelkorrespondenz »Aus der Weltpolitik« heraus; Menschewik; in der Revolution 1905 in Rußland Mitglied des Petersburger Sowjets; Mitarbeiter der Zeitung »Natschalo«; 1906–1909 Mitarbeiter in der Redaktion der »Arbeiter-Zeitung«, Dortmund; während des ersten Weltkrieges Sozialchauvinist; gründete 1915 den Verlag für Sozialwissenschaft und gab die Wochenschrift »Die Glocke« heraus; nach der Großen Sozialistischen Oktoberrevolution 1917 in Rußland Antikommunist und Feind der Sowjetmacht. 10 33 61 73 83 94 97 99 101 104 106–108 111 115 122–124 130 183 184 192 193 199 200 210 212 257 453 455 456 469

Helphand, Tatjana Frau von A. L. Helphand. 210

Herkner, Heinrich (1863–1932) bürgerlicher Nationalökonom, Vertreter des Kathedersozialismus; Professor in Freiburg, Karlsruhe, Zürich und Berlin; seit 1907 Vorsitzender des Vereins für Sozialpolitik. 65 69

Hildebrand, Adolf E. R. Ritter von (1847–1921) Bildhauer und Kunsttheoretiker; seit 1892 Mitglied der Berliner Akademie. 236 472

Hilferding, Rudolf (1877–1941) österreichischer Kinderarzt in Wien; Sozialdemokrat; 1904–1923 Mitherausgeber der in Wien erscheinenden »Marx-Studien. Blätter zur Theorie und Politik des wissenschaftlichen Sozialismus«; 1907–1915 Redakteur des »Vorwärts«, Berlin; 1907 Lehrer für Volkswirtschaft und Wirtschaftsgeschichte an der zentralen Parteischule in Berlin; während des ersten Weltkrieges Zentrist; Ende 1915 bis 1918 Militärarzt in der österreichisch-ungarischen Armee; seit 1917 Mitglied der USPD, seit 1918 Chefredakteur ihres Zentralorgans »Freiheit«; 1918 Mitglied der »Sozialisierungskommission«. 181 220 256 349 430 470 474

Hoch, Gustav (1862–1942) Sozialdemokrat; 1894 Redakteur der »Volksstimme«, Frankfurt (Main); 1895–1919 Leiter des Arbeitersekretariats in Hanau und Redakteur der »Deutschen Dachdecker-Zeitung«; 1898–1903 und 1907–1918 MdR; 1902–1919 Stadtverordneter in Hanau; während des ersten Weltkrieges Zentrist. 268 290 480

Hoernle, Edwin (1883–1952) 1904–1909 Theologiestudium; Vikar; legte 1909 das Vikaramt nieder; wurde 1910 Mitglied der Sozialdemokratischen Partei Deutschlands; 1912–1914 Redakteur der »Schwäbischen Tagwacht«, Stuttgart; nach 1914 zeitweilig Redakteur des »Sozialdemokraten« und der »Gleichheit« in Stuttgart sowie der revolutionären Jugendzeitung »Morgenrot«; 1916 Teilnehmer der illegalen Konferenz der oppositionellen sozialistischen Jugend in Jena; Angehöriger der Spartakusgruppe; seit 1918 Mitglied der KPD. 428

Hofer, Adolf (geb. 1868) Sozialdemokrat; seit 1913 Mitglied des preußischen Abgeordnetenhauses, im Januar 1917 aus der sozialdemokratischen Fraktion ausgeschlossen; seit 1917 Mitglied der USPD und ihres Zentralkomitees. 267

Hofmann, Franz Hermann Theodor (1852–1903) Zigarrenfabrikant; Sozialdemokrat; 1892–1903 MdR. 157

Hofmannsthal, Hugo von (1874–1929) österreichischer Dichter und Schriftsteller, Hauptvertreter der Wiener Neuromantik. 69 403

Hölderlin, Johann Christian Friedrich (1770–1843) Dichter; bürgerlich-revolutionärer Lyriker; Schriftsteller. 396

Holz, Arno (1863–1929) Schriftsteller; Dichter. 403

Huch, Ricarda (1864–1947) Schriftstellerin; studierte in Zürich Geschichte und Philologie. 333 338 348 357

Hülsen-Haeseler, Georg Graf von (1858–1922) 1903–1918 Generalintendant der Königlichen Schauspiele in Berlin. 323 484

Humblot siehe *Duncker & Humblot*

Huysmans, Camille (1871–1968) belgischer Journalist, Professor der Philologie; Sozialist; 1904–1919 Sekretär des ISB; seit 1910 Abgeordneter im belgischen Parlament; während des ersten Weltkrieges Vertreter zentristischer Auffassungen. 208 374 375

Igel siehe *Kautsky, Hans sen.*

Ihrer, Emma (1857–1911) Sozialdemokratin, vorwiegend gewerkschaftlich und in der proletarischen Frauenbewegung tätig; gab 1891 die sozialdemokratische Frauenzeitschrift »Die Arbeiterin« heraus; Mitbegründerin und zeitweilige Leiterin des gewerkschaftlichen Arbeiterinnen-Komitees; gründete 1903 den Verband der Blumen-, Federn- und Blätterarbeiter und redigierte seit 1903 die Zeitung »Der Blumenarbeiter«; seit 1908 Vertreterin der Generalkommission der Gewerkschaften Deutschlands in der Zentralstelle für die arbeitende Jugend Deutschlands; Mitarbeiterin der »Sozialistischen Monatshefte«. 97 100

Iljin, Wladimir siehe *Lenin, W. I.*

Ingram, John Kelles (1823–1907) englischer Ökonom und Philologe, Professor an der Universität Dublin; Präsident der ökonomischen Abteilung der Britischen Wissenschaftlichen Assoziation. 243

Issajew, A. A. (1851–1924) russischer bürgerlicher Ökonom, Statistiker und Soziologe. 70 113 455

Jacob, Emilie (1849–1933) Mutter von Mathilde Jakob. 388 415

Jakob, Mathilde (1873–1943) unterhielt ein Büro für Schreibmaschinenarbeiten und Vervielfältigungen; Sekretärin von Rosa Luxemburg; der Sozialdemokratie nahestehend. 24 303 304 308 322 323 343–345 348 365 368 386 416–418 420 428 488

Jacobie, Eugenie 476

Janek siehe *Bielecki, Jan*

Janet, Paul (1823–1899) französischer Philosoph, Professor in Bourges und seit 1864 an der Sorbonne in Paris; Mitglied der Académie des sciences morales et politiques; vertrat eine metaphysisch-spiritualistische Philosophie. 225

Janiszewski, Józef Konstanty (1855–1923) einer der Pioniere der sozialistischen Bewegung im Raum Posen; gründete in den neunziger Jahren des 19. Jahrhunderts in Berlin eine Druckerei, in der die »Gazeta Robotnicza« sowie Publikationen der SDKPiL hergestellt wurden. 42 146 208

Jansson, Wilhelm (1877–1923) Gärtner; Sozialdemokrat; 1896–1900 Vorsitzender einer Zahlstelle, 1897 Mitglied des Verbandsausschusses, 1902–1909 Mitglied des Hauptvorstandes der Gärtnergewerkschaft; seit 1905 Redakteur am »Correspondenzblatt der Generalkommission der Gewerkschaften Deutschlands« in Berlin; während des ersten Weltkrieges Sozialchauvinist. 480

Jaurès, Jean Léon (1859–1914) seit 1892/93 in der französischen Arbeiterbewegung tätig; einer der Führer der Französischen Sozialistischen Partei, der SFIO und der II. Internationale; Begründer der Zeitung »l'Humanité«; als Kriegsgegner von Chauvinisten am 31. Juli 1914 ermordet. 103 217 391

Jogiches, Emilia Schwester von Leo Jogiches. 444

Jogiches, Józef (Józio) (gest. 1902) Bruder von Leo Jogiches. 129 444

Jogiches, Leo (Pseud.: Grosovski, Jan Tyszka, Leonie, Otto Engelmann) (1867–1919) Funktionär der russischen, polnischen und deutschen Arbeiterbewegung; stand anfangs in Verbindung mit der Narodnaja Wolja, näherte sich in der Emigration in der Schweiz der russischen marxistischen Gruppe Befreiung der Arbeit; 1893 Mitbegründer der SDKP (ab 1900 SDKPiL) und 1902–1914 Mitglied des Hauptvorstandes; seit 1893 Mitherausgeber der »Sprawa Robotnicza«; seit 1900 in Deutschland; 1916 Mitorganisator der Spartakusgruppe, 1918 Mitbegründer des Spartakusbundes und Mitglied der Zentrale; 1918 Mitglied der Zentrale der KPD; im März 1919

verhaftet und im Gefängnis ermordet. 5–8 10–13 15 16 30 155 205 214 289 322
360 362 438 444 452 457 458 465 467

Jogiches, Paweł Bruder von Leo Jogiches. 444

Jogiches, Zofia Mutter von Leo Jogiches. 92 444

Jowialski Mitglied der PPS in Krakau; Mitarbeiter am »Naprzód«. 141

Józef siehe Dzierżyński, Feliks

Julek siehe Marchlewski, Julian

Junius Pseudonym Rosa Luxemburgs. 393 481 488

Kaiser siehe Wilhelm II.

Kaliski, Julius sozialdemokratischer Funktionär in Berlin; Redakteur am
»Vorwärts« bis 1905. 464

Kant, Immanuel (1724–1804) Philosoph, Vertreter der klassischen bürgerlichen deutschen Philosophie; bürgerlicher Humanist, objektiver Idealist. 100

Karski siehe Marchlewski, Julian

Karski Frau siehe Marchlewska, Bronisława

Kasprzak, Marcin (Pseud.: Martin, Maciej, Długi, Teofil, Theodor und
andere) (1860–1905) Dachdecker; 1885/86 wesentlich an der Organisierung
der sozialistischen Bewegung in Polen beteiligt; 1888 Mitbegründer der
Partei II. Proletariat, deren Tätigkeit er bis 1891 leitete; vorübergehend in
der Emigration in London; arbeitete mit russischen Revolutionären zusammen; ab 1896 Funktionär der PPS im preußischen Annexionsgebiet;
1902/03 Redakteur der »Gazeta Ludowa«; kehrte 1904 ins Königreich Polen
zurück; war Mitglied der SDKPiL; im April 1904 wegen bewaffneter Verteidigung der illegalen Druckerei verhaftet und zum Tode verurteilt; am
7. September 1905 hingerichtet. 6 33 89 145 172 180 182 444 464

Kautsky, Benedikt (Bendel) (1894–1960) Sohn von Karl Kautsky sen. 229
244 245 297 349

Kautsky, Felix (1891–1953) Sohn von Karl Kautsky sen. 244 297 299

Kautsky, Fritz Sohn von Hans Kautsky sen. 296

Kautsky, Grete (Gretel, Gretl) Tochter von Hans Kautsky sen. 296

Kautsky, Hans (Igel) (1864–1937) Professor; Königlich-preußischer Hoftheatermaler; Bruder von Karl Kautsky sen. 17 23 198 206 208 210 295–297
299 320 323 324 329 349 357 395 415 484

Kautsky jun., Hans (1891–1966) Chemiker; Professor der Chemie an der
Universität in Leipzig, ab 1949 an der Universität in Marburg; Sohn von
Hans Kautsky. 296

Kautsky, Karl (1854–1938) Schriftsteller, Sozialdemokrat; 1882 Mitbegründer der Zeitschrift »Die Neue Zeit« und bis 1917 ihr Chefredakteur; einflußreicher Theoretiker der II. Internationale; entwickelte sich ab 1910 zum

Theoretiker des Zentrismus; 1917 Mitbegründer der USPD; nach der Großen Sozialistischen Oktoberrevolution 1917 in Rußland Antikommunist und Feind der Sowjetmacht; während der Novemberrevolution 1918/19 in Deutschland beigeordneter Staatssekretär im Auswärtigen Amt und Vorsitzender der »Sozialisierungskommission«. 10 11 13 17 23 26 103 104 108 111 112 121–123 125 127–129 141 142 144 145 151 156 159 162 167 173 174 179 181 183 184 187 190 191 193 199 202 203 209 218 220 221 223–225 228 229 235 238 243–245 247 251 252 254 262 267 276 284 288 317 393 394 406 453 456 459 461–463 468 470 471 473 474 478 488

Kolb, Alois (geb. 1875) Maler und Graphiker; seit 1907 Professor an der Akademie für graphische Kunst und Buchgewerbe in Leipzig. 184

Korfanty, Wojciech (Albert) (1873–1939) polnischer Politiker und Publizist; gründete 1901 die Tageszeitung nationaldemokratischer Richtung »Górnoślązak«, gab 1905 das Blatt »Polak« heraus; 1903–1918 Mitglied des preußischen Abgeordnetenhauses; 1903–1912 und 1918 MdR. 465

Korolenko, W. G. (1853–1921) russischer Schriftsteller und Publizist. 390 415 416 484

Kościuszko, Tadeusz (1746–1817) General; polnischer Freiheitskämpfer; Führer des Aufstandes gegen die Teilung Polens 1794. 447

Krauz siehe *Kelles-Krauz, Kazimierz*

Krauz 67

Krawtschinski, S. M. (Pseud.: S. Stepnjak) (1851–1895) russischer revolutionärer Schriftsteller und Publizist; Volkstümler; lebte seit 1884 in London; war mit G. W. Plechanow und Friedrich Engels befreundet. 115

Krille, Otto (1878–1954) Schriftsteller, Lyriker und Dramatiker; Sozialdemokrat; Redakteur am »Volksblatt für Harburg, Wilhelmsburg und Umgegend«, Hamburg; 1908 Redakteur der »Schwäbischen Tagwacht«, Stuttgart; Mitarbeiter in der Stuttgarter Freien Jugendorganisation. 477

Kritschewski, B. N. (Pseud. in Frankreich: B. Veillard) (1866–1919) russischer Sozialdemokrat; einer der Leiter des Auslandsbundes russischer Sozialdemokraten; Pariser Korrespondent des »Vorwärts«; 1899 Redakteur des »Rabotscheje Delo«; vertrat revisionistische Auffassungen; zog sich nach 1903 von der sozialdemokratischen Bewegung zurück. 33 37–39 41 44 184 225 444

Kruszynska, R. Pseudonym Rosa Luxemburgs. 444

Kuba siehe *Hanecki, Jakub*

Kühl, O. Publizist; Sozialdemokrat; Redakteur der »Neuen Welt«. 61

Kühlmann, Richard von (1873–1948) Diplomat; bis 1917 im diplomatischen Dienst; 1917/18 Staatssekretär des Auswärtigen Amtes; unterzeichnete 1918 den Frieden von Brest-Litowsk. 490

Lafargue, Paul (1842–1911) französischer Arzt; Sozialist; Mitglied der I. Internationale; zusammen mit Jules Guesde Führer der Französischen Arbeiterpartei; Propagandist des Marxismus in der französischen und internationalen Arbeiterbewegung; Schwiegersohn von Karl Marx. 40 49 145

Lagardelle, Hubert (1875–1958) französischer Sozialist, gründete 1899 die Zeitschrift »Le Mouvement Socialiste«; Theoretiker des revolutionären Syndikalismus. 104

Landsberg, Otto (1869–1957) Rechtsanwalt; Sozialdemokrat; 1903–1909

Limbertz, Heinrich (1874–1932) Bergarbeiter; Sozialdemokrat und Gewerkschaftsführer; 1902/03 Arbeitersekretär in Iserlohn und 1904–1907 in Essen; 1907–1910 und seit 1913 Redakteur der »Arbeiterzeitung«, Essen; 1911–1913 Leiter des Sozialdemokratischen Büros für Rheinland-Westfalen. 262 476

Lindemann, Carl Hugo (1867–1950) Schriftsteller; Nationalökonom; Sozialdemokrat; 1903–1906 MdR; seit 1906 Mitglied des württembergischen Landtages; Mitarbeiter der »Sozialistischen Monatshefte«; Rechtsopportunist; während des ersten Weltkrieges Sozialchauvinist; 1918/19 Mitglied der württembergischen Landesregierung. 260 475

Lipinski, Richard Robert (1867–1936) Handlungsgehilfe; Sozialdemokrat; 1894–1901 Redakteur der »Leipziger Volkszeitung«; 1903–1906 MdR; seit 1908 Vorsitzender der Sozialdemokratischen Partei für den Bezirk Leipzig; Mitglied des Parteiausschusses; seit 1917 Mitglied der USPD und Vorsitzender der Partei für den Bezirk Leipzig; Dezember 1918 bis Januar 1919 Ministerpräsident des Freistaates Sachsen. 268 476

List, Alfred 113

Löbe, Paul Gustav Emil (1875–1967) Schriftsetzer; Sozialdemokrat; 1899/1900 Redakteur und 1900–1920 Chefredakteur der »Volkswacht«, Breslau; vertrat opportunistische Auffassungen; 1904–1919 Stadtverordneter in Breslau, 1915–1920 Mitglied des schlesischen Provinziallandtags; während des ersten Weltkrieges Sozialchauvinist; seit 1917 Mitglied der Kontrollkommission der SPD. 160

Lubbock, Sir John Lord Avebury (1834–1913) englischer Naturforscher, Bankier, Politiker; Mitglied der Entomological Society und des Antropological Institutes; 1870 und 1874 Mitglied des Parlaments für Maidstone; Mitglied der Unionist Party. 168

Lübeck, Gustav (geb. 1873) Schriftsetzer; ging 1898 mit Rosa Luxemburg eine Scheinehe ein, die 1903 geschieden wurde; 1905 als Anarchist aus der Schweiz ausgewiesen. 154 155 449 488

Lübeck, Olympia (1851–1930) Polin, die mit der Partei Proletariat verbunden war; Mutter von Gustav Lübeck. 185 253

Lübeck, Rosalia diesen Namen benutzte Rosa Luxemburg nach ihrer Scheinehe mit Gustav Lübeck 1898 gelegentlich auf ihren Reisen. 390

Luther, Martin (1483–1546) frühbürgerlicher Reformator; Begründer des Protestantismus. 338

Luxemburg, Anna (1855–1932?) Schwester von Rosa Luxemburg. 98 100 101 132 176 178 185

Luxemburg, Annie Tochter von Rosa Luxemburgs Bruder Mikołaj. 176 184 221 258 259 475

Luxemburg, Eliasz (Edward) (gest. 1900) Vater Rosa Luxemburgs. 82 117 132 142 185 391

Luxemburg, Józef (Józio) Arzt, Internist und Neurologe in Warschau; Bruder Rosa Luxemburgs. 82 93 98 185

Luxemburg, Lina (gest. 1897) Mutter Rosa Luxemburgs. 49 82 185 186 366

Macaulay, Thomas Babington Baron M. of Rothley (1800–1859) englischer liberaler Politiker und Historiker. 307

Machiavelli, Nicolò (1469–1527) italienischer Staatsmann, Diplomat, Schriftsteller und Philosoph; Ideologe des Frühbürgertums. 352

Mara (1886–1964) Tochter des Arztehepaares Otto Walther und Hope Adams-Lehmann. 221

Marat, Jean-Paul (1744–1793) französischer Arzt, Physiker und Publizist; Führer des Jakobinerklubs und der Bergpartei, konsequentester Vertreter der Französischen Revolution; Herausgeber des »Ami du peuple«. 228

Marchlewska, Bronisława (1866–1952) Bakteriologin; Sozialdemokratin; Mitglied der Partei II. Proletariat und der Warschauer Organisation des Verbandes Polnischer Arbeiter; emigrierte 1893 in die Schweiz, studierte am Polytechnikum in Zürich und arbeitete in der Gruppe um Rosa Luxemburg; 1897 heiratete sie Julian Marchlewski. 210

Marchlewski, Julian Balthasar (Julek, Juleczek) (Pseud.: J. Karski, Johannes Kämpfer) (1866–1925) Sozialdemokrat; 1889 Mitbegründer des ZRP; emigrierte 1893 in die Schweiz; gab mit Rosa Luxemburg, Leo Jogiches und Adolf Warski die sozialdemokratische Zeitung »Sprawa Robotnicza« heraus; 1893 Mitbegründer der SDKP (seit 1900 SDKPiL); ab 1896 in Deutschland, wurde 1898 Mitarbeiter der »Sächsischen Arbeiter-Zeitung«, Dresden, und der »Neuen Zeit«; übernahm 1900 die Redaktion des Organs der SDKPiL »Przegląd Robotniczy«; gründete 1902 in München mit Alexander Helphand einen Verlag für fortschrittliche internationale Literatur; seit 1902 ständiger Mitarbeiter der »Leipziger Volkszeitung«, an der er bis 1913 zeitweilig Redakteur war; gehörte zu den deutschen Linken; 1913/14 mit Rosa Luxemburg und Franz Mehring Herausgeber der »Sozialdemokratischen Korrespondenz«, 1915 Herausgeber der »Wirtschaftlichen Rundschau«; Mitbegründer der Spartakusgruppe; 1916–1918 in Havelberg interniert; gelangte über Petrograd nach Moskau; kehrte im Januar 1919 nach Berlin zurück. 18 33 37 41 54 62 69 73 74 81 83 114 145 172 180 185 190 193 199 200 208 259 276 348 432 444 453 491

Marchlewski, Oskar Otto Wilhelm (Ocik) (1874–1943) Funktionär der SDKP; beteiligte sich an der illegalen Verbreitung von Parteiliteratur; zog sich später von der Arbeiterbewegung zurück; Bruder von Julian Marchlewski. 73

Marchlewski Familie 276 334

Marek, Jan Funktionär der PPS im preußischen Annexionsgebiet; wirkte vorwiegend in der Bergarbeitergewerkschaft. 138

Martow, L. (eigentlich J. O. Zederbaum) (Pseud.: Ignotus) (1873–1923) russischer Sozialdemokrat; 1895 an der Organisierung des Petersburger Kampfbundes zur Befreiung der Arbeiterklasse beteiligt; 1896 verhaftet und für drei Jahre verbannt; danach Redaktionsmitglied der Zeitung »Iskra«; nach 1903 führender Menschewik; 1908–1911 Redakteur des »Golos Sozial-Demokrata«; während des ersten Weltkrieges Vertreter zentristischer Auffassungen; Teilnehmer an den Konferenzen in Zimmerwald 1915 und Kienthal 1916; nach der Großen Sozialistischen Oktoberrevolution 1917 in Rußland Feind der Sowjetmacht. 217

Marx, Karl (1818–1883) 9 15 144 153 179 221 276 454 455 463 470 479 486

Marysia 146

Matschke, Anna Berliner Sozialdemokratin; unter ihrem Namen hielt sich Rosa Luxemburg 1905/06 in Warschau auf. 208 467

Max von Baden, Prinz (1867–1929) 1918 Reichskanzler und preußischer Ministerpräsident. 424

Medi siehe *Urban, Marta*

Mehring, Eva (gest. 1928) Frau von Franz Mehring. 8 306 308

Mehring, Franz Erdmann (1846–1919) Historiker, Literaturhistoriker und Publizist; Sozialdemokrat; 1891–1913 Mitarbeiter der »Neuen Zeit«; 1892 bis 1895 Leiter des Vereins Freie Volksbühne; 1902–1907 Chefredakteur der »Leipziger Volkszeitung«; 1906–1911 Lehrer für Geschichte an der zentralen Parteischule in Berlin; führender Vertreter der deutschen Linken; gab 1913/14 mit Rosa Luxemburg und Julian Marchlewski die »Sozialdemokratische Korrespondenz« und im April 1915 mit Rosa Luxemburg die erste Nummer der Zeitschrift »Die Internationale« heraus; gehörte zur Gruppe Internationale (Spartakusgruppe); 1917 Mitglied des preußischen Abgeordnetenhauses; Mitbegründer des Spartakusbundes und der KPD. 8 9 13 18 107–110 122 123 131 145 151 167 175 196 198 199 206 237 244 276 278 286 294 300 314 316 332 360 362 388 417 454 456 457 461 463 472 478 479 481–483 490

Meister siehe *Faisst, Hugo*

Mendelson, Stanisław (Pseud.: Gawrosz, Nadolski und andere) (1857–1913) Publizist; Funktionär der polnischen und der internationalen Arbeiterbewegung; 1875–1878 einer der Initiatoren illegaler sozialistischer Gruppen in Warschau; seit 1878 in der Emigration in der Schweiz und in Frankreich einer der führenden Funktionäre der sozialistischen Emigranten; Mitbegründer der Parteien I. Proletariat und II. Proletariat sowie der Publikationen »Równość«, »Przedświt« und »Walka Klas«; Initiator des Parteitages der PPS 1892 in Paris; 1889 Mitbegründer der II. Internationale; stand in freundschaftlichem Kontakt zu Friedrich Engels und zu französischen Blanquisten; 1893 wandte er sich von der Arbeiterbewegung ab. 43 71

Mesenzow, N. W. (1827–1878) Chef der zaristischen Gendarmerie; wurde 1878 von dem Volkstümler S. M. Krawtschinski getötet. 115

Meyer, Conrad Ferdinand (1825–1898) schweizerischer Schriftsteller, Lyriker und Novellist. 326 398 465

Meyer, Ernst (1887–1930) Journalist; Sozialdemokrat; 1913–1915 Redakteur des »Vorwärts«; Angehöriger der Gruppe Internationale (Spartakusgruppe); Teilnehmer an den Konferenzen in Zimmerwald 1915 und Kienthal 1916; 1916 Herausgeber der »Spartakusbriefe«; 1918 Leiter der Presseabteilung der Botschaft der russischen Sowjetrepublik in Deutschland; Vertreter der Spartakusgruppe im Vollzugsausschuß der revolutionären Obleute in Berlin; wurde 1918 Mitglied der KPD und deren Zentrale. 18 427 438

Michaelis, Georg (1857–1936) Jurist; Juli bis Oktober 1917 Reichskanzler und preußischer Ministerpräsident; 1918–1919 Oberpräsident von Pommern. 401 489

Michailow 222 223 470 471

Mickiewicz, Adam Bernard (1798–1855) bedeutender polnischer Dichter und Dramatiker. 116 118

Mietze siehe *Wengels, Marie*

Mignet, François-Auguste Marie (1796–1884) französischer bürgerlich-liberaler·Historiker; 1836 Mitglied der Académie française. 225 390

Mil, Josef-Szloma (Pseud.: John Mill) (1870–1952) in den achtziger Jahren des 19. Jahrhunderts Funktionär der jüdischen Arbeiterbewegung in Wilna; hatte Kontakte zu den Volkstümlern; lebte 1892–1894 in Zürich, kehrte 1894 nach Wilna zurück; 1897 einer der Organisatoren des Allgemeinen Jüdischen Arbeiterverbandes in Litauen, Polen und Rußland (Bund) und 1898, nach der Flucht ins Ausland, Mitbegründer des Auslandskomitees des Bundes; seit 1915 in den USA tätig. 145

Mill, John siehe *Mil, Josef-Szloma*

Millerand, Alexandre-Étienne (1859–1943) führender Vertreter der französischen Unabhängigen Sozialisten; 1899–1902 Handelsminister im bürgerlichen Kabinett Waldeck-Rousseau; 1904 aus der Französischen Sozialistischen Partei ausgeschlossen. 169 391 463

Mink-Mękarska Bogdanowiczowa, Paula (1840–1901) Funktionärin der französischen Arbeiterbewegung; Mitarbeiterin der I. Internationale und Teilnehmerin an der Pariser Kommune. 40

Miod 46

Molière (eigentlich Jean-Baptiste Poquelin) (1622–1673) französischer Komödiendichter, Schauspieler und Leiter einer Wandertheatergruppe. 115

Molinari, Gustave de (1819–1912) belgischer Ökonom; Freihändler. 308

Morawski, Alfons (Pseud.: Koczan) (1868–1941) einer der Initiatoren und Funktionäre der litauischen Sozialdemokratie in Wilna in der ersten Hälfte der neunziger Jahre des 19.Jahrhunderts; emigrierte Ende der neunziger Jahre nach Zürich, zog sich später von der Arbeiterbewegung zurück. 82

Morawski, Franciszek (1847–1906) Tischler; aktiv in der polnischen und der deutschen Arbeiterbewegung tätig; seit 1891 Sekretär der Vereinigung Polnischer Sozialisten in Berlin; Mitbegründer der PPS im preußischen Annexionsgebiet, 1893–1901 und ab 1905 Mitglied des Vorstandes; Vertreter der linken Strömung der Partei; Redakteur der »Gazeta Robotnicza«. 72 74 76 87–89 110 138 146 449 465

Morgenstern, Gustav (1867–1947) Schriftsteller; Sozialdemokrat; 1898/99 Redakteur der »Leipziger Volkszeitung«, 1900–1902 der »Sächsischen Arbeiter-Zeitung«, Dresden, seit 1902 wieder an der »Leipziger Volkszeitung«; 1917/18 Redakteur der SPD-Zeitung »Freie Presse« in Leipzig. 352 390

Mörike, Eduard (1804–1875) Pfarrer; Dichter; 1851–1866 Lehrer für Literatur in Stuttgart. 317 330 351 378 380 398 403 414 484

Moszoro, Rudolf (1879–1911) Mitglied der PPSD, zu deren linker Strömung er gehörte; war vorwiegend in Krakau tätig; näherte sich der SDKPiL; zeichnete ab März 1905 als verantwortlicher Redakteur und Herausgeber für den »Czerwony Sztandar« und für »Z pola walki«. 172

Mozart, Wolfgang Amadeus (1756–1791) Komponist. 370

Moždżeński, Gabriel 41

Müller, Margarete Schwester von Hans Diefenbach. 405 414 418 490

Münzenberg, Wilhelm (Willi) (1889–1940) Arbeiter; Sozialdemokrat; lebte seit 1910 in der Schweiz, schloß sich der Züricher Gruppe der sozialistischen Jugendorganisation der Schweiz an; 1912 Mitglied des Zentralvorstandes der Jugendorganisation und Redakteur der Monatsschrift »Die Freie Jugend«; 1914–1918 Sekretär des Sekretariats der sozialistischen Jugendorganisation der Schweiz; Teilnehmer der Internationalen Sozialistischen Jugendkonferenz 1915 in Bern und der Internationalen Sozialistischen Konferenz in Kienthal 1916; 1918 aus der Schweiz ausgewiesen; schloß sich der Spartakusgruppe an; wurde 1919 Mitglied der KPD. 435

Mussolini, Benito (1883–1945) Volksschullehrer; italienischer faschistischer Politiker; 1912 Hauptschriftleiter des »Avanti!«, Mailand; im November 1914 aus der Italienischen Sozialistischen Partei ausgeschlossen. 295

Nachimson, M.I. (Pseud.: Spectator, Sp., Politicus) (1880–1938) russischer Ökonom und Publizist; seit 1899 Mitglied des Allgemeinen Jüdischen Arbeiterverbandes in Litauen, Polen und Rußland; vertrat während des ersten Weltkrieges zentristische Auffassungen. 286 288 479

Nettelbeck, Joachim (1738–1824) Seemann, ab 1782 Branntweinbrenner und Brauer; preußischer Patriot; verhinderte 1806 die Übergabe Kolbergs an die französischen Truppen und verteidigte als Bürgeradjutant unter dem Kommando Neidhardt von Gneisenaus die Stadt bis zum Kriegsende 1807. 260 271 475

Nexö siehe *Andersen Nexö, Martin*

Nieuwenhuis, Ferdinand Domela (1846–1919) holländischer Sozialist, Mitbegründer der Sozialdemokratischen Arbeiterpartei der Niederlande; 1888–1891 Parlamentsabgeordneter; in den neunziger Jahren des 19. Jahrhunderts Vertreter anarchistischer Auffassungen; 1914–1918 Leiter der pazifistischen Bewegung in den Niederlanden. 52

Nitzsche, August Emil (1869–1931) Schlosser; Sozialdemokrat; seit 1897 Redakteur der »Sächsischen Arbeiter-Zeitung« (ab 1908 »Dresdner Volkszeitung«); 1913/14 Mitglied des sächsischen Landtags, 1919 sächsischer Finanzminister. 453

Obuch, Gerhard (1884–1960) Rechtsanwalt; seit 1906 Sozialdemokrat; nach 1914 Gegner der Kriegskreditbewilligung; seit 1917 Mitglied der USPD. 290

Olszewski, Władysław (Pseud.: Władek) (1863–1922) Schlosser; Mitglied der Partei II. Proletariat und Mitbegründer der SDKP; 1894 verhaftet, nach der Haftentlassung emigrierte er und hielt sich bis 1899 in der Schweiz, in Deutschland und in Frankreich auf; wirkte in der Leitung des Verbandes der Sozialdemokraten des Königreiches Polen im Ausland; nach 1904 politisch nicht mehr aktiv. 49 70 74 81 82

Oppler, Heinrich Arzt; Professor in Berlin. 388

Owen, Robert (1771–1858) englischer utopischer Sozialist. 225

Paasche, Hans (1881–1920) Marineoffizier; nahm seinen Abschied und wurde ein Kämpfer gegen den imperialistischen Krieg; 1918 Mitglied des Vollzugsrats der Arbeiter- und Soldatenräte, wurde am 20. Mai 1920 von Noske-Truppen ermordet. 400

Paasche, Hermann (1851–1925) Professor für Volkswirtschaft; 1881–1884 und 1893–1918 MdR, 1893–1908 Mitglied des preußischen Abgeordnetenhauses; Führer der Nationalliberalen Partei, schloß sich nach 1918 der Deutschen Volkspartei an. 400

Palm, Adolf Kriminalschutzmann in Berlin. 484

Pannekoek, Anton (1873–1960) holländischer Astronom; wurde 1902 Sozialdemokrat; 1907 einer der Gründer der Zeitung »De Tribune«, Organ des linken Flügels der holländischen Sozialdemokratischen Arbeiterpartei; seit 1910 mit den deutschen Linken verbunden; während des ersten Weltkrieges an der Herausgabe der Zeitschrift »Vorbote«, dem Organ der Zimmerwalder Linken, beteiligt. 220 286 288 470 479

Papst siehe *Pius X.*

Parvus siehe *Helphand, A. L.*

Pascin, Jules (eigentlich Julius Pincas) (1885–1930) bulgarisch-amerikanischer Maler, Graphiker und Illustrator. 216

Pendzichowski, Adam 208

Perfall, Anton Freiherr von (1853–1912) Schriftsteller. 490

Péus, Heinrich (1862–1937) Sozialdemokrat; seit 1891 Redakteur am »Volksblatt für Anhalt«, Dessau; 1896–1898, 1900–1906 und 1912–1918 MdR; Herausgeber des »Internaciona Socialisto« in Ido; 1902–1908 Mitglied des anhaltischen Landtags. 204 205

Pfannkuch, Wilhelm (1841–1923) Tischler; Sozialdemokrat; seit 1863 Mitglied des ADAV; 1884–1887, 1898–1906 und 1912–1918 MdR; 1893 Mitbegründer des Deutschen Holzarbeiter-Verbandes; seit 1894 Mitglied und seit 1917 Sekretär des Vorstandes der Sozialdemokratischen Partei Deutschlands; seit 1900 Stadtverordneter in Berlin; während des ersten Weltkrieges Sozialchauvinist. 159 182 449

Pfemfert, Franz (Pseud.: H. Gaday, Dr. S. Pulvermacher, August Stech) (1879–1954) Schriftsteller, Literaturkritiker, Publizist, Verleger; seit 1911 Herausgeber der Zeitschrift »Die Aktion«. 362 481

Philippi Sängerin. 282

Philips, Franz (geb. 1868) Herausgeber der Zeitschrift »Neuland«, Berlin 1897/98. 151

Pieck, Friedrich Wilhelm Reinhold (1876–1960) Tischler; Sozialdemokrat; seit 1899 Stadtbezirksvorsitzender der Sozialdemokratischen Partei und seit 1900 Vorsitzender der Zahlstelle des Deutschen Holzarbeiter-Verbandes in Bremen; 1905–1910 Mitglied der Bremer Bürgerschaft; 1906–1910 Sekretär der Sozialdemokratischen Partei in Bremen und Vorsitzender ihres Bildungsausschusses; seit April 1910 Zweiter Sekretär des Zentralbildungsausschusses der Partei und Sekretär der zentralen Parteischule in Berlin; Mitbegründer der Gruppe Internationale (Spartakusgruppe); im Oktober 1915 zum Militärdienst einberufen; ging im Oktober 1917 in die Illegalität und im Februar 1918 nach Amsterdam, wo er in der Redaktion des revolutionären sozialistischen Wochenblattes »Der Kampf« mitarbeitete; Ende Oktober 1918 illegale Rückkehr nach Berlin; Mitglied des Vollzugsausschusses der revolutionären Obleute Berlins, im November 1918 Mitglied der Zentrale des Spartakusbundes; Mitbegründer der KPD. 18

Pius X. (Guiseppe Sarto) (1835–1914) seit 1903 Papst. 463

Platen-Hallermünde, August Graf von (1796–1835) Dichter von bürgerlich-demokratischer Gesinnung; 1810–1814 im Dienst des bayrischen Königs;

ging 1826 wegen der gedrückt-kleinstaatlichen und spießigen Verhältnisse ins Exil nach Italien. 410

Platter, Julius (1844–1923) schweizerischer bürgerlicher Nationalökonom, Professor der Staatswissenschaften in Zürich. 94

Plechanow, G. W. (Pseud.: N. Beltow, G. W., A. Wolgin) (1856–1918) erster Propagandist des Marxismus in Rußland; Verfasser zahlreicher theoretischer Arbeiten, die eine Bereicherung des wissenschaftlichen Sozialismus bedeuteten; seit 1880 Emigration in der Schweiz; 1883 Gründer der russischen marxistischen Gruppe Befreiung der Arbeit; 1900 Mitbegründer und -redakteur der Zeitung »Iskra« und der Zeitschrift »Sarja«; nach 1903 Versöhnler und Menschewik, während des ersten Weltkrieges Sozialchauvinist; nach der Februarrevolution 1917 Rückkehr nach Rußland; unterstützte die bürgerliche Provisorische Regierung; stand der Großen Sozialistischen Oktoberrevolution 1917 in Rußland ablehnend gegenüber. 103 104 112 164 217 223 259 453 454 470

Pokorny, Franz (1874–1923) Bergarbeiter; Sozialdemokrat; 1897–1906 Sekretär im Bergarbeiter-Verband; 1898–1900 und 1906–1911 Redakteur der »Bergarbeiterzeitung«; seit 1911 Redakteur im Sozialdemokratischen Büro für Rheinland-Westfalen. 262 476

Posnanski, J. Ökonom. 46 446

Puyt, E. de Sekretär von Camille Huysmans. 258 475

Raduin, Ida Hausgehilfin Rosa Luxemburgs. 258 259 274

Radwański, Tadeusz (1884–1960) Publizist; seit 1900 Mitglied der SDKPiL; 1904/05 Redaktionssekretär des »Głos«. 259

Rappoport, Charles Léon (Pseud.: Arnold, Chanon, Felix) (1865–1941) französischer Publizist; Sozialist; seit 1901 Leiter der russischen Bibliothek in Paris; Mitglied der Sozialistischen Partei Frankreichs und der SFIO; 1918 Mitbegründer der Ecole socialiste marxiste. 259

Ratyński, Kazimierz (Pseud.: Kaz, Kazius, Kaziuta) (1874–1904) bereitete 1893 in der Schweiz den I. Parteitag der SDKP vor; wurde 1894 verhaftet und nach Sibirien verbannt, wo er verstarb. 46

Reichskanzler siehe *Max von Baden, Prinz*

Reiff, Adolf (1831–1902) polnischer Drucker in Paris, bei dem unter anderem die »Sprawa Robotnicza« gedruckt wurde. 33 39 41–43 47 48 50 52–54 445

Rexhäuser, Ludwig (1863–1914) Sozialdemokrat, Gewerkschaftsfunktionär; 1896–1910 Redakteur des »Korrespondent für Deutschlands Buchdrucker und Schriftgießer«; vertrat reformistische Auffassungen und verneinte die Notwendigkeit des revolutionären Klassenkampfes; wurde aus der Sozialdemokratischen Partei Deutschlands ausgeschlossen. 204

Ripper, Alexander Drucker in der Druckerei von Władysław Teodorczuk in Krakau. 206

Rjasanow, D. B. (eigentlich D. B. Goldendach) (Pseud.: Bukwojed, Pariser) (1870–1938) seit 1889 in der russischen Arbeiterbewegung tätig; seit 1900 in der Emigration; Mitarbeiter der »Neuen Zeit«; während des ersten Weltkrieges Zentrist, Mitarbeiter der menschewistischen Zeitungen »Golos« und »Nasche Slowo«; wurde 1917 Mitglied der SDAPR(B) 178 222

Rjasanow, N. siehe *Rjasanow, D. B.*

Robespierre, Maximilien-François-Marie-Isidore de (1758–1794) französischer Staatsmann; bedeutendster Führer der Französischen Revolution, wurde 1789 in die Generalstände gewählt, führte 1793/94 an der Spitze des Wohlfahrtsausschusses und als Führer der Jakobiner die Revolution zum Höhepunkt. 103 236

Rodbertus-Jagetzow, Johann Karl (1805–1875) bürgerlicher Ökonom und Politiker; wandte sich gegen den politischen Kampf der Arbeiterbewegung, vertrat reaktionär »staatssozialistische« Auffassungen. 120 125

Roland Holst-van der Schalk, Henriette (1869–1952) holländische Schriftstellerin; Sozialistin; in der proletarischen Frauenbewegung tätig; vor 1914 Vertreterin revolutionärer Auffassungen, wandte sich während des ersten Weltkrieges zentristischen Positionen zu; beteiligte sich später an der Herausgabe des theoretischen Organs der Zimmerwalder Linken »Vorbote«; wurde 1918 Mitglied der Kommunistischen Partei Hollands. 349

Rolland, Romain (1866–1944) französischer Schriftsteller; 1903–1912 Professor der Musikgeschichte an der Sorbonne, Paris; lebte während des ersten Weltkrieges in der Schweiz. 391 490

Roscher, Wilhelm Georg Friedrich (1817–1894) Vulgärökonom; Begründer der älteren historischen Schule der politischen Ökonomie in Deutschland; bekämpfte den utopischen Sozialismus und die klassische bürgerliche politische Ökonomie; leugnete die Existenz ökonomischer Gesetze. 243

Rosenbaum, Marta (1869 oder 1870–1940) Sozialdemokratin; wurde 1917 Mitglied der USPD. 24 25 326 356 387 388 402 403 415 420 488

Rosenbaum Musiker; Mann von Marta Rosenbaum. 362

Rosenfeld, Kurt (1877–1943) Rechtsanwalt; Sozialdemokrat; 1906–1910 Lehrer für bürgerliches Recht an der zentralen Parteischule in Berlin; seit 1910 Stadtverordneter in Berlin; wurde 1917 Mitglied der USPD. 236 257 265 268 297 300 360 430 435 476

Rózga, Maciej Pseudonym Rosa Luxemburgs. 447

Ruben, Regina (geb. 1858) Lehrerin; Schriftstellerin; in der proletarischen Frauenbewegung tätig. 430

Rück, Fritz (Pseud.: Juvenis) (1895–1959) Schriftsetzer; Sozialdemokrat;

während des ersten Weltkrieges Angehöriger der Gruppe Internationale (Spartakusgruppe); wurde 1917 Mitglied der USPD; Vorsitzender des Arbeiterrates in Stuttgart; seit Gründung Mitglied der KPD. 429

Rühle, Karl Heinrich Otto (1874–1943) Lehrer; Sozialdemokrat; Redakteur an sozialdemokratischen Zeitungen, 1907–1913 Wanderredner der Sozialdemokratischen Partei Deutschlands; 1912–1918 MdR; stimmte 1915/16 mit Karl Liebknecht im Reichstag gegen die Kriegskredite; Teilnehmer der Reichskonferenz linker Sozialdemokraten 1915 und der Reichskonferenz der Gruppe Internationale 1916 in Berlin; 1918 Vorsitzender des Revolutionären Arbeiter- und Soldatenrats von Groß-Dresden. 436 492

Ryss Mutter Sophie Liebknechts. 355 420

Saint-Simon, Claude-Henri de Rouvroy, comte de (1760–1825) französischer utopischer Sozialist und Philosoph. 225 226

Salmanoff Arzt in Stuttgart. 218

Salomo (gest. um 925 v. u. Z.) seit etwa 965 v. u. Z. König von Israel; entfaltete starke Bautätigkeit im Lande; begünstigte den Handel und regen geistigen Austausch z. B. mit Ägypten. 366

Sappho (um 600 v. u. Z.) griechische Lyrikerin. 352

Sarraute, Maurice (geb. 1869) französischer Sozialist; Publizist; Mitarbeiter der »Revue socialiste«; zunächst Guesdist, später Ministerialist; Mitglied der Französischen Sozialistischen Partei. 104

Sarudnaja-Cavos, Jekaterina (1862–1917) russische Malerin. 236

Sarudny, S. I. (1821–1887) Jurist, Mitarbeiter an der Gerichtsreform 1864 in Rußland. 236

Scheib, Johannes Sozialdemokrat in Leipzig. 487 488

Scheidemann, Philipp (1865–1939) Schriftsetzer; Sozialdemokrat; 1900–1902 Redakteur an der »Fränkischen Tagespost«, Nürnberg, 1902–1905 am »Offenbacher Abendblatt« und 1905–1911 Chefredakteur des »Casseler Volksblattes«; 1903–1918 MdR; seit 1911 Mitglied des Vorstandes der Sozialdemokratischen Partei Deutschlands und seit 1913 ihres Zentralbildungsausschusses; führender Vertreter des Opportunismus und während des ersten Weltkrieges einer der einflußreichsten Sozialchauvinisten; 1917/18 neben Friedrich Ebert Vorsitzender der SPD; Anfang Oktober 1918 Eintritt in die Regierung des Prinzen Max von Baden; seit November 1918 Mitglied des Rates der Volksbeauftragten; trug wesentlich zur Niederschlagung der Novemberrevolution 1918/19 in Deutschland bei. 324 480

Schewitsch, S. J. (gest. 1911) russischer adliger Emigrant, Lassalle-Verehrer; Mitarbeiter der »New York World« und der »Sun« in Amerika; redigierte die Sonntagsbeilage der »New Yorker Volkszeitung«; kehrte 1890 nach Europa zurück. 66

Schiller, Friedrich von (1759–1805) Dichter, Ästhetiker; Vertreter der deutschen Klassik. 9 163 167 366 462 486

Schippel, Max (Pseud.: Isegrim) (1859–1928) Ökonom; Sozialdemokrat; 1890–1905 MdR; seit 1897 Mitarbeiter der »Sozialistischen Monatshefte«; führender Vertreter des Revisionismus; 1911–1919 Leiter der Sozialpolitischen Abteilung bei der Generalkommission der Gewerkschaften Deutschlands; während des ersten Weltkrieges Sozialchauvinist. 114 115 120 121 123 126 156 265 455 456

Schirman russische Emigrantin. 110

Schlaf, Johannes (1862–1941) bürgerlicher Schriftsteller; einer der Wortführer des Naturalismus. 403

Schlisch, Selma 388 488

Schmidt, Albert (1858–1904) Sozialdemokrat; 1890–1898 und 1903/04 MdR; Redakteur der »Volksstimme«, Magdeburg. 115

Schmoller, Gustav (1838–1917) bürgerlicher Ökonom, Historiker und Sozialpolitiker; Vertreter des Kathedersozialismus; 1890–1917 Vorsitzender des Vereins für Sozialpolitik. 106 243

Schmuilow, W. J. (geb. 1864) russischer Sozialdemokrat; emigrierte 1887 nach Deutschland, 1892/93 Mitarbeiter der »Sächsischen Arbeiter-Zeitung«, Dresden; war mit der russischen marxistischen Gruppe Befreiung der Arbeit verbunden. 61 62 66 68 69

Schmuilowa siehe *Schmuilowa-Claassen, Ria*

Schmuilowa-Claassen, Ria (geb. 1870) Literaturkritikerin; Mitarbeiterin der »Sozialistischen Monatshefte«; Ehefrau von W. J. Schmuilow. 61 66

Schoenlank, Bruno (1859–1901) Journalist; Sozialdemokrat; 1893–1901 MdR; 1894–1901 Chefredakteur der »Leipziger Volkszeitung«. 7 9 81 83 88–90 94 98 99 101 106 109 114 115 118 120–124 133 141 150 151 456

Schoenlank Familie 117 125 139

Scholtysek, Franciszek Schatzmeister der PPS im preußischen Annexionsgebiet; Vorsitzender des Verbandes der Bergarbeiter in Rybnik. 160

Schröder, Wilhelm (1861–1913) Schriftsteller; Sozialdemokrat; bis 1905 Redakteur des »Vorwärts«, gab danach eine eigene Pressekorrespondenz heraus; ständiger Mitarbeiter der »Sozialistischen Monatshefte«; Schriftleiter der »Sozialdemokratischen Partei-Correspondenz«; 1905–1907 Mitarbeiter der sozialistischen Wochenschrift »Die Neue Gesellschaft«. 464

Schubert, Franz (1797–1828) österreichischer Komponist. 375

Schüller, Richard bürgerlicher Ökonom. 144 459

Schulz, August Heinrich (Pseud.: Ernst Almsloh) (1872–1932) Volksschullehrer; Sozialdemokrat; führender sozialdemokratischer Schul- und Kulturpolitiker; 1897–1906 Redakteur an sozialdemokratischen Zeitungen in Erfurt, Magdeburg und Bremen; 1906–1919 Geschäftsführer des Zentralbildungsausschusses der Sozialdemokratischen Partei Deutschlands und 1906–1914 Lehrer für Stilistik, Rhetorik und Zeitungstechnik an der zentralen Parteischule in Berlin; 1912–1918 MdR; vertrat zeitweilig Auffassungen der deutschen Linken; entwickelte sich im ersten Weltkrieg zum Sozialchauvinisten. 226 263 271 374

Schulz, Wilhelm August Paul (geb. 1870) Maurer; Sozialdemokrat; Gewerkschaftssekretär; 1903–1919 Mitglied der Agitationskommission der Partei und Gewerkschaft in der Provinz Posen; 1914–1919 Rechnungsführer der Volksfürsorge Bromberg. 157

Schulze-Delitzsch, Franz Hermann (1808–1883) bürgerlicher Ökonom und Politiker; Mitbegründer der Deutschen Fortschrittspartei; Mitglied des Vereins für Sozialpolitik; Begründer des deutschen Genossenschaftswesens. 308

Schulze-Gävernitz, Gerhart von (1864–1943) bürgerlicher Nationalökonom; 1912–1920 MdR; Mitglied der Fortschrittlichen Volkspartei. 86

Seeley Sir, John Robert (1834–1895) britischer Historiker, seit 1869 Professor für Neuere Geschichte. 307

Segantini, Giovanni (1858–1899) italienischer Maler. 221

Seidel, Alfred Emil (1882–1965) Lehrer; Sohn von Robert Seidel. 85 253

Seidel, Kurt (1879–1951) Ingenieur; Sohn von Robert Seidel. 253

Seidel, Mathilde Elise (1853–1924) Frau von Robert Seidel. 78 85 103 154

Seidel, Robert (1850–1933) Pädagoge, Journalist; Sozialdemokrat; übersiedelte 1870 von Sachsen in die Schweiz; wurde 1876 Mitglied des Grütlivereins; 1890–1898 Redakteur der »Arbeiterstimme«, Zürich; 1898 Mitbegründer und Redakteur des »Volksrechts«, Zürich; seit 1898 Sekundarlehrer in Zürich; 1898–1916 Abgeordneter im Großen Stadtrat; seit 1899 Redakteur des »Grütli-Kalenders«; seit 1905 Privatdozent für Pädagogik am Polytechnikum und ab 1908 auch an der Universität Zürich; 1911–1917 Abgeordneter im Nationalrat, Bern. 103 123 461

Seidel Familie 102 115

Shakespeare, William (1564–1616) englischer Dramatiker und Dichter. 333 351 390

Shaw, George Bernard (1856–1950) irisch-englischer Dramatiker; Essayist und Verfasser soziologischer Bücher; seit 1884 führendes Mitglied der Fabian Society. 357 358

Siber, N. I. (1844–1888) russischer Ökonom, Publizist, Professor für politische Ökonomie und Statistik an der Universität Kiew; Mitarbeiter radikaler liberaler Zeitschriften; lernte 1881 in London Karl Marx und Friedrich Engels kennen; popularisierte und propagierte in Rußland das ökonomische Werk von Karl Marx. 112 113

Sigg, Johann (1874–1939) schweizerischer Journalist; Sozialdemokrat; 1902–1904 Angehöriger der Administration und 1907–1915 der Redaktion des »Volksrecht«, Zürich; schloß sich 1906 der Antimilitaristischen Liga an; 1901–1906 und 1909–1916 Mitglied des Großen Stadtrates von Zürich, 1905/06 und 1908–1914 Angehöriger des Züricher Kantonrates, 1911–1916 Nationalrat. 178

Singer, Paul (1844–1911) Kaufmann; Sozialdemokrat; seit 1869 Mitglied der SDAP; 1883–1911 Stadtverordneter in Berlin; 1884–1911 MdR; seit 1886 Mitglied des Vorstandes und seit 1890 einer der beiden Vorsitzenden der Sozialdemokratischen Partei Deutschlands; bekämpfte die halbanarchistischen Auffassungen der »Jungen« und den Revisionismus; seit 1900 Mitglied der ISB. 123 129 164 181 195 198 401 449 476

Stadthagen, Arthur (1857–1917) Rechtsanwalt; Sozialdemokrat; 1889–1917 Stadtverordneter in Berlin; 1890–1917 MdR; 1893–1916 Mitarbeiter und Redakteur des »Vorwärts«; vertrat vor dem ersten Weltkrieg Auffassungen der deutschen Linken, gehörte nach 1914 zu den zentristischen Kräften und wurde 1917 Mitglied der USPD. 13 164 209 210 317 459

Stasia siehe *Bietkiewicz, Stanisława*

Stein, Charlotte von (1742–1827) Freundin Goethes. 351

Stein, Lorenz von (1815–1890) bürgerlicher Volkswirtschaftler, Rechts- und Staatslehrer und Soziologe, Publizist; 1855–1885 Professor in Wien. 225

Stepnjak siehe *Krawtschinski, S. M.*

Stoecker, Walter (1891–1939) Sozialdemokrat; seit 1908 führender Vertreter der sozialistischen Arbeiterjugendbewegung in Köln; 1911/12 Mitarbeiter der Redaktion der »Schleswig-Holsteinischen Volks-Zeitung«, Kiel, bis 1913 Lokalredakteur der »Rheinischen Zeitung«, Köln; 1914 Aufenthalt in Zürich; seit 1917 Mitglied der USPD, zu deren linken Kräften er gehörte. 288

Strauss, David Friedrich (1808–1874) evangelischer Theologe und idealistischer Philosoph, Junghegelianer; übte an den Dogmen des Christentums Kritik und stellte der christlichen eine monistisch-materialistische Weltanschauung gegenüber; nach 1866 Anhänger des Neoliberalismus. 115 455

Ströbel, Heinrich (1869–1944) Schriftsteller; Sozialdemokrat; 1893–1900 Redakteur der »Schleswig-Holsteinischen Volks-Zeitung«, Kiel, und 1900–1916 des »Vorwärts«; vertrat zeitweilig Auffassungen der deutschen Linken, gehörte während des ersten Weltkrieges zu den zentristischen Kräften und wurde 1917 Mitglied der USPD; November 1918 bis Januar 1919 Kabinettsvorsitzender der provisorischen preußischen Regierung. 174 194 432

Stubbe, Heinrich (1864–1941) Tischler; Sozialdemokrat; seit 1907 Vorsitzender der Hamburger Organisation der Sozialdemokratischen Partei

Deutschlands; 1911–1913 Mitglied der Kontrollkommission der Sozialdemokratischen Partei; 1915–1918 MdR. 476

Südekum, Albert Oskar Wilhelm (1871–1944) Sozialdemokrat; 1895/96 Redakteur des »Vorwärts«, 1896–1898 der »Leipziger Volkszeitung«, 1898–1900 der »Fränkischen Tagespost«, Nürnberg, und 1900–1903 Chefredakteur der »Sächsischen Arbeiter-Zeitung«, Dresden; 1900–1918 MdR; seit 1900 Herausgeber der »Kommunalen Praxis«, führender Vertreter des Opportunismus und während des ersten Weltkrieges des Sozialchauvinismus; 1918 Mitglied der Deutsch-Ukrainischen Gesellschaft, war maßgeblich an der Ausplünderung der Ukraine beteiligt. 480

Suschkow Rittmeister der Gendarmerie in Warschau. 14

Süßheim, Max (1876–1933) Sozialdemokrat; Mitglied des bayerischen Landtages. 476

Swjatlowski, W. W. (1851–1901) russischer Militärarzt; nach 1884 Fabrikinspektor in Charkow und Warschau, schrieb verschiedene Arbeiten über die Fabrikarbeit. 110

Sybel, Heinrich von (1817–1895) bürgerlicher Historiker und Politiker; gründete 1859 die »Historische Zeitschrift«; seit 1875 Direktor der preußischen Staatsarchive. 248

Tasso, Torquato (1544–1595) italienischer Dichter der Spätrenaissance. 422

Teniers, David d. J. (1610–1690) flämischer Maler; Direktor der Bildergalerie in Brüssel. 422

Teodorczuk, Władysław Inhaber einer Druckerei in Krakau, die Publikationen der SDKPiL und der PPS herstellte. 208

Thalheimer, August (1884–1948) Sozialdemokrat; 1909–1912 Leiter der »Freien Volkszeitung«, Göppingen, und 1914–1916 des »Volksfreund«, Braunschweig; gehörte zur Gruppe Internationale (Spartakusgruppe), 1918 Mitbegründer des Spartakusbundes und der KPD und Mitglied der Zentrale; Bruder Berta Thalheimers. 262 299 428 429 481

Thalheimer, Berta (1883–1959) Sozialdemokratin; gehörte zur Gruppe Internationale (Spartakusgruppe), nahm an den Konferenzen in Zimmerwald 1915 und Kienthal 1916 teil; vertrat zeitweilig zentristische Auffassungen; wurde 1918 Mitglied der KPD. 229 401

Thoma, Hans (1839–1924) realistischer Maler und Graphiker. 333

Thomas, Albert Aristide (1878–1932) französischer Politiker; Syndikalist; Mitglied der SFIO; im ersten Weltkrieg Sozialchauvinist. 225

Thöny, Eduard (1866–1950) österreichischer Zeichner und Maler, seit 1896 Mitarbeiter des »Simplicissimus«. 61

Tjutrjumowa-Abramowitsch, R. A. (1865–1920) russische Revolutionärin; wurde 1886 bei Studentenunruhen in Petersburg verhaftet und emigrierte

1887; schloß sich 1892 den Sozialdemokraten an; kehrte 1897 nach Rußland zurück, wurde zu fünf Jahren Verbannung nach Ostsibirien verurteilt; schloß sich 1905 den Bolschewiki an. 94

Tocqueville, Alexis Charles de (1805–1859) französischer bürgerlicher Historiker und Politiker; seit 1841 Mitglied der Académie française; als Führer der reaktionären Ordnungspartei 1849–1851 Außenminister. 248

Tolstoi, Lew Nikolajewitsch (1828–1910) russischer realistischer Schriftsteller. 259 364

Troelstra, Pieter Jelles (1860–1930) holländischer Sozialist; 1894 einer der Gründer und Führer der holländischen sozialdemokratischen Arbeiterpartei; Mitglied des ISB; während des ersten Weltkrieges Sozialchauvinist. 167

Troelstra, Sjoukje holländische Sozialistin; Autorin von Kinderbüchern; Frau von Pieter Jelles Troelstra. 167

Trotha, Lothar von (1848–1920) 1900 als Brigadeführer an der Niederschlagung des Ihotuan-Aufstandes in China beteiligt; leitete 1904–1905 die Kämpfe gegen die Hereros und Hottentotten. 485

Trusiewicz, Stanisław (Pseud.: Kazimierz Zalewski) (1870–1918) Funktionär der Partei II. Proletariat; mehrfach verhaftet und verbannt; 1891–1897 in der Emigration; 1897 Mitorganisator des Arbeiterverbandes in Litauen; 1900 Mitbegründer der SDKPiL und 1900/01 in deren Leitung; Redakteur des »Przegląd Robotniczy«; nach 1908 Leiter einer selbständigen Gruppierung, die die Zeitschrift »Solidarność Robotnicza« herausgab; nach der Februarrevolution 1917 in Rußland Mitglied der Partei der Bolschewiki. 145

Tugan-Baranowski, M. I. (1865–1919) russischer bürgerlicher Ökonom, Vertreter des »legalen Marxismus«; nach der Großen Sozialistischen Oktoberrevolution 1917 in Rußland führender Konterrevolutionär in der Ukraine. 276

Turner, Joseph Mallord William (1775–1851) englischer Maler; 1808 Professor der Königlichen Akademie. 322

Unfried, Emil Mitglied des Spartakusbundes und der KPD; Mitglied des Vorstandes des Arbeiterrates in Stuttgart. 432 491

Urbach, Ignacy (Pseud.: Jacques Rivière) polnischer Emigrant in Paris; stand mit der PPS in Verbindung, näherte sich 1895 der SDKP; arbeitete unter seinem Pseudonym in der sozialistischen französischen Presse. 103 104

Urban, Marta (Medi) (1894–1963) spätere Frau von Hans Kautsky jun. 297

Vaillant, Marie-Edouard (1840–1915) französischer Ingenieur und Arzt; Blanquist; Mitglied des Generalrats der I. Internationale und der Pariser

Kommune; Führer des blanquistischen Comité revolutionnaire central; später einer der Führer der Sozialistischen Partei Frankreichs; zwischen 1893 und 1914 mehrmals Abgeordneter. 270

Vogtherr, Ewald (1859–1923) Kaufmann; Sozialdemokrat; 1890–1898 Stadtverordneter in Berlin, 1893–1898 und 1912–1918 MdR; gehörte 1916 zur Sozialdemokratischen Arbeitsgemeinschaft; wurde 1917 Mitglied der USPD. 401

Vollmar, Georg Heinrich von (1850–1922) Offizier, Journalist; Sozialdemokrat; 1881–1887 und 1890–1918 MdR, 1893–1918 Mitglied des bayrischen Landtags; entwickelte sich in den neunziger Jahren des 19. Jahrhunderts zu einem einflußreichen Reformisten; während des ersten Weltkrieges Sozialchauvinist. 12 150 213 460

Wagner, Richard (Pseud.: Homo) (geb. 1868) Postangestellter; Sozialdemokrat; 1903–1905 Redakteur der »Leipziger Volkszeitung«, 1905–1908 des »Norddeutschen Volksblattes«, Bant, und seit 1908 des »Volksfreund«, Braunschweig; während des ersten Weltkrieges Sozialchauvinist. 299 481

Walewska, Gräfin 13

Walkey 324

Wallfisch, Hermann (geb. 1862) Sozialdemokrat; seit 1891 Geschäftsführer der »Sächsischen Arbeiter-Zeitung«, Dresden (seit 1908 »Dresdner Volkszeitung«). 106 112 117

Warska (eigentlich Warszawska), Jadwiga (Jadzia) (1868–1928) Schulkameradin Rosa Luxemburgs; Mitglied der Partei II. Proletariat und der SDKPiL; Ehefrau von Adolf Warski. 38 40–42 49 53 65 259 445

Warski (eigentlich Warszawski), Adolf Jerzy (Pseud.: Michałkowski, Jan z Czerniakowskiej) (1868–1937) Mitglied der Partei I. Proletariat, Mitbegründer des ZRP und der SDKPiL; 1892–1896) in der Emigration in Frankreich, 1896–1904 in Deutschland; 1890–1896 Mitarbeiter der »Sprawa Robotnicza«, 1902–1913 des »Czerwony Sztandar« sowie 1902–1904 und 1908–1910 des »Przegląd Socjaldemokratyczny«; 1906–1912 Vertreter der SDKPiL im ZK der SDAPR; Teilnehmer an den Konferenzen in Zimmerwald 1915 und Kienthal 1916; 1918 Mitbegründer der Kommunistischen Arbeiterpartei Polens. 8 36–41 43 44 46–53 62 139 145 180 259 276 444 445 467

Warski (eigentlich Warszawski) Familie. 32 33 37 41 48 50 51 53 62 132 270 276

Warszawski, Maurycy (Morek) (Pseud.: Żarski) (geb. 1873) Mitglied des ZRP und der SDKPiL; unterzeichnete auf dem Internationalen Sozialistenkongreß in Paris 1900 mit drei anderen Delegierten der SDKPiL eine Resolution der PPS gegen Rosa Luxemburg; Bruder von Adolf Warski. 33 53

Warszawski, Mieczysław (Pseud.: Broński, Mały, W. Mieczyński, M. I. Braun, Posner, Jerzy) (1882–1941) Wirtschaftswissenschaftler; seit 1902 Mitglied der SDKPiL; 1907–1917 in der Emigration in der Schweiz; Redakteur des »Czerwony Sztandar« und der »Trybuna Ludowa«; Teilnehmer an der Konferenz in Kienthal 1916; arbeitete nach 1917 in Regierungsorganen Sowjetrußlands. 156

Wasner, Otto (1857–1919) Handschuhmacher; Sozialdemokrat; 1891–1893 Redakteur des Fachblattes und Hauptkassierer, 1893–1902 Vorsitzender des Verbandes der Handschuhmacher; 1900–1903 Vorsitzender des Landesvorstandes der Sozialdemokratischen Partei in Württemberg; 1906–1912 Mitglied des württembergischen Landtags. 252

Webb, Beatrice (1858–1943) Frau und Mitarbeiterin von Sidney James Webb. 113 243

Webb, Sidney James (1859–1947) englischer kleinbürgerlicher Wirtschaftstheoretiker und Politiker. 113 243

Weinberg, Siegfried (1880–1932) Rechtsanwalt; Sozialdemokrat, nach 1917 USPD. 315

Wels, Otto (1873–1939) Tapezierer; Sozialdemokrat; 1906 Angestellter des Verbandes der Tapezierer; 1907/08 Sekretär der Sozialdemokratischen Partei in der Provinz Brandenburg; seit 1908 Vorsitzender der Preßkommission des »Vorwärts«; 1912–1918 MdR; während des ersten Weltkrieges Sozialchauvinist; im November 1918 Mitglied des Arbeiter- und Soldatenrates von Berlin, von November bis Dezember 1918 Stadtkommandant von Berlin; war maßgeblich an der Niederschlagung der Novemberrevolution 1918/19 in Deutschland beteiligt. 268

Wengels Sohn von Margarete Wengels. 401

Wengels, Margarete (1856–1931) Sozialdemokratin; Funktionärin der proletarischen Frauenbewegung; schuf das System der weiblichen Vertrauenspersonen; Mitarbeiterin der »Gleichheit«; Teilnehmerin an der Internationalen Sozialistischen Frauenkonferenz 1915 in Bern; wurde 1917 Mitglied der USPD. 398 401

Wengels, Marie (Mietze, Mizzi) 234

Westarp, Kuno Friedrich Graf von (1864–1945) 1903 Polizeidirektor in Schöneberg; seit 1908 Präsident des Oberverwaltungsgerichts in Berlin; 1908–1918 MdR, seit 1912 Fraktionsvorsitzender der Konservativen Partei. 318

Westmeyer, Johann Friedrich (1873–1917) Kaminkehrer; Sozialdemokrat; 1898–1902 Redakteur der »Fränkischen Tagespost«, Nürnberg, 1902–1904 des »Volkswillens«, Hannover, und 1905–1911 der »Schwäbischen Tagwacht«, Stuttgart; 1908–1917 Vorsitzender des Sozialdemokratischen Vereins Stuttgart; seit 1911 Mitglied der Preßkommission der »Schwäbischen

Tagwacht«; seit 1912 Sekretär des 1. württembergischen Wahlkreises; 1912–1917 Mitglied des württembergischen Landtages; vertrat die Auffassungen der deutschen Linken; seit November 1914 Herausgeber eines Mitteilungsblattes, das seit Januar 1915 unter dem Titel »Der Sozialdemokrat« erschien. 401 477 489

Wetzker, Heinrich (1861–1917) Drechsler; Sozialdemokrat; Redakteur an der »Sächsischen Arbeiter-Zeitung«, Dresden, am »Volksblatt«, Bochum, und bis 1905 am »Vorwärts«; Mitarbeiter der »Sozialistischen Monatshefte«. 174 453 464

Wilhelm II. (1859–1941) 1888–1918 deutscher Kaiser und König von Preußen. 270 476

Windheim, Ludwig von (geb. 1857) 1895–1903 Polizeipräsident in Stettin und Berlin; seit 1903 Regierungspräsident von Frankfurt an der Oder. 110

Winkler, Alexander (gest. 1917) Sozialdemokrat; 1903 Mitglied des Gemeinderats in Arnstadt. 302 303 482

Winnen, Peter (geb. 1881) Sozialdemokrat; 1910 Mitglied des Vorstandes der Sozialdemokratischen Partei in Köln-Stadt und -Land; seit 1911 Redaktionssekretär des Sozialdemokratischen Büros für Rheinland-Westfalen. 476

Winter, August (1866–1907) Sozialdemokrat; gründete Ende 1898 das oberschlesische Arbeitersekretariat; Bevollmächtigter der Generalkommission der Gewerkschaften Deutschlands und des Vorstandes der Sozialdemokratischen Partei Deutschlands für Agitation und Organisation in Oberschlesien; bis 1903 ständiger Mitarbeiter der »Sozialistischen Monatshefte«, 1903 Redakteur des »Volksboten«, Stettin. 69 72–77 80 81 83 87–89 132–134 136–138 140 157 159 160 449 451

Winter Ehefrau August Winters. 134 136–138 140 160

Wiślicka, Florentyna (Flora) (gest. 1930) Schwester Mieczysław Hartmans. 33

Witold siehe *Feinstein, Władysław*

Witting, Richard (1856–1923) Jurist; 1891–1902 Oberbürgermeister von Posen; Mitglied des preußischen Herrenhauses; Direktor der Nationalbank für Deutschland. 400

Wittrisch, Richard (geb. 1869) Buchbinder; Sozialdemokrat; 1895–1897 Redakteur der »Sächsischen Arbeiter-Zeitung«, Dresden, 1898 am »Offenbacher Abendblatt« und 1899–1905 der »Märkischen Volksstimme«, Forst (Lausitz); 1902–1905 Stadtverordneter in Forst (Lausitz); 1905–1908 wieder Redakteur am »Offenbacher Abendblatt« und seit 1908 Redakteur der »Volksstimme«, Frankfurt (Main). 299

Wojnarowska, Cesaryna Wanda (1858–1911) seit 1877 in revolutionären Zirkeln in Petersburg, seit 1879 in Warschau und Krakau tätig; Funktionärin der Partei I. Proletariat; mehrfach verhaftet, emigrierte sie 1883 und lebte vorwiegend in Frankreich; seit 1893 Mitglied der SDKP und der SDKPiL; 1900–1904 Vertreterin dieser Partei im ISB; später Funktionärin in der französischen sozialistischen Bewegung. 48 50

Wolf, Hugo (1860–1903) österreichischer Komponist, schuf außer Liedern die komische Oper »Der Corregidor«. 356 363 410

Wolf, Julius (1862–1937) bürgerlicher Ökonom, Professor an der Universität Zürich, seit 1898 Professor in Breslau. 69 81 87

Wolff, Theodor (1868–1943) bürgerlicher Journalist, Schriftsteller; seit 1909 Chefredakteur des »Berliner Tageblatts«. 400

Wolgin, A. siehe *Plechanow, G. W.*

Wolny, Tomasz Arbeiter; Funktionär der PPS im preußischen Annexionsgebiet und der deutschen Sozialdemokratie; vertrat internationalistische Auffassungen. 80 89 450

Wullschleger, Eugen (1862–1931) schweizerischer Sozialdemokrat; 1886 Mitbegründer des Arbeiterbundes; 1886–1902 Großrat; 1887–1893 Redakteur am »Arbeiterfreund« und 1893–1897 am »Basler Vorwärts«; 1896–1898 Zentralsekretär des Grütlivereins; 1896–1902 und 1912–1917 Nationalrat; seit 1902 Regierungsrat. 169 463

Wurm, Emanuel (1857–1920) Chemiker; Sozialdemokrat; 1890–1906 und 1912–1918 MdR; 1900–1919 Stadtverordneter in Berlin; 1902–1917 Redakteur der Zeitschrift »Die Neue Zeit«; 1907–1914 Lehrer an der zentralen Parteischule in Berlin; entwickelte sich zum Zentristen; gehörte 1916 zur Sozialdemokratischen Arbeitsgemeinschaft; seit 1917 Mitglied der USPD; von November 1918 bis Februar 1919 Staatssekretär im Reichsernährungsamt. 202 209 212 252 257 278 317 396 488

Wurm, Mathilde (1874–1934) Sozialdemokratin; seit 1917 Mitglied der USPD; 1917–1919 Bürgerdeputierte der Stadt Berlin und seit 1919 Stadtverordnete in Berlin; vorwiegend auf sozialem Gebiet tätig. 21 25 257 388 407 430

Zastrabska 141

Żebrak 48

Zetkin, Clara Josephine (1857–1933) Lehrerin; Sozialdemokratin; 1892–1917 Leiterin der sozialdemokratischen Frauenzeitschrift »Die Gleichheit«; 1895–1917 Mitglied der Kontrollkommission und 1906–1917 des Bildungsausschusses der Sozialdemokratischen Partei Deutschlands; seit 1907 Sekretärin des Internationalen Frauensekretariats; 1910 Initiatorin für einen alljährlich durchzuführenden Internationalen Frauentag als Kampftag für Gleichberechtigung, Frieden und Sozialismus; führende Vertreterin der deutschen Linken, Mitarbeiterin der Zeitschrift »Die Internationale« und

Mitbegründerin der Gruppe Internationale (Spartakusgruppe); von Juni 1917 bis April 1919 Leiterin der neugegründeten Frauenbeilage der »Leipziger Volkszeitung«; seit 1919 führendes Mitglied der KPD. 6–9 16 25–27 61 104 115 122 123 131 143 163 166 184 218 226 237 238 243 252 254 257–259 278 280–282 285 286 288 295 297 303 304 308 310 352 357 398 455 462 471 472 478 481–484 489-491

Zetkin, Konstantin (Kostja, Costja) (1885–1980) Arzt, Sohn Clara Zetkins. 16–18 30 212 251 256 297 313 316 320 345 356 414 418 419 481 482 490

Zetkin, Maxim (1883–1965) Arzt, Sohn Clara Zetkins. 221 297 399 414 418 419 490

Zetkin, Ossip (1854–1889) russischer Revolutionär; Lebensgefährte Clara Zetkins. 8

Zévaès, Alexandre (eigentlich Gustave Antoine Alexandre Bourson) (1873–1953) französischer Advokat, Historiker; Sozialist; bis 1902 Mitglied der Französischen Arbeiterpartei; 1898–1910 Abgeordneter in der Deputiertenkammer; brach 1905 mit der Arbeiterbewegung und bildete mit Briand, Millerand und Viviani eine sogenannte republikanisch-sozialistische Partei; während des ersten Weltkrieges Chauvinist. 40

Zietz, Luise (1865–1922) Sozialdemokratin, in der proletarischen Frauenbewegung tätig; 1908–1912 Beisitzerin und bis 1916 Sekretärin im Vorstand der Sozialdemokratischen Partei Deutschlands; seit 1908 in der Leitung der Zentralstelle für die arbeitende Jugend Deutschlands tätig; vertrat während des ersten Weltkrieges zentristische Auffassungen; 1917 Mitbegründerin der USPD und Mitglied ihres Zentralkomitees. 254 311 430 434

Zlottko, Gertrud Hausgehilfin Rosa Luxemburgs. 226 236 243 298 332 340

Zubeil, Fritz (1848–1926) Tischler, Zeitungsexpedient; Sozialdemokrat; 1893–1918 MdR; gehörte 1916 zur Sozialdemokratischen Arbeitsgemeinschaft; wurde 1917 Mitglied der USPD. 301

Zundel, Georg Friedrich (1875–1948) Maler; wegen seines Bekenntnisses zur Sozialdemokratie von der Kunstakademie Stuttgart verwiesen; Ehemann Clara Zetkins. 234 313 315 316 345 359 418 483 486

Verzeichnis der geographischen Namen

Verzeichnis der Zeitungen und Zeitschriften

Die Annotationen umfassen
die Zeit bis zur Ermordung Rosa Luxemburgs
im Januar 1919

Arbeiter-Zeitung. Sozialdemokratisches Organ für das Rheinisch-Westfälische In-
dustrie-Gebiet – Tageszeitung; erschien von 1902 bis 1917 in Dortmund. 250
251 473

Arbeiter-Zeitung – Tageszeitung; erschien seit 1889 in Wien; seit 1895 Zentralorgan der Sozialdemokratischen Partei Österreichs. 118 181

Aus der Weltpolitik – wöchentliche Korrespondenz, hrsg. von Alexander
Helphand; erschien von 1898 bis 1905 in München. 115 122 123 455

Avanti! – Tageszeitung; Zentralorgan der Italienischen Sozialistischen
Partei; erschien seit 1896 in Rom, später in Mailand und Turin. 295

Bergische Arbeiterstimme. Organ für das arbeitende Volk des Kreises Solingen –
sozialdemokratische Tageszeitung; erschien von 1890 bis 1900 dreimal wöchentlich, dann täglich in Solingen. 260

Berliner Tageblatt und Handelszeitung – bürgerliche Zeitung; erschien seit
1871. 167 189 306 400

Berner Tagwacht. Offizielles Publikationsorgan der sozialdemokratischen Partei
der Schweiz – aus dem »Schweizer Sozialdemokraten« hervorgegangene Tageszeitung; erschien seit 1893 in Bern. 294 480 481

Board of Trade Journal – amtliches Organ des Handelsministeriums; erschien seit 1886 wöchentlich in London. 113

Bremer Bürger-Zeitung – sozialdemokratische Zeitung; erschien von 1890
bis 1919. 479 480

Correspondenzblatt der Generalkommission der Gewerkschaften Deutschlands –
Wochenschrift; erschien von 1891 bis 1902 in Hamburg, seit 1903 in Berlin. 198 202

Czerwony Sztandar – Zentralorgan der SDKPiL; erschien illegal von 1902
bis 1913 sowie 1917 bis 1918, anfänglich in Berlin/Krakau, seit 1906 in Warschau und wurde im Königreich Polen verbreitet. 13 179 180 189 191–193 198
200 202 468

Deutsche medizinische Wochenschrift – erschien seit 1875 in Leipzig. 98 452

D'r alt Offeburger – Heimatzeitschrift, hrsg. von Adolf Geck; erschien
seit 1899. 422

Dresdner Volkszeitung – sozialdemokratische Tageszeitung; 1889 als »Sächsische Arbeiter-Zeitung« gegründet, erschien seit 1908 als »Dresdner Volkszeitung«. 479

The Economist – bürgerliche Wochenschrift; erschien seit 1843 in London. 113

Die Freiheit. Berliner Organ der Unabhängigen Sozialdemokratischen Partei Deutschlands – Tageszeitung; erschien seit 15. November 1918. 430 434

Freisinnige Zeitung – Organ der Freisinnigen Volkspartei; erschien von 1885 bis 1918 in Berlin. 121

Gazeta Ludowa – Wochenzeitung; Organ der sozialdemokratischen Parteiorganisation; erschien von 1902 bis 1904 in Posen. 157 159 160 462

Gazeta Robotnicza – Wochenschrift; Organ der PPS in den von Preußen annektierten Teilen Polens; erschien von 1891 bis 1901 in Berlin, bis 1919 in Kattowitz. 68 89 137 138 142 144 146 449 450 458 459

Die Gleichheit. Zeitschrift für die Interessen der Arbeiterinnen – sozialdemokratische Halbmonatsschrift; erschien seit 1891 in Stuttgart. 8 104 243 260 266 271 345 474 476–478 481 483 489

Głos – Wochenblatt für wissenschaftliche, literarische, soziale und politische Fragen; erschien von 1886 bis 1905 in Warschau; anfangs bürgerlich-progressiv, 1905 unter dem Einfluß der SDKPiL. 46 268

Die Internationale. Eine Monatsschrift für Praxis und Theorie des Marxismus – gegründet von Rosa Luxemburg und Franz Mehring; die erste Nummer erschien im April 1915 in Berlin. 9 300–302 482 483

Internationale Korrespondenz (IK) – hrsg. von Albert Baumeister; erschien seit September 1914 zweimal wöchentlich in Berlin. 300 481

Iskra siehe *Искра*

Jugend – humoristisch-satirische Wochenschrift für Kunst, Literatur und Politik; erschien seit 1896 in München. 176

Katolik – kleinbürgerliche Interessen vertretende klerikale Zeitung; erschien seit 1868 dreimal wöchentlich in polnischer Sprache, zuerst in Königshütte, später in Beuthen. 87

Korrespondenzblatt siehe *Correspondenzblatt der Generalkommission der Gewerkschaften Deutschlands*

Kraj – Wochenschrift für politische, soziale, ökonomische und literarische Fragen; vertrat eine Politik der Annäherung an die russischen Liberalen und unterstützte den Panslawismus; erschien von 1882 bis 1909 in Petersburg. 86

Kreuz-Zeitung – Tageszeitung des preußischen Junkertums; 1848 in Berlin als »Neue Preußische Zeitung« gegründet; seit 1911 erschien sie unter dem Titel »Neue Preußische (Kreuz-) Zeitung«. 121 124 456

Kunst siehe *Moderne Kunst.*

Leipziger Volkszeitung. Organ für die Interessen des gesamten werktätigen Volkes – sozialdemokratische Tageszeitung; erschien seit 1894; seit 1917 Organ der USPD. 9 12 87 89 91 97 99 101 109 112 113 116–118 122 123 131 132 145 149 150 154 175 177 198 202 203 211 260 262 270 272 280 288 351 428 430 451 454–457 459 460 463 475 478 486 491

Moderne Kunst – bürgerliche Unterhaltungszeitschrift; erschien vierzehntäglich in Berlin. 179 183 184

Montagsblatt siehe *Das neue Montagsblatt.*

Naprzód – Zentralorgan der PPSD; erschien seit 1892 in Krakau. 172 189 190

Das neue Montagsblatt. Berliner Sozialistische Montagsschau – hrsg. von Eduard Bernstein; erschien vom 2. Mai bis 21. November 1904 in Berlin. 163

Die Neue Welt – illustrierte Unterhaltungsbeilage für sozialdemokratische Zeitungen; erschien von 1876 bis 1919 vorwiegend in Hamburg. 61

Die Neue Zeit. Revue des geistigen und öffentlichen Lebens – Wochenschrift der deutschen Sozialdemokratie; erschien seit 1883 in Stuttgart. 13 49 88 94 103 104 111 112 115 118 121 124 144 145 152–154 159 192 199 208 209 211 236 238 243 253 276 284 285 308 446 451 452 455 456 458–461 463 467 472-475 478 479 488

Neuland – bürgerliche Zeitschrift, erschien 1897/98 in Berlin. 151

Oswoboshdenije siehe Oswobovdenie

Le Petite République – Organ der französischen Sozialreformisten; erschien seit 1875 in Paris. 94

Polska Robotnicza siehe *Sprawa Robotnicza.*

Prawda – politisch-soziales und literarisches Wochenblatt; Organ der Positivisten; erschien von 1881 bis 1915 in Warschau. 190

Przedświt – Organ der PPS; erschien von 1881 bis 1905 in Genf/Leipzig/London/Paris/Warschau/Krakau. 52 53 146 189 190

Przegląd Robotniczy – Zeitung der SDKPiL; erschien von 1900 bis 1901 in Zürich und von 1904 bis 1905 in Krakau. 180 189 191 464

Przegląd Socjaldemokratyczny – theoretisches Organ der SDKPiL; erschien von 1902 bis 1904 und von 1908 bis 1910 in Krakau. 234 237 462 465 471 472

Przegląd Socjalistyczny – ökonomisch-politische Vierteljahresschrift; erschien von 1892 bis 1893 in Paris. 46

Robotnik – illegales Organ der PPS; erschien von 1894 bis 1906 im Königreich Polen; nach der Spaltung der PPS erschienen zwei Zeitungen gleichen Namens: Das Organ der PPS-Linke von 1906 bis 1918 illegal in Warschau und das Organ der PPS-Revolutionäre Fraktion illegal von 1906 bis 1914 in Warschau, Kiew und Krakau, seit 1915 legal in Dąbrowa Górnicza, ab 1917 wieder illegal in Warschau. 49 50 52 53

Die Rote Fahne. Zentralorgan der Kommunistischen Partei Deutschlands (Spartakusbund) – Tageszeitung; begründet von Karl Liebknecht und Rosa Luxemburg; Nr. 1 und 2 wurden am 9. und 10. November 1918 mit dem Untertitel »Ehemaliger Berliner Lokal-Anzeiger« herausgegeben, ab Nr. 3 vom 18. November 1918 war der Untertitel »Zentralorgan des Spartakusbundes«; seit Januar 1919 erschien sie mit obigem Untertitel. 26 426–432 434 435 438 491

Sächsische Arbeiter-Zeitung – sozialdemokratische Tageszeitung; erschien von 1889 bis 1908 in Dresden; seit 1908 als »Dresdner Volkszeitung«. 12 91 106 108 109 116 121–123 449 452–456 461 467

Schwäbische Tagwacht. Organ der Sozialdemokraten Württembergs – aus dem 1880 gegründeten »Schwäbischen Wochenblatt« hervorgegangene Tageszeitung; erschien seit 1890 in Stuttgart. 184 477 478

Il Secolo – Tageszeitung; erschien seit 1866 in Mailand. 245 246

Simplicissimus – illustrierte politisch-satirische Wochenschrift; erschien seit 1896 in München. 66

Słowo Polskie – Tageszeitung; Organ der Polnischen Demokratischen Partei, ab 1902 Organ der National-Demokratischen Partei in Galizien; erschien seit 1895 in Lemberg. 190

Sozialdemokratische Korrespondenz – hrsg. von Julian Marchlewski, Franz Mehring und Rosa Luxemburg; erschien 1913/14 dreimal wöchentlich in Berlin, ab Januar 1915 erschien nur noch einmal wöchentlich die »Wirtschaftliche Rundschau« Marchlewskis, die am 13. Mai 1915 ebenfalls eingestellt wurde. 294 480

Soziale Praxis – sozialpolitische Wochenschrift; wurde 1892 als »Sozialpolitisches Zentralblatt« gegründet, verschmolz 1894 mit der Zeitschrift »Blätter für soziale Praxis« und erschien seit 1895 unter dem Namen »Soziale Praxis« in Berlin. 198

Sozialistische Monatshefte. Internationale Revue des Sozialismus – Organ des Revisionismus; erschien seit 1897 in Berlin. 103 159 185 456 465

Spartacus – illegales Organ der Spartakusgruppe; erschien von September 1916 bis Oktober 1918 in zwangloser Folge; Vorläufer waren die seit Herbst 1914 herausgegebenen Informationsmaterialien und die seit Januar 1916 erschienenen, mit Spartacus gezeichneten »Politischen Briefe«. 20

Sprawa Robotnicza – Monatsschrift; Organ der SDKP; erschien von 1893 bis 1896 unregelmäßig in Paris. 33 34 36–43 47 48 50–53 444–447

Towarischtsch – bürgerliche Tageszeitung; Organ der linken Konstitutionellen Demokraten, an dem auch Menschewiki mitarbeiteten; erschien von 1906 bis 1908 in Petersburg. 222 470

Trybuna Ludowa – legale Tageszeitung der SDKPiL; erschien im Dezember 1905 in Warschau. 198

Volksblatt – sozialdemokratische Zeitung; erschien seit 1890 in Halle. 480

Volksfreund – sozialdemokratische Tageszeitung; erschien seit 1871 in Braunschweig. 481

Volksrecht – Tageszeitung der Sozialdemokratischen Partei der Schweiz und des Kantons Zürich; erschien seit 1898 in Zürich. 294 461 481

Volksstimme. Sozialdemokratisches Organ für Südwestdeutschland – Tageszeitung; erschien seit 1895 in Frankfurt (Main). 300 481

Volkswacht für Schlesien, Posen und die Nachbargebiete – sozialdemokratische Tageszeitung; erschien seit 1890 in Breslau. 68 81 151 451 474

Volks-Zeitung – demokratische Tageszeitung; erschien seit 1853 in Berlin. 109

Vorwärts. Berliner Volksblatt. Zentralorgan der sozialdemokratischen Partei Deutschlands – zugleich Organ der Berliner Parteiorganisation; Tageszeitung; erschien seit 1884 in Berlin. 9 12 13 75 94 101 104 106 110 121–124 144 145 154 159 162 172–176 187–189 191–194 196 199 202 203 206 211 251 294 345 400 434 453 456 458 459 463–467 469 480 491 492

Vorwärts – Zeitung der SDKPiL für die deutschen Arbeiter in Polen; erschien von 1906 bis 1913 in Łódź. 191 201

Vossin siehe *Vossische Zeitung*

Vossische Zeitung. Königlich privilegierte Berlinische Zeitung von Staats- und gelehrten Sachen – eine aus dem 1704 gegründeten Wochenblatt »Diarium« hervorgegangene Tageszeitung der liberalen Bourgeoisie. 191

Westnik Finansow siehe *Вестник Финанцов Промышленности и Торговли*

Wolny Głos – legales Organ der SDKPiL; erschien von April bis Oktober 1911 wöchentlich in Warschau. 475 477

Z pola walki – theoretische Zeitschrift der SDKPiL; erschien in Krakau. 179 180 182 464

Вестник Финанцов Промышленности и Торговли – Wochenschrift des Finanzministeriums; erschien von 1885 bis 1917 in Petersburg. 113

Искра – von Lenin gegründete erste gesamtrussische marxistische Zeitung; erschien 1900 in Leipzig, dann in München, 1903 in London und von 1903 bis 1905 in Genf; wurde ab Nr. 52, nach dem Austritt Lenins aus der Redaktion im November 1903, Organ der Menschewiki. 181 192 465

Освобождение – illegale Halbmonatsschrift der russischen liberalen Bourgeoisie; erschien von 1902 bis 1905 in Stuttgart/Paris. 181 189 190

Пролетарий – illegale Wochenschrift; Zentralorgan der SDAPR; erschien von Mai bis November 1905 in Genf. 181 191 192

Abkürzungsverzeichnis

A D A V	Allgemeiner Deutscher Arbeiterverein
BaF	Rosa Luxemburg. Briefe an Freunde. Hrsg. von Benedikt Kautsky, Hamburg (1950)
Bund	Allgemeiner Jüdischer Arbeiterverband für Rußland, Polen und Litauen
GLA	Generallandesarchiv
I A A	Internationale Arbeiter-Assoziation
I I S G	Internationaal Instituut voor Sociale Geschiedenis (Internationales Institut für Sozialgeschichte), Amsterdam
IML, ZPA, Berlin	Institut für Marxismus-Leninismus beim ZK der SED, Berlin, Zentrales Parteiarchiv
IML, ZPA, Moskau	Institut für Marxismus-Leninismus beim ZK der KPdSU, Moskau, Zentrales Parteiarchiv
Die Internationale	Die Internationale. Zeitschrift für Praxis und Theorie des Marxismus, Jg. 6, 1923, Heft 3
I S B	Internationales Sozialistisches Büro
K P D	Kommunistische Partei Deutschlands
MdR	Mitglied des Reichstages
P P S	Polska Partia Socjalistyczna (Polnische Sozialistische Partei)
P P S D	Polska Partia Socjalno-Demokratyczna Galicji i Śląska (Polnische Sozialdemokratische Partei Galiziens und Schlesiens)
S D A P	Sozialdemokratische Arbeiterpartei
S D A P R (B)	Sozialdemokratische Arbeiterpartei Rußlands (Bolschewiki)
S D K P	Socjaldemokracja Królestwa Polskiego (Sozialdemokratie des Königreiches Polen)
S D K P i L	Socjaldemokracja Królestwa Polskiego i Litwy (Sozialdemokratie des Königreiches Polen und Litauens)
S F I O	Section Française de l'Internationale Ouvrière (Französische Sektion der Arbeiterinternationale)
S P D	Sozialdemokratische Partei Deutschlands
Stb	Studienbibliothek

USPD	Unabhängige Sozialdemokratische Partei Deutschlands
ZA	Zentralarchiv
Zb	Zentralbibliothek
ZK	Zentralkomitee
ZRP	Związek Robotników Polskich (Verband Polnischer Arbeiter)
ZZSP	Związek Zagraniczny Socjalistów Polskich (Auslandsverband Polnischer Sozialisten)

Literaturauswahl

Rosa Luxemburg: Gesammelte Briefe, Bd. 1–5, Berlin 1982–1984 (mehrere Auflagen erschienen)

Róża Luksemburg: Listy do Leona Jogichesa-Tyszki. Listy zebral, słowem wstępnym i przypisami opatrzył Feliks Tych, Bd. 1–3, Warschau 1968 und 1971

Rosa Luxemburg: Briefe aus dem Gefängnis, 14. Auflage, Berlin 1987

Rosa Luxemburg: Vive la lutte! Correspondance 1891–1914. Textes réunis, traduits et annotés sous la direction de Georges Haupt par Claudie Weill, Irène Petit, Gilbert Badia, Paris 1975

Rosa Luxemburg: J'etais, je suis, je serai! Correspondance 1914–1919. Textes réunis, traduits et annotés sous la direction de Georges Haupt par Gilbert Badia, Irène Petit, Claudie Weill, Paris 1977

Rosa Luxemburg: Ich umarme Sie in großer Sehnsucht. Briefe aus dem Gefängnis 1915–1918, Berlin (W)/Bonn 1980

Rosa Luxemburg: Gesammelte Werke, Bd. 1–5, Berlin 1970–1975 (mehrere Auflagen erschienen)

Rosa Luxemburg: Ausgewählte politische Schriften in drei Bänden. Bd. 1–3, Verlag Marxistische Blätter, Frankfurt/Main 1971

Rosa Luxemburg: Politische Schriften. Hrsg. von Günter Radczun, Leipzig 1970

Rosa Luxemburg: Reden. Hrsg. von Günter Radczun. Übersicht über die Referententätigkeit Rosa Luxemburgs von Erna Herbig, Leipzig 1976

Rosa Luxemburg: Schriften über Kunst und Literatur. Herausgegeben und mit einem Nachwort versehen von Marlen M. Korallow, Dresden (1972)

Annelies Laschitza/Günter Radczun: Rosa Luxemburg. Ihr Wirken in der deutschen Arbeiterbewegung, Berlin 1980

I. S. Jashborowskaja/R. J. Jewserow: Rosa Luxemburg. Biografitscheski Otscherk, Moskau 1974

Gilbert Badia: Rosa Luxemburg. Journaliste, Polémiste, Révolutionnaire, Paris 1975

J. S. Drabkin: Die Aufrechten. Karl Liebknecht, Rosa Luxemburg, Franz Mehring, Clara Zetkin, Berlin 1988

Verena Stadler-Labhart: Rosa Luxemburg an der Universität Zürich 1889–1897, Zürich 1978

Günter Radczun: Es begann mit Antonis Verhaftung, Berlin 1964

Günter Radczun: Ich wollte nie ein Engel sein, Berlin 1977

Annelies Laschitza: Rosa-Luxemburg-Edition und -Forschung in der DDR. Bilanz und Ausblick. In: BzG, 28. Jhg. 1986, Heft 4, S. 470–491.

Masao Nishikawa: Rosa Luxemburg. Bibliographie ihrer Schriften und der Literatur über sie. 1945–1987. In: Rekishi to Bunka (Geschichte und Kultur) Nr. 16. Bulletin of the Section of History College of Art and Sciences, University of Tokyo (1988).

Inhalts- und Quellenverzeichnis

Bildnachweis:

Berliner Verlag, Redaktion »Wochenpost« (1);
Dietz Verlag Berlin, Bildarchiv (6);
Institut für Geschichte der Arbeiterbewegung,
Zentrales Parteiarchiv, Berlin (46);
Museum für Deutsche Geschichte, Berlin (1);
Photo-Kaden, Oberwiesenthal (1)

Reproduktionsaufnahmen:
Dietz Verlag Berlin/Renate und Horst Ewald (15)

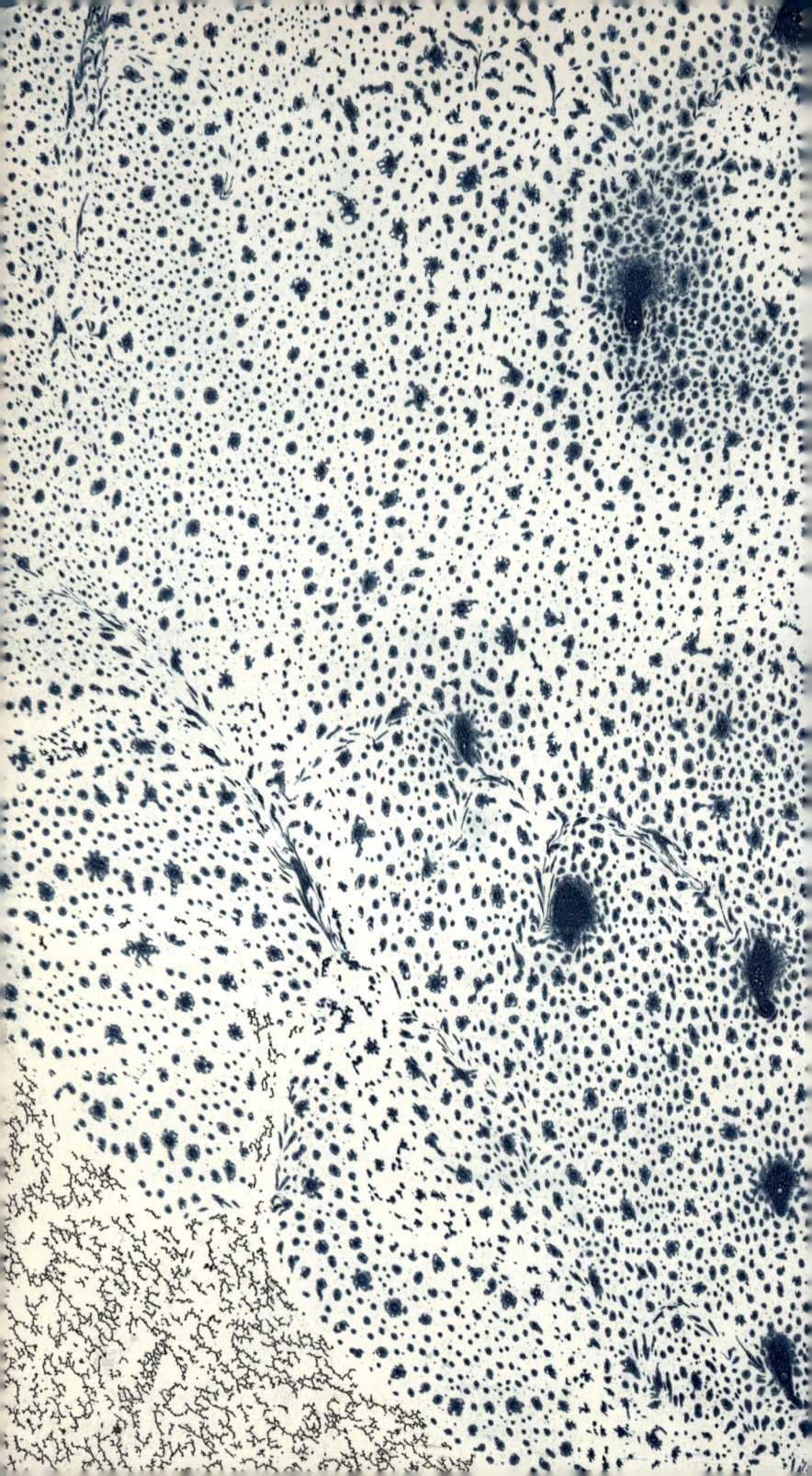